ATUAL JUDICIÁRIO
ATIVISMO OU ATITUDE

CLÁUDIA TOLEDO
Coordenadora

ATUAL JUDICIÁRIO
ATIVISMO OU ATITUDE

1ª reimpressão

Belo Horizonte

FÓRUM
CONHECIMENTO JURÍDICO

2022

© 2022 Editora Fórum Ltda.

2022 1ª Reimpressão

É proibida a reprodução total ou parcial desta obra, por qualquer meio eletrônico, inclusive por processos xerográficos, sem autorização expressa do Editor.

Conselho Editorial

Adilson Abreu Dallari
Alécia Paolucci Nogueira Bicalho
Alexandre Coutinho Pagliarini
André Ramos Tavares
Carlos Ayres Britto
Carlos Mário da Silva Velloso
Cármen Lúcia Antunes Rocha
Cesar Augusto Guimarães Pereira
Clovis Beznos
Cristiana Fortini
Dinorá Adelaide Musetti Grotti
Diogo de Figueiredo Moreira Neto (*in memoriam*)
Egon Bockmann Moreira
Emerson Gabardo
Fabrício Motta
Fernando Rossi
Flávio Henrique Unes Pereira

Floriano de Azevedo Marques Neto
Gustavo Justino de Oliveira
Inês Virgínia Prado Soares
Jorge Ulisses Jacoby Fernandes
Juarez Freitas
Luciano Ferraz
Lúcio Delfino
Marcia Carla Pereira Ribeiro
Márcio Cammarosano
Marcos Ehrhardt Jr.
Maria Sylvia Zanella Di Pietro
Ney José de Freitas
Oswaldo Othon de Pontes Saraiva Filho
Paulo Modesto
Romeu Felipe Bacellar Filho
Sérgio Guerra
Walber de Moura Agra

FÓRUM
CONHECIMENTO JURÍDICO

Luís Cláudio Rodrigues Ferreira
Presidente e Editor

Coordenação editorial: Leonardo Eustáquio Siqueira Araújo
Aline Sobreira de Oliveira

Rua Paulo Ribeiro Bastos, 211 – Jardim Atlântico – CEP 31710-430
Belo Horizonte – Minas Gerais – Tel.: (31) 2121.4900
www.editoraforum.com.br – editoraforum@editoraforum.com.br

Técnica. Empenho. Zelo. Esses foram alguns dos cuidados aplicados na edição desta obra. No entanto, podem ocorrer erros de impressão, digitação ou mesmo restar alguma dúvida conceitual. Caso se constate algo assim, solicitamos a gentileza de nos comunicar através do *e-mail* editorial@editoraforum.com.br para que possamos esclarecer, no que couber. A sua contribuição é muito importante para mantermos a excelência editorial. A Editora Fórum agradece a sua contribuição.

Dados Internacionais de Catalogação na Publicação (CIP) de acordo com a AACR2

AT886	Atual judiciário: ativismo ou atitude / Cláudia Toledo (coord.). 1. Reimpressão. – Belo Horizonte : Fórum, 2022. 510 p; 14,5 x 21,5cm ISBN: 978-65-5518-270-5 1. Direito Constitucional. 2. Direito Público. 3. Teoria do Direito. I. Toledo, Cláudia. II. Título.
	CDD 341.2
	CDU 342

Elaborado por Daniela Lopes Duarte - CRB-6/3500

Informação bibliográfica deste livro, conforme a NBR 6023:2018 da Associação Brasileira de Normas Técnicas (ABNT):

TOLEDO, Cláudia (coord.). *Atual judiciário*: ativismo ou atitude. 1. Reimpr. Belo Horizonte: Fórum, 2022. 510 p. ISBN 978-65-5518-270-5.

SUMÁRIO

INTRODUÇÃO
Cláudia Toledo 17

(NEO)CONSTITUCIONALISMO(S) E ATIVISMO JUDICIAL: DAS INCERTEZAS CONCEITUAIS À FRAGILIDADE PARA A DEMOCRACIA(?)
Saulo Tarso Rodrigues, Núria Belloso Martín 33
1   Uma abordagem plural de um fenômeno amplo: por que neoconstitucionalismos? 34
2   A jurisprudencialização da Constituição como ato democrático? 43
3   A judicialização da política 46
4   O Poder Judiciário é a última instância da interpretação constitucional? 52
Referências 60

ARGUMENTAÇÃO REPRESENTATIVA, JUSTIÇA ELEITORAL E DEMOCRACIA DELIBERATIVA: SOBRE A LEGITIMIDADE CONSTITUCIONAL DA JUSTIÇA ELEITORAL
Alejandro Nava Tovar 67
    Introdução 67
I   A argumentação e democracia deliberativa 69
II   Justiça eleitoral como representação argumentativa 72
III   A dupla dimensão da justiça eleitoral 77
IV   Sobre o ativismo judicial eleitoral 79
    Conclusões 80
Referências 82

DIREITOS FUNDAMENTAIS, DEMOCRACIA E CONTROLE DE CONSTITUCIONALIDADE
Jan-R. Sieckmann 85

	Introdução	85
I	A concepção de controle judicial de constitucionalidade de Alexy	88
1	A tese da representação argumentativa	89
2	A teoria das margens de decisão	91
3	A concepção dos princípios formais e a "segunda lei de ponderação"	93
II	O problema dos princípios formais	95
1	Um exemplo: a decisão da proibição de fumar	95
2	O conceito dos princípios formais	98
3	O conteúdo dos princípios formais	99
4	A construção da ponderação de princípios formais	101
III	A delimitação das competências para ponderar	104
1	O critério da objetividade	104
2	Legitimação procedimental	106
3	Proteção de direitos fundamentais	107
3.1	Intensidade de interferência e de controle	108
3.2	Níveis de controle	109
3.3	Legitimidade de controlar	110
IV	Conclusão	113

A IDEIA DE PRINCÍPIOS FORMAIS – A PROPORCIONALIDADE NO CONTROLE DE CONSTITUCIONALIDADE
Martin Borowski 115

A)	Introdução	115
I	A proliferação da proporcionalidade	115
II	Uma caracterização da proporcionalidade	117
1	O critério de proporcionalidade	117
2	A proporcionalidade como um critério substancial	118

3	Liberdade, obrigações positivas e igualdade	119
III	Objeções à análise de proporcionalidade	119
B)	A "objeção democrática" à proporcionalidade no controle de constitucionalidade	123
I	A "objeção democrática" ao controle de constitucionalidade	124
II	O compromisso entre democracia e controle de constitucionalidade sem discricionariedade	125
C)	A reconstrução da máxima da proporcionalidade por meio da teoria dos princípios	126
I	A teoria dos princípios	126
1	Princípios	126
2	Regras	127
II	Análise de proporcionalidade e teoria dos princípios	127
D)	Princípios materiais e formais	128
I	Princípios materiais	128
II	Princípios formais	129
1	Princípios formais em busca de princípios	130
2	Críticas	131
E)	Um princípio formal na ponderação de princípios materiais	131
I	A competência para criar um objetivo a ser otimizado	131
II	A decisão autoritativa de ponderar princípios materiais como o objetivo do princípio formal a ser otimizado	132
III	Três cenários	132
IV	Os fatores para o peso do princípio formal	133
1	Peso abstrato	133
2	A intensidade da interferência	134
3	Certeza epistêmica	134
4	Características do peso de princípios formais e fatores genéricos	135
F)	Conclusão	135

LEVANDO OS DIREITOS MENOS A SÉRIO – UMA ANÁLISE ESTRUTURAL DA DISCRICIONARIEDADE JUDICIAL

Matthias Klatt 137

I	Introdução	137
1	Discricionariedade no Direito	137
2	Discricionariedade como um conceito relativo	138
3	Importância e relevância	138
4	Pesquisa	139
II	O debate entre Hart e Dworkin	139
1	Hart e a discricionariedade	140
2	Dworkin e a discricionariedade	141
III	Virtudes e fraquezas	143
1	A visão de Dworkin	143
2	A visão de Hart	147
3	A necessidade de uma visão moderada	148
IV	Um quadro completo da discricionariedade judicial	148
1	O conceito de discricionariedade judicial	151
a)	Discricionariedade estrutural e epistêmica	151
b)	Discricionariedade como competência	153
c)	O modelo de sopesamento da discricionariedade	154
2	Discricionariedade e interpretação jurídica	156
3	Discricionariedade e criação judicial do direito	157
4	Os limites da discricionariedade judicial	158
a)	Por que limites importam	159
b)	Os limites da discricionariedade estrutural	159
c)	Os limites da discricionariedade epistêmica	160
5	A relação entre a discricionariedade estrutural e a epistêmica	161
a)	O problema da discricionariedade normativa epistêmica	162
b)	Uma defesa da possibilidade de separação	162
V	Conclusão	164
Referências		166

SOBRE "CASOS" E PONDERAÇÃO. OS MODELOS DE ALEXY E MORESO: MAIS SIMILITUDES DO QUE DIFERENÇAS?
Laura Clérico 169
I   O lugar dos "casos" na teoria de Alexy: rumo a uma periodização? 171
a)   Os "casos" na *Teoria da Argumentação Jurídica* 171
b)   Os "casos" na *Teoria dos Direitos Fundamentais*: o modelo da ponderação 173
II   Os casos na rede de regras-resultados das ponderações jusfundamentais: a necessidade de abertura 185
III   O modelo de Moreso 190
IV   Considerações finais 198

JUÍZES PRAGMÁTICOS SÃO NECESSARIAMENTE JUÍZES ATIVISTAS?
Fernando Leal 201
1   Introdução 201
2   Pragmatismo jurídico como instrumentalismo judicial? 203
2.1   A rejeição ao pragmatismo como um tipo de instrumentalismo 203
2.2   Pragmatismo jurídico: um monstro de várias cabeças 209
3   Ativismo judicial e suas facetas 214
4   Peças para uma justificação pragmática para a autocontenção judicial 221
5   Conclusão 226
Referências 227

JUSTICIABILIDADE DOS DIREITOS FUNDAMENTAIS SOCIAIS E ORDENS CONSTITUCIONAIS
Gertrude Lübbe-Wolff 231
I   Direitos fundamentais sociais e ordens constitucionais no direito alemão 231

II	A justiciabilidade limitada de direitos fundamentais sociais e das ordens constitucionais	238
1	O limite do faticamente possível	238
2	O limite da competência judicial	239
3	O limite do poder de executoriedade judicial	242
III	Possíveis funções dos direitos fundamentais sociais e das ordens constitucionais no sistema jurídico	245
1	Assunção pelo Judiciário de funções ativas de ação	245
a)	Ultrapassando os limites	245
b)	Passagens de fronteira – O problema de traçar os limites corretos, conforme o exemplo da jurisprudência do Tribunal Constitucional Federal sobre proteção à família	247
2	Procedimentalização	259
3	Interpretação da Constituição e interpretação do direito ordinário	264
4	Justificação de interferências em direitos fundamentais	266
5	"Refinamento" constitucional do direito ordinário	269
a)	Proteção de aplicação de normas	269
b)	Proteção de existência de normas	270
IV	Conclusão	274

ATIVISMO JUDICIAL E O DIA SEGUINTE. PROMOÇÃO REAL DOS DIREITOS? OUTRA PERSPECTIVA A CONSIDERAR

Ana Paula de Barcellos 275

1	Introdução	275
3	Decisões judiciais e a promoção real de direitos. O dia seguinte	278
3	Ativismo judicial, direitos e os Poderes estatais	287

JURISDIÇÃO CONSTITUCIONAL À BRASILEIRA: SITUAÇÃO E LIMITES

João Maurício Adeodato 293
1   Para situar a jurisdição constitucional 293
2   Complexidade jurídica e dissociação entre texto e norma 297
3   Importância crescente da cúpula do Judiciário 302
4   Problema: entre a reificação e o casuísmo 305

ATIVISMO JUDICIAL E CONSTRUÇÃO DO DIREITO CIVIL: ENTRE DOGMÁTICA E PRÁXIS

Gustavo Tepedino 313
I   Introdução 313
II   Realidade social e fenômeno jurídico na complexidade do ordenamento 315
III   Dificuldades entre a teoria e a prática. Os sete pecados capitais: a preguiça 320
IV   Os demais pecados capitais: o orgulho; a ganância; a inveja; a avareza; a gula; a luxúria 328
V   Notas conclusivas 337

O DIREITO A PRODUZIR DIREITOS: UMA PROPOSTA PARA A COMPREENSÃO DOS CONFLITOS ENTRE CIDADANIA E CONSTITUIÇÃO

Marco Aurélio Lagreca Casamasso, Waleska Marcy Rosa 339
    Introdução 339
1   Cidadania e Constituição: uma relação conflituosa 340
2   Cidadania: o direito a produzir direitos 343

3   Produção de direitos sociais pelo Poder Judiciário no
     Brasil: o Supremo Tribunal Federal – 2010 a 2015 350
     Conclusão 359
Referências 359

ATIVISMO JUDICIAL NO *CIVIL LAW*: O CONTROLE DE CONSTITUCIONALIDADE DE NORMAS EM ANÁLISE COMPARADA ENTRE BRASIL E ALEMANHA

Priscila Carvalho de Andrade,
Yago Condé Ubaldo de Carvalho 363

1   Introdução 363
2   Controle de constitucionalidade em perspectiva
         comparada 365
2.1   O controle abstrato e concentrado de normas 365
2.2   O controle concreto de normas 367
2.2.1   Brasil 367
2.2.1.1 O controle concreto de normas exercido pelo STF 367
2.2.1.2 O controle difuso de normas 369
2.2.2   Alemanha 370
2.2.2.1 O controle de constitucionalidade pela via da
         Verfassungsbeschwerde 370
2.2.2.2. O *konkrete Normenkontrolle* 371
2.2.2.3 A efetividade das decisões e o controle da sua
         execução 375
3   As tradições jurídicas na interação entre o Judiciário
         e demais poderes 376
4   Conclusão 381
Referências 381

ATIVISMO JUDICIAL VS. CONTROLE JUDICIAL – UM ESTUDO A PARTIR DA ANÁLISE ARGUMENTATIVA DA FUNDAMENTAÇÃO DAS DECISÕES DO PODER JUDICIÁRIO BRASILEIRO E DO TRIBUNAL CONSTITUCIONAL DA ARGENTINA, MÉXICO E ALEMANHA

Cláudia Toledo 385
1 Introdução 385
2 Ativismo judicial – Conceito 387
3 Ativismo judicial – Critérios de identificação 388
4 A taxonomia argumentativa como critério objetivo ... 391
5 Questão paradigmática relativa ao ativismo judicial – Direitos fundamentais sociais e o direito ao mínimo existencial 393
6 Pesquisa empírica 395
6.1 Jurisprudência brasileira 397
6.1.1 Jurisprudência constitucional brasileira – Supremo Tribunal Federal (STF) 397
6.1.2 Jurisprudência infraconstitucional brasileira – Tribunal de Justiça de Rondônia (TJRO), Tribunal de Justiça de Pernambuco (TJPE), Tribunal de Justiça do Mato Grosso do Sul (TJMS), Tribunal de Justiça de Minas Gerais (TJMG), Tribunal de Justiça do Paraná (TJPR) 401
6.2 Jurisprudência constitucional argentina – *Corte Suprema de Justicia de la Nación Argentina* (CSJN) 406
6.3 Jurisprudência constitucional mexicana – *Suprema Corte de Justicia de la Nación* (SCJN) 408
6.4 Jurisprudência constitucional alemã – *Bundesverfassungsgericht* (BVerfG) 411
7 Considerações finais sobre a análise jurisprudencial comparativa 415

8	Conclusões	417
Referências		419

A JUSTICIABILIDADE DO DIREITO FUNDAMENTAL SOCIAL À EDUCAÇÃO EM UMA PERSPECTIVA COMPARADA: BRASIL, COLÔMBIA E MÉXICO
Natascha Alexandrino de Souza Gomes,
Paola Durso Angelucci 423

	Introdução	423
1	Do direito à educação: Brasil, Colômbia e México	425
1.1	Legislação brasileira	425
1.2	Legislação colombiana	428
1.3	Legislação mexicana	429
2	Justiciabilidade do direito fundamental social à educação: argumentos gerais	431
2.1	Argumento da reserva do possível	433
2.2	A objeção democrática: a interferência do Judiciário no Legislativo	436
	Conclusão	437
Referências		439

DIREITOS SOCIAIS, MÍNIMO EXISTENCIAL E O ASSIM CHAMADO "ATIVISMO JUDICIAL" – UMA ANÁLISE À LUZ DA JURISPRUDÊNCIA DO SUPREMO TRIBUNAL FEDERAL E DO TRIBUNAL CONSTITUCIONAL FEDERAL ALEMÃO
Ingo Wolfgang Sarlet 441

1	Considerações iniciais	441
2	Contornos do mínimo existencial como direito e garantia fundamental	443
3	O mínimo existencial no âmbito da jurisdição constitucional brasileira e alemã – Algumas notas comparativas	459

PARÂMETROS PARA O CONTROLE JUDICIAL DAS POLÍTICAS PÚBLICAS DE SAÚDE
Luciana Gaspar Melquíades Duarte, Víctor Luna Vidal 467
1. Introdução 467
2. A teoria dos direitos fundamentais e a racionalidade do discurso 469
3. A separação de poderes no contexto da socialidade do Estado 477
4. O direito à saúde em juízo 481
5. Conclusões 500

Referências 502

Sobre os autores 507

INTRODUÇÃO

Este livro é resultado da busca de resposta a questões como "a crítica de ativismo judicial frequentemente atribuída ao Poder Judiciário brasileiro é adequada?", "sob quais parâmetros pode-se chegar a essa conclusão?", "o Poder Judiciário brasileiro é realmente ativista ou tem-se tornado progressivamente mais atuante conforme a democracia se consolida na realidade nacional?".[1] Enfim, a grande dúvida motivadora da organização deste livro é: como se deve propriamente enquadrar a atuação do Poder Judiciário brasileiro na atualidade – como ativismo ou atitude?

A forma de solucionar essa questão com o devido nível de aprofundamento científico e consistência argumentativa somente poderia ser a reunião, em uma única obra, do posicionamento de autores brasileiros e estrangeiros que se dedicam à investigação da matéria e são capazes, por isso, de fornecer importantes contribuições à análise e esclarecimento do tema. Nesse sentido, colaboram todos os textos, que foram articulados segundo a amplitude do seu enfoque e abordagem do tópico *ativismo judicial* e as diversas questões que o envolvem, desde o neoconstitucionalismo e a democracia deliberativa, passando pelo controle de constitucionalidade, a discricionariedade judicial, o pragmatismo, a proporcionalidade e a ponderação, até chegar ao tratamento de tópicos mais específicos como a justiciabilidade dos direitos fundamentais sociais e o controle judicial relacionado aos direitos ao mínimo existencial, à saúde, à educação.

Desse modo, o capítulo **(Neo)constitucionalismo(s) e ativismo judicial: das incertezas conceituais à fragilidade para a democracia(?)** abre o livro, destacando o amplo conteúdo axiológico que marca crescentemente as Constituições dos Estados

---

[1] O estudo da temática foi realizado no projeto de pesquisa de demanda universal *Atual Judiciário – Ativismo ou Atitude: judicialização da política e politização do judiciário*, financiado pela Fundação de Amparo à Pesquisa do Estado de Minas Gerais (FAPEMIG).

Democráticos de Direito, com a presença cada vez mais destacada de princípios, que, como normas constitucionais, são vinculantes e requerem densa argumentação na sua fundamentação, de forma a conferir sentido às suas cláusulas abertas. Ressalta-se que a progressiva judicialização de diversas matérias até então tradicionalmente debatidas apenas pelos Poderes Políticos faz com que se questione a adequação da atribuição da última palavra ao Judiciário – que não goza de legitimidade democrática, mas desempenha papel contramajoritário. As considerações trazidas levam inequivocamente à reflexão acerca da adequação de se desenvolverem diálogos interinstitucionais para a tomada de decisões fundadas no debate, promovendo-se a igual liberdade participativa.

Em seguida, no capítulo **Argumentação representativa, Justiça Eleitoral e democracia deliberativa: sobre a legitimidade constitucional da Justiça Eleitoral**, debate-se o papel da Justiça Eleitoral enquanto espaço de representação argumentativa. A participação dos cidadãos no intercâmbio livre e racional de argumentos configura a democracia deliberativa, cuja garantia se dá pela Justiça Eleitoral, a qual, por seu turno, levanta a pretensão de imparcialidade como característica distintiva. A argumentação jurídica desenvolvida pelos juízes é o que deve fundamentar a validade dos processos eleitorais, devendo manter-se isenta das preferências político-ideológicas do intérprete, sob pena de ativismo judicial e decisionismo jurídico-político. Essa dimensão argumentativa é o que permite conectar a argumentação jurídica e a justiça eleitoral com a defesa da democracia. A argumentação dos juízes em matéria eleitoral apresenta-se, então, como forma de representação argumentativa, baseada em concepção deliberativa de democracia. Desse modo, a representação argumentativa da Justiça Eleitoral constitui garantia da democracia, mantendo-se o desacordo institucional dentro dos limites da racionalidade prática.

No capítulo **Direitos fundamentais, democracia e controle de constitucionalidade**, é abordada a questão da legitimidade do controle judicial de constitucionalidade e sua relação com os princípios da democracia e da separação dos poderes. Expõe-se que a consideração das normas de direitos fundamentais como principiológicas ampliou sensivelmente a proteção jusfundamental, porquanto sendo os princípios jusfundamentais passíveis de restrição em atenção aos objetivos constitucionalmente dispostos, todos os interesses individuais dignos de tutela podem acabar incluídos no seu âmbito de proteção. Do alargamento do âmbito de proteção jusfundamental, segue-se a expansão da competência decisória dos tribunais em detrimento da competência dos Poderes Políticos, dotados de legitimidade democrática. Explica-se, então, que a legitimidade da ponderação de princípios constitucionais depende de sua racionalidade – quanto mais racional é a argumentação, mais legítima é a ponderação de princípios constitucionais pelo Poder Judiciário. Entretanto, a racionalidade da ponderação não é uma questão de tudo ou nada. Embora não seja um método completamente subjetivo, ela não é um método perfeitamente objetivo que conduza a uma única resposta correta. Por isso, não há uma resposta óbvia para a pergunta sobre a legitimidade da ponderação no controle judicial de constitucionalidade das leis. A compatibilização dos princípios formais da democracia e da separação dos poderes desempenha relevante papel na definição da legitimidade e dos limites do controle judicial de constitucionalidade das leis. Para isso, tanto os Poderes Políticos quanto o Poder Judiciário devem ponderar e realizar os direitos fundamentais de maneira ótima, isto é, no maior grau possível em relação às possibilidades fáticas e jurídicas. A delimitação das competências dos Poderes Judiciário e Legislativo requer, assim, a definição de critérios para determinar quando é legítimo que os tribunais declarem inconstitucional uma decisão do legislador, com base na ponderação dos direitos fundamentais. Em sede de conclusão, buscam-se, então, tais critérios, como a legitimação procedimental, a intensidade do grau de interferência nas competências de cada Poder, os níveis de controle e a legitimidade para controlar.

Segue-se na análise do controle de constitucionalidade no capítulo **A ideia de princípios formais – a proporcionalidade no controle de constitucionalidade**, expondo-se a função que a máxima da proporcionalidade desempenha nesse contexto, o qual envolve colisão de princípios tanto materiais quanto formais. O texto apresenta a "objeção democrática" feita à utilização daquela máxima no controle de constitucionalidade; passa à explicação dos princípios materiais e formais dentro da teoria dos princípios;

chegando, ao final, à ponderação conjunta de princípios materiais e formais, com a definição da intensidade da interferência dos princípios entre si, bem como do grau de certeza epistêmica envolvido na colisão principiológica. Defende-se a ponderação conjunta de princípios materiais e formais, a despeito da dificuldade de sua comensurabilidade, mediante a afirmação de que essa se trata de uma diferença apenas de grau e não uma diferença categórica entre tais princípios. Com isso, refuta-se a objeção democrática à proporcionalidade no controle de constitucionalidade, porquanto os requisitos da democracia são considerados no processo de ponderação dos princípios formais envolvidos.

Em **Levando os direitos menos a sério – uma análise estrutural da discricionariedade judicial**, atenção é dada à delimitação da margem de competência do Poder Judiciário, com a investigação do conceito de discricionariedade judicial e o apontamento de critérios para a definição tanto do poder de criação normativa pelos juízes, quanto os limites dessa competência. Para isso, retomam-se e analisam-se criticamente as posições antagônicas de Dworkin e Hart sobre a temática, concluindo-se que a imagem completa da discricionariedade judicial encontra-se entre os dois extremos representados pelos referidos autores. Sustenta-se, então, uma "teoria moderada" da discricionariedade judicial, baseada no pensamento de Robert Alexy. O artigo aplica o método de ponderação para a definição da discricionariedade judicial, resgatando elementos da teoria da argumentação jurídica alexyana. A discricionariedade é examinada sob o prisma da interpretação jurídica e da criação judicial do Direito. Faz-se, então, alusão a problemas relativos à discricionariedade normativa epistêmica, defendendo-se a separação entre essa e a discricionariedade estrutural. Conclui-se com a apresentação dos limites da discricionariedade, mediante enfoque na relação entre a discricionariedade estrutural (forte) e epistêmica (fraca), ambas ilustradas com exemplos da jurisprudência do Tribunal Constitucional Federal alemão. Os limites da discricionariedade estrutural são definidos pelas duas linhas do discursivamente impossível e do discursivamente necessário, enquanto os limites da discricionariedade epistêmica dependem do peso dos princípios materiais colidentes.

Adiante, no capítulo **Sobre "casos" e ponderação. Os modelos de Alexy e Moreso: mais similitudes do que diferenças?**, procede-se à análise do processo de *ponderação*, proposto por Robert Alexy como integrante da máxima da proporcionalidade (noção que se internacionalizou na doutrina e jurisprudência de diversos países no mundo), contrapondo-o ao modelo sugerido pelo jurista espanhol Josep Joan Moreso para a aplicação da norma jurídica. Moreso refuta criticamente a ponderação como concepção "particularista", exclusivamente determinada pelo caso concreto, o que afronta a previsibilidade do Direito e propõe a analogia ou *comparação* como operação jurídica de aplicação do Direito, ao lado da *subsunção*. A analogia se aplicaria aos "casos paradigmáticos" (nos termos de Moreso), isto é, aos precedentes (na terminologia de Alexy). Precedentes, na doutrina alexyana, são argumentos institucionais vinculantes do discurso jurídico utilizados para satisfação dos princípios da universalidade e da isonomia. Ocorre que as *regras-resultados da ponderação principiológica* formam precedentes e, portanto, os "casos paradigmáticos", destacados por Moreso, integram o pensamento alexyano. Porquanto casos são decididos com base em precedentes, neles, segundo o pensamento de Moreso, não se realizaria ponderação, mas comparação ou analogia. Com isso, embora o modelo de Moreso pretenda "superar" o de Alexy, na verdade, ele muito mais *enriquece* do que suplanta a ponderação alexyana, porquanto destaca aspectos do emprego de precedentes e da analogia que não haviam sido tão enfatizados pelo jurista alemão – mas que não estão excluídos de sua teoria.

Em seguida, no capítulo **Juízes pragmáticos são necessariamente juízes ativistas?**, faz-se a análise crítica da aleatoriedade da criação de diversas expressões no discurso jurídico contemporâneo e da falta de rigor terminológico-conceitual na sua utilização, o que leva a associações que distorcem o seu sentido e afastam seu tratamento científico. Três expressões são, então, destacadas – pragmatismo, instrumentalismo e ativismo – e, de seu exame, resulta a conclusão de inexistência de vinculação intrínseca entre elas, a despeito de suas possíveis conexões. Responde-se, então, negativamente à pergunta formulada no título do capítulo, argumentando-se que pragmatismo não se associa necessariamente a ativismo judicial, uma vez que é também possível a justificação pragmática da autocontenção judicial. Com base em argumentos marcados pela precisão nos seus termos e conexão lógica na sua articulação, demonstra-se que pragmatismo jurídico não é tipo de instrumentalismo judicial. Ademais, destaque é dado à inclinação pragmática no direito brasileiro atual, expondo-se como direcionar esse pragmatismo para um "consequencialismo prudente" e um "anticonceitualismo" que não se desvirtue em "cinismo" ou "sincretismo", sob pena de efetivamente se chegar a um "ativismo judicial imoderado".

No capítulo seguinte, **Justiciabilidade dos direitos fundamentais sociais e ordens constitucionais**, fundamenta-se, com distintos argumentos marcados por sua tecnicidade e pela farta exemplificação trazida por diversas decisões do Tribunal Constitucional Federal alemão, a exigibilidade judicial dos direitos fundamentais sociais e das denominadas "ordens constitucionais", das quais a determinação constitucional da Alemanha como um Estado Social é um dos casos citados. A definição constitucional do país como Estado Social apresenta-se como ordem constitucional, porquanto prescreve a atuação, por todos os poderes do Estado, no sentido da promoção da justiça social e, por conseguinte, da redução da desigualdade social. Inobstante se afirme a justiciabilidade de direitos fundamentais sociais, destacam-se limites que ela enfrenta – limite do faticamente possível, da competência judicial e da executoriedade judicial. É também ressaltada a possibilidade de o Poder Judiciário ultrapassar as margens de sua competência no julgamento desses direitos, ilustrando-se a dificuldade na determinação dos "limites corretos" da prestação jurisdicional mediante referência à jurisprudência constitucional alemã. Finalmente, discorre-se sobre o papel conformador ou densificador desempenhado pela legislação ordinária em relação às normas constitucionais, situação que lhes aperfeiçoa a justiciabilidade.

No capítulo **Ativismo judicial e o dia seguinte. Promoção real dos direitos? Outra perspectiva a considerar**, passa-se à análise do tema *ativismo judicial* especificamente no contexto brasileiro e sua relação com a real promoção dos direitos fundamentais, perquirindo-se se decisões judiciais eventualmente consideradas ativistas têm sido cumpridas e quais efeitos têm gerado na vida social. Parte-se inicialmente da distinção entre ativismo judicial e judicialização, estabelecendo-se que, para qualificar uma decisão judicial como ativista ou não, é necessário identificar os termos em que a matéria foi normatizada pelo legislador. É destacado que, nas últimas décadas, multiplicaram-se as decisões judiciais no Brasil com o objetivo de promover a realização de direitos fundamentais e muitas dessas decisões são descritas como ativistas, sendo os direitos fundamentais sociais tema paradigmático nessa matéria. A conclusão preliminar a que se chegou em resposta à questão colocada no título do capítulo é a de razoável promoção dos direitos protegidos nos casos em que as decisões judiciais referem-se a bens privados, postulados em demandas individuais. Entretanto, o contrário ocorreria em ações coletivas que envolvem bens públicos, uma vez que as decisões judiciais relativas a tais ações, em sua grande maioria, demoram décadas para serem executadas ou eventualmente nunca o são. Nesses casos, propõe-se, então, a cooperação dos demais Poderes Públicos, instâncias majoritárias responsáveis pelo cumprimento da decisão judicial, situação que requer mobilização social, de modo a que se confira a necessária prioridade ao tema objeto da decisão judicial no debate político. Finalmente, na busca da identificação de uma decisão como ativista ou não são sugeridos parâmetros, destacando-se que essa caracterização envolve, muitas vezes, uma dimensão de grau, isto é, tais decisões apresentam em maior intensidade – e não propriamente com exclusividade – características que podem estar presentes nas decisões judiciais em geral. Não obstante, ativismo judicial é identificado marcadamente com a invasão dos espaços dos demais Poderes pelo Judiciário. Por conseguinte, as principais críticas ao ativismo judicial remetem aos princípios da separação dos poderes e da democracia.

O estudo da realidade pátria segue no capítulo **Jurisdição constitucional à brasileira: situação e limites**, no qual se discute o conceito de jurisdição constitucional como conjunto de interpretações, argumentações e decisões apreciadas pelo Judiciário, em questões que envolvem os textos constitucionais. Faz-se a distinção entre norma jurídica e texto normativo, o qual forneceria apenas um ponto de partida para a construção normativa diante do caso.

Expõe-se que a interpretação competente, justa e racionalmente cogente de textos jurídicos, adequada ao seu objeto, é o meio termo entre o casuísmo irracionalista (para o qual o texto da norma jurídica quase nada significa, abrindo-se a possibilidade de criação livre do direito pelo juiz) e a defesa ingênua de uma verdade jurídica única para aplicação da Constituição diante dos conflitos concretos. Salienta-se que, no contexto do Brasil, um país periférico com graves problemas sociais e infraestruturais, a efetivação de certas normas constitucionais é considerada empiricamente impossível, diante dos recursos governamentais disponíveis, porquanto não se pode transformar o país em um Estado Social e Democrático de Direito unicamente através da promulgação de textos normativos. Nega-se a possibilidade de a concretização da Constituição, por intermédio da jurisdição constitucional, resolver problemas brasileiros de ordem inteiramente distinta, tais como educação, previdência, fome e violência. Refuta-se, então, uma "visão messiânica" da jurisdição constitucional e das competências do Legislativo, afirmando-se o subdesenvolvimento brasileiro como "fenômeno social de raízes muito mais profundas". Considera-se casuística a estratégia política do Judiciário pátrio, cujas fundamentações têm variado "a ponto de ser difícil seguir um vetor qualquer de racionalidade para unificação da jurisprudência em geral, aí incluída a jurisdição constitucional". Uma das razões apontadas como eventualmente geradoras dessa situação é o modelo de escolha dos membros do Supremo Tribunal Federal, que, semelhante ao europeu, é também conservador, sendo o Tribunal Constitucional brasileiro escolhido pelo Legislativo. Esse fato traz caráter notoriamente político à cúpula do Judiciário, gerando muitas vezes o afastamento das diretrizes constitucionais. Propõe-se, então, que, para ir além do decisionismo judicial, deve-se buscar uma racionalidade tanto funcional quanto substancial, nos moldes do "novo positivismo", isto é, uma racionalidade não apenas tecnicamente efetiva como também construtora da legitimidade do Estado constitucional e social de direito e da democracia.

No capítulo seguinte, **Ativismo judicial e construção do direito civil: entre dogmática e práxis**, destaca-se o papel atuante do Poder Judiciário brasileiro, especialmente após a Constituição de 1988, no sentido da efetividade das normas constitucionais, notadamente nas relações privadas. Essa atuação judicial estaria longe de configurar tendência usurpadora da soberania popular, mas, antes, representaria aspecto do constitucionalismo democrático, direcionado à concretização dos valores e fins estipulados no texto constitucional. Ressalta-se, no entanto, a necessidade do estabelecimento de critérios da preservação da segurança jurídica para que essa atuação judicial não se converta em ativismo, com interferência na competência dos demais Poderes. Para tanto, encontra-se o intérprete vinculado à ordem jurídica como um todo, devendo nesse contexto construir soluções para os casos concretos a partir dos princípios constitucionais. Tais princípios são marcados por cláusulas gerais, em virtude da própria incapacidade de a Constituição regular todas as numerosas e multifacetadas situações nas quais o indivíduo se insere. Nota-se crescente solução de controvérsias interprivadas com fundamento em princípios constitucionais nem sempre refletidos na legislação infraconstitucional, cuja aplicação mecânica, no caso concreto, pode levar ao sacrifício de valores constitucionalmente relevantes. Daí a necessária reflexão sobre a denominada *constitucionalização do direito civil*, que se associa à mudança do papel do Código Civil nas relações jurídicas de direito privado. Assevera-se que a constitucionalização do direito civil não se apresenta como o deslocamento topográfico de normas de direito privado para cartas políticas ou tratados internacionais, mas como procedimento metodológico de compreensão do ordenamento em sua complexidade, no âmbito do qual os valores constitucionais se incorporam aos normativos e à própria racionalidade da legislação infraconstitucional. Nesse cenário se insere a experiência brasileira, marcada pelo esforço metodológico nas últimas décadas de construção de hermenêutica comprometida tanto com a efetividade das normas constitucionais na complexidade do ordenamento, quanto vinculada à estrutura institucional da democracia constitucional. Ressalta-se ainda que a tênue linha divisória entre a atuação judicial dentro de sua margem de competência e o excesso, muitas vezes fundado em voluntarismo ideológico, deve ser delimitada mediante o estímulo à fundamentação das decisões, exigindo-se argumentação que permita o amplo e transparente controle social da magistratura e a paulatina construção de padrões de comportamento estáveis na reconstrução da segurança jurídica.

O capítulo **O direito a produzir direitos: uma proposta para a compreensão dos conflitos entre cidadania e Constituição**, ao mesmo tempo em que faz importantes questionamentos do ponto de vista teórico-abstrato acerca dos temas *direitos fundamentais, cidadania, democracia* e *norma constitucional*, traz a concretude do levantamento jurisprudencial sobre a matéria. Nele se discorre sobre a relação entre cidadania e Constituição, com a demonstração de algumas de suas assimetrias e conflitos, uma vez que, a despeito de estabelecer os direitos fundamentais do cidadão, paradoxalmente, a Constituição opera também como mecanismo de contenção e freio em face das reivindicações por ampliação da cidadania. Essa situação é ilustrada com a Constituição brasileira de 1824, a Constituição soviética de 1936 e a Constituição estadunidense de 1789. O texto constitucional brasileiro, embora exibisse um *bill of rights*, consagrava a exclusão política e social da maioria da população do país, tanto por ignorar os negros como cidadãos, quanto por amesquinhar os direitos das mulheres, dos pobres e dos não católicos. Na Constituição soviética da era stalinista, os direitos fundamentais individuais de liberdade (de expressão, de imprensa, de reunião, de manifestação) foram relativizados, porquanto condicionados aos "interesses do povo trabalhador", os quais eram, em verdade, aquilo que o governo totalitário entendia como de observância obrigatória. A Constituição estadunidense, inserida no contexto do *common law*, apresenta-se como texto cuja redação original remonta a dois séculos, mas é permanentemente atualizada mediante precedentes da Suprema Corte, os quais, muitas vezes, parecem contrapor o texto constitucional aos direitos e interesses de vários indivíduos, como foi o caso de decisões que ratificaram a escravidão e a segregação racial, a exclusão política da mulher e o preconceito religioso. Para que o Direito se mantenha atual, deve permanecer aberto a alterações que o compatibilizem com a dinamicidade característica da vida social. Por conseguinte, não se deve entender os direitos integrantes da cidadania como concebidos, de modo exaustivo, pelo poder constituinte em um momento histórico. Ao contrário, eles são modificados e enriquecidos por uma concepção de cidadania aberta a inserção de novos direitos. Apresenta-se, então, o conceito de cidadania como *o direito a produzir direitos*. Com base nesse conceito, é analisada a realidade brasileira, afirmando-se o fortalecimento do papel do Poder Judiciário em relação a demandas por transformação social a partir da redemocratização e em decorrência da vinculatividade que passou, neste milênio, a ser atribuída aos princípios do Estado Democrático de Direito constitucionalmente declarados, fato que gerou crescente judicialização de questões econômicas e sociais. Por fim, devido ao fato de a participação cidadã ocorrer também pelo acesso ao Judiciário, procedeu-se à análise de decisões do Supremo Tribunal Federal, visando a identificar uma eventual criação judicial de direitos fundamentais pelo Poder Judiciário.

No capítulo **Ativismo judicial no *civil law*: o controle de constitucionalidade de normas em análise comparada entre Brasil e Alemanha**, realiza-se análise comparativa da realidade brasileira com a realidade alemã tanto do ponto de vista legal e doutrinário, quanto jurisprudencial. Examina-se então a relação entre Judiciário e demais Poderes no Brasil e na Alemanha no tocante ao controle de constitucionalidade. Esse é mecanismo processual cuja utilização pode gerar controvérsias a respeito dos limites do âmbito de competência do Poder Judiciário, que pode eventualmente retirar do ordenamento jurídico, por decisão técnica, o que havia antes sido introduzido, por debate democrático, pelo Poder Legislativo. Para o aprofundamento do estudo comparado, examinam-se os efeitos da utilização de elementos e modelos próprios à tradição jurídica do *common law* no controle de constitucionalidade exercido no Brasil e na Alemanha, países que adotam o sistema jurídico do *civil law*. Procede-se, então, à investigação comparativa do controle de constitucionalidade brasileiro e alemão sob o prisma de sua via abstrata e concentrada e de sua forma concreta e difusa. Após, apresentam-se distorções nas relações entre Poderes Públicos que poderiam ser associadas à incorporação de métodos de aplicação do direito típicos do *common law* e de mecanismos processuais estranhos à tradição jurídica do *civil law*, adotada pelos países pesquisados, tais como, respectivamente, a criação judicial do direito (tanto na Alemanha quanto no Brasil) e a adoção do controle difuso de constitucionalidade das leis (no Brasil).

No próximo capítulo **Ativismo judicial *vs.* controle judicial – um estudo a partir da análise argumentativa da fundamentação das decisões do Poder Judiciário brasileiro e do Tribunal**

Constitucional da Argentina, México e Alemanha, segue-se no estudo comparado da realidade brasileira com outros contextos nacionais. Em virtude da crítica de *ativismo judicial* frequentemente atribuída ao Poder Judiciário brasileiro, buscou-se, antes de tudo, conceituar o que é ativismo judicial. Distinguiu-se ativismo de controle judicial, apresentando-se o primeiro como ingerência indevida do Poder Judiciário na competência dos demais Poderes, e o segundo como devido cumprimento do sistema de freios e contrapesos integrante do princípio da separação dos poderes. Indagou-se, então, por parâmetros para avaliar cientificamente a atuação judicial, de modo a classificá-la como ativista ou não. Para tanto, passou-se à análise de *decisões judiciais*, por serem elas os *atos institucionais* desse poder. Afinal, o primeiro passo para a avaliação da atuação de um órgão é o exame dos atos que lhes são próprios ou institucionais. Sendo as decisões judiciais *atos discursivos*, buscaram-se *critérios* para sua avaliação em reconhecidas *teorias do discurso* – a *teoria do discurso* de Jürgen Habermas e a *teoria da argumentação jurídica* de Robert Alexy. Enquanto atos discursivos, decisões judiciais são formadas por *argumentos*. Extraiu-se, então, uma *taxonomia argumentativa* do pensamento desses autores, com base na qual foram examinados os argumentos que compunham a *fundamentação* das decisões judiciais, visando-se a identificar (i) se o Poder Judiciário justificou devidamente seus atos institucionais, com argumentos próprios ao discurso jurídico, hipótese em que seriam menores as chances de ativismo judicial, (ii) se suas decisões não foram devidamente fundamentadas ou foram insuficientemente justificadas, caso em que aumentaria a possibilidade de ativismo judicial. Foram investigadas decisões judiciais referentes a tema paradigmático no levantamento da crítica de ativismo judicial, o direito fundamental social ao *mínimo existencial*. Pesquisaram-se a jurisprudência brasileira infraconstitucional e constitucional, e as decisões dos Tribunais Constitucionais da Alemanha, Argentina e México, de modo a se chegar a uma conclusão fundada quanto ao enquadramento da atuação do Poder Judiciário pátrio. Constatou-se não se tratar o ativismo judicial de fenômeno estruturado segundo uma lógica binária, mas que se manifesta de forma gradual, passível, então, de gradação como inexistente, leve, moderado ou grave. Com base nos critérios utilizados e no levantamento jurisprudencial feito, concluiu-se pelo ativismo em grau leve (ou, no máximo, moderado) do Poder Judiciário brasileiro.

O capítulo seguinte **Direitos sociais, mínimo existencial e o assim chamado "ativismo judicial" – uma análise à luz da jurisprudência do Supremo Tribunal Federal e do Tribunal Constitucional Federal alemão** aprofunda a investigação comparativa da abordagem dos direitos fundamentais sociais e do direito ao mínimo existencial – ambos temas paradigmáticos no debate sobre ativismo judicial – pela jurisprudência constitucional brasileira e alemã. Visando a examinar se e em que medida o tratamento destinado ao direito ao *mínimo existencial* pode ser enquadrado como exemplo de *ativismo judicial* na realidade brasileira e alemã, decisões representativas do Tribunal Constitucional de cada país foram analisadas. Formula-se o conceito de mínimo existencial como conjunto de prestações estatais que assegura a cada pessoa uma vida condigna, de modo que qualquer pessoa necessitada que não tenha condições de, por si só ou com o auxílio de sua família, prover o seu sustento tem direito ao auxílio por parte do Estado e da sociedade. Destacou-se que inicialmente o mínimo existencial era entendido como *dever* do Estado de assegurar a todos uma vida com dignidade, mas não implicava um direito subjetivo exigível pelo indivíduo. Sua elevação à condição de direito fundamental e sua articulação mais direta com a dignidade humana e outros direitos fundamentais teve na Alemanha sua primeira importante elaboração dogmática e seu primeiro reconhecimento jurisprudencial. Asseverou-se que o *princípio da dignidade humana* não reclama apenas a garantia da liberdade, mas também um mínimo de segurança social, já que, sem os recursos materiais para uma existência digna, a própria dignidade da pessoa humana fica sacrificada. Apresentando-se a prestação estatal correspondente ao mínimo existencial na forma de auxílio pecuniário, a fixação do valor da prestação assistencial é condicionada espacial e temporalmente, bem como dependente também do padrão socioeconômico vigente. Foram, então, selecionadas duas decisões representativas na temática do mínimo existencial na jurisprudência constitucional do Brasil e da Alemanha. Da análise de todas as decisões, concluiu-se que, de forma geral, a despeito do reconhecimento de manifesta e longa omissão legislativa e à vista dos graves problemas daí decorrentes, houve razoável *deferência judicial* para com o legislador. A deferência judicial manifestou-se especialmente (i) na atribuição ao *legislador* da *competência* para a definição da natureza das prestações estatais relativas ao mínimo existencial, bem como para o estabelecimento dos critérios para essa definição; (ii) na *não declaração de nulidade* dos dispositivos legais tidos como ofensivos ao mínimo existencial e, sim, fixando-se *prazo* ao *legislador* para que ele próprio providenciasse os ajustes necessários. Por fim, ressalta-se a interação equilibrada entre os órgãos estatais ou os *diálogos interinstitucionais* como o caminho adequado para a satisfação dos direitos fundamentais em geral, visto que a busca da efetividade da ordem constitucional é tarefa cometida a todos.

Adiante, o capítulo **A justiciabilidade do direito fundamental social à educação em uma perspectiva comparada: Brasil, Colômbia e México** objetiva investigar quando é adequado que o Judiciário obrigue o Estado a fornecer as prestações referentes ao direito à educação, considerando as realidades brasileira, mexicana e colombiana. Após a análise comparada da *previsão constitucional* destinada ao direito fundamental à educação em cada um dos países estudados, discorre-se sobre os dois principais argumentos utilizados contra a justiciabilidade dos direitos fundamentais sociais – o *princípio da reserva do possível* e a objeção democrática ou *princípio da democracia*. O primeiro princípio é frequentemente alegado pelos entes federados nas demandas judiciais em que figuram no polo passivo e cujos objetos são prestações materiais positivas. Porém, considera-se que, porquanto os direitos fundamentais sociais possuem aplicabilidade imediata por determinação constitucional, eles são justiciáveis. Ademais, entendendo-se como *núcleo essencial* do direito fundamental à educação o que for substancialmente indispensável à garantia de uma eficácia mínima desse direito, bem como o que for positivado constitucionalmente como *direito subjetivo definitivo*, é o núcleo essencial do direito fundamental à educação *imediatamente exigível* perante o Judiciário em caso de seu descumprimento pelos Poderes Políticos. Ademais, o núcleo essencial do direito fundamental à educação integra o conteúdo do *mínimo existencial* brasileiro, ao qual é inoponível o princípio da reserva do possível. São, então, mencionados dois argumentos contra a utilização do princípio da democracia como contra-argumento à negação de justiciabilidade dos direitos fundamentais e da atuação do Poder Judiciário em sua garantia: (i) esses direitos são condições de possibilidade do próprio exercício democrático, porquanto somente é possível a formação livre de opiniões e a participação em diálogos políticos na esfera pública com o acesso às condições materiais essenciais de vida, as quais são objeto dos direitos fundamentais sociais; (ii) em virtude da normatividade da Constituição e do princípio da inafastabilidade da tutela jurisdicional, o Judiciário tem o dever de aplicar as normas jurídicas vigentes em situações de litígio, mesmo quando isso significa controlar o exercício do poder estatal, situação que não apenas não é incompatível com a democracia, como, ao contrário, é um de seus elementos. Conclui-se, portanto, pela *intangibilidade do núcleo essencial* do direito à educação, o qual deve ser assegurado, a despeito de quaisquer argumentos orçamentários.

Finalmente, conclui-se este livro com o capítulo **Parâmetros para o controle judicial de políticas públicas de saúde**, no qual, conforme expresso em seu título, são investigados critérios para o controle, pelo Poder Judiciário, de políticas públicas voltadas para a realização do direito à saúde. A relevância desses parâmetros evidenciou-se com a judicialização massivamente crescente do direito à saúde a partir dos anos 2000 no Brasil. O notório aumento de decisões judiciais de caráter mandamental ao Poder Executivo no sentido do provimento da prestação positiva demandada trouxe impactos orçamentários e organizacionais à Administração Pública, a qual passou a arguir em sua defesa os princípios da separação dos poderes e da reserva do possível. Com base na *teoria dos princípios* de Robert Alexy, foram propostas como diretrizes para a prestação jurisdicional as noções de *precedência condicionada* dos princípios, *restringibilidade* dos direitos fundamentais, e *núcleo essencial* desses direitos. Tais diretrizes foram apresentadas na forma de critérios para fixação do grau de *essencialidade* da demanda de saúde pleiteada, ou seja, na forma de parâmetros para delimitação do *núcleo essencial* do direito à saúde, o qual, como conteúdo de *regra*, é *definitivamente devido*. Propôs-se como referência para a determinação da essencialidade da prestação de saúde requerida a sua vinculação (i) com a sobrevida e (ii) com a preservação de condições mínimas de dignidade. Ademais, formulações foram dirigidas à elaboração do orçamento público segundo ordem prioritária de alocação de recursos conforme determinação constitucional. Finalmente, especial ênfase foi destinada ao atual contexto de pandemia do novo coronavírus, que revelou a inexorabilidade da garantia de um conjunto de prestações sociais mínimas pelo Estado, em contraposição ao tradicional argumento de escassez de recursos. Para tanto, medidas legislativas e fiscais têm sido tomadas, como a elaboração de leis, medidas provisórias, decretos, com previsão de alteração na rigidez das regras de responsabilidade fiscal, autorização de gastos excepcionais dentro do novo regime fiscal instaurado no país desde 2016, estabelecimento de Auxílio Emergencial à população, entre outras providências para a superação do contexto excepcional em que se encontra o país.

Aos leitores de *Atual Judiciário – Ativismo ou Atitude*, espera-se que o esforço na produção de obra coletiva, em que se reúnem artigos de juristas de distintos países e de diferentes regiões brasileiras, todos com trajetória consolidada de pesquisa nas questões discutidas, ofereça elementos que contribuam para a reflexão e análise crítica de tema a que se faz referência tão frequente quanto superficial no debate jurídico contemporâneo: *ativismo judicial*, e tópicos com ele relacionados, como democracia, separação de poderes, sistema de freios e contrapesos, conflitos de competência, autocontenção judicial, inafastabilidade da prestação jurisdicional, racionalidade da argumentação jurídica, diálogos interinstitucionais, normatividade constitucional, vinculatividade dos princípios, justiciabilidade dos direitos fundamentais, judicialização, reserva do possível.

Juiz de Fora, setembro de 2021.

Cláudia Toledo

(NEO)CONSTITUCIONALISMO(S) E ATIVISMO JUDICIAL: DAS INCERTEZAS CONCEITUAIS À FRAGILIDADE PARA A DEMOCRACIA(?)

SAULO TARSO RODRIGUES
NÚRIA BELLOSO MARTÍN

> *"Los jueces no son los señores del derecho en el mismo sentido en que lo era el legislador en el pasado siglo. Son más exactamente los garantes de la complejidad estructural del derecho en el Estado constitucional, es decir, los garantes de la necesaria y dúctil coexistencia entre ley, derechos y justicia".*
>
> (G. Zagrebelsy)

    As constituições democráticas constituem a expressão do maior compêndio de garantias e instrumentos de proteção dos direitos fundamentais dos cidadãos. Assentando em pilares como o Estado de Direito, o princípio da legalidade e o princípio da separação de poderes, entre outros, têm a virtualidade de terem promovido o reconhecimento de direitos e a proteção desses direitos. Dito isso, não quer dizer que, tanto pela evolução das próprias sociedades complexas como pelo intuito de articular os melhores mecanismos para concretizar esta pretendida ordem social e jurídica, não seja preciso refletir sobre algumas questões que continuam sendo necessárias melhorar. Daí a chegada do chamado (e polêmico) "novo constitucionalismo latino-americano", a conveniência de articular harmoniosamente a garantia dos direitos com o ativismo judiciário, e a urgente necessidade de refletir sobre o já conhecido impacto da política tanto nos tribunais quanto na justiça e também repensar sobre a contribuição dos tribunais (especialmente os de nível superior, como os Tribunais Constitucionais) para a concretização de uma democracia reforçada.

1 Uma abordagem plural de um fenômeno amplo: por que neoconstitucionalismos?

O constitucionalismo no pensamento contemporâneo está sendo objeto de diversas perspectivas de estudo.[1] As principais podem englobar-se nas denominadas correntes "neoconstitucionalista(s)," no "constitucionalismo popular",[2] e no "novo constitucionalismo latino-americano".[3] Nenhuma dessas correntes é homogênea, e podemos afirmar que as duas últimas estão em processo de construção. O propósito de nosso trabalho é fazer uma reflexão sobre o ativismo judicial, no marco de uma teoria jurídica que se desenvolve a partir dos aportes do neoconstitucionalismo e do novo constitucionalismo latino-americano.[4]

---

[1] *Vid.* O interessante estudo de ALTERIO, Ana Micaela. Corrientes del constitucionalismo contemporáneo a debate. In: *Problema. Anuario de Filosofía y Teoría del Derecho*, n. 8, enero-diciembre, 2014, p. 227-306; Disponível em *www.revistas.unam.mx/index.../problema/.../4508...* Acesso em: 05 dez. 2015; também, *vid.* ALTERIO, Ana Micaela; NIEMBRO, Roberto (coord.), *Constitucionalismo popular en Latinoamérica*, México: Porrúa, 2013.

[2] Esta corrente se caracteriza pela abertura a uma interpretação extrajudicial da Constituição, a democratização e participação de instituições políticas e económicas e a recuperação entre a relação do direito com a política. (GARGARELLA, Roberto. El nacimiento del constitucionalismo popular. Sobre *The People Themselves*, de Larry Kramer. Disponível em: http://www.juragentium.org/topics/latina/es/gargarel.pdfhttp://www.juragentium.org/topics/latina/es/gargarel.pdf. Acceso em: 05 dez. 2015; também, *vid.* NIEMBRO, R. O. Una mirada al constitucionalismo popular. Disponível em: http://www.isonomia.itam.mx/Nueva%20carpeta/Isono_38_7.pdf. Acesso em: 02 dez. 2015.

[3] *Vid.* BELLOSO MARTÍN, Nuria. El neoconstitucionalismo y el nuevo constitucionalismo latinoamericano: ¿dos corrientes llamadas a entenderse?. *Cuadernos Electrónicos de Filosofía del Derecho* nº 32 (dezembro 2015) p. 23-53. http://ojs.uv.es/index.php/CEFD. (ISSN: 1138-9877. DOI:10.7203/CEFD.32.6448). Publicado também como: O neoconstitucionalismo e o novo constitucionalismo latinoamericano: dos movimentos chamados a comprenderse? Trad. de A. Fonseca Pinto Moura, en *Revista Culturas Jurídicas* / Legal Cultures (RCJ/LC), Teoría crítica, Pluralismo Jurídico e as Américas, Programa de Pós-Graduação em Direito Constitucional, Universidade Federal Fluminense, v. 4, n. 9 set.-dez. (2017) p. 24-55 (Rio de Janeiro-Brasil). DOI: http://dx.doi.org/10.22409/rcj.v4i9)

[4] O constitucionalismo latino-americano parte de alguns pressupostos epistêmicos que permitem que possam compreender melhor as características que o caracterizam. Entre esses pressupostos, cabe destacar o pluralismo, a influência das constituições europeias com forte conteúdo axiológico. O "neoconstitucionalismo" reivindica a interpretação desde a constituição do Estado de Direito. Interessa-se pela constitucionalização do ordenamento jurídico. Por sua parte o "novo constitucionalismo latino-americano" centra seu interesse na relação que dará origem as constituições e a difusão de mecanismos democráticos, é dizer, é mais uma preocupação política que propriamente jurídica. Este "novo constitucionalismo" busca a legitimidade da soberania popular antes da "afirmação jurídica". Para alguns autores, com a promulgação da Constituição da Venezuela de 1999, a Constituição Equatoriana de 2008 e a Constituição Boliviana de 2009 se formam as bases estritas para o "novo" constitucionalismo latino-americano.

Se bem que a presença de princípios de ordem ética e política que funcionam como pressupostos, não sujeitos a discussões, é uma característica comum a todas as Constituições, nos novos textos constitucionais o forte e amplo conteúdo axiológico é uma tendência fortemente demonstrada. Soberania popular, respeito à dignidade humana, solidariedade. Igualdade perante a lei, pluriculturalismo assim como metas a alcançar, tais como igualdade material, justiça social, inclusive dos setores marginalizados, materialização de direitos e outros. As normas que incorporam esses pressupostos e propósitos estão formuladas em uma linguagem ampla, suscetível de uma interpretação que faz o operador do direito, geralmente o juiz, deva desenvolver uma atividade hermenêutica.

Isso faz pensar que o ativismo judicial é uma característica do novo constitucionalismo latino-americano. A própria expressão do ativismo judicial está acompanhada de uma conotação pejorativa na medida em que se alude uma espécie de usurpação por parte do juiz, de uma função que, por sua natureza, é competência de outros poderes. Por exemplo, do Poder Legislativo, na medida em que quando se examina a constitucionalidade de uma norma se condiciona tal constitucionalidade a que a norma se interprete de uma determinada maneira, existindo várias possibilidades hermenêuticas. Ou bem se questiona ao Poder Executivo, quando, para amparar um direito, se ordena um gasto não previsto.[5]

---

[5] A relação entre ativismo judiciário e garantismo não é pacífica. A respeito, diz Belloso Martín: "La configuración de un Estado de Derecho implica que se respeta la legalidad, legalidad que ha sido aprobada por el Poder Legislativo, como representante de la voluntad popular. También implica el respeto al principio de separación de Poderes, de manera que el Poder Judicial debe limitarse a aplicar e interpretar la ley pero no puede erogarse en legislador, a pesar de que esté tentado de hacerlo en su interpretación de los derechos fundamentales establecidos constitucionalmente. El garantismo sí puede ser un rasgo característico de un Estado de Derecho pero no el activismo judicial" [...] Para entender adecuadamente el activismo judicial, habría que partir de una distinción, entre la autorrestricción judicial y su contrario, el activismo judicial. El punto de partida de la autorrestricción judicial es el principio de división de Poderes y una concepción de la democracia formalista. Sustenta que los jueces carecen de legitimidad democrática y que son los menos autorizados para controlar la legalidad y la constitucionalidad de las normas. Por el contrario, el activismo judicial y el decisionismo judicial sustentan que, sin contrapesos democráticos, se posibilitaría la salvaguardia de los derechos fundamentales y especialmente, derechos de las minorías- consagrados en la Constitución. Su actividad se podría calificar de prácticas cercanas al "populismo judicial". Se sustenta en que es la justa intervención del aparato de justicia como equilibrador ante la indolencia y paquidermia de otros órganos de poder". BELLOSO MARTÍN, N. De defensor de la Constitución a principal intérprete del texto constitucional y de los derechos fundamentales: el

Esse difícil equilíbrio do ativismo judicial e a presença relevante de princípios e de cláusulas abertas, como bem ressalvou Carbonell,[6] leva-nos a duas premissas: por uma parte, dotar de sentido concreto a essas cláusulas abertas, vagas e indeterminadas;[7] por outra, a aplicação tendente a dotar de sentido as normas abertas pressupõe e exige construir uma boa teoria da argumentação.[8] O ativismo judicial não deriva de uma simples postura acadêmica ou ideológica, mas forma parte do modelo mesmo da democracia constitucional – afirma Carbonell – tal como se entende ao menos desde o surgimento do neoconstitucionalismo.[9] Esse debate na América-Latina[10] tem

---

Tribunal Constitucional en perspectiva ¿activista vs garantista?. *Revista Direitos humanos e Democracia*, Año 7, n. 13, Editora Unijuí, Programa Pos-Graduação stricto sensu, jan./jun. 2019, p. 22-36; também, vid. FERRAJOLI, Luigi. *Principia Juris, Teoría del derecho y de la democracia*. 2. ed. Madrid: Trotta, 2016.

[6] CARBONELL, Manuel. Desafíos del nuevo constitucionalismo en América Latina. In: *Precedente*, Cali-Colombia, 2010, p. 214. Disponível em: https://www.icesi.edu.co/precedente/ediciones/2010/09_Carbonell.pd.

[7] Se for consultada a Constituição brasileira de 1988 se encontram vários conceitos indeterminados como a dignidade da pessoa (art. 1.III), pluralismo político (art 1.V), igualdade perante a lei (art. 5), direitos adquiridos (art. 5.XXXVI), pena cruel (art. 5.XLVII inciso E), entre outros. O mesmo acontece na Constituição espanhola: pluralismo, dignidade humana, tratamento desumano ou degradante etc.

[8] Afirma Carbonel "que tanto la concreción constitucional como la argumentación en la materia dan lugar (o deben dar lugar) a jueces activistas. El activismo judicial no significa ni implica que el juez pueda sustituir con su criterio personal las decisiones que ha tomado el constituyente [...] El activismo judicial, bien entendido, significa simplemente que el juez toma las normas constitucionales en serio y las lleva hasta el límite máximo que permite su significado semántico, a fin de proteger con la mayor extensión normativa y fáctica los derechos fundamentales. Precisamente, el activismo será más marcado en materia de derechos y mucho más moderado (o deferente) cuando se trate de cuestiones relativas a la división de poderes o al ejercicio de competencias públicas" (CARBONELL, Manuel. Desafíos del nuevo constitucionalismo en América Latina, cit., p. 215-216).

[9] Carbonell destaca que, junto ao ativismo judicial, há outros elementos essenciais para a revolução dos direitos, tais como as boas declarações de direitos, com marcos constitucionais que permitam "ativar" a atuação dos juízes (ações populares, legitimação ampla) assim como uma forte consciência social em torno dos direitos ("ativismo social"). (CARBONELL, Manuel. Desafíos del nuevo constitucionalismo en América Latina", cit., p. 218). Também, vid. KENNEDY, Duncan. *Libertad y restricción en la decisión judicial*: el debate con la teoría crítica del derecho (CLS), Universidad de los Andes: Siglo del Hombre Editores, 1999.

[10] Como acertadamente aponta Vázquez, o debate tem sido posto entre os extremos: "O la autorrestricción judicial a partir del princípio de división de poderes y de una concepción de la democracia formalista (los jueces carecen de legitimidad democrática y son los menos autorizados para controlar la legalidad y constitucionalidad de las normas); o bien el activismo judicial y el decisionismo son contrapesos democráticos que, pese a los riesgos, posibilitaría, entre otras cosas, la salvaguarda de los derechos fundamentales –y de manera relevante el de las minorías- consagrados en la Constitución" (VÁZQUEZ, Rodolfo, Justicia constitucional, Derechos humanos y argumento contramayoritario". In *Anales de la Cátedra Francisco Suárez*: un panorama de filosofía jurídica y política. 50 años de ACFS. Universidad de Granada, n. 44, 2010, p. 251).

sido enriquecido com as obras de Carlos Santiago Nino,[11] Roberto Gargarella[12] e Víctor Ferreres.[13]

Segundo Ponce Villaís, o novo constitucionalismo radical anula a ação do legislador, acaba com o princípio da certeza do direito, ataca a segurança jurídica e termina com o sistema do direito positivo e racional. Para conseguir uma máxima efetividade se está pedindo aos juízes que deem soluções diferentes ao que as partes em conflito hajam solicitado, dando lugar ao exercício abusivo da discricionariedade.

Em definitivo, alerta sobre um modelo de Constituição "vivente".[14] Adverte que através da ponderação se busca atribuir um escudo para o juiz de forma discricional com um discurso moral interno, baseando suas decisões fora das margens da norma constitucional.[15].

Ávila Santamaría, na sua linha de defesa de um neoconstitucionalismo transformador,[16] aponta alguns elementos comuns de discussão, tais como a relação entre normas-regras e normas-princípios, a função dos juízes na hora de tornar efetivos os direitos fundamentais, o ativismo judicial e o reconhecimento de sujeitos com direitos coletivos.[17]

---

[11] NINO, Carlos Santiago. *La constitución de la democracia deliberativa*. Barcelona: Gedisa, 1997.

[12] GARGARELLA, Roberto. *La justicia frente al gobierno*: sobre el carácter contramayoritario del poder judicial. Barcelona: Ariel, 1996.

[13] FERRERES, Víctor. *Justicia constitucional y democracia*. Madrid: Centro de Estudios Políticos y Constitucionales, 1997.

[14] Constituição vivente vem a ser um equivalente a uma Constituição sensível às mudanças. ZAGREBELSKY, Gustavo, Jueces constitucionales. In: *Jueces para la Democracia* 58, 2007, p. 3-12.

[15] *PONCE VILLACÍS, Juan Esteban. El Neoconstitucionalismo en el Ecuador*. Quito: Corporación de Estudios y Publicaciones (CEP), 2010. Sobre o questionamento da aplicação generalizada do método de ponderação jurídica e dos perigos do empoderamento do juiz no esquema neoconstitucional equatoriano, *vid*. ZAIDÁN, S.; OVARTE, R. *Neoconstitucionalismo*: teoría y práctica en el Ecuador. Quito: Cevallos Editora Jurídica, 2012.

[16] ÁVILA SANTAMARÍA, Ramiro. *En defensa del neoconstitucionalismo transformador*: los debates y los argumentos, p. 1-25. Repositorio. Universidad Andina Simón Bolívar, 2012. Disponível em: http://repositorio.uasb.edu.ec/bitstream/10644/2922/1/%C3%81vila,%20R-CON-004-En%20defensa.pdf. Acesso em 09 mar. 2015.

[17] Segundo Ávila, "El principio es una norma que, al no tener una hipótesis ni una obligación concreta, no establece un régimen objetivo, claro, concreto de cómo aplicar ese principio en la vida práctica. Está la norma absolutamente al arbitrio del intérprete. Se complementa con que La norma jurídica para ser legítima no puede ignorar ni contradecir los principios. Los principios deben inspirar las leyes. Sólo los legisladores pueden determinar el contenido y el alcance de los principios que son, por naturaleza, indeterminados y ambiguos. Dejar a los jueces la determinación de principios es permitir la arbitrariedad y promover un

O ponto central reside em *como* se tutelam os direitos contidos nos respectivos textos constitucionais. O recente *constitucionalismo latino-americano*, à diferença da postura de um controle negativo e de mínimos que sustentava o constitucionalismo anterior, aceita a ideia de um maior ativismo jurisprudencial em correspondência à ideia de Constituição aberta e principialista que defende. Em algumas Constituições se observa uma tensão em relação ao intento de articular simultaneamente uma forma de neoconstitucionalismo, na medida em que também pretendem dar um estímulo à participação democrática, pois parecem exercícios na direção contrária. Assim, o neoconstitucionalismo se caracteriza por uma proteção judicial reforçada de uma Carta Constitucional muito densa de direitos, pelo que se tende à sua judicialização, já que os juízes, em especial os juízes constitucionais, começam a decidir assuntos que anteriormente eram de competência exclusiva da esfera política, portanto, em ambientes democráticos (no sentido habermasiano). Tentar expandir o elenco de direitos incorporados na Constituição provoca um reforçamento dos poderes do Poder Judiciário, o órgão mais tipicamente contramajoritário da Constituição.

Possivelmente, um dos pontos mais claramente comuns que compartilham tanto a corrente do neoconstitucionalismo como do novo constitucionalismo latino-americano é o renovado papel que corresponde desempenhar ao Poder Judiciário. O novo constitucionalismo impulsiona a maior *atividade judicial*.

Isso não implica um maior *ativismo judicial*, que seria característico do novo constitucionalismo latino-americano. No novo constitucionalismo, ao juiz corresponde um papel mais importante, sem, no entanto, estar menos vinculado ao direito. Contudo, apesar de que o neoconstitucionalismo não chega a dar uma margem

sistema que se basaría en la inseguridad jurídica". Afirma Ávila que o debate não deveria ser se as regras são as únicas normas que deveriam existir ou se se opõem aos princípios. Os princípios e as regras são normas jurídicas complementarias: não se pode aplicar um princípio nunca se não há uma regra. A diferença com o positivismo tradicional está em que antes o Poder Legislativo era a única autoridade para produzir normas válidas. No sistema jurídico constitucionalizado, também produzem normas jurídicas válidas os juízes para os casos e o Tribunal Constitucional com caráter geralmente obrigatório. Quando o juiz resolve um caso aplicando um princípio, tem que acabar criando uma regra mediante um processo argumentativo. (ÁVILA SANTAMARÍA, Ramiro. *En defensa del neoconstitucionalismo transformador,* cit.).

tão grande ao Poder Judiciário, em ocasiões deixa na mão do juiz a última decisão, negando-lhe o caráter de política e encobrindo-a com tecnicismo como a ponderação.

É importante ressaltar que a "suposta" tensão entre o respeito às garantias constitucionais e o ativismo judicial não pode ser resolvida de forma simplista. Principalmente nos países latino-americanos, em alguns casos a proteção dos direitos fundamentais – especialmente os direitos sociais – só pode ser garantida por meio de práticas sociais proativas. Isso significa que, na cultura jurídica europeia, este ativismo judicial não é entendido nos seus próprios termos e há uma tendência muito mais acentuada para o garantismo.[18]

No novo constitucionalismo parece estar mais claro o papel dado ao Poder Judiciário (jurisdição ordinária e constitucional). No caso do novo constitucionalismo latino-americano assistimos a um reforço do Poder Judiciário para que possa concretizar a alta carga axiológica dos textos constitucionais. Paradoxalmente, o Poder Judiciário é o poder tipicamente contramajoritário, oposto ao protagonismo do Poder Legislativo e, por onde existe a participação por parte dos cidadãos.[19] Essa é uma das contradições a que o "novo" constitucionalismo latino-americano terá que dar resposta.

Paira grande dissenso sobre o que seria o neoconstitucionalismo, que para Pozzolo e para a Escola genovesa fora pensado originariamente para identificar uma perspectiva jusfilosófica antipositivista.[20] Portanto, seguindo Prieto Sanchís, "[...] *é mais justificado falar de neoconstitucionalismos, no plural*",[21] implicando isso um defeito e uma virtude, posto que teorias que tendem a ser globais falham ao utilizar o modelo colonizador constitucional como dominante,

---

[18] DUQUELSKY GÓMEZ, D. J. La falsa dicotomía entre garantismo y activismo judicial, *Revista DOXA*, n. 41, Alicante, 2018, p. 193-209. DOI: https://doi.org/10.14198/DOXA2018.41.10

[19] BELLOSO MARTÍN, Nuria. *La Jurisdicción constitucional en las democracias constitucionales: su discutida configuración como poder contramayoritario y cómo órgano con auténtico poder normativo*. In: DE JULIOS CAMPUZANO, Alfonso (ed.) *Itinerarios constitucionales para un mundo convulso*, Madrid: Dykinson, 2017, p. 31-65.

[20] POZZOLO, Susanna. Reflexiones sobre la concepción neoconstitucionalista de la Constitución. In: CARBONELL, Miguel; GARCÍA JARAMILLO, Leonardo (ed.). *El canon neoconstitucional*. Madrid: Trotta, 2010, p. 165-184.

[21] PRIETO SANCHÍS, Luis. *El constitucionalismo de los derechos. Ensayos de filosofía jurídica*. Madrid: Trotta, 2013, p. 24.

muitas vezes oprimindo minorias e culturas díspares, como o novo constitucionalismo latino-americano.

Para Miguel Carbonell, o neoconstitucionalismo pretende explicar um conjunto de textos constitucionais que começam a surgir depois da Segunda Guerra Mundial e, sobretudo, a partir dos anos 70 do século XX.[22]

Há acesa polêmica entre autores como Bolzan,[23] Sarmento[24] e Barroso,[25] divergindo do pensamento da hermenêutica filosófica, proposto por Streck.[26] Pretendemos introduzir um panorama geral acerca do neoconstitucionalismo para Bolzan, Barroso e Sarmento, seguido da visão constitucionalista garantista de Ferrajoli, temperado com as críticas de Lenio Streck sobre a divergência, na qual, desde já afirmamos que com ele coadunamos.

O neoconstitucionalismo, para tais autores, busca construir novas grades teóricas, para que estas se compatibilizem com os fenômenos ocorridos no segundo pós-guerra, em substituição ao pensamento positivista exegético e normativista, considerado incompatível com a nova realidade.[27]

Assim, por exemplo, ao invés da subsunção e do silogismo formalista, ou o mero reconhecimento da discricionariedade política do intérprete nos casos difíceis, na linha de Kelsen e Hart, o neoconstitucionalismo dedica-se à discussão de métodos ou teorias da argumentação que permitam a procura racional e intersubjetivamente controlável da melhor resposta para os casos difíceis do direito.[28]

---

[22] CARBONELL, Miguel; GARCÍA JARAMILLO, Leonardo Prólogo: Desafíos y retos del canon neoconstitucional. *In:* CARBONELL, Miguel; GARCÍA JARAMILLO, Leonardo (ed.), *op. cit.,* p. 210.

[23] BOLZAN DE MORAIS, José Luis. *Crise do Estado, Constituição e Democracia Política, op. cit.,* p. 13.

[24] SARMENTO, Daniel. O neoconstitucionalismo no Brasil: Riscos e possibilidades. *In:* SARMENTO, Daniel. *Por um constitucionalismo inclusivo*: história constitucional brasileira, teoria da Constituição e direitos fundamentais. Rio de Janeiro: Lumen Juris, 2010, p. 233.

[25] BARROSO, Luís Roberto. Neoconstitucionalismo e constitucionalização do direito: o triunfo tardio do direito constitucional no Brasil. *In:* BARROSO, Luís Roberto. *O novo direito constitucional brasileiro, op. cit.,* p. 187.

[26] STRECK, Lenio Luiz. *Jurisdição constitucional e decisão jurídica.* 3. ed. São Paulo: Revista dos Tribunais, 2013.

[27] SARMENTO, Daniel. O neoconstitucionalismo no Brasil: Riscos e possibilidades, *op. cit.,* p. 233.

[28] DWORKIN, Ronald. Is law a system of rules? *In:* DWORKIN, Ronald. *Philosophy of law.* Oxford: Oxford University Press, 1971.

Ávila, de outra monta, entende que a subsunção não dá lugar à ponderação, pois a Constituição é formada, basicamente, por regras, atribuindo ao legislador a competência de editá-las. Defender o contrário seria um paradoxo: em nome da Constituição (usar a ponderação), estaria ferindo a Constituição (que para Ávila é uma Constituição regulatória, não principiológica)[29] e a separação de poderes, conduzindo a um subjetivismo, partilhando da crítica de Streck.[30]

Marcelo Neves sustenta que a afirmação de que o paradigma da ponderação, em detrimento da subsunção, conduz ao subjetivismo, não fornecendo critérios intersubjetivos para a função heterolimitadora do direito, parte de distinção também saturada, inadequada para a análise de modelos referentes à concretização constitucional. Ponderação e subsunção ocorrem dentro de processos complexos de comunicação. O apego à crítica do subjetivismo, feita por Ávila e Streck, na construção da decisão judicial, desconhece o significado de conexões comunicacionais complexas, marcadas tanto pela pluralidade sistêmica de pontos de observação quanto pela dupla contingência de qualquer episódio de comunicação.[31]

Para além de Marcelo Neves, Bolzan entende que a leitura clássica do princípio da separação de poderes, que impunha limites rígidos à atuação do Poder Judiciário cede espaço a outras visões mais favoráveis ao ativismo judicial em defesa de valores constitucionais. Com a crise das funções clássicas dos três poderes, cada vez mais o ambiente jurisdicional promove a "[...] *consertação do Estado Democrático de Direito*".[32]

No lugar de concepções estritamente majoritárias do princípio democrático, são endossadas teorias de democracia mais substantiva, aproximando-se o neoconstitucionalismo das preocupações do

---

[29] *Cf.* ÁVILA, Humberto. Neoconstitucionalismo: entre a Ciência do direito e o direito da Ciência. *In*: BINENBOJM, Gustavo. SARMENTO, Daniel; SOUZA NETO, Cláudio Pereira de. *Vinte anos da Constituição Federal de 1988*. Rio de Janeiro: Lumen Juris, 2008, p. 188.
[30] Apresentaremos a crítica de Streck nas páginas seguintes.
[31] NEVES, Marcelo. *Entre Hidra e Hércules*: princípios e regras constitucionais, *op. cit.*, p. 179-180.
[32] *Cf.* BOLZAN DE MORAIS, Jose Luis. *Crise do Estado, Constituição e Democracia Política: a "realização" da ordem constitucional em países "periféricos"*, *op. cit.*, p. 22.

constitucionalismo garantista de Ferrajoli,[33] legitimando amplas restrições ao poder do legislador em nome dos direitos fundamentais e da proteção das minorias.

Outra aproximação da democracia substancial de Ferrajoli é feita por Marcelo Cattoni, defendendo que, em oposição ao liberalismo, o constitucionalismo não pode mais ser compreendido como a defesa da esfera privada naturalisticamente concebida contra a esfera pública identificada com o Estado, e, por isso mesmo, tampouco a democracia pode ser reduzida a um simples governo da maioria, o que afeta a própria compreensão dos princípios da divisão dos poderes, da soberania popular e da separação entre Estado, mercado e sociedade civil.[34]

Bolzan propõe a revisitação da tripartição clássica, reinstitucionalizando-a como "[...] funções de governo (legislativo e executivo) e função de garantia (poder judiciário)".[35]

No mesmo sentido, Daniel Giotti[36] aduz que com a proliferação de direitos fundamentais nas modernas Constituições e a assunção de que eles são princípios que podem colidir em casos específicos, sendo uma exigência social a máxima aplicação de cada um dos direitos fundamentais, uma nova concepção de separação de poderes é necessária.

Não mais se entende que direito e política são campos totalmente separados e cuja conexão deve ser reprimida para o bom funcionamento do Estado. Na verdade, no fundo sempre houve latente a possibilidade de conexão maior do que se pensava entre a arena política e o canal judicial.

Como afirma Bruce Ackerman, "[...] a separação de poderes é uma boa ideia, mas não há nenhuma razão para supor que os escritores clássicos esgotaram a sua excelência".[37]

---

[33] FERRAJOLI, Luigi. *Direito e Razão*: teoria do garantismo penal, *op. cit.*, p. 497-498.
[34] CATTONI, Marcelo. *Devido processo legislativo*. 2. ed. Belo Horizonte: Pergamum, 2013, p. 284.
[35] *Cf.* BOLZAN DE MORAIS, Jose Luis. *Crise do Estado, Constituição e Democracia Política: a "realização" da ordem constitucional em países "periféricos"*, *op. cit.*, p. 23.
[36] PAULA, Daniel Giotti de. Ainda existe separação de poderes? A invasão da política pelo direito no contexto do ativismo judicial e da constitucionalização da política. *In*: FELLET, André Luiz Fernandes; NOVELINO, Marcelo; PAULA, Daniel Giotti de. *As novas faces do ativismo judicial*. Salvador: Editora JusPodivm, 2013, p. 273.
[37] ACKERMAN, Bruce. *A nova separação de poderes*. Trad. Isabelle Maria Campos Vasconcelos e Eliana Valadares Santos. Rio de Janeiro: Lumen Juris, 2009, p. 113.

Roberto Gargarella entende que o esquema dos "freios e contrapesos", habitualmente venerado como a grande criação do constitucionalismo moderno, se assenta em uma concepção muito pobre de democracia.[38] A principal falha no sistema de freios e contrapesos é acolher a visão de que contrapostas ambições levariam a um bem coletivo que é o controle do poder. Nas complexas redes instauradas nas sociedades modernas, esquece-se de que membros de órgãos estatais diversos podem se unir em busca de interesses em comum, como na *executivização* da Constituição[39] e no *presidencialismo de coalisão*.[40] Adota-se, assim, a tese de que a separação dos poderes é um conceito em crise.[41]

2 A *jurisprudencialização* da Constituição como ato democrático?

A caracterização do Poder Judiciário como órgão contramajoritário tem dado lugar a uma grande polêmica. Como acertadamente aponta R. Vázquez, o debate tem sido posto em dois extremos: i) a autorrestrição judicial a partir do princípio da divisão dos poderes e de uma concepção formal de democracia (os juízes carecem de legitimidade democrática e são os menos autorizados para controlar a legalidade e a constitucionalidade das normas). É dizer, o juiz deve limitar-se a aplicar a lei ou a Constituição, sem violá-la; ii) o ativismo judicial e o decisionismo são contrapesos democráticos que, pesem os riscos, possibilitariam, entre outras coisas, a salvaguarda dos direitos fundamentais – e, de maneira relevante, o direito das minorias – consagrados na

---

[38] GARGARELLA, Roberto. La concepción de la democracia y la representación política: sobre los déficits del sistema de *"frenos y contrapesos"*. IV Congreso Nacional de Ciência Política. Disponível em: http://www.saap.org.ar/esp/docs-congresos/congresos-saap/VI/areas/06/gargarella.pdf. Acesso em: 09 jan. 2015, p. 3.
[39] BOLZAN DE MORAIS, Jose Luis. *Crise do Estado, Constituição e Democracia Política: a "realização" da ordem constitucional em países "periféricos"!* Op. cit., p. 29.
[40] ABRANCHES, Sérgio Henriques H. Presidencialismo de Coalizão: o dilema institucional brasileiro. *Dados – Revista de Ciências Sociais*, v. 31, p. 5-38, 1988.
[41] PAULA, Daniel Giotti de. Ainda existe separação de poderes? A invasão da política pelo direito no contexto do ativismo judicial e da constitucionalização da política, *op. cit., p. 280.*

Constituição;[42] é dizer, a tarefa do juiz é substancialmente valorativa – mediante a ponderação e interpretação jurídica.

A dificuldade contramajoritária pode ser resumida nas acertadas palavras de Carrió:

> Como es posible que una ley sancionada tras amplio debate por los representantes del pueblo democráticamente elegidos, quede sometida o supeditada, en cuanto a su validez constitucional, al criterio de los integrantes de un grupo aislado, no elegidos por procedimientos suficientemente democráticos, no controlados en su actuación por los representantes del pueblo y, en la práctica institucional efectiva, no responsable ante ellos.[43]

Quem é o juiz para substituir o povo em geral e a seus órgãos mais diretamente representativos em tais valorações?

A dificuldade contramajoritária nos acaba levando à interrogação de que razões justificam um papel ativo dos juízes em um Estado Democrático de Direito. Ou posto de outra forma: está justificada a ideia de primazia da Constituição, isto é, a ideia de fundamentar determinadas questões para impedir que possam ser modificadas pela regra da maioria?.[44] Propostas como as de Dworkin com as "pré-condições da democracia", como as de E. Garzón Valdés, com o "coto vedado", ou as de L. Ferrajoli, com a "esfera do indecidível", nos direitos humanos, incidem as críticas ao argumento contramajoritário.

Junto com a dificuldade contramajoritária, há que sublinhar as dificuldades interpretativas da própria linguagem jurídica que os juízes devem utilizar. É bem conhecida a incerteza produzida pela linguagem. Portanto, uma boa parte dos conceitos jurídicos são ao menos indeterminados: i) toda norma apresenta a dualidade de

---

[42] VÁZQUEZ, Rodolfo. Justicia constitucional, Derechos humanos y argumento contra mayoritario. *In: Anales de la Cátedra Francisco Suárez. Un panorama de filosofía jurídica y política. 50 años de ACFS.* Universidad de Granada, n. 44, 2010, p. 251.

[43] CARRIÓ, Genaro. Una defensa condicionada de la Judicial Review. *In:* NINO, Carlos *et al. Fundamentos y alcances del control judicial de constitucionalidad.* Madrid: Centro de Estudios Constitucionales, 1991, p. 148.

[44] BAYÓN, Juan Carlos. Democracia y derechos: problemas de fundamentación del constitucionalismo. *In:* J. BETEGÓN, F. LAPORTA, J. R. DEL PÁRAMO Y L. PRIETO SANCHÍS (coord.). *Constitución y derechos fundamentales.* Madrid: Centro de Estudios Políticos y Sociales, 2004, p. 103-104.

um núcleo de certeza e uma penumbra de dúvida que justamente determina uma vagueza; ii) aparece a "textura aberta irredutível" da linguagem e com os termos-chave da teoria jurídica têm sua "penumbra da incerteza". A função dessa incerteza é deixar abertas questões que, dada a nossa incapacidade para antecipar o futuro, não podem resolver-se razoavelmente de antemão, somente quando se apresentam; iii) também é habitual que alguns textos jurídicos usem termos valorativos, expressões de carga moral. Alguns são antigos como o direito privado, como a boa-fé. Outros chegaram com declarações de direitos nas Constituições e nos tratados internacionais.

Os magistrados resolvem litígios e casos aplicando normas, que já sabemos que não são perfeitas. Não se trata somente que sejam mais ou menos justas ou legítimas, "sino que justas o injustas, su materia prima es el lenguaje ordinario y adolecerán siempre (o casi siempre) de problemas de indeterminación que provocarán serios dilemas interpretativos".

Alguns autores defendem que, para cada caso, o direito contém uma única solução correta, seguindo Dworkin com seu juiz Hércules, que daria com essa solução uma única solução para cada caso; outros sustentam que a decisão judicial não é mais que uma decisão meramente pessoal e puramente subjetiva, e que os juízes podem decidir e decidem como lhes parecer mais oportuno.

Como ressalta A. Nieto:

> En sustancia, pues, Derecho no es lo que dicen las leyes sino lo que dicen los jueces, que es, en último extremo, lo que cuenta y vale. ¿De qué sirven, en efecto, las leyes que los jueces no aplican? ¿Y cuál puede ser el contenido de las leyes sino el que quieran darle los jueces?[45]

O juiz, na sua qualidade de intérprete do direito, se converte em um "mediador insustituible entre los modelos regulativos y su concreción en las situaciones de conflicto a disciplinar – es decir, actúa como intermediario entre la constante tensión entre la abstracción y la imprevisibilidad de los casos que los hechos que

---

[45] NIETO, Alejandro; FERNÁNDEZ, Tomás Ramón. *El derecho y el revés, diálogo epistolar sobre leyes, abogados y jueces*. Barcelona: Ariel, 1998, espec, p. 10-17.

la vida va presentando". Como explica G. Zaccaria, isso lhe exige uma constante e progressiva adaptação "se le exige un esfuerzo permanente, y no fácil, de coordinación y 'recomposición' del sistema, a través de una obra interesante de reinterpretación y re-concreción de los princípios ante el cambio de los contextos concretos".[46] Isso não significa que ao Poder Judiciário, em sua tarefa de intérprete da lei, se requisite tal adequação às novas circunstâncias sociais que acabe interferindo no princípio da separação dos poderes, convertendo-se, na prática, em um legislador.[47]

Por fim, devemos tecer breves comentários a respeito do ativismo judicial e da judicialização das relações sociais e políticas, tema apaixonante e que divide tantas opiniões.

3 A judicialização da política

Como sustenta Eduardo Faria,[48] a Constituição brasileira, para lograr um consenso, recorreu a normas suscetíveis de complementos posteriores e de valorações em sentido normativo, o que provocou a discricionariedade e ativismo ampliado do Poder Judiciário (se comparado com o ordenamento espanhol, por exemplo). Contém normas programáticas, conceitos indeterminados e cláusulas gerais. Inclusive, as cláusulas pétreas na Constituição do Brasil teriam precisamente como objetivo limitar a possibilidade de alterar o texto constitucional, ao menos em alguns aspectos, já que os constitucionalistas foram conscientes das amplas aberturas no texto constitucional.[49]

---

[46] ZACCARÍA, Giuseppe. De nuevo sobre la interpretación y los principios jurídico. In: *Anales de la Cátedra Francisco Suárez. Un panorama de filosofía jurídica y política. 50 años de ACFS*, n. 44, Granada: Universidad de Granada, 2010, p. 284.

[47] Para uma melhor compreensão do modelo do juiz no marco do neoconstitucionalismo, *vid*. ANDRÉS IBÁÑEZ, Perfecto. El juez. DIEZ PICAZO, L. M. (ed.). *El oficio de jurista*, Madrid: Siglo XXI, 2006, p. 149-169 (espec, p. 152-155).

[48] FARÍA, Eduardo, *Direito e Economia na democratização brasileira*. São Paulo: Saraiva, 2013.

[49] O movimento do Direito alternativo teve uma ampla difusão no Poder Judiciário brasileiro. Basta lembrar o título, publicado em 1990 no *Jornal Folha da Tarde* de São Paulo: "Juízes gaúchos colocam direito acima da lei". *Vid.* HERRERA FLORES, Joaquín; SÁNCHEZ RUBIO, David. Aproximación al Derecho alternativo en Iberoamérica. In: *Jueces para la Democracia* 20, 3 (1993) p. 87-93; também, ANDRÉS IBÁÑEZ, Perfecto. Para una práctica judicial alternativa. In: *Anales de la Cátedra Francisco Suárez*, nº 16, (Ejemplar dedicado a: Derecho y soberanía popular), Granada: Universidad de Granada, 1976, p. 155-175;

Leonardo Avritzer, cientista político, analisando o tema da judicialização da política,[50] adverte que as conclusões sobre tal temática forjam-se sob os auspícios da tradição liberal no campo do constitucionalismo e da teoria democrática.

A tradição liberal relaciona o constitucionalismo à estabilidade. Nesses termos, o constitucionalismo expressa aquele conjunto de regras elaborado contra a discricionariedade, a negociação de interesses, que é típica da política. A pressuposição óbvia é a que opõe o reino da política, das paixões, dos particularismos, ao do direito, da razão, dos princípios.

A judicialização da política, que reflete o crescente envolvimento do Judiciário nos processos decisórios – especialmente no âmbito de conformação das políticas públicas – em democracias contemporâneas não é um fenômeno particularmente brasileiro. A ampliação da influência do direito no mundo contemporâneo sobre todas as dimensões da vida é um dado reconhecido por analistas de diversas partes do mundo, como na análise de Boaventura de Sousa Santos.[51]

O tema é tratado por Bolzan, referindo-se à "[...] jurisprudencialização da Constituição".[52] A necessidade e urgência de concretização da parcela social do nosso modelo constitucionalizado de

---

ANDRÉS IBÁÑEZ, Perfecto. ¿Desmemoria o impostura? un torpe uso del "uso alternativo del derecho". In: *Jueces para la democracia*, n. 55, 2006, p. 8-14. Pode-se perguntar se o movimento alternativo constitui um novo paradigma de interpretação e praxis judiciaria (SOUZA, Mª Lourdes. *El uso alternativo del Derecho: génesis y evolución en Italia, España y Brasil*. Universidad Nacional de Colombia-ILSA, Bogotá, 2001). Posteriormente, tem sido o uso alternativo da lei, para a teoria da proteção do Estado (quebrar ou evolução?). Especificamente, Ferrajoli segurando um fiador como um contraponto ao ativismo e discrição judicial. Para Ferrajoli, a proliferação de princípios envolve a introdução de argumentos morais que, em vez de fortalecer a lei inexoravelmente conduzir a um enfraquecimento do mesmo. Ferrajoli é mais provável que o juiz encontrado e, numa extensão limitada, selecionar, avaliar e decidir. As disposições substantivas da Constituição e especialmente os direitos não convidar o juiz de pesar pesos e arranjo percentual relativos mas impor uma tarefa substantiva (FERRAJOLI, Luigi. Constitucionalismo principialista e constitucionalismo garantista. In: *Giurisprudenza Costituzionale*, Anno LV, Fasc. 3, Milano: Giuffré Editore, 2010, p. 2771-2816).

[50] AVRITZER, Leonardo; MARONA, Marjorie Corrêa. Judicialização da política no Brasil: Ver além do constitucionalismo liberal para ver melhor. *Revista Brasileira de Ciência Política*, n. 15, Brasília, 2014.

[51] SANTOS, Boaventura de Sousa. *Refundación del Estado en América Latina*: perspectivas desde una epistemología del sur. Lima: Instituto Internacional de Derecho y Sociedad, 2010.

[52] BOLZAN DE MORAIS, Jose Luis. *Crise do Estado, Constituição e Democracia Política*: a "realização" da ordem constitucional em países "periféricos", op. cit., p. 29.

Estado Democrático de Direito impõe repensar as nossas necessidades democráticas, o que nos conduz a um compromisso de reconstruirmos, a partir de tipos ideais a serem contextualizados, uma nova concepção de democracia: a social, que ultrapassa o mero formalismo da democracia representativa, e reclama que todo ordenamento jurídico e todos os poderes públicos devem estar voltados à sua realização. Algumas parcelas do ordenamento devem contribuir mais do que outras, bem como, no plano institucional, conforme nossas colocações iniciais, o Poder Judiciário, como guardião e realizador da Constituição, passa a ter suas atribuições significativamente ampliadas.[53]

A judicialização da política é expressão cunhada pelo autor alemão Carl Schmitt, no contexto do debate travado com Hans Kelsen, na década de 20 do século passado, onde Kelsen propunha a criação de uma Corte Constitucional para exercer o controle de constitucionalidade das leis, e Carl Schmidt se opunha a isso, dizendo que o controle deveria ser feito pelo chefe de Estado.

Carl Schmidt dizia que atribuir a um órgão do Poder Judiciário a faculdade de exercer o controle das leis levaria fatalmente a uma judicialização da política, e ao mesmo tempo a uma politização da justiça. Com isso, tanto a justiça como a política teriam *muito a perder e pouco a ganhar*.

Para o debate contemporâneo, a concepção mais aceita é a proposta por dois cientistas políticos, Tate e Vallinder,[54] em que a judicialização da política envolve duas dimensões.

De um lado, ocorre uma transferência muito significativa de poder dos órgãos políticos, poderes legislativo e executivo, para o Judiciário, que passa a controlar com frequência cada vez maior os atos dos demais poderes, e a intervir cada vez mais em uma esfera que seria tipicamente atribuída a esses poderes políticos:

> [...] a partir, em especial, da segunda metade do século XX a função jurisdicional do Estado adquiriu uma proeminência no âmbito da organização estatal, passando a funcionar como *policymaker*, sem que, de

---

[53] COPETTI, André. *A jurisprudencialização da Constituição no estado democrático de direito.* Op. cit.
[54] TATE, C. Neal; TORBJÖRN, Vallinder. *The global expansion of judicial power.* Nova York: New York,1995.

regra, suas 'fórmulas' tivessem acompanhado esta nova 'substância', não bastando mais, para responder à indagação acerca de sua legitimidade democrática, o recurso mediato ao reconhecimento e atribuição constitucional de suas competências no regime da especialização de funções".[55]

Noutro polo, ocorre a mudança na maneira como decidem os órgãos políticos, que usariam cada vez mais de procedimentos típicos da jurisdição, como o contraditório, a exigência de fundamentação nas decisões e argumentos jurídicos nas decisões.

O fenômeno mais discutido no Brasil é o primeiro,[56] ao qual voltaremos os olhos: o ativismo judicial e a judicialização da política.

O ativismo judicial é uma expressão cunhada nos EUA, pelo jornalista americano chamado Arthur Schlesinger,[57] rótulo para qualificar a Suprema Corte presidida por Earl Warren, de 1954 a 1969, que proporcionou uma revolução profunda e silenciosa em relação às inúmeras práticas políticas nos Estados, conduzidas por uma jurisprudência progressista em matéria de direitos fundamentais, com transformações efetuadas sem a atuação do Congresso ou do Presidente.

Como contramovimento, surge uma intensa reação conservadora ao ativismo judicial, motivo pela qual a expressão adquire uma conotação negativa, sinônimo de exercício impróprio do Poder Judiciário, que estaria invadindo espaço dos outros dois poderes.

De outra forma, a judicialização da política seria um fenômeno mundial, inevitável ante as mudanças ocorridas no segundo pósguerra. Já o ativismo judicial dependeria de certa postura ativa do Poder Judiciário.

---

[55] BOLZAN DE MORAIS, Jose Luis. *Crise do Estado, Constituição e Democracia Política: a "realização" da ordem constitucional em países "periféricos"*, op. cit., p. 30.
[56] VIANNA, Luiz Werneck et al. *A Judicialização da política e das relações sociais no Brasil*. Rio de Janeiro: Revan, 1999.
[57] Para Vanice Valle, o termo ativismo judicial, conquanto se refira ao meio jurídico, nasceu com a publicação de um artigo na revista americana Fortune, pelo jornalista americano Arthur Schlesinger, numa reportagem sobre a Suprema Corte dos Estados Unidos, no qual ele traçou o perfil dos nove juízes da Suprema Corte. Segundo a autora, desde então o termo vem sendo utilizado, normalmente, em uma perspectiva crítica quanto à atuação do poder judiciário. *Cf.* VALLE, Vanice Regina Lírio do (org.). *Ativismo Jurisprudencial e o Supremo Tribunal Federal*. Laboratório de Análise Jurisprudencial do STF. Curitiba: Juruá. 2009, p. 21.

Como visto, a judicialização da política é intensa nos Estados Unidos em um primeiro momento, depois resfria suas atividades,[58] e hoje caminha a passos largos para o flanco conservador, levando juristas da esquerda do espectro político a contestar a "judicial review", elaborando a teoria do constitucionalismo popular.[59] Na Europa, o cenário é diferente, prevalecendo ao longo do século XIX e início do século XX uma cultura jurídica legicêntrica, que gravitava ao redor de leis, sobretudo dos códigos. Os códigos eram verdadeiras Constituições, concebidos como normas que deveriam ser aplicadas de forma quase mecânica pelos juízes, através da subsunção, seguindo a ideia de Montesquieu do juiz que seria a *boca que pronuncia as palavras frias da lei*,[60] deixando de interferir nas relações sociais e na (re)construção das falhas do ordenamento jurídico.

No segundo pós-guerra, as Constituições albergam normas com valor axiológico aberto, crescendo a importância política do

---

[58] Nos anos 30, a Suprema Corte norte-americana entrou em grave atrito com o Presidente Roosevelt, por invalidar diversas normas aprovadas durante o seu governo que buscavam proteger direitos dos trabalhadores e regular a economia, visando à superação da crise econômica vivida no país. Em 1937, o Presidente propôs medida legislativa voltada à mudança da composição da Corte: para cada juiz do Tribunal que completasse 70 anos e não se aposentasse, ele poderia indicar um outro (a medida ficou conhecida como *Court Packing Plan*). A proposta acabou não sendo aprovada no Congresso, mas a Suprema Corte, na mesma época, mudou a sua orientação jurisprudencial, refreando o seu ativismo e passando a aceitar uma maior intervenção estatal na ordem econômica. No discurso feito por ocasião da apresentação da referida proposta, em 1937, Roosevelt – certamente um esquerdista para os padrões norte-americanos –, criticou aquele cenário de ativismo judicial em tom exasperado: *"Desde que surgiu o movimento moderno de progresso social e econômico através da legislação, a Corte tem, cada vez com maior frequência e ousadia, se valido do seu poder de vetar leis aprovadas pelo Congresso ou pelos legislativos estaduais... Nos últimos quatro anos, a boa regra de conceder-se às leis o benefício da dúvida razoável vem sendo posta de lado [...] A Corte, para além do uso apropriado das suas funções judiciais, tem se colocado impropriamente como uma terceira casa do Congresso – um superlegislativo [...]. Nós chegamos a um ponto em que a Nação deve tomar uma atitude para salvar a Constituição da Corte, e para salvar a Corte de sim mesma"*. Cf. MURPHY, Walter F.; FLEMING, James E.; BARBER, Sotirios A. *American Constitutional Interpretation*. New York: The Foundation Press, 1995, p. 320-321; SOUZA NETO, Cláudio Pereira de; SARMENTO, Daniel. *Notas sobre a jurisdição constitucional e democracia*: a questão da "última palavra" e alguns parâmetros de autocontenção judicial, op. cit., p. 127.

[59] Cf. TUSHNET, Mark. *Taking the Constitution Away from the Courts*. Princeton: New Jersey, 2000; KRAMER, Larry. *The People Themselves: Popular Constitutionalism and Judicial Review*. New York: Oxford University Press, 2004.

[60] Esta é a outra faceta da criação dos tribunais do Júri. A França possui grande aversão ao judiciário posto que este foi favorável à manutenção do *status quo* do antigo regime quando do período pós-revolução francesa. Assim, a participação popular direta no julgamento seria uma forma de minimizar a influência espúria do poder político e econômico no judiciário. Novamente, alertamos que tal aproximação acrítica na atual conjuntura brasileira é no mínimo questionável.

Poder Judiciário, que com frequência cada vez maior é chamado a decidir questões polêmicas e relevantes para a sociedade, muitas vezes em razão de ações propostas pelo grupo político[61] ou social que fora perdedor na arena legislativa.[62]

O Estado moderno se transforma, diante do surgimento de novos problemas sociais, surgindo uma terceira geração de direitos humanos, os chamados direitos pós-materiais,[63] ou direitos transnacionais, como leciona Bolzan,[64] que passam a ser reclamados na medida em que o desenvolvimento industrial e tecnológico passou a atingir bens até então intocados, como o ar, a água, todo o ecossistema global e outros interesses coletivos, difusos e transindividuais, ficando evidenciada, a partir daí, a necessidade de institucionalizar-se a sua proteção.

Para Bolzan, o Estado, para ser Democrático de Direito, deve atender aos seguintes princípios: a) constitucionalidade; b) democracia; c) sistema de direitos fundamentais; d) justiça social; e) igualdade; f) divisão de poderes; g) legalidade; h) segurança e certeza jurídica.[65]

Assim, a grande novidade caracterizadora do Estado Democrático de Direito é a incorporação ao ordenamento jurídico dos princípios de direito natural, que funcionavam como fontes de legitimação externa, transformando-os em fontes de legitimação interna de natureza constitucional[66] (direitos fundamentais, para Ferrajoli).[67] Incorpora-se pelo direito positivo grande parte dos conteúdos/valores de justiça,[68] por meio da supracitada virada kantiana.

Para Bolzan, o Estado Democrático de Direito tem a característica de ultrapassar não só a formulação do Estado Liberal de Direito, como

---

[61] SARMENTO, Daniel. O neoconstitucionalismo no Brasil: riscos e possibilidades, p. 239.
[62] SHAPIRO, Martin; SWEET, Alec Stone. *On law, politics and judicialization*. New York: Oxford University Press, p. 136-208.
[63] COPETTI, André. *A jurisprudencialização da Constituição no estado democrático de direito, op. cit.*
[64] BOLZAN DE MORAIS, Jose Luis. *Do direito social aos interesses transindividuais*: o estado e o direito na ordem contemporânea. Porto Alegre: Livraria do Advogado, 1996.
[65] BOLZAN DE MORAIS, José Luis. *A jurisprudencialização da Constituição*: a construção jurisdicional do Estado Democrático de Direito, *op. cit.*
[66] COPETTI, André. *A jurisprudencialização da Constituição no estado democrático de direito, op. cit.*
[67] FERRAJOLI, Luigi. *Direito e Razão*: teoria do garantismo penal, *op. cit.*, p. 497-498.
[68] O princípio da igualdade; o valor à pessoa humana; os direitos civis e políticos e as garantias penais e processuais de liberdade.

também a do Estado Social de Direito, vinculado ao *Welfare State* neocapitalista, impondo à ordem jurídica e à atividade estatal um conteúdo utópico de transformação da realidade.[69]

No Brasil, todo juiz é um juiz constitucional, dado nosso sistema de controle de constitucionalidade, aliando o modelo austríaco de controle concentrado, para determinadas formas, e o controle difuso norte-americano, para outras.

Com a Constituição de 1988, aumentou a demanda por justiça na sociedade brasileira. O texto constitucional criou novos direitos, introduzindo novas ações e ampliando a legitimidade ativa para tutela de interesses, antes limitada a um Procurador Geral da República, que possuía alta dependência política do governo, eis que era investido em seu cargo por meio da nomeação e exoneração *ad nutum*. Essa expansão ocasionou a ascensão institucional do Poder Judiciário, que deixou de ser um departamento técnico e especializado, passando a ter um papel político e protagonista.

Há um conjunto de fatores, como a constitucionalização do sistema jurídico, o aumento da demanda por justiça e a ascensão institucional do Poder Judiciário, que justifica uma expressiva judicialização de questões políticas e sociais, passando os tribunais a possuir alta demanda decisória.

4 O Poder Judiciário é a última instância da interpretação constitucional?

Há quem entenda que o Poder Judiciário é a última instância da interpretação constitucional. Talvez esse seja o posicionamento majoritário do chamado neoconstitucionalismo. Discordamos de tal afirmação, nos aliando à discordância de Sarmento e Humberto Ávila: entendemos que a Constituição deve ser lida por uma sociedade aberta de intérpretes constitucionais, ofertando aos cidadãos a possibilidade de serem livres e iguais. Como disse Rawls, a Constituição não é "[...] o que a Suprema Corte diz que ela é, e sim o que o povo, agindo constitucionalmente por meio dos outros

---

[69] BOLZAN DE MORAIS, José Luis. *A jurisprudencialização da Constituição*: a construção jurisdicional do Estado Democrático de Direito, *op. cit.*

poderes, permitirá à Corte dizer que ela é".[70] Para Pedro Brandão,[71] apenas o povo como soberano seria o responsável para criar o texto constitucional, sendo ao Legislativo e ao Judiciário defeso sua modificação sem aprovação popular. Nesse sentido, Miguel Godoy[72] propõe um verdadeiro diálogo interinstitucional para a superação da crise democrática demonstrada pelo ativismo judicial.

Manifestações dos tribunais em casos constitucionais importantes não seriam o final da discussão, mas o ponto de partida. Não seria necessária uma escolha excludente entre Tribunais, Parlamento e Governo. Direitos constitucionais seriam mais bem protegidos por meio de um processo político que envolvesse todos os departamentos do Estado. Isso exporia fraquezas, controlaria excessos e gradualmente forjaria consenso sobre os valores constitucionais.[73] O processo seria aberto:[74] vários pontos de entrada e oportunidades de reconsideração reforçados pelo equilíbrio entre decisões democráticas e controle judicial, em um diálogo fruto de uma nova separação de poderes.

Enxergar a decisão judicial como final significa negligenciar o rico processo interativo que se inicia após aquela manifestação, com uma série de possibilidades de reações desses agentes envolvidos. Defende-se a existência de um diálogo, contínuo, construtivo e inevitável, e não de um simples monólogo estabelecido sob a premissa de supremacia judicial. Rejeita-se a supremacia em qualquer um dos três poderes em função da importância atribuída aos valores da liberdade, do discurso, da deliberação e do governo limitado.[75]

---

[70] "[...] The Constitution is not what the Court says it is. Rather, is what people acting constitutionally through other branches eventually allow the Court to say it is". RAWLS, John. *Political Liberalism*. New York: Columbia University Press, 1993.

[71] BRANDÃO, Pedro: Novo Constitucionalismo pluralista latino-americano. Lumen Juris, 2015

[72] GODOY, Miguel. *Devolver a constituição ao povo*: crítica a supremacia constitucional e diálogos interinstitucionais. Tese de Doutorado. Programa de Doutorado em Direito, UFPR, 2015.

[73] FISHER, Louis; DEVINS, Neal. *The democratic constitution*. New York: Oxford University Press, 2004; FISHER, Louis. Judicial finality or an ongoing colloquy? *In:* MILLER, Mark C.; BARNES, Jeb. *Making policy, making law*: an interbranch perspective. Washington, D.C.: Georgetown University Press, 2004.

[74] SOUZA, Jorge Munhós de. *Diálogo institucional*: em algum lugar entre as teorias da supremacia. *In:* FELLET, André Luiz Fernandes; NOVELINO, Marcelo; PAULA, Daniel Giotti de. *As novas faces do ativismo judicial*. Salvador: Juspodivm, 2013, p. 341.

[75] FISHER, Louis; DEVINS, Neal. *The democratic constitution*. New York: Oxford University Press, 2004; FISHER, Louis. Judicial finality or an ongoing colloquy?, *op. cit.*

Nos últimos anos, percebemos esforços no sentido de minimizar os efeitos antidemocráticos dessa característica, por meio da abertura procedimental do próprio processo judicial de controle de constitucionalidade à participação de outros atores da sociedade civil, como nos casos das *audiências públicas* ou do *amicus curiae*. Ambos os pontos minimizam algumas dificuldades, mas *não devem ser supervalorizados como a panaceia para todos os males*.[76]

A teoria dos diálogos não é contra o controle judicial nem ignora a importante função que o Judiciário possui na construção de um Brasil melhor e mais justo. Ela é contra a supremacia judicial, concebida como prevalência absoluta do Supremo, sobre os demais atores responsáveis pela disputa interpretativa das cláusulas abertas. É contra o sufocamento dos demais espaços de tomada de decisões coletivas da comunidade política e contra posturas que enxergam no Judiciário o guardião único e maior das promessas não cumpridas da Constituição. É contra o controle judicial na *base do porrete*, que nega limitações cognitivas e possibilidades de efeitos sistêmicos adversos decorrentes de suas decisões.[77]

O Supremo Tribunal não é o único *locus* de interpretação, nem é o senhor da última palavra. Talvez, com a emancipação da sociedade civil, o Judiciário não seja nem o ator mais importante da interpretação jurídica.[78] Como diz Bolzan,[79] em um ambiente de desfazimento das certezas e promessas democráticas, perde-se referência a uma autoridade soberana como lócus privilegiado e exclusivo da política. Discordamos da opinião do Ministro Celso de Mello, que proferiu as seguintes palavras:

> O exercício da jurisdição constitucional, que tem por objetivo preservar a supremacia da Constituição, põe em evidência a dimensão essencialmente política em que se projeta a atividade institucional do Supremo Tribunal Federal [...]. A interpretação constitucional derivada das decisões

---

[76] SOUZA, Jorge Munhós de. *Diálogo institucional:* em algum lugar entre as teorias da supremacia, *op. cit.*, p. 352.
[77] MENDES, Conrado Hübner. *Direitos fundamentais, separação de poderes e deliberação.* São Paulo: Saraiva, 2011, p. 212.
[78] NASCIMENTO, Valéria Ribas do. *O tempo das reconfigurações do constitucionalismo:* os desafios para uma cultura cosmopolita. 2010. 320 f. Tese (Doutorado em Direito) – Ciências Jurídicas, Universidade do Vale do Rio dos Sinos, São Leopoldo, 2010, p. 80-87.
[79] *Cf.* BOLZAN DE MORAIS, Jose Luis. *Crise do Estado, Constituição e Democracia Política: a "realização" da ordem constitucional em países "periféricos"*, *op. cit.*, p. 22.

proferidas pelo Supremo Tribunal Federal – a quem se atribuiu a função eminentemente de 'guarda da Constituição' [...] é a singular prerrogativa de dispor do monopólio da última palavra em tema de exegese.

Entendemos que o Supremo não possui a última palavra, pois não há uma última palavra,[80] em muitos casos. Nas palavras de Jack Balkin:

> [...] a legitimidade constitucional depende do que Sanford Levinson chamou de 'protestantismo constitucional' – a ideia de que nenhuma instituição do Estado, e especialmente, também não a Suprema Corte, tem o monopólio do sentido da Constituição. Assim como as pessoas podem ler a Bíblia e decidir o que acreditam que ela significa para si, também os cidadãos podem decidir o que a Constituição significa e defender sua posição na esfera pública. Para que o projeto constitucional tenha sucesso, não é suficiente que o povo o suporte. O povo deve ter também a possibilidade de criticar a forma como esse projeto está sendo desenvolvido. As pessoas devem poder discordar, denunciar e protestar contra a prática constitucional, inclusive, especialmente, as decisões dos tribunais, e demandar a Constituição como a 'sua' Constituição, de forma a poder mover a prática constitucional na direção mais próxima dos seus ideais. Só nestas condições é plausível que o povo mantenha fé na Constituição.[81]

A analogia[82] entre a compreensão pluralista dos intérpretes da Constituição e o protestantismo consiste no fato de que esse, ao contrário do catolicismo, nega-se à existência de um único intérprete autorizado da verdade religiosa – no caso do catolicismo, a Igreja Católica. Para o protestantismo, desde Martinho Lutero, cada fiel pode interpretar a Bíblia a seu modo – não entramos agora a valorar essa consideração sobre as religiões. Da mesma forma, o pluralismo de intérpretes constitucionais também nega à Suprema Corte ou à Corte Constitucional o monopólio da "verdade" na interpretação da Constituição.[83]

---

[80] Essa questão é polêmica quando enfrentada pelo constitucionalismo popular americano defendido por Tashnek e o novo constitucionalismo latino americano, defendido por Gargarella.

[81] BALKIN, Jack. *Constitutional Redemption: Political Faith in an Unjust World*. Cambridge: Harvard University Press, p. 10

[82] A analogia é explorada em LEVINSON, Sanford. *Constitutional Faith*. Princeton: Princeton University Press, 1988, p. 18-30.

[83] SOUZA NETO, Cláudio Pereira de; SARMENTO, Daniel. *Notas sobre a jurisdição constitucional e democracia*: a questão da "última palavra" e alguns parâmetros de autocontenção judicial, *op. cit.*, *p.* 160.

Há formas de reação às decisões do Supremo, mais ou menos legítimas, mas que não podem ser excluídas, como a mobilização da opinião pública e movimentos sociais. Em matéria de interpretação, não é salutar existir um órgão com a prerrogativa da última palavra, pois o Supremo também erra. É preferível um sistema em que não há nenhuma instituição com o direito de errar por último, abrindo-se a influxos democráticos de correções recíprocas, seja no campo social, político ou judicial, em verdadeira atividade dialogal.[84]

Numa democracia, qualquer decisão há que se abrir às discussões e críticas. A mobilização e a crítica pública contra a decisão do STF em matéria constitucional não devem ser vistas como patológicas, incompatíveis com o Estado de Direito. A crítica pública pode antes exprimir a vitalidade da cultura constitucional; pode significar que a sociedade se importa com a Constituição e que a gramática constitucional está também presente nos embates políticos e sociais, o que deve ser comemorado, e não lamentado.[85]

O Poder Judiciário não deve ser imune às percepções sociais existentes sobre os valores constitucionais, encontrando responsividade no seio da sociedade, conferindo legitimidade ao atuar,[86] mas também não se espera que os juízes decidam pensando nas manchetes do dia seguinte ou reagindo às do dia anterior, o que os transformaria em oficiais de justiça das redações de jornais.[87] Afinal, "(...) o Judiciário deve ser permeável à opinião pública, sem ser subserviente".[88]

---

[84] BATEUP, Christine A. *The Dialogic Promise: Assessing the Normative Potential of Theories of Constitutional Dialogue*. New York University Public Law and Legal Theory Working Papers. Disponível em: http:www//lsr.nellco.org/nyu_plltwp/11. Acesso em 5 dez. 2014.

[85] SOUZA NETO, Cláudio Pereira de; SARMENTO, Daniel. *Notas sobre a jurisdição constitucional e democracia*: a questão da "última palavra" e alguns parâmetros de autocontenção judicial, op. cit., p. 137.

[86] Como destacou Maurizio Fioravanti, "uma Constituição livre da política pode corresponder a uma política livre da Constituição" (FIORAVANTI, Maurizio. *Constituzione e Popolo Sovrano*: La Costituzione Italiana nella Storia del Costituzionalismo Moderno. Bologna: Il Mulino, 1998, p. 20). Em outras palavras, uma cultura jurídica que atribui apenas aos tribunais a função de promoção e proteção da Constituição acaba desonerando os atores políticos do dever de se guiarem pelos princípios constitucionais. SOUZA NETO, Cláudio Pereira de; SARMENTO, Daniel. *Notas sobre a jurisdição constitucional e democracia*: a questão da "última palavra" e alguns parâmetros de autocontenção judicial, op. cit., p. 158.

[87] BARROSO, Luís Roberto; MENDONÇA, Eduardo. O STF foi permeável à opinião pública sem ser subserviente. Disponível em: http://www.conjur.com.br/2012-jan-03/retrospectiva-2011-stf-foi-permeavel-opiniao-publica-subserviente. Acesso em: 5 dez. 2014.

[88] SOUZA NETO, Cláudio Pereira de; SARMENTO, Daniel. *Notas sobre a jurisdição constitucional e democracia*: a questão da "última palavra" e alguns parâmetros de autocontenção judicial, op. cit., p. 138.

Não estamos a sustentar que o Poder Legislativo possa invalidar as decisões proferidas pelo STF em sede de controle de constitucionalidade. Mas a interpretação constitucional não se encerra com o fim do processo judicial. O Poder Judiciário encerra uma rodada de interpretação, mas não declara o fim do jogo.[89]

O cidadão e os movimentos sociais devem sempre encontrar as chancelas livres para lutar, no Judiciário e fora dele, pela sua leitura da Constituição, buscando aproximar as práticas constitucionais do seu ideário político e de suas utopias, desde que tal pensamento não seja opressivo ou estigmatizante.

No mesmo sentido, indagado sobre o neoconstitucionalismo, Sarmento se perfilha ao entendimento que melhor se coaduna com o defendido, de que, no Brasil, critica-se o neoconstitucionalismo por ter dado ensejo ao excessivo arbítrio judicial, através da "carnavalização dos princípios constitucionais".[90] Os princípios constitucionais, de teor mais vago, acabam servindo para tudo, no contexto de uma cultura jurídica que vê como mais cult a sua invocação do que o recurso às regras legais.

Com frequência, tais princípios são empregados sem a devida fundamentação. Paga-se por isso um preço caro em termos de segurança

---

[89] Um claro exemplo desse fenômeno ocorre com o tema do aborto nos Estados Unidos. A Suprema Corte do país decidiu em 1973, no caso *Roe v. Wade*, que a Constituição assegura às mulheres o direito fundamental de interromperem a gravidez, que estaria protegido pelo direito à privacidade. A decisão, longe de encerrar o debate constitucional sobre a matéria, apenas o aqueceu, não só no meio jurídico, mas também na opinião pública e na política. Os grupos que se opõem à decisão não se deram por vencidos, curvando-se à posição da Corte. Pelo contrário, eles passaram a canalizar boa parte da sua energia para revertê-la. O Partido Republicano, que é contrário à decisão, colocou a sua reversão como prioridade na sua agenda política, e os presidentes eleitos pelo partido vêm tentando escolher juízes para a Suprema Corte comprometidos com a rejeição ao referido precedente. Esta mobilização conservadora provocou, por sua vez, movimentos no sentido contrário dos setores da sociedade que apoiam o precedente. O embate entre as posições favoráveis e contrárias ao aborto – *pro-life* vs. *pro-choice* – tornou-se ainda mais acalorado, envolvendo não só a argumentação moral, religiosa e política, mas também o debate constitucional, em que amplos segmentos da sociedade se engajaram, de um lado ou do outro. Certamente, a citada decisão da Suprema Corte – até agora mantida em seus pontos essenciais – teve importantes efeitos na sociedade norte-americana, assegurando às mulheres do país o direito à interrupção de gestações indesejadas. Mas uma coisa ela seguramente não fez: não encerrou o debate constitucional sobre o aborto naquele país. POST, Robert; SIEGEL, Reva. *Roe Rage: Democratic Constitutionalism and Backlash. Harvard Civil Rights – Civil Liberties Law Review*, n. 42, 2007. SOUZA NETO, Cláudio Pereira de; SARMENTO, Daniel. *Notas sobre a jurisdição constitucional e democracia*: a questão da "última palavra" e alguns parâmetros de autocontenção judicial, *op. cit.*, p. 142.

[90] SARMENTO, Daniel. A ubiquidade constitucional: os dois lados da mesma moeda. *Revista de Direito do Estado*, Rio de Janeiro, Renovar, n. 2, 2006.

jurídica, já que as decisões judiciais se tornam imprevisíveis, além do sacrifício à democracia, pois os cidadãos ficam sujeitos aos gostos e às preferências de magistrados não eleitos. Entrementes, no cenário de "cordialidade assimétrica" em que vivemos, o recurso indiscriminado a princípios fluidos pode ser uma forma oblíqua de se legitimar o uso do *jeitinho*, em favor dos amigos e dos mais poderosos. Estes, porém, são problemas da recepção do neoconstitucionalismo em nossas práticas judiciais, e não da teoria neoconstitucional, que não endossa este uso abusivo e pouco fundamentado de princípios abertos.

É tributário dessa crítica Humberto Ávila, para quem a Constituição de 88 não é principiológica, mas sim regulatória, posto que possui mais regras do que princípios.[91] De outro lado, Marcelo Neves entende que essa crítica não resulta adequada e se perfaz como saturada, uma vez que essa distinção fica muito presa ao texto constitucional, e em última instância, diz respeito basicamente a uma distinção quantitativa com base no número e na extensão de dispositivos constitucionais.[92]

Indagado sobre sua "perfilhação constitucional", Sarmento diz que não se considera um neoconstitucionalista, porque para os neoconstitucionalistas, o Judiciário é o protagonista do Direito Constitucional. Não se nega o fenômeno da judicialização da política, mas Sarmento prefere outra linha teórica, que, apesar de reconhecer o papel importante do Judiciário na defesa dos direitos fundamentais e proteção da democracia, afirma a centralidade dos movimentos sociais e da sociedade civil na arena constitucional.

Não se trata de apenas afirmar que tais atores podem participar da jurisdição constitucional, como *amici curiae* ou expositores em audiências públicas, mas de reconhecer que há muito Direito Constitucional fora dos tribunais[93] e fora do legislativo.[94]

---

[91] *Cf.* ÁVILA, Humberto. *Neoconstitucionalismo*: entre a 'Ciência do direito e o direito da Ciência', *op. cit.*, p. 185.

[92] NEVES, Marcelo. *Entre Hidra e Hércules*: princípios e regras constitucionais. São Paulo: WMF Martins Fontes, 2013, p. 179.

[93] Nessa questão, Sarmento se aproxima do constitucionalismo democrático estadunidense, que não se confunde com o constitucionalismo popular, de autores como Mark Tushnet, Larry Kramer e Jeremy Waldron, refratários ao controle jurisdicional de constitucionalidade. Seus principais expositores são, na minha opinião, os professores Jack Balkin, Robert Post, Reva Siegel, Sanford Levinson e Barry Friedman. *Cf.* SARMENTO, Daniel. *O STF não é o centro do constitucionalismo*. Disponível em: http://www.osconstitucionalistas.com.br/o-stf-nao-e-o-centro-do-constitucionalismo. Acesso em: 26 nov. 2014.

[94] BRANDÃO, 2015, *op. cit.*

Em igual sentido, Marcelo Cattoni[95] diz que:

> [...] A Constituição não é do Supremo Tribunal Federal, não é do Presidente da República, não é do Congresso Nacional. Nenhum deles pode compreender o exercício de suas funções como substituição do papel dos cidadãos em uma democracia, sob pena de se dar continuidade a tradições autoritárias com as quais a Constituição vem romper. A Constituição é nossa, como um projeto aberto e permanente de construção de uma sociedade de cidadãos livres e iguais; se não, não é Constituição.[96]

Em certas searas, melhor seria uma postura mais autocontida do Judiciário, seja em respeito à intensa participação democrática, seja pela falta de expertise nas deliberações. A possibilidade de diálogos interinstitucionais entre diversos órgãos estatais para a definição da melhor interpretação dos ditames constitucionais[97] nos parece mais adequada, refutando um protagonismo absolutamente judicial ou legislativo:

> Enfim, o neoconstitucionalismo brasileiro tem pecado por excesso, depositando no Judiciário expectativas que ele nem sempre terá como atender de forma satisfatória. Um dos efeitos colaterais deste fenômeno é a disseminação de um discurso muito perigoso, de que voto e política não são tão importantes, pois relevante mesmo é a interpretação dos princípios constitucionais realizados no STF. Daí a dizer que o povo não sabe votar é um pulo, e a ditadura de toga pode não ser muito melhor do que a ditadura de farda...[98]

A concepção que sustenta o protagonismo jurisdicional no campo constitucional nos parece incorreta tanto no plano descritivo quanto na esfera normativa. Sob o prisma descritivo, ela transmite uma imagem muito parcial do fenômeno constitucional, que não

---

[95] Cabe a advertência que Cattoni é um procedimentalista habermasiano. No entanto, a referente crítica à primazia do judiciário é partilhada pelo nosso entendimento, de que a Constituição deve ser um projeto aberto e permanente de construção de uma sociedade de cidadãos livres e iguais.
[96] CATTONI, Marcelo. Direito processual constitucional. Belo Horizonte: Mandamentos, 2001, p. 192.
[97] TUSHNET, Mark. *Weak courts, strong rights:* Judicial review and social welfare rights in comparative constitutional law. Priceton: Priceton University Press, 2008.
[98] SARMENTO, Daniel. *O neoconstitucionalismo no Brasil:* riscos e possibilidades, p. 263.

é captado com todas as suas nuances e riquezas, enfatizando-se apenas a ação de um dentre os vários agentes importantes da concretização constitucional. Sob o ângulo normativo, favorece-se um governo à moda platônica, de um grupo de sábios,[99] que são convidados a assumir uma posição paternalista diante de uma sociedade infantilizada.[100]

Portanto, acrescentamos que a jurisdição constitucional deve ser exercida como a vida deve ser vivida pelo equilibrista: Com as ousadias necessárias para equilibrar as disfunções do sistema, temperada com a contenção suficiente para não alçar voo e cair sobre a realidade.

Tudo o dito não significa que isso implique ceder espaço a qualquer mecanismo ou ação lesiva da segurança jurídica e, por conseguinte, das democracias consolidadas. Dualismos como garantismo-ativismo Judiciário, pluralismo jurídico-sentenças proferidas pelos Tribunais Constitucionais são chamados a coexistir e se articular adequadamente em um Estado de Direito democrático, não frágil, mas forte e sólido.

Referências

ABRANCHES, Sérgio Henriques H. Presidencialismo de Coalizão: O dilema institucional brasileiro. *Dados – Revista de Ciências Sociais*, v. 31, 1988, p. 5-38.

ACKERMAN, Bruce. *A nova separação de poderes*. Trad. Isabelle Maria Campos Vasconcelos e Eliana Valadares Santos. Rio de Janeiro: Lumen Juris, 2009.

ACKERMAN, Bruce. Adeus, Montesquieu. *Revista de Direito Administrativo*, v. 265, 2014.

ALMEIDA FILHO, Agassiz; PINTO FILHO, Francisco Bilac Moreira (org.). *Constitucionalismo e Estado*. Rio de Janeiro: Forense, 2006.

ALTERIO, Ana Micaela; NIEMBRO, Roberto (coord.), *Constitucionalismo popular en Latinoamérica*, México: Porrúa, 2013.

ANDRÉS IBÁÑEZ, Perfecto. ¿Desmemoria o impostura? un torpe uso del "uso alternativo del derecho. *In: Jueces para la democracia*, Madrid, n. 55, p. 8-14, 2006.

ANDRÉS IBÁÑEZ, Perfecto. El juez. *In*: Diez Picazo, L. Mª. (ed.). *El oficio de jurista*. Madrid: Siglo XXI, 2006, p. 149-169.

---

[99] MENDES, Conrado Hübner. *Controle de constitucionalidade e democracia*. Rio de Janeiro: Elsevier, 2008.

[100] MAUS, Ingeborg. *O judiciário como superego da sociedade*. Trad. Geraldo de Carvalho. Rio de Janeiro: Lumen Juris, 2010.

ANDRÉS IBÁÑEZ, Perfecto; Para una práctica judicial alternativa. *In: Anales de la Cátedra Francisco Suárez*, n. 16, (Ejemplar dedicado a: Derecho y soberanía popular) Granada: Universidad de Granada, 1976, p. 155-175.

ARGUELHES, Diego Werneck; LEAL, Fernando. O Argumento das "capacidades institucionais" entre a banalidade, a redundância e o absurdo. *In*: ASENSI, Felipe Dutra; PAULA, Daniel Giotti de. *Tratado de direito constitucional*: constituição no século XXI: v. 2. Rio de Janeiro: Elsevier, 2014.

ÁVILA, Humberto. Neoconstitucionalismo: entre a ciência do direito e o direito da Ciência. *In*: BINENBOJM, Gustavo. SARMENTO, Daniel; SOUZA NETO, Cláudio Pereira de. *Vinte anos da Constituição Federal de 1988*. Rio de Janeiro: Lumen Juris, 2008, p. 188.

AVRITZER, Leonardo; MARONA, Marjorie Corrêa. Judicialização da política no Brasil: Ver além do constitucionalismo liberal para ver melhor. *Revista Brasileira de Ciência Política*, n. 15, Brasília, 2014.

BALKIN, Jack. *Constitutional Redemption*: Political Faith in an Unjust World. Cambridge: Harvard University Press.

BARROSO, Luís Roberto. *Interpretação e aplicação da Constituição*. 7. ed. São Paulo: Saraiva, 2009.

BARROSO, Luís Roberto. Neoconstitucionalismo e constitucionalização do direito: O triunfo tardio do direito constitucional no Brasil. *In*: BARROSO, Luís Roberto. *O novo direito constitucional brasileiro*: contribuições para a construção teórica e prática da jurisdição constitucional no Brasil. Belo Horizonte: Fórum, 2012.

BAYÓN, Juan Carlos. Democracia y derechos: problemas de fundamentación del constitucionalismo. *In*: J. BETEGÓN, F.; LAPORTA, J. R.; DEL PÁRAMO, Y. L.; PRIETO SANCHÍS (coord.). *Constitución y derechos fundamentales*. Madrid: Centro de Estudios Políticos y Sociales, 2004, p. 103-104.

BELLOSO MARTÍN, Nuria. El neoconstitucionalismo y el nuevo constitucionalismo latinoamericano: ¿dos corrientes llamadas a entenderse?", *Cuadernos Electrónicos de Filosofía del Derecho*, n. 32, p. 23-53, diciembre 2015. http://ojs.uv.es/index.php/CEFD. DOI: 10.7203/CEFD.32.6448). [Publicado também como: "O neoconstitucionalismo e o novo constitucionalismo latinoamericano: dos movimentos chamados a comprenderse? Trad. de A. Fonseca Pinto Moura, en *Revista Culturas Jurídicas / Legal Cultures (RCJ/LC)*, Teoria crítica, Pluralismo Jurídico e as Américas, Programa de Pós-Graduação em Direito Constitucional, Universidade Federal Fluminense, v. 4, n. 9 septiembre-diciembre (2017) p. 24-55 (Rio de Janeiro-Brasil). DOI: http://dx.doi.org/10.22409/rcj.v4i9)].

BELLOSO MARTÍN, Nuria. De defensor de la Constitución a principal intérprete del texto constitucional y de los derechos fundamentales: el Tribunal Constitucional en perspectiva ¿activista *vs* garantista?", *Revista Direitos humanos e Democracia*, Año 7, n. 13, Editora Unijui, Programa Pos-Graduação stricto sensu, p. 22-36, jan./jun. 2019.

BELLOSO MARTÍN, Nuria. La Jurisdicción constitucional en las democracias constitucionales: su discutida configuración como poder contramayoritario y como órgano con auténtico poder normativo. *In*: DE JULIOS CAMPUZANO, Alfonso (Editor) *Itinerarios constitucionales para un mundo convulso*, Madrid: Dykinson, 2017, p. 31-65.

BOLZAN DE MORAIS, José Luis. *As crises do Estado e da Constituição e a transformação especial dos direitos humanos*. Porto Alegre: Livraria do Advogado, 2002. (Col. Estado e Constituição).

BOLZAN DE MORAIS, José Luis. Crise do Estado, constituição e democracia política. *Revista jurídica Unirondon*, 2008.

BOLZAN DE MORAIS, José Luis; AGRA, Walber de Moura. A jurisprudencialização da Constituição e a densificação da legitimidade da jurisdição constitucional. *Revista do Instituto de Hermenêutica Jurídica*, Porto Alegre, IHJ, v. 1, n. 2, 2004.

BRANDÃO, Rodrigo. *Supremacia judicial versus diálogos constitucionais*: a quem cabe a última palavra sobre o sentido da Constituição? Rio de Janeiro: Lumen Juris, 2012.

CAMERON, Jamie. Dialogue and Hierarchy in Charter Interpretation: a comment on R. V. Mills. *Alberta Law Review*, v. 38, 2001.

CAMPOS, Carlos Alexandre de Azevedo. *Dimensões do ativismo judicial do Supremo Tribunal Federal*. Rio de Janeiro: Forense, 2014.

CARBONELL, Manuel. Desafíos del nuevo constitucionalismo en América Latina. *Precedente*, Cali-Colombia, 2010, p.214. Disponivel em: https://www.icesi.edu.co/precedente/ediciones/2010/09_Carbonell.pd.

CARBONELL, Miguel; GARCÍA JARAMILLO, Leonardo (ed.). Prólogo a *Desafíos y retos del canon neoconstitucional*. Madrid, Trotta, 2010.

CARDOSO, Rodrigo Mendes. As teorias do constitucionalismo popular e do diálogo na perspectiva da jurisdição constitucional brasileira. *RECHTD*, v. 6, n. 2, 2014.

CARRIÓ, Genaro, Una defensa condicionada de la Judicial Review. *In*: NINO, Carlos et al. *Fundamentos y alcances del control judicial de constitucionalidad*. Madrid, Centro de Estudios Constitucionales, 1991.

CATTONI, Marcelo. *Devido processo legislativo*. 2. ed. Belo Horizonte: Pergamum, 2013.

CLÈVE, Clèmerson Merlin; LORENZETTO, Bruno Meneses. Constituição, governo democrático e níveis de intensidade do controle jurisdicional. *Revista Jurídica Luso Brasileira*, v. 1, 2015.

COMANDUCCI, Paolo. Formas de neoconstitucionalismo: un analisis metateórico. *In*: CARBONELL, Miguel. *Neoconsitucionalismo(s)*. Madrid: Trotta, 2003

COPETTI, André. A jurisprudencialização da Constituição no estado democrático de direito. *In*: *Anuário da Universidade do Vale do Rio dos Sinos*. São Leopoldo: Editora Unisinos, 2002.

DUQUELSKY GÓMEZ, Diego J. La falsa dicotomía entre garantismo y activismo judicial, *Revista DOXA*, n. 41, Alicante, 2018, p. 193-209. DOI: https://doi.org/10.14198/DOXA2018.41.10

DWORKIN, Ronald. Is law a system of rules? *In*: DWORKIN, Ronald. *Philosophy of law*. Oxford: Oxford University Press, 1971.

DWORKIN, Ronald. Rights as Trumps. *In*: WALDRON, Jeremy. *Theories of Rights*. Oxford: Oxford University Press, 1984.

FALLON, Richard. *Implementing the Constitution*. Cambridge: Harvard University Press, 2001.

FEREJOHN, John. Judicializing Politics, Politicizing Law. *Law and Contemporary Problems*, v. 65, n. 3, 2002.

FERRAJOLI, Luigi. Constitucionalismo principialista e constitucionalismo garantista. *In*: *Giurisprudenza Constituzionale*, Anno LV, Fasc. 3, Milano, Giuffré Editore, 2010, pp.2771-2816.

FERRAJOLI, Luigi. *Direito e Razão:* teoria do garantismo penal. 4. ed. São Paulo: Revista dos Tribunais, 2014.

FERRAJOLI, Luigi. *Principia Juris, Teoria del derecho y de la democracia.* 2. ed. Madrid: Trotta, 2016.

FERRERES, Víctor. *Justicia constitucional y democracia.* Madrid: Centro de Estudios Políticos y Constitucionales, 1997.

FIORAVANTI, Maurizio. Constituzione e popolo sovrano: la Costituzione italiana nella storia del costituzionalismo moderno. Bologna: Il Mulino, 1998.

FISHER, Louis. Judicial finality or an ongoing colloquy? *In:* MILLER, Mark C.; BARNES, Jeb. *Making policy, making law:* an interbranch perspective. Washington, D.C.: Georgetown University Press, 2004.

FISHER, Louis; DEVINS, Neal. *The democratic constitution.* New York: Oxford University Press, 2004.

FRIEDMAN, Barry. Dialogue and Judicial Review. *Michigan Law Review*, v. 91, 1993.

GARGARELLA, Roberto. El nacimiento del constitucionalismo popular. Sobre *The People Themselves,* de Larry Kramer. Disponível em: ttp://www.juragentium.org/topics/latina/ es/gargarel.pdfhttp://www.juragentium.org/topics/latina/es/gargarel.pdf. Acceso em: 05 dez. 2015).

GARGARELLA, Roberto. *La justicia frente al gobierno:* sobre el carácter contramayoritario del poder judicial. Barcelona: Ariel, 1996.

GINSBURG, Ruth Bader. Speaking in a Judicial Voice. *New York University Law Review*, v. 67, 1992.

GODOY, Miguel. *Devolver a constituição ao povo*: crítica à supremacia constitucional e diálogos interinstitucionais. Tese (Doutorado) – Programa de Doutorado em Direito, UFPR, 2015.

GUASTIANI, Ricardo. A constitucionalização do ordenamento jurídico e a experiência italiana. *In:* SARMENTO, Daniel; SOUZA NETO, Cláudio Pereira de. *A constitucionalização do direito:* fundamentos teóricos e aplicações específicas. Rio de Janeiro: Lumen Juris, 2007. p. 271-294.

HERRERA FLORES, Joaquín; SÁNCHEZ RUBIO, David. Aproximación al derecho alternativo en Iberoamérica. *Jueces para la Democracia*, 20, 3, p. 87-93, 1993.

HIEBERT, Janet. *Charter Conflits*: what is Parliament's role? Montreal: McGill-Queen's University Press, 2002.

HOGG, Peter W.; BUSHELL, Allison A. The Charter Dialogue Between Courts and Legislatures (Or Perhaps The *Charter of Rights* Isn't Such A Bad Thing After All). *Osgoode Hall Law Journal*, v. 35, 1997.

HOGG, Peter; THORNTON, Alisson A. Bushell; WRIGHT, Wade K. Charter Dialogue Revisited – or 'much ado about metaphors'. *Osgoode Hall Law Journal*. v. 45, 2007.

KAPISZEWSKI, Diana. Power broker, policy maker, or rights protection? The Brazilian Supremo Tribunal Federal in transition. *In:* HELMKE, Fretchen; RÍOS-FIGUEROA, Julio (ed.). *Courts in Latin America.* New York: Cambridge University Press, 2011. p. 154, n. 1.

KENNEDY, Duncan. *Libertad y restricción en la decisión judicial:* el debate con la teoría crítica del derecho (CLS). Universidad de los Andes: Siglo del Hombre Editores, 1999.

KLUG, Heinz. South Africa: From constitutional promise to social transformation. *In:* Jeffrey Goldsworthy. *Interpreting Constitutions:* a comparative study. Oxford: Oxford University Press, 2006. p. 21-46.

KRAMER, Larry D. *The people themselves:* popular constitutionalism and judicial review. Oxford: Oxford University Press, 2004.

LEVINSON, Sanford. *Constitutional Faith.* Princeton: Princeton University Press, 1988.

LORENZETTO, Bruno Meneses. *Os caminhos do constitucionalismo para a democracia.* Tese (Doutorado) – Universidade Federal do Paraná, Curitiba, 2014.

LORENZETTO, Bruno Meneses; MELLO, Tanya Kozicki de. Revisão legislativa dos atos jurisdicionais. *In:* CLÈVE, Clèmerson Merlin (org.). *Direito Constitucional Brasileiro.* São Paulo: Revista dos Tribunais, 2014. v. II.

MANFREDI, Christopher; KELLY, James B. Six Degrees of Dialogue: a response to Hogg and Bushell. *Osgoode Hall Law Journal*, v. 37, 1999.

MAUS, Ingeborg. *O judiciário como superego da sociedade.* Trad. Geraldo de Carvalho. Rio de Janeiro: Lumen Juris, 2010.

MENDES, Conrado Hübner. *Controle de Constitucionalidade e Democracia.* Rio de Janeiro: Elsevier, 2008.

MENDES, Conrado Hübner. *Direitos fundamentais, separação de poderes e deliberação.* São Paulo: Saraiva, 2011.

MORTON, F. L.; KNOPFF, Rainer. *The Charter Revolution and the Court Party.* Peterborough: Broadview Press, 2000.

MURPHY, Walter F., FLEMING, James E.; BARBER, Sotirios A. *American Constitutional Interpretation.* New York: The Foundation Press, 1995. p. 320-321;

NIETO, Alejandro; FERNÁNDEZ, Tomás Ramón. *El derecho y el revés, diálogo epistolar sobre leyes, abogados y jueces.* Barcelona: Ariel, 1998.

NINO, Carlos Santiago. *La constitución de la democracia deliberativa.* Barcelona: Gedisa, 1997.

PAULA, Daniel Giotti de. Ainda existe separação de poderes? A invasão da política pelo direito no contexto do ativismo judicial e da constitucionalização da política. *In:* FELLET, André Luiz Fernandes; NOVELINO, Marcelo; PAULA, Daniel Giotti de. *As novas faces do ativismo judicial.* Salvador: Juspodivm, 2013.

PONCE VILLACÍS, Juan Esteban. *El neoconstitucionalismo* en el *Ecuador. Quito:* Corporación de Estudios y Publicaciones (CEP), *2010.*

POST, Robert C. Fashioning the Legal Constitution: Culture, Courts, and Law. *Harvard Law Review*, v. 117, 2003.

POST, Robert C. Theorizing disagreement: reconceiving the relationship between law and politics. *California Law Review*, v. 98, 2010.

POZZOLO, Susanna. Reflexiones sobre la concepción neoconstitucionalista de la Constituición. *In:* CARBONELL, Miguel; GARCÍA JARAMILLO, Leonardo (ed.). *El canon neoconstitucional.* Madrid: Trotta, 2010, p. 165-184.

PRIETO SANCHÍS, Luis. *El constitucionalismo de los derechos:* ensayos de filosofía jurídica. Madrid: Trotta, 2013.

PULIDO, Carlos Bernal. *El derecho de los derechos.* Bogotá: Universidad Externado de Colombia, 2006.

ROACH, Kent. Dialogic Judicial Review and its Critics. *Supreme Court Law Review*, v. 23, 2004.

RODRIGUES, Saulo Tarso; BONAVIDES, Paulo; MARTÍN, Nuria Belloso; SILVA, Alexandre Fernandes. *Teoria da decisão judicial e Teoria da justiça*: jusfilosofia e novos paradigmas constitucionais. Curitiba: Juruá, 2015.

SANTOS, Boaventura Sousa; MENEZES, Paula (org.). *Epistemologias do Sul*. São Paulo: Cortez, 2010.

SARMENTO, Daniel. O neoconstitucionalismo no Brasil: Riscos e possibilidades. In: SARMENTO, Daniel. *Por um constitucionalismo inclusivo*: história constitucional brasileira, teoria da Constituição e direitos fundamentais. Rio de Janeiro: Lumen Juris, 2010.

SOUZA NETO, Cláudio Pereira de; SARMENTO, Daniel. Notas sobre a jurisdição constitucional e democracia: a questão da "última palavra" e alguns parâmetros de autocontenção judicial. *Revista Questio Iuris*, v. 6, n. 2, 2013.

SOUZA, Mª. Lourdes. *El uso alternativo del Derecho: génesis y evolución en Italia, España y Brasil*. Bogotá: Universidad Nacional de Colombia-ILSA, 2001.

STRECK, Lenio Luiz. A hermenêutica filosófica e as possibilidades de superação positivismo pelo (neo) constitucionalismo. In: *Constituição, hermenêutica e sistemas: Anuário do programa de pós-graduação em Direito da UNISINOS*. Porto Alegre: Livraria Advogado, 2005.

STRECK, Lenio Luiz. *Jurisdição constitucional e decisão jurídica*. 3. ed. São Paulo: Revista dos Tribunais, 2013.

STRECK, Lenio Luiz. Neoconstitucionalismo, positivismo e pós-positivismo. In: FERRAJOLI, Luigi; STRECK, Lenio Luiz; TRINDADE, André Karam (org.). *Garantismo, hermenêutica e (neo)constitucionalismo*: um debate com Luigi Ferrajoli. Porto Alegre: Livraria do Advogado, 2012.

SWEET, Alec Stone. *Governing with Judges*: Constitutional Politics in Europe. New York: Oxford University Press, 2000.

TATE, C. Neal; TORBJÖRN, Vallinder. *The global expansion of judicial power*. Nova York: New York,1995.

TUSHNET, Mark. *Taking the Constitution Away from the Courts*. Princeton: New Jersey, 2000; KRAMER, Larry. *The People Themselves*: Popular Constitutionalism and Judicial Review. New York: Oxford University Press, 2004

TUSHNET, Mark. *Weak courts, strong rights*: Judicial review and social welfare rights in comparative constitutional law. Priceton: Priceton University Press, 2008.

VALLE, Vanice Lírio do; SILVA, Cecília de Almeida. Abertura dialógica no controle abstrato de constitucionalidade: um olhar ainda preceitual. *A & C Revista de Direito Administrativo & Constitucional*, n. 43, 2010.

VAZQUEZ, Rodolfo, Justicia constitucional, Derechos humanos y argumento contramayoritario. In: *Anales de la Cátedra Francisco Suárez. Un panorama de filosofía jurídica y política. 50 años de ACFS*. Universidad de Granada, n. 44, 2010, p. 251.

VERMEULE, Adrian. *Judging under Uncertainty*: an institutional theory of legal interpretation. Cambridge: Harvard University Press, 2006.

VIANNA, Luiz Werneck et al. *A judicialização da política e das relações sociais no Brasil*. Rio de Janeiro: Revan, 1999.

WALDRON, Jeremy. *Law and Disagreement*. Oxford: Oxford University Press, 1999.

WALDRON, Jeremy. The Core of the Case Against Judicial Review. *The Yale Law Journal*, v. 115, 2006.

WHTTINGTON, Keith E. In Defense of Legislatures. *Political Theory*, v. 28, 2000.

WILLEMAN, Marianna Montebello. Revisão parlamentar no controle de constitucionalidade, constitucionalismo popular e humildade institucional. *Revista Brasileira de Direito Público*, Belo Horizonte, n. 43, 2013.

ZACCARÍA, Giuseppe. De nuevo sobre la interpretación y los principios jurídicos, *Anales de la Cátedra Francisco Suárez. Un panorama de filosofía jurídica y política. 50 años de ACFS*, n. 44, Granada: Universidad de Granada, 2010.

Informação bibliográfica deste texto, conforme a NBR 6023:2018 da Associação Brasileira de Normas Técnicas (ABNT):

RODRIGUES, Saulo Tarso; MARTÍN, Núria Belloso. (Neo)Constitucionalismo(s) e ativismo judicial: das incertezas conceituais à fragilidade para a democracia(?). *In*: TOLEDO, Cláudia (coord.). *Atual judiciário*: ativismo ou atitude. Belo Horizonte: Fórum, 2022. p. 33-66. ISBN 978-65-5518-270-5.

ARGUMENTAÇÃO REPRESENTATIVA, JUSTIÇA ELEITORAL E DEMOCRACIA DELIBERATIVA: SOBRE A LEGITIMIDADE CONSTITUCIONAL DA JUSTIÇA ELEITORAL*

ALEJANDRO NAVA TOVAR

Introdução

Na cultura jurídica latino-americana, a ascensão da argumentação jurídica teve um impulso decisivo a partir das obras de Robert Alexy,[1] Neil MacCormick,[2] Jerzy Wróblewski,[3] Aulis Aarnio,[4] Aleksander Peczenik[5] e Manuel Atienza.[6] Esse auge, produto do *Zeitgeist* da "reabilitação da razão prática" (*Rehabilitierung der praktischen Philosophie*),[7] isto é, o esforço de que a filosofia esteja relacionada ao raciocínio moral, político e jurídico, com as consequências que isso implica, pode sintetizar a pretensão de que os resultados das decisões jurídicas autoritativas não se baseiam em discricionariedade ou irracionalidade do juiz, mas em argumentos fundados e justificados em termos racionais e jurídicos, isto é, através de razões válidas expressadas como fundamentação para as decisões judiciais. Do mesmo modo, essa concepção da virada argumentativa

---

* Artigo originalmente publicado pela *Revista Brasileira de Estudos Políticos*, v. 121, p. 49-72, 2020. Tradução do idioma espanhol para português por Camila Silva Baeta. Revisão da tradução por Isabel Cristina Campos Vieira do Nascimento. Título original: *Argumentación representativa, justicia electoral y democracia deliberativa. En torno a la legitimidad constitucional de la justicia electoral*.
[1] ALEXY, 1978.
[2] MAcCORMICK, 1994.
[3] WRÓBLEWSKI, 1971, p. 409-419.
[4] AARNIO, 1987.
[5] PECZENIK, 1989.
[6] ATIENZA, 2013.
[7] Cf. RIEDEL, 1972-1974.

no direito tem três funções primordiais: em primeiro lugar, permite descrever como são elaborados os argumentos jurídicos (função descritiva); em segundo lugar, permite reprovar racionalmente argumentos jurídicos não fundamentados (função crítica) e, em terceiro lugar, permite fundamentar racionalmente os argumentos jurídicos (função normativa).

Se partimos da concepção alexyana da argumentação jurídica como um caso especial da argumentação prática, quer dizer, como um modelo de argumentação que faz *referência a questões práticas* – levanta *uma pretensão de correção* (*Anspruch auf Richtigkeit*) e possui suas respectivas *diferenças ou limitações institucionais* em relação ao discurso prático –,[8] pode-se entender que a razão e a correção no discurso jurídico são possíveis sempre que a argumentação jurídica for analisada à luz de certos procedimentos racionais. A ideia de que a racionalidade jurídica é possível a partir da análise crítica da argumentação jurídica teve um efeito de irradiação a todos aqueles que aspiram uma legitimidade do raciocínio jurídico, como pode ser visto nas diversas posições em torno da racionalidade jurídica, que vão desde as posições de tipo weberiano sobre a racionalização do direito moderno,[9] luhmanniano, segundo a qual a legitimidade está mediada por procedimentos legais,[10] até a posição alexyana do caso especial, segundo a qual o discurso jurídico é uma espécie de discurso prático.[11] Basta mencionar essas posições para entender a importância dos procedimentos legais para alcançar o ideal de racionalidade jurídica. Mas o que importa para mim agora é analisar a importância da justiça eleitoral, em virtude de sua importância para a consolidação da democracia deliberativa. Por isso, sob o aspecto crítico e normativo da argumentação jurídica, analisarei a legitimidade da justiça eleitoral.

---

[8] ALEXY, 1978, p. 263.
[9] Cf. WEBER, 1976, p. 126-130.
[10] Cf. LUHMANN, 1997.
[11] De acordo com uma entrevista de Alexy, em *Teoria da Argumentação Jurídica*, ele tentou defender duas teses que, à primeira vista, parecem contraditórias. A primeira afirma que a argumentação jurídica racional não é possível sem argumentos práticos gerais. A segunda afirma que a argumentação jurídica deve levar a sério a validade do direito positivo. Alexy tentou desfazer essa tensão por meio da tese do caso especial. Cf. ALEXY, 2014, p. 259.

I A argumentação e democracia deliberativa

A relação entre raciocínio jurídico e justiça eleitoral constitui um dos pilares da democracia moderna. Realizar uma reconstrução das diferentes concepções clássicas e modernas de democracia não é possível nem necessário neste ensaio; basta indicar aspectos básicos das ideias modernas da teoria democrática. Em diversas correntes dessa teoria, pode ser percebida uma tendência a considerar a democracia em termos formais e representativos. Embora essa distinção não seja a única, continua sendo a mais prevalente em vários círculos acadêmicos. A partir da ideia de democracia representativa estabelecida na modernidade surge uma diferença irredutível entre os governantes e os governados. Essa diferença tornou-se maior em sociedades modernas complexas,[12] nas quais é necessário que o poder político seja delegado aos representantes do povo. Não obstante, a democracia moderna, definida através de quatro características – estatalidade, igualdade de direitos dos cidadãos, competência política e responsabilidade dos Estados –[13] pode ser amplamente concebida mediante quatro diferentes modelos que descreverei a seguir.[14]

O primeiro modelo é o da democracia direta ou ateniense, o ideal clássico e, até certo ponto, nostálgico da *polis* grega, que vai desde a concepção clássica dos gregos, passa pelos caminhos da filosofia política de Rousseau e encontra uma reabilitação na questão da autonomia de Castoriadis.[15] No entanto, esse modelo normativo é questionado por ser considerado impraticável sob as condições das sociedades modernas complexas. O segundo modelo é o da democracia indireta ou representativa, modelo formal que compreende a democracia como um conjunto de regras (primárias ou fundamentais) que estabelecem *quem* está autorizado a tomar decisões coletivas e sob quais *procedimentos*.[16] Esses modelos são geralmente considerados antagônicos, pois contrastam a participação

---

[12] FUCHS, 2009, p. 42.
[13] OFFE, 2011, p. 88.
[14] Sobre uma análise desses quatro modelos, cf. CELIKATES e GOSEPATH, p. 196.
[15] Cf. ROUSSEAU, 1971; CASTORIADIS, 2005, p. 103-128.
[16] Cf, BOBBIO, 2007, p. 24.

direta da democracia antiga com a representação política da democracia representativa, embora seja preciso apontar que não deve ser sublimado ou exagerado o igualitarismo do modelo clássico, como corretamente colocado por Rodríguez Zepeda.[17] O terceiro modelo contemporâneo é o da democracia radical, que oscila entre concepções pessimistas, céticas ou críticas do ideal democrático, em franca oposição às concepções processuais e liberais da democracia.[18] Finalmente, o quarto modelo é o da democracia deliberativa, que teve um desenvolvimento importante a partir da expressão "política deliberativa" (*deliberative Politik*), cunhada por Habermas a partir de *Facticidade e validade*.[19] Ora, um ponto-chave deste último modelo é que, sem cair em tendências pessimistas, próprias do modelo radical, ele busca mediar os projetos de democracia direta e representativa. Isso é possível mediante a introdução da dimensão argumentativa na esfera pública (*Öffentlichkeit*). A democracia deliberativa está baseada na participação dos cidadãos em um intercâmbio livre e racional de argumentos na busca de argumentos politicamente corretos para todos.

De acordo com a ética discursiva, base dessa concepção deliberativa de democracia, uma norma "somente pode aspirar a ter validade quando as pessoas afetadas conseguem concordar (ou podem concordar), enquanto *participantes de um discurso prático*, que a referida regra é válida"..[20] Conforme a validade desse *postulado ético discursivo* (D), deve-se argumentar racionalmente que o conteúdo normativo da linguagem prescritiva deve ser capaz de

---

[17] Segundo Rodríguez Zepeda, a democracia antiga poderia ser praticada e justificada com base em um substrato social de profundas desigualdades – de riqueza, de gênero, de idade, de nacionalidade, de dignidade –; no entanto, a democracia moderna, que surgiu no século XIX e se consolidou de acordo com seu conceito no século XX, implica pressupostos igualitários que lhe são inerentes e que, se negados, anulariam o próprio conceito de governo democrático. A democracia grega foi fundada sobre um modelo social excludente e discriminatório em relação às categorias sociais que hoje são vistas como participantes obrigatórios e de pleno direito na democracia de hoje. É por isso que não há dúvida de que o valor da igualdade na democracia moderna é mais poderoso do que no ateniense, porque não apenas reivindica a paridade política dos cidadãos, mas, consideradas exceções razoáveis, tende a identificar toda pessoa com um cidadão (ZEPEDA, 2014, p. 230).

[18] Cf. OFFE, 2008, p. 37; MOUFFE; LACLAU, 2004; DE SOUSA, 2014, p. 357362.

[19] Cf. HABERMAS, 1992.

[20] HABERMAS, 1994, p. 86.

se universalizar para que uma norma seja válida. Esse *princípio de universalização* (U) pode ser aprovado quando todos os afetados puderem aceitar as consequências que resultam do respeito a essas normas, sempre que elas sejam preferíveis às de outras alternativas possíveis.[21]

Por isso, essa concepção argumentativa da democracia oferece um fundamento não instrumental das instituições democráticas[22] e responde, assim, aos desafios da legitimidade do poder do Estado e a um constitucionalismo genuinamente deliberativo que conecta o direito à moral e à política. No entanto, o princípio democrático, um dos fundamentos do Estado de Direito, responde ao problema da atribuição de poder no Estado.[23] Essa atribuição de poderes aos órgãos estatais corresponde a uma divisão básica segundo a qual os poderes estatais devem funcionar como contrapesos uns dos outros para assegurar um dos elementos essenciais dos Estados Democráticos de Direito: os direitos fundamentais dos indivíduos. Um dos elementos essenciais do Estado de Direito é constituído precisamente por um sistema de direitos fundamentais, isto é, um tipo de direitos subjetivos cuja *differentia specifica* para os demais reside em sua fundamentalidade, já que, embora um direito fundamental seja um direito subjetivo, nem todo direito subjetivo é fundamental.[24] Essa fundamentalidade reside no fato de que, do ponto de vista constitucional, sua atribuição ou negação a um indivíduo não pode permanecer nas mãos da maioria parlamentar simples.[25]

No entanto, dentro da categoria de direitos fundamentais, encontramos os direitos políticos, isto é, os direitos que permitem aos cidadãos participar com igualdade de oportunidades nos processos de formação de opinião e vontade comuns, para exercer sua *autonomia política*, cumprindo, assim, o princípio democrático, que

---

[21] Sobre o esclarecimento em torno do princípio da universalização (U) e da fórmula discursiva (D), cf. HABERMAS, 1991, p, 32.
[22] Sobre a distinção entre fundamentos instrumentais e não instrumentais da democracia, cf. CELIKATES; GOSEPATH, 2013, p. 202.
[23] MASTRONARDI, 2007, p. 252.
[24] Cf. BERNAL, 2009, p. 83.
[25] ALEXY, 1985, p. 406.

de acordo com um ensaio de Kelsen sobre a defesa da democracia, corresponde à exigência de igualdade de direitos eleitorais.[26] Como se pode ver, os direitos políticos são de especial importância para o Estado de Direito, pois permitem que seja conferida legitimidade à formação da vontade política. De acordo com esse tipo de direito, os representantes da eleição popular terão legitimidade quando seus cargos forem alcançados mediante um procedimento legal imparcial, reafirmando a ideia de conceber legitimidade política como resultado de um procedimento legal.

De acordo com o que apresentei até agora, o ideal da democracia como projeto de deliberação permanente se apoia na autonomia dos cidadãos, mas não apenas nessa dimensão ideal. A democracia também está baseada na dimensão real segundo a qual devem existir normas jurídicas e instituições autoritativas que se pronunciem ou decidam sobre os processos ou conflitos surgidos no terreno político. Essa dimensão real nos levará à análise da justiça eleitoral como garantia do projeto de uma democracia deliberativa e, com ela, a conceber o trabalho dessa forma de justiça como um modo de representação argumentativa, vinculado a esse tipo de democracia deliberativa.

II Justiça eleitoral como representação argumentativa

A ideia de uma justiça eleitoral constitui, na modernidade, um notável avanço na construção e consolidação de Estados Democráticos de Direito. Com o objetivo de proteger os direitos políticos dos cidadãos, a justiça eleitoral é composta pelos diversos meios e procedimentos de impugnação ou controle de atos e procedimentos eleitorais. Esses meios são projetados para garantir a legitimidade constitucional das eleições e para que as mesmas estejam em conformidade com a legalidade que foi instituída para o seu correto funcionamento. Mediante a aplicação da justiça eleitoral, os conflitos eleitorais podem ser resolvidos com o objetivo de proteger os direitos

---

[26] KELSEN, 2006, p. 72.

políticos dos cidadãos. Como em todo âmbito do direito, a justiça eleitoral está submetida a uma concepção argumentativa, na medida em que as controvérsias que surjam em um conflito político devem ser resolvidas conforme um procedimento que vai além da mera discricionariedade dos juízes.

A justiça eleitoral, então, procura resolver de forma institucional as demandas e as impugnações relacionadas às eleições e aos direitos político-constitucionais dos cidadãos. O exercício dessa faculdade autoritativa é de grande importância para um exercício correto da democracia, assim como para a manutenção do Estado de Direito. Nesse sentido, a argumentação dos juízes em matéria de justiça eleitoral deve contar com uma fundamentação e motivação de especial importância, já que, no caso da justiça eleitoral, os destinatários da sentença não são unicamente as partes interessadas, como ocorre em conflitos em matéria civil ou penal e, além disso, nem apenas o candidato do partido político que desafia um certo resultado eleitoral. No caso da justiça eleitoral, o destinatário final da sentença é a sociedade política em sua totalidade; assim, a argumentação dos juízes eleitorais deve ser mais refinada, sobretudo em contextos políticos e sociais em que a fundamentação racional de sua decisão final dependerá em boa medida da estabilidade social e da legitimidade do poder político.

A justiça eleitoral revelou, então, uma característica distintiva de qualquer argumento jurídico: a pretensão de imparcialidade. Essa pretensão de imparcialidade constitui um elemento básico da dimensão ideal do direito, embora seja difícil de alcançar no âmbito da argumentação jurídica, sobretudo no da justiça eleitoral, um campo no qual os *fatores reais do poder* (*realen tatsächlichen Machtverhältnissen*)[27] tendem a pesar mais do que em outros campos. Embora essa pretensão de imparcialidade seja um requisito que nem sempre é cumprido, ela é possível quando a argumentação oferecida pelos juízes é a mais próxima de um diálogo entre três partes.[28] Ora, mas, por que afirmo que a

---

[27] LASSALLE, 1987, p. 147.
[28] Sobre essa ideia, sou grato ao trabalho de Jonathan Gorman, Three Person Justification, (GORMAN, 2007, p, 207 ss.).

argumentação jurídica em geral deve se assemelhar a um diálogo entre três partes? O discurso jurídico em geral, diferentemente de outras formas de discurso prático, pressupõe um elemento essencial para se estabelecer como tal: a existência de uma terceira parte que deve ser neutra em relação às pretensões das outras duas partes no conflito. E é tal imparcialidade que confere caráter autoritativo às suas decisões e dá confiança aos cidadãos de que o sistema eleitoral é legítimo. Por esse motivo, a resolução final deverá ser acatada pelas partes, em benefício da sociedade.

Esse pressuposto do raciocínio jurídico assume especial importância no âmbito eleitoral, pois ele depende de os juízes deixarem de lado tanto suas preferências políticas e ideológicas quanto a influência dos *poderes selvagens*[29] no momento da tomada de decisão em torno de uma impugnação ou demanda sobre o âmbito eleitoral. Estamos diante de um grave problema, tanto no âmbito da argumentação quanto na democracia constitucional, já que os juízes, como cidadãos, têm preferências políticas e sofrem pressões sobre suas decisões. Mas, na função de juízes, devem colocá-las de lado no momento de resolver um conflito eleitoral. Em outras palavras, o raciocínio em matéria eleitoral deve fundamentar-se em critérios jurídicos na medida das suas possibilidades jurídicas e factuais, e não em critérios políticos. É nesse ponto que a argumentação jurídica encontra diversos problemas, devido à força das preferências políticas, à pressão dos grupos de poder e ao possível caráter discutível de suas decisões, enquanto essas podem ter consequências importantes para a manutenção do Estado de Direito.

A influência da esfera política é inegável na conformação de certas decisões judiciais em todos os campos. Essa influência pode levar a desvios nos resultados dos processos eleitorais encarregados da proteção do exercício dos direitos políticos. Diante desse possível desvio, a justiça eleitoral tem uma função corretiva, isto é, onde forças políticas podem violar direitos político-eleitorais, a justiça eleitoral deve restabelecer a validade desses direitos fundamentais, apesar da influência dos fatores reais de poder, mencionados anteriormente. O raciocínio jurídico dos juízes é o que deve fundamentar a validade

---

[29] Cf. FERRAJOLI, 2011.

dos processos eleitorais, e não suas preferências políticas, ocultas sob o manto do formalismo ou ativismo jurídico, atitudes que às vezes costumam ser as duas faces da mesma moeda. Essa dimensão argumentativa é o que permite conectar a argumentação e a justiça eleitoral com a defesa da democracia. Dessa maneira, entramos na dimensão da representação argumentativa.

Em um trabalho que se refere à legitimidade do controle constitucional, definido como "a expressão da prioridade ou superioridade dos direitos humanos sobre e contra a legislação parlamentar",[30] Alexy mencionou que um dos problemas que os juízes enfrentam consiste em não contar com legitimidade direta do povo. Não obstante, Alexy afirma que, segundo o constitucionalismo discursivo, o controle da constitucionalidade é uma forma de representação argumentativa do povo. A legitimidade da função dos juízes eleitorais nas democracias modernas reside precisamente nessa forma de representação argumentativa.

Segundo Alexy, assim como o conceito de direito, o conceito de representação, entendido como a relação entre *repraesentandum* e *repraesentans*, possui uma dimensão ideal ao levantar uma pretensão de correção. Isso é importante porque a democracia não é apenas um sistema de decisões políticas obtidas de qualquer forma, mas também um sistema de argumentação racional. De acordo com essa ideia, a representação do povo é tanto volitiva como argumentativa. Mediante a inclusão da argumentação, a democracia se torna deliberativa, pois permite institucionalizar o discurso como meio de tomada de decisão na sociedade.[31] O problema reside no fato de que tanto o controle de constitucionalidade quanto a argumentação em matéria de justiça eleitoral podem ser idealizados em níveis extremos. Um crítico pode objetar que um tribunal supremo ou eleitoral pode declarar qualquer argumento como se fosse em nome do povo, equiparando assim a dimensão ideal à real. Assim, a justiça eleitoral poderia se afastar do que os representados realmente pensam, mas os juízes eleitorais poderiam afirmar que, ao declararem a validade ou invalidade de uma impugnação eleitoral,

---

[30] ALEXY, 2005, p. 577.
[31] ALEXY, 2005, p. 579.

representam o povo. A pretensão de correção, portanto, poderia não ser suficiente para defender o princípio democrático.

A saída para esse problema é possível sempre e quando possa se estabelecer um vínculo entre o que as cortes deliberam e o que o povo pensa. Alexy conclui que esse vínculo é formado quando se cumprem dois passos. No primeiro passo, o controle da constitucionalidade – neste caso, a justiça eleitoral – deve mostrar que não é qualquer resposta que pode ser dada em um procedimento racional. No segundo passo, não é apenas necessário que os argumentos dos tribunais eleitorais tenham a pretensão de representar o povo, mas que, além disso, um bom número de pessoas deve estar disposto a aceitar a racionalidade dos argumentos emitidos por esse tribunal, porque esses argumentos estão corretos. Assim, Alexy apresenta duas razões fundamentais para uma verdadeira representação argumentativa, as quais permitem que a justiça eleitoral possa garantir, nesse caso, o princípio democrático-representativo: (1) a existência de argumentos corretos ou razoáveis oferecidos pelos juízes eleitorais e (2) a existência de pessoas racionais, dispostas e capazes de aceitar argumentos corretos e fundamentados. Essas pessoas, de maneira análoga à "pessoa liberal" de Rawls, podem muito bem ser denominadas "pessoas constitucionais". Desse modo, tanto o controle constitucional como a justiça eleitoral podem ser concebidos como um tipo de argumentação representativa e, portanto, compatível com a democracia.

Não obstante, de acordo com críticos como Mattias Kumm, o problema desse argumento é que, apesar de os argumentos de Alexy estarem corretos, o desacordo racional permanece[32] enquanto for discursivamente possível. A respeito desse problema, pode-se argumentar que a pretensão de correção não deve ser descartada em virtude do reconhecimento da razoabilidade do desacordo, já que a correção, enquanto ideia regulativa, tem como consequência o fato de que o desacordo ocorrido em meios institucionais deve permanecer aberto a discussões futuras. Dessa maneira, a argumentação dos juízes em matéria eleitoral pode ser concebida

---

[32] KUMM, 2012, p. 208.

como uma forma de representação argumentativa. Essa forma de representação argumentativa está baseada em uma concepção deliberativa de democracia. Assim, a representação argumentativa da justiça eleitoral constitui uma garantia da democracia, apesar da persistência de desacordo institucional dentro dos limites da racionalidade prática.

III A dupla dimensão da justiça eleitoral

Se a democracia moderna é a forma de autodeterminação comunitária e, como tal, é um fim em si mesma,[33] então "o princípio da maioria, a maior aproximação possível da ideia de liberdade na realidade política, pressupõe como condição essencial o princípio da igualdade".[34] Esse princípio da igualdade foi configurado como um direito político inalienável na modernidade e protegido pela institucionalização da justiça eleitoral. Ante o perigo de que ocorra uma violação nos procedimentos eleitorais, os juízes dos tribunais eleitorais devem corrigir os atos, acordos e resoluções dos institutos eleitorais que tenham sido impugnados. Desse modo, as instituições encarregadas dos processos eleitorais devem acatar as resoluções do referido tribunal, pois suas sentenças têm uma dimensão autoritativa. É por isso que as teorias sobre o raciocínio jurídico – tanto as teorias focadas no raciocínio interpretativo quanto as focadas no raciocínio probatório – são de especial importância nesse âmbito, já que confirmam os critérios de validade que analisarão, em boa parte, se as decisões jurídicas tomadas pelos referidos tribunais eleitorais estão corretas. Seja para determinar a validade ou invalidade de uma decisão proveniente do âmbito da justiça eleitoral, a argumentação se apresenta como um elemento necessário acerca da razoabilidade da decisão tomada.

Isso leva à compreensão das duas dimensões da justiça eleitoral, as quais também fazem parte da dupla natureza do direito, segundo a concepção de Alexy: por um lado, *a dimensão*

---

[33] KERSTING, 2000, p. 206.
[34] KELSEN, 2006, p. 284.

autoritativa, que deve ser capaz de impor suas decisões à instância inferior em favor da democracia. Por outro lado, a *dimensão ideal* da justiça eleitoral, representada por sua pretensão de ser uma justiça imparcial, independentemente das preferências políticas dos juízes encarregados por esse tipo de justiça. Essa dimensão ideal se expressa mediante a fundamentação da argumentação racional dos juízes em favor de uma decisão de especial interesse para a formação de um Estado democrático. Aqui aparece com suficiente força o giro argumentativo do direito, aplicado à justiça eleitoral e à defesa dos direitos fundamentais em matéria eleitoral.

Portanto, a defesa da democracia constitucional moderna também depende da racionalidade dos argumentos que tentam justificar uma decisão jurídica no campo da justiça eleitoral. Não obstante, essa defesa da democracia não precisa apenas de juízes críticos em matéria eleitoral, mas requer também uma sociedade deliberativa, que deve exigir dos juízes eleitorais conhecimentos específicos no âmbito do raciocínio jurídico e um setor acadêmico crítico, isto é, livre de compromissos políticos no momento de avaliar decisões judiciais e possuidor de conhecimentos atualizados sobre o raciocínio jurídico para servir como guia reflexivo à opinião pública.[35] No fundo dessa discussão está, mais uma vez, o antigo dilema entre Sócrates e Cálicles, entre "educar o poder da razão para rechaçar as razões do poder",[36] entre uma ideia de justiça eleitoral que serve à concepção democrática de Estado como uma representação argumentativa e uma concepção não democrática de Estado, que afeta seriamente os direitos político-fundamentais dos indivíduos de escolher livremente seus governantes. A argumentação, assim, apresenta-se como uma característica necessária à fundamentação das decisões judiciais no âmbito da justiça eleitoral.

---

[35] Não obstante, na dimensão real ou fática, é frequente ver que os setores acadêmicos têm compromissos políticos e isso os leva a preferir certos temas ou a criticar com maior ou menor atenção certas decisões judiciais. Do mesmo modo, apesar de ter acesso a conhecimentos mais especializados, poucas vezes o setor acadêmico aproveita estas possibilidades. Por exemplo, sobre o exame da proporcionalidade, pude comprovar como interpretações errôneas e a falta de conhecimento crítico e direto resultaram em mal-entendidos notáveis entre aqueles que afirmam estudar a argumentação jurídica.

[36] BOBBIO, 1989, p. 379.

IV Sobre o ativismo judicial eleitoral

O estudo da argumentação jurídica teve um efeito de irradiação na questão do ativismo judicial. Embora essa forma de ativismo tenha gerado diversos debates tanto a favor quanto contra a dita atividade dos juízes, em matéria eleitoral ela geralmente suscita mais problemas do que em outras áreas do direito. A razão é evidente: em uma sociedade democrática, a politização ou moralização dos argumentos no âmbito do direito eleitoral por parte dos juízes não é vista apenas como uma invasão ilegítima de competências, mas também como perigosa para a estabilidade das democracias. Os fatores reais de poder interferiram, não com pouca frequência, na determinação de importantes resoluções em matéria eleitoral na América Latina, uma situação preocupante para aqueles que consideram que a legitimidade do processo democrático pode se quebrar diante de um mero decisionismo de tribunal schmittiano.

Embora nem todo ativismo judicial seja condenável (ao menos não para a opinião pública e os defensores dos direitos humanos),[37] devemos ser cautelosos para aceitar que a ideologia política do juiz invada a esfera jurídica no âmbito da justiça eleitoral, já que ele não pode ser juiz e parte do processo de formação da vontade política de um Estado de Direito, uma vez que esse ativismo pode escapar dos controles institucionais e gerar um decisionismo político, no qual a própria democracia seria derrotada em um tribunal de justiça eleitoral, violando, assim, o princípio da equidade. As diversas concepções que concebem a legitimidade das decisões por vias procedimentais não o fazem apenas em virtude do formalismo jurídico, atribuído de forma usual aos juízes legalistas, mas porque

---

[37] Penso na legitimidade pública do juiz Baltasar Garzón, que em 2008 se declarou competente para averiguar sobre cerca de 100.000 desaparecimentos forçados durante o período franquista. Apesar das fortes críticas ao ativismo de Garzón, os sinais de apoio ao seu ativismo tiveram maior peso. O caso de Garzón mostra que nem todo ativismo judicial é condenável aos olhos da opinião pública ou da academia. No entanto, seria um erro considerar todo ativismo judicial como genuíno ato de justiça. Nesse sentido, penso na decisão do juiz Sérgio Fernando Moro, que comandou a Operação Lava Jato e sentenciou o ex-presidente brasileiro Lula a nove anos e seis meses de prisão. Essa decisão foi objeto de elogios, que apontam essa decisão como um exemplo de imparcialidade, bem como críticas, que veem nessa decisão um uso político e ilegítimo do direito que culminou com o triunfo de Jair Bolsonaro.

esse procedimento garante a imparcialidade das decisões judiciais. Nesse sentido, em *Uma teoria da justiça*, Rawls menciona que o estado de direito (*Rule of Law*) exige um processo para conhecer a verdade por meios de acordos com os outros propósitos do sistema jurídico, e nesse referido processo os juízes devem ser independentes e imparciais,[38] posto que ninguém pode julgar seu próprio caso. Assim, o estado de direito deve limitar as tendências dos juízes para decidir segundo suas preferências eleitorais, pois, caso contrário, violariam a imparcialidade exigida por uma legalidade reflexiva.

A cultura da legalidade exige mais do que nunca juízes críticos em relação aos problemas contemporâneos da democracia. Sem essa cultura, o sistema jurídico perde sua natureza e se converte em uma ordem predatória, camuflada sob o manto de respeito à lei. É certo que o "poder invisível" ao qual Bobbio[39] se referia continua à espreita pela democracia, e é por essa razão que os juízes encarregados da justiça eleitoral devem lutar com meios legais para salvaguardá-la, tornando-se guardiões da constituição e da democracia, sem usar seu cargo para beneficiar o partido político de sua escolha. Portanto, um ativismo jurídico moderado e crítico pode beneficiar a democracia, sobretudo em tempos de crises institucionais, derivadas da politização da justiça e da ascensão de poderes selvagens, sejam econômicos, midiáticos ou políticos.

Conclusões

No prefácio de uma compilação de ensaios sobre o problema da "democraticidade" contemporânea, Luis Salazar parafraseou a famosa introdução da *História de duas cidades* de Charles Dickens[40] para se referir à situação atual das democracias. Por um lado, este

---

[38] Cf. RAWLS, 2010, p. 225.
[39] Cf. BOBBIO, 2007, p. 94.
[40] "It was the best of times, it was the worst of times, it was the age of wisdom, it was the age of foolishness, it was the epoch of belief, it was the epoch of incredulity, it was the season of Light, it was the season of Darkness, it was the spring of hope, it was the winter of despair, we had everything before us, we had nothing before us, we were all going direct to Heaven, we were all going direct the other way – in short, the period was so far like the present period, that some of its noisiest authorities insisted on its being received, for good or for evil, in the superlative degree of comparison only". (DICKENS, 1999, p. 1).

parece ser o melhor dos tempos para se falar sobre o triunfo da democracia, pois é possível ver que ela sobreviveu contra suas alternativas autoritárias tanto de direita quanto de esquerda; mas, por outro lado, este parece ser o pior dos tempos para se falar sobre o triunfo da democracia, pois hoje, mais do que nunca, o ideal democrático está ameaçado por uma globalização anárquica e por poderes fáticos selvagens.[41]

Embora essas posições extremas tendam a governar boa parte dos discursos acadêmicos hoje em dia, é certo que o meio termo abriga uma postura sensata, embora isso faça a democracia parecer mais um purgatório secular do que uma sociedade bem organizada. Independentemente de escolhermos alguma dessas visões para expressar nossa visão do que é e deve ser a democracia, o certo é que os conflitos entre poderes políticos e econômicos permanecerão lá, tentando subordinar o direito ao poder político, sobretudo nas democracias em permanente estado de construção, como as latino-americanas. Portanto, os juízes em matéria eleitoral devem estar preparados para enfrentar esses poderes visíveis e invisíveis. Independentemente de suas preferências políticas, os juízes devem lutar pela legalidade da justiça eleitoral sem esquecer a legitimidade de suas decisões. Somente assim as instituições poderão ganhar a confiança dos cidadãos e contribuir para a democratização das sociedades políticas modernas.

Se meus argumentos estão corretos, a *pretensão* de conceber a justiça eleitoral como uma forma de representação argumentativa da sociedade se torna então uma pretensão necessária e mais importante do que nunca, sobretudo no âmbito das democracias latino-americanas, sempre inclinadas a politizar a justiça e a se deixarem influir pelos fatores reais do poder. Afinal, como afirma Claus Offe, "a tarefa da democracia consiste em buscar a 'democratização' da democracia, apesar de seus perigos reais".[42] Mais uma vez, a dupla dimensão do direito se erige como base da legitimidade da argumentação em matéria de justiça eleitoral e, também, como base de uma democracia deliberativa.

---

[41] Cf. SALAZAR, 2014, p. 7.
[42] OFFE, 2011, p. 94.

Referências

ALEXY, Robert. *Theorie der juristischen Argumentation*: Die Theorie des rationalen Diskurses als Theorie der juristischen Begründung, Fráncfort del Meno: Suhrkamp, 1978.

ALEXY, Robert. *Theorie der Grundrechte*. Fráncfort del Meno: Suhrkamp, 1985.

ALEXY, Robert. Balancing, Constitutional Review and Representation. *International Journal of Constitutional Law*, v. 3, n. 4, 2005. p. 572-581.

ALEXY, Robert. *Teoria discursiva do direito*. Rio de Janeiro: GEN; Forense Universitária, 2014.

AARNIO, Aulis. *The Rational as Reasonable*: A Treatise on Legal Justification, Dordrecht: D. Reidel Publishing Company, 1987.

ATIENZA, Manuel. *Curso de Argumentación Jurídica*. Madrid: Trotta, 2013.

BERNAL, Carlos. Die Fundamentalität der Grundrechte *In*: CLÉRICO, Laura; SIECKMANN, Jan-Reinard (ed.), *Grundrechte, Prinzipien und Argumentation. Studien zur Rechtstheorie Robert Alexys*. Baden-Baden: Nomos Verlagsgesellschaft, 2009. p. 83-97.

BOBBIO, Norberto. Hegel y el iusnaturalismo. AMENGUAL, Gabriel (ed.). *Estudios sobre la filosofía del derecho de Hegel*. Madrid: Centro de Estudios Constitucionales, 1989. p. 377-406.

BOBBIO, Norberto. *El futuro de la democracia*. Cidade do México: FCE, 2007.

CASTORIADIS, Cornelius. La polis griega y la creación de la democracia. *Escritos Políticos*. Madrid: Los Libros de la Catarata, 2005. p. 103-128.

CELIKATES, Robin; GOSEPATH, Stefan. *Grundkurs Philosophie, Band 6 Politische Philosophie*. Stuttgart: Reclam, 2013.

DICKENS, Charles. *Tale of Two Cities*. Nueva York: Dover thrift Editions, 1999.

FERRAJOLI, Luigi. *Poderes salvajes*: la crisis de la democracia constitucional. Madrid: Trotta, 2011.

FUCHS, Dieter. Demokratie. *In: Lexikon Politik. Hundert Grundbegriffe*. Reclam: Stuttgart, 2009. p. 38-43.

GORMAN, Jonathan. Three Person Justification. *In:* PAVLAKOS, George. *Law. Rights and Discourse. The Legal Philosophy of Robert Alexy*. Portland: Hart Publishing, 2007. p. 207-222.

HABERMAS, Jürgen. *Faktizität und Geltung. Beiträge zur Diskurstheorie des Rechts und des demokratischen Rechtstaats*. Fráncfort del Meno: Suhrkamp, 1992.

HABERMAS, Jürgen. *Erläuterungen zur Diskursethik*. Fráncfort del Meno: Suhrkamp, 1991.

HABERMAS, Jürgen. *Conciencia moral y acción comunicativa*. Barcelona: Planeta-de Agostini, 1994.

KELSEN, Hans. *Verteidigung der Demokratie*. Edición de Matthias Jestaedt y Oliver Lepsius. Mohr Siebeck: Tubinga, 2006.

KERSTING, Wolfgang. *Politik und Recht. Abhandlungen zur Politischen Philosophie der Gegenwart und zur neuzeitlichen Rechtsphilosophie*. Velbrück Wissenschaft: Tubinga, 2000.

KUMM, Mattias. Alexy's Theory of Constitutional Rights and the Problem of Judicial Review. *In:* Klatt. Matthias (ed.). *Institutionalized Reason. The Jurisprudence of Robert Alexy*. Nueva York: Oxford University press, 2012. p. 201217.

LASSALLE, Ferdinand. *Reden und Schriften*. Reclam: Leipzig, 1987.

LUHMANN, Niklas. *Legitimation durch Verfahren*. Fráncfort del Meno: Suhrkamp, 1997.

MAcCORMICK, Neil. *Legal Reasoning and Legal Theory*. Oxford. Oxford University Press, 1994.

MASTRONARDI. Philippe. *Verfassungslehre. Allgemeines Staatsrecht als Lehre vom Guten und gerechten Staat*. Berna: Haupt UTB, 2007.

MOUFFE, Chantal; LACLAU, Ernesto. *Hegemonía y estrategia socialista:* hacia una radicalización de la democracia. Buenos Aires: FCE, 2004.

OFFE, Claus. Wie der Markt die Politik vergiftet. Die Finanzkrise als Demokratieverlust: Colin Crouchs Lagebericht. *Frankfurter Allgemeine Zeitung*. 22. 2008. p. 37.

OFFE, Claus.Demokratie. *In:* Offe. Claus/Hartmann. Martin. *Politische Theorie und Politische Philosophie. Ein Handbuch*. Múnich. C. H. Beck Verlag. 2011. p. 88-94.

PECZENIK, Aleksander. *Law and Reason*. Dordrecht. Springer, 1989.

RAWLS, John. *Teoría de la justicia*. Cidade do México: FCE. 2010.

RIEDEL, Manfred. *Rehabilitierung der praktischen Philosophie*. 2 volumes. Rombach: Friburgo, 1972-1974.

ROUSSEAU, Jacques. *The Social Contract or Principles of Political Right*. Chicago: Enciclopaedia Britannica, 1971.

SALAZAR, Luis (coord.). *¿Democracia o posdemocracia?*: problemas de la representación política en las democracias contemporáneas. Cidade do México: Fontamara, 2014. p. 7-16.

SOUSA, Boaventura de. *Democracia al borde del caos:* ensayo contra la autoflagelación. Cidade do México: Siglo XXI Editores, 2014.

WEBER, Max. *Wirtschaft und Gesellschaft. Grundriß der vertehenden Soziologie*. Mohr Siebeck: Tubinga, 1976.

WRÓBLEWSKI, Jerzy. Legal Decision and its Justification. *In:* HUBIEN, Hubert (ed.). *Proceeding of the World Congress for Legal and Social Philosophy*. Bruselas, 1971. p. 409-419.

ZEPEDA, Jesús. El espacio de los ausentes: discriminación y representación democrática. *In:* SALAZAR, Luis (coord.). *¿Democracia o posdemocracia?*: problemas de la representación política en las democracias contemporáneas. Cidade do México: Fontamara, 2014. p. 221-247.

Informação bibliográfica deste texto, conforme a NBR 6023:2018 da Associação Brasileira de Normas Técnicas (ABNT):

TOVAR, Alejandro Nava. Argumentação representativa, Justiça Eleitoral e democracia deliberativa: sobre a legitimidade constitucional da Justiça Eleitoral. *In:* TOLEDO, Cláudia (coord.). *Atual judiciário*: ativismo ou atitude. Belo Horizonte: Fórum, 2022. p. 67-83. ISBN 978-65-5518-270-5.

DIREITOS FUNDAMENTAIS, DEMOCRACIA E CONTROLE DE CONSTITUCIONALIDADE*

JAN-R. SIECKMANN

Introdução

A legitimidade do controle judicial de constitucionalidade, em particular das leis, e sua relação com os princípios da democracia e da separação de poderes é um tema central da teoria do Estado Democrático de Direito.[1] Em especial, o método da ponderação de direitos fundamentais e de outros princípios constitucionais[2] amplifica as possibilidades do controle judicial de constitucionalidade. Isso ocorre porque a separação entre criação e aplicação do direito se dissolve e tende-se a ampliar a proteção judicial dos direitos fundamentais.

É uma característica da ponderação ser ao mesmo tempo criação e aplicação de normas. Quando se pondera, por exemplo, no caso de expressões ofensivas, o princípio da liberdade de expressão com o princípio do direito à honra, o objetivo da ponderação não é determinar o conteúdo de uma lei, mas se trata de estabelecer uma

---

* Tradução do idioma espanhol para português por Shayna Akel Militão. Revisão técnica da tradução por Cláudia Toledo. Título original: "Derechos Fundamentales, Democracia y Control de Constitucionalidad".
[1] Cf. J. Ely. *Democracy and Distrust*, Cambridge: Harvard University Press, 1980; F. Michelman. Law's republic, *Yale Law Journal*, 97, 1988; R. Dworkin. Equality, Democracy, and Constitution: We, the people, and the judges, *Alberta Law Review*, XXVIII, 1990, 324-346; J. Rawls. *Political Liberalism*, Nova York: Columbia University Press, 1993; J. Habermas. *Facticidad y validez*, Madrid: Trotta, 1998, 311 ss.; Nino, C. S. *La Constitución de la democracia deliberativa*, Gedisa, Barcelona, 1997, 258 ss.; R. Alexy. *Teoría del Discurso y Derechos Constitucionales*, México: Fontamara, 2005, 89-103, com diversas posições acerca desse tema.
[2] Para uma análise da estrutura da ponderação cf. Alexy, R. *Teoría de los derechos fundamentales*, 2. ed., Madrid: Centro de Estudios Políticos y Constitucionales, 2007; Sieckmann, J.-R. *El modelo de los principios*, Bogotá: Universidad Externado de Colombia, 2006; Clérico, L. *El examen de proporcionalidad en el derecho constitucional*, Eudeba, Buenos Aires, 2009; Bernal Pulido, C. "The Structure and the Limits of Balancing", *ARSP*, v. 97, 2004, 79-84.; Bernal Pulido, C. "On Alexy's Weight Formula", in: A. J. Menendez y E. O. Eriksen. *Arguing Fundamental Rights*, Springer, Dordrecht, 2006a, 101-110; Bernal Pulido, C. "The Rationality of Balancing", *ARSP*, v. 92, 2006b, 195-208.

relação de prioridade condicional entre os princípios em colisão no que diz respeito às condições do caso concreto e, assim, de uma norma que vale definitivamente e determina o caso sob consideração.[3] Ponderação é um método para justificar e estabelecer normas. Por isso se derruba a distinção entre legislação e aplicação de normas jurídicas. A ponderação sempre tem elementos dos dois tipos de atos jurídicos. Quando aplica princípios jurídicos, estabelece ao mesmo tempo uma norma que antes não pertencia ao sistema jurídico.

Além disso, interpretar os direitos fundamentais como princípios gera uma tendência a ampliar a proteção jusfundamental. Dado que os princípios jusfundamentais não são válidos com caráter taxativo ou estrito, mas podem ser limitados, de uma forma razoável, em atenção a objetivos constitucionalmente legítimos, todos os interesses individuais dignos de tutela podem acabar incluídos na proteção jusfundamental:[4] assim, por exemplo, um direito à liberdade geral de ação – isto é, liberdade de fazer ou não fazer o que se quiser –, mas também os princípios que exigem o reconhecimento de direitos sociais ou de direitos frente a particulares. Na medida em que os direitos fundamentais (como os que existem na Constituição alemã) são judicialmente exigíveis, da ampliação dos âmbitos de proteção dos direitos fundamentais segue-se uma ampliação das competências decisórias dos tribunais. Portanto, dentro do âmbito de aplicação dos princípios jusfundamentais, os tribunais poderiam considerar que sua concepção de ponderação correta dos direitos fundamentais é a decisiva. Isso seria, certamente, uma consequência problemática da combinação entre a teoria dos princípios e o princípio de plena controlabilidade judicial dos direitos fundamentais.

Por isso não surpreende que a ponderação de princípios constitucionais como método de controle de constitucionalidade das leis seja objeto de muitas críticas.[5] Uma objeção central contra a teoria

---

[3] Para esta "lei de colisão", cf. Alexy, nota 2.
[4] Isso, contudo, não constitui uma consequência necessária da teoria dos princípios, mas depende da interpretação dos âmbitos de proteção jusfundamental. A teoria dos princípios, não obstante, favorece a extensão desses âmbitos de proteção e dos correspondentes controles judiciais.
[5] Cf., por exemplo, Böckenförde, E. W. Grundrechte als Grundsatznormen, *Staat, Verfassung, Demokratie*, Frankfurt a.M.: Suhrkamp, 1991; B. Schlink. Der Grundsatz der Verhältnismäßigkeit, in: P. Badura y H. Dreier (eds.). *Festschrift 50 Jahre Bundesverfassungsgericht*, v. 2, Tübingen: Mohr, 2001, 460; Habermas, nota 1, 311ss.; García Amado, J. A. Neoconstitucionalismo,

dos direitos fundamentais como princípios é que ela gera consequências institucionais inadequadas, porque aumenta as competências judiciais e prejudica as competências de outros órgãos com maior legitimidade democrática, em particular o legislador.[6] A ampliação do controle da jurisdição constitucional é criticada por ser o caminho que leva a um "Estado jurisdicional", que se mostraria problemático à luz dos princípios de democracia e separação de poderes.[7]

Há dois temas centrais: a racionalidade da ponderação e sua legitimidade.[8] O tema da racionalidade trata da disponibilidade de critérios ou pautas que permitem entender a ponderação como um método racional, e não meramente subjetivo e arbitrário. A pergunta pela legitimidade da ponderação se refere à delimitação de competências para ponderar entre tribunais e outros órgãos, em particular, o legislador. "Competências para ponderar" significa, nesse contexto, estabelecer normas definitivas sobre a base da ponderação de princípios.

Ambos os temas estão conectados, mas são distintos. A legitimidade dos tribunais para a ponderação de princípios constitucionais depende da possibilidade de se tratar de um método racional, que pode definir o que é correto com base na Constituição. Quanto mais racional é a ponderação, mais legítima é a ponderação de princípios constitucionais pelos tribunais. Se a ponderação fosse um método que levasse a resultados objetivamente corretos, não haveria dúvidas acerca da legitimidade de ponderações judiciais. Não obstante, a racionalidade da ponderação não é uma questão de tudo ou nada. A ponderação não é um método perfeitamente objetivo, porém, tampouco é completamente subjetivo.[9] Por isso, não há uma

---

ponderaciones y respuestas más o menos correctas. Acotaciones a Dworkin y Alexy, in: M. Carbonell y L. García Jaramillo (eds.). *El canon neoconstitucional*, Bogotá: Universidad Externado de Colombia, 2010, 368-405.

[6] Quando se trata de decisões sobre conflitos horizontais, entre partes que se encontram em igualdade – no direito civil, por exemplo –, as ponderações podem justificar-se mais facilmente pela necessidade de uma decisão oficial. Ao contrário, no caso do controle das decisões estatais, já existe, previamente, uma regulação oficial: a questão é, então, por quais razões poderiam os tribunais corrigir regulações preexistentes.

[7] Cf., especialmente, Böckenförde, nota 5, 190.

[8] Cf. também Alexy, R. *La construcción de los derechos fundamentales*, ad hoc, Buenos Aires, 2010.

[9] Cf. Alexy, nota 2; Alexy, nota 8, sobre a tese de que nem sempre existe uma única solução correta de uma ponderação.

resposta óbvia para a pergunta pela legitimidade da ponderação no controle de constitucionalidade das leis pelos tribunais ou cortes.

A concepção de Robert Alexy acerca da legitimidade e os limites do controle judicial de constitucionalidade das leis serve como ponto de partida para analisar e estruturar o tema da legitimidade do método da ponderação no controle de constitucionalidade das leis. Primeiro, esboçarei a concepção de controle de constitucionalidade de Alexy. Num segundo momento, explicarei a concepção dos princípios formais como instrumento para integrar as exigências dos princípios de democracia e de separação de poderes. Em terceiro lugar, apresentarei alguns critérios para a delimitação de competências de tribunais e legisladores para estabelecer normas definitivas com base na ponderação de princípios constitucionais. A tese que sustenta esses critérios é que o legislador e as Cortes ou Tribunais Constitucionais realmente se encontram numa posição simétrica com referência à ponderação dos direitos fundamentais. Ambos devem ponderar e tratar de realizar os direitos fundamentais de maneira ótima, isto é, no maior grau possível em relação às possibilidades fáticas e jurídicas.[10] Então, o problema é a delimitação das competências judiciais e a definição de critérios para determinar quando é legítimo que os tribunais declarem inconstitucional uma decisão do legislador baseados na ponderação dos direitos fundamentais.

I A concepção de controle judicial de constitucionalidade de Alexy

A resposta de Robert Alexy ao problema da legitimidade e do alcance do controle judicial de constitucionalidade inclui diversos elementos e teses:
– a tese da representação argumentativa;
– a teoria das margens de decisão;

---

[10] Sobre a definição de direitos fundamentais como mandamentos de otimização, Alexy, nota 2, 67-68. No entanto, não se devem definir como mandamentos de otimização os princípios que figuram como argumentos na ponderação, porque os mandamentos de otimização não são objetos da ponderação. Cf. Sieckmann, J.-R. *Regelmodelle und Prinzipienmodelle des Rechtssystems*, Baden-Baden: Nomos, 1990; Sieckmann, J.-R. *El modelo de los principios*, Bogotá: Universidad Externado de Colombia, 2006; Sieckmann, J.-R. Prinzipien, ideales Sollen und normative Argumente, *ARSP*, 97, 2011, 178-197.

– a concepção dos princípios formais; e
– a "segunda lei da ponderação".

1 A tese da representação argumentativa

Alexy entende o problema da legitimidade do controle judicial de constitucionalidade como conflito entre tal controle e o princípio de democracia.[11] Pode legitimar-se apenas se for compatível com a democracia. O exercício de autoridade estatal pelo parlamento é legítimo porque ele é representante do povo. A representação é democrática porque os membros do parlamento são eleitos e controlados por eleições gerais e livres. Os juízes, em geral, não contam com legitimidade direta. O controle de constitucionalidade pode ser reconciliado com a democracia somente quando tal controle também pode ser considerado como uma forma de representação do povo.[12] Por isso, Alexy desenvolve sua ideia de representação argumentativa.

Primeiro, argumenta que a representação não está necessariamente determinada pelas eleições. A representação consiste em uma relação entre duas partes, os *representandum* e os *representans*.[13] No caso do parlamento, essa relação está essencialmente determinada pelas eleições. Mas uma concepção adequada da democracia deve incluir também a argumentação.[14] Assim, a democracia se torna deliberativa, e a representação do povo é, ao mesmo tempo, volitiva ou decisionista e argumentativa ou discursiva.

Por sua vez, a representação do povo no Tribunal Constitucional é puramente argumentativa. Deve referir-se a "valores ideais". Um conceito de representação adequado deve conter uma dimensão ideal que relacione a decisão com o discurso.[15]

Uma possível objeção é que o Tribunal Constitucional pode declarar qualquer argumento como argumento em representação do povo e assim não haveria limites nem controle. Alexy rechaça

---

[11] Alexy, nota 1, 98.
[12] Alexy, nota 1, 99.
[13] Alexy, nota 1, 99-100.
[14] Alexy, nota 1, 2005,100.
[15] Alexy, nota 1,101.

essa objeção, porque, por um lado, nem todo argumento é possível, podem-se distinguir argumentos bons dos maus. Por outro lado, os argumentos devem estar relacionados com o que o povo realmente pensa.[16] É necessário que um número suficiente de pessoas aceite, pelo menos em longo prazo, esses argumentos como razões de correção. Isso pressupõe que um número suficiente de membros da sociedade é capaz de exercer suas capacidades racionais e deseja fazê-lo.[17]

Essa defesa da legitimidade do controle judicial de constitucionalidade tem, não obstante, alguns problemas. Primeiro, não é claro por que a legitimidade de tal controle deve seguir-se do princípio de democracia. Pode ser que outro princípio em conflito com o da democracia se imponha sob certas circunstâncias. Em particular, a função dos direitos fundamentais pode ser vista na proteção dos indivíduos, que estão em perigo de que o processo democrático e o princípio majoritário eliminem até mesmo os mais importantes interesses dos indivíduos em benefício de alguma maioria. Não parece necessário, portanto, fundamentar legitimidade do controle constitucional a partir do próprio princípio da democracia.

Segundo, não fica claro em que consiste a representação argumentativa. Uma condição é que, ao menos em longo prazo, os argumentos da Corte sejam aceitos por um número suficiente de cidadãos. Alexy o entende como um apoio real. Mas a condição "em longo prazo" permite uma interpretação que retira quase toda a força dessa condição. Como se sabe o que os cidadãos vão aceitar em longo prazo? Se forem razoáveis, aceitarão o que é correto. Mas cada um pensa que sua posição é correta. Então, cada um deve reclamar que sua posição também seja aceita em longo prazo pelos demais. O critério de aceitação em longo prazo mostra-se vazio e sem conteúdo empírico.

Isso nos leva a um terceiro problema. Se a legitimidade do controle constitucional depende da representação argumentativa, e ela da aceitação em longo prazo, que, não obstante, cada um deve reclamar para sua proposta, não parece possível introduzir limites

---

[16] Alexy, nota 1, 102.
[17] Alexy, nota 1, 103.

ao controle judicial de constitucionalidade. As cortes simplesmente devem decidir segundo seu próprio juízo acerca da interpretação e aplicação da Constituição. Não há espaço para perguntar se deve-se limitar o controle judicial por respeito às decisões do legislador, que possui maior legitimidade democrática.

Certamente, é possível rechaçar essa última ideia e reclamar que as cortes simplesmente interpretem e apliquem a Constituição segundo seu juízo. As consequências podem, não obstante, ser desastrosas para o sistema democrático da separação de poderes, em que a legislação é, em primeiro lugar, tarefa e competência do parlamento. Se os juízes simplesmente têm que interpretar e aplicar a Constituição, sem pensar no equilíbrio de poderes, terminarão por tomar quase todas as decisões importantes, porque quase todas elas tocam temas constitucionais. Assim, o fantasma do "Estado Jurisdicional" se converteria em realidade.

2 A teoria das margens de decisão

Se se considera inaceitável uma situação na qual o poder judicial pode tomar quase todas as decisões importantes simplesmente porque elas têm caráter constitucional, é necessária uma limitação do controle judicial de constitucionalidade. Uma primeira aproximação de Alexy a esse problema é a concepção das margens de decisão em temas da ponderação de princípios constitucionais.

Segundo Alexy, existem dois tipos de margens, as estruturais e as empíricas. O caso de uma margem estrutural é que, segundo a melhor interpretação da Constituição, diversas soluções parecem igualmente boas. Para Alexy, "o que as normas da Constituição não ordenam nem proíbem se encontra dentro da margem de ação estrutural do legislador".[18] O juiz, então, tem que decidir com base nessa situação e deve respeitar a decisão legislativa como conforme a Constituição.

As margens epistêmicas aparecem quando não é possível discernir qual é o conteúdo da Constituição. Segundo Alexy,

---

[18] Alexy, nota 2, 520, 518.

"uma margem de ação epistêmica não deriva dos limites do que a Constituição ordena e proíbe, mas sim dos limites da capacidade para reconhecer, por um lado, o que a Constituição ordena e proíbe, e por outro, o que não ordena nem proíbe".[19] A característica da margem epistêmica é a incerteza. "A pergunta acerca da existência de margens epistêmicas aparece quando são incertos os conhecimentos acerca do que está ordenado, proibido ou confiado à discricionariedade do legislador pelos direitos fundamentais".[20]

Alexy distingue entre margens epistêmicas com respeito às premissas empíricas as normativas. "A causa da incerteza pode encontrar-se na falta de certeza das premissas empíricas ou das normativas".[21] Um exemplo de uma margem epistêmica acerca das premissas empíricas é o da penalização do consumo de *cannabis sativa*. Não se sabe com certeza quais são os efeitos da penalização. Então, o Tribunal Constitucional reconhece a determinação do legislador acerca dessas premissas.

Um primeiro problema da concepção das margens epistêmicas é seu conteúdo. A incerteza, em si mesma, não basta para criar uma margem epistêmica para as determinações do legislador. O fato de um juiz não estar seguro em suas determinações empíricas ou normativas não o impede de formar seu juízo. Falar de uma margem epistêmica somente tem sentido quando há diversos atores com opiniões divergentes. Não obstante, quando o problema é a diversidade de opiniões defensáveis, não importa se há incerteza para os atores. Os atores podem estar muito seguros quanto à sua posição. O que importa é se se pode provar que as outras posições estão equivocadas.

Um segundo problema é como justificar uma margem epistêmica para o legislador. Segundo Alexy, os direitos fundamentais como mandamentos de otimização exigem o não reconhecimento de tal margem, porque ela debilita a proteção do direito fundamental. "Reconhecer que o legislador dispõe de uma margem de ação epistêmica de tipo empírico, significa admitir a possibilidade de que tais direitos não sejam realizados em maior medida possível,

---

[19] Alexy, nota 2, 519.
[20] Alexy, nota 2, 547.
[21] Alexy, nota 2, 547.

de acordo com as possibilidades fáticas".²² Então, reconhecer tal margem requer uma justificação. Para isso Alexy introduz o conceito dos princípios formais.

3 A concepção dos princípios formais e a "segunda lei de ponderação"

Alexy se refere ao princípio formal da competência do legislador para decidir.²³ Esse princípio formal "impõe que o legislador democraticamente legitimado seja, na maior medida possível, quem toma as decisões importantes para a comunidade". E se a decisão depende de premissas empíricas, a competência do legislador inclui a decisão sobre os aspectos empíricos em condições de falta de certeza.²⁴

Por outro lado, como já foi explicado, os direitos fundamentais excluem *prima facie* tal margem. Então há um conflito entre direitos fundamentais como princípios materiais e princípios formais que fundamentam margens de ação do legislador. Alexy rechaça duas soluções extremas para este conflito: primeiro, que em caso de incerteza sempre prevalece o direito fundamental e então se exclui definitivamente uma margem de ação epistêmica do legislador; segundo, que sempre o princípio formal tem prioridade e então o legislador pode operar com qualquer premissa empírica²⁵ – ou normativa.

Então é necessária uma solução intermediária. Alexy a vê no que chama de "segunda lei da ponderação" ou "lei epistêmica da ponderação": *"Quanto mais intensa é uma intervenção em um direito fundamental, maior deve ser a certeza das premissas que sustentam a intervenção"*.

Nesse contexto, intensidade da intervenção não deve ser confundida com grau de afetação,²⁶ pois inclui um elemento

---

²² Alexy, nota 2, 550.
²³ Alexy, nota 2, 550.
²⁴ Alexy, nota 2, 550.
²⁵ Alexy, nota 2, 552.
²⁶ Nisso se diferencia da primeira lei da ponderação: Cf. Alexy, nota 2.

avaliativo ao passo que depende também da importância do direito afetado.[27] Assim, intensidade de intervenção corresponde ao peso da intervenção,[28] e, portanto, à importância do direito fundamental no caso concreto.

No entanto, a "segunda lei da ponderação" não é sólida. Tem consequências pouco plausíveis. Por exemplo, consideremos uma intervenção na liberdade profissional para evitar certos riscos para a saúde de terceiros, quando as premissas em que se baseia essa intervenção sejam seguras e a importância no caso concreto da liberdade profissional e da proteção da saúde sejam iguais, então a intervenção estatal se mostra justificada. Agora suponhamos que surjam dúvidas acerca da confiabilidade das premissas que afirmam o risco para a saúde. No entanto, essas premissas ainda são melhor fundamentadas do que a alternativa de rechaçá-las, e a conclusão de que existe certo risco para a saúde se mantém. Mas se se mantém a conclusão segundo a qual existem certos riscos para a saúde que justifiquem a intervenção na liberdade profissional, a intervenção resta justificada, ainda que com base em premissas que não têm alto grau de certeza. Por outro lado, seria equivocado rechaçar a justificação da intervenção à liberdade profissional com base na falta de certeza dos riscos que fumar em lugares fechados pode provocar à saúde de terceiros. Essa justificação seria discutível, porque se baseia em premissas discutíveis, mas ainda assim seria o resultado melhor fundamentado. Nesse ponto é importante distinguir entre a probabilidade de um dano que constitui o risco, por um lado, e a certeza ou confiabilidade das premissas em que se baseia essa avaliação. A probabilidade forma parte da determinação de quão grave é a afetação à saúde e em que medida se fomenta a saúde com a intervenção na liberdade profissional. Esse fator, sim, é relevante para a ponderação entre liberdade profissional e proteção da saúde. De outro modo, a certeza ou confiabilidade das premissas é uma

---

[27] Rivers, J. Proportionality, Discretion and the Second Law of Balancing, in: G Pavlakos (ed.). *Law, Rights and Discourse. The Legal Philosophy of Robert Alexy*, Oxford, Portland (Oregon): Hart, 2007, 189-206, oferece outra crítica, sustentando que o grau de intervenção deve ser entendido como *chance* ou risco de afetação. Mas não está claro se isso deve ser entendido como probabilidade ou como confiabilidade das premissas. Acerca dessa distinção, Cf. Rivers, 2007.
[28] Alexy, nota 2, 553.

avaliação epistêmica, quer dizer, uma avaliação de metanível, que não afeta a ponderação de primeiro nível.

Então se deve rechaçar a "segunda lei da ponderação". Poderia ser relevante para ponderações de segundo nível acerca da avaliação da qualidade epistêmica da ponderação, mas não para ponderações de primeiro nível. Porém, isso não afeta a concepção dos princípios formais e sua relevância para a determinação das competências para ponderar e decidir. Mas restam outros problemas diversos na concepção do controle de constitucionalidade de Alexy. Primeiro, o conceito dos princípios formais requer esclarecimento. Segundo, a ideia de ponderar princípios materiais e formais enfrenta a objeção de que considerar princípios formais não seja compatível com a obrigatoriedade da Constituição.

II O problema dos princípios formais

Para ilustrar o problema dos princípios formais, parece útil um exemplo: a decisão do Tribunal Constitucional Federal alemão (BVerfG) sobre a constitucionalidade de normas que, salvo algumas exceções, proibiam fumar em restaurantes e bares.[29]

1 Um exemplo: a decisão da proibição de fumar

As leis provinciais de Baden-Württemberg e de Berlim proibiam fumar em restaurantes.

Admitiam, porém, exceções para restaurantes em tendas ou barracas (*Bier-, Wein- und Festzelte*), restaurantes ao ar livre (*Außengaststätten*) e restaurantes de viagem (*Reisegaststätten*), e para restaurantes que tinham salas para não fumantes – salas completamente separadas e claramente marcadas como lugares para fumantes, sempre e quando isso não retirasse toda a proteção aos não fumantes.

O Tribunal Constitucional Federal declarou inconstitucionais essas normas enquanto não incluíssem uma exceção para

---

[29] BVerfGE 121, 317 (1 BvR 3262/07, sentença de 30 de julho de 2008), proibição de fumar.

restaurantes pequenos com apenas um ambiente e com licença para vender apenas bebidas, e não comidas (*Eckkneipen* ou *pubs*). O argumento do Tribunal era que essas normas violavam o direito fundamental do livre exercício da profissão (art. 12, §1, da Lei Fundamental) junto com o princípio da igualdade (art. 3, §1, da Lei Fundamental) dos operadores de bares pequenos, porque afetavam gravemente esses operadores até colocar em perigo sua existência econômica.

Contudo, o Tribunal sustentava que o legislador poderia ter estabelecido uma proibição estrita, sem exceção alguma, dando prioridade absoluta à proteção da saúde dos clientes e os empregados dos restaurantes.[30] De modo contrário, o legislador havia admitido exceções, o que mostrava que não dava suma importância ao objetivo de proteger a saúde. Porquanto considerava os interesses dos operadores de restaurantes em alguns casos como suficientemente importantes para justificar exceções à proibição, devia admitir também uma exceção em favor dos operadores de pequenos bares em que se ofereciam apenas bebidas. Seus interesses não eram menos importantes que os interesses favorecidos pelas exceções.

Por outro lado, havia dois votos em divergência.

O juiz Bryde sustentava que o Tribunal não tinha que declarar as normas como inconstitucionais. Ainda que o legislador tivesse cometido um erro em subestimar os efeitos de fumar em tendas ou em salas laterais, o Tribunal devia respeitar sua apreciação e apenas exigir dele que verificasse se suas premissas se mostravam corretas ou não.

Com outro argumento, o juiz Masing criticava a opinião do Tribunal, segundo a qual o legislador podia dar uma prioridade estrita para a proteção da saúde, porque tal solução extrema seria desproporcional. Mas sustentava que – salvo a exceção para tendas montadas ao ar livre – o legislador perseguia uma concepção coerente, dando prioridade à garantia de uma oferta que permitia a não fumantes frequentar restaurantes sem entrar em contato com fumantes.

Essa decisão é interessante porque mostra diversas posições a respeito da delimitação do controle de constitucionalidade das leis:

---

[30] Nesse sentido, cf. BVerfG 2. Kammer des 1. Senats, 1 BvR 1746/10, resolução de 2 de agosto de 2010 (*Nichtannahmebeschluss*), rechaçando aceitar o amparo contra a proibição de fumar estrita em restaurantes ou bares na Bavária.

- A maioria do Tribunal reconhece uma margem de apreciação do legislador acerca do peso ou da importância do objetivo que persegue, nesse caso, a proteção da saúde. Parece que a importância desse princípio não está determinada pela Constituição ou pela interpretação da Constituição mesma, mas depende da determinação do legislador.
- O juiz Bryde exige uma margem de apreciação acerca do peso do princípio da proteção da saúde e exige uma determinação correta ou adequada, mas defende a concepção normativa do legislador como coerente.

Na terminologia de Alexy,[31] parece que o Tribunal reconhece uma margem estrutural do legislador acerca da determinação do peso de seu objetivo, mesmo que entre em conflito com direitos fundamentais. Por outro lado, o Juiz Masing rechaça tal margem. O juiz Bryde exige reconhecimento de uma margem epistêmica, isto é, a falta de conhecimento a respeito de qual é a solução correta, acerca da seleção das premissas empíricas, o que o Tribunal nesse caso não faz.

O problema da posição do Tribunal é que a proteção dos direitos fundamentais perde muito em substância quando se permite ao legislador que atribua qualquer importância a seus objetivos. Nesse ponto, Masing parece ter razão. Mas se se aceita que a ponderação de direitos fundamentais com objetivos legislativos deve buscar uma relação adequada (um equilíbrio) entre os princípios em conflito, o que normalmente exclui soluções extremas,[32] enfrenta-se o problema sobre como se pode evitar que o Tribunal Constitucional deva tomar todas as decisões definitivas acerca da ponderação de princípios constitucionais e legislativos. Parece tema da interpretação constitucional, e isso é competência do Tribunal Constitucional. Certamente, a interpretação constitucional permite diversas posições e não pode garantir uma única solução correta. Isso vale, inclusive, para o argumento de Masing, o qual não pode mostrar que sua opinião é a única interpretação plausível ou defensável. Se a pergunta é qual é a interpretação correta ou adequada, o Tribunal vai

---

[31] Cf. Alexy, nota 2, 519.
[32] Sobre a interpretação da exigência de concordância prática como comando de uma solução intermediária, Cf. Clérico, nota 2, 265.

respondê-la segundo sua opinião (ou seja, a da maioria dos juízes). Consequentemente, não há lugar para a apreciação do legislador.

O problema de reconhecer uma margem epistêmica acerca da seleção das premissas empíricas é o de como pode o Tribunal reconhecer tal margem de apreciação se sustenta premissas empíricas que são incompatíveis com aquelas do legislador. De novo, se a pergunta é qual é a solução correta, o Tribunal vai seguir suas apreciações. Se o legislador deve ter uma margem de apreciação, é necessário trocar a pergunta que o Tribunal deve responder. O tema, então, não é qual é a opinião do Tribunal, mas *quem pode tomar a decisão definitiva acerca da determinação das premissas empíricas*.

O mesmo vale a respeito das premissas normativas, em particular acerca da importância dos princípios em colisão. Para construir uma margem de apreciação do legislador ou de outros órgãos, é preciso mudar a pergunta que o Tribunal deve responder: não se trata de decidir o que é correto, mas *quem tem a competência de decidir definitivamente sobre o que é correto*.

2 O conceito dos princípios formais

O conceito de princípio formal cobra neste contexto um significado central. Assim como os demais princípios, os formais contêm exigências normativas. Seu objeto são as decisões ou determinações dos órgãos ou atores jurídicos. Estamos aqui, portanto, perante princípios referentes a competências. Exigem reconhecer a competência de certos órgãos para estabelecer – sob certas condições – normas ou determinações normativas.[33] Mas como se trata apenas de princípios, essas exigências devem ser ponderadas com outros princípios contrários a tal competência.

Visivelmente relevantes ao problema das competências de controle são os princípios que exigem dos tribunais o respeito às decisões de outros órgãos, em particular às do legislador.[34] Esses

---

[33] As determinações normativas podem referir-se, por exemplo, a fatores da ponderação como o grau de afetação ou o peso relativo de um princípio, ou à definição de termos jurídicos. As competências nem sempre são utilizadas para estabelecer uma norma completa.

[34] Alexy, nota 2, 80-81 e 112; Sieckmann, 1990, nota 10, 147ss.; Raabe, M. *Grundrechte und Erkenntnis*, Baden-Baden: Nomos, 1998.

princípios são, em primeiro lugar, o da democracia, que exige que o legislador democrático deva tomar as decisões importantes para a sociedade,[35] e o da separação de poderes, que tem as mesmas implicações. Com base em ambos, cabe argumentar que as decisões que o legislador democraticamente legitimado toma em questões constitucionais devem ser respeitadas.

Não obstante, encontram-se diversas definições de princípios formais. Podem ser caracterizados como princípios que tornam obrigatório o resultado de procedimentos normativos anteriores.[36] Outra caracterização, mais geral, é que são princípios que fundamentam a obrigatoriedade de uma norma com independência de seu conteúdo.[37] Esta caracterização é mais geral porque inclui também, por exemplo, o princípio da segurança jurídica, que exige que se deve seguir precedentes ou manter uma prática jurídica.

Em nosso contexto, parece adequada a versão mais estrita, que se refere à obrigatoriedade dos resultados de procedimentos anteriores. Estabelecer tais resultados pressupõe uma competência para fazê-lo. Assim resulta a caracterização de que os princípios formais são princípios que estabelecem competências para determinações normativas.[38]

3 O conteúdo dos princípios formais

Não obstante, a determinação do conteúdo de tais princípios traz problemas.[39] Deve-se exigir respeito a qualquer decisão do legislador, sem que importe se é compatível ou não com as

---

[35] Cf. Alexy, nota 2, 112.
[36] Sieckmann, 1990, nota 10, 147; também Afonso da Silva, V. *Grundrechte und gesetzgeberische Spielräume*, Baden-Baden, Nomos, 2003, 145.
[37] Sieckmann, J. *Recht als normatives System*, Nomos, Baden-Baden, 2009, 137.
[38] Os princípios formais são princípios que demandam reconhecer certa competência. Não devem ser confundidos com competências para estabelecer princípios, como sugere BOROWSKI: "um princípio formal garante a competência para criar um objetivo a ser otimizado no sentido da teoria dos princípios". O objeto da competência pode estabelecer uma norma definitiva ou uma norma válida em princípio. Em geral, trata-se de estabelecer normas definitivas. No entanto, se assim ocorre, depende da ponderação de princípios formais com outros princípios. Borowski, M. The Structure of Formal Principles – Robert Alexy's 'Law of Combination', in: *The Nature of Principles*, ARSP, v. 119, 2010, 19-35, 28.
[39] Cf. a discussão a respeito em Afonso da Silva, nota 36.

exigências constitucionais? Isso seria difícil de conjugar com a sujeição do legislador à Constituição e com a própria ideia do Estado de Direito. Contrariamente a uma concepção assim, caberia objetar, com razão, que descumpre a proteção jusfundamental.[40] Ou deve-se exigir respeito apenas para as decisões legislativas que sejam compatíveis com as exigências constitucionais? Em tal caso, o conceito de princípio formal parece supérfluo, já que essas decisões, sendo conformes à Constituição, não poderiam ser tachadas de inconstitucionais pelos tribunais.

Assim, pois, parece que os princípios formais possuem uma estrutura paradoxal. De um lado, têm que se referir a decisões que possam pretender ser constitucionais, mas, de outro, não resultam aplicáveis a decisões constitucionais. A fim de encontrar um âmbito de aplicação para os princípios formais, defendem-se dois enfoques, um epistêmico e outro normativo.

O enfoque epistêmico parte de que não seja possível conhecer com certeza e de antemão aquilo que é constitucionalmente devido.[41] Em consequência, uma corte não pode chegar à conclusão de que, neste ponto, uma lei seja inconstitucional. Se chegasse a tal conclusão, ainda que com dúvidas e sem certeza absoluta, teria que declarar uma lei que não está conforme sua interpretação da Constituição como inconstitucional. A falta de certeza é relevante apenas quando impede a corte de chegar a certa interpretação acerca do que é constitucionalmente devido. Uma decisão do legislador poderia, então, exigir respeito enquanto possivelmente seja constitucional, quer dizer, enquanto não for possível saber se é inconstitucional. Mas, se partirmos desse pressuposto, já faltaria o fundamento sobre cuja base um tribunal poderia declarar inconstitucional a lei afetada. Não fariam falta princípios formais que exigissem que fosse respeitada a decisão do legislador.

O enfoque normativo é encontrado na concepção das interpretações constitucionais rivais.[42] Tanto os tribunais como o

---

[40] Cf. Scherzberg, A. *Grundrechtsschutz und Eingriffsintensität*, Baden-Baden: Nomos, 1989, 176.
[41] Alexy, Derecho constitucional y derecho ordinario – Jurisdicción constitucional y jurisdicción ordinaria, in: *Tres escritos sobre los derechos fundamentales y la teoría de los principios*, Bogotá: Universidad Externado de Colombia, 2003, 41-92, 81.
[42] Cf. a respeito Sieckmann, 1990, nota 10, 160ss.; Sieckmann, nota 37, 200ss.

legislador elaboram (seja de maneira explícita ou implícita)[43] uma interpretação da Constituição para justificar suas decisões. Enquanto os tribunais a tomam como fundamento de sua sentença, o legislador pretende que a lei que aprova se adeque à Constituição, ou, ao menos, que haja uma interpretação correta da Constituição com a que sua lei é compatível. Se os tribunais respeitam a decisão do legislador, não é por falta de certeza em sua interpretação da Constituição,[44] mas porque a interpretação do legislador é outra posição defensável. Os princípios formais dispõem – em um caso, a favor das decisões dos tribunais, em outro, das do legislador – que se deve atribuir a esses órgãos a competência para efetuar tais interpretações, e que estas, em consequência, devem ser consideradas vinculantes.

4 A construção da ponderação de princípios formais

Junto ao problema da concepção dos princípios formais, cabe destacar, ainda, a questão de como se deve construir a limitação das competências judiciais de controle em favor das competências decisórias do legislador. Aqui encontramos, confrontadas, a concepção que defende a agregação dos princípios materiais e os formais e a concepção das interpretações constitucionais rivais.[45]

Segundo a concepção da agregação, na ponderação devem-se incluir, além dos princípios materiais em colisão, os princípios formais. Esses teriam que ser considerados juntamente às razões que o legislador argumenta para uma restrição, às quais dariam um peso adicional.[46] É certo que, dessa maneira, pode-se construir a sujeição às normas estabelecidas autoritariamente; a sujeição resulta dos princípios materiais que amparam a norma combinados com os

---

[43] Cf. sobre esse ponto Kaufmann. Politische Gestaltungsfreiheit als Rechtsprinzip, in: *Staatswissenschaft und Staatspraxis*, 8, 1997, 179.

[44] No entanto, cabe destacar que a falta de certeza absoluta é condição necessária para respeitar uma interpretação do legislador. Se fosse seguro qual é a interpretação correta, não haveria lugar para tal respeito. Mas a falta de certeza não é suficiente para fundamentar o respeito a uma interpretação alternativa do legislador.

[45] Cf. também Borowski, M. La sujeción a determinaciones del legislador en la ponderación de derechos fundamentales, in: L. Clérico y J. Sieckmann (coords.). *Derechos fundamentales, principios y argumentación*, Comares, 2011, 111-145.

[46] Assim: Alexy, nota 2, 415-416 e 550-551 (Epílogo); Alexy, nota 41, 83; M. Borowski. *Grundrechte als Prinzipien*, Nomos, Baden-Baden, 127-128.

princípios formais que sustentam a autoridade do órgão produtor da norma.[47] Essa concepção, porém, não é apropriada se o que se quer construir é uma limitação às competências de controle da jurisdição constitucional.

É preciso distinguir duas possibilidades. Uma é que as razões da restrição não sejam de natureza constitucional. Então, exigem relevância constitucional apenas em decorrência da decisão do legislador de empregá-las como fundamento de uma restrição de direitos fundamentais. Seu peso é determinado, da mesma forma, pelo legislador[48] – no limite do constitucionalmente possível.[49] O Tribunal Constitucional deve esclarecer se a restrição jusfundamental em questão pode-se justificar com esse fundamento. Essa classe de restrição dos direitos fundamentais constitui um caso de justificação autoritativa de normas, e não um problema de competências de controle.

A outra possiblidade é que as razões da restrição são, por si próprias, constitucionalmente justificadas. Quando isso ocorre, teria que ser possível determinar seu peso conforme a Constituição ou, pelo menos, os tribunais deveriam ter a competência para efetuar tal determinação. Partindo desse pressuposto, porém, os princípios formais não podem conferir às razões da restrição nenhum peso adicional, pois isso levaria a atribuição a tais razões de um peso maior do que aquele que a elas corresponde conforme a Constituição. Estaríamos, então, diante de uma ponderação errônea. A concepção dos princípios formais como fatores aditivos de ponderação, portanto, não serve para determinar as competências de controle da jurisdição constitucional.

A concepção das interpretações constitucionais rivais, ao contrário, constrói esse conflito como um conflito entre princípios formais. Os princípios formais não somente se introduzem em

---

[47] Sieckmann, 1990, nota 10, 147ss.; Sieckmann, 2009, nota 37, 137ss.
[48] O qual inclui a hipótese de o legislador ordinário conceder a um fim estabelecido constitucionalmente um peso maior que aquele que lhe corresponde segundo a Constituição.
[49] Não custará assumir que os fins ou objetivos não estabelecidos constitucionalmente não podem ter maior peso abstrato que os fins constitucionalmente estabelecidos e com um elevado peso abstrato. O legislador poderá dar-lhes, pois, um peso que ultrapasse o do princípio constitucional. Efetuar uma atribuição coerente de pesos a fins diversos é, ainda, um problema da justificação racional de normas.

favor do legislador, mas também se encontram ao lado de ambas as posições, do legislador e do tribunal. Isso leva a distinguir duas ponderações:
1. a ponderação dos princípios materiais, referida à justificação constitucional da restrição do direito fundamental, e a partir da qual se elaboram as interpretações constitucionais rivais, e
2. a ponderação dos princípios formais a respeito do problema sobre a quem cabe a competência para resolver a questão e qual das interpretações constitucionais rivais, portanto, deve ser seguida.

É importante diferenciar ambos os planos.[50] Pode resultar duvidoso, contudo, qual o papel que desempenham os pontos de vista materiais na ponderação de segundo nível. A intensidade de uma ingerência em um direito fundamental parece muito relevante como argumento em favor da competência decisória dos tribunais. Porém, se se sustenta com esse argumento uma competência de controle de um tribunal, na verdade, não é que se aplique o princípio material de primeiro nível, mas que o grau de afetação do princípio material constitui um elemento para estabelecer o peso de um princípio formal.[51]

Quanto à construção do problema da ponderação de segundo nível, deve-se discernir se seu objeto é a delimitação das competências de interpretação constitucional em abstrato ou se se trata de um conflito entre interpretações constitucionais concretas. Por um lado, os problemas de ponderação surgem em abstrato, no que diz respeito à atribuição de competências para fixar a interpretação constitucional vinculante; e por outro, já no plano concreto, quando o tribunal e o legislador sustentam interpretações incompatíveis. Nesse último caso,

---

[50] Diante disto, Cf. Borowski, M. La sujeción a determinaciones del legislador en la ponderación de derechos fundamentales, in: L. Clérico y J. Sieckmann (coords.). *Derechos fundamentales, principios y argumentación*, Comares, 2011, 111-145, §2.2.2.a. Na segunda ponderação, estamos diante de princípios formais que derivam do objeto da ponderação, *i.e*, a atribuição de competências. Todo princípio diretamente relevante nessa ponderação deve referir-se à atribuição de competências decisórias e constitui, portanto, um princípio formal.

[51] É nesse sentido que os princípios materiais, juntamente com os formais, são relevantes para a ponderação. Fica aberta a questão de se, ao ponderar princípios formais em colisão, pode colocar-se junto deles princípios materiais. Caberia imaginar que um tribunal considera na ponderação, junto aos princípios formais que amparam sua competência decisória, o peso de sua concepção jurídica material.

deve-se supor ainda que não é possível decidir objetivamente qual das interpretações em conflito é a correta. Se fosse possível, dever-se-ia decidir de acordo com a interpretação objetivamente correta da Constituição.[52] Por outro lado, se cada uma das duas interpretações resulta sustentável, a questão é qual delas deve ser seguida.

Porém, em um Estado de Direito, a primeira concepção parece preferível, já que permite estabelecer critérios delimitadores mais gerais e simples. Na medida em que seja possível saber quando o legislador opera no âmbito de suas competências interpretativas, nenhum tribunal elaborará sequer uma interpretação rival.[53] Mas como se podem delimitar as competências para ponderar?

III A delimitação das competências para ponderar

A aplicação de princípios formais requer critérios para a delimitação das competências dos tribunais e de outros órgãos, como o legislador, acerca da determinação de ponderações e de suas premissas. Isso abre numerosas questões que não podem ser abordadas aqui. Mas se podem identificar três linhas de argumentos para estabelecer tais critérios:
– a garantia de correção ou objetividade da decisão;
– a legitimidade procedimental que os processos políticos e judiciais alcançam; e
– a proteção de direitos fundamentais.

1 O critério da objetividade

Um tema central para a delimitação do controle judicial é até que ponto as ponderações de direitos fundamentais são decididas objetivamente.[54] Se se pode provar uma solução como objetivamente correta, não há razão para que os tribunais não devam aplicá-la.

---

[52] Assim também Alexy, nota 41, 81.
[53] Cf. también M. Kaufmann. M. Politische Gestaltungsfreiheit als Rechtsprinzip, in: *Staatswissenschaft und Staatspraxis*, 8, 1997, 161-186.
[54] Cf. também Alexy, nota 8, que, no entanto, considera a possibilidade de uma justificação racional como condição necessária para a legitimidade do controle judicial da constitucionalidade.

Mas em muitos casos se discute qual é a solução correta. Nesses casos, deve-se perguntar qual órgão está melhor habilitado para aproximar-se do ideal de solução correta.

Essa pergunta pressupõe que as soluções estabelecidas mediante ponderação podem ser qualificadas como corretas ou incorretas. Tal pressuposição pode ser problemática porque as ponderações podem ter um caráter decisório. Isso depende de como se entende a ponderação.

Podem-se distinguir uma ponderação criativa e uma ponderação reconstrutiva. Uma ponderação criativa estabelece uma nova norma com base nos princípios colidentes. Nesse caso, parece que, pelo menos no que se refere à determinação do peso relativo dos princípios, a ponderação inclui um elemento decisório. Se não fosse assim, isto é, se o peso relativo já estivesse estabelecido, seria possível construir a decisão como aplicação de critérios dados, ou seja, como aplicação de regras às circunstâncias do caso em análise.

Por outro lado, existe também uma concepção da ponderação que pode ser chamada "reconstrutiva". Nesse caso, os fatores da ponderação já são conhecidos, por exemplo, por meio das decisões de casos anteriores. Os fatores da ponderação são o peso relativo dos princípios em colisão e o grau de afetação desses princípios.[55] Então, o problema da ponderação é aplicar esses fatores e determinar uma regra de prioridade a respeito das circunstâncias do caso analisado. Não obstante, a aplicação não pode ser unilateral, pois sempre há a possibilidade de rechaçar e modificar a avaliação de casos anteriores quando levam a resultados que parecem inadequados no caso novo.

As ponderações jurídicas em geral são ponderações reconstrutivas. Parece difícil encontrar um caso em que não se possa argumentar com base em precedentes acerca do peso relativo dos princípios. Mas também para ponderações criativas existem critérios de correção:
- completude: a ponderação deve incluir todos os princípios relevantes e todos os fatores relevantes para sua aplicação;
- coerência: a determinação do peso relativo dos princípios em colisão deve valer não apenas para o caso particular, mas, também, para todos os casos reais ou hipotéticos em que esses princípios forem aplicáveis;

---

[55] Alguns autores propõem ainda mais fatores. Cf. a "fórmula do peso" de Alexy, nota 2, 539, e a extensão desta fórmula por BERNAL PULIDO, nota 2, 2006a, 195ss.

- correção das premissas empíricas: as premissas empíricas acerca do grau de afetação dos princípios, em particular acerca das consequências das diversas decisões que podem resultar da ponderação, devem ser corretas;
- imparcialidade: a determinação do peso relativo dos princípios como também dos outros fatores da ponderação deve ser imparcial e parecer aceitável da perspectiva de qualquer pessoa razoável;[56]
- intersubjetividade: a ponderação jurídica não deve apresentar somente as avaliações subjetivas das pessoas a cargo da ponderação, mas, devem, ainda, responder à pergunta sobre qual seria a solução correta dada a diversidade de concepções normativas presentes na sociedade. Isto é, deve apresentar uma solução aceitável com base nas diversas concepções normativas presentes na sociedade.

Então, o critério de objetividade exige uma avaliação sobre qual órgão ou instituição está mais bem habilitado para cumprir esses critérios de objetividade. Tal avaliação pode se mostrar difícil. Por exemplo, no caso da proibição de fumar, não está claro se é o legislador ou o Tribunal Constitucional aquele que se encontra melhor habilitado para realizar uma ponderação correta. Um tribunal pode ter uma melhor posição a respeito dos critérios de completude, coerência, correção empírica e imparcialidade, mas o processo legislativo pode ser melhor para encontrar uma solução intersubjetiva. Por outro lado, os tribunais podem apoiar-se na doutrina jurídica, e isso também permite certa forma de reflexão intersubjetiva. Em todo caso, é preciso constatar se no caso concreto o processo legislativo ou a argumentação do tribunal cumpriria melhor com a exigência de intersubjetividade.

2 Legitimação procedimental

Além do tema da objetividade, que trata da correção do resultado de uma ponderação e de sua justificação, os critérios para

---

[56] Quer dizer, deve ser universalizável. Sobre o princípio da universalidade, cf. Alexy, R. Alexy, R. *Teoría de la argumentación jurídica*, Madrid: Centro de Estudios Constitucionales, 1989; Habermas, J. *Wahrheit und Rechtfertigung*, Suhrkamp, Frankfurt a.M., 1999b.

a delimitação de competências para ponderações definitivas podem referir à estrutura do processo para tomar tais decisões.⁵⁷ O processo:
- deve permitir a representação de todos os interesses relevantes e das pessoas afetadas;
- deve ser imparcial; e
- deve realizar uma reflexão intersubjetiva acerca de diversas opiniões normativas.

Alguns desses critérios já apareceram como critérios da objetividade da ponderação. Mas são aplicáveis também quando não se pode ou quer avaliar uma ponderação como objetivamente correta ou incorreta. Assim, é possível justificar um controle judicial sem pressupor a objetividade desse controle. É preciso esclarecer se, e em que medida, os tribunais devem estar permitidos a efetuar ponderações jusfundamentais, mesmo quando sua decisão não for objetivamente justificável, e possam sustentar-se juízos discrepantes, por exemplo, por parte do legislador; e se em certos casos os tribunais não devem estar permitidos a invalidar leis ou outras decisões ainda que não se possa excluir que elas se baseiem em ponderações objetivamente errôneas. Nesse ponto são relevantes as características dos processos políticos e judiciais e sua capacidade de representar os interesses dos cidadãos de maneira adequada.⁵⁸

No caso da proibição de fumar, o processo legislativo parece adequado para satisfazer as exigências procedimentais. Permite a participação e representação dos cidadãos e de todos os setores da sociedade. Por outro lado, não é claro se satisfaz as exigências de imparcialidade e reflexão intersubjetiva. Ao menos, não é claro que um Tribunal Constitucional se encontre em uma melhor posição no caso.

3 Proteção de direitos fundamentais

O terceiro critério se refere aos direitos fundamentais. A aplicação e garantia desses direitos parece uma tarefa genuína dos tribunais. Não obstante, o legislador também deve aplicar e garantir os direitos fundamentais. Então, surge a pergunta de

---

[57] Aqui aparece a distinção entre controle do resultado e do processo de uma ponderação.
[58] Cf. também a tese da representação argumentativa de Alexy, nota 1, 89ss.

por que justamente os tribunais devem ter a última palavra na interpretação dos direitos fundamentais; ou seja, por que devem ter a competência para realizar determinações definitivas sobre o alcance dos direitos fundamentais. A resposta geral é que os direitos fundamentais protegem interesses importantes dos indivíduos que estão em perigo de ser descuidados no processo político dominado por decisões majoritárias.

Não obstante, com a extensão dos direitos fundamentais, incluindo um direito à autonomia ou liberdade geral de fazer o que quer que se deseje, e a possibilidade de fundamentar – como princípios – direitos acerca dos pressupostos materiais para exercer seus direitos, a aplicação de um direito fundamental não é suficiente para fundamentar definitivamente a competência judicial para a decisão definitiva sobre a constitucionalidade de limitações aos direitos fundamentais. É necessário traçar certas distinções.

3.1 Intensidade de interferência e de controle

Um critério geral e abstrato que permite tal diferenciação é a intensidade da afetação de um direito fundamental. A "segunda lei da ponderação" de Alexy oferece um critério para explicar esta relação. Desse modo, existem critérios mais precisos:

Quanto mais grave é a intervenção em um direito fundamental, mais intenso deve ser o controle judicial acerca da justificação dessa intervenção.

No mesmo sentido se coloca a relação entre o peso abstrato de um direito fundamental e a intensidade do controle judicial:

Quanto mais alto é o peso de um direito fundamental em abstrato, mais intenso deve ser o controle judicial acerca da justificação dessa intervenção.

Isto é, quando se trata de direitos vinculados com a dignidade humana, ou da liberdade de expressão no debate público, o controle judicial deve ser intenso, mais intenso que, por exemplo, no caso do direito de liberdade geral ou de liberdades econômicas.

Ambos critérios permitem definir o seguinte critério (que é equivalente à segunda lei da ponderação de Alexy):

Quanto mais alta é a importância do direito fundamental afetado no caso concreto, tanto mais intenso deve ser o controle judicial.

A importância concreta de um direito fundamental em uma ponderação depende de seu peso em abstrato e do grau da afetação por uma intervenção.[59]

No caso da proibição de fumar é preciso determinar o grau de afetação dos direitos dos donos de restaurante e dos fumantes. É necessário distinguir entre os donos de restaurantes em geral e os donos de bares pequenos, que não podem estabelecer uma sala para não fumantes e então não podem oferecer uma sala separada para fumantes. Geralmente, a intervenção não parece muito grave. Contudo, no caso dos bares pequenos, a situação é distinta. A proibição de fumar pode causar danos graves, até colocar em perigo a existência desses bares. Parece muito provável que ao menos alguns devam fechar seus negócios devido ao novo regulamento. Os efeitos são graves em particular porque a regulamentação que permite salas separadas para fumantes dá uma vantagem a restaurantes ou bares maiores, com mais de um ambiente. Então, para os bares pequenos a intervenção é grave.

Por outro lado, não é uma intervenção muito grave. Não se proíbe esses "bares pequenos" diretamente. O fechamento pode ocorrer como uma consequência indireta da restrição. As consequências da nova regulamentação dependem da situação econômica de cada bar.

3.2. Níveis de controle

Se se classifica a intervenção como grave, mas não como muito grave, a intensidade do controle judicial deve ser elevada, mas não muito intensa. Mas o que significa isso? Podem-se distinguir vários níveis da intensidade do controle:[60]
– controle positivo/negativo;
– controle cuidadoso/regular/superficial; e
– carga de argumentação formal/substancial.

---

[59] Cf. também Alexy, nota 2, 553.
[60] Outra sistematização de níveis de controle se encontra em Bernal Pulido, C. *El derecho de los derechos*, Bogotá: Universidad Externado de Colombia, 2005, a respeito do princípio de igualdade.

Um controle positivo avalia a correção da ponderação segundo o critério do controlador, ou seja, do tribunal ou o juiz. Um controle negativo somente controla se há equívocos na ponderação do legislador.[61]

A distinção entre controle cuidadoso, regular e superficial se refere ao esforço que realiza o Tribunal para determinar os fatores da ponderação e para encontrar equívocos.[62]

Uma carga de argumentação formal somente exige um argumento suficiente para determinar a ponderação ou seus fatores, ainda que de qualquer qualidade. Uma carga de argumentação substancial exige argumentos de certa qualidade, por exemplo, argumentos evidentes para apoiar a solução do Tribunal contrária à regulamentação legal.

3.3 Legitimidade de controlar

A legitimidade de controlar depende do fator de ponderação em análise. Pode ser estabelecida uma escala de controle. A legitimidade de controle dos tribunais pode se ordenar segundo a seguinte escala:
   (1) peso abstrato dos direitos fundamentais e avaliação do grau de afetação.
   (2) premissas empíricas acerca do grau de afetação de direitos fundamentais.
   (3) premissas empíricas acerca das consequências das medidas legislativas para realizar seus objetivos.
   (4) importância dos objetivos legislativos.

A fundamentação dessa ordem é a seguinte.

O legislador deve ter a competência para determinar seus objetivos na intervenção em um direito fundamental, o que inclui atribuir um nível de importância a esses objetivos e estimar os efeitos que terá a medida legislativa. A determinação da importância é um assunto político, e então tarefa principal do legislador. Em

---

[61] Sobre a distinção entre juízos de ponderação positivos e negativos (críticos) cf. Sieckmann, J.-R. *El modelo de los principios*, Bogotá: Universidad Externado de Colombia, 2006, 174ss.
[62] A distinção de níveis de controle se encontra também na jurisprudência estadunidense (escrutínio estrito, intermediário, fracol). Cf. Bernal Pulido, nota 60, 266-271. No entanto, nesse contexto não se refere à distinção de vários âmbitos de aplicação desenvolvida na jurisprudência estadunidense, mas que se deve entender como uma diferenciação da aplicação geral.

compensação, a determinação de premissas empíricas não é assunto político, mas está sujeito a métodos científicos, e é então mais acessível de ser controlado.

A ideia de que os tribunais têm a função de proteger os direitos fundamentais implica que a determinação dos fatores da ponderação que se referem aos direitos afetados é tarefa principal dos tribunais. De novo, deve ser feita a distinção entre premissas empíricas e avaliações de importância ou do peso abstrato dos direitos fundamentais. As premissas empíricas podem ser objeto de controle, mas não é um tema em que os tribunais tenham uma competência especial. Por outro lado, definir a importância dos direitos fundamentais é um tema específico da Teoria do Direito, da Filosofia do Direito e da doutrina constitucional. Então, a legitimidade de controlar dos tribunais é maior nesse âmbito.

Portanto, podem-se distinguir vários níveis de intensidade do controle judicial:

Critério	Objeto			
	Direito Fundamental		Objetivo Legislativo	
	Avaliação Normativa	Premissa Empírica	Premissa Empírica	Avaliação Normativa
Correção segundo tribunal	+	+	+	+
"	+	+	+	-
"	+	+	-	-
"	+	-	-	-
Correção defensável	-	-	-	-

Fonte: Elaboração própria.

Em teoria, existem mais possibilidades. Mas parece plausível afirmar que há uma ordem ou uma hierarquia no controle judicial. Ademais, além da diferença entre controle positivo e controle negativo, podem ser introduzidos os parâmetros do controle meticuloso, regular e superficial, assim como diversos níveis de carga de argumentação. Mas isso está fora do alcance deste trabalho.

No caso da proibição de fumar, no meu entendimento, o Tribunal teria que aceitar a avaliação do legislador a respeito da importância de suas razões para a intervenção –, isto é, a importância da proteção dos não fumantes – no marco da Constituição, mas deveria estabelecer a importância dos direitos fundamentais segundo seu próprio juízo. Como já foi dito, a competência do legislador para estabelecer seus objetivos políticos inclui a determinação da importância desses objetivos. Não há razão para restringir essa competência no caso em análise. Por outro lado, a intervenção no direito fundamental de liberdade econômica é grave, porque pode pôr em risco a existência econômica de alguns titulares de restaurantes ou bares, e é provável que esse risco se materialize em alguns casos. Então a proteção judicial desses direitos deve ser intensa. Isso implica que o Tribunal deve formar seu próprio juízo acerca da importância do direito afetado no caso concreto.

Segundo essas diretrizes, temos que constatar que o legislador não deu muita importância à proteção dos não fumantes. Nesse ponto, o Tribunal tem razão. E quando o legislador não dá muita importância a seus objetivos para a intervenção, não parece justificado que cause efeitos que podem chegar até a destruição da existência econômica de alguns dos operadores de restaurantes ou bares.

Por outro lado, a pergunta é que importância têm os direitos dos afetados no caso concreto. Nesse sentido, parece duvidosa a tese do Tribunal segundo a qual o legislador poderia ter atribuído elevada importância à proteção dos interesses dos fumantes no marco da Constituição. Talvez isso seria possível quando se trata de uma medida necessária para a proteção da saúde dos não fumantes. Mas, no caso concreto, os não fumantes mesmos podem proteger sua saúde evitando lugares nos quais se fuma. O problema é que não querem fazer isso, porque dessa maneira se veriam excluídos de alguns lugares e de alguns setores da vida social de que querem participar. Porém, o desejo de ter acesso a todos os setores da vida social sem sacrificar seu próprio estilo de vida não possui a mesma importância que a proteção à saúde. Então o objetivo da proteção dos não fumantes não pode ser tão importante como a proteção à saúde frente a intervenções de terceiros, que o indivíduo não pode evitar por si mesmo.

IV Conclusão

Em síntese, o tema da legitimidade das competências de ponderação dos tribunais no controle de constitucionalidade das leis requer uma construção simétrica entre tribunais e legisladores. Ambos podem, em princípio, reclamar a competência para determinar normas definitivas com base na ponderação de princípios constitucionais.

O instrumento central para essa construção são os princípios formais, que exigem reconhecer competências de certos órgãos. Os princípios formais permitem construir limites para o controle judicial das leis que evitam consequências inaceitáveis para o sistema do Estado Democrático de Direito, em particular, a consequência do "Estado jurisdicional".

Também expliquei alguns critérios para a delimitação de competências para a ponderação dos tribunais e dos legisladores. No entanto, falta muito a caminhar para terminar de construir uma concepção sistemática do controle judicial de constitucionalidade das leis. Além disso, restam dúvidas sobre se a tal concepção seria demasiadamente complicada para ser praticável, e também sobre se os tribunais estão interessados em aplicar tal concepção.

Informação bibliográfica deste texto, conforme a NBR 6023:2018 da Associação Brasileira de Normas Técnicas (ABNT):

SIECKMANN, Jan-R. Direitos fundamentais, democracia e controle de constitucionalidade. In: TOLEDO, Cláudia (coord.). Atual judiciário: ativismo ou atitude. Belo Horizonte: Fórum, 2022. p. 85-113. ISBN 978-65-5518-270-5.

A IDEIA DE PRINCÍPIOS FORMAIS – A PROPORCIONALIDADE NO CONTROLE DE CONSTITUCIONALIDADE*

MARTIN BOROWSKI

A) Introdução

Neste artigo gostaria de esboçar algumas ideias acerca de como a dimensão autoritativa do Direito pode conciliar-se com a correção substantiva. Esse problema surge de maneira mais proeminente, ainda que não isoladamente, no controle de constitucionalidade. A análise de proporcionalidade adquire um lugar central no controle de constitucionalidade, o que quer dizer que a consideração de autoridade legal de certas decisões tem que ser reconstruída nos limites da proporcionalidade.

1 A proliferação da proporcionalidade

Em um número cada vez maior, os constitucionalistas têm chegado a considerar a doutrina da proporcionalidade como um fator crucial para avaliar pretensões derivadas dos direitos fundamentais. Na jurisprudência do Tribunal Europeu de Direitos Humanos, localizado em Estrasburgo, a aplicação dos direitos da convenção implica, como regra, a análise da proporcionalidade.[1]

---

* Tradução do idioma espanhol para português por Shayna Akel Militão. Revisão técnica da tradução por Cláudia Toledo. Título original: *La Idea de Principios Formales – La proporcionalidad en el control de constitucionalidad*.
[1] Cf., por exemplo, Thilo Marauhn y Katrin Merhof, Grundrechtseingriff und –schranken, in: Oliver Dörr, Rainer Grote, y Thilo Marauhn (eds.), *EMRK/GG Konkordanzkommentar*, v. 1 (Mohr Siebeck: Tübingen 2013), p. 366-416, números marginais 43-59; Anne Peters y Tilmann Altwickler, *Europäische Menschenrechtskonvention*, 2ª ed. (C.H. Beck: Munich, 2012, p. 31-33; David Harris, Michael O'Boyle, Edward Bates, y Carla Buckley, *Law of the European Convention on Human Rights*, 2ª ed., Oxford: Oxford University Press, 2009), p.

A proporcionalidade tornou-se também um critério-chave na jurisprudência da Corte Europeia de Justiça de Luxemburgo em torno dos direitos humanos, e na atualidade está prevista expressamente na Carta dos Direitos Fundamentais da União Europeia, no parágrafo primeiro, inciso segundo do artigo 51 dessa Carta.[2] Além disso, a análise da proporcionalidade mostrou seu valor na reivindicação de direitos fundamentais em muitos sistemas jurídicos nacionais. Não obstante, a Lei Fundamental da Alemanha, a Constituição alemã de 1949, não contempla a proporcionalidade em nenhuma disposição legal em particular. O Tribunal Constitucional Federal alemão desenvolveu a estrutura da proporcionalidade em decisões importantes dos anos cinquenta,[3] e assim a proporcionalidade tornou-se um critério-chave para determinar se uma lei estabelecida pelo Poder Legislativo ou outro ato estatal é constitucional do ponto de vista substantivo.[4] Além dos direitos fundamentais, a análise de proporcionalidade tem uma função central para determinar liberdades de mercado no direito da União Europeia[5] e as liberdades estabelecidas no

---

349-59; Robin C. A. White y Claire Ovey, *The European Convention on Human Rights*, 5ª ed., Oxford: Oxford University Press, 2010, p. 325-32.

[2] Cf, por exemplo, Martin Borowski, "Limiting Clauses", en: *Legisprudence* 1 (2007), p. 197-240 (210-212); Walter Frenz, *Handbuch Europarecht*, v. 4 – Europäische Grundrechte, Berlin e Heidelberg: Springer, 2009, p. 183-210.

[3] Tentativas anteriores de entender a proporcionalidade como requerida pela Lei Fundamental alemã incluem artigos fundamentais de Herbert Krüger, Die Einschränkung von Grundrechten nach dem Grundgesetz, 65 *Deutsches Verwaltungsblatt* (1950), p. 625-628, p. 62 e Günter Dürig, Der Grundrechtssatz von der Menschenwürde, 81 *Archiv des öffentlichen Rechts* (1956), p. 117-157, p. 146. No início dos anos sessenta, Peter Lerche entendeu que a proporcionalidade conta como um princípio geral de direito amplamente aceito de direito fundamental (Peter Lerche, *Übermaß und Verfassungsrecht* (Carl Heymann: Cologne *et al.*, 1961), na p. 350. Na jurisprudência do Tribunal Constitucional Federal alemão, encontram-se duas linhas de argumentação no que diz respeito à proporcionalidade. Primeiro, proporcionalidade é concebida como um componente integral do Estado de Direito (*Rechtsstaatsprinzip*), BVerfGE 17, 306 (313-4); 23, 127 (133-4); 27, 1 (8); 30, 250 (263); 35, 382 (400); 38, 348 (368); 49, 24 (58); 61, 126 (134); 69, 1 (35); 76, 256 (359); 80, 109 (120); 92, 277 (325). Segundo, o Tribunal a apresenta como "da natureza" (*aus dem Wesen*) dos direitos fundamentais, BVerfGE 19, 342 (348-9); 61, 126 (134); 65, 1 (44); 76, 1 (50); 77, 308 (334).

[4] Cf., por exemplo, Klaus Stern, Idee und Elemente eines Systems der Grundrechte, in: Josef Isensee and Paul Kirchhof (eds), *Handbuch des Staatsrechts der Bundesrepublik Deutschland*, vol. IX (Heidelberg: C.F. Müller, 2011), p. 57-120, p. 112.

[5] Cf., por exemplo, Paul Craig and Gráinne de Búrca, *EU Law – Text, Cases, and Materials*, 5ª ed. (Oxford: Oxford University Press, 2011), p. 526; Roland Bieber, Astrid Epiney, and Marcel Haag, *Die Europäische Union*, 10ª ed. (Baden-Baden: Nomos, 2013), p. 331-

quadro da Organização Mundial do Comércio.⁶ Alec Sweet Stone e Jud Matthews caracterizaram a recente proliferação internacional da proporcionalidade, originalmente desenvolvida na Alemanha, do seguinte modo: "ao final dos anos noventa, virtualmente todo sistema constitucional efetivo no mundo, com a exceção parcial dos Estados Unidos, adotou os princípios fundamentais" da análise da proporcionalidade.⁷ Tão logo as normas substantivas do controle de constitucionalidade nos Estados Unidos – o teste de racionalidade básica, a prova do interesse urgente do Estado e, em alguns âmbitos, o escrutínio intermediário – têm sua própria história, existe, no entanto, algo bom para dizer em benefício da tese de que nos Estados Unidos, também, adotam-se alguns elementos de "ponderação". Esse problema, junto com o grau em que esses elementos podem conceber-se como parte própria da máxima da proporcionalidade, é atualmente objeto de um animado debate.⁸

II Uma caracterização da proporcionalidade

1 O critério de proporcionalidade

A proporcionalidade em seu sentido amplo envolve três critérios, a saber, adequação, necessidade e proporcionalidade em sentido estrito.⁹ A adequação requer que o Estado busque um fim

---

335; Martin Borowski, "Libertades de Mercado y Derechos Fundamentales en la Unión Europea", in: G. Capaldo, J.-R. Sieckmann, and L. Clérico (eds.), *Internacionalización del Derecho Constitucional, Constitucionalización del Derecho Internacional* (Buenos Aires: Eudeba, 2012), p. 383-398, p. 395.

⁶ Cf., especialmente, Alec Stone Sweet e Jud Matthews, Proportionality Balancing and Global Constitutionalism, *Columbia Journal of Transnational Law* 47 (2008), p. 73-165, p. 153-160 com mais referências.

⁷ Stone Sweet e Matthews (nota 6), p. 75. Cf., em geral sobre a proliferação internacional da proporcionalidade, David M. Beatty, *The Ultimate Rule of Law* (Oxford: Oxford University Press, 2004); Stone Sweet e Matthews (nota 6), p. 112-160; Aharon Barak, *Proportionality* (Cambridge: Cambridge University Press, 2012), p. 181-210.

⁸ Cf., por exemplo, Moshe Cohen-Eliya e Iddo Porat, American Balancing and German Proportionality: The Historical Origins, *International Journal of Constitutional Law* 8 (2010), p. 263-286, p. 276-84; Barak (nota de rodapé 7), p. 206-208; ambos com mais referências.

⁹ Cf, por exemplo, Robert Alexy, *A Theory of Constitutional Rights* (tradução de Julian Rivers., Oxford University Press 2002), p. 66-9; Craig and Búrca (nota 5), p. 545; Cohen-Eliya and Porat (nota 8), p. 267.

legítimo, e que os meios sejam apropriados para alcançá-lo, ou, ao menos, que promovam tal fim. Os fins ilegítimos estão excluídos desde o início; esses não têm fundamento que pudesse justificar interferências em direitos fundamentais. Ao aplicar o critério de necessidade, os meios devem ter o efeito menos restritivo. Isso quer dizer que não há meios alternativos que infrinjam em um grau menor os direitos dos indivíduos, mas que promovam pelo menos o fim, assim como os meios empregados pelo Estado. Finalmente, a proporcionalidade em sentido estrito requer que a interferência nos direitos do indivíduo e a promoção dos fins legítimos da autoridade sejam ponderados. Se a primeira pesa mais que a segunda, a interferência é desproporcional e, com isso, inconstitucional.

2 A proporcionalidade como um critério substancial

A proporcionalidade é comumente empregada como um critério substancial para a justificação de uma interferência num direito fundamental, por exemplo, um direito convencional, fundamental ou constitucional. A seguir o modelo padrão da estrutura de direitos fundamentais,[10] a avaliação das pretensões dos direitos é realizada em três passos. Primeiro, a conduta do titular de direito deve enquadrar-se dentro da área protegida. Se é esse o caso, então, deve-se perguntar se uma autoridade pública interferiu no direito. Se sim, surge a questão em torno de se essa interferência pode se justificar. Normalmente há tantos critérios formais quanto materiais de justificação. O critério formal se refere à *forma* da interferência. Por exemplo, pode requerer-se que a interferência seja – ou esteja legitimada por – um decreto legislativo. O critério material se refere ao *conteúdo material* da interferência. Por exemplo, uma interferência é excessiva porque é desproporcional? Em consequência, sempre e quando um ato estatal não seguir os critérios de proporcionalidade, então, esse ato é considerado inconstitucional do ponto de vista material. Isso corresponde ao fato de que um juízo de ponderação no controle de

---

[10] Cf., sobre esse modelo padrão, Alexy (nota 9); Martin Borowski, *Grundrechte als Prinzipien*, 2ª ed., Baden-Baden: Nomos, 2007, p. 231-238.

constitucionalidade necessariamente requer princípios materiais. Regressarei a esse ponto mais tarde.

3 Liberdade, obrigações positivas e igualdade

A análise de proporcionalidade foi originalmente desenvolvida no contexto de avaliação de pretensões provenientes de direitos de liberdade. Não obstante, foi considerado também apropriado no contexto de obrigações positivas do Estado, bem como da obrigação constitucional do legislador de promulgar certas leis,[11] e de avaliação de pretensões provenientes de direitos de igualdade.[12] Isso quer dizer que a proporcionalidade se converteu em um critério universal para avaliar as pretensões derivadas dos direitos fundamentais de todo tipo.

III Objeções à análise de proporcionalidade

A proliferação da proporcionalidade nas últimas décadas poderia se considerar uma história de êxito, enquanto estabelece um padrão universal para o controle de constitucionalidade nas democracias liberais. A análise de proporcionalidade – como se mencionou previamente – está firmemente arraigada na jurisprudência de muitas Cortes Constitucionais ou Supremas e, mais recentemente, registrada em documentos constitucionais em nível nacional e em convenções e pactos de direito internacional. Não foi desenvolvida como uma ideia acadêmica que foi posteriormente posta em prática, mas sim emergiu das decisões das Cortes Supremas e foi esclarecida mediante uma reconstrução crítica dessas. Nesse sentido, a análise de proporcionalidade está profundamente orientada para a prática jurídica moderna global.

Sem dúvida, nem todos estão dispostos a recepcionar a proliferação da proporcionalidade. Pelo contrário, a análise da proporcionalidade deu lugar a temores e a toda uma série de objeções.

---

[11] Borowski (nota 10), p. 293-393.
[12] Borowski (nota 10), p. 407-454.

Em particular, a ponderação tem sido considerada irracional.[13] Não obstante, essa objeção não se tornou mais convincente ao repetir-se uma e outra vez. No início da teoria dos princípios, a qual serve como reconstrução dos princípios jurídicos e de sua forma característica de aplicação, a saber, a ponderação, Ronald Dworkin explicou com uma metáfora o sentido no qual os princípios são vinculantes para os juízes. Dworkin faz referência a princípios jurídicos que os juízes estão obrigados a descobrir e respeitar na textura aberta das regras, fazendo, assim, inadequado o simples modelo positivista de aplicação do direito.[14] Uma objeção à força vinculante dos princípios poderia ser que sua aplicação requer critério, e a aplicação das regras com sua textura aberta também requer discricionariedade, de modo que um crítico poderia perguntar "qual a diferença"? Dworkin responde com uma metáfora: imaginemos um sargento ao qual foi dito pelos superiores que mandasse cinco homens fazerem uma patrulha. Ele tem discricionariedade. Não obstante, há diferentes formas de discricionariedade. Se a ele foi ordenado que escolhesse cinco homens, ele tem discricionariedade num sentido forte. A discricionariedade num sentido forte está caracterizada pela ausência de padrões estabelecidos pela autoridade em questão.[15] Isso representa a penumbra duvidosa no modelo positivista de direito –, mas para além do núcleo de certeza já não há critérios para determinar se uma regra jurídica é aplicável ou não, o que implica afirmar que não há direito. A decisão do juiz representa consequentemente a criação do direito. Se os superiores ordenam ao sargento que escolha cinco homens mais experientes, então ele possui discricionariedade em

---

[13] Cf, mais especificamente, Ernst Forsthoff, Zur Situation einer heutigen Verfassungslehre, in: H. Barion et al. (eds), *Epirrhosis. Festgabe für Carl Schmitt* (Berlim: Duncker & Humboldt, 1968), p. 185-211, p. 209; Ernst-Wolfgang Böckenförde, Grundrechtstheorie und Grundrechtsinterpretation, *NJW*, 1974, p. 1529-1538, p. 1534; Ernst-Wolfgang Böckenförde, Schutzbereich, Eingriff, verfassungsimmanente Schranken. Zur Kritik gegenwärtiger Grundrechtsdogmatik, in: *Der Staat* 2003 (42), p. 165-192, p. 190; Jürgen Habermas, *Between Facts and Norms*, tradução de William Rehg (Cambridge: Polity Press, 1996), p. 253-61; Bernhard Schlink, *Abwägung im Verfassungsrecht* (Berlim: Duncker & Humboldt, 1976), p. 134ss..; Bernhard Schlink, Grundrechte als Prinzipien?, *Osaka University Law Review* 39 (1992), p. 41-58, p. 55; Walter Leisner, *Der Abwägungsstaat* (Berlim: Duncker & Humboldt, 1997), p. 43ss.; Matthias Jestaedt, *Grundrechtsentfaltung im Gesetz* (Tübingen: Mohr Siebeck, 1999), p. 53; Kai Möller, Balancing and the Structure of Constitutional Rights, *International Constitutional Law* 5 (2007), p. 453-468, p. 459-61.

[14] Ronald Dworkin, *Taking Rights Seriously* (Cambridge: Harvard University Press, 1977), p. 22ss.

[15] *Ibid.*, p. 32.

sentido fraco. Essa forma de discricionariedade é aplicada pelo fato de que os padrões a aplicar "não podem aplicar-se mecanicamente, mas, sim, exigem o uso de arbítrio".[16] Pode-se argumentar quais são os homens mais experientes, mas apenas até certo ponto. Por exemplo, alguns homens podem ter seis anos como soldados em geral, mas não estiveram em combate, enquanto outros podem ter apenas um ano de experiência como soldados, mas estiveram em combate por três meses. Pode-se argumentar quais deles são os mais experientes. Mas, no entanto, é claro que o sargento não obedece à ordem escolhendo cinco novatos que chegaram ontem. Isso quer dizer que a discricionariedade no sentido fraco é, *ceteris paribus*, mais restrita que a discricionariedade em sentido forte. Ao se levar em conta os princípios, eles deixam alguma discricionariedade à autoridade à qual foi facultada a realização da ponderação, não obstante eles restrinjam a discricionariedade na aplicação de regras jurídicas. A análise moderna estrutural dos princípios a serem ponderados reconstruiu como e até que ponto essa redução da discricionariedade é realizada, e que premissas necessitam ser justificadas nesse processo.[17]

Mas deve-se admitir que a justificação dos juízos de ponderação na prática jurídica é menos convincente. Por exemplo, o famoso artigo de Alexander Aleinikoff sobre ponderação no direito constitucional nos Estados Unidos é com frequência lido como crítico a respeito da ponderação. Sem dúvida, ele é cautelosamente otimista a respeito da ponderação como método racional. Não obstante, ele está à espera de muitas justificações de juízos de ponderação da Corte Suprema. "Em grande medida, a ponderação tem lugar em uma caixa preta".[18] Ele continua poucas páginas depois "os problemas presentes na maioria das opiniões sobre a ponderação, considero, provocaram-lhe um dano severo à credibilidade da metodologia".[19] É preciso discordar da conclusão de Aleinikoff. Que um método

---

[16] *Ibid.*, p. 31.
[17] Cf. Alexy (nota 9); Robert Alexy, The Weight Formula, in: J. Stelmach, B. Brozek, and W. Zaluski (eds.), *Studies in the Philosophy of Law. Frontiers of the Economic Analysis of Law* (Jagiellonian University Press, 2007), p. 9-27; Borowski (nota 10), p. 120ss.
[18] T. Alexander Aleinikoff, Constitutional Law in the Age of Balancing, *Yale Law Journal* 96 (1986/87), p. 943-1005, p. 976.
[19] *Ibid.*, p. 982.

não seja bem praticado não depõe contra o método em si. O problema que assimila a maioria das opiniões. O problema presente em muitas opiniões sobre a ponderação, nas palavras de Aleinikoff, é a falta de justificação dos pesos atribuídos aos direitos e bens ponderados nas circunstâncias do caso a ser resolvido. Por exemplo, a Corte Europeia de Justiça de Luxemburgo é conhecida por suas audiências curtas, as quais não demonstram grande justificação das disposições operacionais dos seus argumentos. Isso pode ser resolvido com o desenvolvimento e aplicação de uma teoria da argumentação jurídica que amplie a justificação do peso atribuído aos direitos e bens ponderados. A ponderação pode estar sujeita a processos deliberativos em vários níveis, pelo público, pelo governo, por doutrinadores e por tribunais em decisões subsequentes, se for necessário fornecer uma justificação mais detalhada.

Sem dúvida, a aceitação de Dworkin de que a aplicação dos princípios requer "discricionariedade" implica que há casos difíceis nos quais pessoas racionais podem ter um desacordo em torno do resultado de um caso concreto, mesmo que haja acordo quanto à teoria da argumentação a ser empregada. Isso leva à distinção entre ceticismo radical e otimismo moderado em torno da ponderação. De acordo com o ceticismo radical, nenhum juízo de ponderação pode ser justificado com um argumento racional, o que é uma forte tese. Ao assumir, por exemplo, que a pena de morte é imposta por se passar pelo jardim de alguém, poderíamos afirmar, independentemente das circunstâncias, que o direito à vida pesa mais do que o interesse de alguém em promover a preservação de seu gramado. Não afirmaríamos que tal juízo é uma questão de preconceitos e de opinião pessoal, mas um juízo objetivamente fundamentado. Muito mais razoável é o ceticismo moderado, o qual também pode ser chamado otimismo moderado no que concerne à ponderação. De acordo com essa posição, a ponderação não leva de maneira racional a um resultado em todo caso concreto, mas apenas em alguns casos, e, de acordo com Alexy, faz isso em um número de casos nos quais o método de ponderação é de importância prática.[20]

---

[20] Robert Alexy, postscript, in: Robert Alexy. *A Theory of Constitutional Rights* (tradução de Julian Rivers, Oxford University Press 2002), p. 388-425, p. 402; Robert Alexy, Die

O otimismo moderado em torno da ponderação também se percebe na medida em que há muitos casos evidentes de ponderação, casos nos quais o resultado da ponderação é claro. O debate sobre a racionalidade da ponderação com frequência centra-se em casos difíceis, os quais distorcem a perspectiva em boa medida.

Com certeza, uma análise detalhada da proporcionalidade e da ponderação, incluindo as diversas objeções que foram feitas, vai além dos objetivos deste artigo. Aqui, gostaria de me centrar em uma objeção que se dirige ao cerne da análise da proporcionalidade praticado por muitas cortes – a objeção de que a proporcionalidade não pode servir como fundamento do controle de constitucionalidade, já que a autoridade das decisões democraticamente legitimadas não pode ser reconstruída na análise de proporcionalidade. Se isso estivesse correto, geraria consequências de muito maior alcance, a saber, teríamos que abolir a proporcionalidade no controle de constitucionalidade. Não obstante, meu artigo constitui parte do esforço para mostrar que essa objeção pode e deve ser rechaçada. Procurarei delinear um modelo que é, espero, tanto preciso em termos de teoria jurídica, quanto intuitivamente plausível no que diz respeito à constatação de sua razoabilidade.

B) A "objeção democrática" à proporcionalidade no controle de constitucionalidade

Ernst Wolfgang Böckenförde, que foi juiz do Tribunal Constitucional Federal alemão doze anos durante as décadas de oitenta e noventa, advertiu, ao final de seu mandato, que a análise de proporcionalidade daria lugar a uma degeneração da democracia liberal com um debate saudável e animado no Estado, no qual os tribunais de justiça decidem todas as questões importantes por meio do controle constitucionalidade (*verfassungsgerichtlicher Jurisdiktionsstaat*).[21] Metaforicamente falando, essa é a advertência de que os juízes supremos se tornariam "reis

---

Gewichtsformel, in: J. Jickeli, P. Kreutz, and D. Reuter (eds.), *Gedächtnisschrift für Jürgen Sonnenschein* (Berlim: Duncker & Humboldt, 2003), p. 771-792, p. 773.

[21] Ernst-Wolfgang Böckenförde, Grundrechte als Grundsatznormen, in: Ernst-Wolfgang Böckenförde, *Staat, Verfassung, Demokratie*, 2ª ed. (Frankurt am Main: Suhrkamp, 1992), p. 159-199, p. 190

juízes",[22] dado que eles usurpariam a última palavra em questões de legislação. Um bom número de acadêmicos achou essa preocupação verossímil, e ela ganhou atenção considerável no debate sobre a proporcionalidade dentro e fora da Alemanha.

I A "objeção democrática" ao controle de constitucionalidade

Para começar, vale a pena destacar que o próprio controle de constitucionalidade enfrenta a objeção democrática,[23] pelo que a objeção democrática à análise de proporcionalidade no controle de constitucionalidade se torna um corolário da objeção prévia.

Em primeiro lugar, isso quer dizer que a proporcionalidade está exposta à objeção democrática apenas quando é empregada no controle de constitucionalidade de decisões tomadas por órgãos estatais democraticamente legitimados. Certamente essa é uma aplicação crucial da máxima da proporcionalidade. Não obstante, não é sua única aplicação. Por exemplo, se o próprio legislador usa a análise de proporcionalidade como guia para levar a cabo um determinado projeto de lei no processo legislativo, então não há nada de antidemocrático nisso. Apenas quando a proporcionalidade é usada numa corte no controle de constitucionalidade de leis, a decisão da corte obtida pela análise da máxima da proporcionalidade pode interferir no resultado do processo democrático, isto é, em uma lei.

Em segundo lugar, o controle de constitucionalidade não trata apenas de ponderação. Essa se estende apenas à avaliação das pretensões provenientes das disposições constitucionais sobre o todo, e há elementos da aplicação de disposições da Constituição além da ponderação, a saber, a subsunção.[24] Portanto, surge o problema da discricionariedade na subsunção por razões

---

[22] Ibid.
[23] Cf., sobre o debate do controle de constitucionalidade e democracia, por exemplo, Habermas (nota 13), p. 241ss.; Mark Tushnet, *Taking the Constitution away from the Courts* (Princeton: Princeton University Press, 2000); Jeremy Waldron, The Core of the Case against Judicial Review, *Yale Law Journal* 115 (2006), p. 1346-1406.
[24] Cf, sobre a reconstrução da subsunção, Robert Alexy, On Balancing and Subsumption, *Ratio Juris* 16 (2003), p. 433-449, p. 433-435.

democráticas. Um modelo amplo de discricionariedade no controle de constitucionalidade também tem que abordar essa questão. Não obstante, me basearei na discricionariedade na ponderação.

Em terceiro lugar, o problema democrático do controle de constitucionalidade é uma questão que, em si mesma, tem sido objeto de um prolongado debate.[25] A reconstrução da discricionariedade na ponderação por meio dos princípios formais, que será desenvolvida adiante, oferece, creio, a solução a uma parte importante do problema democrático no controle de constitucionalidade. Nesse sentido, contribui para a solução desse problema.

II O compromisso entre democracia e controle de constitucionalidade sem discricionariedade

A democracia, tomada em si mesma, não requer que seja levado a cabo o controle de constitucionalidade das disposições legislativas. O compromisso efetivo de todos os órgãos do Estado, entre eles o legislador parlamentar, ao que exige a Constituição, além do princípio democrático, requer que o controle estrito de constitucionalidade, o controle sem discricionariedade do parlamento, seja realizado. Não há dúvida de que se está procurando um acordo razoável entre esses dois requisitos em competência.[26] Sem dúvida, a ideia de que um parlamento legitimado democraticamente tem discricionariedade ou de que suas decisões têm autoridade de modo tal que a corte que realiza o controle de constitucionalidade deve respeitar não é nova. Ela pode encontrar-se na jurisprudência de várias cortes nacionais e internacionais. Não obstante, "respeito por autoridade" é uma metáfora maior do que um fenômeno legal propriamente reconstruído. O que se precisa é de um modelo adequado que explique as características dessa discricionariedade ou autoridade, isto é, como ela se encaixa na avaliação das pretensões derivadas de direitos fundamentais, e como podemos determinar o grau da discricionariedade ou o peso da autoridade de uma decisão no controle da decisão?

---

[25] Cf. nota 24.
[26] Cf, Martin Borowski, Formelle Prinzipien und Gewichtsformel, in: M. Klatt (ed.), *Prinzipientheorie und Theorie der Abwägung* (Tübingen: Mohr Siebeck, 2013), p. 199-250, p. 155ss.

Seria um interessante exercício no direito comparado examinar como as diferentes jurisdições em nível nacional e internacional abordam esse assunto. Devido a diferenças na tradição jurídica, na cultura jurídica e nos diferentes marcos institucionais, provavelmente emergiria uma ampla gama de soluções. Em vez de me centrar nas diferenças, focarei em propor um modelo baseado na teoria jurídica, um modelo que sirva como reconstrução de um amplo denominador comum em democracias liberais. Um instrumento-chave nesse modelo é a ideia de princípios jurídicos. Para explicar as características dos princípios formais, essa ideia precisa ser explicada primeiro.

C) A reconstrução da máxima da proporcionalidade por meio da teoria dos princípios

I A teoria dos princípios

O fundamento da teoria dos princípios foi desenvolvido por Ronald Dworkin no debate sobre o positivismo jurídico nos anos sessenta,[27] e essa teoria foi significativamente desenvolvida por Robert Alexy desde a década dos anos oitenta em diante.[28] Em resumo, a distinção entre regras e princípios é a seguinte.

1 Princípios

Os princípios são normas que levam a si mesmas a ponderação. Na verdade, onde princípios colidem e o conflito não pode ser solucionado pelo recurso a outras medidas, eles requerem ponderação. Em outras palavras, princípios, diferentemente de regras, exibem a dimensão de peso.[29] Princípios requerem que um

---

[27] Dworkin (nota 14), p. 22ss.
[28] Robert Alexy, Rechtsregeln und Rechtsprinzipien, in: N. MacCormick, S. Panou, and L.L. Vallauri (eds.), *Geltungs- und Erkenntnisbedingungen im modernen Rechtsdenken* (Stuttgart: Steiner, 1985), p. 13-29; Alexy (nota 9), (a edição original em alemão foi publicada pela Nomos em 1985).
[29] Cf. Dworkin (nota 14), p. 26. O segundo critério em que Dworkin menciona, o estilo "tudo ou nada" (*ibid.*, p. 24) não serve, porém, como critério para a distinção entre regras e princípios,

certo objetivo seja otimizado e eles têm, portanto, sido caracterizados como mandamentos de otimização.[30] Quando princípios colidem, a ponderação determina qual deve prevalecer nas circunstâncias do caso em análise; o princípio preterido permanece, porém, válido.[31] A ponderação é a forma característica da aplicação de princípios.

2 Regras

Regras, no entanto, não levam à ponderação de forma alguma. Conflitos de regras sempre resultam na invalidação de uma das regras ou na introdução de uma cláusula de exceção, seguindo uma ou outra das máximas *lex posterior derogat legi priori, lex specialis derogat,* or *legi generali lex superior derogat legi inferiori.*[32] Isso quer dizer que princípios e regras são diferenciados pela dimensão de peso. As pretensões decorrentes das regras são normalmente acessadas através da subsunção, a clássica forma da aplicação do direito, na qual os cânones de interpretação – literalidade, intenção do legislador, coerência e sistematicidade, e, finalmente, a finalidade pela disposição jurídica – são chaves.

II Análise de proporcionalidade e teoria dos princípios

Estava além das intenções de Dworkin conectar a ideia de proporcionalidade no direito constitucional com a ponderação de princípios, uma vez que a proporcionalidade não tinha sido claramente formulada e aceita no direito constitucional dos EUA na época.[33] Não surpreende que essa conexão tenha sido estabelecida na Alemanha, onde a ideia de proporcionalidade emergiu. Com Robert Alexy, princípios jurídicos trilharam seu caminho da filosofia do direito para o direito constitucional.

---

cf. Martin Borowski, The Structure of Formal Principles, in: M. Borowski (ed.), *On the Nature of Legal Principles* (Stuttgart: Steiner, 2010), p. 19-35, p. 22 com mais referências.

[30] Cf. Alexy (nota 9), p. 47-8 e 67-69; Robert Alexy, On the Structure of Legal Principles, *Ratio Juris* 13 (2000), p. 294-304, p. 300.
[31] Dworkin (nota 14), p. 25; Alexy (nota 9), p. 50.
[32] Borowski (nota 29), p. 21 com mais referências.
[33] Se isso mudou ou deve mudar é objeto de debate, cf. nota 8.

Para dar um exemplo: o princípio da proteção ao meio ambiente na Constituição alemã requer que decisões de autoridade pública sejam ecologicamente corretas. Sabe-se também, no entanto, que os modos ecologicamente corretos de fabricar produtos são normalmente mais caros do que os meios menos engajados com a causa ambiental. Exigir meios ecológicos de produção compele o empresário, como regra, a escolher um meio mais caro de produção. Isso interfere na liberdade profissional, protegida como um direito fundamental na Constituição alemã. Do ponto de vista da teoria dos princípios, ambos, o direito individual – liberdade de exercício da atividade profissional – e o bem coletivo – proteção ambiental –, são princípios, que colidem entre si. A ponderação desses princípios ocorre se e quando uma pretensão decorrente do direito é avaliada, no curso da qual a análise da proporcionalidade é feita.

D) Princípios materiais e formais

Uma reconstrução da autoridade de decisões democráticas requer uma distinção entre princípios materiais e princípios formais.[34]

I Princípios materiais

Princípios materiais contam como razões para uma decisão, razões que refletem o conteúdo material do princípio.[35] Voltando ao exemplo já mencionado, o princípio da proteção ambiental e liberdade para exercício de atividade profissional são ambos princípios materiais. Pode-se, obviamente, argumentar sobre qual princípio material pesa mais do que o outro sob as circunstâncias dadas. Isso dependerá primariamente de três fatores.[36] O primeiro é o peso abstrato dos princípios relevantes. Por exemplo, liberdade de expressão é, do ponto de vista abstrato,

---

[34] Cf, sobre essa distinção, Borowski (nota 29), p. 24ss.; Borowski (nota 26), p. 184ss.
[35] Dworkin (nota 14), p. 38; Borowski (nota 29), p. 24-25; Borowski (nota 26), p. 185-186.
[36] Cf. sobre estes três fatores, Alexy (nota 17), p. 10ss.; Borowski (nota 10), p. 82 ss.

um princípio mais pesado, enquanto liberdade de modo geral, liberdade para fazer tudo o que não é protegido pela Constituição, é um princípio mais leve na Lei Fundamental alemã. O segundo fator para alcançar o peso de um princípio num caso dado é a intensidade da interferência ou, em outras palavras, o grau de sua não realização. Quanto mais grave a interferência, maior o peso. Esse segundo fator explica porque não há simplesmente uma hierarquia abstrata de valores ou princípios que decidam casos, desde que um princípio com alto peso abstrato pode ser superado por um princípio com menor peso abstrato – se e quando a interferência no último é muito mais intensa que a interferência no primeiro. Esses dois fatores mostraram-se como os mais importantes; há, porém, um terceiro fator, certamente epistêmico, que pode desempenhar um papel crucial. Quanto mais incertas são as premissas empíricas e normativas relevantes na ponderação, menor se torna o peso do princípio em questão. Isso pode se mostrar decisivo para interferências severas em princípios que possuem elevado peso abstrato, quando não é efetivamente certo, do ponto de vista empírico, que a interferência realmente ocorrerá.

A determinação dessas quantidades – peso abstrato, severidade da interferência e certeza das premissas relevantes – levanta argumentos normativos e empíricos. A justificação dessas quantidades não pode ser feita a partir da proporcionalidade como uma estrutura. Isso quer dizer que a proporcionalidade precisa ser complementada por uma teoria de argumentação jurídica.[37]

II Princípios formais

Ao ponderar princípios materiais pode-se criar um sistema jurídico consistente e coerente. Não obstante, é impossível descrever adequadamente a dimensão autoritativa do Direito ao apelar somente a princípios materiais. A algumas decisões atribui-se peso não somente por seu conteúdo substancial, mas também porque representam um certo procedimento assumido por uma autoridade jurídica.

---

[37] Borowski (nota 10), p. 121.

1 Princípios formais em busca de princípios

Na verdade, os princípios formais foram introduzidos na busca dos princípios para descrever, em primeiro lugar, a dimensão autoritativa de certas decisões jurídicas. O ponto inicial da oposição entre princípios formais e materiais pode encontrar-se em *Levando os direitos a sério*, de Dworkin. Em suas considerações sobre a discricionariedade, Dworkin escreve: "[t]odo juiz, que se propõe a mudar a doutrina existente, deve levar em consideração alguns padrões importantes que são argumentados contra a doutrina estabelecida, e esses padrões são também parte dos princípios".[38] Os exemplos de Dworkin incluem a "supremacia legislativa", um conjunto de princípios que requer que as cortes mostrem um respeito aos atos legislativos".[39] Tais princípios, argumenta Dworkin, "inclinam-se para o *status quo*".[40] Dworkin chama esses princípios de "princípios conservadores" e os contrasta com "princípios materiais".[41]

Em sua *Teoria dos direitos fundamentais*, de 1985, Robert Alexy se refere a uma "distinção entre dois tipos de princípios, que tem consequências relevantes, notadamente, a distinção entre princípios substanciais ou materiais e princípios formais ou procedimentais".[42] Seu exemplo principal de um exemplo procedimental é o "princípio que estabelece que o legislador democrático deve tomar as decisões importantes para a comunidade".[43] Algumas páginas antes, depois de analisar exposições sobre princípios materiais, pode-se ler o seguinte: "[h]á outros princípios que também necessitam prevalecer, tal como aquele que estabelece que as normas aprovadas por uma autoridade que atua dentro de sua jurisdição devem ser seguidas, e o princípio segundo o qual não se deve afastar do que foi estabelecido sem

---

[38] Dworkin (nota 14), p. 37.
[39] Ibid.
[40] Ibid., p. 37-38.
[41] Ibid., p. 38.
[42] Alexy (nota 9), p. 82.
[43] Ibid.

uma boa razão. Tais princípios podem ser chamados 'princípios formais'".[44]

2 Críticas

A ideia de princípios formais sofreu algumas críticas. Em resumo, a principal objeção tem sido a de que princípios formais e materiais foram considerados como pertencentes a diferentes níveis, desse modo eles não podem ser ponderados entre si. Afirma-se, ainda, que essas duas formas de princípio são "incomensuráveis". Reconhecidamente, a caracterização de princípios formais permaneceu, até agora, de certo modo vaga e metafórica, e um modelo mais claro é necessário para refutar essas objeções.

E) Um princípio formal na ponderação de princípios materiais

I A competência para criar um objetivo a ser otimizado

A chave para uma compreensão adequada de princípios formais é que tais princípios são conferem competência para criar um objetivo a ser otimizado no sentido da teoria dos princípios.[45] Ao contrário dos princípios materiais, princípios formais não manifestam um conteúdo substantivo fixo. Eles se prestam a um compromisso com os resultados de um procedimento. Isto é, algo deve ser otimizado, pois é o resultado de um certo procedimento ou decisão de uma autoridade. Uma vez que o procedimento foi realizado ou a autoridade tomou uma decisão, o conteúdo material do objetivo a ser otimizado é fixado. Agora, a estrutura de ponderação de um princípio formal contra um princípio material não é diferente da ponderação de dois princípios materiais.

---

[44] Ibid., p. 58.
[45] Cf. sobre essa característica dos princípios formais e suas repercussões, Borowski (nota 29), p. 29-30; Borowski (nota 26), p. 186-188.

II A decisão autoritativa de ponderar princípios materiais como o objetivo do princípio formal a ser otimizado

No caso de princípio formal que reconstrói a autoridade de uma decisão do legislador democraticamente legitimado, a decisão autoritativa é a decisão acerca da ponderação de princípios materiais.[46] Isso significa dizer que esse princípio formal é dependente de, pelo menos, dois princípios materiais que precisam de ponderação. A consideração do princípio formal tem o efeito de adicionar peso a um dos dois princípios materiais. A qual princípio material se adiciona peso depende da decisão do legislador.[47]

III Três cenários

A fim de ilustrar como um princípio formal dá origem à "discricionariedade", três cenários podem ser distintos.

Primeiro cenário: digamos que, do ponto de vista da Corte Constitucional, na ponderação dos princípios materiais de proteção ao meio ambiente e liberdade para exercício de atividade profissional, o teor máximo de dióxido de enxofre no gás residual seja de 1000 ppm. Supondo que a legislação preveja exatamente esse limite, a lei obviamente atende ao padrão de controle ou revisão. A discricionariedade não entra em questão.

Segundo cenário: supondo que a lei, reconhecendo uma política particularmente favorável ao meio ambiente, fixa um limite mais baixo, 800 ppm de SO_2, enquanto a Corte Constitucional está convencida de que o limite correto deve ser 1000 ppm. Essa lei não é *eo ipso* inconstitucional. Ao contrário, ela provará ser constitucional se o princípio material de proteção ao meio ambiental considerado juntamente com o princípio formal, que requer *prima facie* que a decisão da ponderação do legislador seja respeitada, tiver maior peso do que a liberdade de exercício de atividade profissional como um princípio material a 800 ppm SO_2.

---

[46] Borowski (nota 29), p. 33; Borowski (nota 26), p. 190-194.
[47] Borowski (nota 29), p. 34-35; Borowski (nota 26), p. 194-195.

Terceiro cenário: supondo que a lei, reconhecendo uma política que favorece o crescimento econômico, estabelece um limite mais alto, 1220 ppm SO_2, enquanto a Corte Constitucional está convencida de que o limite correto deve ser 1000 ppm. De novo, essa lei não é *eo ipso* inconstitucional. O princípio formal, que requer *prima facie* que a decisão da ponderação do legislador seja respeitada, acrescenta peso à liberdade de exercício de atividade profissional, então, esses dois princípios, considerados conjuntamente, podem preponderar sobre o princípio material de proteção ao meio ambiente a 1200 ppm SO2 por metro cúbico de gás residual.

Se o princípio formal adiciona peso suficiente ao princípio material relevante de modo que ambos superem o princípio material colidente sozinho depende do peso dos dois princípios materiais e do peso do princípio formal nas circunstâncias em análise. Quanto mais peso atribui-se ao princípio formal, mais a decisão do legislador deve afastar-se do resultado da ponderação de princípios materiais. Em suma: maior a discricionariedade é concedida ao legislador.[48]

IV Os fatores para o peso do princípio formal

Surge a questão acerca dos fatores que determinam o peso do princípio formal. A principal ideia é que esses fatores assemelham-se aos fatores que determinam o peso dos princípios materiais.

1 Peso abstrato

Para começar, um princípio formal destaca-se pelo peso abstrato.[49] Quanto maior esse peso abstrato, maior discricionariedade é concedida ao parlamento democraticamente legitimado. Aqueles que enfatizam o processo democrático e uma abordagem processual argumentam em favor de elevado peso abstrato. Ao contrário, aqueles que enfatizam o compromisso substantivo do legislador à Constituição, reforçado por uma Corte Constitucional ou Suprema, argumentam em favor de peso abstrato reduzido do princípio formal.

---

[48] Borowski (nota 29), p. 34-35.
[49] Borowski (nota 26), p. 195-196.

2 A intensidade da interferência

Pode-se ficar tentado a pensar que o respeito a uma decisão autoritativa segue o modelo tudo-ou-nada – ou respeita-se a decisão ou não. Respeito a uma decisão autoritativa tem, no entanto, também uma dimensão gradual. Quanto maior o afastamento de uma decisão autoritativa, maior o grau de não realização ou, em outras palavras, mais grave se torna a interferência no princípio formal.[50] Supondo que o parlamento democraticamente legitimado decidiu que 800 ppm de dióxido de enxofre é o limite, e a Corte Constitucional esteja convencida de que, na ponderação entre a proteção ao meio ambiente e a liberdade de exercício de atividade profissional, a resposta correta seja 900 ppm, a Corte não respeita a decisão do legislador completamente. Mas a Corte respeita mais essa decisão, em comparação com um cenário em que a Corte esteja convencida de que o resultado correto seja 3000 ppm. No caso de 900 ppm, a Corte se afasta apenas ligeiramente da decisão do parlamento democraticamente legitimado; no caso de 3000 ppm, ela se afasta significativamente. O primeiro caso consiste em uma menor interferência no princípio formal, enquanto o último representa uma interferência mais grave.

3 Certeza epistêmica

Assim como o peso dos princípios materiais, o peso de princípios formais pode muito bem depender da certeza epistêmica de premissas relevantes. Se se traça um paralelo com princípios materiais, a certeza epistêmica sugere maior peso ao princípio formal, enquanto a incerteza epistêmica sugere um peso menor. No caso de princípios formais, no entanto, o aspecto em questão é a certeza da decisão final da ponderação, e "certeza" refere-se a ambas: certeza epistêmico-empírica e certeza epistêmico-normativa.[51] No caso de não haver incerteza epistêmica de nenhum modo, o peso do princípio formal é reduzido a zero.[52] Isso será, porém, em casos sob

---

[50] Borowski (nota 26), p. 196-197.
[51] Borowski (nota 26), p. 197.
[52] Robert Alexy, posfácio, in: Robert Alexy, *A Theory of Constitutional Rights* (tradução de Julian Rivers, Oxford University Press 2002), p. 388-425, p. 424; Robert Alexy, Comments

circunstâncias práticas, que são de maior ou menor certeza empírica e normativa, exceção raríssima.[53]

4 Características do peso de princípios formais e fatores genéricos

Embora haja certos paralelos entre os fatores de determinação do peso de princípios materiais e formais, pode também haver diferenças. Pode haver também fatores genéricos para o peso de princípios formais. Por exemplo, de acordo com um famoso artigo de Peter Häberle de 1975, uma Corte Constitucional deve garantir maior discricionariedade, quanto maior for a qualidade discursiva do processo legislativo.[54] Se tiver havido um debate democrático amplo, justo e aberto, no qual todos os argumentos relevantes foram trocados e avaliados, isso conta como um argumento para menor escrutínio ou maior discricionariedade, em comparação com um processo legislativo que foi fortemente influenciado por um grupo de lobistas e em que se decidiu basicamente a portas fechadas sem qualquer debate democrático apropriado.[55] Se se aplicar a ideia da teoria discursiva, como desenvolvida por Jürgen Habermas e Robert Alexy, a reconstrução resultante do controle de constitucionalidade nas democracias liberais aponta na mesma direção.[56]

F) Conclusão

Apesar de haver questões que necessitarão de atenção antes de chegarmos a um modelo detalhado e completo para ponderar princípios formais e materiais, os paralelos estruturais entre os

---

and Responses, in: M. Klatt (ed.), *Institutionalized Reason* (Oxford: Oxford University Press, 2012), p. 319-356, p. 331; Borowski (nota 26), p. 197.

[53] Borowski (nota 26), p. 197.

[54] Peter Häberle, Die offene Gesellschaft der Verfassungsinterpreten, in: *JZ* 1975, p. 297-305, p. 303-304.

[55] Martin Borowski, Subjekte der Verfassungsinterpretation, in: J. Isensee y P. Kirchhof (eds), *Handbuch des Staatsrechts der Bundesrepublik Deutschland*, vol. XII (Heidelberg: C.F. Müller, 2014).

[56] Acrescente-se que Jürgen Habermas, ao contrário de Robert Alexy, é geralmente bastante crítico à ideia do controle de constitucionalidade, cf. nota 23.

princípios materiais e formais, e os paralelos com vistas a critérios para seu peso sugerem que ambos podem considerar-se, de fato, na mesma ponderação. As críticas são corretas ao assinalar que existem diferenças entre princípios formais e materiais. Não obstante, são incorretas ao sustentar que essas diferenças se opõem a uma consideração dos princípios formais na ponderação de princípios materiais. Se os princípios formais e materiais diferem quanto à comensurabilidade em absoluto, essa diferença é uma questão de grau, e não uma diferença categórica. Os princípios formais e materiais operam de acordo com a mesma lógica, e a consideração de ambos os tipos de princípios na mesma ponderação conecta ou reconcilia a dimensão formal com a material, ou, em outras palavras, correção com autoridade. Isso quer dizer que a objeção democrática à proporcionalidade no controle de constitucionalidade pode ser refutada. A proporcionalidade no controle de constitucionalidade não pode violar os requisitos da democracia, sempre e quando esses requisitos sejam considerados adequadamente nos processos de ponderação por meio dos princípios formais.

Informação bibliográfica deste texto, conforme a NBR 6023:2018 da Associação Brasileira de Normas Técnicas (ABNT):

BOROWSKI, Martin. A ideia de princípios formais: a proporcionalidade no controle de constitucionalidade. *In*: TOLEDO, Cláudia (coord.). *Atual judiciário*: ativismo ou atitude. Belo Horizonte: Fórum, 2022. p. 115-136. ISBN 978-65-5518-270-5.

LEVANDO OS DIREITOS MENOS A SÉRIO – UMA ANÁLISE ESTRUTURAL DA DISCRICIONARIEDADE JUDICIAL[1]

MATTHIAS KLATT

I Introdução

1 Discricionariedade no Direito

A discricionariedade, entendida como uma margem dentro de uma certa estrutura, desempenha um papel importante em diversos contextos jurídicos. Sistemas jurídicos ideais podem ser capazes de sobreviver sem ela, mas, para sistemas jurídicos concretos, a discricionariedade permanece uma *conditio sine qua non*. Portanto, trata-se de um problema universal e inevitável. Ele ocorre nos três poderes públicos (BARAK, 1989, p. 12): no Poder Legislativo, que atua sob a estrutura da Constituição e do direito supranacional; no Poder Judiciário, que atua sob a estrutura da Constituição, leis e precedentes; e no Poder Executivo (ARAI-TAKAHASHI, 2000), que atua sob a estrutura da Constituição, leis e regulamentações. Além disso, a discricionariedade ocorre em estruturas jurídicas multiníveis: Estados membros têm discricionariedade na transposição do direito da UE (SOMSEN, 2003) e uma margem de apreciação na implementação da Convenção Europeia dos Direitos Humanos (ARAI-TAKAHASHI, 2002).

Neste artigo, darei enfoque à discricionariedade *judicial*. No entanto, considero que a análise estrutural que procuro oferece perspectivas dentro da estrutura geral da discricionariedade (RAABE, 1998, p. 46, 475), o que deve tornar as descobertas deste artigo aplicáveis, *cum grano salis*, a outros tipos de discricionariedade.

---

[1] Tradução do idioma inglês para português por Shayna Akel Militão. Revisão técnica da tradução por Cláudia Toledo. Título original: *Taking Rights less Seriously – A structural analysis of judicial discretion*.

Sistemas jurídicos diferem-se amplamente em caráter e alcance. Algumas fontes de discricionariedade são únicas para tipos específicos de sistemas jurídicos. A jurisprudência, por exemplo, tem suas próprias fontes de discricionariedade (BARAK, 1989, p. 77-83). Neste artigo, porém, focarei em aspectos mais gerais e universais.

2 Discricionariedade como um conceito relativo

Dworkin comparou discricionariedade com um buraco num *donut*. Não existe, exceto como uma área deixada livre por restrições circundantes (DWORKIN, 1978, p. 31). Discricionariedade, portanto, é um conceito relativo. Refere-se a um padrão já estabelecido ou autoridade contra os quais a área de liberdade pode ser mensurada. Interpretar a discricionariedade como um conceito relativo é equivalente a aceitar que ela é limitada, sejam aqueles limites quais forem. Nas palavras de Lord Scarman:

> Sistemas jurídicos diferem-se na amplitude do poder discricionário atribuído aos juízes; mas, em sociedades desenvolvidas, limites são invariavelmente estabelecidos, além dos quais os juízes não devem ir. A justiça, em tais sociedades, não é deixada para os sábios sem orientação, mesmo que experientes, sentados sob o carvalho. (Casa dos Lordes [1980], 1 All E.R 529, especialmente 551)

Seguindo essa abordagem bem estabelecida, considerarei a discricionariedade, desde o início, como um conceito limitado ou relativo. Consequentemente, abdicarei de qualquer discussão do ponto de vista cético radical de certas correntes do realismo jurídico ou do movimento do direito livre (KANTOROWICZ, 1906) de que a discricionariedade é ilimitada e permite absoluta liberdade. Qualquer posição que considere a discricionariedade absoluta teria que interpretar a adjudicação como completamente arbitrária, o que se apresenta como uma opinião de algum modo implausível.

3 Importância e relevância

As questões da teoria da argumentação jurídica são ligadas, de forma muito próxima, aos problemas essenciais da Filosofia do

Direito geral. Isso é particularmente verdade quando se trata da discricionariedade judicial. Não é meramente uma questão teórico-argumentativa, mas levanta os assuntos fundamentais da separação de poderes, a vinculação dos juízes à lei, a distinção entre casos difíceis e fáceis, e a separação entre interpretação e elaboração do direito. Não é coincidência que a discricionariedade judicial tenha assumido o papel proeminente que possui no debate sobre o conceito de Direito. Além disso, uma teoria adequada de discricionariedade judicial é necessária para fornecer a base da legitimidade das decisões e a pretensão de correção implícita em todo julgamento (ALEXY, 1998; NEUMANN, 2004, p. 9, 11). Implementar a discricionariedade judicial em um sistema jurídico tem vantagens e desvantagens. Por um lado, permite certa flexibilidade na aplicação da lei e justiça em um caso particular (WELLMAN, 1997, p. 144 ss.). Por outro lado, enfraquece a contribuição do Direto para a estabilidade social e a torna vulnerável a convicções morais particularistas.

4 Pesquisa

Este artigo não segue uma perspectiva empírica ou sociológico-jurídica (HAWKINS, 1992). Em vez disso, desenvolve uma análise normativo-analítica, isto é, investiga o conceito e a construção teórico-argumentativa da discricionariedade judicial. Esta análise consiste de três elementos. Começarei analisando o debate entre Hart e Dworkin (II), e continuarei investigando os méritos e fraquezas das respectivas posições (III). Baseado nisso, concluirei argumentando no sentido de uma visão moderada e um quadro completo da discricionariedade judicial (IV).

II O debate entre Hart e Dworkin

Ronald Dworkin e H. L. A. Hart discordam em diversas questões, mas o seu debate sobre discricionariedade judicial está entre os mais fundamentais. O positivismo jurídico de Austin a Hart enfatizou o papel exercido pela discricionariedade judicial (1). Dworkin, entre outros (SARTORIUS, 1968; 1971; HUGHES, 1968), desafiou esta visão (2).

1 Hart e a discricionariedade

De acordo com Hart (1994, p. 124-47), as regras têm um núcleo de sentido estabelecido e uma penumbra de vagueza e abertura textual, na qual as regras não fornecem direcionamento inequívoco. Na penumbra, a questão se uma certa regra se aplica a um caso particular não tem resposta determinada no direito. Os juízes, por isso, têm discricionariedade até onde a penumbra alcança. Dentro dessa área, eles têm de se referir a padrões extrajurídicos e, atuando de um modo quase legislativo, escolhem a decisão que lhes parece a melhor. Enquanto os juízes estão vinculados pelo núcleo de uma regra que constitui um padrão em relação ao qual sua decisão pode ser mensurada e que eles não estão livres para desconsiderar, a textura aberta deixa-lhes um poder de fazer leis (HART, 1994, p. 132, 272; 1958, p. 613 ss.).

Temos que estar cientes de que Hart não limita sua discussão a casos difíceis, isto é, casos que são controversos no sentido de que especialistas racionais e informados podem discordar sobre qual resposta seria juridicamente correta. Ele não se refere ao fato do dissenso sobre o que o direito diz. Ao invés disso, Hart alega que o direito nesses casos é fundamentalmente incompleto, que ele simplesmente não fornece nenhuma resposta. Ele permanece silencioso na questão jurídica em discussão (HART, 1994, p. 252). Portanto, o caso apenas pode ser decidido pela aplicação de padrões extrajurídicos, *e.g*, padrões morais e valores (KELSEN, 1967, p. 353-5; SCHAUER, 1991, p. 222). Os juízes confiam na discricionariedade para preencher essa lacuna, criando uma nova norma; como Raz notou, eles não convertem a Moral em direito pré-existente (RAZ, 1986, p. 1110, 1115 ss.). Para a maioria dos positivistas, a necessidade de discricionariedade é a contrapartida para a ausência de uma resposta correta (BIX, 1995, p. 26; BARAK, 1989, p. 40 ss.; SCHAUER, 1991, p. 222; KRESS, 1989, p. 296 ss.).

Entretanto, Hart faz uma distinção clara entre discricionariedade e mera arbitrariedade. Além disso, a discricionariedade dos juízes é diferente daquela dos legisladores. Juízes não têm o poder para introduzir reformas de larga escala ou novos códigos como fazem os legisladores. Ainda, o seu poder é sujeito a muitas restrições e limites substanciais, que estreitam sua escolha (HART, 1994,

p. 273). A discricionariedade, como Raz a coloca, não implica agir caprichosamente e não permite o lançamento de uma moeda (RAZ, 1972, p. 847 ss.).

2 Dworkin e a discricionariedade

Dworkin se refere à questão da discricionariedade no contexto de sua avaliação crítica do positivismo jurídico. Na verdade, ele classifica a doutrina da discricionariedade como princípio fundamental do positivismo jurídico (DWORKIN, 1978, p. 17). Dworkin distingue três sentidos de discricionariedade (*ibid.*, p. 31 ss.). Nos dois sentidos fracos, discricionariedade significa "julgamento" e "finalidade". O primeiro sentido fraco (julgamento) consiste no fato de que os padrões que um juiz deve aplicar não podem ser aplicados mecanicamente, mas demandam a realização de um julgamento. O segundo sentido fraco (finalidade) significa que juízes têm autoridade final para tomar uma decisão e que sua decisão não pode ser revista ou revertida por nenhum outro oficial. Esse sentido de discricionariedade, claro, seria aplicado apenas, se é que isso acontece, se os recursos tiverem se esgotado. Dworkin prontamente reconhece que estes dois sentidos fracos de discricionariedade são utilizados, mas, para ele, eles são triviais e irrelevantes (*ibid.*, p. 38, 70). Discricionariedade como julgamento em particular é essencial em cada ato de adjudicação (*ibid.*, 119, 46-8; DWORKIN, 1986a, p. 353 ss.; 1978, p. 69). A esse respeito, não há diferença entre os positivistas e Dworkin.

No entanto, Dworkin opõe-se a um terceiro sentido de discricionariedade, nomeadamente, a visão de que há questões nas quais juízes são completamente livres dos padrões jurídicos. A discricionariedade forte não surge da vagueza de alguma norma jurídica ou da autoridade de dar a palavra final na sua aplicação. Ela surge na ausência de um padrão jurídico (DWORKIN, 1978, p. 32). De acordo com a maioria dos positivistas, a discricionariedade forte existe quando há duas ou mais respostas jurídicas, cada uma das quais é igualmente correta no que diz respeito ao direito, forçando, então, o juiz a fazer sua escolha em termos extrajurídicos.

Ao contrário de Hart, Dworkin nega a existência da discricionariedade forte. De acordo com sua abordagem interpretativa geral e sua abordagem teórico-principiológica do direito, o direito nunca é incompleto ou indeterminado. Portanto, os juízes nunca têm a oportunidade de pisar fora do direito e exercer o poder de criação normativa para alcançar uma decisão. A ciência do direito hercúlea não dá aos juízes liberdade para usarem predileções pessoais ou objetivos políticos privilegiados como uma base de adjudicação apropriada (DWORKIN, 1986a, p. 152, 255 ss., 378). Mesmo em casos difíceis, juízes são obrigados a buscar e dar efeito a direitos existentes, e não os inventar (MACCORMICK, 1994, p. 246).

De acordo com Dworkin, Hart erra ao inferir a discricionariedade forte da desigualdade fraca. Em casos difíceis, o conteúdo de uma norma é controverso, então há uma discricionariedade fraca. Indivíduos racionais discordam sobre a correta aplicação de uma norma jurídica. No entanto, da existência de controvérsia não advém a discricionariedade forte, isto é, que não há padrão ao qual o juiz está juridicamente vinculado (DWORKIN, 1978, p. 36, 327). Casos difíceis podem ser controversos, mas isso não implica que os juízes devam adotar padrões extrajurídicos para decidi-los (*ibid.*, p. 330).

Dworkin aponta que a discricionariedade forte não implica que uma decisão não possa ser criticada. Discricionariedade forte não significa que vale tudo. Alguns padrões de racionalidade, justiça, e efetividade ainda podem ser aplicados. Não obstante, esses padrões, de acordo com o forte senso de discricionariedade de Dworkin, não são parte do dever *jurídico* do juiz; eles são impostos externamente ao direito (*ibid.*, p. 33).

No entanto, Dworkin está parcialmente errado ao atribuir essa visão aos positivistas, dado que eles geralmente aceitam padrões de racionalidade como padrões jurídicos mínimos. Os juízes não são juridicamente livres, como Greenawalt aponta, para tomar decisões totalmente irracionais ou grosseiramente injustas (GREENWALT, 1975, p. 366). Mesmo em casos difíceis, padrões jurídicos descartam algumas decisões possíveis (RAZ, 1972, p. 843). Portanto, no que concerne a essa categoria de decisões, a essência da discricionariedade forte não é que ela se encontra além da crítica. A definição de Dworkin de discricionariedade forte é equivocada quando afirma a total ausência de qualquer padrão para todos os tipos de casos difíceis. Se os positivistas aceitam que mesmo nos casos difíceis os padrões de racionalidade descartam algumas decisões, então a principal característica da discricionariedade forte não pode ser a ausência de um padrão. Diversamente, é a indefinição dos padrões jurídicos. Os positivistas não sustentam que há uma ausência de padrões, mas que as leis não identificam nenhuma decisão como *a* correta. De acordo com eles, os juízes são forçados a escolher entre diversas decisões igualmente corretas (RAZ, 1972, p. 843). Assim, é claro que o ataque de Dworkin sobre a discricionariedade forte baseia-se principalmente na sua tese da "única resposta correta".

III Virtudes e fraquezas

Ambas as visões, de Dworkin e de Hart, possuem virtudes e fraquezas.

1 A visão de Dworkin

O ataque de Dworkin à discricionariedade forte depende de ele provar dois pontos (RAZ, 1972, p. 845; GREENWALT, 1975, p. 367): primeiro, que todos os fundamentos de uma decisão são legais. O Direito, por necessidade, tem seu próprio padrão final de correção, de modo que os juízes não devem, nem têm o direito de aplicar padrões extrajurídicos. Segundo, que esses fundamentos e padrões levam a uma única resposta correta. Essas duas questões devem permanecer separadas. A primeira refere-se a um problema que pode ser chamado de internalização dos padrões; a segunda, com o problema da definição dos padrões.

Enquanto concordo com a resposta de Dworkin à primeira questão, faço objeção à segunda. A questão sobre a internalização dos padrões é idêntica ao problema do conceito de Direito, um problema que não pode ser discutido em detalhes aqui. Basearei minha decisão na premissa de que Dworkin está correto em enfatizar que o conceito de Direito é intrínseca e necessariamente ligado à Moral.

Raz argumenta que positivistas não negam o papel dos princípios em um sistema jurídico (RAZ, 1972, p. 845). Se isso fosse verdade, então a extensão exata da discricionariedade, na medida em que resulta do caráter especial dos princípios jurídicos, dependeria da decisão do legislador em incorporar os princípios. Nesse sentido, os positivistas tendem a ver a incorporação dos princípios jurídicos em um sistema como contingente. Essa posição, no entanto, é desafiada pela tese de que todo sistema jurídico que é minimamente desenvolvido necessariamente compreende princípios (ALEXY, 2002a, p. 70-4).

De acordo com a tese de conexão defendida por Alexy, o conceito de Direito deve ser definido de modo que elementos morais sejam incluídos (ALEXY, 2002a, p. 21-8). Portanto, quando Raz objeta a Dworkin que sua negação da discricionariedade forte implica que todas as razões que o Poder Judiciário está encarregado a usar na justificação das decisões são parte do Direito (RAZ, 1972, p. 844), sua objeção é correta, mas falha. É correta porque a ligação intrínseca entre Direito e Moral torna qualquer padrão social, moral ou político que os juízes estão autorizados a considerar para algum propósito jurídico, um propósito jurídico. Ela falha, porém, pois – devido à tese da conexão – não há necessidade de defender certos limites do Direito, como faz Raz, de modo a excluir padrões, que os juízes estão autorizados a aplicar, de serem padrões jurídicos. Então, a tese de Raz dos limites do Direito não é argumento contra a posição de Dworkin.

No entanto, o fato de que todos os padrões que os juízes estão autorizados a aplicar são partes intrínsecas do Direito e então padrões jurídicos é insuficiente para a negação de Dworkin da discricionariedade forte. Além disso, ele tem que provar que esses padrões geram uma única resposta correta. Caso contrário, padrões internos em casos difíceis dariam aos juízes diferentes possibilidades, sendo todas elas jurídicas no mesmo nível. Ademais, eles teriam que escolher entre elas com base em razões extrajurídicas, porque esses padrões internos não seriam definitivos, e isso contradiria o primeiro ponto de Dworkin, qual seja, a internalidade dos padrões.

Dworkin precisa de uma segunda tese, isto é, a tese da "única resposta correta" ou a tese da definição necessária dos padrões jurídicos. Dworkin sustenta que o conjunto dos princípios jurídicos como um todo tende a resultar em respostas corretas singulares a quase todas as questões jurídicas (DWORKIN, 1986a, p. viii-ix, 412; 1991, p. 84). A incorreção dessa segunda tese tornou-se quase um lugar-comum na Teoria do Direito atual (FINNIS, 1987, p. 371-74;

PUTNAM, 1995, p. 6 ss.; MARMOR, 1995, p. 54-7; BIX, 1995, p. 96-106; KOLLER, 1997, p. 180 ss.; KELSEN, 1992, p. 80 ss.). Ela não é, porém, tão equivocada como alguns positivistas consideram. Greenwalt, por exemplo, argumenta que seria possível supor inicialmente que o modelo de Hart daria ao juiz um grande senso de liberdade, dizendo-lhe que, em alguns casos, ele possui discricionariedade forte para escolher e aplicar padrões extrajurídicos. Em contraste, o juiz no modelo de Dworkin, de acordo com Greenwalt, pode aparentar uma criatura presa, sempre limitada por um conjunto completo e coerente de princípios. Greenwalt argumenta que, paradoxalmente, a posição de Dworkin pode ter precisamente o efeito de liberar os juízes apenas porque ele convida os juízes a dar um peso maior a princípios morais amorfos e políticas sociais (GREENWALT, 1975, p. 362).

Contudo, o argumento de Greenwalt permanece não convincente. A implementação dos princípios no sistema jurídico não aumenta a liberdade do juiz. Ao contrário, ela estabelece mais limites àquela liberdade. Afinal, eles seriam forçados a considerar questões adicionais para alcançar o veredito. A noção de uma liberdade expandida apenas seria justificada se a aplicação dos princípios implicasse o uso de visões pessoais, subjetivas, ao invés de procedimentos objetivos. Contudo, essa afirmação é equivocada. Robert Alexy e seus seguidores demonstraram que o sopesamento de princípios é, na verdade, um método objetivo, intersubjetivamente válido, que nada tem a ver com irracionalidade (ALEXY, 2003, p. 433-49; 2002b, p. 405). Portanto, o quadro formulado por Greenwalt das consequências da implementação dos princípios é errado. Princípios têm a força de serem vinculações adicionais aos juízes. Então, também é verdade que o modelo de Dworkin tende a ser democrático do que aquele formulado por Hart.

No entanto, estas vinculações adicionais não são inequívocas: elas não levariam a uma resposta correta em todos os casos. É marcante que originalmente Dworkin não tenha usado argumentos positivos para fundamentar sua posição, apoiando-se, ao contrário, na negação, isto é, refutando a tese positivista de nenhuma-resposta-correta (DWORKIN, 1986b, p. 119-45). Não obstante, ainda que a tese de nenhuma-resposta-correta estivesse errada, isso não seria suficiente para provar a pretensão de Dworkin de uma única resposta correta. Ainda seria necessário refutar a possibilidade de várias respostas corretas.

A posição inicial de Dworkin apoia-se na sua tese da bivalência, a qual postula que em qualquer caso dado, certos conceitos ou se aplicam ou não (DWORKIN, 1986b, p. 119-28). Dworkin reconhece que há muitas decisões nas quais um juiz não tem o dever de tomar nenhum dos caminhos. Ao fazer isto, ele admite que há decisões nas quais a tese da bivalência não se aplica, deixando um espaço lógico entre os polos bivalentes. No entanto, ele afirma que nesses casos há os denominados conceitos dispositivos, que implicam um dever *prima facie* dos juízes de decidir ou a favor do requerente ou do requerido. Conceitos dispositivos têm a função de preencher o espaço lógico ao tornar impossível negar ambos os polos bivalentes (*ibid.*, p. 125). Como resultado, ou o polo positivo bivalente ou o negativo é verdadeiro; portanto, há apenas uma única resposta correta. Um contrato, por exemplo, ou é válido ou não é.

Não deveria ser negado que tal conceito dispositivo existe. Porém, a confiança de Dworkin neles implicitamente limita seu universo de discurso a tais conceitos. Há, no entanto, muitos casos difíceis nos quais não há conceitos dispositivos que poderiam diminuir o espaço lógico atribuindo o caso a um dos polos. Com base na chamada teoria discursiva da argumentação jurídica tão conhecida, a qual adotarei aqui, é amplamente aceito que as regras e formas da argumentação jurídica em vários casos não levam a resultado algum; ainda quando o fazem, não garantem, de nenhuma forma, uma certeza conclusiva.

Há muitas razões para essas indeterminações, sendo a mais importante a de que as regras do discurso não estipulam as premissas normativas das quais o discurso começará (ALEXY, 1989, p. 287 ss.). Portanto, devemos distinguir três modalidades discursivas: a discursivamente necessária, a discursivamente impossível, e a discursivamente possível. É apenas nos dois primeiros casos que chegamos a uma única resposta correta. No terceiro caso – o discursivamente possível – o resultado do discurso jurídico é uma área de, pelo menos, duas possibilidades igualmente legais. A tese da bivalência de Dworkin ignora exatamente essa última opção. Sua teoria não permite o discursivamente possível. Ao contrário, ela propõe (mas é incapaz de justificar) que há apenas duas modalidades: impossível ou necessária.

O mesmo erro ocorre na última defesa de Dworkin da pretensão de uma única resposta correta, que pode ser encontrada na sua teoria do direito como integridade e no seu juiz Hércules. Essa teoria tem a grande força ao focar nos princípios como uma forma distinta de normas jurídicas. Se, no entanto, considerarmos o assunto baseado em uma teoria dos princípios, a tese da única-resposta-correta é contraintuitiva. Princípios são mandamentos de otimização (ALEXY, 2002b, p. 47 ss., 67-9). Eles podem ser satisfeitos em graus variados. Regras, ao contrário, são normas que são sempre satisfeitas ou não em sua completude. O princípio de Dworkin da bivalência aplica-se a regras, mas não a princípios.

Dworkin tenta salvar sua teoria referindo-se ao sistema jurídico como um todo. Essa abordagem holística é correta quanto a sistemas normativos em geral seguirem um padrão holístico (BRANDOM, 2000, p. 15 ss.; KLATT, 2004b, p. 169-83). No entanto, as três modalidades discursivas também se aplicam ao sistema todo.

Até mesmo conjuntos completos de princípios são usados na ponderação e sopesamento, o que também é um procedimento de argumentação discursiva. Sempre que se aplicam princípios, deve-se contar com um procedimento discursivo. Novamente, ao final do sopesamento de todos os princípios relevantes, o juiz Hércules enfrentaria três situações diferentes: em alguns casos, suas decisões seriam discursivamente necessárias; em alguns, impossível; mas em alguns, apenas possível. No último cenário, não haveria apenas uma única resposta correta.

As forças e fraquezas da teoria de Dworkin em poucas palavras: enquanto a tese de Dworkin de internalidade de todos os padrões juridicamente relevantes está correta, sua tese da única-resposta-correta só é aplicável a decisões discursivamente necessárias ou impossíveis, e está errada para as discursivamente possíveis.

2 A visão de Hart

No que diz respeito às três modalidades, Hart está mais perto da verdade do que Dworkin. Ele considera o discursivamente possível, uma vez que reconhece que, para casos específicos, o Direito permanece indefinido. Além disso, ele fornece uma categorização desses casos difíceis sempre que o direito deixa um espaço lógico entre os polos bivalentes. A vagueza da linguagem e a textura aberta do direito são reconhecidos como fontes de discricionariedade.

Por outro lado, Hart tende a ignorar ou diminuir o papel dos princípios no sistema jurídico, e nega a conexão necessária entre Direito e Moral. Portanto, ele procura a solução para casos difíceis fora do Direito, embora ela deva ser encontrada dentro do Direito de acordo com a posição principiológica adotada aqui. Devido a essas fraquezas, Hart confere aos juízes mais liberdade do que é necessário, a saber, a liberdade para decidir casos difíceis com razões extrajurídicas. Então, no que concerne à separação de poderes, a posição de Hart é mais problemática do que a de Dworkin.

3 A necessidade de uma visão moderada

Ambos os modelos de Hart e de Dworkin têm forças e fraquezas. Devido às suas respectivas fraquezas, não seria uma opção simplesmente adotar um desses modelos já existentes. Enquanto Hart superestima a parte de elaboração de leis da adjudicação, e então atribui muita discricionariedade aos juízes, Dworkin subestima a parte de elaboração de leis e argumenta a favor de uma discricionariedade muito pequena. Nem Dworkin ou Hart fornecem um quadro completo e correto da discricionariedade judicial. Precisamos, desse modo, de um terceiro modelo. Devemos desenvolver uma consideração mais inclusiva sobre discricionariedade. Tal consideração inclusiva teria que combinar as forças de ambos os modelos. Apresentarei os contornos dessa visão moderada na próxima seção.

IV Um quadro completo da discricionariedade judicial

Um modelo moderado da discricionariedade judicial combinará as forças dos dois modelos discutidos acima. O principal objetivo do novo modelo é uma teoria da estrutura da discricionariedade judicial. Ela começa a partir de uma combinação dos *insights* teórico-discursivos sobre a teoria da argumentação jurídica, de um lado, com elementos da teoria dos direitos fundamentais de Alexy, do outro. Esta última é essencial para esse propósito, uma vez que ela fornece *insight* dentro da estrutura geral dos sistemas jurídicos que contêm princípios.

A relação entre juízes e o Direito pode ser analisada mediante três cenários básicos. Alexy usa esses cenários para examinar a relação entre Constituição e poder legislativo (ALEXY, 2002b, p. 391). No entanto, os cenários podem também ser úteis na consideração da relação entre juízes e o Direito, porque ambas as relações seguem a mesma estrutura (RAABE, 1998, p. 475, 488). Além disso, podemos considerar que essa estrutura aplica-se a todos os tipos de discricionariedade em geral, independentemente do respectivo sistema jurídico.

No primeiro dos três cenários, o Direito não contém nenhum comando substantivo ou proibições para limitar o judiciário. Esse poder possui livre domínio, isto é, para derivar qualquer resultado substancial do Direito, desde que cumpra as previsões legais relacionadas à sua competência, procedimentos e formas. Esse é o modelo puramente procedimental de discricionariedade judicial. A discricionariedade é ilimitada no que diz respeito a questões substantivas.

Esse modelo puramente procedimental é incompatível com a obrigação legal dos juízes de respeitar e fazer valer direitos, uma vez que ele é definido como a ausência de qualquer obrigação jurídica substantiva. Então, na terminologia de Dworkin, ele não levaria os direitos a sério de forma nenhuma. Podemos atribuir esse modelo, o primeiro cenário, a uma perspectiva cética radical da interpretação jurídica. O ceticismo radical afirma que, por sua própria natureza o Direito é completamente indeterminado, de modo que qualquer resultado seria concebível quando de sua interpretação. Isso tornaria o julgamento uma mera farsa, não passando objetividade e correção de truques da mente. Discricionariedade judicial seria apenas um termo amigável para encobrir a natureza arbitrária do julgamento. Porém, como provei acima, ceticismo radical é um erro (KLATT, 2004a; 2004b). Um modelo puramente processual de discricionariedade deve ser rejeitado, se os sistemas jurídicos devem incorporar algo que mereça o nome de direito. O primeiro cenário obviamente garante aos juízes excessiva discricionariedade.

A contrapartida a um modelo puramente procedimental é um puramente substantivo. Aqui, o Direito contém um comando ou proibição a respeito a cada decisão concebível, não deixando espaço para discricionariedade. A teoria de Dworkin de discricionariedade judicial encontra-se neste segundo cenário. Ele argumenta que há uma única resposta designada a cada problema jurídico. O próprio Direito soluciona todas as questões substanciais. Então, o Judiciário não possui discricionariedade. Como este segundo cenário apoia-se na errônea tese da única-resposta-correta, garantindo discricionariedade excessivamente restrita, deve também ser rejeitado.

No primeiro cenário, o Judiciário possui completa liberdade, desde que os requisitos procedimentais sejam cumpridos. No segundo cenário, o Judiciário não possui liberdade no que se refere a questões substantivas. A terceira opção consistiria em algumas questões sendo deixadas livres e outras, não, ou seja, outras seriam ordenadas ou proibidas. Este é o modelo substantivo-procedimental.

A teoria de Hart pode ser atribuída a este terceiro modelo, porque ele distingue casos fáceis, nos quais o núcleo do significado de uma regra prevê inequívoca orientação, e casos difíceis, que demandam o uso da discricionariedade e a aplicação de padrões extrajurídicos. Então, sua teoria é capaz de ordenar algumas coisas, proibir outras, e nem ordenar nem proibir uma terceira categoria. Inobstante, a posição de Hart deve ser também rejeitada, devido à sua fraqueza mencionada acima. Isso não corresponde a uma completa rejeição do terceiro cenário, porque há diversos modelos viáveis neste cenário. Como resultado, adicionaremos um requisito a um quadro completo da discricionariedade judicial: ela deve seguir o terceiro cenário, isto é, deve ser um modelo substantivo-procedimental.

Nos trechos restantes desta seção, esclarecerei o conceito de discricionariedade judicial (1); elaborarei mais aquele conceito, adicionando questões como a relação entre discricionariedade e interpretação jurídica (2); e a relação entre discricionariedade e criação judicial do direito[2] (3). Concluirei investigando os limites

---

[2] NT – A expressão original em inglês correspondente é "futher development of the law", cuja tradução literal para português não faz sentido: "desenvolvimento adicional/posterior

da discricionariedade (4) e a relação entre os dois tipos mais importantes de discricionariedade (5).

1 O conceito de discricionariedade judicial

a) Discricionariedade estrutural e epistêmica

Em um modelo substantivo-procedimental, a determinação legal é tríplice. Primeiro, certas decisões são prescritas. Segundo, certas decisões são proibidas. Terceiro, certas decisões não são nem prescritas nem proibidas. Na terceira categoria, é permitido tomar certa decisão ou abster-se dela em favor de uma decisão diferente. Discricionariedade judicial, desse modo, consiste precisamente nas alternativas em relação às quais deixou-se o Judiciário livre. Pode-se também chamar essa discricionariedade de "esfera da liberdade judicial" (ALEXY, 2002b, p. 393).

É exatamente essa liberdade que Dworkin denomina "discricionariedade forte". É idêntico ao que Alexy chama discricionariedade estrutural (ALEXY, 2002b, p. 310). Eu prefiro o último termo, pois ele enfatiza a fonte daquele tipo de discricionariedade, a saber, que o próprio Direito deixa aberta a escolha entre possibilidades diferentes, mas igualmente legais. Discricionariedade estrutural é constituída pelos limites do que o Direito definitivamente ordena e proíbe (ALEXY, 2002b, p. 393).

Discricionariedade estrutural também foi conceituada por Kelsen, que apontou que na hierarquia das normas a determinação das normas de nível mais elevado nunca está completa. Então, deve sempre permanecer um espaço de discricionariedade, às vezes mais amplo, às vezes mais restrito, de modo que a norma mais elevada tenha simplesmente o caráter de um quadro a ser preenchido pela aplicação de atos (KELSEN, 1992, p. 78; PAULSON, 1990, p. 143-5).

O que Dworkin denomina de primeiro sentido fraco de discricionariedade, ou seja, discricionariedade como julgamento, pode

---

do direito". Em espanhol, essa expressão é traduzida por "creación judicial del derecho", que, por sua vez, é plena de significado no idioma pátrio. Por essa razão, optou-se pela tradução literal para português da expressão espanhola.

ser mais bem descrito nos termos de Alexy como discricionariedade epistêmica. Discricionariedade como finalidade (segundo sentido fraco na terminologia de Dworkin) não tem nada a ver com a distinção estrutural-epistêmica, mas com a questão de se uma decisão é sujeita à revisão por um tribunal superior. Isso revela que sob o título "discricionariedade fraca" Dworkin combina duas questões, as quais, por razões sistemáticas, seria melhor separar. A distinção epistêmico-estrutural refere-se às fontes da discricionariedade, enquanto a discricionariedade como finalidade diz respeito à função da discricionariedade na hierarquia dos tribunais.

A discricionariedade epistêmica surge a partir dos limites de nossa capacidade de conhecer os limites do Direito. Há dois tipos de discricionariedade epistêmica, dependendo do tipo de conhecimento ao qual a discricionariedade está relacionada. Esse conhecimento pode ser empírico ou normativo.

A discricionariedade epistêmica dos juízes, relativa ao conhecimento empírico, significa que a eles é atribuído o uso de compromissos empíricos incertos na justificação interna de seu julgamento (RAABE, 1998, p. 53). De uma perspectiva teórico-argumentativa, a discricionariedade tem a tarefa de justificar externamente as premissas que contêm o conhecimento empírico (*ibid.*, p. 208). Em muitos sistemas jurídicos, juízes têm aquela discricionariedade empírica constituída, por exemplo, por razões excludentes (RAZ, 1999, p. 35-48; PERRY, 1989; MOORE, 1989).

Não é tão autoevidente, porém, que os juízes têm uma discricionariedade epistêmica a respeito do conhecimento normativo. Se esse fosse o caso, eles seriam autorizados a errar quanto ao que o Direito, em nível estrutural, ordena, proíbe, e permite, e ainda tomarem decisões legalmente corretas. Se e a que ponto tal discricionariedade existe será considerado abaixo. Neste ponto, os dois tipos de discricionariedade epistêmica já nos permitem explicar as diferentes funções dos tribunais superiores e inferiores. A avaliação dos fatos, oitiva de testemunhas, realização de audiências etc., são principalmente função dos juízes de primeira instância, enquanto os tribunais de instâncias superiores estão vinculados aos fatos estabelecidos pelo tribunal inferior.

Dessa forma, os tribunais inferiores têm discricionariedade epistêmico-empírica, isto é, eles são competentes para avaliar e sua avaliação é final. Por outro lado, os tribunais superiores geralmente decidem questões de direito. Sua função primária é controlar e rever as decisões dos tribunais inferiores no tocante às questões de direito. Assim, os tribunais superiores, ao contrário dos tribunais inferiores, têm discricionariedade epistêmica em relação ao conhecimento normativo. Essas considerações expressam uma mensagem importante: uma teoria da discricionariedade deve levar em conta as diferenças e ordens de classificação entre tribunais superiores e inferiores, ou, falando de modo mais geral, as diferentes funções dos funcionários e autoridades no sistema jurídico.

b) Discricionariedade como competência

Podemos entender tanto a discricionariedade estrutural quanto a epistêmica como competências distintas dos juízes. O conceito de competência é problemático e ainda não está completamente determinado na Teoria do Direito atual. Utilizarei um conceito básico de competência aqui. Alguém é competente se tem a posição jurídica conferida por uma norma jurídica para elaborar uma nova norma válida mediante uma ação específica (SIECKMANN, 1990, p. 45 ss.; RAABE, 1998, p. 52). Essa ação é, no caso dos juízes, a prolação de uma decisão. Os juízes têm essa posição jurídica devido a uma norma de competência como o art. 92 da Lei Fundamental.

No caso da discricionariedade estrutural, os juízes decidem um problema jurídico nos quais o conjunto selecionado de normas permanece silencioso. Elas validam, desse modo, uma norma nova, pelo menos no sentido de que decisões em cada caso futuro que corresponda em todas as questões relevantes àquela decidida devem seguir o mesmo caminho. No caso da discricionariedade epistêmica, eles fazem uma norma ordenando que algum conhecimento empírico ou normativo em particular, mesmo que incerto, devem ser tratados como certos. Desse modo, podemos distinguir entre competência estrutural e competência epistêmica. Essa distinção reflete a distinção discricionariedade estrutural e epistêmica.

Entender discricionariedade como competência explica o poder dos juízes de elaborarem o direito. Eles têm esse poder precisamente na medida de sua competência estrutural ou epistêmica.

c) O modelo de sopesamento da discricionariedade

A fim de alcançar um quadro completo, a discricionariedade judicial deve ser ancorada no sistema de sopesamento de princípios jurídicos. Isso não significa que o escopo da análise aqui proposta foi limitado ao direito público, ou – ainda mais estritamente – à aplicação de direitos fundamentais. Em vez disso, a discricionariedade em si é vista aqui como um princípio formal que é ponderado com outros princípios, independentemente da área jurídica na qual o sopesamento ocorre.

A teoria dos princípios relativa a direitos distingue princípios formais e materiais (ALEXY, 2002b, p. 82). Princípios formais, como o princípio da democracia ou o princípio da separação dos poderes, não possuem conteúdo material. Ao contrário, eles afirmam como o conteúdo deve ser estabelecido. Nesse sentido, princípios formais também podem ser chamados de procedimentais. Sob o modelo substantivo-procedimental (ALEXY, 2002b, p. 350, 393), eles são uma parte necessária do Direito. A discricionariedade judicial é um princípio formal (RAABE, 1998, p. 207, 326; SIECKMANN, 1988, p. 47). Ela não oferece respostas materiais aos problemas jurídicos concretos, mas declara quem é responsável para fornecer tais respostas.

Princípios colidem com outros princípios. Temos que distinguir entre dois cenários. No primeiro, dois princípios materiais colidem entre si, *e.g*, dois direitos fundamentais materiais. Esse conflito deve ser resolvido mediante um procedimento de sopesamento. O resultado do sopesamento pode ser triplo. O primeiro princípio pode ter um peso concreto mais elevado do que o segundo, e vice-versa. Nesses casos, não há discricionariedade estrutural. Em vez disso, o Direito ordena definitivamente que a prioridade deve ser dada ao princípio que possui maior peso.

Entretanto, o resultado pode ser que ambos os princípios materiais tenham o mesmo peso concreto. Alexy chama isso de caso de impasse, isto é, um caso no qual há discricionariedade estrutural, porque o Direito não ordena nem proíbe seguir um dos dois princípios colidentes. Então, o primeiro cenário é caracterizado por um conflito entre dois princípios materiais, os quais podem levar – em casos de impasse – à discricionariedade estrutural.

No segundo cenário, o conflito não ocorre entre dois princípios materiais, mas entre um princípio material e o princípio formal da discricionariedade epistêmica. Princípios materiais como os direitos materiais *prima facie* excluem a discricionariedade epistêmica como razão para limitação dos direitos, enquanto a discricionariedade *prima facie* requer apenas essa competência (ALEXY, 2002b, p. 417; RAABE, 1998, p. 207, 326). Se, em um caso concreto, o resultado do processo de sopesamento é tal que o princípio formal tem precedência sobre o princípio material, então há uma discricionariedade epistêmica definitiva nesse caso (ALEXY, 2002b, p. 313, 414; RAABE, 1998, p. 207). Se, ao contrário, o princípio material tem precedência, então não há discricionariedade definitiva.

Esses cenários revelam uma diferença interessante: enquanto no conflito entre dois princípios materiais (primeiro cenário), a discricionariedade somente é possível como um resultado do procedimento de sopesamento, a discricionariedade como tal (como um princípio formal) é o objeto do procedimento de sopesamento no segundo cenário. Especificamente, no segundo cenário, a discricionariedade epistêmica é, como discricionariedade *prima facie*, um objeto do sopesamento, e como discricionariedade definitiva, um resultado possível do sopesamento.

A distinção entre precedência *prima facie* e precedência definitiva dos princípios é extremamente importante. Ela implica que o escopo exato da discricionariedade judicial em um único caso é sempre o resultado desse processo de sopesamento. Temos, portanto, que distinguir a discricionariedade *prima facie* da discricionariedade definitiva. A primeira é o material para o processo de sopesamento, enquanto a segunda é o resultado de um caso concreto.

Isso é verdade tanto para a discricionariedade estrutural quanto para a discricionariedade epistêmica. Os limites entre os três domínios do que o Direito ordena, proíbe e permite e os limites da competência relacionados com o conhecimento devem ser estabelecidos mediante sopesamento entre os princípios formais e materiais envolvidos. Assim, poderíamos denominar o modelo de sopesamento de discricionariedade como um modelo procedimental ou discursivo. Ele possui um caráter dinâmico. Esse caráter dinâmico torna-se óbvio se pensarmos na Lei Epistêmica do Sopesamento criada por Alexy: "Quanto mais pesada for a intervenção em um direito fundamental, tanto maior terá que ser a certeza de suas premissas" (ALEXY, 2002b, p. 418). Essa lei tem a consequência de que o escopo exato da discricionariedade epistêmica sempre depende do grau de interferência em um princípio material. Um exemplo perfeito para essa correlação é o Julgamento de Codeterminação do Tribunal Constitucional Federal alemão (TCF) (BVerfGE, 1979, vol. 50:333; ALEXY, 2002b, p. 419). Nesse julgamento, o TCF distingue três graus diferentes de intensidade da revisão da discricionariedade epistêmica. Esse padrão epistêmico triádico somente pode ser explicado por meio de um modelo de sopesamento da discricionariedade.

O escopo exato da discricionariedade estrutural também deve definido em um procedimento de sopesamento, e então, o modelo também é dinâmico em nível estrutural. Além da Lei Epistêmica do Sopesamento há uma Lei Estrutural do Sopesamento. Alexy a chama de Lei "Substantiva" do Sopesamento (ALEXY, 2002b, p. 418, 102-7).

2 Discricionariedade e interpretação jurídica

Até agora, foquei na discricionariedade no contexto de um método jurídico específico, qual seja, o sopesamento de princípios jurídicos. Há, no entanto, um método diferente, e é no contexto desse método, a saber, a interpretação de regras, que a discricionariedade judicial é mais discutida. A interpretação de regras segue os cânones tradicionais de interpretação, *e.g*, semântico, histórico, sistemático e teleológico (ALEXY, 1989, p. 234 ss.). A relação precisa entre interpretação ou subsunção de um lado, e sopesamento de outro permanece imprecisa (ALEXY, 2003). No entanto, essa relação não é essencial para nossa investigação.

Em vez disso, vou me concentrar apenas na estrutura da argumentação jurídica, na medida em que ela é relevante para o problema da discricionariedade judicial. Essa estrutura é quase indistinguível da estrutura discutida acima. Mesmo onde a argumentação jurídica não se refere ou não se refere primariamente ao sopesamento de princípios, mas está envolvida com a interpretação das regras, ela segue o esquema dos três domínios do que o Direito ordena, proíbe e permite. Na teoria do discurso da interpretação jurídica, esses três domínios são representados pelas três modalidades discursivas. Cada resultado possível ou concreto de um discurso jurídico ou é discursivamente necessário, discursivamente impossível ou discursivamente possível (ALEXY, 1989, p. 17, 287-9; 2002b, p. 393 ss.). Este último é idêntico ao que o Direito permite e, assim, com a discricionariedade estrutural, enquanto os dois primeiros representam o quadro da discricionariedade estrutural na interpretação de regras.

A similaridade estrutural da teoria discursiva da argumentação jurídica e a teoria dos princípios dos direitos fundamentais é muito importante e demonstra um *link* intrínseco entre essas duas teorias. Há muito mais *links*, de modo que as duas teorias complementam e reforçam uma a outra, se não culminarem em uma teoria geral e coerente do Direito.

3 Discricionariedade e criação judicial do direito

Além do sopesamento e da interpretação, há uma terceira técnica de adjudicação, qual seja, a criação judicial do Direito. Toda interpretação muda o Direito e assim o desenvolve. Isso é a criação judicial no sentido mais amplo, a partir da qual devemos distinguir a criação judicial em sentido estrito (ALEXY, 1995, p. 91). Sua característica é que a decisão não está dentro dos limites semânticos da redação de uma lei ou precedente (KLATT, 2004b).

Nesses casos, a liberdade dos juízes é significativamente maior se comparada à mera interpretação. Quando os juízes não decidem dentro da redação ou letra da lei, eles não podem atribuir uma parcela de sua responsabilidade ao legislador ou ao tribunal que fixou precedentes, como eles poderiam no caso de mera interpretação, a qual é – apesar do seu caráter avaliativo – essencialmente uma aplicação do Direito. Exemplos de criação judicial do Direito no sentido estrito são a analogia e seu oposto, a redução teleológica. O Tribunal Constitucional Federal alemão aceitou a criação judicial do Direito como um método distinto de argumentação jurídica no seu famoso caso "Princesa Soraya":

> A Justiça não é idêntica a um agregado de leis escritas. Sob certas circunstâncias o Direito pode existir além das normas positivas promulgadas pelo Estado [...] A função do juiz não está limitada em verificar e implementar as decisões legislativas. Ele pode ter que fazer um julgamento valorativo (um ato que possui necessariamente elementos volitivos); ou seja, trazer à luz e implementar em suas decisões aqueles conceitos valorativos que são inerentes à ordem jurídica constitucional, mas que não são, ou não adequadamente, expressos na linguagem da lei escrita. [...] Onde o direito escrito falha, a decisão do juiz preenche a lacuna existente usando senso comum e conceitos gerais de justiça estabelecidos pela comunidade. (BVerfGE, 1973, vol. 34: 287; KOMMERS, 1997, p. 125)

Em muitos sistemas jurídicos, essa terceira técnica não é precisamente distinta da interpretação, apesar de essa diferenciação, como argumentei em outro momento (KLATT, 2004b), ser extremamente importante em matéria constitucional e metodológica mesmo em sistemas de *common law*. Aqui ela é decisiva porque demonstra tanto a existência da competência dos juízes de criarem o Direito e sua extensão ou limites.

Por razões de simplicidade, concentrarei na analogia aqui. Juízes estão autorizados a usar o instrumento metodológico da analogia apenas se dois requisitos estiverem satisfeitos: primeiro, deve haver uma lacuna no Direito. Segundo, a *ratio legis* da norma que será expandida deve abranger também o novo caso (KLATT, 2004a, p. 61). Esses requisitos nos mostram a conexão entre a criação judicial do Direito e a discricionariedade judicial. Se uma analogia preenche uma lacuna legal, então ela é parte da criação judicial do Direito. Uma lacuna existe apenas nos casos em que o Direito não comanda ou proíbe certo resultado. Então, uma criação judicial do Direito é o uso da discricionariedade estrutural (BVerfGE, 1990, vol. 82: 11-3).

Em resumo: todos os três métodos centrais na argumentação jurídica, a saber, o sopesamento de princípios, a interpretação de regras e a criação judicial do Direito, demonstram o caráter dinâmico da discricionariedade judicial. De acordo com a abordagem procedimental, o próprio discurso identifica o que é legalmente permitido e o que é perdoado. Assim, o discurso fixa o escopo da discricionariedade judicial em todos os três tipos de métodos jurídicos.

4 Os limites da discricionariedade judicial

a) Por que limites importam

É amplamente aceito que a discricionariedade tem limites. Acadêmicos que adotam o conceito de discricionariedade dos juízes destacam que essa liberdade não é ilimitada. Em virtude desse consenso, a questão dos limites da discricionariedade judicial pode parecer trivial.

Aparências são enganosas, no entanto. Primeiro, a existência dos limites é mais importante de um ponto de vista teórico-estatal. Apenas garantiremos que os juízes aderem ao Direito se sua discricionariedade for limitada. Discricionariedade ilimitada tornaria a doutrina da separação de poderes uma farsa. O Direito se tornaria completamente indeterminado, e o poder de criação do Direito pelos juízes seria de abrangência total e aberto, equivalente ao primeiro cenário introduzido acima.

Segundo, de uma perspectiva metodológica e teórico-argumentativa, é decisivo saber os limites da discricionariedade para estabelecer a linha exata dos limites em um caso concreto.

De acordo com o quadro completo da discricionariedade judicial apresentado aqui, a questão dos limites deve ser respondida separadamente quanto à discricionariedade estrutural e à epistêmica. Em um nível muito abstrato, contudo, podemos dizer que para ambos os tipos de discricionariedade os limites são estabelecidos pelo discursivamente necessário e o discursivamente impossível. Isso é verdade porque o discurso estabelece os limites tanto da discricionariedade estrutural quanto da epistêmica.

b) Os limites da discricionariedade estrutural

Os limites da discricionariedade estrutural devem ser considerados primeiro. Eles são fixados precisamente pelo que o Direito definitivamente ordena ou proíbe ou, em outras palavras, o que é discursivamente necessário ou impossível (ALEXY, 2002b, p. 393, 420). Esses limites constituem a discricionariedade estrutural. Então, podemos identificar duas linhas de limitação (KLATT, 2004b, p. 271-6):

a primeira demanda uma decisão conforme ao discursivamente necessário, a segunda proíbe que se decida conforme o discursivamente impossível. Entre essas duas linhas fica a área do discursivamente possível, na qual o judiciário pode decidir de qualquer maneira.

Essas duas linhas aplicam-se aos métodos jurídicos considerados acima. No caso da interpretação jurídica, o Direito ordena que certos objetos, pessoas ou situações sejam subsumidos em um termo legal, enquanto exclui outros da subsunção. Alternativamente, no caso do sopesamento de princípios, o Direito ordena que a precedência deve ser dada a um princípio específico com maior peso concreto, enquanto proíbe que se dê preferência a um princípio diferente se seu peso deve ser menor.

c) Os limites da discricionariedade epistêmica

Os limites concretos da discricionariedade epistêmica são estabelecidos através dos princípios materiais colidentes, *e.g*, direitos fundamentais. Portanto, nesse modelo dinâmico, os limites são variáveis e dependem do peso daqueles direitos fundamentais. A discricionariedade epistêmica pode referir-se tanto ao conhecimento empírico quanto normativo. Isso deve ser aqui ilustrado com um exemplo da jurisdição do Tribunal Constitucional Federal alemão (TCF). A relação entre o TCF e os tribunais ordinários é uma questão central de disputa no direito público alemão, pois o TCF revisa a jurisdição dos tribunais inferiores no que diz respeito aos direitos fundamentais. Essa revisão, no entanto, não é um controle completo. O TCF garante aos tribunais inferiores discricionariedade epistêmica tanto em relação ao conhecimento normativo quanto empírico.

> A organização dos procedimentos, o estabelecimento e avaliação dos fatos, a interpretação de uma norma jurídica e sua aplicação a um caso individual são todas questões para os tribunais geralmente competentes. Elas não são objeto de revisão pelo Tribunal Constitucional Federal alemão. (BVerfGE, 1964, vol. 18: 92; vol. 11: 349; vol. 13: 318; vol. 19: 175)

Porém, há limites à discricionariedade epistêmica dos tribunais inferiores. Eles não estão autorizados a fazer avaliações arbitrárias:

A correção da avaliação dos fatos como tais não pode ser revista pelo Tribunal Constitucional enquanto a avaliação não infringir norma constitucional específica, isto é, enquanto ela não for arbitrária ou infringir norma constitucional de outro modo. (BVerfGE, 1956, vol. 6: 10; vol. 34: 387)

Notoriamente, o Tribunal Constitucional Federal claramente adota um modelo dinâmico: os limites da discricionariedade epistêmica dos tribunais inferiores variam de acordo com o peso dos princípios materiais colidentes:

Os limites das possibilidades de intervenção do Tribunal Constitucional Federal dependem particularmente da intensidade da interferência nos direitos fundamentais: quanto mais uma decisão judicial cível restringir os requisitos de livre existência e atividade protegida por direitos fundamentais, mais amplo deve ser o controle constitucional se tal restrição é constitucionalmente justificada (BVerfGE, 1980, vol. 54: 215; 1976, vol. 42: 148 ss.)

Um exemplo de um amplo controle constitucional pode ser encontrado em uma decisão relativa ao direito fundamental de asilo. Esse direito demanda que o refugiado esteja em perigo de perseguição política (Art. 16a, Lei Fundamental). Se o refugiado está ou não realmente em perigo é uma questão de fato e, portanto, avaliada primariamente pelos tribunais administrativos. No entanto, devido ao elevado peso desse direito básico, o Tribunal Federal Constitucional revisou a avaliação dos tribunais administrativos completamente:

No que se refere ao elemento da perseguição política, o Tribunal Federal Constitucional revisa o estabelecimento dos fatos, assim como a avaliação jurídica e examina se as avaliações fática e jurídica dos tribunais, assim como a forma e a extensão das conclusões estão de acordo com o direito de asilo. (BVerfGE, 1987, vol. 76: 162)

5 A relação entre a discricionariedade estrutural e a epistêmica

Até aqui, foram discutidos os limites da discricionariedade estrutural e epistêmica. No entanto, esses limites não são tão facilmente defendidos como pode parecer. A relação entre discricionariedade estrutural (forte) e epistêmica (fraca) ainda não foi suficientemente tratada pela Teoria do Direito. Dworkin, por exemplo, tendo distinguido discricionariedade fraca e forte, declara a primeira como trivial e, consequentemente, não a estuda. Ele se concentra apenas na discricionariedade forte. Segue-se, então, que ele não pode elaborar uma imagem completa da discricionariedade. A razão para isso é clara: como Dworkin investiga a discricionariedade no contexto de sua batalha com o positivismo jurídico, a discricionariedade fraca não é objeto de sua preocupação. A situação é diferente em uma análise da estrutura da argumentação jurídica assim como a que nós estamos tratando aqui.

a) O problema da discricionariedade normativa epistêmica

A relação entre discricionariedade estrutural e epistêmica é mais problemática no caso da discricionariedade normativa epistêmica, isto é, discricionariedade no conhecimento normativo. Como notou Alexy, parece que a discricionariedade normativa epistêmica dissolve os limites da discricionariedade estrutural (ALEXY, 2002b, p. 420). O judiciário é, até certa medida, livre para decidir o que lhe é ordenado, proibido, e permitido fazer. Essa liberdade desafia a visão de uma obrigação real e revisável de levar os direitos a sério. A discricionariedade epistêmica normativa significa que os juízes têm discricionariedade na separação dos três âmbitos do que a lei ordena, proíbe, e deixa em aberto. Isso equivale a atribuir aos juízes uma competência-competência, isto é, uma competência sobre os limites de sua discricionariedade estrutural. Isso não deixa claro como separar a discricionariedade estrutural da normativo-epistêmica. Essa separabilidade é, no entanto, mais importante se a vinculação dos juízes ao Direito significa alguma coisa.

b) Uma defesa da possibilidade de separação

Minha defesa da separabilidade entre discricionariedade normativo-epistêmica e discricionariedade estrutural consiste em três passos. Primeiro, temos que perguntar o que significa que tal diferença exista. Em outras palavras, precisamos de uma análise conceitual, concentrando-nos em se é conceitualmente possível diferenciar discricionariedade normativo-epistêmica de discricionariedade estrutural de alguma forma.

Esse primeiro passo já foi lucidamente dado por Alexy. Ele explica a diferença conceitual entre os tipos de discricionariedade. Aponta que, no caso da discricionariedade estrutural, a escolha de um certo resultado é juridicamente aberta e portanto, política, enquanto que, no caso da discricionariedade normativo-epistêmica, considerações legais não são removidas da discricionariedade. Ao contrário, a discricionariedade está entre várias possibilidades jurídicas (ALEXY, 2002b, p. 421). No caso de discricionariedade epistêmica, a incerteza refere-se apenas ao *conhecimento* de decisões que são entendidas como legalmente claras no nível estrutural.

No entanto, explicar essa diferença conceitual não significa provar sua existência. A defesa da separabilidade, desse modo, precisa de mais dois passos. Em um segundo passo, deve-se explicar o que deve ser o caso construtivamente se a diferença existisse. Isto é equivalente a definir o critério necessário para a separação. Se a vinculação dos juízes ao Direito depende da não coincidência entre discricionariedade estrutural e discricionariedade normativo-epistêmica, então o nível estrutural deve ser, pelo menos em alguns casos, analiticamente anterior ao nível epistêmico. A distinção entre os três âmbitos no nível estrutural não deve ser coberta em todos os casos pela discricionariedade epistêmica. Assim, deve haver pelo menos alguns casos nos quais os juízes não têm competência-competência, de modo que o próprio Direito disponha quando os juízes possuem discricionariedade epistêmica e quando não. Deve-se, portanto, provar que há alguns casos nos quais a discricionariedade epistêmica está completamente ausente.

Podem-se chamar esses casos de "casos normativo-epistemicamente fáceis". Eles não são caracterizados pela ausência de discricionariedade estrutural, por isso é ainda possível que o caso se insira no terceiro âmbito do que o Direito deixa em aberto. Ao contrário, eles são caracterizados pelo fato de que a resposta à pergunta sobre a qual âmbito o caso pertence no nível estrutural é epistemicamente certa. No modelo dinâmico adotado aqui, tais casos fáceis são construtivamente possíveis. Como mencionado acima, o escopo da discricionariedade epistêmica depende do peso dos princípios materiais colidentes, os quais demandam uma redução da discricionariedade. A discricionariedade epistêmica está ausente, portanto, se o peso concreto do princípio material colidente for tão alto que faça o peso do princípio formal da discricionariedade epistêmica seja insignificante. Se houvesse tais casos, haveria um padrão anterior de certeza que nos ajudaria a desenhar a linha das distinções estrutural e normativo-epistêmica e, assim, defender a vinculação dos juízes ao Direito.

Claramente, a análise conceitual e construtiva até agora não prova a existência dos casos normativos-epistêmicos. Então, a defesa precisa de um terceiro passo, pelo qual essa existência é estabelecida. Esse passo não é analítico, mas descritivo. A resposta à questão da existência de casos fáceis depende do conteúdo concreto, complexidade, e coerência de ordenamentos existentes. Não irei, portanto, tratar dessa questão aqui. No entanto, há boas razões para assumir que cada sistema necessariamente acarreta em pelo menos alguns casos claros. Um ordenamento eficiente no qual a incerteza epistêmica ocorre em todo caso é difícil de imaginar. A isso pode-se denominar a tese da incorporação necessária dos casos normativo-epistemicamente fáceis.

Um exemplo desse tipo de caso fácil, no qual o princípio formal da discricionariedade normativo-epistêmica torna-se zero devido ao peso concreto do princípio material, pode ser encontrado no caso do asilo mencionado acima. Devido à elevada importância constitucional do direito de asilo, os tribunais administrativos não são autorizados a usar discricionariedade como justificação externa para o uso de uma premissa normativo-epistêmica no elemento da perseguição política. Assim, o TCF fará um controle completo da aplicação do elemento "perseguição política" pelos tribunais administrativos. Se a existência de um único caso fácil é suficiente para provar a possibilidade da vinculação dos juízes ao Direito, então essa defesa mostra-se bem-sucedida.

V Conclusão

O ataque de Dworkin à posição dos positivistas acerca da discricionariedade estrutural (forte) é preciso ao enfatizar a internalidade jurídica de todos os padrões aplicados pelos juízes.

No entanto, esses padrões não resultam inevitavelmente em uma única resposta correta em cada caso. Esse caráter indeterminado torna a discricionariedade estrutural indispensável, e Dworkin atribui aos juízes muito pouca discricionariedade. Hart, por outro lado, pode estar correto acerca da indefinição dos padrões legais, mas superestima o poder de criação do Direito pelos juízes e, assim, argumenta a favor de muito pouca discricionariedade.

Uma imagem completa da discricionariedade judicial depende tanto dos *insights* teórico-discursivos sobre a estrutura da argumentação jurídica quanto dos *insights* teórico-principiológicos sobre os procedimentos de sopesamento. Assim, aquela imagem completa fornece um modelo substantivo-procedimental, no qual algumas coisas são prescritas, outras proibidas, e outras, ainda, permanecem em aberto. Discricionariedade judicial estrutural, entendida como a competência para elaborar novas normas, é definida pelos limites daquilo que o Direito definitivamente ordena e proíbe. Isso surge a partir do impasse entre dois princípios materiais.

Discricionariedade epistêmica refere-se tanto ao conhecimento normativo quanto ao conhecimento empírico. Como princípio formal, é, como uma discricionariedade *prima facie*, objeto de sopesamento com um princípio material e, como discricionariedade definitiva, o possível resultado de tal sopesamento. De acordo com isso, o escopo preciso da discricionariedade judicial em cada caso individual é sem exceção o resultado desse processo de sopesamento. A natureza dinâmica da discricionariedade é também evidente na interpretação jurídica comum, assim como o discursivamente possível, que é idêntico à discricionariedade estrutural, é um resultado e não o ponto inicial de um discurso jurídico.

Os limites da discricionariedade estrutural são definidos pelas duas linhas do discursivamente impossível e do discursivamente necessário. Os limites da discricionariedade epistêmica dependem do peso dos princípios materiais colidentes. A discricionariedade epistêmica normativa pode ser separada da discricionariedade estrutural porque há casos fáceis normativo-epistemicamente, nos quais os juízes não têm competência-competência.

A imagem completa da discricionariedade judicial como apresentada aqui explica tanto o poder de elaborar o Direito dos juízes quanto os limites dessa competência.

Referências

ALEXY, Robert. 1989. *A Theory of Legal Argumentation. The Theory of Rational Discourse as Theory of Legal Justification*. Oxford: Oxford University Press.

ALEXY, Robert. 1995. Juristische Interpretation. In *Recht, Vernunft, Diskurs. Studien zur Rechtsphilosophie*. Ed. R. Alexy. Frankfurt am Main: Suhrkamp.

ALEXY, Robert. 1998. Law and Correctness. In *Current Legal Problems*. Ed. M. D. A. Freeman. Oxford: Oxford University Press.

ALEXY, Robert. 2002a. *The Argument from Injustice. A Reply to Legal Positivism*. Oxford: Oxford University Press.

ALEXY, Robert. 2002b. *A Theory of Constitutional Rights*. Oxford: Oxford University Press.

ALEXY, Robert. 2003. On Balancing and Subsumption. *Ratio Juris* 16: 433-49.

ARAI-TAKAHASHI, Yutaka. 2000. Discretion in German Administrative Law. Doctrinal Discourse Revisited. *European Public Law* 6: 69-80.

ARAI-TAKAHASHI, Yutaka. 2002. *The Margin of Appreciation Doctrine and the Principle of Proportionality in the Jurisprudence of the ECHR*. Antwerp: Intersentia.

BARAK, Aharon. 1989. *Judicial Discretion*. New Haven, CN.: Yale University Press.

BIX, Brian. 1995. *Law, language, and Legal Determinacy*. Oxford: Oxford University Press.

BRANDOM, Robert. 2000. *Articulating Reasons. An Introduction to Inferentialism*. Cambridge, MA: Harvard University Press.

DWORKIN, Ronald. 1978. *Taking Rights Seriously*. London: Duckworth.

DWORKIN, Ronald. 1986a. *Law's Empire*. London: Fontana.

DWORKIN, Ronald. 1986b. *A Matter of Principle*. Oxford: Oxford University Press.

DWORKIN, Ronald. 1991. On Gaps in the Law. In *Controversies about Law's Ontology*. Ed. P. Amselek and N. MacCormick. Edinburgh: Edinburgh University Press.

FINNIS, John. 1987. On Reason and Authority in Law's Empire. *Law and Philosophy* 6: 357-80.

GREENWALT, Kent. 1975. Discretion and Judicial Decision: The Elusive Quest for the Fetters that Bind Judges. *Columbia Law Review* 75: 359-99.

HART, H. L. A. 1958. Positivism and the Separation of Law and Morals. *Harvard Law Review* 71: 593.

HART, H. L. A. 1994. *The Concept of Law*. 2nd ed. Oxford: Oxford University Press.

HAWKINS, Keith. 1992. *The Uses of Discretion*. Oxford: Oxford University Press.

HUGHES, Graham. 1968. Rules, Policy and Decision Making. *Yale Law Journal* 77: 411-39.

KANTOROWICZ, Hermann. 1906. *Der Kampf um die Rechtswissenschaft*. Heidelberg: Winter.

KELSEN, Hans. 1967. *Pure Theory of Law*. Berkeley, CA: University of California Press.

KELSEN, Hans. 1992. *Introduction to the Problems of Legal Theory. A Translation of the First Edition of the Reine Rechtslehre or Pure Theory of Law*. Trans. B. L. Paulson and S. L. Paulson. Oxford: Oxford University Press.

KLATT, Matthias. 2004a. Semantic Normativity and the Objectivity of Legal Argumentation. *Archiv für Rechts- und Sozialphilosophie* 90: 51-65.

KLATT, Matthias. 2004b. *Theorie der Wortlautgrenze. Semantische Normativität in der juristischen Argumentation*. Baden-Baden: Nomos.

KOLLER, Peter. 1997. *Theorie des Rechts*. 2ª ed. Vienna: Böhlau.

KOMMERS, Donald P. 1997. *The Constitutional Jurisprudence of the Federal Republic of Germany*. 2ª ed. Durham, NC: Duke University Press.

KRESS, Ken. 1989. Legal Indeterminacy. *California Law Review* 77: 243-337.

MACCORMICK, Neil. 1994. *Legal Reasoning and Legal Theory*. Oxford: Oxford University Press.

MARMOR, Andrei. 1995. *Law and Interpretation. Essays in Legal Philosophy*. Oxford: Oxford University Press.

MOORE, Michael S. 1989. Authority, Law, and Razian Reasons. *Southern California Law Review* 62: 827.

NEUMANN, Ulfrid. 2004. Wahrheit im Recht. Zur Problematik und Legitimität einer fragwürdigen Denkform. In *Würzburger Vorträge zur Rechtsphilosophie, Rechtstheorie und Rechtssoziologie*. Ed. H. Dreier and D. Willoweit, vol. 32. Baden-Baden: Nomos.

PAULSON, Stanley L. 1990. Kelsen on Legal Interpretation. *Legal Studies* 10: 136-52.

PERRY, Stephen R. 1989. Second-order Reasons, Uncertainty and Legal Theory. *Southern California Law Review* 62: 913.

PUTNAM, Hilary. 1995. Are Moral and Legal Values Made or Discovered? *Legal Theory* 1: 5-19.

RAABE, Marius. 1998. *Grundrechte und Erkenntnis*. Baden-Baden: Nomos.

RAZ, Joseph. 1972. Legal Principles and the Limits of Law. *Yale Law Journal* 81: 823-54.

RAZ, Joseph. 1986. Dworkin: A New Link in the Chain. *California Law Review* 74: 1103-19.

RAZ, Joseph. 1999. *Practical Reason and Norms*. Oxford: Oxford University Press.

SARTORIUS, Rolf. 1968. The Justification of the Judicial Decision. *Ethics* 78: 171-87.

SARTORIUS, Rolf. 1971. Social Policy and Judicial Legislation. *American Philosophical Quarterly* 8: 151-60.

SCHAUER, Frederick. 1991. *Playing by the Rules. A Philosophical Examination of Rulebased Decision-Making in Law and in Life*. Oxford: Oxford University Press.

SIECKMANN, Jan. 1988. Das System richterlicher Bindungen und Kontrollkompetenzen. In *Die Leistungsfähigkeit des Rechts. Methodik, Gentechnologie, internationales Verwaltungsrecht*. Ed. R. Mellinghoff and H.-H. Trute. Heidelberg: Decker & Müller.

SIECKMANN, Jan. 1990. *Regelmodelle und Prinzipienmodelle des Rechtssystems*. Baden-Baden: Nomos.

SOMSEN, Han. 2003. Discretion in European Community Environmental Law. An Analysis of ECJ Case Law. *Common Market Law Review* 40: 1413-53.

WELLMAN, Carl. 1997. Judicial Discretion and Constitutional Law. *Rechtstheorie* 28: 143-55.

Informação bibliográfica deste texto, conforme a NBR 6023:2018 da Associação Brasileira de Normas Técnicas (ABNT):

KLATT, Matthias. Levando os direitos menos a sério: uma análise estrutural da discricionariedade judicial. *In*: TOLEDO, Cláudia (coord.). *Atual judiciário*: ativismo ou atitude. Belo Horizonte: Fórum, 2022. p. 137-168. ISBN 978-65-5518-270-5.

SOBRE "CASOS" E PONDERAÇÃO. OS MODELOS DE ALEXY E MORESO: MAIS SIMILITUDES DO QUE DIFERENÇAS?*

LAURA CLÉRICO[1]

Em um breve artigo, Alexy foca em "casos". Questiona-se se as operações básicas no Direito são duas ou três, ou seja, se são a subsunção e a ponderação ou se também deve ser incluída a analogia/comparação.[2] Assim, a forma de aplicação das regras seria a subsunção, a dos princípios seria a ponderação e a de aplicação dos casos seria a comparação. Cada uma dessas formas de aplicação corresponderia aos conceitos de regras, princípios e casos.

Porém, a análise dos casos como uma das formas de aplicação do Direito encontrava-se já presente como forma de argumento em seus escritos anteriores, mais precisamente na *Teoria da Argumentação Jurídica*. O "caso" aparecia como "precedente" e como uma forma de argumento especial do discurso jurídico. Essa forma de argumento estava mais relacionada à subsunção do que à ponderação, que era incluída, ainda que de maneira embrionária, nesse trabalho.[3] A relação entre a ponderação e a comparação de casos aparece com maior força na *Teoria dos Direitos Fundamentais* e, segundo entendo,

---

* Tradução do idioma espanhol para português por Mariana Colucci Ferreira. Revisão técnica da tradução por Cláudia Toledo. Título original: *Sobre "casos" y ponderación. Los modelos de Alexy y Moreso, ¿más similitudes que diferencias?*.
1 Agradeço a Martín Aldao, Paula Gaido, Leticia Vita, Federico De Fazio, Jan Sieckmann pelos comentários e críticas a este artigo; e a Cláudia Toledo pelo convite para participar desta obra em português.
2 Alexy, R., Two or Three?, *ARSP*, n. 119, 2010, p. 9-18; cf., também, Alexy, R., Arthur Kaufmanns Theorie der Rechtsgewinnung, *ARSP*, n. 100, 2005, p. 47-66; Alexy, R., Grundrechte und Verhältnismäßigkeit, in: Schliesky/Ernst/Schulz (ed.), *Die Freiheit des Menschen in Kommune, Staat und Europa. Festschrift für Edzard Schmidt-Jortzig*, Heidelberg 2011, p. 3-15 (tradução para o espanhol por Jorge A. Portocarrero Quispe como: Los derechos fundamentales y el principio de proporcionalidad, in: *Revista Española de Derecho Constitucional* 91, 2011, p. 11-29, nota de rodapé n. 17).
3 Cf., porém, estudos de Alexy sobre a ponderação em outros autores, Alexy, R., "R. M. Hares Regeln des moralischen Argumentierens und L. Nelsons Abwägungsgesetz", in: v. P. Schröder (ed.), *Vernunft, Erkenntnis, Sittlichkeit. Internationales philosophisches Symposion aus Anlaß des 50. Todestages von Leonard Nelson*, Hamburgo, 1979, p. 95-122.

na ponderação reconstruída como um "modelo da ponderação orientado por regras". Conforme sustentarei, o modelo de ponderação em Alexy não é um modelo de ponderação que opere diante de cada uma das colisões de direitos desprovido de qualquer liame, mas um modelo de ponderação fortemente orientado por regras, entre outras, por *regras-resultados de ponderações anteriores* que podem ser reconstruídas como uma *rede de casos*.[4]

Logo, neste artigo não discutirei se o Direito é formado apenas por regras, princípios e/ou casos, entre outros elementos. Basta-me simplesmente supor que as regras, os princípios e os casos são elementos do modelo de ponderação, já que, precisamente, o objetivo do trabalho é reconstruir em que tipo de relação se encontram. Tampouco discutirei neste artigo se a subsunção, a ponderação e a comparação são três formas básicas de aplicação do Direito: basta-me supor que são importantes formas de aplicação. *Meu propósito é resgatar a importância dos casos no modelo alexyano de ponderação, a qual, no meu entender, foi ofuscada por sua preocupação com o desenvolvimento da ponderação como forma de argumento.*

Para desenvolver essa tese, analiso primeiramente a relação entre a ponderação e a comparação de casos no modelo de resolução de conflitos entre direitos fundamentais em Alexy para reconstruí-lo como um modelo de ponderação orientado por regras. Em seguida, comparo-o com a versão que Moreso[5] tenta desenvolver por meio dos casos paradigmáticos para concluir que há mais semelhanças do que diferenças entre este e o modelo desenvolvido a partir da proposta de Alexy. Com isso, mostro que nem o modelo de Alexy está tão focado no particularismo, como se deseja apresentar, nem o modelo de Moreso é tão definidor como pretende ser, enquanto assume como óbvio ou indiscutível o que justamente forma o objeto da argumentação nos conflitos de direitos fundamentais.

---

[4] Cf. Clérico, L., *Die Struktur der Verhältnismässigkeit*, Baden-Baden: Nomos, 2001, cap. 3. [em castelhano: *El examen de proporcionalidad en el derecho constitucional*, EUDEBA, Buenos Aires, 2009, cap. 3].

[5] Moreso, J., Ways of Solving Conflicts of Constitutional Rights: Proportionalism and Specificationism, *Ratio Juris*, 25, 2012, p. 31-46; Moreso, J., Conflictos entre derechos constitucionales y maneras de resolverlos, *ARBOR, Ciencia, Pensamiento y Cultura*, set./ out., 2010, p. 821-832, 824; Moreso, J., Dos concepciones de la aplicación de las normas fundamentales, *Revista Direito GV*, jul.-dez. 2006, p. 13-30, 18.

I O lugar dos "casos" na teoria de Alexy: rumo a uma periodização?

A importância do caso relacionado à forma de aplicação do Direito aparece em Alexy em três momentos distintos, que desvelam três desenvolvimentos teóricos diferentes, que o autor apresenta com caráter cumulativo. Os casos aparecem na *Teoria da Argumentação Jurídica*[6] como uma forma de argumento, o argumento do precedente, mas tendo como pano de fundo ainda o modelo da subsunção como modelo dominante, ainda que limitado, de aplicação do Direito. Logo aparecem na *Teoria dos Direitos Fundamentais*, segundo interpreto, como uma forma de evitar a ponderação. No fundo dessa obra, o modelo de subsunção parece superado pelo modelo de ponderação para a resolução dos conflitos de direitos fundamentais. Em um terceiro momento e com um alto nível de abstração, o tema é retomado por Alexy em seu artigo "Two or Three?", no qual apresenta a comparação de casos como a terceira forma básica de aplicação do Direito, juntamente à subsunção e à ponderação.[7] Deixarei de lado esse último desenvolvimento, pois os dois primeiros já tornam possível a comparação com a proposta de Moreso.

a) Os "casos" na *Teoria da Argumentação Jurídica*

A *Teoria da Argumentação Jurídica* surge, segundo seu autor, pela inquietude acerca da questão se é possível a racionalidade no discurso jurídico. No entanto, está concebida em termos limitados: o autor está pensando na argumentação jurídica no contexto do

---

[6] Alexy, R., *Theorie del juristischen Argumentation*, Suhrkamp, Frankfurt/Main, 3ª ed., 1996. Há tradução para o espanhol realizada por M. Atienza e I. Espejo: *Teoría de la argumentación jurídica*, Centro de Estudios Constitucionales, Madrid, 1989.

[7] Alexy, R., Two or Three?, *ARSP*, Nº 119, 2010, págs. 9-18. Discutem este trabalho, Bäcker, C. *Begründen und Entscheiden*, Baden-Baden: Nomos, 2008, p. 298; Brożek, B., Analogy in Legal Discourse, *ARSP*, 94, 2008, p. 188-201; Bustamante, T., Principles, Precedents and their Interplay in Legal Argumentation: How to Justify Analogies Between Cases, *ARSP* 119, 2010, p. 63-77 (71); Bustamante, T., *Finding Analogies between Cases: On Robert Alexy's Third Basic Operation in the Application of Law*, 2012, em: http://papers.ssrn.com/sol3/papers.cfm?abstract_id=2017469.

processo de decisão judicial,[8] isto é, em um contexto que se ocupa especificamente da interpretação e da aplicação das *leis ou regras* em uma disputa entre partes sobre um *caso particular* (caso individual).[9] A resposta à pergunta acerca da racionalidade da argumentação jurídica é afirmativa e deu origem ao que se conhece como "a tese do caso especial" (*Sonderfallthese*): a argumentação jurídica é um procedimento racional na medida em que seja concebida como um caso do discurso prático geral, ou seja, do discurso a respeito do que é devido, permitido ou proibido. O conceito de argumentação prática racional estaria definido por meio de um sistema de vinte e oito regras e formas. A razoabilidade do resultado dessa argumentação não estaria dada pela correspondência com alguma teoria moral material, mas por ser o resultado de um procedimento argumentativo no qual essas vinte e oito regras foram observadas, de modo que em alguns casos são discursivamente possíveis várias respostas corretas e inclusive respostas incompatíveis entre si.[10]

O "caso" (como precedente) irrompe o caráter "especial" ou "particular" da tese. O discurso do Direito é um caso especial porque guarda uma vinculação ao argumento do significado literal da lei, dos precedentes e da dogmática. Por que se sujeitar a esses

---

[8] Sobre o desenvolvimento da Teoria da Argumentação Jurídica no âmbito legislativo, cf. Oliver Lalana, D., Argumentación parlamentaria y legitimidad de las leyes, in: Cardinaux; Clérico; D Auria, *Las razones de la producción del Derecho*, Facultad de Derecho/UBA, Buenos Aires, 2006; Oliver-Lalana, A. Daniel. Legitimacy through Rationality: Parliamentary Argumentation as Rational Justification of Laws, in: *The theory and practice of legislation: Essays in legisprudence* (2005): 239-258.

[9] Neste trabalho utilizo, de forma reiterada, a palavra "caso". Como acertadamente sustentam Alchourrón e Bulygin (*Introducción a la metodología de las Ciencias Jurídicas y Sociales*, Astrea, Buenos Aires, 1975, p. 56) e Martínez Zorrilla (*Metodología jurídica y argumentación*, Marcial Pons, Barcelona, 2010, p. 26), a palavra caso é ambígua. Neste artigo me refiro a caso em três sentidos, pelo menos. Em um sentido falo de "caso" como hipótese. Por exemplo, quando Alexy se refere à "tese do *caso* especial" utiliza caso para fazer referência à argumentação jurídica como uma hipótese dentro do discurso prático geral. Em outro sentido, utilizo a palavra "caso" como um caso individual, ou seja, como "um acontecimento real que ocorreu em um lugar e em um momento determinado" (Alchourrón; Bulygin, *op. cit.*, p. 56). Esse é o sentido atribuído quando se diz que "a juíza deve resolver o caso x". Por último, utilizo a palavra "caso" como caso genérico. É dizer, como um conjunto ou classe de situações definidas por certas propriedades relevantes (Alchourrón; Bulygin, *op. cit.*, p. 56).

[10] Posteriormente, Alexy carregará com materialidade sua teoria do discurso quando admitir que há alguns resultados da argumentação necessários que se referem ao núcleo de direitos humanos e ao princípio da democracia, enquanto que o discurso não seria possível sem o respeito a esses conteúdos.

argumentos? Para tal, deve-se dar boas razões, é dizer, argumentos morais. Do contrário, o Direito não levantaria nenhuma pretensão de correção, mas de mero exercício de poder. O "caso", assim, irrompe como uma forma de argumento: o argumento do precedente. No entanto, ainda não é inteiramente relevante para o modelo da ponderação. Na *Teoria da Argumentação* Jurídica, Alexy tinha como pano de fundo um modelo predominantemente subsuntivo; os denominados "casos difíceis" resolviam-se mediante sua vinculação com o discurso prático geral. A tese das normas como princípios e sua relação com o modelo ponderativo encontrava-se, todavia, em processo de elaboração.

A comparação de casos como argumento do precedente justifica-se nessa obra a partir do princípio da universalidade: o igual deve ser tratado de maneira igual. Adverte-se, porém, que, como não há dois casos idênticos, *a solução passa pela relevância das semelhanças ou diferenças*. Assim, em virtude do princípio da universalidade, quem quiser distanciar-se do precedente arca com a carga argumentativa, seja para justificar que os fatos se diferenciam em alguma circunstância relevante ou para sustentar que uma mudança na valoração das circunstâncias requer, então, uma solução alternativa. Por trás de tudo, encontra-se uma forma especial de argumento jurídico: a analogia. Não há uma teoria especial do precedente – que não era a finalidade da tese da *Teoria da Argumentação Jurídica*.

b) Os "casos" na *Teoria dos Direitos Fundamentais*: o modelo da ponderação

Os casos ocupam, segundo interpreto, um lugar que possui maior importância na *Teoria dos Direitos Fundamentais* do que na *Teoria da Argumentação Jurídica*. Nesse ponto, o modelo de Moreso se aproxima do modelo de Alexy, mesmo que, como veremos, é o modelo de Moreso que fica na metade do caminho para resolver os conflitos de direitos que não encontram uma solução convincente através da comparação de casos. Vejamos, primeiro, onde surgem os casos em uma reconstrução possível da *Teoria dos Direitos Fundamentais* de Alexy: o modelo da ponderação orientado por regras.

Conforme a teoria desenvolvida nessa obra, o *primeiro passo* da ponderação é determinar, com precisão, a colisão entre, pelo menos, duas normas jusfundamentais (a que justifica o fomento do direito promovido e a que se refere ao direito afetado pela promoção do primeiro), que não podem ser realizadas ao mesmo tempo e sob as mesmas circunstâncias de forma completa.[11] Um passo adiante na realização de um direito demanda a diminuição na realização do outro (ou seja, sua restrição) e vice-versa.[12] Esse primeiro passo implica determinar o problema que deve ser resolvido. Até aqui se diria que é um problema mais de definição do que de ponderação ou comparação.[13]

---

[11] Alexy, R., *Theorie der Grundrechte*, Suhrkamp, Frankfurt/Main, 1992, p. 79, 100, 122-125, 146, 152. (Alexy, R., *Teoría de los derechos fundamentales*, tradução por C. Bernal Pulido, CEPC, Madrid, 2007). Cf. também Prieto Sanchís, Neoconstitucionalismo y ponderación judicial, in: Carbonell, M. (ed.), *Neoconstitucionalismo(s)*, Trotta, Madrid, 2003, p. 133, sobre identificação e resolução da colisão entre direitos fundamentais no contexto de um caso concreto.

[12] Assim, os direitos fundamentais, na parte que têm caráter de princípios, são realizáveis de forma gradual. Se o direito fundamental é uma regra, então se aplica o procedimento da subsunção. Por exemplo, o conteúdo mínimo do direito tem o caráter de regra; as regras resultantes das sentenças que implicam desenvolvimento interpretativo dos princípios colidentes têm também o caráter de regra. Cf. Parra Vera, O., El contenido esencial del derecho a la salud y la prohibición de regresividad, in: Courtis, C., *Ni un paso atrás. La prohibición de regresividad en materia de derechos sociales*, Ed. del Puerto, Buenos Aires, 2006, pp. 53-78.

[13] Neste ponto falo de colisões (conflitos) entre direitos fundamentais sem fazer distinção entre os conflitos "especialmente intensos" e os "simples" (aqui encaixariam os "casos difíceis"). Alguns denominam os conflitos especialmente intensos como "dilemas", ou porque existe um problema de indeterminação da resposta para a justificação racional da solução do conflito e/ou pelo sacrifício ou tragédia que implicaria não poder satisfazer uma das partes do conflito. Em geral, aqueles que trabalham com dilemas muitas vezes utilizam exemplos atuais de bioética, entre eles, o caso das gêmeas siamesas que morreriam se não fossem separadas, porém, a sobrevivência de uma exigiria necessariamente a morte da outra. Assim, "os dilemas mostram esse aspecto trágico; um mal inevitável e grave do qual não podemos escapar, a despeito do que façamos" (Martínez Zorrilla, 2011: 71). Esses tipos de conflitos apresentariam um limite para a argumentação jurídica (inclusive para a "ponderação estruturada" de Alexy, limite que L. Zucca parece encontrar em Alexy quando este afirma a existência de casos nos quais os argumentos conduzem a uma "estagnação"), nos demais conflitos é possível a resolução por meio da argumentação. V. Zucca, L., Los conflictos de derechos fundamentales como dilemas constitucionales, in: Zucca, Alvarez, Lariguet, Martínez Zorrilla (ed.), *Dilemas constitucionales. Un debate sobre sus aspectos jurídicos y morales*, Marcial Pons, 2011, p. 9-36. Para uma análise crítica da obra de Zucca, cf.: Lariguet, G., Dos concepciones de los dilemas constitucionales. Comentarios a algunas tesis de Lorenzo Zucca, in: Zucca, Alvarez, Lariguet, Martínez Zorrilla (ed.), p. 38-65 e Martínez Zorrilla, D., Dilemas constitucionales y ponderación. Algunos comentarios sobre la obra de Lorenzo Zucca, in: Zucca, Alvarez, Lariguet, Martínez Zorrilla (ed.), *op. cit.*, p. 67-90. Não posso abordar neste trabalho as diversas classificações ensaiadas sobre conflitos entre direitos fundamentais. Em todo caso, estou em dívida com uma linha de pesquisa formada pelos trabalhos de Lariguet, Martínez Zorrila, Zucca, Álvarez, entre outros, que focam especialmente nos conflitos entre direitos

O *segundo passo* para a resolução do conflito de direitos refere-se à busca exaustiva por *regras-resultados da ponderação vinculantes prima facie* para a solução da colisão sem ponderação. Essas regras refletem resultados de ponderações anteriores que foram formulados em uma regra (denominada em trabalhos prévios como *regra-resultado da ponderação*),[14] segundo a seguinte fórmula: "As condições sob as quais um princípio precede ao outro constituem o suporte fático de uma regra que expressa a consequência jurídica do princípio precedente".[15] A consideração das *regras-resultados da ponderação* forma um caso da aplicação de precedentes.[16] A referida aplicação resolve a colisão sem ponderação. Esse seria o ponto de partida, segundo interpreto, da teoria de Moreso. Essa possibilidade não é descartada por Alexy. É claro em sua teoria que algumas colisões de direitos se resolvem pela comparação de casos (jurisprudenciais ou hipotéticos) resolvidos no passado. No entanto, há algumas hipóteses em que os casos relevantes ("paradigmáticos", segundo Moreso), que nos ajudariam a resolver a colisão de direitos, não existem ou sua construção é incipiente, porque existem fortes dúvidas acerca da força dos argumentos que sustentam essa solução.[17]

A vinculação à regra resultante da ponderação e, consequentemente, sua aplicação deve poder ser justificável à luz das semelhanças das circunstâncias do caso anterior com as da nova colisão, o que

---

nos casos trágicos ou em dilemas. Para efeitos do propósito muito humilde deste artigo, comparar a proposta de Alexy com a proposta de Moreso, basta-me admitir casos de colisões entre direitos fundamentais. Admito, no entanto, que Alexy muitas vezes trabalha com exemplos que corresponderiam aos conflitos simples e que Moreso inclui também exemplos mais próximos dos conflitos especialmente intensos, por exemplo, o caso do menino Marcos que, por razões de objeção religiosa, opõe-se a uma transfusão de sangue diagnosticada como urgente para evitar sua morte.

[14] Cf. Clérico, L., *Die Struktur der Verhältnismässigkeit, op. cit.*, cap. 3.

[15] Alexy, R., *Theorie der Grundrechte, op. cit*, p. 79-83.

[16] Alexy, R., *Theorie der Grundrechte, op. cit.*, p. 504/505; Alexy; Dreier, Precedent in the Federal Republic of Germany, in: MacCormick, N.; Summers, B., *Interpreting precedents: a comparative study*, Aldershot, 1997, p. 17-64; Bernal Pulido, C., Precedents and Balancing, in: Bernal; Bustamante (eds.), *On the Philosophy of Precedent*, Stuttgart: Franz Steiner Verlag, 2012, p. 51-58.

[17] Em outros casos, o tribunal prefere ponderar a resolver por comparação porque está mais interessado em estabelecer critérios de resolução para futuras colisões semelhantes do que em desenvolver argumentos por analogia, ainda que por ambos os caminhos argumentativos se chegue à mesma solução.

supõe interpretação e exame crítico da justificação da *regra-resultado da ponderação*.[18] Contudo, se o novo caso apresenta características que se diferenciam justificadamente das circunstâncias da (aplicável) *regra-resultado da ponderação*, então é possível distanciar-se dessa última. Também pode ocorrer que a *regra-resultado da ponderação* não seja aplicável para a solução do novo caso porque é incorreta e sua justificação é criticável. Quem diverge tem a carga argumentativa:[19] a vinculação, assim, tem um caráter *prima facie*. Caso não existam na *rede* regras-resultados da ponderação aplicáveis ao caso a ser resolvido ou as existentes mostrem-se incorretas, então se passa à etapa seguinte.

O *terceiro passo* é, assim, formado pela ponderação entre os princípios colidentes. Nesse contexto não é plausível a solução mediante uma espécie de prioridade absoluta de um dos dois princípios. O peso do princípio depende também, ainda que não exclusivamente, das circunstâncias do caso (lado concreto da ponderação). Porém, tampouco se apresenta como uma ponderação totalmente livre que implique que em alguns casos "a balança" se inclinará, por exemplo, para a liberdade de expressão e, em outros, para a salvaguarda do direito à honra. Desde o início, a ponderação está fortemente orientada por regras que determinam a intensidade da restrição e o peso da liberdade de expressão, independentemente das particularidades do caso concreto (lado abstrato da ponderação).

Portanto, é necessário refazer os passos da argumentação para solucionar a colisão, que *em parte* ocorre sem ponderação no caso concreto quando: a) identifica-se a colisão entre princípios e o problema particular, b) identifica-se e aplica-se uma regra-resultado da ponderação anterior que soluciona a colisão sem ponderação, c) determina-se a intensidade da restrição do direito afetado em abstrato, d) o peso abstrato do princípio afetado (por exemplo, a liberdade de expressão), e) o peso abstrato do princípio

---

[18] Esta concepção da vinculação *prima facie* supera uma vinculação meramente atada ao passado e acrítica. Caso contrário, aqui possui especial importância a dogmática jusfundamental, pois dela não apenas se espera um trabalho de mera sistematização das decisões jusfundamentais, mas de crítica de sua justificação, o que deveria fragilizar qualquer tentativa de petrificação da rede de regras resultantes da ponderação.
[19] Sobre a carga argumentativa, Alexy, R., *Theorie der Grundrechte*, p. 507; Bernal Pulido, C., Estructura y límites de la ponderación, *Doxa* 26, 2003, p. 225-238.

que se almeja proteger por meio da medida estatal (e que colide com a liberdade de expressão, por exemplo, o direito à honra), g) a formulação da regra-resultado da ponderação e entre e) e g) ocorre f) a *ponderação propriamente dita*, na qual se enfrentam o peso abstrato e a intensidade da restrição do princípio afetado com o peso abstrato com o peso abstrato do princípio que se almeja promover, por um lado, e o peso concreto e a intensidade da restrição de ambos, por outro. Ou seja, do total de seis passos, apenas um relaciona-se à ponderação em concreto. Ainda, em mais de um desses seis passos os "casos" desempenham um papel relevante. Vejamos.

O *quarto passo* refere-se à *determinação da intensidade da restrição ao direito em abstrato*. O grau de realização de um princípio responde a uma formulação positiva. Por outro lado, o grau de restrição é o grau de não realização: o grau que não pode ser realizado devido à restrição que produz a realização do princípio que colide com ele.

Assim, o grau de restrição formula a relação entre a restrição (a não realização) de um princípio e sua possível realização total. Entre esses dois extremos, é possível falar de restrições: insignificantes, mais ou menos leves, médias, intensas, muito intensas e intensas de modo extremo.

Essa caracterização do grau de restrição (ou do grau de realização) de um princípio move-se em um plano *conceitual-analítico*. Trata-se, assim, da comparação entre uma restrição total e parcial; ou, visto sob outro ângulo, de uma realização total e parcial. A fim de especificar, fala-se de um "critério de extensão": cada uma das restrições na escala inclui a seguinte e expressa uma maior restrição e assim sucessivamente. Por exemplo, uma proibição de circular de bicicleta pelo bosque implica uma restrição mais leve do que uma proibição de circular de bicicleta por toda a cidade, incluindo o bosque. A princípio soa plausível. No entanto, *nem sempre a extensão em geral denota a mesma intensidade da restrição em particular*. Por exemplo, pode-se aceitar, em geral, que uma proibição de viajar ao exterior relacionada a todos os países do mundo, exceto o país X, implique uma restrição mais intensa à liberdade de locomoção do que uma proibição de viajar ao exterior somente em relação ao país X. Porém, no caso concreto, essa última proibição pode ser muito mais intensa do que a geral se o afetado provém do país X e deseja visitar sua família e amigos nesse país. Uma proibição de viajar ao país X implica, nesse caso, uma restrição mais intensa do que a de viajar a todos os países exceto um em particular. Considera-se, desse modo, que uma valoração em concreto é inevitável para determinar a *intensidade* da restrição jusfundamental no caso, pois variáveis como a duração da restrição ou a urgência na satisfação de um grau maior de realização do direito podem desempenhar um papel importante.[20]

Contudo, essa intensidade pode também estar determinada parcialmente e desde o começo por argumentações que não dependem das circunstâncias concretas do caso individual e que com frequência têm a ver com a relação entre o princípio restringido e outros princípios. No caso da colisão entre liberdade de expressão acerca de assuntos de interesse público e o direito à honra de um funcionário público, a liberdade de expressão geralmente apresenta, desde o início, defesas argumentativas preventivas contra a sua restrição. Esse direito admite limitações, mas "essas restrições têm *caráter excepcional e não devem limitar, além do que é estritamente necessário,* o pleno exercício da liberdade de expressão e converter-se em um mecanismo direto ou indireto de censura prévia".[21] Por sua vez, as defesas argumentativas relacionam-se a um argumento do tipo democrático: "dada a importância da liberdade de expressão em uma sociedade democrática e a elevada responsabilidade que ela implica para os profissionais da comunicação social, o Estado *não somente deve minimizar as restrições* à circulação da informação, mas também *equilibrar, na maior medida possível, a participação das distintas informações no debate público, impulsionando o pluralismo informativo*".[22] Tudo isso leva a sustentar que a restrição a esse direito deve ser vista com especial cautela. Para determinar a restrição à liberdade de expressão derivada da aplicação de uma sanção a um jornalista por informações emitidas pela imprensa sobre assuntos de interesse público, também se deve ter em conta o caráter estigmatizante da sanção penal[23] e o efeito dissuasivo que a sanção produz para futuras

---

[20] Bernal Pulido, C., *El principio de proporcionalidad, op. cit.*, p. 763.
[21] Por exemplo, cf. caso "Kimel vs. Argentina", Corte Interamericana de Direitos Humanos, sentença de 02 mai. 2008, em: http://www.corteidh.or.cr/docs/casos/ articulos/seriec_177_esp.doc.
[22] "Kimel vs. Argentina", *op.cit.*
[23] Cf. Clérico, L., *Die Struktur der Verhältnismäßigkeit, op. cit.*, cap. 3.

expressões. Por conseguinte, a restrição à liberdade de expressão de um jornalista a respeito de assuntos de relevância pública que afetam um funcionário público geralmente é grave. Em suma, para determinar o grau e a intensidade da interferência e a importância da realização dos princípios, utilizam-se argumentos que não possuem uma característica específica de ponderação. Todos os argumentos disponíveis no marco da argumentação jurídica podem ser alegados; ou seja, argumentos que não provêm da dogmática, de precedentes, práticos em geral, empíricos,[24] formais. *Novamente, aqui aparecem os "casos"*[25] *não para resolver a colisão de direitos sem ponderação, mas para identificar quão intensa é a restrição do direito em questão.* Se em casos similares a restrição foi justificada como muito intensa, por que não aplicar esses casos e suas justificativas para fundamentar que o presente também se trata de uma restrição intensa?

O *quinto passo* trata da *determinação do peso abstrato do direito afetado*. Essa interpretação está orientada por argumentações que não procedem do caso concreto[26] e se pode determinar pela:[27] (i) justificativa mediante a força dos interesses, (ii) justificativa do peso do princípio mediante a conexão com outros princípios,[28] (iii) justificativa mediante sentenças anteriores.[29] A conexão que outorga um peso abstrato alto a um princípio adquire sentido no marco de

---

[24] Alexy, R., *Theorie der Grundrechte, op. cit.*, p. 144, 149/150, 267.
[25] Aqui me refiro aos "casos" como casos genéricos.
[26] Aqui me refiro ao caso concreto como caso individual.
[27] Martínez Zorrilla critica a teoria de Alexy por ser insuficiente. Por exemplo, sustenta acertadamente que Alexy "não fornece critérios relativos à determinação... dos graus de importância de satisfação e afetação dos princípios", cf. Martínez Zorrilla, D., *Conflictos constitucionales, ponderación e indeterminación normativa*, Marcial Pons, Barcelona, 2007, p. 249-250. Cf. critérios em: Sieckmann, J-R., Zur Begründung von Abwägungsurteilen, *Rechtstheorie* 26, 1995, p. 45-69 (Sieckmann, J-R., Sobre la fundamentación de juicios ponderativos, tradução por C. Bernal Pulido, in: Sieckmann, *El modelo de los principios*, Bogotá: Ed. del Externado, 2006, p. 159-205) e Sieckmann, J-R., Abwägung von Rechten, *ARSP* 81, 1995, p. 164-184; Jansen, N., Die Abwägung von Grundrechten, *Der Staat* 36, 1997, p. 27-54; Clérico, L., *Die Struktur der Verhältnismäßigkeit, op. cit.*, p. 178-198; Bernal Pulido, C., *El principio de proporcionalidad, op. cit.*, p. 763.
[28] Cf. Clérico, L., *Die Struktur der Verhältnismäßigkeit, op. cit.*, cap. 3.I.4.1.1.1. e regras (HR') (HR'') e (HR''').
[29] O peso abstrato se justifica como conteúdo de uma decisão que é fruto de uma ponderação anterior no marco de um procedimento argumentativo. O peso não é atribuído por mera autoridade de quem toma a decisão, mas por características do procedimento deliberativo. Essa distinção deve ser levada em consideração como um argumento para a imputação de um peso abstrato distinto; segundo a legitimidade discursiva do resultado da solução. Cf. Clérico, L., *Die Struktur der Verhältnismäßigkeit*, p. 182, 299-305, 346, e cap. 3.I.4.1.1.2.

uma determinada prática constitucional e/ou prática regional de proteção dos direitos humanos. Assim, em Estados com democracias constitucionais, os princípios que outorgam um peso abstrato alto a outros com os quais estão conectados são, no mínimo: o princípio da proteção e respeito à dignidade, o da autonomia, o princípio democrático, o de especial proteção a grupos desfavorecidos pela desigualdade estrutural (por exemplo, mulheres, crianças, idosos, povos originários, pessoas com deficiência). Por exemplo, outorgar um peso abstrato "especialmente alto" à liberdade de expressão de uma opinião na arena política justifica-se enquanto a "discussão livre é o fundamento propriamente dito da sociedade livre e democrática".[30] Todavia, adquire maior peso quando se trata de uma contribuição "à luta intelectual de opiniões em uma questão que toca o público em especial".[31] Em várias das práticas constitucionais, por exemplo, a do sistema interamericano, a liberdade de expressão é também um direito especialmente protegido. Desse modo, ao se tratar de uma restrição grave, somada a um peso abstrato alto da liberdade de expressão, a restrição desperta questionamento desde o início e desafia desde antes da ponderação em concreto qualquer contra-argumento (que fale a favor da restrição).[32]

O *sexto passo* trata de *determinar o peso abstrato do princípio contrário*. Aqui também se aplicam os mesmos três critérios utilizados no quinto passo. A determinação procede pela acumulação de princípios que podem aumentar ou diminuir, desde o começo, o peso do direito à honra do funcionário público que se sente afetado pelas palavras de um jornalista sobre assunto de interesse público. O peso abstrato da honra de um funcionário público sobre um assunto de interesse público é *baixo*. Isto surge da relação do direito à honra com o princípio democrático e resume-se na fórmula da especial tolerância que deve suportar quem voluntariamente desempenha um cargo público. O limiar não está na qualidade do sujeito, mas no interesse público das atividades realizadas pelo funcionário público. Por exemplo, a Corte Interamericana de Direitos Humanos vem

---

[30] BVerfGE 90, 1 (20/21).
[31] BVerfGE 7, 198 (212); 12, 113 (125); 20, 56 (97); 42, 163 (169); 54, 129 (139); 60, 234 (241); 82, 272 (282), 86, 1 (10), entre outros.
[32] Cf. caso "Kimel vs. Argentina", Corte IDH, 2008.

construindo – e justificando – esse baixo peso do direito à honra através de uma cadeia de precedentes.[33]

O *sétimo passo* refere-se à *ponderação em concreto entre o peso abstrato e concreto dos princípios e a intensidade da restrição dos direitos afetados (ponderação propriamente dita)*. Este passo consiste na aplicação da "lei da ponderação", a qual, segundo a reconstrução de Alexy, estabelece que: "quanto maior é o grau de não satisfação ou afetação de um princípio, maior deve ser a importância da satisfação do outro".[34] A lei da ponderação estabelece uma *relação entre graus de realização ou afetação e importância da realização de dois (ou mais) princípios*. Não diz quão pesada ou intensa é a interferência ou restrição jusfundamental no caso concreto. Não pode determinar, em si e por causa de sua estrutura comparativa, a relação de prioridade condicionada que põe fim à tensão dos princípios. Nesse sentido, a lei da ponderação não oferece uma orientação material para a solução da colisão e sim um *procedimento para a justificação* – e, quando aplicável, à correspondente crítica – da decisão da colisão entre princípios. Essa lei determina que para justificar devidamente uma não realização ou não satisfação muito grave de um direito não basta que a realização do princípio colidente seja pouco importante, fraca. Assim, quem realiza uma ponderação deve perguntar-se se considerou o peso abstrato e o peso concreto dos princípios colidentes e a intensidade em abstrato e em concreto da restrição aos direitos do afetado, de modo a não lhe exigir, ainda, tolerar uma restrição insuportável.[35]

Por isso é especialmente importante considerar o peso e a intensidade da restrição dos direitos em abstrato, pois determinam o tipo de razões exigidas em concreto para dar como justificada ou não a limitação ao direito.[36] Desse modo, por exemplo, caso se considere

---

[33] "Kimel", Corte IDH, 2008, par. 87, com citação ao caso "Herrera Ulloa", §128, 129, caso "Canese, Ricardo" §98º, 103.

[34] Alexy, R., *Theorie der Grundrechte, op. cit.*, p. 146, 267, 270ss., 316 e ss., 319, 324, 409, 423ss., 468ss.; cf., por exemplo: BVerfGE 11, 30 (43). Pode-se encontrar formulações similares em: BVerfGE 7, 377 (404); 17, 232 (242); 17, 306 (313 y ss.); 20, 150 (159); 23, 50 (56); 26, 259 (264); 30, 227 (243); 30, 336 (351); 32, 1 (34); 33, 171 (187); 35, 202 (226); 36, 47 (59); 40, 196 (227); 41, 251 (264); 41, 378 (395);70, 297 (307 ss.); 72, 26 (31).

[35] BVerfGE 30, 292 (316); 67, 157 (178); 81, 70 (92) BVerfGE 90, 145 (173); 48, 396 (402); 83, 1 (19).

[36] Alexy propôs a "fórmula do peso" (*Gewichtsformel*), na qual reconstrói a maneira para encontrar o peso concreto de um princípio que colide com outro no marco de uma

que o peso abstrato da liberdade expressão é alto e a restrição é grave, não será suficiente que do outro lado esteja a realização do direito à honra de um funcionário público abarcado pela crítica ao exercício de sua função em conexão com um tema de interesse público, que possui um peso abstrato baixo.

A importância e o peso abstrato dos princípios pretendem influenciar no resultado da ponderação. No entanto, essa pretensão pode ser relativizada pela consideração que merecem as circunstâncias especiais do caso: o peso concreto dos princípios colidentes, a intensidade da restrição concreta dos princípios colidentes,[37] a duração da restrição ao direito,[38] a possibilidade de se haver evitado a restrição ao direito por um meio alternativo, o caráter (in)suportável da restrição ao direito para o afetado,[39] a urgência que requer a satisfação do direito[40] ou o grau de intensidade com a qual se controla a ponderação realizada pelo legislador democraticamente legitimado ou pelo tribunal competente. Nesse sentido, a face concreta da ponderação no exame da proporcionalidade em sentido estrito representa uma espécie de "instância falibilística

---

ponderação. Cf. Alexy, R., Die Abwägung in der Rechtsanwendung, in: *Jahresbericht des Institutes für Rechtswissenschaften an der Meeij Gakuin Universität* 17, 2001, p. 69-83; Alexy, R., Epílogo a la Teoría de los Derechos Fundamentales, *Revista Española de Derecho Constitucional*, n. 66, Madrid, 2002; para uma análise detalhada da fórmula do peso, cf. Bernal Pulido, C., The Rationality of Balancing, *ARSP*, v. 92, 2006, p. 195-208, e uma crítica por seu caráter supérfluo e inadequado, cf. Sieckmann, J., Concepciones de la ponderación: Optimización y la "fórmula del peso" de Robert Alexy, in: Beade; Clérico, *Desafíos a la ponderación*, Bogotá: Univ. del Externado, 2011, p. 189-230.

[37] Cf. Alexy, R., Zur Struktur der Grundrechte auf Schutz, in: Sieckmann. *Die Prinzipientheorie der Grundrechte. Studien zur Grundrechtstheorie Robert Alexys*. Baden-Baden, 2007, p. 105-121. Tradução para o espanhol por D. Oliver Lalana em Jan-R. Sieckmann, *La teoría principialista de los derechos fundamentales. Estudios sobre la teoría de los derechos fundamentales de Robert Alexy*, Marcial Pons, Madrid/Barcelona/Buenos Aires, 2011, p. 119-135.

[38] Bernal Pulido, C., *El principio de proporcionalidad, op. cit.*, p. 776, embora apenas se considere aqui a regra proposta pelo autor em relação à determinação da intensidade da restrição; isto é: "quanto mais tempo a intervenção legislativa impedir ou dificultar o exercício da posição jusfundamental *prima facie*, maior será a intensidade da mencionada intervenção e maior o peso deverá ser atribuído ao direito fundamental na ponderação".

[39] Cf. caracterização da proibição de "exigir o insuportável" (*Unzumutbarkeit*) em Clérico, L., *Die Struktur der Verhältnismäßigkeit, op. cit.*, p. 228, 246, 347, e cap. 2.III.2.2.1.1.3, cap. 3.II.3; Beade, G., El carácter deontológico de la ponderación, in: Beade/Clérico (ed.), *Desafíos a la ponderación, op. cit.*, p. 253-297 (293); Aldao, M., La ponderación en el estado democrático de derecho: del conflicto de intereses a la verificación de la vigencia de los derechos fundamentales, in: Beade; Clérico, *op. cit*, p. 467-484 (480).

[40] Alexy, R., *Theorie der Grundrechte*, p. 466; Arango, R., *Der Begriff der sozialen Grundrechte*, Baden-Baden: Nomos, 2001, pp. 226, 227, 238, 239.

irrenunciável".[41] Isso não converte o modelo de ponderação orientado por regras em um modelo particularista. Considerar as circunstâncias do caso concreto implica ter que voltar a pensar no peso dos argumentos que sustentavam as soluções dadas às colisões anteriores semelhantes. Não se trata simplesmente do fato de que as particularidades das circunstâncias possam imprimir novos contornos ao problema normativo sujeito à solução e, assim, desafiar o peso dos argumentos que sustentam as soluções pré-estabelecidas. Em todo caso, trata-se da aplicação da regra da argumentação de saturação de todos os argumentos possíveis.

Essa etapa trata de determinar definitivamente, em termos simples, se os argumentos que falam a favor do direito fundamental colidente (direito à honra) são mais pesados do que os que falam a favor de uma maior realização do direito limitado (liberdade de expressão). A *ponderação culmina quando se tiver esgotado a ponderação* dos argumentos que falam a favor e contra o peso dos princípios e a intensidade da restrição à luz das circunstâncias do caso concreto. Por isso, uma *restrição grave* à liberdade de expressão de um jornalista quando aborda um assunto de interesse público (por exemplo, a tramitação de um processo sobre os eventos que ocorreram durante a última ditadura militar na Argentina acerca de "temas de notório interesse público") não pode ser justificada pela *importância leve, moderada,* de realizar o direito à honra de um funcionário público (por exemplo, a honra do juiz do caso, que deve suportar e tolerar a crítica a respeito da forma com que exerce um cargo público: "como sucede quando um juiz investiga um massacre no contexto de uma ditadura militar, como ocorreu no presente caso").[42]

O *último passo* do modelo de ponderação orientado por regras gira em torno da *reformulação do resultado da ponderação como regra aplicável para solucionar colisões futuras*. O procedimento argumentativo da ponderação não se vê satisfeito se o resultado da resolução de um conflito entre princípios não puder ser reformulado em uma regra-resultado da ponderação – novamente aqui reaparece

---

[41] Alexy, R., *Recht, Vernunft, Diskurs*, Frankfurt/Main: Suhrkamp, 1995, p. 69.
[42] "Kimel", Corte IDH, 2008, par. 86.

a importância do caso, entendido agora como uma espécie de "precedente" na *Teoria dos Direitos Fundamentais*.[43]

Essa regra-resultado da ponderação vincularia a regras quem realiza uma ponderação e, nesse sentido, limitaria sua discricionariedade, uma vez que seria incoerente se não estivesse disposto a aplicar *prima facie* para a solução de casos futuros similares o resultado da colisão que está decidindo no presente.[44] Nesse sentido, aplica-se a regra da *Teoria da Argumentação Jurídica* que aduz que: "(J.13) Quando se puder citar um precedente a favor de ou contra uma decisão, deve-se fazê-lo". Portanto, a consideração do resultado-regra da ponderação conforma uma

---

[43] Alexy, R., *Theorie der Grundrechte*, p. 83.

[44] A resposta à pergunta sobre se uma *regra-resultado da ponderação* é aplicável para a solução de uma colisão de princípios trata, sobretudo, de comparação e justificabilidade. A comparação compreende, por um lado: o caso anteriormente decidido, a regra-resultado da ponderação aplicável, sua justificação e o contexto dessa decisão. E, por outro lado: o caso que deve ser resolvido, o atual contexto e a hipotética regra-resultado da ponderação como solução do caso e sua justificação. A operação que realiza quem aplica o direito pode ser ilustrada através do círculo hermenêutico de "ida e volta do olhar" entre cada um e todos esses elementos. Essa "ida e volta do olhar" entre as similitudes e diferenças se orienta pela máxima da igualdade, aplicada como metarregra. Significa que o *relevantemente* igual deve ser tratado como igual e o *relevantemente* desigual deve ser tratado como desigual. Por sua vez, um tratamento desigual a um igual, e um igual tratamento a um desigual, requer uma justificação suficiente. É possível diferenciar, assim, duas pretensões, no marco desse processo de reflexão, que podem estar em tensão. Por um lado, eleva-se a pretensão de aplicação da regra-resultado da ponderação para a solução de outros casos (além do caso do qual surge a regra). Essa é uma *pretensão de generalização*. Enfatizam-se as similitudes entre ambos os casos, de modo tal que o relevantemente "igual" segundo as possibilidades seja tratado como igual. Por outro lado, levanta-se uma pretensão de ponderação no caso concreto. Enfatizam-se, assim, as diferenças de cada caso. Trata-se de uma *pretensão de concretude*. Nessa linha de argumentação, a regra-resultado da ponderação não é suficiente para a solução do novo caso: deixa de lado características da situação concreta que a regra não contempla e que para a solução do caso são relevantes. Vista apenas a partir dessa pretensão, a regra-resultado da ponderação não seria aplicável. Atrás dessa tensão encontra-se uma mais geral entre a justiça generalizadora e a justiça no caso concreto. O modelo de ponderação orientado por regras não se decide pela primazia definitiva de alguma das duas pretensões, ainda que se incline por uma consideração *prima facie* (mesmo que não de forma definitiva) da primeira pretensão que, como se advertiu anteriormente, requer a consideração das circunstâncias do novo caso para determinar a aplicação da regra-resultado da ponderação. Nesse sentido, parece que a ênfase está no procedimento de justificação, pois estrutura a *justificação* da decisão de primazia condicionada mediante regras da "teoria da argumentação jurídica". Alexy, R., *Theorie der juristischen Argumentation*, p. 339 e reformulação in: Clérico, L., *Die Struktur der Verhältnismäßigkeit*, p. 153, 345, no marco do exame da proporcionalidade em sentido estrito como (AR): quando um meio é adequado tecnicamente, é o menos lesivo e se deve determinar a se a restrição jusfundamental que causa a medida estatal é proporcional em sentido estrito com o fim estatal e uma regra-resultado da ponderação apresenta similitudes relevantes às circunstâncias do caso, então essa regra deve ser considerada para a solução da colisão e, se não for aplicada ou seguida, então se deve justificar sua inaplicabilidade ou seguimento em concreto.

hipótese da consideração de precedentes – ou, caso se queira, de casos paradigmáticos, na linha de Moreso – que, inclusive, pode constituir uma *rede de regras-resultados da ponderação*.

II Os casos na rede de regras-resultados das ponderações jusfundamentais: a necessidade de abertura

Uma *rede de regras-resultados* da ponderação poderia ser estruturada mediante cadeias de relações de prioridades condicionadas. Alguém poderia opor-se à utilidade prática desse tipo de rede, uma vez que sua reconstrução é muito trabalhosa e sua força de validade *prima facie* é limitada. Nesse sentido, não haveria razão para esperar mais de uma ordem de relações de prioridade em termos de *regras-resultados da ponderação* condicionadas, mas justamente nesse ponto reside seu atrativo: facilita a informação e a argumentação sobre a *história do peso de um princípio sob determinadas condições e frente a princípios colidentes*. Se existirem condições similares e sua aplicação for justificável, oferecerá uma solução para a colisão; quando sua aplicação for descartada, mostrará em qual sentido se deve justificar. Desse modo, não apenas contribui para reconstruir a história de prioridade (ou, se for o caso, de preterição) condicionada dos princípios jusfundamentais, mas também para exigir publicidade na justificação do peso concreto dos princípios e, em ambos os sentidos, limita a discricionariedade do operador do Direito que realiza uma ponderação jusfundamental.

Agora, uma rede de *regras-resultados das ponderações jusfundamentais* tende, com o passar do tempo e no marco de uma prática constitucional estável, a uma espécie de fixação e a uma possível petrificação de seus conteúdos. À primeira vista, esse processo apresenta certo atrativo, pois ao promover continuidade e estabilidade da prática constitucional possibilita prever as soluções das colisões jusfundamentais. Assim, a rede ganha em confiança. Por sua vez, enfraquece a objeção contra os resultados das ponderações jusfundamentais em termos de diminuição do princípio da previsibilidade.

É certo, no entanto, que por mais estável que seja a rede de regras-resultados das ponderações jusfundamentais, isso não enfraquece a objeção que indica a diminuição no grau de realização do princípio da segurança jurídica, se interpretada de modo "tradicional" como mera previsibilidade do resultado da decisão. No contexto de um modelo procedimental da ponderação, o princípio da segurança jurídica colide com outros princípios. Quem sustenta uma prioridade definitiva do princípio da segurança jurídica, interpretado no sentido "tradicional", supõe uma concepção material (e conservadora) da ponderação. Mas se a segurança jurídica é interpretada no sentido de uma "segurança jurídica dependente de um procedimento",[45] o modelo de ponderação pode facilitar um "procedimento de justificação" que é determinável com anterioridade, em termos de estrutura, e sugerir possíveis resultados das colisões e indicar as que não podem ser justificadas. Sob o jogo argumentativo das "razões e contrarrazões" pode-se justificar por que se deve afastar a aplicação de um resultado-regra da ponderação à luz das diferenças (justificáveis) do caso concreto. Nesse sentido, um modelo de ponderação orientado por regras contribui para a realização de uma previsibilidade procedimental, ainda que sempre suscetível de ser desafiada por razões provenientes das restrições por ação ou omissão aos direitos fundamentais.

Uma rede de regras-resultados das ponderações tem, ainda, uma "função de descarga". Por que realizar uma ponderação se a mesma é justificadamente redundante?[46] E o é se as circunstâncias do *caso* que abriga uma colisão podem ser subsumidas sob o antecedente de uma *regra-resultado da ponderação* existente. Todavia, ainda mais, a função da descarga contribui no sentido advertido por *Hesse*: é possível evitar a apelação súbita aos "valores" através da aplicação de um grupo estável de "pontos de vista e regras". E

---

[45] Sobre a "segurança jurídica dependente do procedimento", cf. Habermas, J., *Faktizität und Geltung*, Frankfurt am Main: Suhrkamp, 1992, p. 270; também, Atienza, M., *El sentido del derecho*, Ariel, Barcelona, 2001, p. 181-183, propõe uma reinterpretação do conceito de segurança jurídica no contexto de Estados Constitucionais como a capacidade de um determinado ordenamento jurídico de tornar previsíveis os outros valores, ou seja, a liberdade e a igualdade. Assim, a segurança jurídica seria um valor adjetivo relacionado a outros, e então "a justiça poderia ser definida como a segurança de que o Direito nos proporciona um máximo de liberdade e de igualdade".

[46] Alexy, R., *Theorie der Grundrechte*, p. 507; mas sob a advertência de que quem aplica o Direito não pode neutralizar sua responsabilidade, ocultando-se atrás da aplicação de uma regra.

isso, por sua vez, é conseguido por meio de uma jurisprudência jusfundamental e constitucional contínua.[47]

Porém, nem tudo é vantagem na aceitação de uma rede de regras-resultados das ponderações. A continuidade irreflexiva e a estabilidade contribuem para a *petrificação*. Essa se produz se a rede não é, na prática, porosa à aceitação de novas regras-resultados das ponderações divergentes das regras-resultados das ponderações já existentes. Assim, um tratamento irreflexivamente igual dos *casos* conduz ao não exercício da consideração de *diferenças relevantes* entre as circunstâncias dos casos. A busca irreflexiva de uma previsibilidade das decisões tende a uma aplicação automática das regras-resultados das ponderações que com frequência poderiam levar a *resultados de colisões entre princípios sem uma justificação jusfundamental suficiente*.[48]

Por conseguinte, é certo que existe, na prática, o perigo de uma rede voltar-se sobre si mesma. Todavia, esse problema também aflige um modelo da ponderação orientado por regras. Esse tipo de "canonização" é evitado enfatizando-se o caráter *prima facie* da *vinculação* às regras-resultados das ponderações, que contribui à "abertura", à "historicidade", ao "movimento" da rede. As razões são bem conhecidas.

Por um lado, as regras não são suficientes para registrar todas as características de um novo caso que pode justificar o afastamento da aplicação de uma regra existente; ademais, as regras-resultados das ponderações podem ser incorretas do ponto de vista jusfundamental. Nesse sentido, o pertencimento a uma rede não converte automaticamente a regra-resultado da *ponderação* incorreta, por problemas em sua justificação, em uma decisão com uma correta justificação jusfundamental.

Por outro lado, a vinculação às regras-resultados das ponderações pode ser interpretada como histórica ou normativa.

---

[47] Hesse, K., *Grundzüge des Verfassungsrechts der Bundesrepublik Deutschland*, Heidelberg, 1995, p. 127, parágrafo 299.

[48] Clérico, L., *Die Struktur der Verhältnismäßigkeit*, cap. 3; Clérico, L., *El examen de proporcionalidad*, cap. 3, p. 192-195; cf. em matéria de controle de constitucionalidade de leis penais e as mudanças jurisprudenciais, Maxit, M., *El deber de reparar condenas ilegítimas. Los cambios de jurisprudencia y su impacto en el proceso penal*, Buenos Aires: Ed. del Puerto, 2009, p. 85-97.

Uma concepção histórica priorizaria a aplicação da *regra-resultado da ponderação* por ser parte de uma prática constitucional que, por sua vez, possibilita a continuidade. Isso não é suficiente para uma concepção normativa. A vinculação à regra e, portanto, sua aplicação, deve poder ser justificável à luz das semelhanças relevantes das circunstâncias da nova colisão jusfundamental, o que supõe interpretação e exame da justificação da *regra-resultado da ponderação*. Essa concepção da vinculação supera a primeira, pois promove a aplicação crítica da regra e concilia dois lados do discurso jusfundamental: a justificação e a aplicação da regra-resultado da ponderação.[49]

Em poucas palavras, por um lado, um modelo de *ponderação jusfundamental orientado por regras* requer a reconstrução de uma rede de regras-resultados da ponderação com força vinculante *prima facie*. Nesse sentido, a ponderação jusfundamental sob o critério da proporcionalidade em sentido estrito implica um tipo de racionalidade em cadeia de suas decisões a fim de forçar a reconstrução, interpretação, aplicação e justificação, o que o afasta de um modelo de "mera ponderação" e diminui consideravelmente a possível arbitrariedade do operador jurídico. Por outro lado, se a aplicação de uma regra-resultado da ponderação pode ser justificada e serve para a solução da tensão entre princípios – e com a finalidade de determinar se a restrição ao direito consegue ser justificada pela importância e peso dos argumentos que falam a favor de outros princípios – então não há ponderação. Caso contrário, deve-se ponderar.

De qualquer forma, é possível afirmar que, apesar de tudo, a rede não é inútil nesses casos. Nesse sentido, pode-se falar de uma *rede de pontos de vista que surgem das razões das regras dos resultados das sentenças* e que servem para determinar a importância da realização, a intensidade da restrição e o peso dos direitos fundamentais

---

[49] Por último, pode ocorrer que o operador jurídico decida-se pela aplicação automática e irreflexiva das *regras-resultados das ponderações*. Essa objeção não se dirige contra uma característica específica do modelo de ponderação, mas contra qualquer modelo que implica aplicação de regras e precedentes. Além disso, aqui possui especial importância a dogmática jusfundamental, pois dela não apenas se espera um trabalho de sistematização das decisões jusfundametais, mas de crítica de sua justificação, o que ajudaria a enfraquecer a tentativa de petrificação da rede.

(segundo pilar do modelo de ponderação orientado por regras).[50] Por exemplo, em relação a uma ponderação entre a liberdade de expressão de uma opinião no âmbito público e a proteção da honra pessoal, sustenta-se que: "o resultado da ponderação não pode ser antecipado de forma geral e abstrata devido à sua conexão com o caso. Todavia, foi desenvolvida na jurisprudência uma série de pontos de vista que preveem critérios para a ponderação concreta".[51] Por sua vez, a análise, a título de exemplo, do controle da justificação à limitação do direito fundamental à liberdade de expressão sugere que o resultado da ponderação é poroso à aplicação de critérios independentes da ponderação que se faz no caso concreto. Embora esses critérios e sua formulação e justificação presumam valorações, o modelo da ponderação orientado por regras adquire assim um maior grau de racionalidade. Esses critérios são preexistentes e independentes da ponderação que se realiza para a solução do caso concreto. Ou seja, se não se originam posteriormente à ponderação, não são meras construções *ad hoc* do que se pondera. Esses critérios pretendem determinar – e, nesse sentido, limitar – a ponderação no marco de uma prática constitucional estável. Assim, o resultado da ponderação pode ser determinado através de critérios preexistentes sobre o grau de realização, grau de restrição, importância da restrição, peso e valor da realização; e isso ocorre, em parte, mediante a comparação de casos. Por meio de ponderações e de reconstruções críticas, constitui-se com o passar do tempo uma *rede de pontos de vista concretos e regras* (que deve, no entanto, permanecer aberta) para a aplicação do respectivo direito fundamental.

Em suma, no modelo de ponderação orientado por regras que surge de uma reconstrução possível da interpretação da *Teoria dos Direitos Fundamentais* de Alexy, os casos precedentes (como casos genéricos) podem evitar recorrer à ponderação a fim de solucionar uma determinada colisão de direitos. Se um caso precedente não é relevante para a solução de uma colisão, igualmente as cadeias de casos desempenham um papel importante para calibrar a intensidade da restrição e o peso dos direitos em colisão. Vejamos

---

[50] Clérico, L., *Die Struktur der Verhältnismäßigkeit*, cap. 3.
[51] BVerfGE 93, 266 (293) – sentença "Los soldados son asesinos".

agora a posição de Moreso que, no meu entender, apresenta similitudes com a parte da teoria da ponderação de Alexy que supõe a aplicação de casos.

III O modelo de Moreso

Moreso propõe a solução de colisões de direitos através de um modelo intermediário entre uma "concepção subsuntiva" e uma "concepção particularista". Sua proposta seria, em tese, "superadora" da proposta de Alexy. Porém, a proposta de Moreso apresenta mais semelhanças do que diferenças com *parte* do modelo de ponderação de Alexy – é claro, incluindo a porção na qual esse último autor refere-se às regras de precedência que surgem das soluções de conflitos anteriores de direitos e à rede conformada por esses resultados.

Para entender a posição de Moreso é necessário colocá-la entre dois modelos que ele nega que sejam candidatos plausíveis para a reconstrução das formas de aplicação de normas de direitos fundamentais: o subsuntivo e o particularista. Sua proposta se colocaria entre esses dois modelos, que representam extremos na gama de possibilidades. Em uma nova versão de seu artigo, Moreso coloca o modelo de Alexy, que chama de enfoque "proporcionalista",[52] como um modelo intermediário – antes o classificava como uma concepção particularista.[53]

A concepção subsuntiva já é amplamente conhecida, assim como o são suas limitações para resolver colisões entre direitos fundamentais. Trata-se de subsumir o caso particular a uma orientação geral. A tarefa do intérprete consistiria em um tipo de montagem de um mosaico. Cada peça do mosaico estaria constituída por uma norma de direito fundamental cujo contorno é importante, pois desenharia o âmbito dos comportamentos incluídos nessas normas. Uma vez realizada a tarefa de delimitar os contornos de todas as normas de direitos fundamentais, ficaria montado o

---

[52] Moreso, J., Conflictos entre derechos constitucionales y maneras de resolverlos, *ARBOR, Ciencia, Pensamiento y Cultura*, set.-out., 2010, p. 821-832, 824.

[53] Moreso, J., Dos concepciones de la aplicación de las normas fundamentales, in: *Revista Direito GV*, jul.-dez. 2006, p. 13-30, 18.

mosaico, cada peça com seu respectivo conteúdo e, por sua vez, as normas já não estariam mais em colisão. Os direitos fundamentais ficariam adequadamente limitados (espécie de teoria interna).[54] Todavia, esse modo não tem sido realizado em sua forma "pura", segundo Alexy.[55] Assim bem pergunta Moreso, em termos críticos: "como é possível realizar uma interpretação de todas as normas que estabelecem direitos fundamentais de modo que os comportamentos por elas regulados encaixem-se perfeitamente entre si?"[56]

Como possível resposta às limitações da posição subsuntiva aflora a posição particularista, segundo a qual a correção de uma ação não depende de o caso cair sob a hipótese de uma orientação geral. Para os particularistas, a relevância das propriedades sempre depende das circunstâncias do caso concreto. Se uma circunstância foi considerada como relevante para a solução de um problema normativo, isso não assegura que o será necessariamente para a solução de problemas futuros semelhantes: tudo depende do contexto. Moreso refere-se ao caso do menino Marcos, que professa a religião Testemunha de Jeová e que se encontra em grave estado de saúde que requer transfusão de sangue. Os pais têm a obrigação de fazer tudo que for possível para salvar a vida de seu filho e caso não o façam a conduta será juridicamente reprovável. No entanto, o Tribunal Constitucional espanhol argumenta, *no contexto do caso de Marcos*, que o fato de os pais não terem querido convencer o menino a se submeter à transfusão de sangue não é punível por se tratar de uma hipótese do exercício da liberdade de religião. E como os contextos são muito diversos, sustentam os particularistas, não seria possível "pegar" um princípio válido em todos os contextos de maneira invariável.[57] A crítica a essa posição – e além

---

[54] Para uma explicação detalhada e crítica das teorias internas dos direitos fundamentais, cf. Bernal Pulido, C., *El principio de proporcionalidad, op. cit.*, p. 442-486.
[55] Alexy, R., Die Konstruktion der Grundrechte, in: L. Clérico; J.-R. Sieckmann (ed.), *Grundrechte, Prinzipien und Argumentation. Studien zur Rechtstheorie Robert Alexys*, Baden-Baden 2009, p. 9-19 (tradução para o espanhol por L. Clérico e J. Sieckmann: in: L. Clérico; J.-R. Sieckmann; D. Oliver-Lalana (ed.), *Derechos fundamentales, principios y argumentación. Estudios sobre la teoría jurídica de Robert Alexy*, Granada: Comares, 2011, p. 1-14).
[56] Moreso, J., Dos concepciones de la aplicación de las normas fundamentales, p. 18.
[57] Moreso, J., Conflictos entre derechos constitucionales y maneras de resolverlos, p. 823; cf. Martínez Zorrilla, D., *Conflictos constitucionales, ponderación e indeterminación normativa, op. cit.*, p. 178.

da resolução do caso do menino Marcos – vem principalmente da perspectiva dos destinatários dos direitos fundamentais (tanto sujeitos titulares como obrigados). Os destinatários ficariam ao arbítrio dos aplicadores, pois qualquer contexto se apresentaria suficientemente escorregadio para ser incorporado na ilusão do mosaico dos defensores do modelo subsuntivo.

Tudo isso leva a pensar em opções intermediárias, entre elas a de Alexy e a de Moreso. A característica desses enfoques – além das diferenças – seria que os princípios colidentes mantêm sua força, sua validade, apesar de um sair vencedor e outro vencido, por que o vencido apenas vê reduzido seu alcance nessa colisão, embora o mantenha para outras. Vejamos o procedimento sugerido por Moreso, consistente nos seguintes cinco passos:

a) a delimitação do problema normativo que o caso apresenta;

b) a identificação das diretrizes aplicáveis *prima facie* no âmbito de ações que ficou determinado em (a);

c) a consideração de determinados "casos paradigmáticos", reais ou hipotéticos, do âmbito normativo selecionado na etapa (a), que teriam como função delimitar e restringir o âmbito de reconstruções admissíveis;

d) a determinação das propriedades relevantes do problema normativo; e

e) a formulação das regras que resolvem de um modo unívoco todos os casos do universo do discurso.

a) A delimitação do problema normativo que o caso apresenta e que tem a função de tornar o caso "administrável". É o que Alchourrón e Bulygin identificam como "universo do discurso". Por exemplo, no caso da colisão da liberdade de expressão de um jornalista com o direito à honra de um funcionário público que se sente afetado pelas palavras do primeiro, interessa-nos saber em quais circunstâncias é permitido ao jornalista publicar a investigação que afeta outra pessoa sem ser sancionado e quando pode ser passível de sanção – interessa-nos saber se essa ação está permitida ou não, interessa-nos o *status* deôntico da ação. Essa ação pode ser realizada dentro de um conjunto de situações. Isto é o *universo do discurso*. As circunstâncias do universo do discurso compartilham certa propriedade que é a definidora do universo do discurso. Não se trata de todas as ações possíveis, senão das que compartilham a propriedade comum desse universo. Por exemplo, no caso do jornalista, o universo do discurso poderia ser as ações de opinião ou ações de informação em meios gráficos sobre assuntos que afetam as pessoas. Refere-se à determinação do conjunto de ações humanas relevantes para a solução da colisão de direitos e se referiu à pergunta acerca da proibição, da permissão ou da obrigatoriedade da ação.[58] No modelo de ponderação orientado por regras acima tratado, a delimitação do problema encontra-se no início do procedimento argumentativo e poderia ser enriquecido por meio da utilização dos conceitos desenvolvidos por Alchourrón e Bulygin. Em todo caso, esse passo não parece ser algo distinto da proposta de Moreso.[59]

b) A identificação das diretrizes aplicáveis *prima facie* no âmbito de ações que ficou delimitado em (a). Seria a identificação das normas aplicáveis para a resolução da colisão de direitos. Moreso explica esta seção com o exemplo do julgado Titanic do Tribunal Constitucional Federal alemão[60] utilizado reiteradamente por Alexy. Moreso afirma que "obviamente" são aplicáveis o princípio que estabelece a liberdade de expressão e informação e o princípio que protege a honra das pessoas. Em nosso esquema, esse seria o passo de delimitação do conflito entre princípios que ululantemente requer identificar as normas aplicáveis. Por exemplo, os princípios colidentes são a liberdade de expressão e o direito à honra. Nesse sentido, a proposta de Moreso não se distingue da proposta de Alexy.

c) A consideração de determinados "casos paradigmáticos", reais ou hipotéticos, do âmbito normativo selecionado na etapa (a), que teriam como função delimitar e restringir o âmbito de reconstruções admissíveis. As admissíveis seriam apenas aquelas que reconstroem adequadamente os casos paradigmáticos. No

---

[58] Achourrón; Bulygin, *Introducción a la metodología de las Ciencias Jurídicas y Sociales*, op. cit., p. 32.
[59] Cf, porém, Martínez Zorrilla, D., *Conflictos constitucionales, ponderación e indeterminación normativa*, op. cit., p. 206; cfv. uma posição similar à de Moreso em Mendonca, D., *Los derechos en juego. Conflicto y balance de derechos*, Madrid: Tecnos, 2003.
[60] A revista satírica *Titanic* chamou de "assassino nato" e "aleijado" um oficial da reserva paraplégico que, apesar de sua deficiência, conseguiu que o convocassem novamente a linhas para levar a cabo um exercício militar. Um tribunal alemão condenou a revista *Titanic* a pagar indenização ao oficial da reserva. A revista *Titanic* interpôs um recurso. O Tribunal Constitucional Federal levou a cabo uma ponderação entre a liberdade de expressão e a proteção à personalidade. BVerfGE 86, 1 (11).

problema normativo delimitado no caso do jornalista que publicou sua opinião crítica sobre a forma na qual um juiz atuou em uma causa acerca da matança durante uma ditadura militar, seria possível considerar como casos paradigmáticos os seguintes:
- publicar *opinião* com base em uma investigação sobre a tramitação de uma causa na qual se investigava fatos ocorridos durante a última ditadura militar (na Argentina) no que diz respeito a "temas de notório interesse público" exemplifica uma hipótese na qual a liberdade de expressão prevalece sobre o direito à honra de um funcionário público;
- publicar *informação* verdadeira sobre a tramitação de uma causa a respeito de temas de notório interesse público ainda que afete a honra do juiz da causa exemplifica uma hipótese na qual a liberdade de expressão prevalece sobre o direito à honra;
- publicar uma *informação* falsa sobre a tramitação de uma causa a respeito de temas de notório interesse público, tendo sido diligentemente contrastada e sem a intenção de prejudicar o afetado acerca da tramitação de uma causa sobre temas de notório interesse público identifica uma hipótese na qual a liberdade de expressão prevalece sobre o direito à honra;
- publicar uma *informação* falsa tendo conhecimento de sua falsidade e com a intenção de prejudicar o afetado exemplifica uma hipótese na qual o direito à honra prevalece sobre a liberdade de opinião.

A ideia de "casos paradigmáticos" pode ser pensada sob o marco de uma rede de regras resultados das sentenças como anteriormente se reconstruiu no modelo de ponderação orientado por regras.[61] Nesse sentido, as propostas de Moreso e de Alexy se aproximam.

d) A determinação das propriedades relevantes do problema normativo; segundo Moreso, isso tornaria possível a determinação de soluções normativas. Imediatamente, ele afirma que são claramente relevantes: a relevância pública da notícia, que a notícia

---

[61] Como acertadamente afirma Lopera Mesa, G., *Principio de proporcionalidad y ley penal*, CEC, Madrid, 2005, pp. 141-143.

seja verdadeira ou, se falsa, diligentemente contrastada, e que a notícia não seja injuriosa.[62] Todavia, a determinação da relevância implica argumentação. Moreso, sem fornecer uma justificação, fala de "claramente" relevantes e assim o são por já haver uma história de casos decididos por diversos tribunais nos quais se aplicou, com nuances, a teoria da malícia real construída a partir do caso "New York Times vs. Sullivan". Contudo, os problemas de relevância (por entrar no jogo das semelhanças e diferenças) não são alheios ao modelo anteriormente tratado. Novamente, o modelo de Moreso e o reconstruído a partir de Alexy se aproximam.

e) A formulação das regras que resolvem de um modo unívoco todos os casos do universo do discurso. Trata-se aqui de reconstruir a regra à qual se possa subsumir o caso sujeito à resolução e todos os outros casos pertencentes ao mesmo universo de casos. Por exemplo, em relação ao julgado "Titanic", propõe duas regras: R1) as informações de relevância pública, verídicas (verdadeiras ou, se falsas, diligentemente contrastadas) e não injuriosas estão permitidas; e R2) as informações que não são de relevância pública ou carecem de veracidade ou são injuriosas estão proibidas e, caso sejam produzidas, geram um direito à indenização.

Essa última etapa argumentativa – além do conteúdo das regras que o autor propõe que poderiam ser discutíveis – coincidiria, segundo entendo, com a formulação da regra resultado da sentença e com o mandamento de resolver casos similares (ou seja, os pertencentes ao universo do discurso) com as mesmas regras. Novamente, isso aproxima os dois modelos e não os afasta. Vejamos:

> Essas cinco etapas constituem um modo de conceber a ponderação que a faz compatível com a subsunção e com uma limitada generalidade. As regras surgidas de uma reconstrução como a proposta aplicam-se de modo subsuntivo e permitem outorgar coerência à função judicial, ainda que reduzam o alcance dos princípios. Quando um órgão jurisdicional resolve um caso individual no ambiente normativo, resolve, com sua reconstrução, todos os casos individuais do mencionado âmbito. E o faz de maneira compatível com outro caso individual pertencente a esse âmbito, ou deve seguir a reconstrução levada a cabo ou deve mostrar uma propriedade relevante, não apreciada previamente, que lhe permita

---

[62] Moreso, J., "Conflictos entre derechos constitucionales y maneras de resolverlos", p. 827.

resolver alguns casos individuais de modo diverso. Creio que, dessa forma, é possível o controle racional da função de aplicar o Direito".[63]

O esquema de Moreso é ponderação? Ou talvez seja subsunção com comparação de casos? Essa última parece ser a resposta mais plausível, já que não há ponderação propriamente dita no sentido usado por Alexy. Encontramo-nos na etapa do processo de argumentação jusfundamental que trata de evitar a ponderação mediante a resolução por regras-resultados de sentenças anteriores que constituem uma rede de casos. Isso está presente no modelo de Alexy, ainda que não se lhe tenha prestado a devida atenção (talvez porque não foi essa a parte mais atacada de seu modelo, já que a que mais recebeu críticas foi a ponderação propriamente dita). Assim, o modelo de Moreso não suplanta a ponderação propriamente dita quando não é possível resolver o conflito de direitos através de precedentes reais ou imaginários.[64]

No entanto, o autor insiste em sustentar diferenças que se desvanecem se gradualmente analisadas. Por exemplo, no modelo de Alexy, uma propriedade diferente pode fazer que um novo caso tenha uma solução distinta. A proposta de Moreso não estaria vinculada a esse tipo de particularismo: "em um âmbito determinado e com determinados princípios em jogo, o modelo apresentado é generalista e com ele se resolvem todos os casos previamente delimitados".[65] Entretanto, não se compreende bem, então, o anteriormente sustentado no sentido de que um caso do universo do discurso pode ser solucionado de outra maneira se for demonstrada "uma propriedade relevante, não apreciada previamente, que lhe permita resolver alguns casos individuais

---

[63] Moreso, J., Dos concepciones de la aplicación de las normas fundamentales, *op. cit.*, p. 13-30 (24).

[64] Portanto, não está claro quando o autor sustenta que crê que seria "melhor pensar em um modo de configurar a ponderação, que a considere um passo anterior à subsunção. Uma via segundo a qual a ponderação é a operação que permite passar das normas que estabelecem direitos fundamentais, que têm a estrutura de princípios – comandos com condições de aplicação abertas – a regras – comandos com as condições de aplicação fechadas – com as quais é possível levar a cabo a subsunção, no âmbito de um problema normativo determinado". Moreso, J., Conflictos entre derechos constitucionales y maneras de resolverlos, p. 826; em todo caso cf. Alexy, R., On Balancing and Subsumption. A Structural Comparison, *Ratio Juris* 16, 2003, p. 433-449 e Stück, H., Subsumtion und Abwägung, *ARSP*, v. 84, 1998, p. 405-419.

[65] Moreso, J., Conflictos entre derechos constitucionales y maneras de resolverlos, p. 827.

de um modo diverso".[66] Em ambos os modelos a generalidade é limitada,[67] embora a separação requeira justificação. De qualquer modo, a proposta de Moreso *enriquece* uma parte do modelo de ponderação orientado por regras.[68] Nessa parte, ambos os modelos se movem no âmbito da subsunção, da comparação de casos, da analogia e da limitada generalidade.

Todavia, creio que os modelos diferem na sua posição quanto ao que está além da resolução de conflitos de direitos fundamentais mediante casos paradigmáticos – ou, em nossa proposta, de casos relevantes que conformam a rede de regras resultados das sentenças. Moreso responderia que toda solução de conflitos entre direitos fundamentais pode ser reconstruída através de sua proposta. Porém, existem casos nos quais pouco se discutiu sobre a "relevância" das propriedades; nem todos os casos são como o "Titanic" do Tribunal Constitucional alemão ou outros casos que mais ou menos se assemelham à doutrina do caso "New York Times vs. Sullivan" – com milhares de nuances.

Moreso permite-se em seu artigo alguns apelos à aceitabilidade da plausibilidade de premissas que sustenta, mas que não justifica; geralmente diz, a respeito da relevância das propriedades, que "são claramente relevantes as seguintes..."[69] e as enumera, todavia, não justifica sua relevância.[70] Logo quando reconstrói as regras afirma:

---

[66] Moreso, J., Conflictos entre derechos constitucionales y maneras de resolverlos, p. 827.
[67] Cf. Martínez Zorrilla, D., *Conflictos constitucionales, ponderación e indeterminación normativa*, op. cit., p. 215, 178; cf. Celano, B., Pluralismo etico, particolarismo e caratterizzazioni di desiderabilità: il modello triadico, *Ragion pratica* 13, 2006, p. 133–50.
[68] Inclusive este ponto pode ser complementado por desenvolvimentos de Martínez Zorrilla sobre casos paradigmáticos em relação à proposta de Susan Hurley, cf. Martínez Zorrilla, D., Conflictos constitucionales, ponderación e indeterminación normativa, op. cit., p. 252; Martínez Zorrilla, D., Alternativas a la ponderación. El modelo de Susan L. Hurley, in: *Revista Española de Derecho Constitucional*, 2009, v. 86, p. 119-144; Martínez Zorrilla, D., *Metodología Jurídica y argumentación*, Barcelona: Marcial Pons, 2010, p. 161, 171.
[69] Moreso, J., Conflictos entre derechos constitucionales y maneras de resolverlos, p. 827.
[70] Este é o "ponto cego" (De Fazio, F., (2014), Sistemas Normativos y conflictos constitucionales: ¿es posible aplicar derechos fundamentales sin ponderar?, *Isonomía*: ITAM, n. 40, abr. 2014, México D. F., que não está explicado – ou a falta de argumentação que não se explicita (Clérico, L., (2001), *op. cit.*) – nas teorias que reconstroem as resoluções de conflitos entre direitos (apenas) por meio de casos paradigmáticos (Moreso 2006, 2010), cf. Clérico, L., Examen de proporcionalidad y objeción de indeterminación, in: *Anuario de Filosofía del Derecho*, 2015, http://dialnet.unirioja.es/servlet/revista?codigo=113; García Yzaguirre, José Víctor. Conflictos entre principios: descripción y crítica de la teoría especificacionista. *Derecho PUCP* 83 (2019): 329-356.

"R1 e R2 possuem uma regra que me parece inquestionável"; "também inquestionável".[71] A razão pela qual aceitamos essas ordens é que os casos paradigmáticos de fundo são muito conhecidos. Todavia, frente a outros casos, não estaríamos tão dispostos a aceitar a justificação mantida, por serem casos novos ou trágicos ou extremamente difíceis. Nessas ocasiões, a ponderação propriamente dita parece ser – por ora – inevitável.[72]

III Considerações finais

O modelo de ponderação tem sido apresentado como um modelo de ponderação orientado por regras, em comparação a um "mero modelo de ponderação" fortemente destinado ao particularismo. Para este último, os resultados da ponderação como regras não têm importância alguma; para o primeiro, ao contrário, desempenham um papel fundamental. Primeiro, possibilitam a aplicabilidade do resultado da ponderação à resolução de colisões similares de direitos. Segundo, nem toda nova colisão requer, assim, uma ponderação – ela seria redundante se as condições de um resultado de uma ponderação se dão no novo caso, enquanto se possa subsumir o novo caso ao antecedente de um resultado-regra de uma ponderação, então, e, a princípio, não se pondera em concreto. Terceiro, pode-se falar de um aumento da racionalidade do modelo de ponderação sob o critério do exame da proporcionalidade em sentido estrito na medida em que a justificação de determinações sobre a intensidade da restrição e o peso dos princípios possa ser realizada por meio de critérios gerais e da aplicação dos correspondentes pontos de vista, independentes do juízo da ponderação que pretende solucionar a colisão no caso concreto. Contudo, fundamentou-se neste trabalho que o peso concreto dos princípios não pode ser deixado de lado. Nesse sentido, a determinação abstrata do peso dos princípios vale a princípio. Em algumas circunstâncias o peso abstrato pode não coincidir com o peso concreto de um princípio e levar à determinação de outra relação de prioridade condicionada.

---

[71] Moreso, J., Conflictos entre derechos constitucionales y maneras de resolverlos, p. 827.
[72] Cf. os passos quatro a sete do parágrafo I. c) deste trabalho.

Nesses casos, o peso concreto do princípio serve de argumento contrário à relação de prioridade que resulta da determinação abstrata do peso dos princípios.

O modelo de ponderação orientado por regras apresenta uma solução intermediária entre dois modelos extremos: por um lado, o modelo no qual não se constitui regra alguma na sequência de uma ponderação; por outro lado, um "modelo que não admite ponderação alguma", extremamente generalista.[73] Nenhuma das duas posições extremas logra uma reconstrução convincente da prática constitucional. A primeira porque implica admitir uma prática que começa a cada ponderação. A segunda não resulta convincente devido à indeterminação das normas jusfundamentais.[74]

Informação bibliográfica deste texto, conforme a NBR 6023:2018 da Associação Brasileira de Normas Técnicas (ABNT):

CLÉRICO, Laura. Sobre "casos" e ponderação: os modelos de Alexy e Moreso: mais similitudes do que diferenças?. In: TOLEDO, Cláudia (coord.). *Atual judiciário*: ativismo ou atitude. Belo Horizonte: Fórum, 2022. p. 169-199. ISBN 978-65-5518-270-5.

---

[73] Sobre a ponderação *"ad hoc"* e a ponderação de definição, cf. Aleinikoff, Constitutional Law in the Age of Balancing, 96 *Yale L.J.* 943 (1987); ainda, sobre a ponderação racionalmente justificada, cf. Maniaci, G., Algunas notas sobre coherencia y balance en la Teoría de Robert Alexy, *Isonomía*, n. 20, 2004; Maniaci, G., Bilanciamento tra principi e argomentazione razionale. Una replica alle obiezioni di Giulio Itzcovich, http://www.dirittoequestionipubbliche.org/D_Q-3/contributi/contributi-set.htm

[74] Cf. Alexy, R., Die Konstruktion der Grundrechte, *op. cit.* p. 1-14.

JUÍZES PRAGMÁTICOS SÃO NECESSARIAMENTE JUÍZES ATIVISTAS?

FERNANDO LEAL

1 Introdução

É comum que o direito esteja associado a diversos "ismos". Positivismo, formalismo, (neo)constitucionalismo, pragmatismo, ativismo, consequencialismo, instrumentalismo, realismo, garantismo e jusnaturalismo são apenas exemplos aleatórios de um universo amplo. De teorias sobre a natureza do direito a teorias sobre a tomada de decisão jurídica, esses "ismos" às vezes aparecem em relações conceituais, como se estivessem necessariamente conectados ou definitivamente apartados.

Essas associações, no entanto, nem sempre são tão fortes quanto se supõe. As relações entre positivismo e formalismo, de um lado, e entre formalismo e não ativismo, do outro, são exemplos, respectivamente, dessas construções.

No primeiro caso, o engano decorre de formulações confusas e equivocadas das teses centrais do positivismo jurídico e do formalismo. Compreendidos à luz dos seus defensores reais, positivismo e formalismo guardam apenas relações contingentes. E quando não parece ser assim, é porque a associação entre eles se sustenta sobre caricaturas de cada um dos lados, como ocorre na conexão visceral que se costuma estabelecer entre o positivismo jurídico e as visões de que o ordenamento jurídico é fechado, completo, consistente e claro e a de que o raciocínio jurídico se organiza em torno de silogismos práticos.[1]

---

[1] STRUCHINER, Noel. Algumas "proposições fulcrais" acerca do direito: o debate jusnaturalismo vs. juspositivismo. *In*: MAIA, Antônio Cavalcant; MELO, Carolina de Campos; CITTADINO, Gisele; POGREBINSCHI, Thamy (org.). *Perspectivas Atuais da Filosofia do Direito*. Rio de Janeiro: Lumen Juris, 2005, p. 408.

No segundo caso, o problema está no pressuposto de que a observância do texto legal é a antítese de qualquer postura judicial ativista. Nesse quadro teórico, ser formalista significa adotar necessariamente uma postura autocontida revelada por meio da deferência a escolhas de outros poderes que se deixam conhecer por referências textuais. Assim como no caso anterior, porém, dependendo do sentido atribuído a um dos termos – notadamente à expressão "ativismo judicial" –, a relação pode ser outra. O período conhecido como "era Lochner" nos Estados Unidos da América, só para mencionar um exemplo, é comumente apresentado como um exemplo de ativismo associado à adoção de uma postura formalista da Suprema Corte.[2]

Os casos apresentados certamente não são os únicos em que "ismos" estão conectados. Quando se pensa nas recentes *inclinações pragmáticas* no direito público brasileiro,[3] associações entre "ismos" também se estabelecem como se fossem necessárias. Esse pode ser o caso quando entram em cena as relações entre instrumentalismo, como uma manifestação (talvez distorcida) do pragmatismo jurídico, e ativismo judicial. Assim como nos casos iniciais, no entanto, o sentido atribuído a essas expressões pode tornar essas vinculações contestáveis ou meramente acidentais.[4] Por isso, visando a explorar as possíveis relações entre esses três "ismos", o presente trabalho defende não existir vinculação intrínseca entre pragmatismo,

---

[2] Para uma crítica de que *Lochner* pode ser considerada uma decisão formalista v. SCHAUER, Frederick. Formalism. *The Yale Law Journal*, v. 97, n. 4, mar. 1988, p. 511-514.

[3] LEAL, Fernando. Inclinações pragmáticas no direito administrativo: nova agenda, novos problemas. O caso do PL 349/15. In: LEAL, Fernando; MENDONÇA, José Vicente de (org.). *Transformações do direito administrativo*: consequencialismo e estratégias regulatórias. Rio de Janeiro: FGV, 2017.

[4] Relações problemáticas entre "ismos" podem se dar por três razões básicas. Em primeiro lugar, por simples imprecisão ou erro conceitual. Nessa hipótese, "ismos" são aproximados ou distanciados em razão de sentidos impróprios, quase sempre caricaturais, a eles atribuídos. Em segundo lugar, as relações não se tornam necessárias porque esses "ismos" podem assumir diferentes sentidos possíveis e em apenas alguns deles as relações fazem sentido. Não se trata neste caso de assumir um sentido vulgar ou caricato de algumas dessas expressões, mas simplesmente de, no universo dos distintos significados atribuídos por seus defensores ou estudiosos, explorar quais deles podem estar mais próximos ou distantes. Em terceiro lugar, relações problemáticas podem ser construídas pela transformação de relações contingentes constatáveis na realidade em relações necessárias. Nessa hipótese, uma proposição que teria natureza descritiva ganha uma roupagem normativa, como se sempre precisasse ocorrer pelo simples fato de ter sido pontualmente observada.

instrumentalismo e ativismo, ainda que possíveis associações entre esses termos não possam ser desprezadas quando juízes se declaram pragmáticos. Para tanto, o texto apresentará sentidos das expressões que podem gerar aproximações e distanciamentos e recorrerá à possibilidade de justificação pragmática de posturas de autocontenção para sustentar a inexistência de associações necessárias entre pragmatismo e ativismo judicial.

2 Pragmatismo jurídico como instrumentalismo judicial?

2.1 A rejeição ao pragmatismo como um tipo de instrumentalismo

O direito público brasileiro passa por uma perceptível inclinação pragmática. A reforma recente na Lei de Introdução às Normas do Direito Brasileiro promovida pela Lei nº 13.655/18 se apresenta como o principal marco legislativo dessa tendência. Vocacionada a combater os excessos associados ao uso pouco parcimonioso de princípios vagos para a justificação de decisões[5] – um efeito perverso dos processos de constitucionalização do direito –, a lei[6] investe na consideração das "consequências práticas" das decisões como meio para combater a tendência de juízes, controladores e administradores a "julgar nas nuvens".[7] O evidente tom pragmático da lei se encontra na exigência de atenção aos efeitos concretos de decisões jurídicas aliada a certa antipatia às abstrações e disputas conceituais envolvidas comumente nos trabalhos de concretização e ponderação de princípios. Apesar

---

[5] JUSTEN FILHO, Marçal. Art. 20 da LINDB: Dever de transparência, concretude e proporcionalidade nas decisões públicas. *Revista de Direito Administrativo*. Edição Especial: Direito Público na Lei de Introdução às Normas de Direito Brasileiro – LINDB (Lei nº 13.655/2018), p. 13-41, nov. 2018.
[6] BRASIL. *Lei nº 13.655, de 25 de abril de 2018*. Inclui no Decreto-Lei nº 4.657, de 4 de setembro de 1942 (Lei de Introdução às Normas do Direito Brasileiro), disposições sobre segurança jurídica e eficiência na criação e na aplicação do direito público. Brasília, DF: Presidência da República, 25 abr. 2018. Disponível em: http://www.planalto.gov.br/ccivil_03/_ato2015-2018/2018/lei/L13655.htm. Acesso em: 03 jul. 2020.
[7] SUNDFELD, Carlos Ari. *Direito Administrativo Para Céticos*. 2. ed. São Paulo: Direito GV/Malheiros, 2014, p. 79.

de reações institucionais contrárias aos esforços do legislador,[8] a chamada "lei de segurança jurídica" vem resistindo.

No Supremo, preocupações pragmáticas não são inéditas, especialmente quando se pensa na sensibilidade dos ministros em casos mais salientes às consequências concretas de suas escolhas para a economia, a política e a sociedade. O maior exemplo de defensor explícito de uma postura pragmática é provavelmente o ministro Nelson Jobim, reconhecido mesmo entre os seus colegas de tribunal como "um Juiz que sustenta[va] que a função jurisdicional deve ser função de resultados, atento o magistrado para as consequências da decisão, sempre com vistas ao interesse público".[9]

Essa visão, contudo, não é excepcional ou restrita a certo período. Hoje em dia são cada vez mais frequentes referências explícitas a compromissos pragmáticos no tribunal. Em seu discurso de posse como presidente da corte, por exemplo, o ministro Luiz Fux[10] declarou que "a intervenção judicial em temas sensíveis deve ser minimalista, respeitando os limites de capacidade institucional dos juízes, *e sempre à luz de uma perspectiva contextualista, consequencialista, pragmática*, porquanto em determinadas matérias sensíveis, o menos é mais".

Em contato estreito com a reforma da LINDB, o mesmo ministro Fux defendeu novamente uma perspectiva pragmática para

---

[8] Cite-se, por exemplo, o parecer da Consultoria Jurídica do Tribunal de Contas da União, no Proc. TCU/CONJUR: TC-012.028/2018-5, sobre o PL 7448/2017 em reação ao parecer-resposta dos autores do PL e de outros juristas e, mais recentemente a ADI 6146, proposta pela Associação Nacional dos Magistrados da Justiça do Trabalho (Anamatra), em 22/5/2019, que impugna dispositivos da Lei de Introdução às normas do Direito Brasileiro (LINDB). Cf., respectivamente, https://portal.tcu.gov.br/lumis/portal/file/fileDownload.jsp?fileId=8A81881F62B15ED20162F95CC94B5BA4&inline=1 e a inicial da ADI em https://www.anamatra.org.br/images/DOCUMENTOS/2019/01-Anamatra-STF-ADI-LINDB-Inicial_-_Assinado_4.pdf . Acesso em 25 jun. 2019.

[9] Discurso do ministro Carlos Velloso na cerimônia de Posse do Ministro Nelson Jobim no cargo de Presidente do Supremo Tribunal Federal. Cf. BRASIL. Supremo Tribunal Federal. *Posse dos ministros Nelson Azevedo Jobim na presidência e Ellen Gracie Northfleet na vice-presidência do Supremo Tribunal Federal*: sessão solene realizada em 3 de junho de 2004. Brasília, DF: Supremo Tribunal Federal, 03 jun. 2004, p. 33. Disponível em: http://www.stf.jus.br/bibliotecadigital/Plaquetas/722718/PDF/722718.pdf. Acesso em: 08 jan. 2021.

[10] BRASIL. Supremo Tribunal Federal. *Discurso do Excelentíssimo Senhor Ministro Luiz Fux por ocasião da posse no cargo de Presidente do Supremo Tribunal Federal e do Conselho Nacional de Justiça*. Brasília, DF: Supremo Tribunal Federal, 10 set. 2020, p. 13. Disponível em: http://www.stf.jus.br/arquivo/cms/noticiaNoticiaStf/anexo/DiscursoPosseFux.pdf. Acesso em: 08 jan. 2021 – grifo acrescido.

a jurisdição constitucional ao abrir a audiência pública vinculada à Ação Cível Originária (ACO) nº 3.233, que envolvia conflitos entre União e estados por questões fiscais. Nas suas palavras:

> [e], ali, hoje, vem previsto num artigo de que as decisões judiciais têm que levar em consideração as consequências do seu resultado que é, digamos também, um seguimento, uma nova escola da análise econômica do Direito, cognominado de pragmatismo judicial, que é exatamente o Tribunal verificar quais serão os resultados da sua decisão.[11]

Em seu voto no Recurso Extraordinário (RE) nº 635.659, cujo tema central era a descriminalização do porte de drogas para consumo próprio, o ministro Luis Roberto Barroso também reconhece o pragmatismo jurídico como referência para a interpretação constitucional e apresenta "razões pragmáticas" para a descriminalização, concluindo, nessa linha de análise, que "os males causados pela política atual de drogas têm superado largamente os seus benefícios".[12] Para o ministro, "[n]ão estando em jogo direitos ou princípios fundamentais, frequentemente será legítimo e desejável que o intérprete, dentro das possibilidades e limites das

---

[11] BRASIL. Supremo Tribunal Federal. *Abertura da audiência pública nº 26*. Ação cível originária 3.233 Minas Gerais. Conflitos federativos sobre questões fiscais dos estados e da união. Audiência Pública convocada pelo Ministro Luiz Fux, para discutir os conflitos federativos relacionados ao bloqueio, pela União, de recursos dos estados-membros em decorrência da execução de contragarantia em contratos de empréstimos não quitados. Brasília, DF: Supremo Tribunal Federal, 25 jun. 2019, p. 97. Disponível em: http://www.stf.jus.br/arquivo/cms/audienciasPublicas/anexo/AudinciaPblicaConflitoFederativoQuestesfiscais.pdf. Acesso em: 09 jan. 2020.

[12] BARROSO, Luis Roberto. Anotações para o voto oral do ministro Luís Roberto Barroso. Recurso Extraordinário 635.659. Descriminalização do porte de drogas para consumo próprio. *Revista Consultor Jurídico*, [S.l.], 10 set. 2015, p. 6. Disponível em: https://www.conjur.com.br/dl/leia-anotacoes-ministro-barroso-voto.pdf. Acesso em: 09 jan. 2020. Para o ministro Barroso, "O pragmatismo jurídico, por sua vez, é herdeiro distante do utilitarismo e descendente direto do pragmatismo filosófico. Ele tem, em meio a outras, duas características que merecem destaque aqui: a primeira é o chamado contextualismo, a significar que a realidade concreta em que situada a questão a ser decidida tem peso destacado na determinação da solução adequada. A segunda característica é o consequencialismo, na medida em que o resultado prático de uma decisão deve ser o elemento decisivo de sua prolação. Cabe ao juiz produzir a decisão que traga as melhores consequências possíveis para a sociedade como um todo" (BARROSO, Luis Roberto. Anotações para o voto oral do ministro Luís Roberto Barroso. Recurso Extraordinário 635.659. Descriminalização do porte de drogas para consumo próprio. *Revista Consultor Jurídico*, [S.l.], 10 set. 2015, p. 2. Disponível em: https://www.conjur.com.br/dl/leia-anotacoes-ministro-barroso-voto.pdf. Acesso em: 09 jan. 2020).

normas constitucionais, construa como solução mais adequada a que produza melhores consequências para a sociedade".[13]

Manifestações favoráveis a posições declaradamente pragmáticas encontram, no entanto, tradicionalmente resistência. Em claro tom de desaprovação, o ministro Marco Aurélio rejeita considerações dessa natureza em seu voto no RE nº 565.089/MA, quando afirma que "o pragmatismo jurídico leva a considerar as consequências práticas da decisão judicial, lançando o magistrado em posição que não lhe é confortável. Ao reconhecer-lhe a condição de agente político no sentido estrito do termo, retira o juiz do habitat natural e o põe na função de legislador, para que tome a decisão com fundamento na antecipação hipotética de resultados".[14] E avança em sua crítica ao declarar que "[o] Supremo não é o Ministério da Fazenda ou o Banco Central do Brasil. Não compete ao Tribunal fazer contas quando está em jogo o Direito, mais ainda quando se trata do direito constitucional".[15]

O tom da crítica denuncia como a adoção de uma atitude pragmática por juízes reais pode ser uma escolha controvertida. A expressão *pragmatismo jurídico* costuma ser associada por quem a repudia com (i) uma concepção cética sobre a possível relação conceitual entre direito e vinculação ao passado, ao negar a força de decisões políticas preexistentes como capazes de fornecer, por si sós, justificativas para o exercício da coerção estatal no presente,[16] (ii) uma postura cínica sobre a existência e a proteção de

---

[13] BARROSO, Luis Roberto. Anotações para o voto oral do ministro Luís Roberto Barroso. Recurso Extraordinário 635.659. Descriminalização do porte de drogas para consumo próprio. *Revista Consultor Jurídico*, [S.l.], 10 set. 2015, p. 2. Disponível em: https://www.conjur.com.br/dl/leia-anotacoes-ministro-barroso-voto.pdf. Acesso em: 09 jan. 2020. Tal premissa não é isolada, aparecendo também no voto do ministro no HC 126.292/SP. A ideia também está presente em BARROSO, Luis Roberto. Sairemos melhores do que entramos. *Migalhas*, 27 fev. 2019. Disponível em: https://migalhas.uol.com.br/depeso/297106/sairemos-melhores-do-que-entramos. Acesso em 30 dez. 2020.

[14] MELLO, Marco Aurélio. *Voto no Recurso Extraordinário 565.089 São Paulo*. Brasília, DF: Supremo Tribunal Federal, 09 jun. 2011, p. 9. Disponível em: https://www.stf.jus.br/arquivo/cms/noticiaNoticiaStf/anexo/RE565089.pdf. Acesso em: 09 jan. 2020.

[15] MELLO, Marco Aurélio. *Voto no Recurso Extraordinário 565.089 São Paulo*. Brasília, DF: Supremo Tribunal Federal, 09 jun. 2011, p. 11. Disponível em: https://www.stf.jus.br/arquivo/cms/noticiaNoticiaStf/anexo/RE565089.pdf. Acesso em: 09 jan. 2020.

[16] DWORKIN, Ronald. *O império do direito*. Tradução Jefferson Luiz Camargo. São Paulo: Martins Fontes, 1999, p. 185.

direitos fundamentais[17] e (iii) a expressão de um ecletismo vazio.[18] Agregadas, essas características conduziriam invariavelmente a uma concepção *instrumentalista* do direito.[19]

Com foco na decisão jurídica – notadamente da decisão judicial –,[20] o pragmatismo é rejeitado em sua roupagem instrumentalista por tornar as peças do direito simples meios para a realização dos objetivos considerados relevantes pelo decisor. Nessa perspectiva, o direito é encarado como instrumento para a concretização de interesses pessoais ou de certos grupos, tornando-se uma casca vazia manipulável e preenchível com qualquer tipo de conteúdo para o alcance de quaisquer finalidades.[21]

Em sua versão mais extremada, esse instrumentalismo se expressa por meio da combinação de consequencialismo de atos com ceticismo de regras.[22] No primeiro aspecto, adotar uma postura decisória instrumentalista significa buscar e privilegiar a alternativa

---

[17] DWORKIN, Ronald. *O império do direito*. Tradução Jefferson Luiz Camargo. São Paulo: Martins Fontes, 1999, p. 188-189. V. também FARBER, Daniel A. Legal pragmatism and the constitution. *Minnesota Law Review*, Minneapolis, v. 72, 1988, p. 1343. Para o autor "[...] legal pragmatism has come under serious attack. Critics charge that it is inconsistent with respect toward precedent, history, and legal texts; that *it is incompatible with strong enforcement of individual rights*; and that it leads to unprincipled and inconsistent judicial decisions" (grifo acrescido).

[18] STONE, Martin. Four qualms about "legal pragmatism". *In*: HUBBS, Graham; LIND, Douglas (Ed.). *Pragmatism, law, and language*. New York/London: Routledge, 2014, p. 286 ss.

[19] STONE, Martin. Four qualms about "legal pragmatism". *In*: HUBBS, Graham; LIND, Douglas (Ed.). *Pragmatism, law, and language*. New York/London: Routledge, 2014, p. 290 ss. V. também TAMANAHA, Brian Z. *Law as a means to an end*: threat to the rule of law. Cambridge: CUP, 2006, p. 62. Por uma versão menos radical, sensível às consequências sistêmicas e aplicável ao exercício da jurisdição em contextos de crise, v. MAGALHÃES, Andréa. *Jurisprudência da crise*. Uma perspectiva pragmática. Rio de Janeiro: Lúmen Juris, 2017, p. 14.

[20] Assim como "pragmatismo" e tantos outros "ismos", o rótulo "instrumentalismo" pode estar associado a diferentes sentidos. Segundo Brian Tamanaha, o instrumentalismo pode operar "as an account of the nature of law, as an attitude toward law that professors teach students, as a form of constitutional analysis, as a theoretical perspective on law, as an orientation of lawyers in their daily practice, as a strategic approach of organized groups that use litigation to further their agendas, as a view toward judges and judging, as a perception of legislators and administrators when enacting laws or regulations". V. TAMANAHA, Brian Z. *Law as a means to an end*: threat to the rule of law. Cambridge: CUP, 2006, p. 1. V. também VERMEULE, Adrian. Instrumentalisms. *Harvard Law Review*, Cambridge, v. 120, n. 8, p. 2113-2132, jun. 2007. Sobre as relações entre a busca por objetivos e a natureza do direito, v. LEAL, Fernando. *Ziele und Autorität*: Zu den Grenzen teleologischen Rechtsdenkens. Baden-Baden: Nomos, 2014, parte A.

[21] TAMANAHA, Brian Z. *Law as a means to an end*: threat to the rule of law. Cambridge: CUP, 2006, p. 1.

[22] LEAL, Fernando. *Ziele und Autorität*, op. cit., p. 273.

de decisão que produzirá, em cada problema enfrentado, os melhores efeitos entendidos como necessários para a realização do fim almejado pelo decisor.[23] A decisão se torna um meio cuja adequação é medida em função do seu potencial para produzir consequências "positivas" no sentido prescrito por alguma teoria preocupada com a sua definição[24] ou mesmo pelas preferências pessoais do julgador. Nessa perspectiva, o direito é estrategicamente manuseado para garantir uma falsa aparência de juridicidade para as escolhas instrumentais do juiz e, no máximo, atua como um limite para a seleção de alternativas que, se adotadas, podem ser fortemente criticadas, como na hipótese de violação de regra claramente aplicável.[25]

No segundo aspecto, o instrumentalismo se caracteriza por desprezar regras como possíveis limites para a particularização permanente de cada problema de decisão. Isso quer dizer que o instrumentalista, para decidir, não encara o que a regra "diz" por meio de seus textos como razões suficientes – ou, pelo menos, mais fortes – do que outras razões, incluindo as suas justificações subjacentes, que possam estar presentes no caso sob consideração.[26] Regras não seriam capazes, assim, de excluir razões concorrentes ou entrincheirar as razões para agir que fornecem, sendo, por isso, menos resistentes para determinar o resultado de problemas específicos.[27] Sem o reconhecimento dessa força qualificada, o instrumentalista se torna livre para considerar toda e qualquer razão presente em um caso concreto como relevante para a decisão – sem atribuir a nenhuma delas algum tipo de prioridade em abstrato – e para não aplicar sem maiores esforços regras claramente incidentes quando achar que, no caso, a opção por derrotá-las pode ser justificada por razões consideradas, por ele, mais importantes para a promoção do objetivo concretamente visado.

Conjugados, tanto o consequencialismo de atos como o ceticismo de regras conduzem a um particularismo endêmico. Adotar

---

[23] VERMEULE, Adrian. Instrumentalisms. *Harvard Law Review*, v. 120, n. 8, jun. 2007, p. 2115.
[24] VERMEULE, Adrian. Instrumentalisms. *Harvard Law Review*, v. 120, n. 8, jun. 2007, p. 2117.
[25] VERMEULE, Adrian. Instrumentalisms. *Harvard Law Review*, v. 120, n. 8, jun. 2007, p. 2115.
[26] SCHAUER, Frederick. *Thinking like a lawyer*: A new introduction to legal reasoning. Cambridge/London: Harvard University Press, 2009, p. 18.
[27] SCHAUER, Frederick. Formalism. *The Yale Law Journal*, v. 97, n. 4, mar. 1988, p. 510.

uma postura pragmática nesse sentido instrumentalista torna o juiz onipotente e posturas ativistas, enfatizem elas o desvio do material autoritativo do direito (como leis e precedentes) ou a produção de tensões interinstitucionais em um regime de separação de poderes para a atribuição de sentido negativo à expressão "ativismo judicial",[28] justificáveis e, no limite, irresistíveis. Na base da crítica a esse resultado está a concepção de que o pragmatismo "pode ser considerado uma teoria ou postura que aposta em um constante 'estado de exceção hermenêutico' para o direito; o juiz é o protagonista, que 'resolverá' os casos a partir de raciocínios e argumentos finalísticos. Trata-se, pois, de uma tese [...] que coloca em segundo plano a produção democrática do direito".[29] Na síntese de Ronald Dworkin, o ativismo decorrente dessa prática judicial não é mais do que "uma forma virulenta de pragmatismo jurídico"[30] – pelo menos quando este se confunde com um instrumentalismo extremado.

2.2 Pragmatismo jurídico: um monstro de várias cabeças

Seriam as conclusões apontadas, porém, inevitáveis? Juízes pragmáticos seriam necessariamente juízes instrumentalistas nessa versão mais radical? Afinal, o que define o pragmatismo jurídico?

Como é comum entre os "ismos", definir pragmatismo não é uma tarefa simples. Mesmo os seus defensores reconhecem essa dificuldade. Para Richard Posner,[31] "pragmatism, notwithstanding William James's effort at definition, is a devil to define". Segundo Adrian Vermeule,[32] "pragmatism is notoriously a many-headed

---

[28] ARGUELHES, Diego Werneck; OLIVEIRA, Fabiana Luci; RIBEIRO, Leandro Molhano. Ativismo judicial e seus usos na mídia brasileira. *Direito, Estado e Sociedade*, Rio de Janeiro, n. 40, jan./jun. 2012, p. 36.
[29] STRECK, Lenio. O realismo ou "quando tudo pode ser inconstitucional". *Consultor Jurídico* (Conjur), [S.l.], 02 jan. 2014. Disponível em: https://www.conjur.com.br/2014-jan-02/senso-incomum-realismo-ou-quando-tudo-inconstitucional. Acesso em: 22 dez. 2020.
[30] DWORKIN, Ronald. *O império do direito*. Tradução Jefferson Luiz Camargo. São Paulo: Martins Fontes, 1999, p. 451.
[31] POSNER, Richard. *Law, pragmatism, and democracy*. Cambridge: Harvard University Press, 2003, p. 24.
[32] VERMEULE, Adrian. Instrumentalisms. *Harvard Law Review*, v. 120, n. 8, jun. 2007, p. 2117.

beast". As possibilidades são tantas que Richard Rorty, mesmo afirmando ser a aplicação do pragmatismo ao direito algo *banal*",[33] refere-se ao termo como um rótulo vago e ambíguo.[34]

Um ponto de partida comumente aceito para caracterizar as teses centrais do pragmatismo jurídico assume uma estreita relação entre este e o pragmatismo filosófico.[35] Esse caminho está longe de ser surpreendente, especialmente se se considera que, pelo menos nos EUA, a construção de uma abordagem pragmática do direito parece ter resultado da perspectiva ao mesmo tempo contextual e instrumental de investigação típica do pragmatismo filosófico norte-americano da primeira metade do século XX.[36] John Dewey,[37] nessa linha, seria a principal expressão de uma associação visceral entre os dois pragmatismos, ao ser um pragmatista com escritos importantes sobre o direito e o raciocínio judicial fortemente coerentes com as suas visões filosóficas.

Nessa perspectiva de caracterização do pragmatismo jurídico como uma aplicação no direito de teses do pragmatismo filosófico, este último é apresentado como uma teoria que se sustenta sobre três pilares:

> *antifundacionalismo* (rejeição de qualquer critério ou fundamento último, estático e definitivo para qualquer teoria ou argumento), *contextualismo* (por enfatizar o papel da experiência humana, com suas crenças tradições e ideais no resultado de qualquer investigação científica ou filosófica) e *consequencialismo* (expresso na ideia de que a escolha entre diversas interpretações e explicações de fenômenos deve ser feita a partir

---

[33] RORTY, Richard. The Banality of Pragmatism and the Poetry of Justice. *Southern California Law Review*, v. 63, 1990, p. 1811.

[34] RORTY, Richard. *Consequences of pragmatism*. Minneapolis: University of Minnesota Press, 1982, p. 160.

[35] Assim, por exemplo, BINENBOJM, Gustavo. *Poder de polícia, ordenação, regulação*: transformações político-jurídicas, econômicas e institucionais do direito administrativo ordenador. 2. ed. Belo Horizonte: Fórum, 2017, p. 51 ss., e MAGALHÃES, Andréa. *Jurisprudência da crise*. Uma perspectiva pragmática. Rio de Janeiro: Lúmen Juris, 2017, p. 17. Para José Eisenberg, na mesma linha, a principal característica do pragmatismo jurídico "é o esforço de aplicar a tradição filosófica do pragmatismo ao problema da interpretação jurídica". V. EISENBERG, José. Pragmatismo jurídico. *In*: BARRETO, Vicente de Paulo (coord.). *Dicionário de filosofia do direito*. Rio de Janeiro/Porto Alegre: Renovar/Unisinos, 2006, p. 656-657.

[36] GREY, Thomas C. Freestanding legal pragmatism. *Cardozo Law Review*, v. 18, n. 1, set. 1996, p. 25.

[37] Por exemplo DEWEY, John. Logical method and law. *Cornell Law Review*, v. 10, n. 1, p. 17-27, dez. 1924.

de suas respectivas consequências práticas – o que leva a uma atividade *empiricista* e *experimentalista*).[38]

Tais traços, contudo, não estão por trás de toda e qualquer expressão do pragmatismo jurídico. Isso quer dizer que o pragmatismo jurídico não se deixa definir necessária e integralmente pela aplicação daquelas características constitutivas do pragmatismo filosófico à atividade jurisdicional quando o que está em jogo é uma teoria sobre como juízes decidem e devem decidir. Na verdade, é até questionável que aquelas três características representem um núcleo duro de todas as versões do pragmatismo filosófico.[39] Independentemente dessa problematização, no entanto, Thomas Grey,[40] em reforço do argumento anterior, sustenta que o pragmatismo jurídico pode ser uma concepção *independente* de qualquer versão do pragmatismo filosófico.

Como pressuposto por este trabalho desde o início, é certo que a análise das possíveis relações entre os termos depende de como "pragmatismo jurídico" é definido. Se o pragmatismo jurídico, por exemplo, deixa-se captar por uma mistura de ecletismo teórico, foco no resultado prático de disputas jurídicas, inclinação histórica e antiformalismo, não seria surpreendente, como argumenta David Luban,[41] que o pragmatismo jurídico não tenha muito a ver com o pragmatismo filosófico, já que é possível chegar àquelas quatro características por uma variedade de caminhos filosóficos distintos. O antiformalismo seria o exemplo mais claro do argumento. Não é preciso ser um pragmático declarado, em sentido jurídico ou filosófico, para criticar uma concepção convencionalista (incluindo a formalista) de raciocínio jurídico. Dworkin, por exemplo, rejeita

---

[38] ARGUELHES, Diego Werneck; LEAL, Fernando. Pragmatismo como [meta]teoria da decisão judicial: Caracterização, Estratégias e Implicações. *In*: Daniel Sarmento (coord.). *Filosofia e teoria constitucional contemporânea*. Rio de Janeiro: Lumen Juris, 2009, p. 176, e POGREBINSCHI, Thamy. *Pragmatismo*: teoria social e política. Rio de Janeiro: Relume Dumará, 2005, p. 26-62.

[39] POSNER, Richard. *Law, pragmatism, and democracy*. Cambridge: Harvard University Press, 2003, p. 24-26.

[40] GREY, Thomas C. Freestanding legal pragmatism. *Cardozo Law Review*, v. 18, n. 1, p. 21-42, set. 1996.

[41] LUBAN, David. What's pragmatic about legal pragmatism?. *Cardozo Law Review*, v. 18, n. 1, set. 1996, p. 44.

as duas visões antes de propor a sua concepção de direito como integridade.[42]

Insistindo na dissociação entre pragmatismo jurídico e filosófico, Posner[43] desenvolve esforços para diferenciar o projeto filosófico pragmatista do que considera ser uma atitude, uma tradição ou uma disposição (*mood*) que molda uma prática cotidiana. É nesse segundo sentido que o pragmatismo aparece como útil para a compreensão do que significa ser um juiz pragmático e para guiar as decisões de um magistrado que queira agir como tal. Um juiz pragmático, assim, é um juiz cuja atuação se orienta em traços até compatíveis com elementos centrais do pragmatismo filosófico, mas que aparecem mais como expressões de um temperamento ou estado de espírito do que produtos do conhecimento e da aplicação sistemática de um corpo doutrinário. Ser pragmático não pressupõe ser um filósofo bem treinado capaz de reproduzir na rotina do direito um saber acadêmico.[44] Ao contrário, significa não mais do que manifestar na prática jurídica características tão comumente identificadas entre juízes e advogados (e mesmo em pessoas que atuam em esferas não jurídicas), como a propensão para considerar mais os efeitos práticos de decisões do que debater soluções para problemas concretos em torno de conceitos vagos, teorias ambiciosas e generalidades.[45]

Na visão de Posner, o juiz pragmático é uma expressão desse ânimo. Ele é "impaciente com abstrações, como 'justiça' e

---

[42] V. DWORKIN, Ronald. *O império do direito*. Tradução Jefferson Luiz Camargo. São Paulo: Martins Fontes, 1999, caps. IV e V. Para completar, sua concepção de direito como integridade também se apresenta como contrária ao ativismo e "a qualquer prática de jurisdição constitucional que lhe esteja próxima" (DWORKIN, Ronald. *O império do direito*. Tradução Jefferson Luiz Camargo. São Paulo: Martins Fontes, 1999, p. 452).

[43] POSNER, Richard. *Law, pragmatism, and democracy*. Cambridge: Harvard University Press, 2003, p. 12, 26.

[44] POSNER, Richard. *Law, pragmatism, and democracy*. Cambridge: Harvard University Press, 2003, p. 11. Para Posner, espera-se que a desconexão entre direito e filosofia pragmatista seja bastante marcada, uma vez que esta, por ser mais crítica de teorias do que da prática, tem pouco a dizer sobre práticas específicas, como as que estão envolvidas na administração do direito (id.). Cf. também ARGUELHES, Diego Werneck; LEAL, Fernando. Pragmatismo como [meta]teoria da decisão judicial: Caracterização, Estratégias e Implicações. *In*: Daniel Sarmento (coord.). *Filosofia e teoria constitucional contemporânea*. Rio de Janeiro: Lumen Juris, 2009, p. 178.

[45] ARGUELHES, Diego Werneck; LEAL, Fernando. Pragmatismo como [meta]teoria da decisão judicial: Caracterização, Estratégias e Implicações. *In*: Daniel Sarmento (coord.). *Filosofia e teoria constitucional contemporânea*. Rio de Janeiro: Lumen Juris, 2009, p. 177.

'equidade', com slogans, como 'autogoverno' e 'democracia', e com a retórica pretensiosa de 'absolutos' – a menos que esteja convencido de que erguer essas bandeiras tenha valor social prático".[46] Além disso, ele é sensível aos efeitos concretos de suas ações, embora (i) não esteja preocupado exclusivamente com as consequências imediatas das suas decisões, como prescrevem algumas versões éticas consequencialistas,[47] e (ii) não possua um olhar limitado em curto prazo.[48] Um juiz pragmático não desconsidera a relevância das virtudes associadas ao Estado de Direito, como segurança, previsibilidade e estabilidade, e leva em conta os *efeitos sistêmicos* de suas escolhas para a promoção desses valores quando decide. Por isso, nem sempre as consequências importantes para a justificação de uma decisão serão as relacionadas imediatamente ao caso que se enfrenta. Em certas ocasiões, observar regras e reconhecer bolsões de formalismo deverá prevalecer no enfrentamento de casos específicos precisamente em razão das suas consequências práticas.[49] E, antes que se imagine o contrário, isso não cria nenhum tipo de tensão com o agir pragmático. Um juiz pragmático, como dito, não rejeita princípios do Estado de Direito. Ele só não os sacraliza,[50] como se eles tivessem algum tipo de valor intrínseco.

Como se nota, da aplicação de alguma versão do pragmatismo filosófico no direito ao esforço de Posner para se manter dele distante, o sentido da expressão "pragmatismo jurídico" não é de apreensão rápida e incontestável. Dependendo de como é compreendida, ela pode até mesmo beirar o trivial, ao designar, por meio de um rótulo pomposo, não mais do que "bom senso" ou "senso prático".[51]

---

[46] POSNER, Richard. *Law, pragmatism, and democracy*. Cambridge: Harvard University Press, 2003, p. 12.
[47] VERMEULE, Adrian. Instrumentalisms. *Harvard Law Review*, v. 120, n. 8, jun. 2007, p. 2115-2117. V. também PETTIT, Philip: Consequentialism. *In*: SINGER, Peter (Ed.). *A companion to ethics*. Oxford: Blackwell, 1991, p. 230-240.
[48] POSNER, Richard. *Law, pragmatism, and democracy*. Cambridge: Harvard University Press, 2003, p. 12.
[49] POSNER, Richard. *Law, pragmatism, and democracy*. Cambridge: Harvard University Press, 2003, p. 60.
[50] POSNER, Richard. *Law, pragmatism, and democracy*. Cambridge: Harvard University Press, 2003, p. 12.
[51] ARGUELHES, Diego Werneck; LEAL, Fernando. Pragmatismo como [meta]teoria da decisão judicial: Caracterização, Estratégias e Implicações. *In*: Daniel Sarmento (coord.). *Filosofia e teoria constitucional contemporânea*. Rio de Janeiro: Lumen Juris, 2009, p. 177.

Entre nós, porém, se a reforma produzida pela Lei nº 13.655/18 na LINDB é um marco das inclinações pragmáticas sentidas no direito público brasileiro, agir ou decidir pragmaticamente parece superar os sentidos mais gerais e banais da expressão. Tomando o artigo 20 da LINDB como referência,[52] o tipo de pragmatismo em que parece ter investido o legislador conjugaria as duas marcas mais centrais do pragmatismo cotidiano mencionado por Posner: (i) o anticonceitualismo (na medida em que o dispositivo tenta limitar de alguma forma o recurso, nas esferas administrativa, controladora e judicial, a "valores jurídicos abstratos" na justificação de decisões) e (ii) o consequencialismo (que se expressa na disposição para considerar os efeitos concretos – ou, na dicção legal, as "consequências práticas" – das decisões).[53] Independentemente dessas disputas, em qualquer dessas caracterizações distantes do instrumentalismo radical, parece menos evidente que o pragmatismo jurídico conduza inevitavelmente ao *ativismo judicial*. Não, pelo menos, antes que se defina o que a expressão quer dizer.

3 Ativismo judicial e suas facetas

Ativismo judicial é mais um "ismo" de múltiplos sentidos. Em razão dessa característica, tal qual ocorre com pragmatismo e instrumentalismo, a expressão nem sempre é empregada com rigor, uniformidade e, sobretudo, polaridade constante. Embora, no geral, o tom associado à expressão seja negativo, é possível encontrar autores que consideram o ativismo uma "solução",

---

[52] "Art. 20. Nas esferas administrativa, controladora e judicial, não se decidirá com base em valores jurídicos abstratos sem que sejam consideradas as consequências práticas da decisão." (BRASIL. *Lei nº 13.655, de 25 de abril de 2018*. Inclui no Decreto-Lei nº 4.657, de 4 de setembro de 1942 (Lei de Introdução às Normas do Direito Brasileiro), disposições sobre segurança jurídica e eficiência na criação e na aplicação do direito público. Brasília, DF: Presidência da República, 25 abr. 2018. Disponível em: http://www.planalto.gov.br/ccivil_03/_ato2015-2018/2018/lei/L13655.htm. Acesso em: 03 jul. 2020).

[53] Na mesma linha, defende Gustavo Binenbojm a proximidade do que considera ser um "giro pragmático" no direito administrativo com o pragmatismo cotidiano de Posner, que impõe "basear conceitos, proposições e decisões no exame de suas consequências práticas, em um determinado contexto concreto, sem prestar necessária reverência a premissas teóricas inquestionáveis". V. BINENBOJM, Gustavo. *Poder de polícia, ordenação, regulação*: transformações político-jurídicas, econômicas e institucionais do direito administrativo ordenador. 2. ed. Belo Horizonte: Fórum, 2017, p. 58.

ainda que contextual, para dilemas da jurisdição constitucional.[54] Sem embargo, a presença cada vez mais constante da expressão no vocabulário acadêmico e no debate público, aliada à ductilidade típica de termos plurívocos tornam o rótulo "ativismo judicial" uma espécie de jargão amplamente disponível para a caracterização de uma decisão específica ou postura judicial da qual geralmente se discorde.[55] Sem que se saiba, no entanto, o que o define, a utilização do termo vem permanentemente acompanhada do risco de apelo meramente retórico a algo, no fundo, "inútil, por superabrangente, ou, ainda pior, [...] [a] uma daquelas armadilhas semânticas que enredam os participantes desavisados do debate público, fazendo-os supor verdades ainda não estabelecidas e levando-os a julgar instituições e a formar opiniões políticas a partir de mistificações dissolventes".[56]

Como síntese de uma crítica a abusos relacionados ao exercício da jurisdição, Keenan Kmiec tem razão ao declarar que "a ideia de ativismo judicial existe há muito mais tempo do que o termo",[57] cunhado em 1947. Seu autor não foi um juiz ou professor de direito, mas o historiador Arthur Schlesinger Jr., que o empregou em um artigo para a revista *Fortune*, um veículo destinado ao público em geral de caráter não acadêmico.[58] Em seu artigo, Schlesinger Jr.

---

[54] BARROSO, Luis Roberto. Judicialização, ativismo judicial e legitimidade democrática. [Syn]Thesis, Rio de Janeiro, v. 5, n. 1, 2012, p. 32. Na linha de não visualizar uma série de atuações do STF comumente consideradas "ativistas" (como, por exemplo, a interferência da corte na execução de políticas públicas e, ao exercer a jurisdição constitucional, ir além da mera função de legislador negativo) como reflexo "de atuação desbordante do princípio da separação de poderes ou das exigências da democracia representativa", cf. BRANCO, Paulo Gustavo Gonet. Em busca de um conceito fugidio – o ativismo judicial. In: FELLET, André Luiz Fernandes; DE PAULA, Daniel Giotti; NOVELINO, Marcelo. As novas faces do ativismo judicial. Salvador: Juspodivm, 2011, p. 398.

[55] Assim o é nos EUA desde os anos 50 e 60 do século passado, após o período de avanços associados à corte Warren. V. ARGUELHES, Diego Werneck; OLIVEIRA, Fabiana Luci; RIBEIRO, Leandro Molhano. Ativismo judicial e seus usos na mídia brasileira. *Direito, Estado e Sociedade*, Rio de Janeiro, n. 40, jan./jun. 2012 p. 39.

[56] BRANCO, Paulo Gustavo Gonet. Em busca de um conceito fugidio – o ativismo judicial. In: FELLET, André Luiz Fernandes; DE PAULA, Daniel Giotti; NOVELINO, Marcelo. As novas faces do ativismo judicial. Salvador: Juspodivm, 2011, p. 388.

[57] KMIEC, Keenan D. Origin and current meanings of judicial activism. *California Law Review*, v. 92, n. 5, out. 2004, p. 1444.

[58] SCHLESINGER JR., Arthur M. The Supreme Court: 1947. *Fortune*, jan. 1947, p. 76-78, apud KMIEC, Keenan D. Origin and current meanings of judicial activism. *California Law Review*, v. 92, n. 5, out. 2004, p. 1446.

apresentou um perfil dos nove integrantes da Suprema Corte naquele momento, explicando as alianças e divisões entre eles.[59] No texto, os juízes Black, Douglas, Murphy e Rutledge foram classificados como "ativistas", enquanto os juízes Frankfurter, Jackson e Burton como os "campeões da autocontenção". Entre os dois extremos estariam o juiz Reed e o Chief Justice Vinson.[60] Para a sustentação da conclusão, ideias diferentes foram utilizadas para diferenciar os três grupos de juízes. Nas palavras de Schlesinger Jr.:[61]

> This conflict may be described in several ways. The Black-Douglas group believes that the Supreme Court can play an affirmative role in promoting the social welfare; the Frankfurter-Jackson group advocates a policy of judicial self-restraint. One group is more concerned with the employment of the judicial power for their own conception of the social good; the other with expanding the range of allowable judgment for legislatures, even if it means upholding conclusions they privately condemn. One group regards the Court as an instrument to achieve desired social results; the second as an instrument to permit the other branches of government to achieve the results the people want for better or worse. In brief, the Black-Douglas wing appears to be more concerned with settling particular cases in accordance with their own social preconceptions; the Frankfurter-Jackson wing with preserving the judiciary in its established but limited place in the American system.

Como se observa, os critérios manejados pelo autor são de distintas naturezas. Para a caracterização dos "ativistas", estes podem ser definidos como juízes que acreditam que devem buscar ativamente a promoção do bem-estar social, servem-se de suas competências em favor das suas próprias concepções de bem ou encaram as decisões da corte como instrumentos para a realização de resultados socialmente desejáveis. Essa diversidade, que pode ser lida como produto de imprecisão conceitual, dificulta a captação do que exatamente a expressão quer dizer. Mas não só por isso, a

---

[59] KMIEC, Keenan D. Origin and current meanings of judicial activism. *California Law Review*, v. 92, n. 5, out. 2004, p. 1446.

[60] SCHLESINGER JR., Arthur M. The Supreme Court: 1947. *Fortune*, jan. 1947, p. 76-78 *apud* KMIEC, Keenan D. Origin and current meanings of judicial activism. *California Law Review*, v. 92, n. 5, out. 2004, p. 1446.

[61] SCHLESINGER JR., Arthur M. The Supreme Court: 1947. *Fortune*, jan. 1947, p. 201 *apud* KMIEC, Keenan D. Origin and current meanings of judicial activism. *California Law Review*, v. 92, n. 5, out. 2004, p. 1446.

complexidade por trás do esforço de definir "ativismo judicial" a partir dessas pistas decorre do fato de que a diversidade de sentidos que esses parâmetros podem receber depende, no fundo, (i) da sua relação com teorias normativas geralmente abrangentes sobre o papel do Judiciário na democracia e na tutela de direitos fundamentais e (ii) da articulação dessas teorias (ii.i) com maiores ou menores níveis de vinculação ao que o direito aplicável a casos concretos prescreve como solução (especialmente regras e precedentes) e/ou (ii.ii) com o reconhecimento de espaços de atuação legítima de outros poderes que devem ser preservados pela atividade jurisdicional. Esses sentidos expressam, de uma maneira geral, como a expressão ativismo judicial está basicamente relacionada à fidelidade ao direito que se espera de um magistrado ou ao espaço de atuação apropriada do Judiciário em um regime democrático organizado em torno de alguma concepção de separação de poderes.

Em qualquer dos casos, é evidente como a definição de ativismo e a sua valoração dependem de alguma *teoria normativa* que defina de antemão o papel esperado ou considerado "normal" do Judiciário e como ele deve interagir com outros poderes. Dependendo de como a teoria de referência estabelece as condições para a diferenciação entre atuação adequada e desviante e relaciona esses qualificativos ao conceito de "ativismo judicial", será possível não apenas classificar uma conduta ou decisão como ativista como também avaliá-la positiva ou negativamente.[62] Isso significa que debates sobre o sentido e o valor do ativismo judicial envolvem debates anteriores marcadamente normativos e/ou conceituais, como aqueles que dizem respeito ao papel do Judiciário na democracia, ao que significa interpretar e aplicar adequadamente a Constituição ou à justificação de um modelo de deferência judicial a escolhas de outros poderes.[63] E, para cada um desses temas,

---

[62] ARGUELHES, Diego Werneck; OLIVEIRA, Fabiana Luci; RIBEIRO, Leandro Molhano. Ativismo judicial e seus usos na mídia brasileira. *Direito, Estado e Sociedade*, Rio de Janeiro, n. 40, jan./jun. 2012, p. 41.

[63] Como exemplo de defesa do ativismo judicial, o ministro Celso de Mello já relacionou o ativismo do Supremo ao cumprimento de sua função institucional, o que afastaria do conceito a ideia de usurpação de competências ou de desobediência à Constituição. Nas palavras do ministro, "o chamado ativismo judicial é uma resposta do Supremo a provocações formais da sociedade a partir de mecanismos criados pela Constituição para neutralizar o caráter lesivo das omissões do Congresso ou do Executivo. Nesses casos, não

há uma ampla diversidade de propostas, incluindo alternativas sustentadas *pragmaticamente*.[64] Não bastasse isso, a complexidade das disputas envolvendo a definição de ativismo judicial se amplia quando a aplicação em casos concretos dos parâmetros oferecidos por teorias normativas para a apreciação da atuação judicial apropriada se torna, ela mesmo, um problema de interpretação do direito ou, mais especificamente, de interpretação da Constituição. Como bem sustentam Diego Arguelhes, Fabiana Oliveira e Leandro Ribeiro,[65] "[a] própria delimitação do que consiste em uma atuação constitucionalmente desviante ou aceitável está sujeita a interpretação jurídica – ainda mais se tratando de casos nos quais princípios constitucionais estão em jogo, como ocorre em grande parte dos casos contemporâneos em que a política é judicializada no Brasil e no mundo". Com isso, "a dificuldade de se remover a carga valorativa da expressão 'ativismo judicial' é um reflexo de um problema anterior e insolúvel: a dificuldade de se remover a carga valorativa da atividade de interpretação jurídica em si – em especial da interpretação constitucional".[66]

Tudo isso só revela como podem ser difíceis e discutíveis as tarefas de definição de "ativismo judicial", de atribuição de valor à expressão e de aplicação concreta do epíteto "ativista" a uma corte ou decisão. Como consequência dessa complexidade, a expressão "ativismo judicial" pode ser empregada em contextos muito diversos, o que pode reduzi-la, na prática, a "mera arma política",[67] a um rótulo vazio permanentemente disponível para ser empregado

---

há interferência indevida do Supremo: o Tribunal está apenas cumprindo sua função". Cf. Anuário da Justiça de 2010. Consultor Jurídico, 2010, p. 77, apud BRANCO, Paulo Gustavo Gonet. Em busca de um conceito fugidio – o ativismo judicial. In: FELLET, André Luiz Fernandes; DE PAULA, Daniel Giotti; NOVELINO, Marcelo. *As novas faces do ativismo judicial*. Salvador: Juspodivm, 2011, p. 394-395.

[64] V. item 4, *infra*.

[65] ARGUELHES, Diego Werneck; OLIVEIRA, Fabiana Luci; RIBEIRO, Leandro Molhano. Ativismo judicial e seus usos na mídia brasileira. *Direito, Estado e Sociedade*, Rio de Janeiro, n. 40, jan./jun. 2012, p. 41.

[66] ARGUELHES, Diego Werneck; OLIVEIRA, Fabiana Luci; RIBEIRO, Leandro Molhano. Ativismo judicial e seus usos na mídia brasileira. *Direito, Estado e Sociedade*, Rio de Janeiro, n. 40, jan./jun. 2012, p. 41.

[67] ARGUELHES, Diego Werneck; OLIVEIRA, Fabiana Luci; RIBEIRO, Leandro Molhano. Ativismo judicial e seus usos na mídia brasileira. *Direito, Estado e Sociedade*, Rio de Janeiro, n. 40, p. 34-64, jan./jun. 2012.

como forma de criticar uma decisão da qual se discorde. Desprovida de qualquer rigor, a etiqueta perde o seu potencial para orientar debates acadêmicos e práticos construtivos, restando apenas o seu papel retórico e a sua conotação quase sempre pejorativa.[68]

De qualquer forma, mesmo excluído o apelo pouco criterioso ou meramente estratégico, marcas da aludida pluralidade de sentidos de "ativismo judicial" são evidentes. Para além dos conteúdos difusos relacionados por Schlesinger Jr. à expressão, Arguelhes, Oliveira e Ribeiro identificaram, após pesquisa empírica em reportagens de dois jornais de grande circulação nacional, três padrões recorrentemente associados à expressão pela mídia no Brasil: (i) ativismo como usurpação de poder; (ii) ativismo como ocupação de vácuo de poder; (iii) ativismo como engajamento judicial com causas políticas ou sociais.[69] Kmiec, por sua vez, sistematiza cinco significados centrais associados à expressão: (i) invalidação de ações alegadamente constitucionais de outros poderes, (ii) inobservância de precedentes, (iii) atuação judicial como legislador ("legislação judicial"), (iv) desvios de metodologias interpretativas aceitas e (v) decisão orientada em resultados.[70] Barroso,[71] finalmente, sustenta que "[a] postura ativista se manifesta por meio de diferentes condutas, que incluem: (i) a aplicação direta da Constituição a situações não expressamente contempladas em seu texto e independentemente de manifestação do legislador ordinário;

---

[68] KMIEC, Keenan D. Origin and current meanings of judicial activism. *California Law Review*, v. 92, n. 5, out. 2004, p. 1444.
[69] ARGUELHES, Diego Werneck; OLIVEIRA, Fabiana Luci; RIBEIRO, Leandro Molhano. Ativismo judicial e seus usos na mídia brasileira. *Direito, Estado e Sociedade*, Rio de Janeiro, n. 40, jan./jun. 2012, p. 35 e 50ss. Em detalhamento desses sentidos, explicam os autores: "Identificamos alguns padrões recorrentes: (i) ativismo como usurpação de poder, com o Judiciário avançando sobre competências dos outros poderes e eventualmente se chocando com decisões políticas tomadas nestas outras esferas; (ii) ativismo como ocupação de vácuo de poder, com os juízes resolvendo questões e dilemas de política pública que não vem sendo enfrentados no âmbito dos outros Poderes; (iii) ativismo como engajamento judicial com causas políticas ou sociais, em contraposição à tradicional imagem de neutralidade política do Poder Judiciário" (ARGUELHES, Diego Werneck; OLIVEIRA, Fabiana Luci; RIBEIRO, Leandro Molhano. Ativismo judicial e seus usos na mídia brasileira. *Direito, Estado e Sociedade*, Rio de Janeiro, n. 40, jan./jun. 2012, p. 35).
[70] KMIEC, Keenan D. Origin and current meanings of judicial activism. *California Law Review*, v. 92, n. 5, out. 2004, p. 1444
[71] BARROSO, Luis Roberto. Judicialização, ativismo judicial e legitimidade democrática. *[Syn]Thesis*, Rio de Janeiro, v. 5, n. 1, 2012, p. 26.

(ii) a declaração de inconstitucionalidade de atos normativos emanados do legislador, com base em critérios menos rígidos que os de patente e ostensiva violação da Constituição; (iii) a imposição de condutas ou de abstenções ao Poder Público, notadamente em matéria de políticas públicas."

Essas são apenas algumas ilustrações da plurivocidade de uma expressão cada vez mais presente em debates nacionais e internacionais sobre o desenvolvimento concreto da jurisdição constitucional. Para os fins deste trabalho, não é necessário, todavia, detalhar cada um dos sentidos ou apresentar as teorias normativas sobre atuação judicial adequada que podem embasar ou infirmar cada um deles. Para o estabelecimento de relações possíveis entre "ativismo" e "pragmatismo", basta que se observe como aos dois "ismos" diferentes significados podem ser reconduzidos e como alguns deles podem tornar a relação entre ambos mais próxima, tensa ou simplesmente indiferente. Enquanto, por exemplo, o quinto sentido identificado por Kmiec (julgamento orientado em resultados) sugere uma associação forte entre ativismo e uma versão instrumentalista do pragmatismo, a inobservância de precedentes pode ser rejeitada por uma concepção pragmatista que, como visto, leva a sério os efeitos sistêmicos atrelados ao respeito a padrões jurídicos autoritativos, como regras e precedentes, para a promoção de valores centrais do Estado de Direito.[72] Finalmente, uma teoria (i) de legitimação do ativismo judicial fundada sobre a proteção mais intensa a direitos fundamentais em razão de algum valor intrínseco que se atribua a eles ou (ii) de justificação para o primeiro sentido atribuído por Barroso a uma "postura ativista" (aplicação direta da Constituição em casos de lacuna e independentemente de interposição legislativa) pode simplesmente não guardar nenhuma relação com qualquer proposta pragmática. Perceber essas relações já seria suficiente para enfraquecer a tese de que juízes pragmáticos são necessariamente juízes ativistas. Mas, como veremos adiante, é possível ir além em reforço dessa conclusão.

---

[72] Nesse sentido, v. POSNER, Richard. *Law, pragmatism, and democracy*. Cambridge: Harvard University Press, 2003, p. 63. SUNSTEIN, Cass. Must formalism be defended empirically? *The University of Chicago Law Review*, Chicago, v. 66, 3, 1999, p. 668.

4 Peças para uma justificação pragmática para a autocontenção judicial

Uma maneira aparentemente simples de justificar a inexistência de relação necessária entre pragmatismo e ativismo judicial está na possibilidade de utilização de argumentos pragmáticos para rejeitar os sentidos mais básicos associados ao ativismo: a inobservância do direito e a invasão de espaços de atuação de outros poderes. Uma defesa pragmática do formalismo, como esboçado, é possível, embora dependente de uma definição prévia de formalismo e, assim, da exploração dos diversos significados relacionados a um novo "ismo".[73] Para evitar o aprofundamento em mais um dilema conceitual, a defesa pragmática de posturas de autocontenção – de sentido menos controvertido do que "formalismo" – será explorada neste momento mais detalhadamente como argumento específico para separar "pragmatismo" de uma das manifestações mais recorrentes de "ativismo judicial".

Toma-se como ponto de partida a concepção de pragmatismo na qual, como sustentado, parece ter investido o legislador por intermédio do artigo 20 da LINDB e que tem marcado as inclinações pragmáticas no direito brasileiro, notadamente no direito administrativo. Essa versão, que conjuga anticonceitualismo e consequencialismo, é de relevância imediata pela associação com o direito positivo. Ademais, ela é ampla o suficiente para captar o tipo de temperamento característico de advogados e juízes a que se refere Posner em seu modelo de pragmatismo cotidiano, que, ao mesmo tempo, soa intuitivo e procura se desprender de associações prévias com o pragmatismo filosófico.

A opção por essa versão mais simples sugere que a defesa pragmática de um modelo de autocontenção depende basicamente (i) da exclusão de uma estratégia de justificação amparada em conceitos abstratos e normativamente carregados, como "separação de poderes", "democracia" e "constitucionalismo",

---

[73] V. a respeito LEAL, Fernando. A Constituição diz o que eu digo que ela diz: formalismo inconsistente e textualismo oscilante no direito constitucional brasileiro. *Revista Brasileira de Direitos Fundamentais & Justiça*, Porto Alegre v. 12, n. 39, p. 99-143, jul./dez. 2018.

e (ii) de considerações sobre os possíveis efeitos positivos associados a posturas judiciais autocontidas. Como se nota, dado que o anticonceitualismo apenas fecha as portas para a adoção de uma estratégia de justificação, a validade do argumento depende fundamentalmente da apresentação de um raciocínio *consequencialista* apto para sustentar o resultado.

É certo que pragmatismo e consequencialismo não se confundem.[74] Dworkin, por exemplo, propõe uma teoria da decisão judicial que ele mesmo define como consequencialista,[75] ainda que seja um crítico severo do pragmatismo e use a concepção de Posner como o alvo para o desenvolvimento de suas objeções. A inexistência de similitude entre os temos se explica porque, embora todo pragmatismo seja necessariamente consequencialista, nem todo consequencialismo conduz necessariamente a alguma versão do pragmatismo jurídico.[76]

Uma tentativa sofisticada de oferecimento de um modelo consequencialista de justificação de padrões de comportamento judicial (incluindo modelos de deferência e de autocontenção) que se apresenta como aderente ao pragmatismo de Posner é a desenvolvida por Cass Sunstein e Vermeule.[77] Em seu modelo de justificação, a preferência por métodos de interpretação e posturas decisórias depende de considerações consequencialistas dinâmicas, análises empíricas e comparações entre capacidades institucionais aferíveis nos limites do funcionamento de um arranjo institucional específico. Não há, por isso, uma resposta

---

[74] VERMEULE, Adrian. Instrumentalisms. *Harvard Law Review*, v. 120, n. 8, jun. 2007, p. 2117.

[75] DWORKIN, Ronald. *Justice in robes*. Cambridge: Belknap/Harvard, 2006, p. 61: "[T]he embedded approach [to legal reasoning] I defend [...] is plainly consequential rather than deontological."

[76] E o mesmo vale para o utilitarismo, que se compromete com algum critério de *utilidade* para a valoração dos estados do mundo associados a diferentes alternativas de decisão, e para a Análise Econômica do Direito, que pressupõe algum critério de *eficiência* para a realização do mesmo trabalho. Como uma teoria de justificação que mede a adequação de uma decisão em função de seus efeitos futuros, o consequencialismo não precisa necessariamente se comprometer com um critério de valoração dos efeitos esperados de cursos de ação. V. a respeito ARGUELHES, Diego Werneck; LEAL, Fernando. Pragmatismo como [meta]teoria da decisão judicial: Caracterização, Estratégias e Implicações. *In:* Daniel Sarmento (coord.). *Filosofia e teoria constitucional contemporânea*. Rio de Janeiro: Lumen Juris, 2009, p. 188-194 e LEAL, Fernando. *Ziele und Autorität*, op. cit., parte B, III, 7.

[77] SUNSTEIN, Cass R.; VERMEULE, Adrian. Interpretation and institutions. *Michigan Law Review*, Ann Arbor, v. 101, n. 4, 2003, p. 911.

em abstrato para os problemas associados a como juízes devem se comportar quando são chamados a interpretar o direito ou a decidir casos que envolvem possíveis espaços de sobreposição de competências com o Executivo ou o Legislativo. As soluções são *contextuais* e imaginadas para além da resolução dos casos concretos com os quais juízes reais podem se deparar. Nessa perspectiva consequencialista, a análise crucial não é a dos efeitos projetáveis das alternativas decisórias que se colocam diante de um problema jurídico específico, mas aquela associada à identificação dos *efeitos sistêmicos* que podem decorrer da adoção de um método de decisão ou uma postura decisória ao longo do tempo. Isso quer dizer que as consequências do caso, obtidas em análises do tipo *"all-things-considered"*, não necessariamente determinarão a solução jurídica do problema específico a ser decidido.

Juízes pragmáticos, alerta Posner, precisam também estar atentos aos efeitos que podem ser produzidos se o tipo de comportamento adotado para a solução de cada caso for mantido no enfrentamento de futuros problemas.[78] Reproduzidas no tempo, certas atitudes podem gerar mais incerteza e outras consequências indesejáveis que não são percebidas quando se adota uma perspectiva estática centrada exclusivamente na busca pela melhor solução para o caso concreto a ser decidido. Isso pode ocorrer quando regras e precedentes são sistematicamente derrotados e escolhas legislativas ou administrativas são constantemente revistas. Ainda que para o caso concreto adotar qualquer um desses caminhos pareça ser o melhor, a consideração dos efeitos colaterais que podem ser produzidos pela sinalização de que o direito não tende a vincular o Judiciário pode sugerir não os seguir. Para Posner, por isso, "apenas muito excepcionalmente seria justificável para o juiz desconsiderar o juízo legislativo".[79]

A proposta de Sunstein e Vermeule, embora destaque a centralidade da consideração de efeitos dinâmicos de alternativas de decisão, pretende avançar em relação à defesa pragmática

---

[78] POSNER, Richard. *Law, pragmatism, and democracy*. Cambridge: Harvard University Press, 2003, p.59.
[79] POSNER, Richard. *Law, pragmatism, and democracy*. Cambridge: Harvard University Press, 2003, p. 71.

de atitudes formalistas e posturas autocontidas de Posner, ao ressaltar que a distinção entre "consequências relacionadas ao caso" e "consequências sistêmicas" é míope ao papel central que aspectos institucionais desempenham – e deveriam desempenhar – para a solução de problemas de decisão jurídica. Consequências sistêmicas, antes de limites laterais à busca pela resposta a ser privilegiada no caso concreto, representam um elemento necessário para a superação de dilemas decisórios por juízes que não atuam em um vácuo institucional.[80] É exatamente porque escolhas judiciais produzem reflexos sobre decisões de outros poderes que a insensibilidade institucional é um problema sério a ser superado.[81] Para tanto, uma justificação pragmática em favor de certa postura decisória ou teoria interpretativa depende de considerações sobre as efetivas limitações e habilidades das instituições. Comparar capacidades institucionais para a projeção dos efeitos sistêmicos de escolhas judiciais é o que permitirá afirmar se, em um dado arranjo institucional, faz mais sentido privilegiar o formalismo ou outra alternativa (como a ponderação de princípios) e atuar de maneira mais autocontida ou ativista.

Essa proposta pragmática orientada na busca por soluções de segunda-ordem para problemas decisórios reais não leva, portanto, invariavelmente ao ativismo judicial ou a um instrumentalismo endêmico. Teoricamente é até possível que essas soluções prevaleçam em contextos específicos, mas a justificação dessas opções não se dá em abstrato e independentemente das capacidades empiricamente aferíveis das instituições que interagem em um mesmo arranjo institucional. Ela depende, na verdade, da realidade em que escolhas judiciais serão implementadas e da sua aptidão para produzir consequências melhores, nos termos de algum critério de valoração, comparativamente a outras alternativas disponíveis.

É possível certamente problematizar esse modelo pragmático de justificação como excessivamente exigente, na medida em que a sua operacionalização pode depender de elevada capacidade

---

[80] SUNSTEIN, Cass R.; VERMEULE, Adrian. Interpretation and institutions. *Michigan Law Review*, v. 101, n. 4, 2003, p. 913.

[81] SUNSTEIN, Cass R.; VERMEULE, Adrian. Interpretation and institutions. *Michigan Law Review*, v. 101, n. 4, 2003, p. 913.

de processamento de muitas informações.[82] A complexidade da proposta, no entanto, é possivelmente um investimento inevitável para impedir a generalização de um pragmatismo caricato.

O maior risco do amplo endosso do pragmatismo, como reconhece o próprio Posner, é o de ele se tornar, na prática, uma desculpa com ares de sofisticação teórica para cinismo e preguiça intelectual de advogados, estudantes, professores de direito e, mais catastroficamente, juízes.[83] Em sua pior versão, o pragmático rejeita e despreza esforços teóricos, princípios jurídicos fundamentais e não investe tempo para apreender e entender regras jurídicas e métodos de interpretação com o discurso fugaz de que isso "não leva ao ponto" e representa "um mero obstáculo para pensarmos no que realmente importa".[84] Em uma alternativa igualmente perversa, o pragmático não descarta empreendimentos teóricos, conceitos abstratos e métodos de decisão, mas tão somente porque reconhece possíveis benefícios associados à sua livre utilização – quase sempre como simples *slogans*. Nessa dimensão, teorias, conceitos e métodos, que não precisam ser necessariamente conhecidos em todos os seus detalhes, são manipulados seletiva e acriticamente, tornando a orientação pragmática fonte de justificação para o sincretismo. Com a desculpa de "se apropriar do que teorias e métodos podem oferecer de melhor", o pragmatismo atua como etiqueta garantidora do ar pseudoerudito considerado importante para a justificação de qualquer resultado a partir de excertos mal costurados de teorias (frequentemente mal compreendidas) e fontes autoritativas de decisão.

O ecletismo vazio,[85] que pode tornar o pragmatismo tanto favorável como contrário ao recurso a teorias "em benefício da prática", não é, contudo, o único problema a ser considerado. Livre de compromissos fundacionalistas, o pragmático vulgar,

---

[82] V., por exemplo, ARGUELHES, Diego Werneck; LEAL, Fernando. Dois problemas de operacionalização do argumento de "capacidades institucionais". *Revista Estudos Institucionais*, Rio de Janeiro, v. 2, n. 1, p. 192-213, 2016.

[83] POSNER, Richard. *Law, pragmatism, and democracy*. Cambridge: Harvard University Press, 2003, p. 63.

[84] POSNER, Richard. Legal pragmatism. *Metaphilosphy*, Malden, v. 35, n. 1-2, jan. 2004, p. 153.

[85] STONE, Martin. Four qualms about "legal pragmatism". *In*: HUBBS, Graham; LIND, Douglas (ed.). *Pragmatism, law, and language*. New York/London: Routledge, 2014, p. 286 ss.

em sua apropriação superficial do pragmatismo, não apenas menospreza, ironiza ou se aproveita estrategicamente de exercícios intelectuais mais densos. Ele é também um *especulador* sobre o futuro. Suas considerações consequencialistas são intuitivamente orientadas, e o que aparenta ser uma análise cuidadosa sobre efeitos práticos de decisões não costuma ser mais do que um chute sobre como as coisas podem ser. Nessa versão rasa, que conjuga desprezo teórico e o que Conrado Hübner Mendes chamou de "consequenciachismo",[86] o pragmático pode ser ativista ou autocontido, mas isso não será mais do que fruto do acaso. Escapar dessa aleatoriedade sem suporte algum exige que o pragmatismo seja capaz de se apresentar como uma concepção sobre o direito e, mais especificamente, sobre o raciocínio judicial teoricamente estruturada a ponto de, ainda que criticável, poder ser levada a sério por perspectivas rivais. E é por meio do complexo modelo apresentado que o pragmatismo pode sustentar justificadamente por que não conduz necessariamente a um colapso instrumentalista ou ao ativismo judicial.

5 Conclusão

O objetivo central deste trabalho era enfrentar a pergunta colocada em seu título: juízes pragmáticos são necessariamente juízes ativistas? Após esclarecimentos conceituais – tão necessários quando "ismos" estão em jogo – e a apresentação da possibilidade de sustentação pragmática de posturas autocontidas é possível, em conclusão, responder negativamente à questão.

---

[86] MENDES, Conrado Hübner. Jurisprudência impressionista. *Época*, [S.l.], 14 set. 2018. Disponível em: https://epoca.globo.com/conrado-hubner-mendes/jurisprudencia-impressionista-23066592. Acesso em: 25 jun. 2019. O texto gerou um pequeno debate. V. a respeito MENDONÇA, José Vicente Santos de. Em defesa do consequenciachismo. *Revista Colunistas de Direito do Estado*, Rio de Janeiro, n. 413, 16 set. 2018. Disponível em: http://www.direitodoestado.com.br/colunistas/jose-vicente-santos-mendonca/em-defesa-do-consequenciachismo. Acesso em: 03 mai. 2020.; WANG, Daniel Wei Liang. Entre o consequenciachismo e o principiachismo, fico com a deferência. *Jota*, [S.l.], 20 set. 2018. Disponível em: https://www.jota.info/opiniao-e-analise/artigos/entre-o-consequenciachismo-e-o-principiachismo-fico-com-a-deferencia-20092018. Acesso em: 25 jul. 2019. LEAL, Fernando. Consequenciachismo, principialismo e deferência: limpando o terreno. *Jota*, [S.l.], 01 out. 2018. Disponível em: https://www.jota.info/stf/supra/consequenciachismo-principialismo-e-deferencia-limpando-o-terreno-01102018. Acesso em: 03 maio 2020.

Embora descritivamente possa ser correto que juízes declarados pragmáticos possam ser mais ativistas ou que a redução do pragmatismo a uma versão caricata sugira uma associação quase imediata com instrumentalismo, como *teoria ou metateoria normativa da decisão judicial* o pragmatismo não necessariamente endossa esses resultados. Isso não quer dizer que as recentes inclinações pragmáticas notadas no direito brasileiro serão suficientes para produzir, no tempo, mais segurança e instabilidade interinstitucional. Conhecer, no entanto, os riscos associados a um pragmatismo raso e a complexidade de operacionalização de suas melhores versões é um passo importante na direção da consolidação de um pragmatismo marcado por um consequencialismo prudente[87] e por um anticonceitualismo que não desague em cinismo ou sincretismo. Sem isso, o ativismo judicial imoderado é apenas um dos muitos possíveis efeitos perversos que a aposta no pragmatismo pode produzir.

Referências

ARGUELHES, Diego Werneck; LEAL, Fernando. Pragmatismo como [meta]teoria da decisão judicial: Caracterização, Estratégias e Implicações. *In:* Daniel Sarmento (coord.). *Filosofia e teoria constitucional contemporânea*. Rio de Janeiro: Lúmen Juris, 2009, p. 171-211.

ARGUELHES, Diego Werneck; LEAL, Fernando. Dois problemas de operacionalização do argumento de "capacidades institucionais". *Revista Estudos Institucionais*, Rio de Janeiro, v. 2, n. 1, p. 192-213, 2016.

ARGUELHES, Diego Werneck; OLIVEIRA, Fabiana Luci; RIBEIRO, Leandro Molhano. Ativismo judicial e seus usos na mídia brasileira. *Direito, Estado e Sociedade*, Rio de Janeiro, n. 40, p. 34-64, jan./jun. 2012.

BINENBOJM, Gustavo. *Poder de polícia, ordenação, regulação:* transformações político-jurídicas, econômicas e institucionais do direito administrativo ordenador. 2. ed. Belo Horizonte: Fórum, 2017.

BARROSO, Luis Roberto. Anotações para o voto oral do ministro Luís Roberto Barroso. Recurso Extraordinário 635.659. Descriminalização do porte de drogas para consumo próprio. *Revista Consultor Jurídico*, [S.l.], 10 set. 2015. Disponível em: https://www.conjur. com.br/dl/leia-anotacoes-ministro-barroso-voto.pdf. Acesso em: 09 jan. 2020.

BARROSO, Luis Roberto. Sairemos melhores do que entramos. *Migalhas*, [S.l.], 27 fev. 2019. Disponível em: https://migalhas.uol.com.br/depeso/297106/sairemos-melhores-do-que-entramos. Acesso em 30 dez. 2020.

---

[87] Nessa linha, por exemplo, referindo-se a um pragmatismo constitucionalmente adequado, MENDONÇA, José Vicente Santos de. *Direito constitucional econômico*. 2. ed. Belo Horizonte: Fórum, 2018, p. 93-103

BARROSO, Luis Roberto. Judicialização, ativismo judicial e legitimidade democrática. [Syn]Thesis, Rio de Janeiro, v. 5, n. 1, p. 23-32, 2012.

BRANCO, Paulo Gustavo Gonet. Em busca de um conceito fugidio – o ativismo judicial. In: FELLET, André Luiz Fernandes; DE PAULA, Daniel Giotti; NOVELINO, Marcelo. As novas faces do ativismo judicial. Salvador: Juspodivm, 2011, p. 387-401.

BRASIL. Lei nº 13.655, de 25 de abril de 2018. Inclui no Decreto-Lei nº 4.657, de 4 de setembro de 1942 (Lei de Introdução às Normas do Direito Brasileiro), disposições sobre segurança jurídica e eficiência na criação e na aplicação do direito público. Brasília, DF: Presidência da República, 25 abr. 2018. Disponível em: http://www.planalto.gov.br/ccivil_03/_ato2015-2018/2018/lei/L13655.htm. Acesso em: 03 jul. 2020.

BRASIL. Supremo Tribunal Federal. *Posse dos ministros Nelson Azevedo Jobim na presidência e Ellen Gracie Northfleet na vice-presidência do Supremo Tribunal Federal*: sessão solene realizada em 3 de junho de 2004. Brasília, DF: Supremo Tribunal Federal, 03 jun. 2004. Disponível em: http://www.stf.jus.br/bibliotecadigital/Plaquetas/722718/PDF/722718.pdf. Acesso em: 08 jan. 2021.

BRASIL. Supremo Tribunal Federal. *Discurso do Excelentíssimo Senhor Ministro Luiz Fux por ocasião da posse no cargo de Presidente do Supremo Tribunal Federal e do Conselho Nacional de Justiça*. Brasília, DF: Supremo Tribunal Federal, 10 set. 2020. Disponível em: http://www.stf.jus.br/arquivo/cms/noticiaNoticiaStf/anexo/DiscursoPosseFux.pdf. Acesso em: 08 jan. 2021.

BRASIL. Supremo Tribunal Federal. *Abertura da audiência pública nº 26*. Ação cível originária 3.233 Minas Gerais. Conflitos federativos sobre questões fiscais dos estados e da união. Audiência Pública convocada pelo Ministro Luiz Fux, para discutir os conflitos federativos relacionados ao bloqueio, pela União, de recursos dos estados-membros em decorrência da execução de contragarantia em contratos de empréstimos não quitados. Brasília, DF: Supremo Tribunal Federal, 25 jun. 2019. Disponível em: http://www.stf.jus.br/arquivo/cms/audienciasPublicas/anexo/AudinciaPblicaConflitoFederativoQuestesfiscais.pdf. Acesso em: 09 jan. 2020.

DEWEY, John. Logical method and law. *Cornell Law Review*, Ithaca, v. 10, n. 1, p. 17-27, dez. 1924.

DWORKIN, Ronald. *O império do direito*. Tradução Jefferson Luiz Camargo. São Paulo: Martins Fontes, 1999.

DWORKIN, Ronald. *Justice in robes*. Cambridge: Belknap/Harvard, 2006.

EISENBERG, José. Pragmatismo jurídico. In: BARRETO, Vicente de Paulo (coord.). *Dicionário de filosofia do direito*. Rio de Janeiro/Porto Alegre: Renovar/Unisinos, 2006, pp. 656-657.

FARBER, Daniel A. Legal pragmatism and the constitution. *Minnesota Law Review*, Minneapolis, v. 72, p. 1331-1378, 1988.

GREY, Thomas C. Freestanding legal pragmatism. *Cardozo Law Review*, Nova Iorque, v. 18, n. 1, p. 21-42, set. 1996.

JUSTEN FILHO, Marçal. Art. 20 da LINDB: Dever de transparência, concretude e proporcionalidade nas decisões públicas. *Revista de Direito Administrativo*. Edição Especial: Direito Público na Lei de Introdução às Normas de Direito Brasileiro – LINDB (Lei nº 13.655/2018), p. 13-41, nov. 2018.

KMIEC, Keenan D. Origin and current meanings of judicial activism. *California Law Review*, Berkeley, v. 92, n. 5, p. 1441-1477, out. 2004.

LEAL, Fernando. Inclinações pragmáticas no direito administrativo: nova agenda, novos problemas. O caso do PL 349/15. *In:* LEAL, Fernando; MENDONÇA, José Vicente de (org.). *Transformações do direito administrativo*: consequencialismo e estratégias regulatórias. Rio de Janeiro: FGV, 2017.

LEAL, Fernando. *Ziele und Autorität*: Zu den Grenzen teleologischen Rechtsdenkens. Baden-Baden: Nomos, 2014.

LEAL, Fernando. A Constituição diz o que eu digo que ela diz: formalismo inconsistente e textualismo oscilante no direito constitucional brasileiro. *Revista Brasileira de Direitos Fundamentais & Justiça*, Porto Alegre v. 12, n. 39, p. 99-143, jul./dez. 2018.

LEAL, Fernando. Consequenciachismo, principialismo e deferência: limpando o terreno. *Jota*, [S.l.], 01 out. 2018. Disponível em: https://www.jota.info/stf/supra/consequenciachismo-principialismo-e-deferencia-limpando-o-terreno-01102018. Acesso em: 03 maio 2020.

LUBAN, David. What's pragmatic about legal pragmatism?. *Cardozo Law Review*, Nova Iorque, v. 18, n. 1, pp. 43-74, set. 1996.

MAGALHÃES, Andréa. *Jurisprudência da crise*. Uma perspectiva pragmática. Rio de Janeiro: Lúmen Juris, 2017.

MELLO, Marco Aurélio. *Voto no Recurso Extraordinário 565.089 São Paulo*. Brasília, DF: Supremo Tribunal Federal, 09 jun. 2011. Disponível em: https://www.stf.jus.br/arquivo/cms/noticiaNoticiaStf/anexo/RE565089.pdf. Acesso em: 09 jan. 2020.

MENDES, Conrado Hübner. Jurisprudência impressionista. *Época*, [S.l.], 14 set. 2018. Disponível em: https://epoca.globo.com/conrado-hubner-mendes/jurisprudencia-impressionista-23066592. Acesso em: 25 jun. 2019.

MENDONÇA, José Vicente Santos de. Em defesa do consequenciachismo. *Revista Colunistas de Direito do Estado,* Rio de Janeiro, n. 413, 16 set. 2018. Disponível em: http://www.direitodoestado.com.br/colunistas/jose-vicente-santos-mendonca/em-defesa-do-consequenciachismo. Acesso em: 03 mai. 2020.

MENDONÇA, José Vicente Santos de. *Direito constitucional econômico*. 2. ed. Belo Horizonte: Fórum, 2018.

POGREBINSCHI, Thamy. *Pragmatismo*: teoria social e política. Rio de Janeiro: Relume Dumará, 2005.

PETTIT, Philip: Consequentialism. *In:* SINGER, Peter (ed.). *A companion to ethics.* Oxford: Blackwell, 1991, p. 230-240.

POSNER, Richard. *Law, pragmatism, and democracy*. Cambridge: Harvard University Press, 2003.

POSNER, Richard. Legal pragmatism. *Metaphilosphy*, Malden, v. 35, n. 1-2, p. 147-159, jan. 2004.

RORTY, Richard. The Banality of Pragmatism and the Poetry of Justice. *Southern California Law Review*, Los Angeles, v. 63, p. 1811-1819, 1990.

RORTY, Richard. *Consequences of pragmatism*. Minneapolis: University of Minnesota Press, 1982.

SCHAUER, Frederick. Formalism. *The Yale Law Journal*, New Haven, v. 97, n. 4, p. 509-548, mar. 1988.

SCHAUER, Frederick. *Thinking like a lawyer*: A new introduction to legal reasoning. Cambridge/London: Harvard University Press, 2009.

STONE, Martin. Four qualms about "legal pragmatism". *In:* HUBBS, Graham; LIND, Douglas (Ed.). *Pragmatism, law, and language*. New York/London: Routledge, 2014.

STRECK, Lenio. O realismo ou "quando tudo pode ser inconstitucional". *Consultor Jurídico* (Conjur), [S.l.], 02 jan. 2014. Disponível em: https://www.conjur.com.br/2014-jan-02/senso-incomum-realismo-ou-quando-tudo-inconstitucional. Acesso em: 22 dez. 2020.

STRUCHINER, Noel. Algumas "proposições fulcrais" acerca do direito: o debate jusnaturalismo vs. juspositivismo. *In:* MAIA, Antônio Cavalcant; MELO, Carolina de Campos; CITTADINO, Gisele; POGREBINSCHI, Thamy (org.). *Perspectivas Atuais da Filosofia do Direito*. Rio de Janeiro: Lumen Juris, 2005, p. 399-415.

SUNDFELD, Carlos Ari. *Direito administrativo para céticos*. 2. ed. São Paulo: Direito GV/Malheiros, 2014.

SUNSTEIN, Cass. Must formalism be defended empirically? *The University of Chicago Law Review*, Chicago, v. 66, 3, p. 636-670, 1999.

SUNSTEIN, Cass R.; VERMEULE, Adrian. Interpretation and institutions. *Michigan Law Review*, v. 101, n. 4, p. 885-951, 2003.

TAMANAHA, Brian Z. *Law as a means to an end*: threat to the rule of law. Cambridge: CUP, 2006.

VERMEULE, Adrian. Instrumentalisms. *Harvard Law Review*, v. 120, n. 8, p. 2113-2132, jun. 2007.

WANG, Daniel Wei Liang. Entre o consequenciachismo e o principiachismo, fico com a deferência. *Jota*, [S.l.], 20 set. 2018. Disponível em: https://www.jota.info/opiniao-e-analise/artigos/entre-o-consequenciachismo-e-o-principiachismo-fico-com-a-deferencia-20092018. Acesso em: 25 jul. 2019.

Informação bibliográfica deste texto, conforme a NBR 6023:2018 da Associação Brasileira de Normas Técnicas (ABNT):

LEAL, Fernando. Juízes pragmáticos são necessariamente juízes ativistas?. *In:* TOLEDO, Cláudia (coord.). *Atual judiciário*: ativismo ou atitude. Belo Horizonte: Fórum, 2022. p. 201-230. ISBN 978-65-5518-270-5.

JUSTICIABILIDADE DOS DIREITOS FUNDAMENTAIS SOCIAIS E ORDENS CONSTITUCIONAIS*

GERTRUDE LÜBBE-WOLFF

Direitos fundamentais sociais e ordens constitucionais são judiciáveis? Foi com as inúmeras Constituições dos antigos Estados socialistas[1] que essa questão retomou a relevância na Europa. Esses Estados procuravam garantir um pouco de continuidade na ordem social do respectivo sistema comunitário por meio de direitos fundamentais sociais e ordens constitucionais, superando a convulsão das condições sociais. Na base das considerações a seguir está um artigo publicado no periódico *Jahrbuch des öffentlichen Rechts der Gegenwart*, de 2005, p. 1 ss, que foi ampliado para a presente publicação e atualizado quanto à jurisprudência, até o ano de 2015.

I Direitos fundamentais sociais e ordens constitucionais no direito alemão

A Lei Fundamental alemã (*Grundgesetz*, GG) garante aos cidadãos, prioritariamente, direitos fundamentais de liberdade; ela não contém um catálogo de direitos fundamentais sociais – em especial, garantias explícitas dos direitos sociais "clássicos" ao trabalho, à moradia e educação. Somente o art. 6, §4 da Lei Fundamental formula explicitamente um direito fundamental social, qual seja, o "direito" de cada mãe à "proteção e aos cuidados da comunidade". Entretanto, a Lei Fundamental conhece uma série de *ordens constitucionais* orientadas para fins sociais.

---

* Tradução do idioma alemão para português por Claudio Molz. Revisão técnica da tradução por Cláudia Toledo. Título original: *Justiziabilität sozialer Grundrechte und Verfassungsaufträge*.

[1] Cf., por exemplo, P. Häberle, Dokumentation von Verfassungsentwürfen und Verfassungen ehemals sozialistischer Staaten in (Süd)Osteuropa und Asien [Documentação de projetos de Constituição e Constituições dos ex-países socialistas na Europa Oriental (Meridional) e Ásia], em: *JöR* 43 (1995), p. 105 ss.; 45 (1997), 177 ss., 46 (1998), 123 ss.

O art. 20, §1 e o art. 28, §1, inciso 1 da Lei Fundamental definem a República Federal da Alemanha como um Estado não só democrático, federal e de Direito, mas também "Social". Reside nisso – inquestionavelmente – uma ordem constitucional a todos os poderes do Estado de zelar, no âmbito das suas competências, por um ordenamento social justo,[2] no que se inclui a tarefa de garantir um equilíbrio entre as diferenças sociais.[3] O dever do governo federal e dos estados membros, que foi integrado na Lei Fundamental em 1967, de levarem em consideração "as exigências do equilíbrio econômico geral nas suas gestões orçamentárias" também se trata de uma ordem constitucional com conteúdo social (art. 109, §2, da Lei Fundamental). Considera-se equilíbrio econômico geral, no sentido do art. 109, §2, da Lei Fundamental, segundo a teoria econômica pública na qual essa disposição se baseia, uma condição de realização otimizada simultânea das quatro metas macroeconômicas de estabilidade do nível dos preços, alto índice de emprego, equilíbrio econômico externo, bem como crescimento econômico constante e adequado.[4] O art. 109, §2, da Lei Fundamental contém, portanto, entre outros, uma ordem constitucional – vinculada ao dever de considerar os outros objetivos mencionados – de combate ao desemprego.[5]

Enquanto se atribui ao princípio do Estado Social e à obrigação da gestão orçamentária de alcançar o equilíbrio macroeconômico, tomados por si sós, apenas o sentido de direito objetivo, o art. 6, §1, da Lei Fundamental, que coloca o casamento e a família "sob a proteção especial da ordem estatal", e o art. 6, §5, da Lei Fundamental, que obriga o poder legislativo a criar, para filhos nascidos fora do casamento, condições iguais àquelas dos filhos nascidos dentro do matrimônio, quanto ao seu desenvolvimento físico e psicológico e ao seu posicionamento na sociedade, apresentam-se, segundo a jurisprudência do

---

[2] BVerfGE 94, 241 (263); 97, 169 (185).
[3] BVerfGE 100, 271 (284).
[4] Cf. a decodificação em §1 Stabilitätsgesetz [lei da estabilidade].
[5] Quanto a outras ordens constitucionais, integradas na Lei Fundamental ao longo das alterações constitucionais após a reunificação, cf. ainda abaixo.

Tribunal Constitucional Federal, tanto como uma proteção de direito objetivo – respectivamente, uma ordem de igualdade de oportunidades –, como também os direitos fundamentais individuais correspondentes.[6] Em sua jurisprudência mais recente, o Tribunal Constitucional Federal também retirou da garantia constitucional da inviolabilidade da dignidade humana (art. 1, §1, da Lei Fundamental) uma pretensão de direito fundamental social, ou seja, a pretensão de benefícios estatais para assegurar um mínimo existencial humanamente digno.[7]

Além disso, segundo jurisprudência do Tribunal Constitucional Federal, decorre dos direitos fundamentais em geral, mesmo quando se tratar de direitos clássicos de liberdade, uma obrigação do Estado não apenas de deixar de cometer interferências injustificadas, mas também de proteger ativamente esses direitos e os pressupostos fáticos para o seu exercício.[8] O Tribunal Constitucional Federal desenvolveu a ideia do dever de proteção dos direitos fundamentais, inicialmente a partir de casos nos quais se tratava do direito fundamental à vida e à integridade física. A primeira decisão impactante

---

[6] Quanto ao art. 6 §1 da Lei Fundamental, fundamentalmente BVerfGE 6, 55 (72 ss., 76); quanto ao art. 6 §5 da Lei Fundamental, BVerfGE 25, 167 (173), o respectivo precedente penal.
[7] Sobre isso, em detalhes, abaixo no item III. 2.
[8] BVerfGE 102, 370 (393); 92, 26 (46), cada obra com mais informações; de modo geral, quanto à dimensão dos direitos a prestações positivas, basicamente as palestras sobre o tema *Grundrechte im Leistungsstaat* [Direitos Fundamentais em um Estado Prestacional] de W. Martens e P. Häberle no encontro dos professores de direito público, 1971, publicações da *Vereinigung der Deutschen Staatsrechtslehrer* [Associação dos professores de direito público alemães] 30 (1972), p. 7 ss., 43 ss.; do grande número de trabalhos surgidos na época seguinte – cf., por exemplo, W. Böckenförde, Grundrechtstheorie und Grundrechtsinterpretation [Teoria dos Direitos Fundamentais e Interpretação de Direitos Fundamentais], *Neue Juristische Wochenschrift*, 1974, p. 1529 ss.; G. Robbers, *Sicherheit als Menschenrecht* [Segurança como Direito Humano], Baden-Baden 1987; G. Hermes, *Das Grundrecht auf Schutz von Leben und Gesundheit* [O Direito Fundamental de Proteção à Vida e à Saúde], 1987; E. Klein, Grundrechtliche Schutzpflichten des Staates [Deveres de Proteção Estatal dos Direitos Fundamentais], *NJW* 1989, p. 1633 ss.; J. Dietlein, *Die Lehre von den grundrechtlichen Schutzpflichten* [A Teoria dos Deveres de Proteção aos Direitos Fundamentais], 1992; H.H. Klein, Die grundrechtliche Schutzpflicht [O Dever de Proteção dos Direitos Fundamentais], *DVBL* 1994, p. 489 ss.; P. Unruh, *Zur Dogmatik der grundrechtlichen Schutzpflichten* [Sobre a Dogmática dos Deveres de Proteção dos Direitos Fundamentais], 1996; H.-U. Erichsen, Grundrechtliche Schutzpflichten in der Rechtsprechung des Bundesverfassungsgerichts [Deveres de Proteção de Direitos Fundamentais na Jurisprudência do Tribunal Constitucional Federal], *Jura* 1997, p. 85 ss.; J. Isensee, *Das Grundrecht auf Sicherheit* [O Direito Fundamental à Proteção], 2ª ed., 2001; M. Borowski, Grundrechtliche Leistungsrechte [Direitos Fundamentais à Prestação], in: *JöR NF* 50 (2002), p. 301 ss.

se referia à questão de se, sob determinados pressupostos, a assim chamada regulamentação de prazos da quinta lei de reforma do direito penal de 1974, segundo a qual deveria continuar permitido o aborto nas primeiras doze semanas a partir da concepção, seria compatível com a Lei Fundamental. O Tribunal Constitucional Federal respondeu negativamente a essa pergunta, devido ao dever do Estado de proteger a vida em desenvolvimento no útero, derivando do dever de proteção dos direitos fundamentais uma obrigação adicional de proteção penal.[9] Decisões posteriores estenderam a ideia do dever de proteção também a diversos outros direitos fundamentais, e finalmente generalizaram-na.[10] Do ponto de vista técnico-jurídico, trata-se, no caso dos deveres de proteção aos direitos fundamentais, em primeira linha, de ordens constitucionais, que permitem, em especial, ao legislador um amplo espaço de ação. No entanto, em princípio também se reconhece que eles, em casos excepcionais – o Tribunal Constitucional Federal falou de casos de *evidente violação*[11] –, podem condensar-se em uma pretensão exigível judicialmente do respectivo titular de direito fundamental. Pelo menos a esse respeito, os deveres de proteção aos direitos fundamentais não são, substancialmente, nada mais que direitos fundamentais sociais, que não estão explicitamente dispostos no texto constitucional, mas são dele derivados por meio de interpretação.

No início dos anos 1990, ocorreu, na Alemanha, um debate intenso sobre se, em virtude da reunificação, direitos fundamentais sociais ou ordens constitucionais orientadas para fins sociais, culturais e ecológicos deviam ser integrados na Lei Fundamental. O desejo provinha, sobretudo, dos novos estados membros da federação. Para os alemães da antiga. Para os alemães da antiga RDA*, tratava-se, nesse tema, de preservar um pouco da identidade e da continuidade e, como

---

[9] BVerfGE 39, 1 (41). Quanto ao aborto, cf. também posteriormente ainda BVerfGE 88, 203.
[10] Cf., em época mais recente, BVerfGE 125, 39 (78); 125, 39 (78); 133, 59 (76).
[11] BVerfGE 56, 54 (80); cf. também, com transcrições um pouco diferentes, BVerfGE 77, 170 (214 s.); 92, 26 (46).
* NT – República Democrática Alemã (RDA), *Deutsche Demokratische Republik* (DDR).

contribuição própria, inclui-los na Constituição de todos os alemães. Contra esse desejo compreensível, porém, prevaleceu a rejeição predominante na Alemanha Ocidental.[12] Das numerosas sugestões relativas a direitos fundamentais sociais ou a ordens constitucionais adicionais somente poucas foram integradas na Lei Fundamental: art. 3, §2, da Lei Fundamental, que estabelece a igualdade entre mulheres e homens, foi complementado por uma obrigação expressa do Estado no sentido de fomentar a igualdade fática de direitos entre mulheres e homens, e atuar na direção da eliminação de desvantagens existentes.[13] Com o art. 20a da Lei Fundamental, ao chamado "objetivo estatal de proteção ambiental", integrou-se, além disso, uma obrigação do Estado de proteção aos recursos naturais.

Os adversários dessas alterações constitucionais argumentavam, na época, em primeiro lugar, em relação à inexistente justiciabilidade; direitos fundamentais sociais e ordens constitucionais apenas representariam promessas constitucionais vazias, podendo, por isso, gerar nos cidadãos somente falsas expectativas e, inevitavelmente, consequentes decepções. De fato, o temor inverso também exerceu um papel, de que direitos fundamentais sociais e ordens constitucionais, novos na Constituição, na prática judicial, pudessem se mostrar faticamente justiciáveis, de modo que os tribunais, portanto, pudessem fazer algo com eles, utilizando-os para uma ampliação da competência jurisdicional à custa das competências do Legislativo e do Executivo. Esse temor fica muito evidente na formulação da nova ordem constitucional para a proteção dos recursos naturais (art. 20a da Lei Fundamental): "O Estado protege, inclusive em responsabilidade pelas gerações futuras, os recursos naturais no âmbito da

---

[12] Cf., por todos, J. Isensee, Mit blauem Auge davongekommen [Com olho roxo, mas escapou]. Sobre o trabalho e aos resultados da comissão constitucional conjunta, in: *Neue Juristische Wochenschrift* 1993, p. 1 993 ss.
[13] Quanto à história do surgimento J. Limbach/M.Eckertz-Höfer (ed.), *Frauenrechte im Grundgesetz des geeinten Deutschland* [Direitos das mulheres na Lei Fundamental da Alemanha reunificada], 1993; quanto ao entendimento de que a determinação, tomada em si mesma, possui apenas sentido de direito objetivo, cf. U. Sacksofsky, in: Umbach/Clemens, *Mitarbeiterkommentar* [Comentário de empregados], v. 1, 2002, Rd. 358 ao art. 3, II, III 1 da Lei Fundamental, com outras informações.

ordem constitucional pelo poder legislativo, e, de acordo com a lei e o direito, pelo poder executivo e pelo poder judiciário". Logicamente, o artigo deveria ter terminado depois da primeira frase ("O Estado protege... os recursos naturais"). Todo o acréscimo de cautelas que se segue é supérfluo, pois o fato de ordens constitucionais somente poderem ser cumpridas "no âmbito da ordem constitucional" e pelos diferentes ramos do poder público nos seus respectivos âmbitos de competência em relação aos direitos fundamentais é óbvio.[14] A ênfase com que se acreditou dever, mais uma vez, enfatizar isso evidencia que a introdução desse chamado "objetivo estatal de proteção ambiental" caracterizava-se mais pelo temor de implementação do que pela vontade de implementá-la. O objetivo estatal de proteção ambiental também não conseguiu assumir as funções apelativas e integrativas, que uma disposição constitucional, como expressão simbólica da vontade comum, normalmente pode ter independentemente do grau da sua justiciabilidade,[15] porque ele simbolizava, na sua redação desfigurada, não uma disposição de avanço e união no sentido de um objetivo conjunto, mas mesquinhez e vontade de limitar a alteração constitucional ao simbólico. O art. 20a da Lei Fundamental foi alterado no ano de 2002. Essa alteração, porém, não se refere à forma insatisfatória desse artigo constitucional. Pelo contrário, a obrigação de proteção foi estendida para além dos recursos naturais "aos animais", os quais, agora, deverão ser protegidos como indivíduos – por exemplo, diante de maus tratos desnecessários em experiências com animais – e não mais apenas funcionalmente como um elemento dos recursos naturais.[16]

Direitos fundamentais sociais explícitos encontram-se em uma série de Constituições dos estados membros alemãs,

---

[14] Cf. D. Murswiek, Staatsziel Umweltschutz [Finalidade do Estado de Proteção Ambiental] (art. 20a da Lei Fundamental), in: *Neue Zeitschrift für Verwaltungsrecht* 1996, p. 222 ss.
[15] Mais detalhes quanto a isso, G. Lübbe-Wolff, Verfassungsrechtliche Grenzen symbolischer Umweltpolitik [Limites constitucionais de política ambiental simbólica], in: B. Hansjürgens/G. Lübbe-Wolff (ed.), *Symbolische Umweltpolitik* [Política ambiental simbólica], Frankfurt a.M. 2000, p. 217 (224ss, com mais informação).
[16] Mais detalhes quanto a isso, J. Caspar / M. Geissen, Das neue Staatsziel, Tierschutz" [O novo objetivo do Estado, proteção dos animais"] em art. 20a da Lei Fundamental, in: *Neue Zeitschrift für Verwaltungsrecht* 2002, p. 913 ss., com mais informação.

especialmente em algumas das primeiras Constituições do período pós-guerra. Um catálogo especialmente extenso de tais direitos fundamentais está contido, por exemplo, na Constituição bávara (1946), entre os quais está o direito à moradia adequada, o direito à formação profissional que corresponda às capacidades reconhecíveis e à vocação interior, e o direito de criar uma existência adequada para si pelo trabalho.[17] De fato, os bávaros têm ido relativamente bem em todos esses aspectos há bastante tempo. A quota de desemprego, por exemplo, que em dezembro de 2014, na média da federação estava em pouco menos que 6,4%, na Baváira somava apenas 3,6%.[18] Entretanto, ninguém nunca chegou a ter a ideia, enquanto eu saiba, de que isso se devesse aos direitos fundamentais sociais da Constituição bávara. Realmente esses direitos fundamentais não são, na Bavária, nem em outros estados da federação, cujas Constituições contenham algo comparável, interpretados como direitos individuais justiciáveis, mas sim apenas como ordens constitucionais limitadamente justiciáveis.[19] Nas Constituições dos novos estados federados, tendo como pano de fundo a experiência de que direitos fundamentais sociais provaram ser apenas muito limitadamente justiciáveis, os assuntos sociais, que poderiam ter sido considerados para a consolidação como direitos fundamentais sociais, foram desde o início formulados não como direitos, mas como ordens constitucionais. Em Mecklemburgo-Pomerânia Ocidental, Saxônia e Saxônia-Anhalt incluíram-se essas ordens constitucionais, a fim de evitar o surgimento de falsas expectativas de justiciabilidade, em outras seções da Constituição, separadas dos direitos fundamentais judicialmente exigíveis de liberdade e igualdade.[20]

---

[17] Cf. art. 106, §1, art. 128 §1, art. 166, §2, da Constituição da Bavária.
[18] Dados da *Bundesagentur für Arbeit* [Agência Federal do Trabalho], acessíveis em suas páginas de internet (acesso em 09 jan. 2015).
[19] Th. Meder, *Die Verfassung des Freistaates Bayern* [a Constituição do estado livre da Bavária], 4ªed. 1992, nota 1 quanto ao art. 106; nota 1 quanto ao art. 166, com mais informação.
[20] Cf. seção 1, III da Constituição do estado de Mecklemburgo Pomerânia Ocidental ("objetivos do Estado"); seção 1ª da Constituição do estado livre da Saxônia ("Os fundamentos do Estado"); parte principal 2, terceira seção da Constituição do estado de Saxônia-Anhalt ("objetivos do Estado"). Mais detalhes H. Riepe, *Soziale Grundrechte in den Verfassungen der Länder Brandenburg, Mecklenburg-Vorpommern, Sachsen, Sachsen-Anhalt und*

Deve-se finalmente observar ainda que a República Federal da Alemanha assumiu compromisso de reconhecimento de direitos sociais em diversos tratados internacionais. Podem mencionar-se aqui, especialmente, o Pacto Internacional sobre Direitos Econômicos, Sociais e Culturais e a Carta Social Europeia. Os direitos provenientes desses dois tratados vigoram na Alemanha em nível de simples direito ordinário.

II A justiciabilidade limitada de direitos fundamentais sociais e das ordens constitucionais

A justiciabilidade de direitos fundamentais sociais enfrenta três limites: o limite do faticamente possível, o limite da competência judicial e o limite da executoriedade judicial.

1 O limite do faticamente possível

Direitos fundamentais sociais relacionam-se com prestações estatais. A capacidade prestacional do Estado é, porém, limitada. Se houver alto desemprego ou faltarem recursos ao Estado para garantir aos cidadãos segurança social suficiente, então um direito fundamental ao trabalho ou um direito fundamental à segurança social não altera em nada o fato de que mesmo o Judiciário não pode afastar a falta de empregos e a falta de recursos financeiros.[21] Justamente direitos fundamentais sociais ambiciosos e "grandes", como o direito ao trabalho – compreendido como direito a um emprego – levantam esse problema da realizabilidade, que a ciência jurídica e a jurisprudência, em geral, têm enfrentado, definindo direitos fundamentais desse tipo, de antemão, como não individualmente exigíveis judicialmente. No caso de direitos fundamentais

---

Thüringen [Direitos fundamentais sociais nas Constituições dos estados de Brandenburgo, Mecklenburgo Pomerânia Ocidental, Saxônia, Saxônia-Anhalt e Turíngia], Hamburgo 1996 (Riepe designa também regulamentos, que foram evidentemente formulados como ordens constitucionais, de direitos fundamentais sociais).

[21] Cf. quanto à reserva do possível, diferenciando Häberle (nota de rodapé 8), p. 107 ss., 114.

sociais "menores", que podem ser mais facilmente cumpridos, por exemplo, o direito de gratuidade de determinadas formações profissionais, garantido pelo art. 13, §2a, do Pacto Internacional sobre Direitos Econômicos, Sociais e Culturais (pacto social da ONU), bem como por numerosas Constituições e, para o caso da obrigatoriedade do ensino básico, o art. 14, §2, da Carta de Direitos Fundamentais da União Europeia, o problema da realizabilidade não se apresenta necessariamente com a mesma intensidade, de modo que, sob esse ponto de vista, a justiciabilidade de tal direito também está sujeita a limites menos rigorosos.[22]

2 O limite da competência judicial

Constituições democráticas e de Estado de direito atribuem ao Judiciário uma parcela significativa de poder público – especialmente significativa, quando elas previrem, como as Constituições da Ucrânia e da República Federal da Alemanha, uma jurisdição constitucional que tem autoridade de examinar os atos do legislativo quanto à sua compatibilidade com a Constituição e, eventualmente, refutá-los. Simultaneamente, porém, o poder do Judiciário é limitado e também deve sê-lo.

Uma das principais limitações consiste em que, segundo uma tradição jurídica do continente europeu, os tribunais somente podem começar a atuar a partir de uma requisição

---

[22] Os direitos do Pacto Social da ONU são, realmente, colocados de modo expresso pelo próprio pacto sob a reserva do faticamente possível, na medida em que art. 2, §1, do pacto só compromete os Estados signatários a um esgotamento de todas as possibilidades, para aos poucos alcançar, com todos os meios apropriados, a plena realização desses direitos. A Carta dos Direitos Fundamentais da União Europeia garante direitos fundamentais sociais apenas em âmbito restrito; um direito social ambicioso, como o direito ao trabalho, por exemplo, não está incluído na Carta. Sobre o âmbito restrito também dos direitos à seguridade e à assistência social, segundo o art. 34 da Carta, cf. U. Davy, Sozialpolitik der Union [Política Social da União], in: M. Niedobitek (ed.), *Europarecht – Politiken der Union* [Direito Europeu – Políticas da Inião] Berlin/Boston 2014, p. 775 (798 ss.); sobre o âmbito restrito dos direitos relativos à educação segundo art. 14 da Carta, C. Langenfeld, Soziale Grundrechte [Direitos Fundamentais Sociais], in: D. Merten/H.-J. Papier (ed.), *Handbuch der Grundrechte* [Manual dos Direitos Fundamentais], v. VI/1, Europäische Grundrechte [Direitos fundamentais europeus], Heidelberg e outros 2010, p. 1117 (1145 ss.).

que lhe tenha sido apresentada e seja admissível dentro do âmbito da respectiva ordem jurídico-processual. É verdade que os tribunais têm a última palavra – alguns até mesmo frente ao legislador parlamentar; porém, em compensação, também só poderão falar quando forem perguntados. Essa restrição gera efeitos desfavoráveis exatamente em relação à exigibilidade judicial dos direitos fundamentais sociais. Direitos fundamentais de liberdade dirigem-se ao cenário de o Estado *se omita* de tomar determinadas medidas cerceadoras de liberdade. Esses direitos já conseguem ser, em geral, impostos com a simples anulação ou invalidação da contestada medida cerceadora de liberdade. Isso ocorre, em especial, quando se trata de proteção constitucional dos direitos fundamentais de liberdade perante o Legislativo. Se, por exemplo, um dispositivo legal interferir de modo inadmissível no direito fundamental da liberdade de pensamento, a condição constitucionalmente exigida poderá ser restabelecida se o Tribunal Constitucional declarar o dispositivo nulo ou inaplicável.

Isso se aplica especialmente quando se trata da proteção dos direitos fundamentais à liberdade perante o legislativo por parte do Tribunal Constitucional. Se, por exemplo, uma disposição legal interferir inadmissivelmente no direito fundamental à liberdade de opinião, o estado de coisas exigido pela Lei Fundamental pode ser estabelecido pelo Tribunal Constitucional, declarando a disposição nula e sem efeito ou inaplicável. Em geral, porém, a concretização de direitos fundamentais sociais é um empreendimento mais complexo. Direitos fundamentais sociais ambiciosos ("grandes"), como o direito ao trabalho ou o direito à segurança social, não podem ser concretizados pelo simples abster-se do Estado em fazer algo, mas, ao contrário, apenas com base em pressupostos materiais e institucionais. Esses pressupostos materiais e institucionais – um mercado de trabalho que funcione, um sistema de segurança social capaz de prestar serviços etc. – somente podem surgir em uma interação complexa de muitos atores sociais e ser mantidos sob variáveis condições. Eles requerem disposições legais correspondentemente complexas. Os pressupostos para a realização fática de tais direitos não podem ser, por isso, produzidos com as possibilidades pontuais de intervenção de um poder judiciário que depende de provocação. Mesmo as possibilidades ampliadas de um Tribunal Constitucional, que pode declarar inconstitucionais atos do poder legislativo, não bastam para tanto.

É concebível que exatamente um Tribunal Constitucional, além da anulação ou invalidação de medidas estatais inconstitucionais, reivindique o poder de declarar também obrigações de atuação *positiva* do Legislativo e de outros órgãos de Estado, visando à realização de direitos fundamentais sociais. Justamente em uma Constituição, que contém direitos fundamentais sociais e que, assim, obriga o poder do Estado, em especial, o Legislativo, a assegurar o cumprimento dessas promessas jurídicas através de medidas positivas e organizadoras, é razoável supor que aos tribunais – na medida em que se tratar de deveres do legislador de agir – caiba tal poder. No entanto, após exame mais acurado, o exercício de tal poder não é constitucionalmente isento de problemas, apresentando até mesmo riscos de fato para a jurisdição.

A problemática constitucional resulta de que as obrigações, que derivam de um direito fundamental social, são típica e altamente indefinidas, e tanto mais indefinidas quanto mais ambiciosas e complexas forem as condições, das quais depende a realizabilidade fática do direito fundamental, e quanto mais essas condições ainda necessitarem ser criadas. Se uma Constituição assegura trabalho ou segurança social a cada indivíduo, com isso nada ainda se diz sobre os meios, com os quais isso poderia e deveria ser alcançado, caso de fato haja elevado desemprego ou ainda não ou não mais exista um sistema capaz de prestar o serviço de segurança social. A escolha desses meios é uma decisão genuinamente política. Em uma democracia com divisão de poderes não poderá ser tarefa dos tribunais decidir sobre se, para criar empregos, devem ser utilizadas indústrias de propriedade do Estado, medidas de geração de empregos mediante financiamento por impostos ou conceitos de desregulamentação, dos quais se espera uma dinamização do mercado de trabalho, se e em que medida a segurança social deve ser garantida mediante sistema de impostos ou de seguros, e assim por diante.²³ É verdade que decisões aproximadas sobre tais assuntos já foram tomadas pela própria Constituição.

Porém, mesmo diante de tais decisões constitucionais preliminares, numerosas questões de organização ficam em aberto, sobre as quais logicamente apenas o legislador pode decidir. Com a derivação de comandos de atuação positiva e de organização a partir de direitos fundamentais sociais ou de ordens constitucionais relacionadas com sua concretização, os tribunais – mesmo Tribunais Constitucionais – colocam-se em risco de ultrapassar os limites de sua competência constitucional.

3 O limite do poder de executoriedade judicial

Teoricamente, teriam os tribunais, em tais casos, a possibilidade de, em resposta a queixas relevantes, simplesmente apenas declarar que o respectivo direito fundamental social foi violado ou, o que praticamente resultaria no mesmo, de mais uma vez pronunciar, em toda a sua indefinição instrumental, a obrigação que o direito fundamental social impõe ao poder estatal. Contudo, tais pronunciamentos declaratórios ou obrigatórios de modo geral são arriscados para os tribunais, especialmente os Tribunais Constitucionais, porque são ligados a elevado risco de perda de autoridade.

A jurisdição constitucional não possui à sua disposição, caso outros órgãos do Estado não cumpram suas decisões, nenhum exército.²⁴ Ela depende da obediência voluntária, vivendo, portanto, apenas do fato de dispor de uma autoridade, que faticamente proíbe aos demais órgãos de Estado de desprezarem as suas decisões. Entretanto, exigências de

---

[23] Cf. também E.-W. Böckenförde, *Die sozialen Grundrechte im Verfassungsgefüge* [Os direitos fundamentais sociais na estrutura constitucional], in: Böckenförde/Jekewitz/Ramm (ed.), *Soziale Grundrechte. Von der bürgerlichen zur sozialen Rechtsordnung* [Direitos fundamentais sociais. Da ordem jurídica burguesa para a social], Heidelberg 1981, p. 7 (10 ss.); também impresso in: E.-W Böckenförde, *Staat, Verfassung, Demokratie* [Estado, Constituição, democracia], 1991, p. 146 ss.

[24] P. Häberle, Allgemeine Probleme des Verfassungsrechts und der Verfassungsgerichtsbarkeit – auf der Grundlage des deutschen, Modells" und im Blick auf die Ukraine [Problemas gerais do direito constitucional e da jurisdição constitucional – com base no, modelo" alemão e em vista da Ucrânia], in: *JöR* NF 48 (2000), p. 399 (415).

organização feitas por Tribunais Constitucionais, em princípio, correm maior risco de desconsideração do que o tipo clássico de decisões mandamentais ou anulatórias. Isso porque tais decisões podem ser desprezadas sem revolta ativa e, assim, de modo relativamente discreto. Se um Tribunal Constitucional declarar inconstitucional uma lei que interfere em direitos fundamentais, legislador e governo podem simplesmente desprezar essa decisão, agindo ativamente e com toda a clareza ao contrário – por exemplo, continuando indiferentemente a aplicar as disposições da lei declarada inconstitucional ou voltando a promulgar a lei declarada nula, com o mesmo conteúdo. Isso não passa despercebido, causando, se a autoridade da Constituição e a do Tribunal estiverem, ao menos, em boa parte, intactas, indignação pública e, portanto, coloca em perigo os próprios atores insubordinados. Consequentemente, estando as condições constitucionais fundamentalmente intactas, decisões mandamentais e anulatórias do Tribunal Constitucional normalmente não têm nenhum problema de imposição.[25] Se, por outro lado, um Tribunal Constitucional declara que o legislador é constitucionalmente obrigado a alterar o sistema de seguridade social em determinado sentido, o desprezo pode assumir uma forma muito menos visível, muito mais difícil de ser imputada e, portanto, muito menos adequada como ponto de partida para a atenção e a indignação do público – a forma de mera omissão, ou seja, de não concretização, da realização incompleta ou fora do prazo apropriado. Portanto, é aconselhável que o Poder Judiciário, também por razões de prudência em causa própria, seja cauteloso ao prolatar ordens de ação ao legislador.[26]

---

[25] Certamente não há como excluir exceções mesmo sob condições bem estabelecidas de Estado de Direito. Na Alemanha, as reações à decisão do Tribunal Constitucional Federal sobre a cruz nas escolas deram recentemente uma ideia dessa possibilidade. Depois que o Tribunal Constitucional Federal decidiu que era uma violação do dever de neutralidade ideológico-religiosa do Estado – contra os direitos fundamentais da liberdade de crença e o direito à educação dos pais –, quando uma regulamentação legal prevê obrigatoriamente a instalação de uma cruz em todas as salas de aula das escolas públicas (BVerfGE 93, 1), a indignação, sobretudo no estado afetado, a Baviera, foi tão grande que vários políticos anunciavam desobediência a essa decisão, invocando, em alguns casos, até o direito de resistência do art. 20 §4 da Lei Fundamental.

[26] Isso se aplica em qualquer se a ordem de agir não puder ser acompanhada pelo aviso de graves consequências passíveis de abordagem pelos tribunais em caso de descumprimento. Tal

Depois de tudo isso, não é coincidência, se direitos fundamentais sociais – sobretudo direitos fundamentais sociais ambiciosos e "grandes" – muitas vezes não forem compreendidos pelos tribunais como pretensões individuais, cujo conteúdo, que à primeira vista parecem prometer, é judicialmente exigível.[27]

---

acompanhamento é às vezes possível, especialmente na legislação tributária e previdenciária – mas, de forma alguma, sempre. Poderá assumir formas diferentes: é concebível a decisão constitucional de que o legislador deve agir para cumprir um direito social fundamental ou uma ordem constitucional, por meio de uma ameaça da anulação ou invalidação, isto é, pelo anúncio judicial de que o Tribunal, a partir de determinado momento, não aplicará mais certa regulamentação devido à sua constatada inconstitucionalidade, se o legislador não cumprir a ordem constitucional de agir até esse determinado momento. Tal ameaça de anulação ou invalidação, entretanto, geralmente não é possível de forma significativa quando se trata do cumprimento de deveres de prestação de direitos fundamentais sociais. No caso de não cumprimento de deveres relativos a esses direitos, a violação constitucional consiste em uma omissão ou em uma atuação insuficiente do Estado; nesse sentido, não há o que se cobrar. No máximo, o objeto da invalidação poderiam ser as regulamentações existentes com as quais o dever prestacional do Estado seria cumprido até certo ponto, mas não o suficiente – por exemplo, não em medida suficiente ou não em relação a todos os grupos de pessoas que tenham direito – e que poderiam ser, nessa medida, consideradas inconstitucionais. Mas o que é verdadeiramente inconstitucional nessas regulamentações não é a parte existente, e sim a faltante; a invalidação da parte existente, assim, não poderia eliminar a inconstitucionalidade do estado existente, mas, pelo contrário, apenas pioraria o problema. Por esse motivo, nesses casos, também o anúncio judicial de invalidar a regulamentação deficitária existente, caso o legislador não elimine o déficit dentro de determinado prazo, faz pouco sentido. Como alternativa à ameaça de anulação ou invalidação, uma possibilidade para os Tribunais Constitucionais darem peso, por meio de avisos, à declaração de deveres constitucionais do legislador de regulamentar é a constatação de que os próprios tribunais deverão assumir a constitucionalmente necessária tarefa de atuação, sem uma simples base legal – apenas com base na decisão do Tribunal Constitucional – de forma a ser especificada com mais detalhes se o legislador realmente competente não agir dentro do prazo que lhe tenha sido concedido. Essa variante de flanqueamento tem a desvantagem de se vincular com a assunção explícita de tarefas legislativas pelo Tribunal Constitucional. Finalmente há também a possibilidade de que o Tribunal, ao mesmo tempo em que declara o dever legislativo de regulamentação, fixe um prazo para a continuidade da validade da condição jurídica atual, considerada insuficiente, mas sem especificar quais consequências ocorrerão se o legislador não cumprir o seu dever dentro do prazo devido. Poder-se-ia descrever isso como variante de flanqueamento aberto, porque, no caso, inicialmente, permanece em aberto se a violação do dever legislativo após o decurso do prazo terá consequência de anulação ou invalidação judicial seguida de atuação judicial em cumprimento da ordem constitucional, ou nenhuma consequência palpável. A jurisprudência do Tribunal Constitucional Federal sobre questões do dever constitucional de proteção à família, apresentada no item III.1.b, fornece exemplos de algumas dessas variantes, ilustrando as dificuldades que a jurisdição constitucional enfrenta quando se trata de fazer valer aquilo que extrai da Constituição como ordens para o legislador agir, de acordo com sua competência e, simultaneamente, com a ênfase desejada.

[27] Em relação a esse ponto, podem ser dados apenas alguns exemplos. Cf., ilustrativamente, as extensas garantias de direitos fundamentais sociais na Constituição portuguesa, as quais, primariamente, são compreendidas como ordens ao legislador, que é dotado de ampla liberdade de ação, E. M. K. Häußling, *Soziale Grundrechte in der portugiesischen Verfassung von 1976. Verfassung und soziale Wirklichkeit* [Direitos fundamentais sociais na Constituição portuguesa de 1976. Constituição e realidade social], Baden-Baden 1997, p. 106 ss. Quanto a

Os limites, que surgem para a justiciabilidade de direitos fundamentais sociais pelas razões mencionadas, aplicam-se da mesma forma à justiciabilidade das ordens constitucionais dirigidas à realização de objetivos mais exigentes. Uma ordem constitucional objetiva para a garantia de uma oferta suficiente de emprego ou para a proteção do meio ambiente coloca o Poder Judiciário em problemas de realização de um direito subjetivo ao trabalho ou a um ambiente saudável. A situação é mais simples para o Poder Judiciário com essas ordens constitucionais objetivas apenas na medida em que elas não dão nem mesmo a impressão de que alguém poderia pleitear judicialmente o cumprimento do seu objetivo.

Quais papéis – quais papéis *positivos* – esses direitos fundamentais e essas ordens constitucionais podem, realmente, desempenhar em um sistema jurídico? Com que pode especificamente o Judiciário contribuir de forma significativa para a concretização das promessas que faz ao cidadão?

III Possíveis funções dos direitos fundamentais sociais e das ordens constitucionais no sistema jurídico

1 Assunção pelo Judiciário de funções ativas de ação

a) Ultrapassando os limites

Uma *primeira* possibilidade *fática* consiste em que os tribunais ignorem os limites indicados de justiciabilidade dos direitos fundamentais sociais e das ordens constitucionais ou, ao menos,

---

possíveis exceções sob condições especiais cf. ainda o item III.1.a abaixo. Quanto aos direitos fundamentais sociais da Constituição tcheca, os quais, em sua maior parte, são expressamente garantidos apenas por medidas de legislação ordinária, cf. Petr Tröster, Soziale Grundrechte in Europa – Landesbericht Tschechische Republik [Direitos fundamentais sociais na Europa – relatório nacional da República Tcheca], in: Bundesministerium für Arbeit und Sozialordnung [Ministério federal do trabalho e da ordem social], Max-Planck-Institut für ausländisches und internationales Sozialrecht, Akademie der Diözese Rottenburg Stuttgart (ed.), *Soziale Grundrechte in der Europäischen Union* [Direitos Fundamentais Sociais na União Europeia], Baden-Baden 2000/2001, p. 159 ss. (164).

tentem fazê-lo. Esses limites não são, em princípio, intransponíveis, semelhantes a direitos naturais, mas limites estabelecidos ao Judiciário pelo princípio da separação de poderes – sobretudo pelo necessário respeito à liberdade de ação do legislador –, cuja observância, via de regra, é recomendável também no interesse da prudente administração dos próprios recursos de poder.

Entretanto, pode haver situações em que um cálculo realista dos próprios recursos de poder permite de fato a transgressão dos limites da competência judicial. Encontrei um exemplo especialmente impressionante disso em uma conferência na Índia. Juristas locais relataram uma forma de resolver problemas ambientais que é muito incomum de uma perspectiva europeia. Em um estado indiano, várias grandes empresas estavam poluindo o solo e prejudicando a saúde dos moradores de uma determinada área, ao espalhar resíduos tóxicos de iodo de suas fábricas nos campos vizinhos. O tribunal superior do estado federado teria posto um fim a isso, assim foi relatado, ordenando a cada uma das respectivas empresas, em proteção aos direitos fundamentais dos cidadãos cuja saúde foi afetada, investir 1% de suas vendas em um sistema de gasodutos para desviar o iodo e eliminá-lo adequadamente. Isso foi o que aconteceu. Essa decisão foi tomada sem que houvesse qualquer base legal – exceto os direitos fundamentais invocados – e até mesmo, o que me espantou ainda mais, sem que ninguém tivesse demandado isso.[28] O fato de tais decisões judiciais poderem ser tomadas na Índia com a perspectiva de obterem observância foi explicado pelos participantes indianos da conferência com a grande autoridade do Judiciário, que resultaria precisamente do fato de ser o único dos três poderes que funciona e está disposto e é capaz de, em tais casos, proteger os interesses elementares da vida dos cidadãos. Juristas indianos reconhecem que tal prática representa uma irregularidade do ponto de vista da divisão de poderes; há

---

[28] Sobre a possibilidade, dada no direito indiano, de tais decisões denominadas "suo motu", com as quais tribunais – por exemplo, com base em reportagens de jornais – agem por iniciativa própria, cf. D. S. Sengar, *Environmental Law* [Direito ambiental]. New Delhi 2007, p. 2009, p. 159, com mais informação. Sobre as raízes na compreensão do direito hinduísta, cf. W. F. Menski, *Comparative Law in a Global Context* [Direito comparado em um contexto global], 2ª ed. Cambridge 2006, p. 268.

também críticas a esse respeito.[29] Mas diante de uma percepção de falta de vontade funcional ou incapacidade funcional do primeiro e do segundo poder, o superfuncionamento compensatório do terceiro não é predominantemente desaprovado, mas bem-vindo.

Condições, sob as quais os tribunais poderiam, por essas razões, sentir-se encorajados e autorizados a ultrapassar os usuais limites da sua competência, não devem ser desejáveis e, obviamente, deve-se ter clareza a respeito de que, mesmo sob tais circunstâncias, o Poder Judiciário tem apenas possibilidades limitadas de melhorar a situação das pessoas.

b) Passagens de fronteira – O problema de traçar os limites corretos, conforme o exemplo da jurisprudência do Tribunal Constitucional Federal sobre proteção à família

Permaneçamos, portanto, com a situação de um Judiciário que tenta não interferir indevidamente no terreno do Legislativo. Para isso, certos espaços de ação resultam do fato de que os limites entre o terreno do Legislativo e o do Judiciário não estão claramente traçados. É evidente que a jurisdição constitucional, no que diz respeito à implementação de direitos fundamentais sociais e de ordens constitucionais, deve respeitar o amplo espaço de ação do legislador. Isso é também enfatizado pelo Tribunal Constitucional Federal em sua constante jurisprudência.[30] Não está claro, no entanto, onde se encontram os limites desse espaço de ação. Uma Constituição democrática, que se baseia na separação dos poderes e simultaneamente institucionaliza uma jurisdição constitucional, gera com isso uma relação de tensão insolúvel entre a exigência de respeitar a legislação dos órgãos legislativos democraticamente eleitos, e a exigência oposta de fazer valer as normas da Constituição, se necessário, também contra o legislador. Essa tensão se acentua quando a Constituição

---

[29] Cf. as provas em D.S. Sengar (nota de rodapé 28), *ibid*.
[30] Cf., por exemplo, BVerfGE 56, 54 (80 ss.); 77, 170 (214 ss.); 92, 26 (46); 96, 56 (64); 118, 79 (110); 125, 39 (78); 127, 293 (328); 133, 59 (76).

estabelece expressamente direitos fundamentais sociais ou ordens constitucionais positivas ao legislador, abrindo assim, por um lado, um campo de intervenções judiciais, que, por outro lado, o Judiciário não pode ocupar plenamente, sem roubar espaço de ação do legislador, de forma contrária à democracia e à divisão de poderes. O Judiciário, nesse caso, não pode, de modo correto, nem recuar completamente nem se tornar irrestritamente ativo; mas onde está a medida correta de atuação, essa questão a própria Constituição não responde claramente e não pode ser respondida de forma tal que crie clareza de uma vez por todas.

Portanto, não é de admirar que muito se tenha escrito sobre os detalhes da correta demarcação dos limites entre a produção legislativa e a jurisdição constitucional, sem nunca se chegar ao fim e que de caso em caso – especialmente na área dos direitos fundamentais sociais e das ordens constitucionais – pode haver diferentes concepções sobre se as decisões judiciais se mantiveram ou não dentro dos limites da competência judicial. Um exemplo é dado pelas sensacionais decisões sobre o direito tributário e previdenciário, com as quais o Tribunal Constitucional Federal, desde o início dos anos noventa, traçou o contorno do dever do legislador em relação à proteção da família, com base no art. 6, §1, da Lei Fundamental.[31]

Em 1990, o Tribunal Constitucional Federal desenvolveu, a partir de art. 3, §1, e art. 6, §1, da Lei Fundamental, o princípio de que o mínimo existencial da família deve permanecer isento de impostos, não apenas no sentido de que a família fica, pelo menos, com o mínimo existencial após a dedução dos impostos, mas no sentido de que o mínimo existencial da família deve ser

---

[31] Para uma visão mais ampla do que pode ser dado abaixo, cf. H.-J. Papier, Ehe und Familie in der neueren Rechtsprechung des BverfG [Casamento e Família na recente Jurisprudência do Tribunal Constitucional Federal], in: *Neue Juristische Wochenschrift* 2002, p. 2129 ss.; I. Gerlach, *Politikgestaltung durch das Bundesverfassungsgericht am Beispiel der Familienpolitik* [A formulação de políticas pelo Tribunal Constitucional Federal no exemplo da política de família], *http://www.das-parlament.de/2000/03_04/Beilage/2000_3_4_003_372.html*; cf. também S. Raasch, Familienschutz und Gleichberechtigung in der Rechtsprechung des Bundesverfassungsgerichts [Proteção à família e igualdade de direitos na jurisprudência do Tribunal Constitucional Federal], in: B. Emunds *et al.* (ed.), *Die Zwei-Verdiener-Familie. Von der Kinderförderung zur Familienförderung?* [A família em que ambos os pais trabalham. Do apoio aos filhos ao apoio à família?], Münster: LIT Verlag 2003, 135 ss.

deduzido dos rendimentos tributáveis desde o início, ou seja, as despesas de manutenção de crianças devem ser excluídas da tributação, ao menos, no valor do mínimo existencial.[32]

Dois anos mais tarde, o Tribunal teve que decidir sobre a questão de até que ponto os períodos de educação dos filhos devem ser considerados no seguro legal de aposentadoria. O Tribunal Constitucional Federal constatou que a estrutura do sistema de seguro de aposentadoria até então adotado havia levado a uma desvantagem para as famílias, especialmente para famílias com vários filhos, que não foi compensada nem por serviços estatais nem de qualquer outra forma.[33] Diante do dever de fomento, nos termos do art. 6, §1, da Lei Fundamental, não havia razão suficiente para essa desvantagem, e o legislador foi, por isso, obrigado a aboli-la. Como as desvantagens que haviam sido estabelecidas não precisavam necessariamente ser corrigidas apenas por meio de emendas à lei de aposentadoria, mas outras possibilidades de correção também eram concebíveis, e tendo em vista as dimensões – também financeiras – da tarefa de reforma que o Tribunal havia imposto ao legislador, as disposições da legislação ordinária relativas ao seguro de aposentadoria, que, por si sós, não levavam suficientemente em consideração os períodos de criação dos filhos, não foram declaradas inconstitucionais ou nulas. Pelo contrário, o Tribunal limitou-se a declarar, nas razões de sua decisão, a obrigação do legislador de abolir a desvantagem existente, apontando que uma redistribuição moderada dentro do seguro legal de aposentadoria poderia ser considerada[34] para esse fim, e

---

[32] BVerfGE 82, 60 (85 ss.); no caso concreto, isso levou à declaração de inconstitucionalidade de uma disposição da Lei Federal de Auxílio à Criança, a qual previa reduções dependentes da renda no benefício destinado à criança. Devido a essas reduções, o auxílio infantil já não cumpria plenamente a função – que entre outras coisas lhe era atribuída – de compensar o fato de que a legislação do imposto de renda não levava mais em conta a diminuição da capacidade dos pais de pagar pelo sustento dos filhos, devido a um corte anterior nos auxílios à criança. Cf. também BVerfGE 87, 153 (169 ss.) sobre a isenção de impostos do mínimo existencial da família.

[33] BVerfGE 87, 1 (37 ss.); mais precisamente, trata-se da desvantagem àquelas famílias em que, devido aos cuidados com os filhos, um ou ambos os pais não são economicamente ativos ou o são apenas parcialmente.

[34] Isso significa que tal redistribuição não deve falhar na proteção dos direitos de aposentadoria existentes conforme o direito fundamental de propriedade (art. 14 §1 da Lei Fundamental).

concedeu expressamente ao legislador um prazo de ajuste suficiente para a realização passo a passo da devida reforma.[35]

Outra decisão de grande alcance se seguiu em 1998. Ela se referia à questão de saber se era compatível com a Lei Fundamental que, segundo o direito da época, as despesas com cuidados com os filhos somente podiam ser deduzidas no cálculo da renda tributável, na medida em elas surgissem para pais que *não* vivessem em união conjugal para os cuidados dos filhos por terceiros, e que também apenas esses pais recebessem abono no orçamento doméstico para compensar o aumento das despesas com os filhos. O Tribunal Constitucional Federal respondeu negativamente a essa pergunta. Sustentou que a necessidade de cuidados dos filhos reduziu a capacidade tributária dos pais e deve, por isso, manter-se isenta de imposto de renda também no caso de pais que vivem juntos em união conjugal, como parte elementar necessária do mínimo existencial familiar, independentemente de se e em que medida ela seria coberta por serviços de cuidados prestados por terceiros financiados pelos pais ou exclusivamente pelos próprios pais. Essa última cautela foi de particular importância: o tribunal estendeu, com isso, a consideração fiscal das despesas com os cuidados, ultrapassando assim o âmbito das despesas financeiras com cuidados, às realizações de contribuição dos pais e/ou à renúncia de renda vinculada a isso, a fim de favorecer, além do casal em que ambos obtêm ganhos e que, via de regra, precisa pagar terceiros para os cuidados dos seus filhos, também o matrimônio típico, em que só um cônjuge obtém ganhos e o outro cuida exclusivamente dos filhos. O Tribunal também declarou incompatível com o art. 6, §1 e §2, da Lei Fundamental a exclusão dos pais que vivem em união conjugal da concessão de uma isenção no orçamento doméstico, porque ela prejudicava os pais casados que vivem juntos em oposição aos pais não casados que vivem juntos.[36] Na nova regulamentação necessária à dedução das despesas com cuidados, o legislador deveria considerar uma igual redução

---

[35] BVerfG *ibid.*, p. 39 ss.
[36] BVerfGE 99, 216 (235 ss.).

na capacidade tributável de todos os pais como resultado de cuidados – independentemente do tipo de cuidados e das despesas concretas – e aumentar, de forma correspondente, a isenção para as crianças ou o auxílio-criança. Além da necessidade de cuidados, a legislação relativa ao imposto de renda também leva muito pouco em consideração as despesas em que os pais incorrem, pois eles devem educar seus filhos para uma vida responsável na sociedade, o que pressupõe que eles viabilizem aos filhos contatos externos, como a associação a clubes e outras formas de encontro com outras crianças e jovens, a aprendizagem de técnicas modernas de comunicação, acesso a habilidades culturais e linguísticas, e um aproveitamento responsável do tempo livre, incluindo a organização das férias. O Tribunal Constitucional Federal declarou as disposições em questão "incompatíveis" com art. 6, §§1 e 2, da Lei Fundamental, "na medida em que" elas excluem os pais, que vivem em união conjugal, da dedução das despesas com cuidados dos filhos e da concessão de isenção no orçamento doméstico. As disposições sobre a dedução de despesas com cuidados infantis em vigor deveriam continuar a ser aplicadas até 31 de dezembro de 1999; até então, o legislador deveria regulamentar novamente a tributação da família, "em uma primeira etapa de reforma", de tal forma que a necessidade de cuidados de cada criança fosse considerada como redução na capacidade fiscal dos pais.[37] Caso o legislador não tenha colocado em vigor uma nova regulamentação correspondente até 1º de janeiro de 2000, o próprio Tribunal estabeleceu um valor de dedução a ser tomado como base a partir desse momento (4.000 marcos por ano por uma criança, 2.000 marcos para cada criança a mais). A regulamentação em vigor relativa à isenção no orçamento doméstico deveria continuar a ser aplicada até 31 de dezembro de 2001. Se uma nova regulamentação sem discriminação

---

[37] Sobre a prática de estabelecer tais prazos na jurisprudência do Tribunal Constitucional Federal, cf. E. Romanski, *Sozialstaatlichkeit und soziale Grundrechte im Grundgesetz der Bundesrepublik Deutschland und in der spanischen Verfassung* [Estatalidade social e direitos fundamentais sociais na Lei Fundamental da República Federal da Alemanha e na Constituição espanhola], Frankfurt a.M. (Peter Lang) 2000, p. 102 ss.

não tiver entrado em vigor até 1º de janeiro de 2002, deveria ser estipulada uma isenção no orçamento doméstico de 5.616 marcos, isto é, no valor em que ela já era concedida aos pais solteiros, ela também deveria ser concedida aos pais que, até então, tinham sido excluídos disso. Nas palavras do tribunal: no valor dessa importância "faltava", a partir daquele momento "[...] a base legal para a tributação da renda dos pais".[38]

Em abril de 2011, finalmente, o Tribunal Constitucional Federal decidiu que não era compatível com o art. 3, §1, da Lei Fundamental, juntamente com o art. 6, §1, da Lei Fundamental, que no seguro de cuidados – um novo seguro obrigatório para cobrir o risco da necessidade de cuidados, introduzido em 1994 – os afiliados, que cuidam e educam os filhos, sejam gravados com um dever de contribuição no mesmo valor que afiliados sem filhos.[39] É que, em um sistema de seguro, financiado por rateio, no qual os benefícios devidos são financiados pela respectiva geração de segurados economicamente ativos, eles contribuem para o funcionamento do sistema, zelando pela próxima geração de contribuintes com os correspondentes encargos materiais. Também nesse caso, as regulamentações em questão, que colocavam a mesma carga financeira para pais e não pais, não foram declaradas nulas, mas apenas inconstitucionais com a determinação de que a sua aplicação continuaria permitida até 31 de dezembro de 2004. O mais tardar até esse momento, o legislador deveria providenciar uma nova regulamentação em conformidade com a Constituição. O Senado explicou a relativa generosidade do prazo concedido nesse caso, levando em conta que "o sentido da presente sentença também deverá ser examinado para outros ramos da seguridade social".[40] Com isso, o Tribunal levantou a questão, se, pelas mesmas razões que no caso do seguro de cuidados, também no caso do seguro de aposentadoria seriam necessárias alterações na distribuição da carga contributiva em favor dos pais educadores de filhos.[41]

---

[38] BVerfGE 99, 216 (245).
[39] BVerfGE 103, 242 (257 ss.).
[40] BVerfG ibid., p. 270.
[41] Negando F. Ruland, Das BVerfG und der Familienlastenausgleich in der Pflegeversicherung

As decisões acima mencionadas receberam, em parte, aprovação entusiasmada e, em parte, críticas severas. A jurisprudência do Tribunal favorável à família recebeu vivos aplausos, sobretudo diante da preocupação generalizada com a instituição da família e com o pano de fundo de um fracasso constatado nos órgãos originalmente responsáveis pela tomada de decisões políticas.[42] As objeções levantadas dirigiam-se, em parte, contra os elementos de conteúdo e de fundamentação das decisões ou contra as consequências consideradas problemáticas. No caso da decisão sobre o tratamento fiscal das despesas com cuidados de filhos, por exemplo, tais objeções se referiam, entre outras coisas, à interpretação não convencional e não generalizável subjacente ao conceito tributário de capacidade fiscal e vinculado a isso, o favorecimento do casal em que um só cônjuge obtinha rendimentos.[43] No caso da decisão sobre a consideração de filhos em relação às contribuições ao seguro de cuidados, elas se dirigem, entre outros, aos efeitos distributivos comparativamente desfavoráveis que resultam se se considerar que pagamentos de transferências em favor de famílias devem, pelo direito constitucional, obrigatoriamente ser feitos mediante contribuições de seguro (ao invés de mediante sistema fiscal, que abrange todos os cidadãos com

---

[O Tribunal Constitucional Federal e a compensação do ônus da família no seguro de cuidados], in: *Neue Juristische Wochenschrift* 2001, p. 1673 (1677).

[42] Caracteristicamente, por exemplo, Gerlach (nota de rodapé 31), p.1 e 11: Aqui, os órgãos legislativos simplesmente falharam ... Diante do fato de que a realização através da política, na medida em que ocorreu, deu-se de modo atrasado ou reduzido, podemos, portanto, entender a atividade do Tribunal Constitucional Federal como corretivo necessário para uma democracia nem sempre orientada para o objetivo da justiça", ou R. Sans, *Das Bundesverfassungsgericht als familienpolitischer Ausfallbürge* [O Tribunal Constitucional Federal como deficiente garantidor político da família], http:llwwwfamilienhandbuch. delcmainlf_Programme_Familienpolitik!s_519.html, p. 10: Detenhamos: os juízes do Tribunal Constitucional Federal, em Karlsruhe, são atualmente o único órgão de Estado que reconheceu o excepcional valor de uma política para crianças, jovens e os seus pais para a continuidade da comunidade e busca promovê-lo com os seus meios". Isso lembra as razões da alta taxa de aprovação para o papel ativo dos tribunais na Índia (cf. acima no item *a*).

[43] Cf., por exemplo, U. Sacksofsky, Steuerung der Familie durch Steuern [Imposição de controle à família mediante impostos], in: *Neue Juristische Wochenschrift* 2000, p. 1896 (1902); K. Lange, Verfassungsrechtliche Möglichkeiten einer gleichheitsorientierten Reform des Familienleistungsausgleichs [Possibilidades constitucionais de reforma orientada pela igualdade de compensação dos serviços à família], in: *Zeitschrift für Rechtspolitik* 2000, p. 415 (417).

suas taxas progressivas de impostos).[44] No caso da decisão sobre a isenção fiscal do mínimo existencial familiar, era especialmente polêmico se, nesse contexto, o Tribunal havia avaliado corretamente o papel do auxílio infantil.[45] Além disso, o Tribunal também foi acusado de ter assumido o papel de legislador substituto e, consequentemente, excedido suas competências constitucionais.[46] Não quero tomar uma posição sobre essa alegação, mas apenas tentar esclarecer que, no mínimo, é possível divergir a esse respeito, porque os limites entre competências de um Tribunal Constitucional e as do legislador não são traçadas de modo tão claro como as fronteiras entre o Brasil e a Argentina.

É verdade que é perceptível que o Tribunal, nas decisões citadas, com base em disposições constitucionais pouco precisas, dispôs de bilhões[47] e que parece ter exercido funcionalmente uma atividade de estabelecimento de normas positivas, especialmente na decisão sobre a consideração fiscal das despesas com cuidados, ao determinar precisamente valores das deduções fiscais, que as autoridades e os tribunais teriam que utilizar como base em caso de omissão do legislador. Entretanto, por outro lado, pode-se argumentar que todas as decisões citadas tratavam dos *limites da capacidade* dos pais com impostos ou contribuições, que o Tribunal, portanto, não tomou decisões sobre o pagamento de bilhões constitucionalmente necessário, mas basicamente agiu em sua função clássica de *defesa contra interferências*. O fato de que isso também não podia se tornar visível externamente em um conteúdo puramente anulatório em suas decisões deveu-se, em

---

[44] Ruland (nota de rodapé 41), p. 1676, 1678; *idem*, Rentenversicherung nach der Reform – vor der Reform [Seguro de aposentadoria após a reforma – antes da reforma], *Neue Zeitschrift für Sozialrecht* 2001, p. 393 (400 s.).

[45] Sobre vários aspectos desse problema, cf. R. Wendt, Familienbesteuerung und Grundgesetz [Tributação da família e Lei Fundamental], in: J Lang (ed.), *Die Steuerrechtsordnung in der Diskussion* [O código tributário em debate]. Festschrift für Klaus Tipke zum 70. Geburtstag, Colônia 1995, pp. 47 (58 ss.); O. Seewald/D. Felix, Kindergeld – Sozialleistung mit steuerlicher Entlastungsfunktion?, in: *Vierteljahresschrift für Sozialrecht* 1991, p. 157 ss.

[46] Assim, no caso das decisões sobre as contribuições para o seguro de cuidados, o jornal Frankfurter Allgemeine reclamou de uma "lacuna de competência", que "nem mesmo pela dignidade das togas poderia ser coberta"; reproduzido em: Ruland (nota de rodapé 41), p. 1674; cf. também as vozes mencionadas na nota de rodapé 32 ss.

[47] Detalhes em: Sacksofsky (nota de rodapé 43); Sans (nota de rodapé 42), p. 6.

parte, a isso se referir a problemas de igualdade de tratamento,[48] mas também em parte devido às complexidades e especificidades técnico-jurídicas da matéria. Assim, por exemplo, no direito tributário, a técnica de determinadas deduções da base de cálculo dos impostos significa que certas reduções na carga tributária do contribuinte não podem, de um ponto de vista técnico-jurídico, ser alcançadas mediante anulação ou invalidação – por suspensão ou redução de regulamentações e contribuições onerosas –, mas apenas mediante elevação ou ampliação positiva das possibilidades de dedução.

No caso da decisão sobre a dedutibilidade fiscal das despesas com cuidados de filhos, considerou-se uma interferência especialmente notável que ele tenha exigido, na fundamentação da decisão, a consideração fiscal dessas despesas ou que a correspondente redução da capacidade de pagamento fosse considerada também para pais, a quem uma despesa diretamente *financeira* com cuidados nem sequer ocorre, porque um dos próprios cônjuges cuida dos filhos. Isso, de fato, foi notável, pois essa questão sequer havia sido apresentada para decisão do Tribunal. Portanto, ele se manifestou *obiter dictum*, e isso possui, diante dos custos de bilhões dessa manifestação, indubitavelmente algo de surpreendente.[49] Porém, a objeção de invasão de competência pode ser combatida: partindo-se das convicções jurídicas de conteúdo do Tribunal Constitucional Federal em relação à justiça tributária, o caso não poderia, pelas razões mencionadas há pouco, ser decidido apenas com a anulação ou invalidação de determinada regulamentação, mas somente de forma tal que o Tribunal ordenasse uma obrigação regulatória ao legislador.[50] Mas se o Tribunal já

---

[48] Violações à igualdade pelo legislador, muitas vezes, não podem ser resolvidas de forma significativa por decisões anulatórias do Tribunal. Quando diferentes variantes de eliminação da violação à igualdade forem consideradas, exatamente uma invalidação da regulamentação legal contrária à igualdade pode antecipar inadequadamente a opção do legislador entre diferentes variantes; cf. as explicações sobre isso na decisão, reproduzida acima (na nota de rodapé 33 e seguintes) sobre a consideração dos períodos de educação dos filhos no seguro de aposentadoria.

[49] Criticamente sobre isso, Sacksofsky (nota de rodapé 43), p. 1902; Lange (nota de rodapé 43), p. 415.

[50] Deve-se abstrair aqui do caso especial de que o Tribunal conferiu ênfase a essa manifestação, na medida em que ele próprio estabelece definitiva e preventivamente a condição jurídica

se encontra na posição de ter que ordenar ao legislador a elaborar determinada regulamentação, há algo a favor de que ele também deva estar autorizado a formular a ordem de tal forma que seja direcionada para uma regulamentação que esteja conforme a Constituição. Para isso, o Tribunal aqui também teve que comunicar sua convicção jurídica, que, em si, não era relevante para o caso concreto, em relação ao tratamento fiscal em conformidade com a Constituição do tratamento fiscal constitucionalmente adequado daqueles pais que cuidam dos seus próprios filhos sem o pagamento a terceiros, pois, de outro modo, o legislador não teria estendido a nova regulamentação necessária a esse grupo, gerando, com isso, – ao menos, de acordo com o Tribunal Constitucional Federal – novamente uma regulamentação inconstitucional de deduções. Finalmente, o Tribunal Constitucional também é acusado de ter restringido indevidamente a liberdade de atuação do legislador, especialmente na decisão sobre o seguro de cuidados, ao exigir o reconhecimento da prestação familiar de serviço na educação dos filhos precisamente no cálculo das contribuições ao seguro, em vez de se concentrar em saber se, no sistema jurídico, essa prestação de serviço é, *no seu conjunto*, suficientemente remunerada e compensada, e, se for o caso, ordenar ao legislador "a melhoria da compensação da prestação familiar de serviço", sem prescrever a ele a escolha de instrumentos específicos para esse fim.[51] Sob o lado econômico, foi apontado que um problema central da política familiar reside precisamente na completa falta de transparência dos pagamentos relevantes de transferências para famílias estabelecidos em todas as áreas possíveis do Direito. A estruturação política racional requer, apenas por questão de transparência, uma simplificação radical e concentração do sistema de transferências (sobretudo no direito tributário); no entanto, é exatamente isso que a

---

futura, para o caso de o legislador não reagir em tempo hábil; em relação à pergunta da evitabilidade do polêmico *obiter dictum*, isso carecia de importância.

[51] Ruland (nota de rodapé 41), p. 1675. Uma impressão da discussão pública especialmente relativa à respectiva sentença sobre seguro de cuidados é também compartilhada em várias páginas de internet, cf., por exemplo, http://www.single-dasein.de/kritik/debatte_pflegeurteil.htm.

jurisprudência impede quando estabelece constitucionalmente elementos de transferência em subsistemas individuais, como o seguro de cuidados.[52] Essas objeções devem ser levadas a sério, mas se elas afetam a preservação dos *limites de competência* do Tribunal Constitucional Federal, é a grande questão. Parece-me fazer sentido distinguir, em princípio, entre uma crítica a posições jurídicas substantivas do Tribunal e uma crítica que se dirige contra uma transgressão dos limites da competência do Tribunal, mesmo que essa distinção, em si, possa coincidir em um caso teórico de decisões que, em termos de conteúdo, são *claramente insustentáveis, arbitrárias e pretenciosas*. Caso se faça essa distinção, então nem toda decisão do Tribunal, que limite o legislador, deve ser entendida como contrária à competência apenas por ser considerada errada em seu conteúdo.

A acusação de que o Tribunal, na decisão sobre as contribuições ao seguro de cuidados, limitou inadmissivelmente o espaço de ação do legislador, ao fazer especificações excessivamente pontuais, expõe, contudo, um dilema fundamental, que a jurisdição constitucional enfrenta em vista da complexidade cada vez maior das relações sociais e do sistema jurídico. Em muitos casos, e especialmente quando se trata da realização de direitos fundamentais sociais e ordens constitucionais, é, à primeira vista, plausível assumir que a avaliação constitucional depende de uma *visão geral*. Isso é evidente também, por exemplo, no caso de ordens constitucionais ecológicas. Se, ilustrativamente, o legislador alemão está cumprido suficientemente sua responsabilidade em relação às bases da vida natural de gerações futuras, é mais provável que seja determinado pelo estado do meio ambiente e pelo sistema jurídico, no seu todo, do que pela utilização de um terreno isolado ou pela redação de um parágrafo único da lei. Entretanto, o que se apresenta para avaliação dos Tribunais Constitucionais não são sistemas gerais, mas casos individuais e parágrafos isolados. Um Tribunal Constitucional pode, claro, fazer a avaliação constitucional de casos individuais e parágrafos únicos de uma lei depender

---

[52] Horst Siebert. *Der Kobra-Effekt. Wie man Irrwege der Wirtschaftspolitik vermeidet* [Como se evitam caminhos errados na política econômica]. Deutsche Verlagsanstalt, Stuttgart/München 2001. Reedição atualizada e completamente revista 2002, p. 147 ss.

de uma avaliação geral do respectivo contexto jurídico e fático, e, se essa avaliação revelar deficiências constitucionais, solicitar ao legislador correções *no sistema geral*, em vez de fazer especificações para disposições isoladas. O respectivo sistema geral – seja o estado geral do meio ambiente, os efeitos gerais da legislação ambiental ou a totalidade dos serviços prestados para e pelas famílias no sistema jurídico e social alemão – é, no entanto, tão difícil para os Tribunais Constitucionais fazerem o levantamento quanto para qualquer outra pessoa, e, para lidar com esse desconhecimento, eles têm um preparo pior do que os órgãos legislativos responsáveis. Além disso, pelas razões já mencionadas acima, enfraquece a aplicabilidade fática das decisões do Tribunal Constitucional se o Tribunal tiver que se limitar a apelos genéricos ao legislador – relativos a melhorias no sistema geral – em vez de ele mesmo realizar operações nos detalhes postos à prova ou, pelo menos, anunciá-las no caso de inação do legislador. Estamos assim diante de um dilema entre a impotência do Tribunal Constitucional (e, portanto, da própria Constituição) e o poder excessivo do Tribunal Constitucional para controlar os detalhes. O caminho mais sugerido para evitar esse dilema é uma interpretação constitucional contida, que se abstenha, tanto quanto possível, de dirigir a pretensão de aplicação da Constituição contra o legislador, nas hipóteses em que a vontade da Constituição não é clara. Mas a fronteira entre clareza e ambiguidade da Constituição não tem um percurso inequívoco. Assim, não pode deixar de acontecer o surgimento, repetidas vezes, de controvérsia sobre a medida correta de interferência constitucional no âmbito da legislação. E, por isso, também não é de se admirar que nós tendamos a considerar decisões do Tribunal Constitucional adequadas precisamente quando concordamos com o seu conteúdo,[53] e a criticá-las como excedendo a sua competência exatamente quando seu conteúdo contradiz nossas próprias convicções.[54]

---

[53] Cf. os exemplos acima na nota de rodapé 42.
[54] Assim, por exemplo, a crítica acima mencionada ao fato de que o Tribunal Constitucional Federal, na sua decisão sobre a consideração fiscal das despesas com cuidados infantis, fez importantes especificações ao legislador como *obiter dictum*, encontra-se precisamente entre os autores que também desaprovavam o conteúdo dessas especificações feitas como *obiter dictum*, cf. acima texto com nota de rodapé 49.

2 Procedimentalização

De acordo com a jurisprudência do Tribunal Constitucional Federal, a assistência a pessoas carentes de auxílio é um dos deveres do Estado, que decorre do princípio do Estado Social da Lei Fundamental[55] ou – como derivado em outras decisões – da garantia da dignidade humana (art. 1, §1, da Lei Fundamental) em conjunto com o princípio do Estado Social.[56] Em uma série de decisões mais recentes, o Tribunal Constitucional Federal esclareceu que desse dever objetivo do Estado decorre uma pretensão constitucional de pessoas necessitadas de prestações estatais para a garantia de um mínimo existencial humanamente digno, que advém diretamente da garantia à dignidade humana, estipulada pela Lei Fundamental. Pela primeira vez, esse direito se encontra claramente expresso na decisão de 9 de fevereiro de 2010, em que o Tribunal Constitucional Federal teve que decidir sobre considerações dos tribunais sociais, os quais entendiam os benefícios sociais legalmente previstos para assegurar a subsistência como insuficientes.[57]

Essa subjetivação não era evidente por si mesma. É verdade que o Tribunal Administrativo Federal já havia anteriormente decidido que a prestação de benefícios sociais estatais, que servem para garantir o mínimo existencial, poderiam ser judicialmente exigidos. As decisões em questão foram frequentemente citadas na literatura como comprovação de que uma pretensão a benefícios estatais para assegurar o mínimo existencial se seguia do direito fundamental à vida e à integridade física; a questão foi assim apresentada como se o Tribunal Administrativo Federal tivesse derivado tal pretensão diretamente desse direito fundamental. No entanto, esse não era o caso. De fato, os deveres da prestação dos benefícios, cujo cumprimento ou alcance tinha sido contestado perante os tribunais administrativos, resultavam do direito de assistência

---

[55] BVerfGE 40, 121 (133); 123, 267 (362).
[56] BVerfGE 45, 187 (228); 82, 60 (85); 113, 88 (108 ss.).
[57] BVerfGE 125, 175 (222 ss.); cf. também 132, 134 (159).

social da época (hoje: direito social); a questão era apenas se o cidadão também possuía direito subjetivo justiciável à prestação daqueles benefícios, aos quais o direito de assistência social obrigava objetivamente os órgãos estatais competentes. Somente essa questão havia sido respondida positivamente pelo Tribunal Administrativo Federal nas decisões relacionadas – referindo-se, entre outras coisas, às garantias constitucionais da dignidade humana e do Estado Social –, mas não à questão de saber se uma pretensão aos respectivos benefícios poderia, se necessário, também ser derivada diretamente da Constituição. Assim, o Tribunal Administrativo Federal não havia afirmado uma pretensão de direito fundamental social a benefícios estatais para a garantia do mínimo existencial, mas havia interpretado as disposições da lei ordinária aplicáveis em conformidade com a Constituição, no sentido de que elas estabeleciam não apenas um dever objetivo do Estado de prestação de benefícios, mas também um direito subjetivo a essa prestação.

Com o reconhecimento explícito de uma pretensão à prestação de benefícios para assegurar o mínimo existencial, diretamente a partir de um direito fundamental – portanto, não dependente da formulação da legislação social ordinária –, o Tribunal Constitucional Federal foi confrontado com a questão de até que ponto ele mesmo, ao invés do legislador, teria que estabelecer, por meio de interpretação constitucional, os pressupostos e os valores dos benefícios sociais demandáveis. Já na jurisprudência mais antiga, na qual ainda não estava claro se ao dever objetivo do Estado de assegurar o mínimo existencial deveria também corresponder uma pretensão subjetiva de direito fundamental, foi sustentado desde o início que cabia ao legislador determinar os benefícios necessários para assegurar a subsistência, a ele cabendo um espaço de ação –, mas apenas na medida em que não se tratasse dos "requisitos mínimos".[58] Na decisão, que, pela primeira vez, reconhece expressamente uma pretensão diretamente a partir do direito constitucional de

---

[58] BVerfGE 40, 120 (133).

pessoas carentes à garantia do mínimo existencial,[59] o Tribunal, no entanto, concede ao legislador margem de atuação também em relação à determinação do mínimo existencial. É verdade que, de acordo com a jurisprudência anterior, é estabelecido que o mínimo existencial inclui não apenas o necessário para assegurar a existência física, mas também a garantia da possibilidade de manter relações interpessoais e de um grau mínimo de participação na vida social, cultural e política.[60] A pretensão de direito fundamental aos benefícios necessários para isso deve, no entanto, estar disponível apenas "basicamente" indisponível; no mais, exige-se "concretização e constante atualização pelo legislador", que tem um espaço de ação para isso.[61] Não seria possível derivar a abrangência da pretensão diretamente da Constituição.[62] O controle do legislador, em termos de conteúdo, pelo Tribunal Constitucional Federal se limitaria a verificar se os benefícios legalmente previstos são evidentemente insuficientes.[63]

Ao invés de especificações mais precisas quanto ao conteúdo, o Tribunal retirou da Constituição agora as exigências, à primeira vista, pareciam ter um caráter processual: para concretizar a pretensão do direito fundamental à prestação de benefícios, o legislador teria que avaliar todas as despesas necessárias à existência em um procedimento transparente e apropriado, segundo a necessidade real, ou seja, de modo adequado à realidade. Para isso, ele teria que, primeiro, determinar os tipos de necessidades, bem como os custos a serem feitos para tanto e, com base nisso, definir o valor da necessidade total. A Lei Fundamental não lhe prescreveu nenhum método específico para isso; entretanto, os desvios do método uma vez escolhido exigiam justificação objetiva. O resultado encontrado dessa forma deveria ser continuamente

---

[59] BVerfGE 125, 170 (222 ss.); a pretensão abrange também a fixação em legislação ordinária do conteúdo detalhado, *ibid.* p. 223.
[60] BVerfGE 125, 175 (223).
[61] BVerfGE 125, 175 (222).
[62] BVerfGE 125, 125 (224).
[63] BVerfGE 125, 175 (226).

verificado e desenvolvido, porque a necessidade elementar da vida de uma pessoa somente poderia ser satisfeita no momento em que efetivamente ocorresse.[64] Na opinião do Tribunal, as disposições que lhe foram submetidas a exame não cumpriam essas exigências processuais. Foram declaradas inconstitucionais, mas aplicáveis até 31 de dezembro de 2010,[65] sendo o legislador obrigado a elaborar uma nova regulamentação até então. Ademais, o Tribunal declarou que o legislador estava obrigado a criar, além do sistema de benefícios até então existente, uma regulamentação separada para os casos de uma irrefutável necessidade contínua e não apenas pontual e especial, e ordenou que, até a entrada em vigor da nova regulamentação devida, uma pretensão correspondente poderia ser reivindicada diretamente da Lei Fundamental, de acordo com as razões da decisão.[66]

Entretanto, a abordagem aparentemente processual dessa decisão não foi mantida na jurisprudência que se seguiu ou foi interpretada em um sentido diferente daquele que parece óbvio à primeira vista. Em uma decisão de 2012, que dizia respeito à questão de se os benefícios sociais para os requerentes de asilo previstos em uma lei especial (Lei de Asilo) correspondiam aos requisitos do direito fundamental de garantia de um mínimo existencial humanamente digno, o Tribunal declarou que os requisitos constitucionais postulados no julgamento anterior para a determinação metodicamente apropriada dos benefícios garantidos pelos direitos fundamentais não estavam relacionados ao procedimento legislativo, mas a seus resultados.[67] Consequentemente, o Tribunal considerou que as disposições examinadas eram evidentemente insuficientes para garantir o mínimo existencial, pois o valor dos benefícios previstos não havia sido alterado desde 1993 – apesar dos aumentos de preço de mais de 30%.[68] Além disso,

---

[64] BVerfGE 125, 175 (225).
[65] O prazo estabelecido de menos de um ano foi de extensão inusitadamente breve.
[66] BVerfGE 125, 175 (177).
[67] BVerfGE 132, 164 (162).
[68] BVerfGE 132, 164 (166 ss.).

os benefícios previstos não tinham sido calculados de forma "adequada à realidade, nem eram fundamentáveis". O legislador havia se baseado em uma mera estimativa de custos; isso não estava em conformidade com os requisitos constitucionais para a garantia de uma existência digna.[69] Enquanto nessa última consideração de motivos, que, no entanto, não foi de importância decisiva devido à evidente insuficiência do conteúdo dos benefícios previstos, surge novamente uma abordagem processual, que não se concentra na *possibilidade* de fundamentação da regulamentação sob exame, mas na questão de ter sido suficientemente fundamentado em relação ao procedimento legislativo, outra decisão indica que o aspecto processual, se o legislador se orientou em sua decisão por cálculos detalhados e compreensíveis provavelmente não é, afinal, de importância decisiva:

Na decisão de 23 de julho de 2014, o Tribunal Constitucional Federal decidiu sobre a nova regulamentação dos benefícios sociais gerais para garantir o mínimo existencial, a qual o legislador havia elaborado, seguindo a sentença de 2010 acima mencionada.[70] Nessa decisão, o Tribunal não só reiterou que os requisitos constitucionais para a determinação metodicamente adequada dos benefícios não se referiam ao procedimento legislativo, mas a seus resultados, como também enfatizou expressamente que o direito fundamental de garantia de um mínimo existencial conforme a dignidade humana não implicava ao legislador nenhum dever específico no procedimento em si; o fator decisivo era se o valor dos benefícios para garantir a existência *poderia ser* justificado objetiva e diferencialmente por cálculos realistas e conclusivos.[71] Com base nisso, as novas regulamentações foram consideradas constitucionalmente aceitáveis.

---

[69] BVerfGE 132, 164 (170), com referência a BVerfGE 125, 175 (226).
[70] BVerfG, decisão do primeiro senado de 23.07.2014 – 1 BvL 10/12, 1 BvL 12/12, 1 BvR 1691/13 –, www.bverfg.de.
[71] BVerfG, *ibid.*, número marginal 71. Cf. também número marginal 82: "além desse controle de evidência, o Tribunal Constitucional Federal examina a cada vez, se, no resultado, os benefícios são atualmente justificáveis com base em números confiáveis e procedimentos conclusivos de cálculo". Entretanto, cf. então novamente número marginal 91: "[...] na medida em que isso possa ser compreendido com base em números confiáveis e possa ser constitucionalmente fundamentado de acordo com avaliações justificáveis, não é, em si

A falta de clareza, que se mostra nessa série de decisões, indica um problema. A ideia pode *prima facie* parecer bastante tentadora para evitar o problema da justiciabilidade do conteúdo dos direitos fundamentais sociais, mediante uma transferência – pelo menos, parcial – da revisão judicial para o nível processual, de modo que o legislador fique com um amplo espaço de ação em relação ao conteúdo, mas o Tribunal Constitucional permaneça "no jogo" como revisor. Sob uma consideração mais aproximada, porém, essa abordagem também tem sua curiosidade. Deve um Tribunal Constitucional, com toda a seriedade, rejeitar uma regulamentação legal como inconstitucional se o legislador não tiver feito os cálculos exigidos no processo legislativo ou não os tiver feito corretamente, mas compensar isso no processo perante o Tribunal Constitucional e provar que a regulamentação legal pode ser justificada da maneira mais bela com cálculos feitos (de modo que o legislador pudesse promulgá-la de novo, imediatamente após a declaração de inconstitucionalidade, exatamente com a mesma fundamentação alegada perante o Tribunal)? E, com referência à ordem constitucional de garantia do mínimo existencial, serão realmente um ganho de adequação as exigências de cálculo e fundamentação, que podem justificar a independência do legislador dos próprios deveres constitucionais processuais, ou com isso um Tribunal Constitucional coloca em andamento apenas cálculos retrospectivos de fachada a partir de resultados antecipadamente determinados como politicamente desejáveis?

3 Interpretação da Constituição e interpretação do direito ordinário

A Constituição não deve ser compreendida como um documento de contradições internas, mas como um todo coerente. A interpretação de uma disposição constitucional deve, por isso, considerar o que a Constituição contém além da

---

mesmo, subjetivo e não se baseia simplesmente em números ou estimativas retiradas do acaso [...], tal resultado não deve ser contestado como inconstitucional".

exata disposição constitucional que está sendo interpretada. Direitos fundamentais sociais e ordens constitucionais são, portanto, relevantes para a interpretação de outras disposições constitucionais e, moldam, assim, o caráter geral de uma Constituição. O princípio do Estado Social da Lei Fundamental já foi enfatizado pelo Tribunal Constitucional Federal em uma das suas primeiras decisões.[72]

Além disso, os direitos fundamentais sociais e as ordens constitucionais podem assumir uma função importante como diretrizes para a interpretação judicial das disposições do direito ordinário em vigor. Esse modo de proceder e de tornar proveitosos direitos fundamentais sociais e ordens constitucionais não levanta problemas específicos de competência para o poder judiciário, pois, nesse caso, os tribunais se movimentam, como em qualquer tipo de interpretação do direito ordinário, dentro do âmbito que os órgãos legislativos competentes estabeleceram com sua regulamentação legal mais ou menos aberta à interpretação. Na Alemanha, consequentemente, é um princípio constitucional reconhecido de modo geral que as disposições do direito ordinário devem ser interpretadas em conformidade com a Constituição, e que disso também faz parte a consideração de ordens constitucionais de direitos fundamentais e de direito objetivo, inclusive deveres de proteção aos direitos fundamentais.[73]

---

[72] BVerfGE 1, 97 (105). As decisões, nas quais o princípio de Estado social foi, de fato, utilizado como diretriz de interpretação, sem expressamente enfatizar essa função, são por demais numerosas para uma reprodução neste ponto. Mais tarde também expressamente em BVerfGE 65, 182 (193). A mais importante consequência prática da relevância de direitos fundamentais sociais e de ordens constitucionais para a interpretação e aplicação do direito constitucional consiste em que eles podem servir para a justificação de intervenções em direitos fundamentais, que são necessárias para realização de direitos fundamentais sociais e ordens constitucionais; cf. sobre isso também 3.

[73] Cf., por exemplo, BVerfGE 53, 30 (57 ss.) sobre a interpretação das disposições de autorização para usinas nucleares à luz do dever do Estado de proteção ao direito fundamental à vida e à integridade física; BVerfGE 80, 81 (93 ss.), com outras informações, sobre a consideração da ordem de proteção relativa à família, a partir do art. 6 §1 da Lei Fundamental, na aplicação das disposições legais relativas ao direito de permanência de estrangeiros; BVerfGE 96, 56 (65) sobre a importância do direito geral de personalidade (art. 2 §1 em conjunto com art. 1 §1 da Lei Fundamental) e da ordem de equiparação de filhos não matrimoniais (art. 6 §5 da Lei Fundamental) para a questão sobre se a mãe de um filho não matrimonial é obrigada a fornecer informações sobre a pessoa de seu pai, segundo as disposições do direito civil em vigor; BVerfGE 99, 185 (195) sobre a importância do dever do Estado, decorrente do

4 Justificação de interferências em direitos fundamentais

Direitos fundamentais sociais e ordens constitucionais, muitas vezes, somente podem ser realizados mediante regulamentações, que, ao mesmo tempo, interferem em direitos fundamentais de terceiros. Assim, por exemplo, regulamentações que servem para proteger trabalhadores estão frequentemente ligadas a restrições ou obrigações por parte dos empregadores; a proteção do meio ambiente não é possível sem interferências na propriedade e na liberdade profissional e de ação geral dos proprietários de terrenos, de operadores de instalações perigosas e dos consumidores de materiais perigosos, e assim por diante. Uma das funções dos direitos fundamentais sociais e de ordens constitucionais consiste em que eles podem servir para a necessária justificação constitucional de tais interferências. Essa é a consequência mais importante e, nesse sentido, apenas um aspecto particularmente notável de sua relevância já mencionada acima para a interpretação e aplicação de outras disposições constitucionais.[74] Para ilustrar essa utilização – na prática muito difundida – dos direitos fundamentais sociais e de ordens constitucionais para a justificação de interferências em direitos fundamentais, apenas em alguns poucos exemplos:

As regulamentações legais sobre o seguro de cuidados foram contestadas perante o Tribunal Constitucional Federal, entre outros, por reclamantes que se viram violados na sua liberdade contratual protegida por direitos fundamentais pela obrigação legal de contratar um seguro privado de cuidados.

---

direito geral de personalidade, de proteger o indivíduo de ataques de terceiros contra o seu direito de personalidade, para a interpretação de disposições de direito civil e penal em conexão com as ações cíveis contra declarações que prejudiquem a reputação do indivíduo; BVerfGE 103, 89 (100 ss.) sobre a importância do dever geral do Estado de proteger direitos fundamentais contra violações por terceiros, para o controle judicial dos contratos de renúncia de alimentos entre cônjuges. Na medida em que o dever de interpretar o direito ordinário conforme aos direitos fundamentais – considerando, inclusive, os deveres de proteção aos direitos fundamentais – também se refere às normas de direito privado, a doutrina alemã dos direitos fundamentais, devido a essa relevância hermenêutica, fala de um "efeito em terceiros" dos direitos fundamentais, os quais não se aplicam diretamente à relação dos cidadãos entre si, mas à relação entre cidadãos e Estado.

[74] Cf. acima item III.3.

O Tribunal considerou essa interferência justificada, porque o princípio do Estado Social e a obrigação de proteger a dignidade humana fazem com que seja tarefa da comunidade estatal tomar medidas asseguradoras especialmente no caso da necessidade de cuidados.[75] A grande maioria do uso do princípio do Estado Social na jurisprudência alemã é dessa natureza justificadora.

Quando o Tribunal Constitucional Federal, em sua decisão acima citada sobre a consideração dos períodos de criação de filhos no regime de seguro legal de aposentadoria,[76] salientou que, para fins da consideração constitucionalmente devida e mais apropriada de tais períodos, também poderia ser considerada uma "redistribuição moderada" dentro do regime de seguro legal de aposentadoria, isso também indica para a força das ordens constitucionais – nesse caso, o dever fundamental de proteção à família do art. 6, §1, da Lei Fundamental – para justificar as interferências. Uma "redistribuição" *em favor* de uma melhor atribuição dos períodos de educação dos filhos dentro do seguro legal de aposentadoria seria equivalente a uma redistribuição à custa daqueles que adquiriram direito de aposentadoria não através de períodos de educação dos filhos, mas exclusivamente através de contribuições financeiras. Uma vez que, de acordo com a jurisprudência estabelecida do Tribunal Constitucional Federal, o direito de aposentadoria adquirido através de contribuições é entendido como propriedade sob a proteção do direito fundamental do art. 14 §1 da Lei Fundamental, tal redistribuição estaria ligada a interferências nos direitos fundamentais. Com a indicação da admissibilidade de uma redistribuição moderada dentro do seguro legal de aposentadoria, o Tribunal, portanto, deixa claro que a proteção legislativa da família, ordenada por art. 6, §1, da Lei Fundamental, é adequada para justificar interferências moderadas no direito de propriedade.

Esclarecedora é, nesse contexto, também a jurisprudência alemã sobre o "objetivo estatal de proteção ambiental". Antes

---

[75] BVerfGE 103, 197 (221 ss.).
[76] Cf. acima, na nota de rodapé 33.

da entrada em vigor do art. 20a da Lei Fundamental,[77] houve várias tentativas de se entrar com ações perante o Tribunal Constitucional Federal por melhorias na proteção ambiental, invocando-se a obrigação estatal de proteção ao direito fundamental à vida e à integridade física. Essas tentativas não tiveram êxito, porque o Tribunal Constitucional Federal havia se imposto a fórmula de que uma violação do dever de proteção somente poderia ser constatada em caso de evidente negligência do dever, moderação diante do espaço de ação do legislador.[78] A inclusão expressa de uma ordem constitucional para proteção ambiental na Lei Fundamental não alterou essa exigibilidade limitada de questões de proteção ambiental. Na medida em que art. 20a da Lei Fundamental desempenhou algum papel na jurisprudência da mais alta corte até hoje, ele sempre foi utilizado somente para a justificação de decisões estatais já tomadas com caráter de proteção ambiental. Assim, por exemplo, o Tribunal Constitucional Federal fundamentou com art. 20a da Lei Fundamental que a autorização para a construção de grandes esculturas fora das áreas previstas para construções, conforme a lei de planejamento, pode ser recusada, embora houvesse nessa recusa uma restrição à liberdade artística.[79]

Para evitar mal-entendidos: a função justificadora, aqui discutida, não é direta no sentido de que interferências em direitos fundamentais de terceiros poderiam ser justificadas diretamente mediante recurso aos direitos fundamentais sociais ou às ordens constitucionais, independentemente de uma base específica na legislação ordinária.[80] A Lei Fundamental exige para cada interferência em direitos fundamentais uma base na legislação ordinária. Entretanto, regulamentações de legislação ordinária, que tenham por conteúdo ou possibilitem interferências em direitos fundamentais devem, por sua vez, ser medidas pelo critério da Constituição; elas não podem,

---

[77] Cf. texto antes da nota de rodapé 15.
[78] Cf. em detalhe Lübbe-Wolff (nota de rodapé 15), p. 221, com outras informações.
[79] Para mais exemplos Lübbe-Wolff, *ibid.*, p. 223 com nota de rodapé 17.
[80] Cf., por exemplo, BVerfGE 59, 231 (262 s.): o princípio de Estado Social não seria "adequado para limitar direitos fundamentais sem concretização mais detalhada pelo legislador, isto é, diretamente".

especialmente, interferir desproporcionalmente em direitos fundamentais, sem razões justificadoras suficientemente importantes. Além disso, o peso dos direitos fundamentais, que sofrem interferência em bases legais, deve ser levado em consideração também na interpretação e na aplicação de disposições da legislação ordinária.[81] Esse é o nível de justificação, em que direitos fundamentais sociais e ordens constitucionais entram em jogo.

5 "Refinamento" constitucional do direito ordinário

Uma função de ordens constitucionais e de direitos fundamentais sociais pode ser a de conferir às normas do direito ordinário, que servem para o cumprimento da respectiva ordem constitucional ou à realização do respectivo direito fundamental social, um *status* constitucional proveniente dessa função de realização da Constituição, com a consequência de que a não aplicação de tal disposição da legislação ordinária se torna violação constitucional (proteção de aplicação de normas), e também a existência da norma goza de uma – certamente limitada – proteção constitucional.[82]

a) Proteção de aplicação de normas

O Tribunal Constitucional Federal, por exemplo, partiu de um refinamento constitucional de norma da legislação ordinária, que serve ao cumprimento de uma ordem constitucional e de uma consequente relevância constitucional das violações a essa norma em uma decisão que dizia respeito à compatibilidade de um regulamento sobre a criação de galinhas poedeiras com a ordem constitucional de proteção dos animais (art. 20a da Lei Fundamental). Quando o regulamento em exame foi emitido, a Comissão de Proteção dos Animais, que devia ter participado da emissão de tal regulamento,

---

[81] Sobre a exigência de interpretação conforme a Constituição e a aplicação do direito ordinário, cf. já no item III.2 acima.

[82] Em mais detalhes, G. Lübbe-Wolff, Die Grundrechte als Eingriffsabwehrrechte [Os direitos fundamentais como direitos de defesa contra interferência], Baden-Baden 1988, p. 105ss, 125 ss.

segundo a Lei de Proteção aos Animais, não havia sido regularmente consultada. O Tribunal Constitucional Federal entendeu que, porque o dever legal de consulta à Comissão de Proteção dos Animais serviu para a implementação da ordem constitucional do art. 20a da Lei Fundamental, a violação ao dever de consulta da lei ordinária violou simultaneamente o art. 20a da Lei Fundamental. Os órgãos legislativos, que tinham que levar em conta o objetivo estatal de proteção aos animais por meio de disposições adequadas, tiveram um amplo espaço de ação. Se, no entanto, o legislador, no exercício de seu espaço de ação, limitou o poder discricionário do ente regulamentador mediante disposições processuais que deviam exatamente promover a obtenção de resultados no procedimento de regulamentação, que fossem materialmente adequadas à proteção dos animais, e assim serviriam ao objetivo estatal de proteção aos animais, então não se violou apenas o direito ordinário, mas também o art. 20a da Lei Fundamental, ao não se ter seguido o procedimento legalmente prescrito.[83]

b) Proteção de existência de normas

Finalmente, uma interessante função possível dos direitos fundamentais sociais e das ordens constitucionais consiste no fato de que eles podem – razoavelmente, porém, de forma apenas limitada – assumir uma função de assegurar a existência de normas do direito ordinário ou de instituições estabelecidas pelo direito ordinário, as quais servem para a realização de tais direitos fundamentais ou para o cumprimento daquelas ordens constitucionais.

Assim, por exemplo, a jurisprudência portuguesa derivou dos direitos fundamentais sociais e das ordens constitucionais, garantidos pela Constituição portuguesa, uma "proibição do retrocesso social".[84] A jurisprudência constitucional alemã

---

[83] BVerfGE 127, 293 (328 s.).
[84] Häußling (nota de rodapé 27), p. 125 ss. Sobre a concepção de "condição social estabelecida", no contexto de direitos fundamentais sociais, cf. também J. Iliopoulos-Strangas, Der Schutz der sozialen Grundrechte in der griechischen Rechtsordnung [A proteção dos direitos fundamentais sociais na ordem jurídica grega], in: Bundesministerium für Arbeit und

não desenvolveu explicitamente uma doutrina comparável. Entretanto, há decisões do Tribunal Constitucional Federal que, em substância, podem ser interpretadas como garantia de uma proteção de existência de normas de direito ordinário que realizam direitos fundamentais positivos e ordens constitucionais. Menciono aqui apenas o exemplo mais conhecido,[85] a primeira decisão do Tribunal Constitucional Federal sobre aborto.[86] Nessa decisão, como já mencionado acima, a questão era se o legislador poderia tornar o aborto amplamente isento de punição durante as primeiras doze semanas de gravidez; o Tribunal respondeu negativamente, porque o legislador só poderia satisfazer seu dever fundamental de proteção à vida em desenvolvimento mediante a imposição de sanções penais mais amplas ao aborto. Muitos críticos trataram dessa decisão como se o Tribunal, no caso, tivesse ordenado o legislador a promulgar prescrições penais inexistentes. Para compreender essa decisão, porém, é essencial saber que ela não tinha por objeto uma *omissão* violadora de deveres de proteção aos direitos fundamentais, mas uma – segundo a compreensão do Tribunal – *atuação positiva* do legislador, qual seja, a restrição da punibilidade anterior do aborto pela da Quinta Lei de Reforma do Direito Penal. Que o Tribunal teria ordenado ao legislador a promulgar prescrições penais, quando tivesse que decidir sobre a constitucionalidade de uma impunidade historicamente tradicional de aborto nos primeiros três meses de gravidez é bastante improvável, se se considera a jurisprudência restante do Tribunal. De fato, no entanto, o Tribunal devia, para estabelecer o estado de uma proteção penal por ele considerada suficiente, apenas declarar nulas as disposições da Quinta Lei de Reforma do Direito Penal, as quais eliminavam parcialmente a punibilidade até então existente do aborto. Dessa forma, ele podia afirmar sua concepção sobre o conteúdo do dever do legislador de proteção dos direitos fundamentais de uma maneira inteiramente

---

Sozialordnung [Ministério Federal do Trabalho e da Ordem Social], e outros (nota de rodapé 27), p. 149 (157).

[85] Em detalhes, com mais exemplos, Lübbe-Wolff (nota de rodapé 82), p. 136 ss.
[86] BVerfGE 39, 1.

dentro do âmbito das competências tradicionais dos Tribunais Constitucionais, ou seja, por meio de uma decisão puramente mandamental ou anulatória.[87]

No caso, evidencia-se a razão por que tribunais decidem mais facilmente pela garantia de uma – nem sempre assim designada – proteção de existência para regulamentações de legislação ordinária, com as quais direitos fundamentais sociais são realizados ou ordens constitucionais são cumpridas, do que por ordens com as quais um legislador, que se manteve completamente omisso ou não suficientemente ativo, seja obrigado a tomar medidas legais mais abrangentes. Nos casos em que o legislador já atuou no interesse da implementação de direitos fundamentais sociais ou ordens constitucionais, ele fez uso de sua liberdade de ação e assim criou uma situação jurídica constitucionalmente fundada em legislação ordinária, que agora pode ser protegida contra interferências de forma estruturalmente semelhante às liberdades dos direitos fundamentais com sentenças puramente anulatórias. Isso não tem a mesma aparência de uma declaração judicial que obriga o legislador a agir ativamente para se configurar como uma interferência na liberdade de ação do legislador, tendencialmente contrária à competência judicial, e assim o Tribunal também se expõe, em menor grau, ao risco acima mencionado de perda de autoridade.

No entanto, existe também o perigo de uma restrição muito grande da liberdade de ação do legislador, o que não é compatível com os princípios da democracia e da separação de poderes.

Uma proteção "absoluta" de existência, no sentido de uma garantia da imutabilidade de condições jurídicas e fáticas, que o legislador uma vez criou para a realização de direitos fundamentais sociais ou ordens constitucionais, seria equivalente a uma completa solidificação de amplas partes do

---

[87] Devido a essa estrutura da decisão, a crítica a ela também deve fazer uma abordagem diferente do que geralmente se costuma fazer; sobre isso, em detalhes Lübbe-Wolff (nota de rodapé 82), p. 138 ss.

sistema jurídico. O legislador se tornaria incapaz de reformas.[88] Justamente para os sistemas sociais que dependem da adaptação flexível a condições em alteração, isso seria o caminho mais seguro e rápido para uma incapacidade fática de desempenho, diante da qual qualquer ordem legal teria que capitular. Por isso, apenas entra razoavelmente em questão, no máximo, uma proteção flexível de existência que respeite a necessária liberdade de ação do legislador.

Também na jurisprudência portuguesa se impôs, por isso, uma concepção "amenizada" ou "moderada" da concepção da proibição do "retrocesso social", que se orienta menos pela ideia de que direitos fundamentais sociais e ordens constitucionais desenvolvem uma espécie de efeito de fixação para o direito ordinário, promulgado em conformidade com eles, e muito mais pela ideia de uma proteção da confiança.[89]

No caso, evidencia-se um paralelo com o direito constitucional alemão, que substancialmente conhece formas flexíveis de proteção de condições sociais estabelecidas, sobretudo, de duas maneiras: como proteção da confiança, que, entretanto, oferece proteção apenas em casos excepcionais contra alterações desvantajosas na situação jurídica, e como proteção de acordo com o art. 14 da Lei Fundamental (direito fundamental de propriedade).[90]

---

[88] Contra a admissão de uma "proibição do retrocesso social", derivada do princípio do Estado Social, volta-se com razão: cf. Neumann, Sozialstaatsprinzip und Grundrechtsdogmatik [Princípio do Estado Social e dogmática dos direitos fundamentais], *Deutsches Verwaltungsblatt* 1997, p. 92 (97).

[89] Häußling, *ibid.* (nota de rodapé 27). Para a Grécia, cf. também Iliopoulos-Strangas (nota de rodapé 84), *ibid.* O fato de em 1984 o Tribunal Constitucional português ter declarado inconstitucional a completa abolição legal do serviço nacional de saúde, que havia sido legalmente institucionalizado apenas alguns anos antes, deveu-se ao fato de que a Constituição exigia expressamente a criação de tal serviço nacional de saúde; portanto, não se tratava, no caso, de uma cimentação judicial de uma variante da realização de direitos fundamentais ou de ordens, pelos quais o legislador havia se decidido no âmbito de liberdade de ação, que constitucionalmente lhe cabia. Aqui, portanto, a questão não é se o Tribunal respeitou suficientemente a liberdade de ação do legislador, mas, no máximo, a questão de até que ponto é politicamente sensato fixar a forma institucional de um sistema de segurança social em detalhes na Constituição.

[90] Para mais detalhes, cf. Neumann, Der Grundrechtsschutz von Sozialleistungen in Zeiten der Finanznot [A proteção de direito fundamental a serviços sociais em tempos de aguda crise financeira], in: *Neue Zeitschrift für Sozialrecht* 1998, p. 401 ss., com outras informações. Quanto às doutrinas muito complexas que o Tribunal Constitucional Federal desenvolveu sobre questões de proteção da confiança sob as palavras-chave, echte Rückwirkung"

IV Conclusão

Direitos fundamentais e ordens constitucionais não são ineficazes, como elementos do sistema jurídico. Como base de pretensões e ordens judiciais diretamente exigíveis ao legislador, eles só podem ter – ou, pelo menos, deveriam ter em uma democracia operante – efeito em âmbito bastante limitado (II, III.1 a); a fronteira entre efetivação judicial legítima, por um lado, e usurpação judicial de competências de ação, que cabem apenas ao legislador, por outro, é constitucionalmente incerta (III, 1. b). A ideia da procedimentalização não oferece uma saída realmente satisfatória para o dilema de que uma efetivação judicial dos direitos fundamentais sociais e das ordens constitucionais, por um lado, está na lógica de tais exigências constitucionais, mas, por outro, parece ir além dos limites da atuação judicial legítima num sistema de divisão de poderes (III.2). Mas há funções de direitos fundamentais sociais e de ordens constitucionais, cujo uso judicial é menos provável de ultrapassar os limites de competência judicial (III.3 – III.5). Como tópicos de argumentação jurídica, direitos fundamentais sociais e ordens constitucionais também contribuem para que justiça social e salvaguarda de bens públicos permaneçam como objetivos e obrigações conscientes. Com isso, eles contribuem para a formação e manutenção de pressupostos políticos e culturais de justiça social, que vão além de seu conteúdo justiciável.

Informação bibliográfica deste texto, conforme a NBR 6023:2018 da Associação Brasileira de Normas Técnicas (ABNT):

LÜBBE-WOLFF, Gertrude. Justiciabilidade dos direitos fundamentais sociais e ordens constitucionais. In: TOLEDO, Cláudia (coord.). *Atual judiciário*: ativismo ou atitude. Belo Horizonte: Fórum, 2022. p. 231-274. ISBN 978-65-5518-270-5.

[retroatividade verdadeira] e, unechte Rückwirkung" [retroatividade não verdadeira], cf. por todos M. Sachs, in: *idem*, *Grundgesetz Kommentar* [comentário à Lei Fundamental], 3ª ed., 2003, art. 20, números marginais 131 ss., com outras informações.

ATIVISMO JUDICIAL E O DIA SEGUINTE. PROMOÇÃO REAL DOS DIREITOS? OUTRA PERSPECTIVA A CONSIDERAR

ANA PAULA DE BARCELLOS

1 Introdução

O chamado ativismo judicial tem sido objeto de um conjunto de críticas relacionadas com a perspectiva da separação de poderes e da legitimidade democrática. Discute-se, *e.g.*, até que ponto e com que fundamento juízes não eleitos podem tomar decisões em detrimento das instâncias majoritárias em uma democracia; o impacto desorganizador de decisões judiciais consideradas ativistas sobre a rotina administrativa e as políticas públicas; as capacidades institucionais do Poder Judiciário e suas limitações para determinados empreendimentos ativistas, etc. Embora muitas vezes o exame da questão se concentre na jurisprudência do Supremo Tribunal Federal, a questão é mais geral e abarca a atividade dos órgãos judiciais como um todo.[1]

Essas críticas são, todas, da maior relevância. O objetivo deste texto, porém, é examinar o ativismo judicial, em particular aquele que se ocupa diretamente da promoção de direitos fundamentais, e que se justifica nesses termos, sob outra perspectiva. Cuida-se de tentar apurar qual a relação do ativismo judicial com promoção real dos direitos fundamentais.

---

[1] Para uma visão crítica, vejam-se, por todos, v. LIMA, Flávia Santiago. *Jurisdição constitucional e política. Ativismo e autocontenção no STF*, Juruá, 2014; TASSINARI, Clarissa. *Jurisdição e ativismo judicial. Limites da atuação do Judiciário*, Livraria do Advogado, 2013; STRECK, Lênio. *Jurisdição constitucional e decisão jurídica*, RT, 2013; e MOTTA, Francisco José Borges. *Levando o direito a sério*, Livraria do Advogado, 2012. Também examinando as críticas ao ativismo, mas sob uma perspectiva um pouco diversa acerca do que a democracia demanda e permite, v. BARROSO, Luís Roberto. Judicialização, ativismo judicial e legitimidade democrática, *Synthesis*, v. 1, n. 5, 2012, p. 23-32.

Dito de outro modo, o ponto de observação que se propõe aqui é o do cumprimento – ou não – das promessas de promoção dos direitos fundamentais em geral associadas ao ativismo judicial. O ativismo judicial entrega o que promete em matéria de direitos? O que efetivamente está acontecendo na vida das pessoas em decorrência das decisões judiciais consideradas ativistas? Elas são cumpridas?

Como é fácil perceber, essa perspectiva tem uma dimensão empírica e sofre as limitações próprias desse conhecimento, já que saber o que efetivamente acontece no mundo real dos direitos, na vida das pessoas, depende de um tipo de investigação que não se esgota no exame das próprias decisões judiciais. O esforço de conhecer um pouco mais da realidade brasileira que circunda a prestação jurisdicional e é por ela afetada tem dado seus primeiros passos,[2] embora ainda haja um longo caminho a percorrer.

Antes de prosseguir, cabe fazer três observações preliminares que podem ajudar a esclarecer o objeto que se pretende examinar e seu escopo. Em primeiro lugar, embora a questão já esteja bem estabelecida, convém esclarecer que ativismo não se confunde com judicialização. Como se verá, o ativismo corresponde a um conjunto de atitudes, posturas e formas de agir por parte dos magistrados. A judicialização, por seu turno, descreve as opções majoritárias – da Constituição e da legislação – no sentido de valer-se do instrumental do Direito no esforço de disciplinar fenômenos políticos e sociais.

Há, é certo, comunicações várias entre judicialização e ativismo. Uma delas será examinada mais adiante: qualificar uma decisão judicial como ativista ou não dependerá de se apurar, previamente, os termos em que a matéria foi judicializada pelo legislador ou pelo constituinte daquele país naquele momento histórico.

A segunda observação envolve a relevância e utilidade da perspectiva que se propõe aqui. Para que saber o que efetivamente acontece, em matéria de direitos fundamentais, após as decisões judiciais consideradas ativistas? Duas respostas podem ser

---

[2] Sob a perspectiva mais propriamente jurídica, vale registrar os notáveis esforços dos Professores Virgílio Afonso da Silva e Octávio Ferraz, que já resultaram em várias publicações.

sugeridas para essa questão. Em primeiro lugar, o compromisso da Constituição de 1988 é com a promoção dos direitos fundamentais *no mundo real*, e não propriamente com a existência de normas ou de decisões judiciais indicando essa promoção. O ponto é importante, pois entre a expedição de uma decisão judicial e seu cumprimento efetivo pode haver uma distância considerável a percorrer. Ora, se o ativismo judicial procura se justificar, em boa medida, pela promoção dos direitos consagrados constitucionalmente, parece fundamental investigar se essa promoção tem efetivamente acontecido e em que termos.

Mas há uma segunda resposta para a questão da relevância da perspectiva proposta aqui, talvez ainda mais central. Se a atividade jurisdicional (ativista ou não) tem algum potencial de promover direitos, investigar o que de fato acontece com esses direitos em conexão com decisões judiciais parece fundamental, o que inclui, naturalmente, enfrentar as críticas, as limitações e os eventuais fracassos, bem como tentar compreender as razões que explicam essas circunstâncias. Esse conhecimento pode iluminar a própria atividade jurisdicional, ensejando reflexões e mudanças capazes de maximizar o seu potencial para a efetiva promoção de direitos.

A terceira observação preliminar que se gostaria de fazer antes de prosseguir pode ser enunciada nos seguintes termos: a perspectiva que se propõe aqui não interfere com as críticas mencionadas acima, sob a perspectiva da democracia e da separação de poderes, e nem as supera. Ou seja: ainda que se conclua que o ativismo judicial tem produzido, por exemplo, resultados extraordinários na promoção de direitos fundamentais, isso não afasta ou neutraliza por si só as críticas referidas.

O ponto é sensível, pois se relaciona com o tema da justificação da democracia e de seus resultados em matéria de direitos, comparados com aqueles produzidos, por exemplo, por ditaduras.[3] Não é o caso de examinar tais questões aqui. Basta o registro de que, assumida a premissa filosófica de que a democracia tem um

---

[3] MALIANDI, Ricardo. Justification de la Democracia. In: VIGO, Rodolfo Luis. *En torno a la democracia*, Santa Fe: Rubinzal – Culzoni Editores, p. 47-54, 1996; e SEN, Amartya. *El valor de la democracia*. Espanha: Editoral El Viejo Topo, 2006.

valor em si, e não apenas em função dos resultados que seja capaz de produzir em dado momento histórico, o ativismo judicial, como qualquer outra iniciativa política, não poderá justificar-se apenas por seus eventuais resultados, à parte do sistema democrático. Isto é: as críticas mencionadas acima continuarão a exigir enfrentamento sob a ótica da democracia. Feitos esses registros prévios, cabe passar ao exame do objeto central deste texto.

3 Decisões judiciais e a promoção real de direitos. O dia seguinte

A jurisdição tem desempenhado um tradicional e relevante papel na promoção dos direitos fundamentais no Brasil e em outras partes do mundo. A primeira dimensão desse papel envolve o respeito e a promoção dos direitos dos autores das demandas ou de seus eventuais substituídos. O formato pode ser descrito nos seguintes termos: uma previsão normativa consagra algum tipo de direito, esse direito é violado por ação ou por omissão, e alguém – o titular do direito, um representante ou substituto processual – ajuíza uma demanda sobre o tema.

O Poder Judiciário poderá, então, julgar procedente o pedido formulado e determinar que o réu adote determinada conduta ou leve a cabo providências, de modo a respeitar e/ou promover o direito fundamental em questão. Na sequência de uma decisão dessa natureza terá início o período de execução, que poderá assumir muitas formas. Uma vez executada integralmente a decisão, espera-se que o direito fundamental tenha sido ou venha a ser respeitado e/ou promovido.

Essa primeira dimensão tem admitido múltiplos desenvolvimentos. Um *primeiro* descreve as ações individuais, tradicionalmente manejadas por indivíduos para tutela de seus direitos, sejam eles a liberdade de locomoção, protegida pela via do *habeas corpus*, seja o direito a prestações de saúde, passando pela garantia da liberdade e da igualdade, dentre tantos outros direitos de que se possa cogitar. Um *segundo* desenvolvimento que pode ser identificado cuida das ações coletivas nas quais se postulam bens privados, isto é, aqueles que, ao serem consumidos, reduzem a quantidade disponível desse bem para o restante da sociedade. É o caso, por exemplo, do fornecimento de medicamentos, de vagas em hospitais ou escolas.

Embora, por vezes, a natureza do direito tutelado seja a mesma das ações puramente individuais, a tutela coletiva poderá ter um impacto diferenciado sobre a promoção dos direitos fundamentais, tanto porque o número de eventuais beneficiados será maior, quanto porque a ação coletiva tem o potencial de afetar a política pública geral sobre o tema. Assim, uma ação ajuizada por uma associação de portadores de determinada doença postulando medicamentos pretende, em última análise, que cada associado receba o produto, assim como se passa em ações individuais com o mesmo pedido. Nada obstante, o impacto possível sobre a política pública de dispensação farmacêutica será provavelmente maior do que a desencadeada por várias ações individuais.[4]

Um *terceiro* desenvolvimento do papel clássico da jurisdição em matéria de direitos fundamentais diz respeito a demandas nas quais se postulam bens públicos, isto é, aqueles cujo consumo não reduz a disponibilidade do bem para o restante das pessoas. Em geral, essa espécie de tutela enseja exigências específicas acerca da legitimação ativa, que não cabe aqui aprofundar, e pode desdobrar-se em três manifestações principais.

Em primeiro lugar, essa pretensão pode envolver o controle abstrato de constitucionalidade de atos normativos. Não há dúvida de que a declaração de inconstitucionalidade de um ato normativo pode ser da maior relevância para o respeito e/ou a promoção de direitos fundamentais. Um exemplo é suficiente para demonstrar o argumento: a declaração de inconstitucionalidade sem redução do texto da Emenda Constitucional nº 19/98, que pretendia estabelecer um teto para o benefício da licença maternidade, teve um impacto direto na garantia de direitos relacionados com a igualdade da mulher no mercado de trabalho

---

[4] Para uma discussão sobre a importância das ações coletivas e sua capacidade de minimizar problemas observados nas ações individuais, v. BARCELLOS, Ana Paula de. O direito a prestações de saúde: Complexidade, mínimo existencial e o valor das abordagens coletiva e abstrata. In: GUERRA, Sidney e EMERIQUE, Lilian Balmant (org.). *Perspectivas constitucionais contemporâneas*. Rio de Janeiro: Lumen Juris Editora, p. 221-247, 2010.

e com a proteção da maternidade e da infância.[5] E o benefício obtido por cada mulher por conta da decisão não reduz o proveito possível para todas as demais.

Em segundo lugar, essa pretensão pode dizer respeito à exigibilidade de que exista uma política pública sobre determinado direito. Eventualmente, pode haver uma norma geral provendo sobre o direito, mas nenhuma política foi delineada para lhe dar concretude ou há problemas sérios estruturais com as políticas existentes. Nesse contexto, é possível pedir ao Judiciário que imponha aos poderes competentes o dever de elaborar ou corrigir uma política pública sobre o tema em caráter geral.[6]

Por fim, uma terceira subdivisão dessas pretensões de bens públicos congregaria aquelas hipóteses nas quais se postula a prestação concreta de serviços que, por sua natureza, serão fruídos coletivamente. É o caso, por exemplo, de plantas de tratamento de esgoto para uma determinada cidade, políticas ambientais, e a existência de hospitais ou escolas. Nesse caso não se postula, por exemplo, uma vaga em uma escola, ou um procedimento médico, mas a existência permanente da escola ou do hospital.

---

[5] STF, ADI nº 1946, Rel. Min. Sydney Sanches, DJ 03.06.2003. Vale conferir trecho que constou da ementa da decisão: "3. Na verdade, se se entender que a Previdência Social, doravante, responderá apenas por R$1.200,00 (hum mil e duzentos reais) por mês, durante a licença da gestante, e que o empregador responderá, sozinho, pelo restante, ficará sobremaneira, facilitada e estimulada a opção deste pelo trabalhador masculino, ao invés da mulher trabalhadora. Estará, então, propiciada a discriminação que a Constituição buscou combater, quando proibiu diferença de salários, de exercício de funções e de critérios de admissão, por motivo de sexo (art. 7º, inc. XXX, da C.F./88), proibição, que, em substância, é um desdobramento do princípio da igualdade de direitos, entre homens e mulheres, previsto no inciso I do art. 5º da Constituição Federal. Estará, ainda, conclamado o empregador a oferecer à mulher trabalhadora, quaisquer que sejam suas aptidões, salário nunca superior a R$1.200,00, para não ter de responder pela diferença. Não é crível que o constituinte derivado, de 1998, tenha chegado a esse ponto, na chamada Reforma da Previdência Social, desatento a tais consequências. Ao menos não é de se presumir que o tenha feito, sem o dizer expressamente, assumindo a grave responsabilidade. 4. A convicção firmada, por ocasião do deferimento da Medida Cautelar, com adesão de todos os demais Ministros, ficou agora, ao ensejo deste julgamento de mérito, reforçada substancialmente no parecer da Procuradoria Geral da República. 5. Reiteradas as considerações feitas nos votos, então proferidos, e nessa manifestação do Ministério Público federal, a Ação Direta de Inconstitucionalidade é julgada procedente, em parte, para se dar, ao art. 14 da Emenda Constitucional nº 20, de 15.12.1998, interpretação conforme à Constituição, excluindo-se sua aplicação ao salário da licença gestante, a que se refere o art. 7º, inciso XVIII, da Constituição Federal. 6. Plenário. Decisão unânime."

[6] Sobre o tema, v. SABEL, Charles F.; SIMON, William H. Destabilization Rights: How Public Law Litigation Succeeds, *Harvard Law Review*, v. 117, p. 1015-1101, 2004.

Para além dessa primeira dimensão por força da qual a jurisdição contribui para o respeito e a promoção dos direitos fundamentais, há também duas outras, de difícil mensuração, mas que não devem por isso ser desprezadas. Para além do eventual efeito específico do cumprimento de uma decisão judicial em benefício de determinadas pessoas, comunidades ou até da sociedade como um todo, o conjunto de decisões judiciais em determinado sentido pode fortalecer o Estado de Direito e induzir uma maior adesão voluntária às normas jurídicas e, no caso, às normas que cuidam da promoção de direitos fundamentais.[7]

Assim, *e.g.*, se o Judiciário reiterada e coerentemente invalida atos de natureza sancionatória praticados pelo Poder Público sem observância do devido processo legal, é muito possível que com o tempo o Poder Público incorpore a observância dessa previsão. Se o Judiciário condena, de forma consistente, a discriminação social ou racial no acesso a condomínios de apartamentos, por exemplo, é possível que a administração desses condomínios, no mínimo pelo temor de uma condenação, descontinue ou minimize a prática da discriminação.

É certo que esses estímulos são recebidos pelos diferentes agentes públicos e privados de forma diversa, e nem sempre o resultado é o esperado. Condenações financeiras contra o Poder Público, por exemplo, dificilmente produzem como resultado a alteração de políticas públicas, já que raramente a Administração que responde à demanda será a que pagará a indenização.[8] Também não é incomum que tanto o Poder Público quanto agentes privados adaptem-se apenas para atender às decisões judiciais, sem necessariamente aderirem ao cumprimento da norma de forma ampla. Seja como for, esse efeito da prevenção geral é relevante tanto mais quanto se observa uma tendência de objetivação da jurisprudência.[9]

---

[7] RAZ, Joseph. The rule of law and its virtues. In: *The Authority of Law: Essays on Law and Morality*, Oxford: Clarendon Press, 2009, p. 210-232.

[8] GILLES, Myriam. In defense of making Government pay: the deterrent effect of constitutional tort remedies, *Georgia Law Review*, v. 35, p. 845-880, 2000/2001; e LEVINSON, Daryl. Making Government pay: markets, politics, and the allocation of constitutional costs, *University of Chicago Law Review*, v. 67, p. 345-420, 2000.

[9] A objetivação da jurisprudência descreve o processo vivido no Brasil pelo qual às decisões dos Tribunais, sobretudo dos Superiores, se atribuem cada vez mais efeitos gerais e em alguns casos vinculantes. É o caso das decisões do STF em sede de

Por fim, um terceiro efeito digno de nota que a jurisdição (ativista ou não) pode ter sobre a promoção de direitos fundamentais é o efeito de pauta política. Determinadas decisões, mesmo quando não cumpridas de imediato ou no prazo previsto, podem influenciar a pauta política, seja por sua própria natureza (como aquelas que declaram uma omissão inconstitucional e constituem em mora os demais poderes), seja por conta da repercussão que tenham na imprensa, seja por força das sanções previstas ou por outras razões menos óbvias.[10] Por vezes decisões judiciais ajudam a colocar determinados temas na pauta política, desencadeiam o debate público e contribuem para o processo de mudança social ainda que de forma indireta e em conjunto com outros elementos.[11]

Esse conjunto de papéis que a jurisdição desempenha na promoção dos direitos fundamentais é da maior importância e

---

mecanismos de controle concentrado de constitucionalidade, mas também das súmulas vinculantes que podem ser aprovadas valendo-se de decisões proferidas em sede de controle difuso de constitucionalidade. As súmulas expedidas pelos demais Tribunais Superiores, embora não tenham caráter vinculante, impõem restrições às possibilidades recursais e se destinam, afinal, a explicitar em caráter geral o entendimento das Cortes para a sociedade. O novo Código de Processo Civil expande a ideia de uniformização e objetivação da jurisprudência também para os demais tribunais, como se vê dos arts. 926 e 927.

[10] KINGDON. *Agendas, alternatives and public policies*. 2. ed. New York: Harper Collins, 2010; e BIRKLAND. Agenda setting in public policy. In: FISCHER, F.; MILLER, G.; SIDNEY, M. (ed.). *Handbook of public policy analysis*: theory, politics and methods. New York: CRC Press, 2007.

[11] Sobre o debate acerca do potencial que litígios e decisões judiciais podem ter como instrumentos de transformação social, v. YOUNG, K. *Constituting economic and social rights*, Oxford: Oxford University Press, 2012; KLEIN, A. Judging as nudging: new governance approaches for the enforcement of constitutional social and economic rights, *Columbia Human Rights Law Review*, v. 39, p. 351-422, 2007/2008; ROSENBERG. *The Hollow Hope*: Can Courts Bring About Social Change?. 2. ed. Chicago: The University of Chicago Press, 2008; HERSHKOFF. *Public interest litigation: selected issues and examples*. Disponível em: http://siteresources.worldbank.org/INTLAWJUSTINST/Resources/PublicInterestLitigation%5B1%5D.pdf. Acesso em: 5 out. 2015; JACOBSON; WARNER. Litigation and public health policy making: the case of tobacco control, *Journal of Health Politics, Policy and Law*, v. 24/4, p. 768-804, 1999; e HOROWITZ. *The courts and social policy*, Washington: The Brookings Institutions, 1977. Vale registrar alguns estudos que avaliam experiências concretas de interação entre decisões judiciais e determinadas realidades: SIEDER et al. *The judicialization of politics in Latin America*. New York: Palgrave Macmillian, 2009 (sobre a América Latina); GARGARELLA; DOMINGO; ROUX. *Courts and social transformation in new democracies*: an institutional voice for the poor?. Aldershot/Burlington: Ashgate, 2006 (tratando das novas democracias); VIEIRA, Oscar Vilhena. Public Interest Law. A Brazilian Perspective, *UCLA Journal of International Law & Foreign Affairs*, v. 13, p. 219-261, 2008 (sobre o Brasil); e TUSHNET, M. *Weak courts, strong rights. Judicial review and social welfare rights in comparative constitutional law*, Princeton: Princeton University Press, 2008 (abordando vários países).

não pode ser minimizado.[12] Parte deles, porém, depende de as decisões judiciais serem efetivamente cumpridas no mundo dos fatos, e esse é o ponto central aqui. Afinal: as decisões proferidas em todas essas diferentes dimensões nas quais a jurisdição pode se desenvolver são de fato cumpridas no Brasil? A resposta não é simples, sobretudo quando se cuide da tutela de bens públicos. Aprofunde-se brevemente a questão.

Nas últimas décadas multiplicaram-se as decisões judiciais, ao redor do mundo e no Brasil, com o objetivo de promover a realização de direitos fundamentais. Muitas vezes tais decisões são/foram descritas como ativistas. Os exemplos envolvendo direitos sociais são provavelmente os mais emblemáticos, mas não são únicos: demandas envolvendo direito à água, à alimentação, a prestações de saúde, à habitação, a saneamento básico, etc. Mas o que aconteceu efetivamente com essas decisões? Elas foram executadas? Elas incrementaram a realização dos direitos fundamentais no mundo dos fatos? Esse é um tema que tem suscitado amplo debate entre acadêmicos e ativistas ao redor do mundo.[13]

A conclusão preliminar a que já se chegou, não apenas no Brasil, mas também em outros países, é a de que as decisões judiciais são executadas de forma razoável quando se trate de bens privados postulados em demandas individuais, como, *e.g.*, a entrega de medicamentos. Entretanto, quando se cuida de ações coletivas e/ou de demandas que envolvem bens públicos, como a alteração, correção ou implantação de uma política pública, a execução das decisões judiciais pode demorar décadas (mais tempo do que a política pública que se postula levaria para ser executada caso fosse uma prioridade governamental) ou eventualmente nunca acontecer.

Muitas razões podem contribuir para esse descompasso entre a decisão judicial e sua execução, sendo uma delas a circunstância de que a cooperação dos demais Poderes nesses casos será essencial para o cumprimento do que o Judiciário tenha determinado.

---

[12] MCCANN, M. Litigation and Legal Mobilization. *In:* WHITTINGTON, Keith E.; KELEMEN, R. Daniel; CALDEIRA, Gregory A. *The Oxford Handbook of Law and Politics*. New York: Oxford University Press, p. 522-540, 2008.

[13] V., por todos, GAURI; BRINKS, *Courting social justice*: judicial enforcement of social and economic rights in the developing world, Cambridge: Cambridge University Press, 2008.

Ocorre que os mecanismos de sanção de que o Direito dispõe simplesmente não têm como impor essa cooperação, caso ela não se desenvolva naturalmente de acordo com a lógica política. O debate contemporâneo sobre o assunto tem justamente apontado a necessidade de as demandas que postulam direitos serem acompanhadas por movimentos sociais e de pressão cuja articulação no espaço público garanta que o tema objeto da decisão judicial tenha a necessária prioridade no debate político. O exemplo do saneamento no Brasil ilustra o ponto.

Desde o início da década de 1990, dezenas de ações foram ajuizadas pelo Ministério Público postulando a instalação ou a ampliação de sistemas de coleta e tratamento de esgoto em cidades pelo país afora, e muitas decisões judiciais atenderam tais pedidos. Não é difícil imaginar as principais etapas necessárias à execução dessas decisões. Em primeiro lugar, será preciso fazer um plano de saneamento que leve em conta as características da cidade, tanto em termos hídricos quanto populacionais, entre outros aspectos. Muitas vezes o Município não terá pessoal técnico, de modo que precisará socorrer-se da cooperação da União ou do Estado para elaborar seu plano, que, de todo modo, terá que harmonizar-se com os planos dos municípios vizinhos e com o do Estado.

Definido o plano de saneamento e os sistemas que deverão ser construídos, será o momento de decidir quem executará essas obras e qual será o modelo adotado para a posterior prestação do serviço, já que as duas decisões podem repercutir uma sobre a outra. Haverá uma concessão do serviço e licitação das obras em conjunto? Ou apenas serão licitadas as obras e o município prestará o serviço? Se houver dispêndio do município, terá que haver previsão orçamentária, e nesse ponto o Legislativo será chamado a participar da execução da decisão judicial.

Ultrapassada essa segunda etapa, terá lugar a licitação para o que quer que tenha sido decidido pelo município. Encerrado o certame, o vencedor iniciará as obras, e provavelmente o primeiro item de sua lista será obter as licenças ambientais necessárias, além das outras licenças eventualmente pertinentes. Vencida essa fase, as estruturas começarão a ser construídas, o que poderá levar vários anos, dependendo da dimensão dos sistemas. Depois chegará a parte de testes para, enfim, a promoção do direito fundamental das pessoas efetivamente acontecer.

Uma narrativa similar à descrita acima poderia ser imaginada, por exemplo, no caso de demandas discutindo iniciativas em saúde coletiva (construção e reformas de hospitais, contratação de profissionais de saúde, rotina de prevenção, etc.) ou em moradia. A execução de eventual decisão judicial que tratasse de um dos maiores desafios em matéria de direitos fundamentais no Brasil hoje – a qualidade da educação – apresentaria ainda maiores complexidades. Mas não são apenas os direitos sociais prestacionais que enfrentam essas dificuldades. A execução de uma decisão judicial que pretendesse interferir na política pública que trata, por exemplo, da erradicação do trabalho escravo, exigiria igualmente a organização de estruturas de fiscalização e de monitoramento a cargo, em última análise, de órgãos de outros Poderes.

Mas o que aconteceu concretamente com as ações sobre saneamento referidas? Os dados reportados abaixo resultam de pesquisa conduzida pela autora e ilustram, na realidade parcial examinada, o que já foi observado também em outras partes do mundo.[14] De 2003 a 2013, ao menos 258 acórdãos de Tribunais Estaduais e Tribunais Regionais Federais decidiram pretensões formuladas ou resistidas no âmbito de ações coletivas sobre o tema do saneamento, a maioria absoluta ajuizada pelo Ministério Público entre 1990 e 2012. Em cerca de 76% das decisões o pedido do autor foi provido em alguma medida (total ou parcialmente), revelando uma clara disposição do Judiciário de promover os direitos relacionados ao saneamento.

O conteúdo dessas decisões é variado, mas pode ser organizado em três grandes grupos: cerca de 60% das decisões determinavam o conserto ou construção de algum tipo de infraestrutura de saneamento; 17% solicitavam que os réus (frequentemente um deles era a municipalidade) apresentassem um plano para o reparo ou construção das infraestruturas consideradas necessárias para que o serviço de saneamento pudesse ser prestado; e 10% determinavam de forma específica que o lançamento de esgoto não tratado em corpos de água fosse interrompido. As demais decisões cuidavam de temas diversos.

---

[14] Parte das informações sobre o tema do saneamento utilizadas no texto, bem como a metodologia utilizada para a coleta dos dados, constam de BARCELLOS, Ana Paula de. Sanitation Rights, Public Law Litigation, and Inequality: A Case Study from Brazil, *Health and Human Rights*, v. 16/2, p. 35-46, 2014.

Outra informação relevante apurada é a de que, do conjunto de decisões favoráveis em alguma medida à pretensão autoral, cerca de 67% fixaram prazos para que as determinações fossem cumpridas, sendo que o prazo máximo fixado inicialmente foi de 4 (quatro) anos. Sabe-se, porém, que muitas vezes esses prazos são revistos e ampliados no curso da execução a pedido dos réus.

Pois bem. E o que se sabe sobre a execução de tais decisões? Elas foram, afinal, cumpridas? Duas informações relevantes puderam ser obtidas quanto a esse ponto e merecem registro. A primeira delas é a pouquíssima informação disponível nos bancos de dados digitais dos Tribunais acerca da fase de execução das decisões judiciais. É em geral possível acompanhar passo a passo todos os atos processuais até a decisão de conhecimento ou cautelar ser proferida, mas o mesmo não acontece em relação à execução. A prática parece refletir, inconscientemente, a ilusão de que as decisões (assim como as leis) se transformariam em realidade de forma automática e imediata, independentemente de iniciativas e esforços posteriores. Infelizmente, não é o caso.

As decisões judiciais, como as leis, são pontos de partida, e não de chegada, e sua execução pode ser um processo complexo e demorado. É fundamental, sobretudo em relação a demandas coletivas, que as informações sobre o desenvolvimento do processo de execução sejam coletadas e informadas pelos órgãos do Poder Judiciário, até para que as populações potencialmente beneficiadas tenham condições de acompanhar o que se passa.

Em segundo lugar, e considerando os dados disponíveis ao fim do ano de 2013, a informação que se obteve acerca da efetiva execução das decisões em questão dava conta de que apenas cerca de 4% delas havia sido cumprida. É importante destacar que essa afirmação é feita com base na informação constante no acompanhamento digital dos processos referidos, e não com base em uma verificação *in loco*, que pode eventualmente apresentar uma realidade diversa. Seja como for, embora o número não seja desprezível, também não chega a ser animador.

Acima, antes de expor os dados da pesquisa propriamente dita, descreveu-se as etapas lógicas que devem ser percorridas para a execução de uma decisão judicial que determine a construção ou expansão de um sistema de coleta e ou tratamento de esgoto. E não é difícil perceber que os protagonistas de todas as etapas descritas ali serão agentes públicos da Administração Pública e do Legislativo, daí porque se afirmou que frequentemente, sem a colaboração desses Poderes, a execução de decisões judiciais enfrentará todo tipo de óbice. E, de fato, isso é o que se observa. Em resumo: decisões judiciais podem restar como meras folhas de papel sem a cooperação das instâncias majoritárias.

Que conclusão esses dados sugerem? Uma delas, certamente, é a de que é preciso reconhecer os limites da jurisdição na promoção de direitos fundamentais. Isso não significa que o Judiciário não tenha um papel relevante a desempenhar. Os efeitos que a jurisdição pode produzir – diretamente sobre os beneficiários das demandas, institucionalmente ou na formação de pautas políticas – são relevantes e, ainda que limitados, não devem ser desprezados. Os processos sociais são muito complexos e as relações sempre multicausais, de modo que não faz sentido desprezar esses efeitos produzidos pela jurisdição. É preciso humildade, porém, para reconhecer os próprios limites.

Cabe agora conectar o ativismo judicial – como uma categoria distinta aplicável a determinadas decisões judiciais – com o que se acaba de expor. Esse é o tema do ponto seguinte e conclusivo.

3 Ativismo judicial, direitos e os Poderes estatais

A expressão ativismo judicial tem sido utilizada em múltiplos sentidos na literatura jurídica e na ciência política e nem sempre é fácil identificar os fenômenos que ela pretende descrever em cada caso. De forma mais geral, o ativismo é descrito como um conjunto de atitudes, posturas e formas de agir por parte dos magistrados. Mas o que caracteriza afinal essas atitudes, permitindo sua identificação como ativistas? Parece haver pouca dúvida de que o fenômeno existe, mas o que o particulariza?

A literatura apresenta alguns traços principais que seriam observados em atitudes consideradas ativistas.[15] Em primeiro

---

[15] BERMAN, José Guilherme. Ativismo judicial, judicialização da política e democracia, *Cadernos da Escola de Direito e Relações Internacionais*, Curitiba, 10, p. 137-156, 2015; VIEIRA, José Ribas; CAMARGO, Margarida Maria Lacombe; SILVA, Alexandre Garrido da. O Supremo Tribunal Federal como arquiteto institucional: a judicialização da política e o

lugar, elas se identificam como especialmente comprometidas com a realização dos fins constitucionais e, de forma particular, com a promoção dos direitos fundamentais. Uma segunda característica é o caráter invasivo dessas iniciativas dos magistrados relativamente ao espaço próprio do Legislativo e do Executivo. Outras características associadas ao conjunto de comportamentos identificados como ativismo judicial envolvem, *e.g.*, o pouco compromisso das Cortes com os precedentes judiciais (em geral com os seus próprios); a dificuldade de replicar tais decisões em situações similares (não universalidade); a circunstância de tais decisões valerem-se intensamente de argumentos consequencialistas; e a incoerência metodológica observada entre diferentes decisões de um mesmo órgão julgador.

A segunda característica referida acima – a saber: invasão do espaço de outros Poderes – pode se materializar de múltiplas formas. Alguns exemplos seriam os seguintes: (i) a maior frequência com que o Judiciário declara inconstitucionais os atos dos outros Poderes; (ii) a utilização, pelos magistrados, de parâmetros menos rígidos e menos objetivos – extraídos, em geral, de noções gerais como justiça e razoabilidade – para a realização do controle de validade dos atos dos demais Poderes; (ii) a não aplicação de normas em vigor desacompanhada da declaração (fundamentada) de sua inconstitucionalidade; (iv) a criação de normas por meio de decisões judiciais independentemente da manifestação das instâncias majoritárias, seja pela caracterização (e superação) de omissões reputadas inconstitucionais, seja pela aplicação direta da Constituição (frequentemente de normas-princípios) independentemente de intermediação legislativa, seja por meio de sentenças aditivas ou da técnica da interpretação conforme; e (v) a imposição de condutas específicas a agentes públicos e privados independentemente de norma expressa que as descreva.

As características enunciadas acima dizem respeito, sobretudo, a condutas de magistrados no âmbito de processos judiciais

---

ativismo judicial, *Anais do I Fórum de Grupos de Pesquisa em Direito Constitucional e Teoria do Direito*. Rio de Janeiro: Faculdade Nacional de Direito, 2009, p. 40-50; CITADINO, Giselle. Poder Judiciário, ativismo judiciário e democracia, *ALCEU*, v. 5, n. 9, p. 105-113, 2004; e MACIEL, Débora Alves; KOERNER, Andrei. Sentidos da judicialização da política: duas análises, *Lua Nova*, 57, p. 113-133, 2002.

que lhes cabe julgar, sejam eles de natureza subjetiva ou objetiva. De toda sorte, é possível qualificar como ativistas também manifestações levadas a cabo fora dos autos. O exemplo mais notável desse aspecto do fenômeno são entrevistas a meios de comunicação ou declarações públicas de magistrados que apresentem as duas características centrais referidas acima: compromisso declarado com a promoção dos fins constitucionais e a invasão do espaço típico dos demais Poderes. Para os propósitos deste estudo, no entanto, apenas as decisões judiciais serão consideradas como objeto a ser considerado como ativista.

A despeito da lista descrita acima, nem sempre será fácil qualificar uma decisão judicial como ativista, e isso por ao menos duas razões. Em primeiro lugar, as duas características principais mencionadas como distintivas de decisões ativistas frequentemente são identificadas nas decisões judiciais em geral em algum grau. Além disso, a conclusão acerca da presença ou ausência do ativismo dependerá de vários outros juízos a serem feitos previamente. Nesse sentido, a Constituição é dotada de superioridade hierárquica, logo, a rigor, todas as decisões judiciais devem estar comprometidas com sua realização, e dos direitos fundamentais em particular. De outra parte, afirmar que uma decisão judicial invade ou não o espaço próprio do Legislativo ou do Executivo depende de definir-se previamente qual seria esse espaço, o que varia em função das opções que a Constituição e a legislação tenham feito relativamente a cada assunto e, a rigor, da interpretação que se atribua a tais opções.

O detalhamento acerca de como essa *invasão* se manifesta pode ter mais utilidade, embora alguns dos indicadores listados também não tenham grande capacidade de discriminação. O maior ou menor número de decisões declarando a inconstitucionalidade de normas, por exemplo, pode ser explicado por outras razões não vinculadas ao ativismo. Também a criação de normas independentemente da intermediação legislativa poderá ou não caracterizar ativismo dependendo do que a própria Constituição diga sobre a matéria em cada caso, como já se observou.

É verdade que, de outra parte, a utilização de parâmetros pouco claros e objetivos como fundamento para considerar inválidos atos de outros Poderes e a imposição de condutas a agentes públicos sem previsão normativa expressa são melhores elementos distintivos para decisões ativistas, ainda que não haja objetividade na matéria. No mesmo sentido, a não aplicação de normas vigentes, sem a declaração de sua invalidade ou maiores discussões sobre o ponto, também sugere de forma relevante uma postura ativista.

Na realidade, embora não pareça haver dúvida sobre a existência do ativismo judicial, identificar decisões como ativistas não é uma empreitada tão simples. Essa caracterização envolve por vezes uma dimensão de grau: tais decisões apresentarão em maior intensidade – e não propriamente com exclusividade – características que podem estar presentes nas decisões judiciais em geral. Ademais, o ativismo depende, como já referido, da concreta opção feita pelas instâncias majoritárias acerca de cada matéria, sendo que apurar qual foi/é essa opção está longe de ser uma questão objetiva.

E se não há objetividade na distinção, também não há neutralidade – e essa é a segunda dificuldade relevante aqui. Rotular uma decisão judicial como ativista não é uma atividade neutra nem com pretensões apenas descritivas. Para muitos círculos – políticos, ideológicos e filosóficos –, o ativismo judicial é algo positivo, valorizado e celebrado. Em outros ambientes, a associação valorativa com a expressão é a oposta, de modo que qualificar uma decisão como ativista já é, em si, uma crítica ou mesmo uma desqualificação. A expressão acaba sendo usada como um elemento retórico, em prejuízo inevitável de sua capacidade descritiva.

Feito o registro sobre as dificuldades, volte-se ao ponto de como identificar o que é ativismo. Para além das questões metodológicas, e repercutindo sobre elas, o que se percebe é que a identificação do que sejam decisões ativistas passa sobretudo pelo tema da invasão dos espaços dos demais Poderes pelo Judiciário. Como já referido, e como parece natural, essa avaliação depende de se demarcarem os espaços próprios de cada poder no âmbito do Estado relativamente a cada assunto. Apenas assim será possível perceber quando essas fronteiras estão sendo tensionadas pelo Judiciário ou mesmo invadidas. E se esse é o ponto central, não é surpreendente, como referido, que as principais críticas ao ativismo tenham essa fonte: separação de poderes e democracia.

Ora, ocorre que o tema da tensão ou invasão dos espaços dos outros Poderes não é relevante apenas para a crítica do ativismo sob a perspectiva democrática. Por razões diversas, também sob a perspectiva da real promoção dos direitos a questão do relacionamento entre os Poderes no contexto das decisões judiciais, e em particular de sua execução, será importante. Como se viu, a invasão do espaço dos demais Poderes pelo Judiciário por vezes poderá cobrar seu preço de forma imediata já que, a despeito de suas pretensões, a decisão judicial não tem como se transformar em realidade sozinha. Em várias circunstâncias, a execução de decisões judiciais em matéria de direitos (talvez consideradas ativistas por alguns) dependerá da colaboração dos outros Poderes, na medida em que a invasão por meio de palavras não será suficiente. E o eventual desinteresse dessas instâncias pode simplesmente levar a longas demoras ou mesmo à simples não execução do que foi decidido pelo Judiciário.

Nesse contexto, parece haver uma outra perspectiva a considerar no exame do ativismo judicial, ao menos daquele que se ocupa do tema dos direitos. Não se pode ignorar que entre o pedaço de papel, inclusive aquele que recebe decisões judiciais, e a efetiva promoção dos direitos das pessoas no dia a dia há um caminho a ser construído e percorrido, no mais das vezes com a necessária colaboração pelo Executivo e pelo Legislativo. Não se pode imaginar que o Judiciário, invadindo ou não o espaço dos demais Poderes, terá condições de promover os direitos fundamentais sozinho.

Isso não significa, repita-se, que as decisões judiciais que visam a promover direitos fundamentais, sobretudo em sede coletiva, não sejam importantes. Muito ao contrário. Como referido, frequentemente são elas que forçam a entrada de determinados temas esquecidos na pauta política e desencadeiam outros esforços no mesmo sentido. Mas, de qualquer sorte, o protagonismo frequentemente continuará com as instâncias majoritárias. Assim, será um equívoco ignorar as instâncias majoritárias ou imaginar que a promoção dos direitos fundamentais poderá ser produzida sem a sua cooperação ou apesar dela.

Informação bibliográfica deste texto, conforme a NBR 6023:2018 da Associação Brasileira de Normas Técnicas (ABNT):

BARCELLOS, Ana Paula de. Ativismo judicial e o dia seguinte: promoção real dos direitos?: outra perspectiva a considerar. *In*: TOLEDO, Cláudia (coord.). *Atual judiciário*: ativismo ou atitude. Belo Horizonte: Fórum, 2022. p. 275-291. ISBN 978-65-5518-270-5.

JURISDIÇÃO CONSTITUCIONAL À BRASILEIRA: SITUAÇÃO E LIMITES*

JOÃO MAURÍCIO ADEODATO

1 Para situar a jurisdição constitucional

Procura-se aqui um meio termo teórico entre o casuísmo irracionalista, segundo teoria o texto da norma jurídica quase nada significa e o juiz cria livremente o direito, e a defesa ingênua de uma verdade jurídica única para aplicação da Constituição diante dos conflitos concretos, a crença na solução trazida por uma interpretação competente, justa e racionalmente cogente de textos jurídicos, adequada à "coisa" (*res*), isto é, a seu objeto.

Uma tese básica neste artigo é, então, a de que o texto normativo genérico previamente dado, elaborado pelo poder legiferante, não constitui a norma jurídica, mas apenas fornece um ponto de partida para sua construção diante do caso. Isso, como se verá, não é uma pregação missionária por um aumento de importância do Poder Judiciário, mormente sua cúpula, nem uma tentativa de combate a esse fenômeno, mas sim uma simples verificação. Só que essa importância do caso não é trazida apenas pelo juiz, mas também pelos demais agentes envolvidos.

Para isso vai-se explicar como se entende aqui o conceito de jurisdição constitucional, como se processa a separação entre texto jurídico e norma jurídica e como essa complexidade provoca o crescimento do papel jurídico-político do Judiciário, para, finalmente, sugerir um meio termo que, evitando a "ditadura do judiciário", também não caia na ingenuidade de uma volta à separação de poderes de Montesquieu, reduzida a mero ornamento retórico no complexo direito dogmático de hoje.

---

* Texto publicado em SCAFF, Fernando Facury. *Constitucionalizando direitos*.

Argumentar dentro desse direito significa, primariamente, apelar a um texto válido e vigente e a partir daí construir sua significação diante do caso concreto. Tais textos organizam-se, supostamente, em uma estrutura piramidal, de hierarquia crescente em direção ao topo, no qual, segundo a dogmática democraticamente estabelecida, está situado o texto constitucional. Daí o papel fundamental da Constituição na modernidade, posto que deve fixar as bases de todo um sistema discursivo dogmático, no qual textos, interpretações, argumentações, sugestões de decisões e decisões propriamente ditas se entrelaçam no caso concreto.

Mas o sistema vai muito além dessas bases textuais, é uma conclusão direta: o sentido e o alcance dos termos, a coerência argumentativa e os conflitos não estão ali nesse livro que se chama "a Constituição" e nem por isso deixam de fazer parte do universo constitucional. Ao conjunto de interpretações, argumentações e decisões apreciadas pelo Judiciário, em questões que envolvem os textos constitucionais, dá-se a denominação de jurisdição constitucional (*Verfassungsgerichtbarkeit*). Observe-se que a jurisdição constitucional, por sua vez, é também composta de textos decisórios, os quais vêm somar-se aos textos do livro constitucional e servir de partida para novas interpretações, argumentações e decisões.

Pela função que exerce no sistema democrático, servindo de base argumentativa para uma imensa gama de casos, o texto constitucional quase sempre aparece mais geral e daí mais vago e ambíguo do que outros textos jurídicos, ainda que todos, em alguma medida, guardem essas características.[1] Observa-se, nas constituições escritas contemporâneas, a frequente ocorrência das chamadas "normas" (mais precisamente são textos) programáticas aquelas que fixam metas e norteiam os princípios éticos e políticos do sistema, ao lado de normas que dependem de outras para produzirem efeitos, como as de "princípio institutivo", além daquelas que, sobretudo nos países subdesenvolvidos, têm a função simbólica e estratégica de fazer os destinatários acreditarem que estão efetivamente positivadas.[2]

---

[1] BIZZOCCHI, Aldo. Cognição – como pensamos o mundo. *Ciência Hoje*, Rio de Janeiro, Sociedade Brasileira para o Progresso da Ciência (SBPC), v. 30, n, 175, p. 34-40.
[2] Para o conceito de "normas de princípio institutivo" e demais, v. AGRA, Walber de Moura: *Manual de direito constitucional*. São Paulo: Revista dos Tribunais, 2002, p. 87 ss.

A importância da jurisdição constitucional é, assim, crucial em um direito dogmaticamente organizado, pois o Poder Judiciário a constitui dirimindo lides que se originam de divergências sobre o próprio texto constitucional. O último plano para fixar o conteúdo específico de um texto constitucional e, por extensão, de qualquer outro texto normativo, transformando-os em norma jurídica, é do tribunal, dos juízes, pois são eles que eliminam a discutibilidade do conflito ao fazerem a coisa julgada. Resta claro que, na "sociedade aberta dos intérpretes da Constituição",[3] todos constituem as normas jurídicas, mesmo ao conduzirem-se licitamente, sem necessidade de tribunais; mas é a partir dos conflitos a eles submetidos que o Estado interfere, proibido o *non liquet*, e aí são primordiais os juízes. Sobretudo a cúpula do Judiciário.

Não se quer entrar aqui no velho problema sobre que lado da norma é primário ou secundário, a conduta lícita ou a ilícita, isso vai depender do ponto de vista.[4] Como o sistema jurídico é aparentemente constituído de textos, instituições, técnicas hermenêuticas, doutrinas, funcionários, manifestações de vontade, teorias etc., a questão de relacionar a "solução do caso concreto" com a "norma genérica previamente fixada" (texto válido) é sem dúvida das mais importantes para compreender o direito contemporâneo.

A discussão doutrinária para construção de uma jurisdição constitucional, no Brasil, é por vezes prejudicada pelo fato de os envolvidos serem também litigantes perante as cortes responsáveis pela decisão, o que tem levado a uma confusão de interesses que nada tem do distanciamento desejável em uma ciência da interpretação. Loas ou críticas ao modelo tributário, as questões fiscais ou mesmo debates em torno dos direitos fundamentais

---

Sobre a eficácia simbólica, ADEODATO, João Maurício. *Ética e retórica*: para uma teoria da dogmática jurídica. São Paulo: Saraiva, 2002, p. 49-50.
[3] HÄBERLE, Peter. Die offene Gesellschaft der Verfassungsinterpreten. *In*: HÄBERLE, Peter. *Verfassung als öffentlicher Prozeß. Materialien zu einer Verfassungstheorie der offenen Gesellschaft.* Berlim: Duncker & Humblot, 1978, p. 155-181. Obra traduzida: MENDES, Gilmar Ferreira. *Hermenêutica constitucional*: a sociedade aberta dos intérpretes da constituição: contribuição para a interpretação pluralista e "procedimental" da constituição. Porto Alegre: Fabris, 1997, p. 13 ss.
[4] Para esse debate, v. KELSEN, Hans. *Allgemeine Theorie der Normen*. Viena: Manz Verlag, 1979, p. 43-44. e COSSIO, Carlos. *La teoria egológica del derecho y el concepto jurídico de libertad*. Buenos Aires: Abeledo Perrot, 1964, p. 106 e 689.

parecem ser frequentemente motivados por posturas advocatícias de base científica duvidosa ou mesmo pela busca de aplausos diante de plateias de estudantes incautos, pretensamente politizados. Não que o advogado e o juiz não possam fazer teoria e ciência, mas as atividades são diferentes e não podem ser confundidas. No debate brasileiro, se por um lado reclama-se do excesso de independência do Judiciário, por outro, discute-se também sobre a timidez ou, pior, sobre a subordinação do Judiciário aos interesses do executivo, mormente no que diz respeito ao Supremo Tribunal Federal (STF), seja em manuais e teses de direito constitucional, seja até em ações interpostas pelo próprio Ministério Público.[5]

No contexto de um país periférico como o Brasil, com graves problemas infraestruturais imediatos, a efetivação de certas normas constitucionais é empiricamente impossível, diante dos recursos governamentais disponíveis, pois não se pode transformar o Brasil em um Estado social e democrático de direito unicamente através da promulgação de textos normativos ou até da real concretização de normas jurídicas. Mesmo em uma sociedade com constituição escrita e procedimentos aparentemente democráticos, a disponibilidade de efetivamente resolver questões de poder através de tribunais institucionalizados exige outros pressupostos além dos meramente formais.[6] Problemas de jaez semelhante, aliados ao fato de que a Constituição de 1988 é relativamente recente, têm impedido a formação de uma jurisdição constitucional brasileira, que esclareça e complemente as inevitáveis indefinições hermenêuticas de um texto constitucional relativamente extenso e originário de um contexto social e constituinte extremamente multifacetado.

No âmbito da teoria do direito, o problema da concretização pode também ser claramente percebido: as definições genéricas fornecidas pela ciência dogmática parecem retoricamente claras, do ponto de vista semântico: não é tão difícil, por exemplo, definir as excludentes de ilicitude, seus diversos tipos e características; o imbróglio surge diante do caso concreto, quando se faz necessário determinar se se trata de um ou outro conceito, se o evento

---

[5] LIMA, Francisco Gérson Marques de. *O Supremo Tribunal Federal na crise institucional brasileira*. Fortaleza: ABC, 2001, p. 293 e *passim*.
[6] GRIMM, Dieter. *Die Zukunft der Verfassung*. Frankfurt a.M.: Suhrkamp, 1991, p. 21.

corresponde a esse ou àquele tipo ideal cristalizado no texto normativo, no texto doutrinário.[7]

Quer-se com isso ressaltar o caráter retórico da dogmática jurídica, sobretudo de um tipo inacabado de dogmática, característica de sociedades complexas, que não se podem, em rigor, considerar um Estado democrático de direito, como é o caso do Brasil. A complexidade precisa ser controlada, e a jurisdição constitucional tem parte importante nessa função, a ponto de se poder dizer a concepção de constituição a partir da concepção de jurisdição constitucional.[8]

2 Complexidade jurídica e dissociação entre texto e norma

Sugere-se aqui, então, que, com a crescente complexidade social, o texto e a norma estão cada vez mais claramente distintos, isto é, ocorre uma maior dissociação entre texto "original" e consequentes desdobramentos. De certa forma, mesmo a Escola da Exegese não os confunde necessariamente, ainda que considere a distinção um "defeito", quando admite que há textos que precisam de interpretação; o ideal é a "clareza", pois *in claris cessat interpretatio*. Ocorre que, em uma sociedade mais simples, com um direito menos complexo, como o que os primeiros positivistas tentavam descrever, há um acordo muito maior sobre a conotação e a denotação do texto diante do caso concreto; as opiniões variam muito menos sobre o significado de expressões como "atentado ao pudor" ou "mulher honesta". Agora, a variabilidade é bem maior, seja em relação aos utentes, seja em relação aos contextos dos fatos jurídicos. Daí a crescente importância do caso concreto e de como estabelecer conexões com os textos e procedimentos previamente estabelecidos.

Em termos de jurisdição constitucional e não diferentemente da hermenêutica jurídica em geral, diante desse problema, pode-se,

---

[7] Um exemplo está no recurso extraordinário nº 226.855-7 – Rio Grande do Sul do Supremo Tribunal Federal: relator Moreira Alves; voto de Sepúlveda Pertence em 31.08.2000. *Diário de Justiça*. Brasília: Supremo Tribunal Federal, 13.10.2000, p. 270. *Revista Trimestral de Jurisprudência*, vol. 174, tomo III, p. 916.
[8] STRECK, Lenio Luiz. *Jurisdição constitucional e hermenêutica*: uma nova crítica do direito. Porto Alegre: Livraria do Advogado Editora, 2002, p. 27 ss.

grosso modo, opor as concepções subsuntivas às casuísticas. A perspectiva subsuntiva, ou silogística, entende que a norma geral constitui a premissa maior, dentro da qual o caso concreto se coloca como premissa menor, possibilitando a decisão, esta equivalente à conclusão do silogismo. Nesse sentido ela é ontológica, reificadora, ainda que seus defensores divirjam quanto ao grau de confiança na verdade e na lógica silogística. A visão casuística é menos otimista diante das generalizações e parte do princípio de que a norma geral, por si só, não garante a racionalidade, a justiça ou qualquer outra forma de legitimação da decisão; para os mais céticos, a norma geral sequer fixa os limites da interpretação, servindo, quando muito, para justificar posteriormente uma decisão já tomada com base em normas ocultas pelos próprios procedimentos decisórios. Ainda que o intérprete ingenuamente acredite estar partindo da norma geral, seus parâmetros são outros.[9]

Nesse contexto, agora muito rapidamente resumido, diversos autores procuram um terceiro caminho, não tão simplista quanto a postura da *École de l'Exégèse*,[10] mas também sem tornar a interpretação incontrolável, ao bel-prazer dos juízes e demais concretizadores normativos. Diante da controvérsia, no século XIX e parte do século XX aparentemente excludente, entre a possibilidade de uma interpretação objetiva e a resignação ante a inevitabilidade da subjetividade, parte-se aqui da ideia de que a norma é produzida por um processo complexo que vai muito além daquilo que está no texto da constituição e das leis em geral, conforme já mencionado.

Especificamente sobre o Judiciário, um problema que se coloca nessa altura refere-se a uma aparente contradição: a coação que o juiz comanda precisa ser legitimada e só é legítima se fundamentada na conexão entre a decisão e o texto válido previamente fixado. Acontece que o juiz precisa estar adstrito a um texto cujo significado

---

[9] SOBOTA, Katharina: Don't mention the norm!. *International Journal for the Semiotics of Law*, v. 4, fasc. 10, 1991, p. 45-60. Artigo traduzido: ADEODATO, João Maurício. Não mencione a norma!, *Anuário dos Cursos de Pós Graduação em Direito*, Recife, Universitária da UFPE, n. 7, p. 80-93, 1996.

[10] A frase, atribuída a M. Bugnet, "je ne connais pas le Droit civil, j'enseigne le Code Napoléon" tornou-se um paradigma da escola, ainda que ele não a haja escrito em lugar algum nem ela conste do manuscrito de seu curso. É o que afirma BONNECASE, Julien: *L'École de l'Exégèse em droit civil – les traits distinctifs de sa doctrine et de ses méthodes d'après la profession de foi de ses plus illustre représentants*. Paris: E. de Boccard, 1924, p. 30.

é determinado por ele próprio. Nesse sentido, o resultado da interpretação de um texto, constitucional ou não, torna-se conteúdo da norma em formação. É aqui que se percebe com clareza a incompletude do texto, o fato de a lei, por exemplo, não se mostrar inteiramente pronta, o que não representa uma deficiência do sistema jurídico, mas é hermeneuticamente necessário, inevitável.[11] Apesar de não ser um dado pronto e acabado, porém, a estrutura textual da norma jurídica é relativamente estável e pode ser dogmaticamente determinada, submetida à prova e aplicada através do trabalho dos juristas.

Pretende-se, assim, ir um pouco adiante em relação às posições mais tradicionais: do positivismo normativista, na linha de Kelsen, para quem o texto normativo fixa os limites (a "moldura") da decisão e o jurista atua criativamente nas lacunas em que falha a concepção silogística, mantendo porém a visão dedutivista e exegética, segundo a qual a norma é previamente dada; e do decisionismo, na esteira de Carl Schmitt, para quem a decisão não guarda relação real com os textos normativos, no que concerne aos problemas de validade e sentido desses mesmos textos, nem quanto ao problema de justificação da decisão.[12]

A linha argumentativa da tópica jurídica apresenta o problema de uma excessiva "abertura" em relação ao texto normativo, considerado apenas expressão de um *topos* entre outros. A tópica recusa o primado dogmático da conexão com o texto e tornando a "orientação por meio de problemas" uma abordagem demasiadamente livre, que não consegue estabelecer um procedimento seguro para a decisão, indispensável em um Estado democrático de direito.[13]

De outro lado, a dissociação entre texto e norma tampouco parece devidamente trabalhada pela abordagem da teoria do discurso e da argumentação jurídica, pois, embora reconheça que o trabalho do jurista não se limita a aplicar regras, mas as produz,

---

[11] MÜLLER, Friedrich: *Strukturierende Rechtslehre*. Berlim: Duncker & Humblot, 1994, p. 251 ("Eine Rechtsnorm ist eben nichts vorgegeben Fertiges").
[12] *Idem, ibidem*, p. 147 ss., e MÜLLER, Friedrich; CHRISTENSEN, Ralph; SOKOLOWSKI, Michael. *Rechtstext und Textarbeit*. Berlim: Duncker & Humblot, 1997, p. 20 ss. e 69 ss.
[13] MÜLLER, Friedrich. *Juristische Methodik*. Berlim: Duncker & Humblot, 1997, p. 32 e KELSEN, Hans. *Reine Rechtslehre*. p. 96-100.

toma por base uma competência comunicativa supostamente própria de todo ser humano, uma disponibilidade e capacidade de aprendizado e comunicação que, além de otimista quanto à viabilidade de critérios de justiça e verdade, continua procurando um mecanismo gerador de regras a partir das quais deflui a decisão. Apesar de também combater a perspectiva do positivismo normativista tradicional, a teoria da argumentação tem em comum com essa corrente a tentativa de deduzir subsuntivamente a decisão a partir de regras prévias.

A visão aqui adotada não pretende recusar toda teoria hermenêutica tradicional, pois a interpretação do texto da norma compreende, sim, as etapas tradicionalmente apontadas, envolvendo métodos hermenêuticos tais como o gramatical, o sistemático e o teleológico. Ao estabelecer as regras de preferência nas opções, claro que os elementos imediatamente ligados ao texto da lei são muito importantes, tais como o gramatical e o sistemático, e que o texto de toda norma é importante em sua concretização, pois assume a função de fixar os pontos de partida para criação concreta da norma.

Assim, o texto limita a concretização e não permite decidir em qualquer direção, como querem as diversas formas de decisionismo. Essa proeminência do aspecto formal e, consequentemente, da validade, diante de outros conteúdos presentes no cenário político e jurídico, constitui-se em um "elemento estabilizador de primeiro nível e um pressuposto insubstituível de sociedades complexas do tipo da sociedade industrial".[14] E, acrescente-se, guarda tranquilamente sua dívida teórica para com o positivismo.

Convém ressaltar que não se trata de uma separação real entre texto e norma. Por óbvio que não existe um texto exclusivamente texto, pois toda expressão de norma jurídica já traz dados linguísticos e reais embutidos, referências externas à própria expressão. Explicar esse problema básico do conhecimento, contudo, foge aos propósitos do presente artigo.

Note-se que não se fala aqui da discrepância entre o texto da norma e a realidade, de que o Brasil é claro, mas não único exemplo. É indevidamente simplificador afirmar que a realidade do direito,

---

[14] MÜLLER, nota 13, p. 15.

brasileiro ou estrangeiro, não corresponde aos textos das normas constitucionais vigentes. Antes, essa "falta de efetividade" pode desempenhar importantes funções, inclusive simbólicas. A tese é que o texto e a realidade estão em constante inter-relação e que esta inter-relação, seja mais seja menos eventualmente discrepante, é que vai constituir a norma jurídica.

Quer dizer, não só a norma do caso concreto é construída a partir do caso, mas também a norma aparentemente genérica e abstrata, ou seja, a "norma" geral não é prévia, só o seu texto o é. A norma geral previamente dada não existe, é uma ficção. Note-se a distância em relação à antiga discussão sobre se o juiz "cria" ou apenas "aplica" o direito.

Cabe aqui notar a interessante evolução do conceito de "generalidade" como elemento essencial ou acidental da norma jurídica. O positivismo começa legalista, igualando texto e norma e considerando que toda norma jurídica é geral, restando à atividade do juiz a pecha de "mera" aplicação. Na evolução da Exegese para variantes mais sofisticadas de normativismo, a sentença já passa a ser vista como norma jurídica individualizada, ao lado das normas gerais. Hoje, como visto, a generalidade caracteriza apenas o texto, e toda norma jurídica é concreta. O que o legislador faz, mesmo o legislador constituinte originário, é produzir o texto legal ou constitucional, não a norma propriamente dita, nem sequer a moldura dentro da qual se situam as interpretações devidas. Como dito, o texto, expresso por artigos e parágrafos na lei, é somente um "dado de entrada" na efetiva elaboração da norma. A interpretação aplicadora tradicional mostra apenas um dos aspectos da concretização normativa.

Assim, concretização não significa silogismo, subsunção, efetivação, aplicação ou individualização do direito na moldura da norma geral. Esses critérios, puramente cognitivos e lógicos, sem exigências de responsabilidade e fundamentação, constituem herança tradicionalista do positivismo exegético e dedutivista.

Repita-se que os conceitos de jurisdição constitucional e concretização da norma constitucional não se confundem. Por um lado, a jurisdição constitucional diz respeito a todo um conjunto de decisões que tornam plenos de sentido textos constitucionais utilizados como base para argumentações dogmáticas em torno de litígios, dúvidas, conflitos de entendimentos e de interesses, submetidos à apreciação do Judiciário; ela é, assim, formada a partir de uma gama de concretizações. Por outro lado, enquanto a jurisdição constitucional resulta do trabalho do Judiciário, ainda que as partes envolvidas nos litígios sugiram seus argumentos, a concretização provém de toda e qualquer utilização da constituição, independentemente do Judiciário, pois todos concretizam as normas, a partir dos textos e da realidade. Nesse sentido a jurisdição constitucional é uma parte importante da concretização, mas apenas uma parte.

3 Importância crescente da cúpula do Judiciário

Parece um contrassenso falar que não existe jurisdição constitucional no Brasil. Claro que há uma jurisdição constitucional, posto que há litígios e decisões. Pode-se dizer que falta uma jurisdição mais definida, que existem omissões e contradições, mas afirmar que não há jurisdição constitucional é fazer pré-juízos de valor, partindo do princípio de que se trata de jurisdição de má qualidade, moral ou jurídica. E fica claro, a partir do referencial teórico já exposto, que esse resultado de litígios e decisões passa a fazer parte da Constituição.

Dentro desse debate sobre os limites à criatividade do Judiciário, pode-se considerar a preponderância da atividade judicante na concretização, sobretudo por parte das cortes mais altas, como uma realidade prejudicial ao Estado democrático de direito, pois o Judiciário passa a ser o guardião do conteúdo moral do direito e, ao invés de a moral limitar o direito, como parece ser a intenção de jusfilósofos como Ronald Dworkin, pode acontecer exatamente o contrário: a inserção direta de princípios morais nas questões jurídicas, através de uma "moral do Judiciário", faz com que as fronteiras do que é jurídico e coercitivo se ampliem a níveis preocupantes no contexto democrático. "Multiplicam-se de modo sintomático no direito moderno conceitos de teor moral como 'má fé', 'sem consciência', 'censurável', que nem sempre são derivados de uma moral racional, mas antes tornam-se representações altamente tradicionalistas dos juízes".[15]

---

[15] MAUS, Ingeborg. O judiciário como superego da sociedade – sobre o papel da atividade jurisprudencial na 'sociedade órfã, tradução de Martonio Mont'Alverne Barreto Lima e

Mesmo que a visão concretista mais atual procure restringir as possibilidades de arbitrariedade por parte do Judiciário, torna-se clara a dificuldade de seu controle, sobretudo em se tratando de cortes supremas, de cujas decisões não cabe recurso a outra instância judicante. Da parte de Dworkin, pregando a inseparabilidade entre direito e moral, o tiro pode sair pela culatra, pois convicções morais de indivíduos ou grupos ganham foro de validade universal.[16]

No início dos anos 90, os juristas mais progressistas buscavam um discurso mais alternativo, em alguns casos até antiestatal. Os acontecimentos posteriores os fizeram agarrar-se à Constituição, que se tornou uma espécie de âncora das novas esperanças bem-intencionadas. Mas não se deve idealizar que a concretização da Constituição, por intermédio da jurisdição constitucional, seja panaceia para resolver problemas brasileiros de ordem inteiramente distinta, tais como educação, previdência, fome e violência. Do mesmo modo que a constitucionalização de opções generalizadas, ou seja, construir novos e novos textos constitucionais, através de emendas e outros meios legiferantes, tampouco o é. É ingênua essa visão messiânica da jurisdição constitucional e das competências do Legislativo, pois o subdesenvolvimento brasileiro é fenômeno social de raízes muito mais profundas.

A vantagem de uma jurisdição constitucional gradual e controlada, segundo experiências externas mais bem-sucedidas, parece ser a de canalizar a complexidade. Ela, literalmente, "vai fazendo a Constituição aos poucos". O problema é que, no caso brasileiro, ela se insere em uma dogmática jurídica filosoficamente tradicional e juridicamente despreparada, a qual "destemporaliza" o texto.[17] A jurisdição constitucional precisa retemporalizar o texto e assim, para falar com a teoria dos sistemas, cooperar para o acoplamento estrutural, abrindo cognitivamente o direito em contraste com o fechamento operacional da dogmática infraconstitucional.

Paulo Menezes de Albuquerque. *Anuário dos Cursos de Pós-Graduação em Direito*, nº 11. Recife: Universitária da UFPE, 2000, p. 134-135. Também MAUS, Ingeborg. *Zur Aufklärung der Demokratie*: Rechts- und demokratietheoretische Überlegungen im Anschluß an Kant. Suhrkamp: Frankfurt a. M., 1994, p. 308 ss.

[16] DWORKIN, Ronald. *Taking rights seriously*. Londres: Duckworth, 1994, p. 1-13.

[17] STRECK, Lenio Luiz. *Jurisdição constitucional e hermenêutica*: uma nova crítica do direito. Porto Alegre: Livraria do Advogado Editora, 2002, p. 213 ss.

Em outras palavras, a equiparação entre texto e norma retira a temporalidade do direito. Todo acontecimento real é necessariamente inserido no tempo, a temporalidade é caráter essencial da realidade e o direito é um fenômeno real. Para utilizar linguagem filosófica mais clássica, o texto é uma objetivação que suspende a temporalidade, é "espírito objetivado".[18] Tal equiparação paga o preço da concepção "realista", primitiva, da linguagem.

A alusão constante a princípios parece também problemática. Os princípios constitucionais, assim como os princípios gerais do direito, têm caráter altamente retórico, metafórico mesmo. Ainda que todo texto seja metafórico, incluindo os jurídico-dogmáticos infraconstitucionais, os textos jurídico-principiológicos o são muito mais. Mais ainda, os princípios podem apresentar-se contraditoriamente, como a celeridade processual e a ampla defesa, por exemplo.

Observe-se, do outro lado, que há um irracionalismo decisionista que despreza inteiramente o texto. Seus representantes não chegam a dizer que a concretização pelo Judiciário resolve, pois são mais céticos.[19] Mas dizem que, independentemente de juízos sobre se isso é bom ou mau, o juiz "faz" o direito. No Brasil, a cúpula do Judiciário não só ganha poder jurídico e político a expensas do Legislativo, mas também do Ministério Público. Mesmo sem esquecer a posição mais difusa, no rasto de Häberle, segundo a qual "toda a comunidade" concretiza a Constituição, ainda assim o texto perde em importância.

Inclusive na discussão tradicional das fontes do direito nota-se essa mudança de perspectiva. Na controvérsia sobre a hierarquia das fontes há uma dogmática "judicialista", segundo a qual a cúpula do Judiciário não pode contradizer a Constituição, em última instância, pois a Constituição afirma que quem diz o conteúdo do texto constitucional é o Judiciário. Pode haver uma decisão judicial momentaneamente *contra legem*, mas a decisão

---

[18] HARTMANN, Nicolai. *Das Problem des geistigen Seins*: Untersuchung zur Grundlegung der Geschichtsphilosophie und der Geistswissenschaften. Berlim: Walter de Gruyter, 1949, p. 458-459.
[19] SOBOTA, Katharina. *Sachlichkeit*: Rhetorische Kunst der Juristen. Frankfurt a.M.: Peter Lang, 1990, *passim*.

definitiva jamais o será. Evidentemente essa posição não é de forma alguma unânime.

Pode-se atribuir o descompasso a um "mau" momento histórico da Constituição brasileira de 1988, uma constituição social surgida quando se rediscute o papel do Estado social. O discurso econômico dominante também vai contra a Constituição, que o refreia. O Judiciário, apesar de seu espaço crescente, é em geral conservador. E a doutrina, apesar de em tese mais "livre" do que o juiz, também não tem contribuído para os avanços sociais aparentemente procurados pelo texto constitucional.

Ao longo da vigência da Constituição Federal de 1988, percebe-se que o movimento inicial de cautelosamente cercear os efeitos constitucionais por meio da jurisdição, por parte do Supremo Tribunal Federal, passa agora a ser um movimento de preenchimento, de ocupação de espaços. Exemplos claros são a nova medida cautelar com efeito vinculante e a arguição de descumprimento de preceito fundamental, quando for relevante. Se é certo que a Lei nº 9.868 só concedeu poderes ao STF, nenhum dever, ela apenas legislou o que a jurisprudência do Supremo já fazia. As atribuições e competências do STF foram nitidamente ampliadas ao longo desses anos.[20]

4 Problema: entre a reificação e o casuísmo

Não parece mais adequada a visão tradicional de interpretação dos textos jurídicos ainda dominante no Brasil, a qual limita as "formas de interpretação quanto ao método" a métodos como o gramático, o lógico, o histórico, o sistemático, em uma concepção mais simplista de que interpretar é determinar "o sentido e o alcance da norma diante do caso",[21] inadequada às sociedades

---

[20] ARAÚJO, Luiz Alberto David de. Da ingênua objetividade de critério para conhecimento da ação direta de inconstitucionalidade para o juízo subjetivo e inseguro da arguição de descumprimento de preceito fundamental: uma tentativa de apresentação crítica da evolução do sistema de controle concentrado de constitucionalidade na Constituição Federal de 1.988, sob a ótica da segurança jurídica. *Perspectivas do direito constitucional em evolução* (Encontro Internacional de Direito Constitucional – Natal), São Paulo: Saraiva, 2003.

[21] MAXIMILIANO, Carlos. *Hermenêutica e aplicação do direito*. Rio de Janeiro: Forense, 1984, *passim*.

complexas contemporâneas. Essa perspectiva tradicional não enxerga a diferença entre a ideia significada do direito, a norma, e sua expressão simbólica significante, o texto, considerando-os fator único no processo de conhecimento jurídico. Esse processo fica assim reduzido à "norma" e ao "caso concreto", continuando a tradição inaugurada pela Escola da Exegese francesa, simplificando indevidamente um ato gnoseológico jurídico que apresenta três fatores irredutíveis, quais sejam, os eventos concretos, as ideias abstratas e as expressões simbólicas textuais.[22]

Segundo o entendimento aqui apresentado, uma teoria mais adequada ao Brasil contemporâneo precisa acentuar o caráter polissêmico, não apenas do direito aplicado, mas também da ciência do direito tradicional, questionando e modificando as perspectivas habituais sobre a constituição e sua interpretação. O leigo e também muitos profissionais do direito menos avisados, incluídos funcionários estatais, não conseguem compreender como se processa, na modernidade, "... uma mutação constitucional permanente, mais ou menos considerável, que não se deixa compreender facilmente e, por causa disso, raramente fica clara".[23] Uma visão mais concreta e construtiva parece mais adaptável a explicar essa realidade do que a maioria das teorias universalistas e reificadoras que aqui se têm difundido. Essa tendência se faz seguir aos arroubos de otimismo de anos passados, e hoje os juristas parecem menos cheios de certezas no que concerne à racionalidade consensual ou institucional do direito. E há muitos problemas específicos ainda por resolver.[24]

Um deles refere-se à convicção de que a norma geral só se torna aplicável quando "transformada" em decisão do caso concreto, ou seja, "definida", "concretizada". Até lá há apenas "dados de entrada", indicações para a decisão. O problema é que, para esta junção de texto com realidade, "concretização", um ponto de

---

[22] Não se ignora aqui que a expressão simbólica do direito não é necessariamente textual, podendo processar-se, por exemplo, de modo gestual, como ocorre com o costume jurídico, predominante em sociedades menos complexas. Para o conceito de "abismo gnoseológico" que necessariamente existe entre as expressões simbólicas e seus significados e para um aprofundamento dessa temática, aqui apenas mencionada, v. ADEODATO, nota 2, p. 285 ss.
[23] HESSE, Konrad. *Elementos de direito constitucional da República Federal da Alemanha*. Tradução de Luís Afonso Heck. Porto Alegre: Fabris, 1998, p. 51 e 63 ss.
[24] ADEODATO, nota 2, cap. 11.

orientação específico precisa ser mais bem definido. É necessário determinar mais claramente como suprir as deficiências de uma tópica como a de Viehweg, excessivamente livre e casuística, ou da "constituição aberta" de Peter Häberle, que têm uma perspectiva mais pragmática do que semântica e enfatizam o papel dos agentes jurídicos e demais papéis sociais envolvidos na decisão do conflito, com pretensões mais modestas de objetividade científica.

Dito de outra maneira, o problema aparece mais claramente quando se tenta estender essa concepção hermenêutica para além de um mero precedente, vinculatório ou não, indo além do "realismo norte-americano" de um Jerome Frank ou do "decisionismo" de um Carl Schmitt, tentando uma "racionalidade" mais segura. Pois a racionalidade do novo positivismo pretende-se tanto funcional quanto substancial, isto é, não apenas tecnicamente efetiva como também construtora da legitimidade do Estado constitucional e social de direito e da democracia.[25]

Deve-se enfatizar que o procedimento jurídico de decisão não é visto aqui como levando a uma única solução correta, *a la* Ronald Dworkin. Mas nem toda solução "concretiza devidamente" a norma constitucional. O problema é determinar quando esta concretização é materialmente adequada, quando não, se a polissemia é sempre presente. É preciso separar mais nitidamente a polissemia admissível da inadmissível.

Um outro exemplo das dificuldades para determinar os passos do trabalho jurídico e o momento da efetiva concretização seria quando o STF aprecia inconstitucionalidade em abstrato na ação direta. Aí não há propriamente caso concreto: é promulgada uma lei, e um partido político, por exemplo, questiona se ela é de acordo com a Constituição Federal, como ocorreu nas ações impetradas contra a medida provisória sobre a crise de energia elétrica.[26] O STF já havia examinado e declarado a constitucionalidade de diversas

---

[25] MÜLLER, nota 13, p. 35, 166, 189, 215, 356.
[26] Conferir as ações diretas de inconstitucionalidade (med. liminar) 2468, 2470 e 2473, impetradas contra a medida provisória nº 2.152-2, de 01 de junho de 2001 *(Diário Oficial da União. Brasília: Imprensa Oficial, 04.06.2001 – Edição extra), que* "cria e instala a Câmara de Gestão da Crise de Energia Elétrica, do Conselho de Governo, estabelece diretrizes para programas de enfrentamento da crise de energia elétrica e dá outras providências", reeditada, dentre outras vezes, sob nº 2.198 em 24 de agosto de 2001.

normas contidas na medida provisória por ocasião do julgamento de ação declaratória de constitucionalidade (ADC nº 9), já proposta pelo Executivo. Mas partidos políticos de oposição questionaram o art. 24, que determina que a União e a Agência Nacional de Energia Elétrica (ANEEL) sejam citadas como litisconsortes passivos em quaisquer ações referentes ao plano de racionamento de energia elétrica, pois a presença da União levaria as lides para a Justiça Federal, supostamente mais inclinada a favorecer o governo. Como a questão é em tese, fica difícil determinar o âmbito do caso e outros passos do "trabalho jurídico" concretizador, relacionados a fatos específicos.

Um terceiro problema, já mencionado, é que a concretização da norma jurídica não deve ser exclusivamente concentrada na autoridade estatal judicante, ainda que a importância do Judiciário venha crescendo com a complexidade social contemporânea. A perspectiva judicialista parte de dois pressupostos teóricos que não são, de modo algum, óbvios, ainda que façam parte de uma respeitável tradição na teoria jurídica ocidental mais recente: a um, o direito é visto sobretudo a partir do conflito e da necessidade de seu controle; a dois, de modo correlato, o direito é definido, em última instância, principalmente por meio da atividade do juiz.

Na realidade, pode-se levantar a hipótese de que as normas jurídicas são construídas, concretizadas por todos os destinatários, todo o ambiente social que lhes determina o sentido, de forma plural, como quer Häberle, para quem não é possível estabelecer-se um *numerus clausus* de intérpretes da Constituição. Quando cumprem efetivamente um contrato, por exemplo, as partes, com certeza, concretizam normas jurídicas, sem intervenção do Judiciário. Sobretudo em países periféricos como o Brasil, em que parcelas significativas da população só têm contato com a parte penal do direito estatal, o tratamento de muitos conflitos jurídicos importantes dá-se frequentemente sem o menor contato com o aparato estatal. Sempre se pode argumentar, contudo, que o Brasil atual não é um Estado democrático de direito, o que leva ao próximo ponto. Mas mesmo nas democracias, nem toda concretização do direito se dá a partir de lides levadas ao Judiciário.

Outra ponderação é que muitos desses argumentos aqui apresentados só têm sentido no contexto do Estado democrático de direito. É preciso atentar para os problemas de funcionamento e, sobretudo, de legitimação da democracia. As constituições sempre se têm referido ao poder que emana do povo, ainda que elas não sejam elaboradas por ele, nem ele participe das decisões dos tribunais ou da administração. A unidade do povo, assim como a unidade entre Estado e Constituição, não parece algo óbvio, sobretudo se o povo não pode ou não quer "participar". A grande questão passa a ser justamente "quem" pertence ao povo, quem é o povo, essa a questão fundamental da democracia. Mais crucial ainda se torna esse problema com a participação cada vez menor dos cidadãos nas eleições das democracias centrais, quando até o Estado social e democrático de direito encontra dificuldades em despertar fidelidade e compromisso em cidadãos que não se consideram beneficiários dele.[27]

Mais restrita fica a discussão se se considera como précondição ou cocondição para o estabelecimento de um Estado democrático de direito a existência de uma economia de mercado "aberta" e "livre", o que reduziria a aplicabilidade desta e de outras teorias às sociedades capitalistas da Europa, América do Norte e eventualmente determinadas porções da Ásia.[28] Isso porque as sociedades modernas não são integradas apenas socialmente, em torno de valores e normas, "... mas também sistemicamente, em torno de mercados e poder administrativamente aplicado", isto é, dinheiro e poder constituem também mecanismos de integração da sociedade.[29]

Assim, a questão passa a ser como proteger o Legislativo e o texto, seu produto. Não se pode voltar a Bugnet ou Demolombe. Só que o constrangimento a fundamentar, componente essencial do Estado democrático e das funções do Judiciário, não parece ser

---

[27] MÜLLER, Friedrich. *Wer ist das Volk? Die Grundfrage der Demokratie* (Schriften zur Rechtslehre, Bd. 180), CHRISTENSEN, Ralph (org.). Berlim: Duncker & Humblot, 1997. Obra traduzida: NEUMANN, Peter. *Quem é o povo?:* a questão fundamental da democracia. São Paulo: Max Limonad, 2000. Também MÜLLER, Friedrich. *Demokratie in der Defensive*: Funktionelle Abnutzung – soziale Exklusion – Globalisierung (Elemente einer Verfassungstheorie VII), CHRISTENSEN, Ralph (org.). Berlim: Duncker & Humblot, 2001.
[28] HÄBERLE, Peter. *Europäische Rechtskultur:* Versuch einer Annäherung in zwölf Schritten. Frankfurt a. M.: Suhrkamp, 1997, p. 112-114.
[29] HABERMAS, Jürgen. *Faktizität und Geltung. Beiträge zur Diskurstheorie des Rechts und des demokratischen Rechtsstaats.* Frankfurt a. M.: Suhrkamp, 1993, p. 58-59.

levado muito a sério, mormente nas últimas instâncias. Problemas fundamentais de jurisdição constitucional, tais como a eficácia plena do mandado de injunção, dos juros máximos cobrados anualmente pelos bancos ou da grande extensão de competência do Supremo Tribunal Federal em ações de arguição de descumprimento de preceito fundamental, diretas de inconstitucionalidade ou declaratórias de constitucionalidade, são fundamentadas mediante argumentos simplórios do tipo "é da natureza da ação...", ou seja, é assim porque assim o é. A estratégia discursiva jurídica tem sido de reificação, isto é, os textos parecem entendidos como meros descritores de "coisas" ("natureza jurídica" disso ou daquilo), e não como parte de procedimentos jurídicos em construção.

A estratégia política do Judiciário tem sido casuística, na medida em que as fundamentações têm variado a ponto de ser difícil seguir um vetor qualquer de racionalidade para unificação da jurisprudência em geral, aí incluída a jurisdição constitucional. Pode ter relação com esse contexto o fato de o modelo de escolha dos membros do Supremo Tribunal Federal ser semelhante ao europeu, também conservador: o tribunal constitucional é escolhido pelo Legislativo, o que traz um caráter notoriamente político à cúpula do Judiciário, como se vê nos recentes desdobramentos no Brasil. E nem é apenas constitucional.

O problema da jurisdição constitucional brasileira, nesses tempos de transição, parece ser: o Judiciário nem vê o texto ontologicamente, como um ícone do objeto, e o vincula a uma interpretação pretensamente fixa, como na Exegese francesa da transição do século XVIII para o XIX, nem o concretiza por via de um projeto e de procedimentos hermenêuticos específicos. Tem os defeitos da reificação racionalista e os do casuísmo irracionalista: concepção reificadora, trato casuístico, uma esdrúxula incompatibilidade estratégica. Quanto menor o grau de institucionalização de significados, como ocorre nos países periféricos, mais exemplos do caráter errático das decisões, o que se propaga por todo o sistema jurídico e por toda a sociedade. Aqui aparece mais um exemplo de retroalimentação: a arbitrariedade na interpretação de significados de textos como "notório saber" e "reputação ilibada" para escolher as cúpulas do Judiciário, tornadas palavras vazias pelos poderes Executivo e Legislativo, interfere decisivamente na feição do Judiciário, o qual retroalimenta a arbitrariedade hermenêutica na manutenção do estado da arte. Não é difícil compreender o carrossel do subdesenvolvimento da hermenêutica jurídica e da jurisdição constitucional à brasileira.

Informação bibliográfica deste texto, conforme a NBR 6023:2018 da Associação Brasileira de Normas Técnicas (ABNT):

ADEODATO, João Maurício. Jurisdição constitucional à brasileira: situação e limites. *In*: TOLEDO, Cláudia (coord.). *Atual judiciário*: ativismo ou atitude. Belo Horizonte: Fórum, 2022. p. 293-311. ISBN 978-65-5518-270-5.

ATIVISMO JUDICIAL E CONSTRUÇÃO DO DIREITO CIVIL: ENTRE DOGMÁTICA E PRÁXIS

GUSTAVO TEPEDINO*

I Introdução

Muito se tem debatido acerca das possibilidades e limites do que se tem designado, genericamente, como *ativismo judicial*. O fenômeno, que suscita intensa controvérsia, não pode ser tratado de maneira unitária e maniqueísta, ora como discurso sedicioso em favor de concepção política contrária ao ordenamento, ora como ardil antidemocrático a ser combatido. No tempo que passa, mostra-se notável a evolução do papel da magistratura, especialmente após a Constituição de 1988, que deflagrou o itinerário vitorioso da efetividade das normas constitucionais, notadamente nas relações privadas.[1] A vetusta imagem, cunhada por Montesquieu, do juiz como *"la bouche de la loi"*, encontra-se definitivamente afastada da teoria da interpretação.[2]

O novo papel da magistratura, contudo, longe de configurar tendência usurpadora da soberania popular, representa aspecto significativo do denominado constitucionalismo democrático,[3]

---

* O autor agradece vivamente a Francisco de Assis Viégas, Mestre em Direito Civil pela Universidade do Estado do Rio de Janeiro (UERJ), pela colaboração na pesquisa desenvolvida e revisão do texto.
[1] Confira-se, acerca do significado hermenêutico da aproximação entre direito público e direito privado, TEPEDINO, Gustavo. Premissas Metodológicas para a Constitucionalização do Direito Civil. In: *Temas de Direito Civil*, 4. ed.. Rio de Janeiro: Renovar, t. 1, 2008, p. 20 ss.
[2] Já se destacou, nesta linha, o ocaso da subsunção na teoria da interpretação, tendo em vista que, "se o ordenamento é unitário, moldado na tensão dialética da argamassa única dos fatos e das normas, cada regra deve ser interpretada e aplicada a um só tempo, refletindo o conjunto das normas em vigor. A norma do caso concreto é definida pelas circunstâncias fáticas na qual incide, sendo extraída do conjunto normativo em que se constitui o ordenamento como um todo" (TEPEDINO, Gustavo. O ocaso da subsunção, Editorial. *Revista trimestral de direito civil*, v. 34, abr.-jun./2008).
[3] A expressão denota o reconhecimento de que a democracia não se esgota no respeito ao princípio majoritário, pressupondo antes o acatamento das regras do jogo democrático,

legitimado na experiência brasileira pela Constituição da República, no âmbito do qual o ativismo judicial permite a atuação jurisdicional direcionada à concretização dos valores e fins constitucionais, com interferência crescente no espaço de atuação dos demais Poderes.[4] Os limites, portanto, dessa interferência é que devem ser objeto de reflexão por parte da teoria da interpretação, para que sejam estabelecidos critérios de preservação da segurança jurídica.[5]

Nessa medida, a noção de ativismo, como ruptura do formalismo positivista, mostra-se benfazejo e alvissareiro método hermenêutico em prol da efetividade dos comandos constitucionais, especialmente levando-se em conta o ambiente de justiça transicional identificado pela doutrina constitucionalista no processo político brasileiro.[6] Entretanto, a ausência de balizas pré-definidas para a atuação do magistrado pode gerar desequilíbrio na moldura institucional em que se assentam as democracias contemporâneas, com a separação do poder político entre as esferas administrativa, legislativa e judiciária.[7] No modelo contemporâneo de equilíbrio entre poderes,[8] a atuação dos agentes públicos, entre a ousadia e

---

que incluem a garantia de diretos e garantias fundamentais previstos na Constituição da República, de modo a viabilizar efetiva participação igualitária do cidadão na esfera pública, com a indispensável tutela das minorias. Tal noção de democracia é comungada por grande parte dos teóricos contemporâneos. Por todos, v. HABERMAS, Jürgen. Popular sovereignty as procedure. In: BONHAM, James; REHG, William (org.). *Deliberative democracy*. Cambridge: The MIT Press, 1997, p. 49: "Human rights do not compete with popular sovereignty; they are identical with the constitutive conditions of a self-limiting practice of publicly discursive will-formation. The separation of powers is then explained by the logic of application and supervised implementation of laws that have been enacted through such a process".

[4] BARROSO, Luís Roberto. Judicialização, Ativismo Judicial e Legitimidade Democrática. *In*: COUTINHO, Jacinto Nelson de Miranda; FRAGALE FILHO, Roberto; LOBÃO, Ronaldo (org.). *Constituição e ativismo judicial*: limites e possibilidades da norma constitucional e da decisão judicial. Rio de Janeiro: Lumen Juris, 2011, p. 279.

[5] Sobre o tema, cf. TEPEDINO, Gustavo; OLIVA, Milena Donato. *Fundamentos do Direito Civil*. Rio de Janeiro: Forense, v. 1, 2020, pp. 57-82.

[6] Sobre a complexa transição jurídica entre os regimes autoritário e democrático, v. BARROSO, Luís Roberto. Vinte anos da Constituição brasileira de 1988: o Estado a que chegamos. *In*: *Temas de direito constitucional*. Rio de Janeiro: Renovar, t. IV, 2009, p. 50 ss. Na mesma linha, cf. SARMENTO, Daniel. *Por um constitucionalismo inclusivo*: história constitucional brasileira, teoria da Constituição e direitos fundamentais. Rio de Janeiro: Lumen Juris, 2010, p. 102 ss.

[7] Por todos, BINENBOJM, Gustavo. *A Nova Jurisdição Constitucional Brasileira*: legitimidade democrática e instrumentos de realização. Rio de Janeiro: Renovar, 2014, pp. 91 ss.

[8] Sobre o tema, v. BRITTO, Carlos Ayres. Separação dos poderes na Constituição brasileira. *Doutrinas Essenciais de Direito Constitucional*, v. 4, mai., 2011, p. 42 ss.

a prudência, mostra-se imprescindível na efetivação dos preceitos constitucionais.

Certo é que ao intérprete, independentemente de sua boa intenção em favor de certos direitos com assento no ordenamento, não é dado julgar conforme a sua consciência,[9] encontrando-se vinculado à ordem jurídica como um todo, em cujo contexto caberá construir solução para os casos concretos a partir dos princípios constitucionais, o mais das vezes veiculados por meio da técnica das cláusulas gerais. A partir dessa técnica, as Constituições e os legisladores contemporâneos, convencidos de sua própria incapacidade para regular todas as numerosas e multifacetadas situações nas quais a pessoa humana se insere e exige tutela, franqueiam espaço amplo de atuação do intérprete, o qual, contudo, não poderá se afastar do dever de promoção da axiologia constitucional. Insere-se nesse contexto a reflexão acerca do ativismo judicial na experiência brasileira, ressaltando-se o esforço metodológico das últimas décadas na construção de hermenêutica que seja, a um só tempo, comprometida com a efetividade das normas constitucionais na complexidade do ordenamento e vinculada à estrutura institucional da democracia constitucional, em que não se admitem soluções subjetivas e discricionárias por parte da magistratura, descompromissadas com os valores do sistema jurídico.

II Realidade social e fenômeno jurídico na complexidade do ordenamento

A alteração do perfil do Poder Judiciário coincide com a crescente solução de controvérsias interprivadas com fundamento em princípios constitucionais nem sempre refletidos na legislação infraconstitucional, cuja aplicação mecânica, no caso concreto, levaria ao sacrifício de valores constitucionalmente relevantes. Daí a necessária reflexão sobre a denominada *constitucionalização do direito civil*, que se associa à mudança do papel do Código Civil nas relações jurídicas de direito privado.

---

[9] Assim, BARROSO, nota 4, p. 280.

O despertar do Direito Civil (e, por conseguinte, da magistratura) para a vida além do Código, na tentativa de abrir o sistema e buscar o conteúdo normativo dos preceitos codificados a partir do compromisso constitucional da sociedade relaciona-se, por sua vez, a duas circunstâncias históricas que alteraram radicalmente a preocupação da civilística nas últimas décadas, relativizando os confins entre o direito público e o privado: (i) a dignidade da pessoa humana alçada a paradigma axiológico das relações privadas; (ii) as novas tecnologias, que alteram fundamentalmente a dogmática concernente à autonomia privada, tanto do ponto de vista subjetivo, quanto dos pontos de vista objetivo e formal. Deve-se conceber a constitucionalização do direito civil, portanto, não como o deslocamento topográfico de normas de direito privado para cartas políticas ou tratados internacionais, mas como procedimento metodológico de compreensão do ordenamento em sua complexidade, no âmbito do qual os valores constitucionais se incorporam aos normativos e à própria racionalidade da legislação infraconstitucional.

Cuida-se de trajetória que invoca a profunda alteração do papel das codificações atuais em relação aos Códigos dos séculos XVIII e XIX, dentre os quais se destaca a primeira codificação brasileira, cujo pensamento cultural ainda povoa o imaginário de muitos doutrinadores na atualidade. Com efeito, o Código Civil de 1916 refletia o pensamento dominante das elites europeias do século XIX, marcadamente individualista e liberal. O indivíduo, considerado sujeito de direito por sua capacidade de ser titular de relações patrimoniais, deveria ter plena liberdade para a apropriação, de tal sorte que o direito civil se estruturava a partir de dois grandes pilares, o contrato e a propriedade, instrumentos que asseguravam o tráfego jurídico de aquisição e de preservação do patrimônio. Expressão normativa da Escola da Exegese, movimento inspirado pelo racionalismo, cujas origens romano-medievais foram retomadas e reelaboradas nos séculos XVIII e XIX, o Código Civil pretendia ser o corpo jurídico único e exclusivo das relações patrimoniais. Tal exclusividade normativa constituía elemento de segurança social.[10]

---

[10] Tullio Ascarelli, em página de aguda atualidade, analisa o conflito entre as codificações do século XIX, moldadas por valores de sociedades rurais e pré-industriais, e a realidade econômica pós-industrial, especialmente após o segundo pós-guerra europeu, a exigir do

O Código Civil exercia esse papel de corpo normativo único das relações patrimoniais privadas e atendia plenamente à preocupação – que se tornou um verdadeiro mito – da completude, como forma de oferecer segurança à sociedade burguesa quanto às chamadas regras do jogo. O juiz tem o dever de julgar todos os casos que lhe são submetidos, e, em seu julgamento, deve se basear na lei, que por sua vez trata de todas as possíveis situações em que o sujeito de direito se vê em conflitos. O esquema se completava com a atribuição de grande espaço para a autonomia da vontade, de modo que as partes contratantes pudessem completar, nos casos concretos, a tarefa do legislador, que se limitava a reprimir ilícitos. Transferem-se aos contratantes, assim, os riscos e o sucesso da livre iniciativa, destinada à acumulação de capital. O dogma representando pela completude, na ideologia do liberalismo, fazia com que, de um lado, se situasse o Código Civil como norma exclusiva, levando-se ao extremo o monopólio estatal da produção legislativa concentrado em um único monumento legislativo. Por outro lado, exasperava-se a dicotomia entre o direito público e o direito privado: o direito público, responsável pelas garantias do cidadão perante o Estado, e o direito privado, expressão da razão e da natureza das coisas, conferia liberdade absoluta de contratação e de apropriação. Tais circunstâncias explicam o chamado significado constitucional do Código Civil para as relações de direito privado, bem como a compreensão da norma constitucional como mera norma de organização política, que tem como destinatário o legislador ordinário.

Esse estado de coisas, cujo itinerário não se pode aqui percorrer, vai se alterando na Europa desde o início do século XX, e no Brasil a partir dos anos 30, com a intervenção do Estado na

---

intérprete a "reconstrução tipológica da realidade". É ver-se: "È così la stessa necessità di umana applicazione del diritto, in una realtà sempre mutevole perchè identica con la stessa storia umana, che impone la continua ricostruzione tipologica alla quale è indotto l'interprete e proprio per conciliare con la storicità e la concretezza della realtà, la costanza di un dato in realtà così sempre rinnovato nel rinnovamento di quella schematizzazione della realtà alla quale si riferisce la disciplina, perciò stesso (e solo perciò) applicabile. Accanto a quelle che, riprendendo il passo paulino, diremo le regule juris, i riassunti mnemonici della disciplina, incontreremo sempre quei concetti (o, se vuolsi, pseudoconcetti) che, servendo a determinare lo stesso ambito di applicazione della norma, altrimenti inapplicabile, attengono a una costruzione tipologica della realtà in funzione della norma" (*Problemi giuridici*. Milão: Casa Editrice Dott. A. Giuffrè, t. 1, 1959, pp. 75-76).

economia, que resultaria no fenômeno conhecido como dirigismo contratual. O Direito Civil, assim como os outros ramos do chamado direito privado, assistiu a uma profunda intervenção por parte do Estado, na tentativa de evitar que a exasperação da ideologia individualista – ao invés de gerar o que se imaginara no século anterior, ou seja, a riqueza das nações e das pessoas – continuasse a acirrar as desigualdades, com a formação de novos miseráveis, tornando inviável até mesmo o regime de mercado, essencial ao capitalismo.

A partir dessa intervenção do Estado e da configuração do dirigismo contratual, verificam-se mudanças profundas na técnica legislativa. O legislador deixa de simplesmente estabelecer as regras do jogo, passando a determinar metas econômicas, instrumentalizadas à consecução de finalidades sociais mediante políticas públicas pré-definidas. A funcionalização das situações jurídicas patrimoniais a valores não patrimoniais, atinentes à pessoa humana e à sua personalidade, torna-se, assim postulado imperativo da ordem jurídica, introduzida pouco a pouco pela legislação especial e consagrada, no caso brasileiro, na esteira desse processo histórico, pela Constituição da República de 5 de outubro de 1988.

A dignidade humana, alçada a fundamento da República no art. 1º, III, da Constituição, assume particular relevo desse processo como vetor interpretativo-integrativo de todo o ordenamento jurídico. Nessa direção, atribui-se cada vez mais aos princípios o papel de reunificação do direito civil a partir da releitura de tradicionais institutos à luz da tábua axiológica constitucional, atribuindo-se ao magistrado a missão de delimitar categorias e conceitos jurídicos indeterminados de modo a assegurar eficácia jurídica às cláusulas gerais positivadas pelo legislador. O direito civil como espaço de liberdade patrimonial garantido ao proprietário e ao contratante expande-se na promoção da liberdade substancial e da autonomia existencial na legalidade constitucional.[11] O modelo teórico, racional e abstrato, desvinculado da práxis, cede lugar

---

[11] Na palavra de Luiz Edson Fachin: "Da autonomia privada à liberdade substancial, das titularidades exclusivas aos deveres extraproprietários, dos modelos excludentes ao valor jurídico da afetividade, são exemplos dessa passagem da estrutura para a função, e bem assim dos princípios gerais do Direito para os princípios constitucionais como normas vinculantes" (*Direito Civil*: sentidos, transformações e fim. Rio de Janeiro: Renovar, 2015, p. 49).

ao pensamento tópico-sistemático,[12] atento à realidade social, com características fenomenológicas diversas da ciência jurídica anteriormente concebida em sua neutralidade conceitual.

A perspectiva binária, separando realidade social e ciência jurídica, ignora que a atuação do direito depende visceralmente dos fatos, em recíproco condicionamento, de modo que a conceituação analítica das diversas espécies de fatos (jurídicos) mostra-se indispensável para a definição da disciplina normativa correspondente. Fato social é o acontecimento que, submetido à incidência do direito, torna-se, tecnicamente, fato jurídico. Afirma-se, por isso mesmo, que um fato qualquer – pré-jurídico –, a partir do momento em que deixa de ser indiferente ao direito, adquire aptidão para gerar efeitos jurídicos. Nessa direção, se é verdade que o dado social – como elemento da realidade fática – não se confunde com o dado normativo – a norma jurídica –, parece arbitrário considerar alguns fatos simplesmente alheios ao direito, ou despidos de relevância ou pressupostos de eficácia, já que a experiência normativa alcança integralmente a vida social, mesmo os espaços de liberdade que o direito, valorando-os, preserva deliberadamente contra qualquer tipo de regulamentação.

Diante de tal circunstância, afirma-se que todo fato social interessa ao direito, já que potencialmente interfere na convivência social e, portanto, ingressa no espectro de incidência do ordenamento jurídico. Desse modo, considerando que os fatos sociais são plasmados pela ordem jurídica, que os valora em confronto com a tábua axiológica constitucional, não pode o intérprete furtar-se da análise fática que consistirá no suporte sobre o qual aplicará o ordenamento como um todo, em sua unidade e complexidade. Não havendo valores pré-jurídicos, imunes a qualquer filtro valorativo, caberá ao intérprete a árdua tarefa de encontrar, a partir da técnica da ponderação, o ordenamento do caso concreto. Não se trata, aqui, de ativismo judicial, senão de pura atividade hermenêutica, essencial ao adequado funcionado do sistema.

A complexidade do ordenamento, em última análise, não decorre apenas de sua gênese – análise estrutural entre direito interno e externo e distinção cronológica e hierárquica

---

[12] Nessa perspectiva, Fachin, *ibid.*, p. 50.

da produção normativa –, mas da tensão dialética representada por sua inserção na realidade social. A experiência vivida forja a norma, e a cultura – como complexo de experiências econômica, religiosa, política, tecnológica – condiciona internamente o sistema jurídico e, conseguintemente, a teoria da interpretação, que assume necessariamente feição procedimental e dinâmica na formulação, pelo magistrado, da norma interpretada, ou do ordenamento do caso concreto, promulgado em cada sentença.

III Dificuldades entre a teoria e a prática. Os sete pecados capitais: a preguiça

O apego à concepção cultural acima criticada, que antevê a realidade jurídica em perspectiva binária (a partir da separação do fato social e do fato jurídico) associa-se à visão do direito como modelo teórico, racional e abstrato em face das turbulências *da vida como ela é*, com características fenomenológicas diversas da ciência jurídica, suscitando ao menos cinco graves problemas na teoria da interpretação: (i) o descompasso insolúvel entre teoria e prática, entre o direito e a vida, aquele correndo sempre para alcançar essa, algo como o inconsolável cachorro que se desespera em torno da própria cauda; (ii) o fortalecimento da *lex mercatoria*, que capta melhor essa realidade e acaba por impor a hegemonia econômica na vida social; (iii) a crise da legalidade e da democracia representativa diante da aparente insensibilidade do dado legislativo, que, por definição, não dá conta – e nunca dará conta – de compor os conflitos da realidade social; (iv) a mistificação do precedente jurisdicional, que significaria a feliz solução para problema anterior, a simplificar a vida da Justiça, demonizando-se os enunciados normativos por sua distância da vida real; (v) a dificuldade de aplicação da norma constitucional como o mais distante desses modelos normativos, já que desprovida da lógica racional-descritiva típica das regras jurídicas.

Tais problemas sintetizam, em alguma medida, as dificuldades interpostas entre a teoria (civilística) e a práxis (jurisprudencial), que se traduzem, de forma alegórica, naquilo que se poderia bem designar – tomando-se por empréstimo a teologia católica imortalizada nos versos de Dante Alighieri – os sete pecados capitais do intérprete (tanto na academia quanto na magistratura). Em primeiro lugar, incorrendo no pecado da *preguiça*, tem-se o reiterado recurso ao silogismo na aplicação do direito, mediante a técnica da subsunção.[13]

Como se sabe, o magistrado tem o dever de julgar as controvérsias que lhe são submetidas, desde que no âmbito de sua competência e se encontrando presentes os pressupostos e as condições da ação. E deve fazê-lo com base no ordenamento:[14] unitário, complexo e sistemático.[15] Vale-se de princípios e valores que uniformizem o sentido das decisões, reconduzindo-as da fragmentação da casuística à unidade axiológica indispensável à compreensão do ordenamento como sistema. Para tanto, não pode levar em conta uma regra isoladamente considerada, ainda que apropriada para a hipótese, mas o conjunto das normas inserido no ordenamento.[16] Nada obstante, a persistência da subsunção

---

[13] *"Aquele que a existência assim consuma, / Tal vestígio de si deixa na terra, / Como o fumo no ar e na água a espuma. / Ergue-te, pois! Torpor de ti desterra! / Recobra o esforço que os perigos vence! / Impere alma no corpo em que se encerra!"* (Inferno, Canto XXIV, versos 49-54). *"Pressa; pressa! De tempo já sem perda! / Pouco zelo não haja! – outros clamaram – / Não refloresce a Graça n'alma lerda!"* (Purgatório, Canto XVIII, versos 103-105).

[14] Norberto Bobbio associa o problema da completude do ordenamento jurídico à dinâmica dos sistemas em que vigorem duas regras: "1) o juiz é obrigado a julgar todas as controvérsias que se apresentarem ao seu exame; 2) deve julgá-las com base em uma norma pertencente ao sistema. Entende-se que, se uma das duas regras perder o efeito, a completude deixará de ser considerada como um requisito do ordenamento. Podemos imaginar dois tipos de ordenamentos incompletos, caso falte a primeira ou a segunda regra. Num ordenamento em que faltasse a primeira regra, o juiz não teria que julgar todas as controvérsias que lhe fossem apresentadas: poderia pura e simplesmente repelir o caso como juridicamente irrelevante, com um juízo de *non liquet* (não convém). [...] Num ordenamento no qual faltasse a segunda regra, o juiz seria, sim, levado a julgar cada caso, mas não seria obrigado a julgá-lo baseado em uma norma do sistema" (*Teoria do ordenamento jurídico*. Brasília: UnB, 1995, pp. 118-119).

[15] Pietro Perlingieri observa a influência recíproca entre direito e realidade social e daí faz derivar os seguintes corolários, caracterizadores do ordenamento jurídico: "a) historicidade da *societas* e historicidade do *ius* são um todo único; b) o *ius* coincide com a *societas* sem exaurir-se na pura normatividade; c) o *ius*, que justamente pode se definir totalidade da experiência jurídica, é, como qualquer totalidade, necessariamente complexidade; d) a complexidade do *ius* exige que a sua análise não perca a sua necessária unidade; e) tal unidade conceitual é síntese individual somente na efetividade da sua aplicação" (*O direito civil na legalidade constitucional*, tradução de Maria Cristina de Cicco. Rio de Janeiro: Renovar, 2008, p. 194).

[16] Ao propósito, afirmou-se que "não se interpreta o direito em tiras; não se interpreta textos normativos isoladamente, mas sim o direito no seu todo, marcado, na dicção de Ascarelli, pelas suas premissas implícitas" (GRAU, Eros. *Ensaio e discurso sobre a interpretação/aplicação do direito*. 5. ed. São Paulo: Malheiros, 2009, p. 101).

deve-se à aparente neutralidade técnica de sua utilização, mediante operação lógica conhecida como silogismo, pela qual o processo interpretativo consistiria na identificação da previsão legislativa geral e abstrata (chamada premissa maior) contendo a hipótese fática em questão (chamada de premissa menor). A etapa seguinte seria mecânica, mediante a aplicação da premissa maior à premissa menor, enquadrando essa àquela.[17]

Entretanto, a despeito da racionalidade lógica do silogismo, há duas premissas equivocadas que autorizam a subsunção. A primeira delas é a separação entre o mundo abstrato das normas e o mundo real dos fatos no qual aquelas devem incidir, já que, em rigor, o direito se insere na sociedade e, por conseguinte, os textos legais e a realidade mutante se condicionam reciprocamente no processo interpretativo. Em segundo lugar, a subsunção distingue artificialmente o momento da interpretação da norma abstrata (identificação da premissa maior) e o momento da aplicação da norma ao suporte fático concreto (enquadramento da premissa menor ao texto normativo). Contrariamente a tal compreensão, não é possível interpretar a norma aplicável sem levar em conta a hipótese fática que, por sua vez, se encontra moldada pelas normas de comportamento estabelecidas pelo direito (o qual condiciona a atuação individual). Daí a unicidade da interpretação e aplicação, sendo falsa a ideia de que haveria normas ideais em abstrato, capazes de tipificar e captar as relações jurídicas em concreto.[18]

Mediante o raciocínio da subsunção, reduz-se a atividade do magistrado à aplicação mecânica da norma ao fato concreto, procedimento que se torna ainda menos criativo quando o texto legal é considerado claro: *in claris non fit interpretatio*, eis o brocardo que se tornou verdadeiro dogma para a hermenêutica clássica. Ainda como consequência de tal orientação, a norma infraconstitucional, porque tendencialmente mais detalhada, torna-se protagonista do processo de interpretação do direito, exercendo papel de mediadora entre os princípios e o suporte fático sobre o qual incide. Já os

---

[17] Para a descrição da subsunção em sua perspectiva clássica, v., por todos, ENGISCH, Karl. *Introdução ao pensamento jurídico*. 8. ed. Lisboa: Calouste Gulbekian, 2001, p. 94.
[18] Para uma crítica veemente à subsunção em julgamento do Supremo Tribunal Federal, v. STF, ADI nº 3.689/PA, Tribunal Pleno, Rel. Min. Eros Grau, julg. 10.5.2007.

princípios constitucionais, incompletos como modelo abstrato de comportamento, mostram-se inaptos para exercerem a função de premissa maior da subsunção, o que os torna coadjuvantes das regras, a despeito de sua superioridade hierárquica sobre essas.

Desse modo, a tarefa do intérprete circunscreve-se à adequação do conteúdo principiológico à regra infraconstitucional, a qual será legítima desde que não viole frontalmente o texto constitucional. Reduz-se, assim, a força normativa da Constituição ao conteúdo estabelecido pelo legislador infraconstitucional. O princípio, em uma palavra, será aquilo que o legislador infraconstitucional entender sê-lo. E como, por exigência prática, quanto mais pedestre se situar a regra na pirâmide normativa, mais analítica e minuciosa será a sua linguagem, os valores e princípios constitucionais transformam-se em limite remoto à atuação (teratológica) do legislador ordinário.

Em direção oposta, consolida-se hoje o entendimento de que cada regra deve ser interpretada a aplicada em conjunto com a totalidade do ordenamento, refletindo a integralidade das normas em vigor. A norma do caso concreto é definida pelas circunstâncias fáticas nas quais incide, sendo extraída do complexo de textos normativos em que se constitui o ordenamento. O objeto da interpretação são as disposições infraconstitucionais integradas visceralmente às normas constitucionais, sendo certo que cada decisão abrange a totalidade do ordenamento, complexo e unitário. Cada decisão judicial, nessa perspectiva, é um ordenamento singular extraído da mesma tábua axiológica.[19] Curiosamente, o último bastião em defesa da subsunção tem sido a possibilidade de excepcioná-la, como válvula de escape para o sistema. Admite-se, desse modo, em hipóteses específicas, que o magistrado possa valer-se de princípios, afastando a previsão regulamentar, nos chamados casos difíceis – *hard cases* –, assim discricionariamente compreendidos certos casos sensíveis à sociedade, dignos de comoção popular, que justificariam, ao contrário de todas as outras causas julgadas pelo mesmo magistrado – e consideradas (a

---

[19] Assim, PERLINGIERI, Pietro. Complessità e unitarietà dell'ordinamento giuridico vigente. *Rassegna di diritto civile*, v. 1/05, *Edizioni Scientifiche Italiane*, p. 192. No mesmo sentido, TEPEDINO, Gustavo. Normas constitucionais e direito civil na construção unitária do ordenamento. *In: Temas de direito civil*. Rio de Janeiro: Renovar, t. 3, 2009, p. 11.

contrario sensu) fáceis –, o abandono da subsunção e a adoção franca dos princípios constitucionais.

A solução mostra-se arbitrária e injustificada. Os chamados casos difíceis são aqueles que, por sua suposta dificuldade, decorrente de colisão de direitos, autorizariam o juiz a afastar regra expressa, que lhe serviria comodamente de premissa maior, evitando a subsunção em favor da ponderação. Todavia, cada caso concreto mostra-se sempre singular e difícil, devendo ser resolvido mediante a aplicação integral do ordenamento – insista-se: unitário, complexo, sistemático e coerente.[20] Mesmo quando aparentemente o magistrado aplica somente uma regra, de linguagem clara e direta, vale-se, em rigor, de cada uma das normas que convivem unitariamente no ordenamento, reclamando coerência e inter-relação normativa; e especialmente dos princípios que lhe dão fundamento, respeitada a hierarquia constitucional. Por isso, e a despeito da dificuldade em estabelecer a fronteira entre casos difíceis e fáceis, não se pode considerar a ponderação como expediente excepcional, a ser utilizado em hipóteses extremas, quando não fosse possível a aplicação mecânica das regras, sob pena de se subverter a hierarquia do ordenamento.

Tais conclusões estimulam a revisão do conceito de segurança jurídica. A subsunção propicia a falsa impressão de garantia de igualdade na aplicação da lei. Entretanto, não há respeito à isonomia quando o magistrado deixa de perceber a singularidade de cada caso concreto e, mediante procedimento mecânico, faz prevalecer o texto abstrato da regra. Por outro lado, o silogismo revela-se capaz de camuflar intenções subjetivas ou ideológicas do magistrado, poupando-lhe da imperiosa necessidade de justificar sua decisão e oferecendo-lhe salvo-conduto para escapar do controle social quanto à aderência de sua atividade interpretativa à axiologia constitucional. Segurança jurídica deve ser alcançada pela compatibilidade das decisões judiciais com os princípios e valores constitucionais, que traduzem a identidade cultural da sociedade.[21] Em alguma

---

[20] BOBBIO, nota 14, p. 34-35.
[21] Permita-se remeter a TEPEDINO, Gustavo. Pós-verdades hermenêuticas e o Princípio da Segurança Jurídica. *Coluna OAB/RJ*. Disponível em: https://www.oabrj.org.br/colunistas/gustavo-tepedino/pos-verdades-hermeneuticas-principio-seguranca-juridica. Acesso em:

medida, as novas tecnologias denunciam, com o dinamismo de sua evolução, o ocaso da *ideologia da subsunção*. Surgem a cada dia questões inovadoras, sequer cogitadas pelo legislador, muito distantes das previsões abstratas pretensamente capazes de regular o comportamento social. Basta pensar no impacto das tecnologias de captação, armazenamento e divulgação de imagens na tutela da personalidade; das tecnologias de comunicação na formação dos contratos; das tecnologias de construção e exploração econômica sobre a propriedade e outros direitos reais; das tecnologias reprodutivas sobre o direito de família e de sucessões, e assim por diante.

Reflexo ainda dessa *ideologia da subsunção* e da diminuta relevância por ela reservada às peculiaridades do caso concreto mostra-se o entendimento jurisprudencial, consolidado nos Tribunais Superiores, pelo qual o *simples* reexame de provas não justifica os Recursos Especial e Extraordinário. Nessa direção unificaram-se a jurisprudência das Súmulas nºs 279, do STF ("Para simples reexame de prova não cabe recurso extraordinário"), e 7, do STJ ("A pretensão de simples reexame de prova não enseja recurso especial").

Tal entendimento jurisprudencial, forjado pela compreensível preocupação de reduzir o número de processos nos Tribunais Superiores, certamente causa embaraço aos eminentes julgadores, os quais dificilmente poderiam explicar sua atuação jurisdicional sem a indispensável análise dos fatos concretos e de suas circunstâncias, traduzidas no material probatório. Ao propósito, há quem sustente a inconstitucionalidade de tal posicionamento, observando que "a aplicação do direito expresso na Súmula acabou por fazer com que em muitas situações o STJ se visse tolhido no seu propósito de ministrar a Justiça".[22] Diante do rigor das aludidas súmulas, alguns julgadores procuram, com razão, contornar a dicção dos enunciados, construindo valorosa tese segundo a qual o *reexame* das provas não

---

29.9.2020, em que se conclui que: "Os valores constitucionais servem de norte ou *leitmotif* permanente da teoria da interpretação. Desse modo, independentemente da técnica legislativa empregada, sejam princípios ou regras, cláusulas gerais ou prescrições específicas, a segurança jurídica é alcançada a partir da recondução sistemática de cada norma à legalidade constitucional".

[22] MOREIRA, Joaquim Manhães. Revaloração das provas pelos tribunais. *Valor Econômico*, 17 abr. 2012.

se confunde com a sua revaloração: "a revaloração da prova constitui em atribuir o devido valor jurídico a fato incontroverso sobejamente reconhecido nas instâncias ordinárias".[23] Na perspectiva que se procurou traçar, não há interpretação jurídica sem qualificação do fato, cujo exame, portanto, se faz imprescindível e insuperável. A valoração da prova pelo magistrado, em outras palavras, ocorrerá necessariamente, na medida em que procure compreender os fatos para analisar a incidência normativa (norma do fato concreto qualificado pelo intérprete à luz da integralidade do ordenamento).

A valoração dos direitos a partir do seu exercício, que somente *in concreto* se poderá aferir, remete à já mencionada crítica à dicotomia entre a realidade social e os modelos jurídicos; e, em consequência, à necessária superação da distinção entre fato social e fato jurídico. O desafio do intérprete, portanto, consiste em atingir o equilíbrio em atividade hermenêutica que, fugindo à facilidade tentadora dos silogismos, considere o ordenamento em sua unidade e complexidade sem, contudo, derivar para ativismo irresponsável, de criação livre do direito, despreocupado com o desenho institucional democrático que deve pautar a atuação do Estado, inclusive o Estado-juiz.

Como instrumento imprescindível ao intérprete nesse desafio que se lhe apresenta, tem-se a ponderação, como técnica de sopesamento dos diversos vetores normativos incidentes no caso concreto. Por isso mesmo, a ponderação não deve ser adotada apenas na aplicação de princípios, mas também entre regras, e regras e princípios, já que todos os enunciados normativos dialogam entre si, contemporaneamente, sob a mesma tábua axiológica.[24] E a

---

[23] STJ, AgRg no REsp. nº 1.036.178/SP, 4. T., Rel. Min. Marco Buzzi, julg. 13.12.2011.

[24] A doutrina constitucionalista costuma restringir a técnica da ponderação às hipóteses de compatibilização de princípios em conflito. Robert Alexy, referência obrigatória na matéria, descreve a técnica da seguinte maneira: "*The first stage involves establishing the degree of non-satisfaction of, or detriment to, a first principle. This is followed by a second stage in which the importance of satisfying the competing principle is established. Finally, in the third stage, it is established whether the importance of satisfying the latter principle justifies the detriment to or non-satisfaction of the former*" (Balancing, constitutional review, and representation. *International Journal of Constitutional Law*, v. 3, n. 4, 2005, p. 574). Na civilística contemporânea, mostra-se bem mais ampla a utilização da ponderação, uma vez que a noção de legalidade constitucional impõe ao intérprete "argumentar sobre normas-princípios, cuja aplicação 'não assume a forma silogística da subsunção, mas aquela da otimização ao realizar o preceito" (PERLINGIERI, nota 11, p. 596). No direito civil brasileiro, v., dentre outros,

valoração prévia do legislador, na sociedade democrática, não afasta, antes reclama, o exercício do dever inderrogável do magistrado de compatibilizar as escolhas legislativas com as escolhas efetuadas pelo constituinte.[25] A técnica da ponderação como mecanismo de utilização indispensável na atividade interpretativa decorre da constatação de que o texto legislativo se mostra necessariamente incompleto e de que a decisão judicial revela procedimento de construção da norma do caso concreto. Interpretação e aplicação da norma constituem-se em processo unitário, inexistindo duplicidade de etapas entre a qualificação do fato e do direito aplicável. Tal conclusão implica a definitiva superação da subsunção como método interpretativo.[26] Afirmou-se, nessa direção, que o "CC não é um conjunto de normas. É um conjunto de possibilidades de normas. Um ordenamento em potência. Só será norma depois da interpretação. O intérprete desvencilha o texto do seu invólucro. A norma é o resultado da interpretação".[27]

Exemplo emblemático das dificuldades acarretadas pela subsunção tem-se na decisão extraída da jurisprudência alemã em que uma transexual de identidade feminina, com órgãos genitais masculinos, pretendeu, para consolidar sua relação homoafetiva

---

SCHREIBER, Anderson. *Novos paradigmas da responsabilidade civil*. Rio de Janeiro: Renovar, 2007, p. 146 ss.; NEVARES, Ana Luiza Maia. *A função promocional do testamento*: tendências do direito sucessório. Rio de Janeiro: Renovar, 2009, p. 170 ss. (em matéria de controle da autonomia privada testamentária); MAIA, Roberta Mauro Medina. *Teoria geral dos direitos reais*. São Paulo: RT, 2013, p. 256 ss. (em matéria de relatividade dos efeitos obrigacionais); OLIVA, Milena Donato, *Patrimônio separado*: herança, massa falida, securitização de créditos imobiliários, incorporação imobiliária, fundos de investimento imobiliário, trust. Rio de Janeiro: Renovar, 2009; BANDEIRA, Paula Greco. *Contrato Incompleto*. São Paulo: Atlas, 2015.

[25] TEPEDINO, Gustavo. A Constitucionalização do Novo Código Civil, Editorial. *Revista Trimestral de Direito Civil*, v. 15, Rio de Janeiro, Padma, jul./set, 2003.

[26] Cf., na perspectiva do direito italiano, PERLINGIERI, nota 15, p. 579.

[27] GRAU, Eros. *A construção do direito: da elaboração do texto à produção da norma*. Palestra proferida na Faculdade de Direito da Universidade do Estado do Rio de Janeiro – UERJ, em 31 mar. 2008, na qual se observou, ainda: *"Não há distinção entre interpretação e aplicação do direito: a interpretação do direito consiste em encontrar uma solução que só se opera na medida em que se realize a sua aplicação"*. No mesmo sentido, observa Lenio Streck: "Pensar que uma regra pode ser interpretada independente dos princípios ou que uma regra pode 'valer' mais do que um princípio *é uma concessão ao positivismo ou uma espécie de retorno ao positivismo*, como se regra e princípio contivessem uma ambiguidade, que pudessem ser, ao mesmo tempo, um 'critério' de conhecimento (regra) e um 'critério' de explicação (princípio), aferíveis a partir do esquema representacional sujeito-objeto" (O papel da constituição dirigente na batalha contra decisionismos e arbitrariedades interpretativas. *In*: COUTINHO, Jacinto Nelson de Miranda; MORAIS, Jose Luis Bolzan de; STRECK, Lenio Luiz (org.). *Estudos Constitucionais*. Rio de Janeiro: Renovar, 2007, p. 186).

com uma mulher, celebrar a união legal prevista pela lei alemã para pessoas do mesmo sexo. A autoridade local negou-se a conceder tal permissão, ao argumento de que, sendo o seu sexo genético masculino, ser-lhe-ia facultado o casamento com a sua parceira (previsto pelo Código Civil alemão para pessoas de sexos diferentes), não já a união legal para pessoas do mesmo sexo. Inconformada, a interessada recorreu ao juiz de primeiro grau e ao Tribunal de Apelação, sendo-lhe, contudo, indeferido o pedido nas duas instâncias. De fato, com base em técnica subsuntiva, as previsões legais de casamento e de união de pessoas do mesmo sexo associam-se a premissas fáticas diversas, indiscutíveis e imponderáveis. A Corte Constitucional alemã, contudo, reverteu a decisão, autorizando a união homoafetiva pretendida, mediante a técnica da ponderação.[28]

IV Os demais pecados capitais: o orgulho; a ganância; a inveja; a avareza; a gula; a luxúria

O segundo pecado capital na interpretação jurídica parece ser o apego às abstrações conceituais dos grandes tratados, que consagram classificações quase imutáveis às quais devem os fatos se amalgamarem, numa espécie de renascimento do leito de Procusto, onde todos os fatos sociais devem se compatibilizar. Identifica-se aqui o pecado do *orgulho*.[29] Orgulho de uma realidade abstrata, teórica, de elevada magnitude, cuidadosamente preservada ao longo dos séculos como verdadeira *opera di formica*, em que se acantona como excepcional tudo aquilo que destoa dos conceitos e noções gerais.[30] Esse verdadeiro orgulho na conservação de categorias gerais destoa da fugacidade dos fatos e enunciados normativos, com a ruptura das grandes classificações e institutos, como o negócio jurídico, a propriedade, a família, e

---

[28] Tribunal Constitucional Federal da Alemanha, BVerfGE 128, 109 (2011).
[29] "Por que do orgulho assim passais a meta, / Se sois insetos no embrião somente / Vermes de formação inda incompleta? / A modo de pilar ver-se é frequente / Joelhos, peito unido, uma figura / Cornija ou teto a sustentar ingente" (Purgatório, Canto X, versos 127-132).
[30] RODOTÀ, Stefano. Ideologia e tecniche della riforma del diritto civile. *Rivista di diritto commerciale*, I, 1967, p. 83.

assim por diante (alude-se, na terminologia alemã, à fragmentação dos conceitos jurídicos: *Umbruchcharakter*). A consequência de tal perspectiva é a qualificação errônea de novas pretensões e interesses jurídicos.

Ilustrativamente, na jurisprudência brasileira, pode-se mencionar o caso Glória Trevi, amplamente difundido pela mídia. A famosa cantora mexicana foi presa, em 2000, e mantida sob custódia na carceragem da Polícia Federal em Brasília, aguardando o trâmite do processo de extradição. Nesse ínterim, Glória Trevi, grávida, alegou que a gestação seria fruto de estupro do qual teria sido vítima nas dependências da Polícia Federal. Diante disso, instaurou-se no Supremo Tribunal Federal celeuma quanto à possibilidade de realização de exame de DNA utilizando-se a placenta da cantora – coletada após o parto – com o escopo de identificar a origem genética do recém-nascido. A extraditanda, negando-se a fornecer material genético para o exame, ajuizou Reclamação no STF,[31] sob o argumento de que a coleta à sua revelia representaria flagrante violação a seus direitos fundamentais. Dentre os argumentos erigidos pela Corte Suprema para deferir a realização do exame, estava o de que não haveria, no caso, colisão de direitos fundamentais, tendo em vista que a placenta seria "lixo biológico" que, após o parto, "não é mais parte do corpo da mãe". Nessa linha afirmou-se: "Tampouco se diga que a realização do exame fere direito fundamental da extraditanda. Não há qualquer procedimento invasivo na coleta da placenta – que a perícia já qualificou como refugo hospitalar". Considerou-se como determinante o fato de que o material orgânico já se encontrava "separado da pessoa da paciente", de modo que não mais lhe pertencia, sendo, portanto, uma espécie de *res derelicta*, despido das características próprias do bem jurídico na vetusta concepção romana.[32]

Pode-se destacar, ainda, como exemplo paradigmático dessa tendência, a evolução jurisprudencial brasileira em matéria de

---

[31] STF, Rcl nº 2040 QO/DF, Tribunal Pleno, julg. 21.2.2002.
[32] A dissonância entre a classificação estática e a funcional dos bens jurídicos é analisada por TEPEDINO, Gustavo. Livro (eletrônico) e o perfil funcional dos bens jurídicos na experiência brasileira. In: Vicente et al. (org.). *Estudos de Direito Intelectual em homenagem ao Prof. Doutor José de Oliveira Ascensão*. Coimbra: Almedina, 2015, p. 269-287.

família.[33] Durante algumas décadas no século passado, qualificou-se a família extramatrimonial como união ilícita, reconhecendo-se, no entanto, incialmente, por questões humanitárias, a relação de emprego estabelecida entre o marido e a mulher dedicada aos serviços domésticos, à qual se assegurava o salário mínimo durante o tempo em que perdurara a convivência abjeta. Posteriormente, durante quase cinquenta anos, recusava-se ainda a designação de família à união constituída fora do casamento, admitindo-se, todavia, a relação societária de fato, no âmbito do direito das obrigações, estabelecida entre os companheiros na construção do patrimônio comum, como forma de se evitar o enriquecimento sem causa. Mesmo após a Constituição de 1988, que reconheceu expressamente como entidade familiar a união estável, continuou-se a negar essa igualdade de tratamento em relação às famílias constituídas pelo casamento, o que só seria admitido, não sem espessa controvérsia (especialmente em matéria sucessória), com a vigência do Código Civil de 2002.

O terceiro pecado capital é a ganância do julgador, que pretende resolver todos os problemas segundo sua própria ideologia. A ganância se associa ao excesso de subjetivismo na fixação de *standards* pelo juiz, que, mesmo quando movido pela melhor das intenções, deixa de fundamentar adequadamente suas decisões com base na opção constitucional e legislativa. Nessa direção, encontra-se o comportamento que tem sido designado de "ativismo maximalista", em que o magistrado extrapola sua atividade hermenêutica, abandona os parâmetros normativos vigentes e se dedica à atividade doutrinária por vezes hermética, baseada em seus próprios critérios ou categorias, confundindo ou dificultando o controle das decisões pela sociedade. Daqui a exigência constitucional de fundamentação das decisões,[34] como mecanismo legítimo (não de autocontenção ou abdicação da elevada missão

---

[33] Sobre tal processo evolutivo, v. TEPEDINO, Gustavo. A disciplina civil-constitucional das relações familiares. *In: Temas de Direito Civil*, t. I, Rio de Janeiro: Renovar, 2008, p. 419-443.

[34] Assim dispõe o art. 93, inciso IX, da Constituição da República: "todos os julgamentos dos órgãos do Poder Judiciário serão públicos, e fundamentadas todas as decisões, sob pena de nulidade, podendo a lei limitar a presença, em determinados atos, às próprias partes e a seus advogados, ou somente a estes, em casos nos quais a preservação do direito à intimidade do interessado no sigilo não prejudique o interesse público à informação".

da magistratura,[35] mas) de transparência e controle da atividade hermenêutica do juiz pelo corpo social.[36]

No âmbito da responsabilidade civil, mostram-se ilustrativas dessa indesejada ganância as decisões que utilizam a cláusula geral do parágrafo único do art. 927 do Código Civil para sustentar a responsabilidade objetiva de forma ilimitada, quase a suprimir a responsabilidade subjetiva de que trata o *caput* do mesmo dispositivo.[37] Nessa vertente, com fundamento no art. 927, parágrafo único, condenou-se o proprietário do veículo (juntamente com o condomínio) à reparação de danos causados a terceiros pelo porteiro do prédio, aduzindo-se: "O proprietário do veículo responde objetiva e solidariamente pelos atos culposos de terceiro que o conduz e que provoca o acidente, pouco importando que o motorista não seja seu empregado ou preposto, ou que o transporte seja gratuito ou oneroso, uma vez que sendo o automóvel um veículo perigoso, o seu mau uso cria a responsabilidade pelos danos causados a terceiros".[38]

Assim também se situa a hipótese em que um menino obteve indenização por danos morais e estéticos, incluindo pensão vitalícia de 75% do salário mínimo vigente, por acidente causado no manuseio de aparelho ortodôntico extrabucal sem trava de segurança. Ao tentar retirar sozinho o aparelho, o menino, sob a guarda de seus pais, feriu-se gravemente, acarretando a perda da visão de um dos

---

[35] "O ativismo judicial procura extrair o máximo das potencialidades do texto constitucional, sem contudo invadir o campo da criação livre do Direito. A autocontenção, por sua vez, restringe o espaço de incidência da Constituição em favor das instâncias tipicamente políticas" (BARROSO, Luís Roberto. Judicialização, Ativismo Judicial e Legitimidade Democrática. In: COUTINHO, Jacinto Nelson de Miranda; FRAGALE FILHO, Roberto; LOBÃO, Ronaldo (org.). *Constituição e Ativismo Judicial: limites e possibilidades da norma constitucional e da decisão judicial,*. Rio de Janeiro: Lumen Juris, 2011, p. 280).

[36] Como anota Daniel Sarmento, "a fundamentação das decisões judiciais, muito mais do que um requisito formal da sua validade, consiste em um pressuposto da sua legitimidade no âmbito do Estado Democrático de Direito" (Ubiquidade constitucional: os dois lados da moeda. In: SOUZA NETO, Cláudio Pereira de; SARMENTO, Daniel (coord.). In: *A constitucionalização do direito*: fundamentos teóricos e aplicações específicas. Rio de Janeiro: Lumen Juris, 2007, p. 146).

[37] Para o exame analítico do dispositivo e de sua potencialidade hermenêutica, v., TEPEDINO, Gustavo; BARBOZA, Heloisa Helena; MORAES, Maria Celina Bodin de. *Código Civil interpretado conforme a Constituição da República*. Rio de Janeiro: Renovar, v. II, 2012, p. 809.

[38] TJRJ, Ap. Cív. 0132282-14.2011.8.19.0001, 21. C.C., julg. 25.2.2015.

olhos, condenando-se, com base em responsabilidade objetiva, os dentistas responsáveis pelo tratamento.[39]

Muito próximo de tal postura encontra-se o quarto pecado capital, que se assemelha à *inveja* do intérprete em relação aos poderes eleitos.[40] Há aqui comprometimento da relação entre os Poderes, com déficit de democracia quando magistrados não eleitos pretendem se assenhorar de opções valorativas. Critica-se nessa direção, o que se chamou de "oba-oba constitucional", caracterizado pela invocação vaga de princípios cujo conteúdo é livremente forjado pelo intérprete, que se recusa a admitir sua vinculação ao direito positivo, e se mostra refratário a qualquer deferência ao legislador.[41]

A tendência por vezes se traduz no que se poderia chamar de "ativismo louvável", quando se altera o sentido do texto legal para garantir a tutela da pessoa humana à míngua de proteção estatal. Reconheceu-se, nessa direção, com o evidente propósito de tutelar os interesses existenciais de pessoa vulnerável – maior interdito –, a legitimidade de adoção *post mortem* em família anaparental. No caso, a União postulava a anulação da adoção com o intuito principal de sustar o pagamento de benefícios previdenciários ao adotado. A Corte posicionou-se no sentido de reconhecer a validade da adoção, sem embargo da literalidade do art. 42, §2º, da Lei nº 8.069/1990 (Estatuto da Criança e do Adolescente), que dispõe: "Para adoção conjunta, é indispensável que os adotantes sejam casados civilmente ou mantenham união estável, comprovada a estabilidade da família". Para tanto, aduziu-se que "o fim expressamente assentado pelo texto legal – colocação do adotando em família estável – foi plenamente cumprido, pois os irmãos, que viveram sob o mesmo teto, até o óbito de um deles, agiam como família que eram, tanto entre si, como para o então infante, e naquele grupo familiar o adotado se deparou com relações de afeto, construiu – nos limites de suas possibilidades – seus valores sociais, teve amparo nas horas

---

[39] A notícia referente ao caso pode ser consultada em http://www.tjgo.jus.br/index.php/home/imprensa/noticias/119-tribunal/6422-ortodontistas-sao-condenados-a-pagar-r-100-mil-a-menino-que-ficou-cego-durante-tratamento. Acesso em 30 dez. 2015.
[40] "Pune este círculo a culpa traiçoeira – / O mestre diz – da inveja; o açoite aplica / O amor, que os rigores lhe aligeira / [...] Fio de ferro as pálpebras prendia / A todas, como o gavião selvage / Para domar-lhe a condição bravia" (Purgatório, Canto XIII, versos 37-39 ss; 70-72).
[41] SARMENTO, nota 36, p. 144.

de necessidade físicas e emocionais, em suma, encontrou naqueles que o adotaram, a referência necessária para crescer, desenvolver-se e inserir-se no grupo social que hoje faz parte".[42]

Em hipótese diversa, autorizou-se a inserção de nome materno fictício na certidão de uma criança de três anos adotada unicamente por um homem. A decisão foi tomada com base na alegação do pai adotivo de que a ausência do nome de uma mãe no registro civil estaria causando problemas, uma vez que a maioria das instituições exige, para o cadastramento, o nome materno. O pai aduziu, ainda, que o objetivo era facilitar a vida do menor em termos práticos e evitar a possibilidade de *bullying* escolar ou no meio social. Dentre os argumentos erigidos na sentença encontra-se o art. 3º do Estatuto da Criança e do Adolescente ao determinar que devem ser asseguradas às crianças e aos adolescentes "todas as oportunidades e facilidades, a fim de lhes facultar o desenvolvimento físico, mental, moral, espiritual e social, em condições de liberdade e de dignidade".[43] Há aqui risco de usurpação de competência legislativa por parte do Judiciário, ainda que movido por inveja bem-intencionada.

O quinto pecado capital encontra-se numa certa obsessão fazendária de alguns setores da magistratura que, preocupados com o custo das decisões para o erário, incorrem em inequívoca *avareza*.[44] Cria-se verdadeira esquizofrenia institucional entre, de um lado, a efetivação de valores existenciais proclamados pelo Poder Constituinte, e, de outro, a prioridade conferida à Fazenda Pública por parte do Poder Judiciário. Deixa-se de acolher pretensões justas pelo medo avaro de sacrificar a Fazenda Pública. Incorre nessa avareza em desfavor de garantias constitucionais o entendimento jurisprudencial que, alterando orientação anterior, considera que o prazo prescricional para a pretensão de restituição de tributo considerado, em controle difuso, inconstitucional tem seu termo

---

[42] STJ, REsp nº 1.217.415/RS, 3. T., julg. 19.6.2012.
[43] A decisão, da 11ª Vara de Família e Registro Civil da Capital (TJ/PE), foi noticiada em diversos veículos de imprensa, como o que pode ser acessado em http://brasil.estadao.com.br/noticias/geral,filho-adotivo-tera-nome-ficticio-de-mae-em-registro-de-nascimento,1510259. Acesso em 5 jan. 2015.
[44] "Como a avareza em nós tinha extinguida / A propensão ao bem, aos santos feitos, / Assim nos tem justiça a ação tolhida. / Pés e mãos ata em vínculos estreitos: / Enquanto a Deus prouver, nós, estendidos, / Imóveis estaremos nesses leitos" (Purgatório, Canto XIX, versos 121-126).

inicial no momento da homologação do pagamento, e não na data em que a declaração de inconstitucionalidade é proclamada por ato do Senado Federal que retira a norma inconstitucional do mundo jurídico, nos termos do art. 52, X, da CR.[45] Assim, pela denominada "tese dos cinco mais cinco", o termo inicial do prazo prescricional, nos casos de tributos sujeitos a lançamento por homologação, é a data em que ocorrida essa, de maneira expressa ou tácita – pelo decurso do prazo quinquenal. Com a homologação, portanto, deflagra-se o prazo prescricional quinquenal para postular a restituição pelo pagamento de tributo inconstitucional, o que, em termos práticos, leva o contribuinte a ter sua pretensão fulminada pelo decurso do prazo antes mesmo da declaração de inconstitucionalidade da lei.

Em direção oposta, felizmente, andou o Superior Tribunal de Justiça ao estabelecer, mais de vinte anos após a promulgação do Código de Defesa do Consumidor, que o prazo para surgimento de vícios ocultos nos produtos ou serviços, deliberadamente deixado em aberto pelo legislador, não poderia ser reduzido ao prazo de garantia, mas se projeta, em favor do consumidor, de acordo com a natureza do bem ou serviço adquirido, por toda a vida útil legitimamente esperada pelo consumidor.[46] No caso, o vendedor de máquina agrícola ajuizou ação de cobrança pleiteando os custos com o reparo do produto vendido. Reconheceu-se, contudo, a responsabilidade do vendedor pelo vício que inquinava o produto adquirido pelo recorrido, tendo sido comprovado que se tratava de defeito de fabricação.

Tão grave quanto o pecado anterior mostra-se a *gula*,[47] constituída pela apropriação, em estruturas dogmáticas antigas, de novos bens jurídicos com elas incompatíveis. Mais uma vez

---

[45] "O prazo prescricional é de cinco anos e deve ser contado a partir da homologação do lançamento do crédito tributário. Se a lei não fixar prazo para a homologação, será ele de 05 (cinco) anos a contar da ocorrência do fato gerador" (STJ, AgRg no REsp nº 285.676/ES, 1. T., julg. 22.5.2001). V., ainda, STJ, EREsp nº 435.835/SC, 1. S., julg. 24.3.2004, em que restou assentado: "Não há que se falar em prazo prescricional a contar da declaração de inconstitucionalidade pelo STF ou da Resolução do Senado. A pretensão foi formulada no prazo concebido pela jurisprudência desta Casa Julgadora como admissível, visto que a ação não está alcançada pela prescrição, nem o direito pela decadência. Aplica-se, assim, o prazo prescricional nos moldes em que pacificado pelo STJ, *id est*, a corrente dos cinco mais cinco".

[46] STJ, REsp nº 984.106/SC, Rel. Min. Luís Felipe Salomão, julg. 4.10.2012.

[47] "Os que o rosto, cantando, têm banhado / De pranto, havendo entregue à gula a vida, / Sobem, na fome e sede, o santo estado. / A fome, a sede sente-se incendida / Dos pomos pelo aroma e por frescura / Das águas, sobre as ramas espargida" (Purgatório, Canto XXIII, versos 64-69).

tem-se aqui processo mecânico de subsunção, em que se pretende aplicar regra jurídica isoladamente a hipóteses fáticas diferenciadas, oferecendo soluções para novos problemas a partir de técnicas com esses dissonantes. Ilustra bem essa tendência a hipótese em que a usucapião extraordinária urbana, prevista para o acesso ao direito fundamental da moradia, foi negada pelo Judiciário ao argumento de que a área usucapida seria inferior ao módulo mínimo local, "não constituindo o referido imóvel, portanto, objeto legalizável, nos termos da lei municipal". Em nome do respeito à lei municipal, portanto, afastou-se a efetivação de direito fundamental do autor, simplificando-se assunto complexo em mera operação matemática.[48]

Finalmente, o sétimo pecado capital, a *luxúria*, consiste no apego ao paradigma das relações patrimoniais – e ao fetiche da propriedade – na análise de questões de natureza existencial.[49] Verifica-se, em consequência, promiscuidade de categorias e conceitos, valorando-se a autonomia existencial com fundamento na lógica proprietária. Na experiência norte-americana, serve de exemplo a hipótese em que a Suprema Corte declarou inconstitucional a instalação de GPS no automóvel do réu, por violação à sua intimidade, invalidando, assim, por ilícita, portentosa investigação criminal que resultara na prisão de poderoso traficante de drogas.[50]

---

[48] STJ, REsp nº 402.792/SP, 4. T., julg. 26 out. 2004). Contra, o TJ/RJ, em sua Súmula da Jurisprudência Predominante, a de número 317, procurando pacificar os entendimentos em torno da concepção majoritária na corte estadual, nos seguintes termos: "É juridicamente possível o pedido de usucapião de imóvel com área inferior ao módulo mínimo urbano definido pelas posturas municipais" (A publicação da Súmula data de 18 ago. 2014, a partir do julgamento do Incidente de Uniformização de Jurisprudência n. 001314964.2005.8.19.0202, julgamento em 14 abr. 2014). O STJ alterou seu posicionamento, em boa hora, como se vê no REsp 1.040.296/ES, 4. T., Rel. p/ Acórdão Min. Luis Felipe Salomão, julg. 2 jun. 2015, em caso envolvendo a usucapião rural do art. 191 da C.R. Seguiu, nesta linha, o posicionamento perfilhado pelo STF sobre a usucapião extraordinária urbana (RE 422.349/RS, Rel. Min. Dias Toffoli, julg. 29 abr. 2015). Sobre o tema, com arguta crítica à orientação anterior, v. Carlos Edison do Rêgo Monteiro Filho, Usucapião imobiliária urbana independente de metragem mínima, in *Revista Brasileira de Direito Civil*, v. 2, out./dez, 2014, p. 9-29. https://www.ibdcivil. org.br/rbdc.php?ip=123&titulo=%20VOLUME%202%20I%20Out-Dez%202014&category_id=32&arquivo=data/revista/pdf/rbdcivil-volume-2.pdf. Acesso em 4 jan. 2016.

[49] "De luxúria fez tantas demasias / Que em lei dispôs ser lícito e agradável / Para desculpa às torpes fantasias" (Inferno, Canto V, versos 55-57); "Cantaram; cada qual como antes disse / Esposas e maridos, que hão guardado / A fé, que Deus mandou sempre os unisse: / Este modo há de ser, creio, alternado, / Enquanto os rodear a chama ardente; / A chaga por tal bálsamo e cuidado / Há de ser guarnecida finalmente" (Purgatório, Canto XXV, versos 133-139).

[50] United States *v.* Jones (nº. 10-1259, District of Columbia Circuit, january 23, 2012. Disponível em: http://www.supremecourt.gov/opinions/11pdf/10-1259.pdf). Acesso em: 4 jan. 2015.

O aresto considerou desrespeitada a 4ª Emenda à Constituição e o debate se circunscreveu aos confins do direito de propriedade do réu. O GPS fora instalado em local e período que extrapolaram mandado judicial para o rastreamento, esse equiparado à noção de "busca". Desacompanhado de ordem judicial (uma vez expirado o mandado), a ilegitimidade do monitoramento com GPS foi arguida com fundamento na defesa da propriedade privada. Curiosamente, mesmo o voto vencido, da Justice Sotomayor, ao afastar o precedente da inegerência em propriedade alheia (*trespass test*), submetendo-se exclusivamente ao precedente de Katz v. U.S. (n. 389 U.S., p. 347), que associa a tutela da 4ª emenda ao critério da '*reasonable expectation of privacy*', embora louvável por se rebelar contra o *trespass test* naquela hipótese, não consegue se afastar da ótica proprietária no exame de direitos da personalidade.[51]

Em outro julgado dos Estados Unidos sobrepôs-se, mais uma vez, a tutela da personalidade, do corpo humano (e de seus fluidos) e o conceito de propriedade. A médica Sharon Irons engravidou após coletar, durante sexo oral, o sêmen do também médico Richard O. Phillips, seu namorado. A Corte de Apelação do Illinois (Chicago) aceitou a alegação da ré de que teria uma espécie de doação do material genético, acarretando "transferência absoluta e irrevogável do título de propriedade entre doador e doadora". Por esse motivo, Phillips não teve reconhecido direito algum sobre a decisão acerca da concepção e do nascimento do filho. No entender da Corte, mesmo que houvesse um suposto "depósito", as partes não teriam acordado quanto à necessidade de devolução do bem mediante solicitação.[52]

Também na jurisprudência trabalhista brasileira, legitimou-se o acesso (e consequente controle) do empregador ao conteúdo do correio eletrônico de seu empregado com base na titularidade dominical. Segundo tal entendimento, "o que está em jogo, antes de tudo, é o exercício do direito de propriedade do empregador sobre o

---

[51] Veja-se o seguinte trecho citado no voto: "Privacy is not a discrete commodity, possessed absolutely or not at all. Those who disclose certain facts to a bank or phone company for a limited business purpose need not assume that this information will be released to other persons for other purposes".

[52] Esta e outras hipóteses, ilustrativas do apego do intérprete ao paradigma patrimonialista, são analisadas por TEPEDINO, Gustavo. A estranha revolta dos fatos contra o intérprete, Editorial. *Revista trimestral de direito civil*, v. 31, jul./set., 2007.

computador capaz de acessar a internet e sobre o próprio provedor". A prescindir da solução concreta a ser dada para as diversas hipóteses de colisão de interesses acima aludidas, o título de propriedade certamente não há de ser o paradigma para a afirmação do direito merecedor de tutela. Se assim não fosse, a propriedade do aparelho telefônico seria argumento suficiente para legitimar, por exemplo, a interceptação telefônica no âmbito das relações de trabalho.

V Notas conclusivas

Como se pode confirmar a partir do panorama jurisprudencial brasileiro, a corajosa atuação da magistratura não deve ser combatida, embora se mostre imprescindível a definição pela doutrina de parâmetros constitucionais para a valoração e solução de controvérsias que, multiplicadas inevitavelmente pelo exercício da cidadania inerente à dinâmica da democracia e da sociedade da informação, agitam o Judiciário sem que o legislador possa dar conta de sua específica e mutante regulamentação.

Em tal contexto, o papel constitucional da magistratura assume importância crucial para a democracia, seja em favor da segurança jurídica representada pelo respeito às leis legitimamente promulgadas, seja para tutelar direitos fundamentais de minorias, mesmo quando a intervenção do Poder Judiciário assuma feição contramajoritária. A tênue linha divisória entre essa atuação alvissareira do magistrado e o voluntarismo ideológico deve ser contornada não de modo autoritário – ainda que escamoteado por argumento de autoridade –, mas mediante o estímulo à fundamentação das decisões, exigindo-se argumentação que permita o amplo e transparente controle social da magistratura e a paulatina construção de padrões de comportamento estáveis na reconstrução da segurança jurídica – aparentemente perdida pela ocaso da técnica legislativa regulamentar.

Segue-se daí a importância de se evitar a contaminação dos novos valores e categorias que compõem a teoria da interpretação contemporânea por métodos e tendências extraídos da dogmática tradicional, que guarda constrangedora incompatibilidade com a legalidade constitucional. Tal perigo, recorrente e iminente, encontra-se representado, ainda que de forma reducionista, como os sete pecados capitais do intérprete, todos eles interligados e reproduzidos quer no ensino jurídico, quer na manualística, quer na prática judiciária. Não se mostra infrequente, por exemplo, a designação dos princípios constitucionais, situados no ápice da pirâmide normativa, como princípio geral de direito, previsto no art. 4º da LINDB como instrumento residual de integração, formulado pelo intérprete pelo método indutivo, em nível infraconstitucional, na ausência de lei, analogia ou costume aplicáveis. Cuida-se de subversão hermenêutica que impede a preservação da unidade do ordenamento construída a partir (e com a incorporação plena) das normas constitucionais. Muito já se evoluiu, nas últimas décadas, na experiência brasileira, no campo da interpretação. E o só fato de se refletir, entre os diversos domínios do direito público e privado, acerca do ativismo judicial, indica provavelmente o itinerário vicejante e auspicioso, posto nada linear, em direção à ordem jurídica mais justa, igualitária e democrática.

Informação bibliográfica deste texto, conforme a NBR 6023:2018 da Associação Brasileira de Normas Técnicas (ABNT):

TEPEDINO, Gustavo. Ativismo judicial e construção do Direito Civil: entre dogmática e práxis. In: TOLEDO, Cláudia (coord.). *Atual judiciário*: ativismo ou atitude. Belo Horizonte: Fórum, 2022. p. 313-338. ISBN 978-65-5518-270-5.

O DIREITO A PRODUZIR DIREITOS: UMA PROPOSTA PARA A COMPREENSÃO DOS CONFLITOS ENTRE CIDADANIA E CONSTITUIÇÃO[1]

MARCO AURÉLIO LAGRECA CASAMASSO
WALESKA MARCY ROSA

Introdução

O artigo visa a oferecer elementos para a compreensão da complexa relação entre cidadania e Constituição, pautada por assimetrias, tensões e conflitos. Pretende-se apresentar uma perspectiva inusual de investigação, que põe em lados opostos a cidadania e o texto constitucional. Procurar-se-á evidenciar o fato de que, a despeito de estabelecer os direitos básicos do cidadão, a Constituição não raro opera como mecanismo de contenção e freio em face das reivindicações por ampliação da cidadania.

A execução da proposta de trabalho compreende o desenvolvimento de três etapas principais. A primeira será dedicada à apresentação da cidadania em confronto com o texto constitucional, a partir de pequena amostra de exemplos jurisprudenciais extraída do constitucionalismo norte-americano.

A segunda etapa tem por objetivo a elaboração de um referencial teórico-conceitual de cidadania em correspondência com

---

[1] Neste trabalho, apresentam-se os resultados iniciais de projetos de pesquisa em desenvolvimento na Universidade Federal Fluminense (UFF) e na Universidade Federal de Juiz de Fora (UFJF). Os projetos estão a cargo dos professores Marco Aurélio Lagreca Casamasso (UFF) e Waleska Marcy Rosa (UFJF), com financiamento da UFF, FAPERJ, da CAPES e da UFJF, na modalidade de bolsas de iniciação científica. Participaram dos projetos de pesquisa, até o momento de produção deste texto, os seguintes estudantes, bolsistas e voluntários: Gustavo Luiz Miranda de Faria (PIBC-UFF) e Gabriela Sá Souza (PIBIC-FAPERJ) – orientados pelo Prof. Marco Aurélio Lagreca Casamasso; Fellipe Arthur Corrêa Tiburcio Mota (bolsista do BIC/UFJF); Gabriel Morais Carone (voluntário); Maria Laura Clemente Morais (bolsista do Programa Jovens Talentos CAPES para a Ciência); Laryssa Soares (voluntária); Lívia Calderaro Garcia (voluntária); Lucas Sanábio Freesz Rezende (PROVOQUE/UFJF) – orientados pela Prof. Waleska Marcy Rosa.

um enfoque que valoriza os aspectos divergentes e conflituosos nas relações entre cidadania e Constituição. Com esse propósito, para além da sua formulação legal, concebe-se a cidadania como *o direito a produzir direitos*.

Na etapa derradeira do trabalho, em consonância com o conceito de cidadania adotado, serão apresentados os resultados preliminares acerca da produção de direitos sociais pelo Poder Judiciário no Brasil, com base em decisões proferidas pelo Supremo Tribunal Federal no período de 2010 a 2015.

1 Cidadania e Constituição: uma relação conflituosa

Ao lado da democracia, dos direitos humanos e do Estado de direito, a cidadania impõe-se como tema inescapável para a ação e o discurso políticos, que se pretendem universais na atualidade. Seja na oratória dos políticos, seja nas iniciativas de militantes de organizações não governamentais e de movimentos sociais, a deferência à cidadania desponta como critério incontornável de legitimação de atores, teorias, discursos e ações. Como observa Richard Bellamy (2008, p. 1), não importa o problema com o qual lidamos – seja o "declínio [da participação] nas votações, o aumento da gravidez na adolescência ou a mudança climática"–, a cidadania torna-se "parte da solução".

A recente ampliação da força política e retórica da cidadania está associada ao surgimento de uma miríade de novas demandas políticas, sociais e econômicas que buscam a articulação entre reivindicações e direitos (ISIN; TURNER, 2002, p. 2), objetivando a obtenção de identidade, reconhecimento, igualdade, distribuição de renda, inclusão e pertencimento. A partir dos diversos movimentos atuais que postulam o reconhecimento e a ampliação de direitos, a extensão da cidadania ousa romper a tradicional tríade marshalliana formada por direitos civis, políticos e sociais (MARSHALL, 1967), projetando-se sobre temas tão heterogêneos quanto minorias, feminismo, acesso à justiça, orientação sexual, gênero, meio ambiente, moradia, reforma agrária, consumidor, multiculturalismo, refugiados, transnacionalismo, imigrantes, raça, etnia e povos aborígenes.

Paralelo ao incremento da sua importância na arena política das últimas décadas, a cidadania emerge na condição de autêntico eixo de convergência no domínio das diversas Ciências Sociais e Humanas, estabelecendo-se, sobretudo a partir da década de 1990, como referencial teórico direto ou indireto para um número considerável de pesquisas e trabalhos acadêmicos (ISIN; TURNER, 2002, p. 1-2; LEYDET, 2006). Conforme observam Will Kymlicka e Wayne Normam (2003, p. 5), a partir desse período "houve uma explosão do interesse no conceito de cidadania entre os teóricos políticos".

Na esfera jurídica, a consagração da cidadania reflete-se em áreas diversas, transpondo, e em certa medida ignorando, a clássica – e questionável – linha divisória que acomoda em lados opostos os dois grandes ramos publicista e privatista. No âmbito do Direito Constitucional, a temática "cidadania e Constituição" apresenta-se como imperiosa perspectiva para o debate em torno da democracia e da legitimidade do Estado. De fato, como elementos praticamente combinados e indissociáveis, a cidadania e o texto constitucional assumem força argumentativa capaz de orientar simultaneamente tanto as ações governamentais quanto as demandas da oposição. Expressão dessa força, a ideia de uma Constituição cidadã representada pela Constituição brasileira de 1988 desponta simbolicamente como instrumento catalisador das aspirações políticas e sociais de todos os brasileiros.

Nada obstante, para o observador mais atento da dura realidade política e da história do constitucionalismo, a harmoniosa união entre cidadania e Constituição deve ser estimada com precaução ou até mesmo desconfiança. Na realidade, a história do constitucionalismo moderno é pródiga em exemplos que põem em xeque a pretendida consonância entre o conjunto de valores e direitos associados à cidadania e o arranjo – e interpretação – das normas constitucionais atinentes aos indivíduos reconhecidos como membros do Estado; dos indivíduos que são jurídica e politicamente considerados cidadãos.

De imediato, as suspeitas confirmam-se quando se constata a recorrência de Constituições conservadoras, elitistas, autoritárias e totalitárias ao longo da história. As Constituições brasileira, de 1824, e soviética, de 1936, ilustram apenas uma diminuta amostra de textos constitucionais refratários ao efetivo reconhecimento e garantia da cidadania. Assim, embora exibisse um *bill of rights* (art. 179), a Constituição do Brasil Império consagrou a exclusão política e social da maioria da população do país, tanto por ignorar os negros como cidadãos, quanto por amesquinhar os direitos das mulheres, dos pobres e dos não católicos. Na Constituição soviética da era stalinista, os direitos de cidadania representados pela liberdade de expressão e de imprensa, pela liberdade de reunião e de manifestação nas ruas (constantes dos quatro incisos do art. 125) foram relativizados e fragilizados, ao serem condicionados e subordinados aos "interesses do povo trabalhador" (art. 125, *caput*). Na prática, em face da onipresença de um estado totalitário, esses direitos tiveram pouca ou nenhuma repercussão prática na vida dos soviéticos.

Não são, todavia, os exemplos de textos constitucionais não democráticos que mais surpreendem, quando se busca assinalar possíveis desencontros entre Constituição e cidadania. Com efeito, o que mais chama atenção é a possibilidade de se poder atestar a existência de tensões e conflitos entre Constituições reconhecidas como democrático-liberais – a exemplo da norte-americana – e o ideário dos direitos e de inclusão cidadã, centrado na proposta de universalização da cidadania com plena independência em relação a critérios de religião, raça, renda, instrução, orientação sexual etc.

Na perspectiva de um enfoque que privilegia as possibilidades de desacordos entre reivindicações por cidadania e defesa da Constituição, o constitucionalismo norte-americano destaca-se por oferecer um relevante repertório de decisões atípicas, que parecem subverter o papel usualmente atribuído ao texto constitucional, qual seja, o de aliado e cúmplice dos indivíduos que se pretendem cidadãos. Realmente, algumas das decisões da Suprema Corte norte-americana serviram a propósitos inteiramente refratários ao ideal da cidadania, concebido a partir da ideia de uma sociedade cujos direitos e deveres dos indivíduos são regidos pela efetividade dos valores e direitos de igualdade, pertencimento, identidade, inclusão e universalização.

A escravidão e a segregação racial, a exclusão política da mulher e o preconceito religioso, por exemplo, chegam a encontrar acolhida e proteção no texto constitucional estadunidense. Eis que no caso *Dred Scott v. Sandford* 60 U.S. 393 (1857), a Suprema Corte norte-americana estabeleceu que pessoas africanas e seus descendentes, escravos ou não, não estavam protegidos pela Constituição, sequer podendo ter acesso aos tribunais. Em *Minor v. Happersett*, 88 U.S. 162 (1875), a Suprema Corte decidiu que a Constituição não garante às mulheres o direito ao voto. Em *Plessy v. Ferguson*, 163 U.S. 537 (1896), as leis de segregação racial são consideradas constitucionais. Por sua vez, no caso *Minersville School District v. Gobitis*, 310 U.S. 586 (1940), a Corte reconheceu o direito de as escolas compelirem os seus alunos, no caso Testemunhas de Jeová, à saudação e ao juramento à bandeira.

Os exemplos mencionados evidenciam uma inconteste oposição entre reivindicações por cidadania e Constituição. Não há, nos casos referidos, um encontro ou uma simetria, mas antes uma assimetria, ou seja, uma espécie de divórcio que põe em campos opostos aqueles que, de um lado, lutam pela redefinição da cidadania e, de outro, o texto constitucional. Ao contrário do que poderia sugerir uma expectativa constitucional mais otimista, nessa jurisprudência extraída do constitucionalismo estadunidense sobressai uma Constituição imune ao reconhecimento de novos direitos; uma Constituição que atua como genuíno mecanismo de freio e contenção da cidadania.

Pela contundência dos casos referidos, essa breve menção da jurisprudência norte-americana nos permite descortinar uma perspectiva ainda pouco divisada e explorada no Brasil, concernente às relações entre cidadania e Constituição. Com efeito, a trajetória do constitucionalismo brasileiro tem sido pautada por testes e embates centrados na problemática da cidadania, por meio de uma profusão de reivindicações relativas à igualdade, inclusão, identidade, pertencimento e universalização de direitos, envolvendo questões relativas à pobreza, desigualdade, cotas raciais, educação, saúde, gênero, reforma agrária, acesso a serviços públicos, orientação sexual etc. Em face dessas demandas por ampliação de direitos, não raro as Constituições brasileiras assumiram o papel de mecanismo de contenção da cidadania.

2 Cidadania: o direito a produzir direitos

O enfoque adotado no presente trabalho exige que se recorra a um referencial teórico-conceitual de cidadania capaz de fundamentar e garantir o adequado desenvolvimento da linha de investigação proposta. Trata-se de tarefa árdua e desafiadora, porquanto se torna necessário, em face de uma vasta e multiforme literatura dedicada à temática cidadã, delinear uma perspectiva específica de cidadania receptiva a uma reflexão que privilegie a complexidade, as tensões e os conflitos nas suas relações com o direito positivo, em especial o texto constitucional.

A par da sua intrínseca vinculação com o direito, a cidadania – definida preliminarmente por Jean-Marie Denquin (2003, p. 198) como um "fenômeno jurídico" – deverá ser focada, como sugerem Engin Isin e Bryan Turner (2002, p. 4), a partir de um "processo social através do qual indivíduos e grupos sociais estão engajados em reivindicar, expandir e perder direitos". No contexto desse processo, os indivíduos e grupos envolvidos assumem ou procuram assumir a condição de produtores de direitos; de sujeitos capazes de criar e modelar o direito de acordo com as suas vontades e interesses.

Sem que se ignore o longo e intricado trajeto histórico do cidadão e o respectivo emaranhado conceitual cuja evolução já alcança mais de dois milênios,[2] é plausível distinguir com relativa precisão os sentidos que a cidadania evidencia no mundo contemporâneo. De acordo com proposição de Rogers Smith (2002, p. 105-106), pode-se identificar quatro significados fundamentais imputados à cidadania na atualidade.[3]

---

[2] Como observa Richard Bellamy (2004, p. 5), "o termo 'cidadão' teve diferentes significados, em diferentes períodos históricos e linguagens". E conclui: "Tão variados são os termos de comportamentos e de contextos de cidadania, que não é claro se a história do conceito, da Grécia antiga até o presente, poderia ser plausivelmente escrita" (BELLAMY, 2004, p. 5).

[3] Não são poucos os padrões, classificações e modelos de cidadania propostos pelos estudiosos dedicados ao tema. A despeito da variedade, pode-se identificar pontos convergentes nas catalogações oferecidas pelos autores. Na comparação com os paradigmas de Rogers Smith, vejam-se, em especial, as contribuições de Dominique Leydet, Richard Bellamy e Michael Walzer. O primeiro autor identifica três *componentes* da cidadania: *afiliação a uma comunidade política democrática, direitos e benefícios coletivos associados à afiliação* e a *participação no processo político, econômico e social da comunidade política* (BELLAMY, 2008, p. 12). Dominique Leydet (2006) refere-se a três *elementos* ou *dimensões* da cidadania, que definem o cidadão como detentor de *status legal*, como *agente político* e como *membro de uma comunidade política*. Por seu turno Michael Walzer (1995, p. 216), descreve dois *entendimentos* diferentes de cidadania: em termos de participação e direitos políticos, como "um cargo, uma responsabilidade, um fardo orgulhosamente assumido"; e, como "um status, uma titulação, um direito ou um arranjo de direitos passivamente gozados".

O primeiro refere-se ao cidadão como uma pessoa titular de direitos políticos, capacitada a participar do processo decisório e a engajar-se em um autogoverno popular, por meio do exercício do direito ao voto, da posse e exercício de cargos públicos e da participação em debates políticos e júris (SMITH, 2002, p. 105).

No significado seguinte a cidadania implica um *status* legal da pessoa que mantém um vínculo de pertença em relação a uma determinada sociedade política soberana, independentemente de possuir ou não direitos políticos. Nessa acepção, a cidadania torna-se sinonímia de nacionalidade. Os cidadãos, isto é, os nacionais, possuem direitos que podem protegê-los da atuação e interferência do governo (SMITH, 2002, p. 105).

A cidadania alcança uma amplitude que ultrapassa o referencial da sociedade política, no terceiro significado. Concebe-se o cidadão, nesta variante conceitual, a partir de um vínculo de pertença estabelecido não apenas com o Estado, mas igualmente com associações – universidades, clubes, organizações e outros grupos. A dimensão não política dessa acepção, a princípio inusitada, remonta, segundo Rogers Smith (2002, p. 105-106), a Santo Agostinho, quando o autor, na obra *A Cidade de Deus*, se refere a uma *cidadania celestial*.

Na quarta significação a cidadania envolve não apenas a afiliação a uma sociedade política, mas também uma conduta que deve atender a determinados padrões – sobretudo aquele relativo a um comportamento que contribua para o "bem-estar" da comunidade ou associação, seja o Estado, a associação de bairro, a universidade, o clube etc. O verdadeiro cidadão não se define propriamente pela simples afiliação a um grupo humano – em especial e principalmente ao Estado –, mas pela espécie de conduta que assume em prol da associação à qual pertence. Só é cidadão genuíno o "bom cidadão" (SMITH, 2002, p. 106).

Do modelo apresentado por Rogers Smith, importam para esta investigação os dois significados iniciais: o primeiro servirá como referencial fundamental para a identificação e compreensão das tensões e conflitos entre cidadania e Constituição; o segundo será empregado como referencial acessório, de modo a justificar a imprescindibilidade do significado precedente.

A titularidade de direitos políticos encontra-se no cerne do significado seminal de cidadania (SMITH, 2002, p. 105), e confunde-se, desde a Grécia Antiga, com o direito de participação no governo da pólis, inclusive por meio do exercício de cargos públicos. De acordo com Aristóteles (1999, p. 212),[4] o cidadão é aquele que tem o direito e o poder de participar, em determinada sociedade política, da administração, da elaboração das leis e da aplicação da justiça. Ao participar do processo decisório e da administração da sociedade política, e ao sujeitar-se, em concomitância, ao governo da pólis, o cidadão passa a governar a si mesmo, ou, como dirá Rousseau (1978, p. 32), a obedecer senão a si mesmo, tornando os atos de mando e obediência coincidentes na mesma pessoa. O reflexo dessa coincidência no direito positivo faz do cidadão o indivíduo que se apresenta simultaneamente como autor e destinatário das leis. Como autor, o cidadão é investido do poder de produzir direitos, seja criando, alterando ou revogando leis. Ora, é nos termos de um *direito à autoria do direito* que a cidadania impõe-se como *o direito a produzir direitos*.

Na teoria política contemporânea, o significado seminal, tal como acima referido, centralizado nos direitos de participação política do cidadão, está associado à cidadania de tradição republicana, em contrataste com a cidadania do legado liberal, cuja ênfase recai não sobre a participação política, mas, antes, sobre certo conjunto de direitos de titularidade do indivíduo (BELLAMY, 2008, p. 43; ISIN; TURNER, 2002, p. 3-4; LEYDET, 2006). A despeito da força simbólica da tradição republicana – cuja marca taxativa é o exercício do direito de votar (BELLAMY, 2008, p. 5) –, a cidadania como direito à participação política parece ter sido eclipsada com o advento da modernidade. De fato, no cenário das grandes democracias modernas – e contemporâneas –, a participação política perde o viço e a robustez exibidos na antiguidade, tornando-se menos atrativa para os cidadãos partícipes da nova engrenagem democrática baseada na representação política (SMITH, 2002, p. 106). Diferentemente da democracia direta, e apesar da consagração em nível praticamente global do direito ao voto como critério inexorável de legitimidade de governos e Estados, a democracia representativa reduz consideravelmente a

---

[4] Já na antiguidade, Aristóteles (1999, p. 212) afirma que "aquilo que distingue efetivamente o cidadão dos demais é a sua participação no judiciário e na autoridade, isto é, nos cargos públicos e na administração política e legal".

força da participação política dos cidadãos, agora eclipsados pelos representantes políticos. A forte e constante participação cidadã característica da antiga democracia grega dá lugar, nas democracias modernas, a uma participação modesta e sazonal – porque amiúde manifesta somente nos períodos de eleições –, pouco convincente e eficaz do ponto de vista da praticidade.

Como espécie de contraste e complemento à concepção republicana, a cidadania de viés liberal tem suas raízes na Roma Antiga (LEYDET, 2006; WALZER, 1995, p. 214-215). Conforme observa Rogers Smith (2002, p. 106), na antiguidade romana o direito de participação dos cidadãos nas assembleias tornou-se, com o tempo, "cada vez mais sem sentido, bem como impraticável para a maioria dos habitantes do Império", perdendo, assim, a forte conexão que possuía com as "práticas de autogoverno".

Nesse segundo significado, a cidadania passa a ser concebida, preliminarmente, "como *status* legal, e não como cargo público" (LEYDET, 2006), confundindo-se, assim, com a nacionalidade. Não se perde a referência da participação política (WALZER, 1995, p. 214), mas agora o cidadão é definido, sobretudo, como aquele que, na qualidade de membro de uma sociedade política – daí a sua confusão com o *nacional* –, possui um conjunto de direitos protetivos. Concorre para a mudança de enfoque a expansão territorial da Roma Antiga, que ao ampliar os limites do Império, passou a "incluir" entre os seus cidadãos aqueles que haviam sido conquistados, conferindo-lhes um conjunto de direitos de cidadania. Essa alteração é referida por Michael Walzer, quando observa que "mais significativamente, um cidadão era alguém protegido pela lei, mais do que alguém que fazia e executava a lei" (WALZER, 1995, p. 215).[5] É em consonância com essa linha de definição que se pode compreender a célebre formulação arendtiana, na qual a cidadania implica *o direito a ter direitos* (ARENDT, 1974, p. 375).

Na atualidade, a perda de força e prestígio da cidadania republicana é paralela a um inconteste reconhecimento de que o cidadão se define a partir de um *status* legal – correlato à condição de

---

[5] Michel Walzer (1995, p. 214-215) nos oferece o episódio histórico da prisão de São Paulo para ilustrar a nova cidadania romana, quando comparada à cidadania grega: "Quando São Paulo reivindicou ser um cidadão romano, ele se imaginou não como um ativo e envolvido membro da comunidade, certamente não como um potencial magistrado, mas antes como um recipiente passivo de específicos direitos e titularidades".

nacional – que lhe confere a titularidade de um determinado conjunto de direitos. Essa contraposição não exclui, contudo, as possibilidades de haver uma complementaridade ou mesmo harmonia entre os significados liberal e republicano de cidadania. De fato, cabe a ponderação de que entre os *direitos* da máxima arendtiana pode-se encontrar os direitos de participação política, ou que, no gozo de uma cidadania plena formulada com base na tríade de direitos identificada por Marshall (1967), exerce-se, também, ao lado dos direitos civis e sociais, os direitos políticos.

Mas essas compatibilidades não chegam a infirmar a constatação de que a cidadania positivada e reverenciada na atualidade é aquela concebida como *status* legal, isto é, como um arranjo de direitos a serem usufruídos pelos cidadãos. Como atesta Michael Walzer (1995, p. 216), a "cidadania como gozo ainda domina o direito contemporâneo". Na mesma vertente, mas com argumento diverso, observa Rogers Smith (2002, p. 107-108) que "apenas alguns raros vestígios do autogoverno direto, ativo e coletivo por parte do relevante corpo de cidadãos existe agora", concluindo que a "na maioria das sociedades a cidadania raramente envolve um público com ethos altamente participativo ou práticas democráticas vigorosas" (SMITH, 2002, p. 108).

A despeito da sua dominância no mundo contemporâneo, a cidadania proclamada sob a forma de *status* legal, e sintetizada na fórmula *o direito a ter direitos*, acarreta duas ordens de objeções que põem a descoberto algumas de suas vulnerabilidades. Primeiramente, do ponto de vista político e prático, aqueles que podem usufruir direitos – os cidadãos – só terão a garantia e a certeza da constância e segurança da usufruição se forem capazes de exercer o controle sobre a produção e a gestão – o poder de se proceder a alterações, revogações e aplicação das leis – desses direitos. Dito de outra forma, a cidadania exercida como um *direito a ter direitos* é dependente, em última instância, do exercício da cidadania enquanto *direito a produzir direitos*. Michael Walzer (1995, p. 217) não deixa de distinguir essa dependência, ao afirmar que "o gozo da cidadania passiva exige, ao menos intermitentemente, o ativismo político dos cidadãos".

Pode-se ilustrar essa vulnerabilidade na figura do indivíduo habilitado a gozar um conjunto substancial de direitos – típicos da cidadania –, sem que seja cidadão (BELLAMY, 2008, p. 9). Como um quase cidadão, o estrangeiro residente em um Estado democrático certamente poderá usufruir direitos civis e até mesmo sociais. Contudo, pelo fato de não ser titular de direitos políticos, ele não poderá contar com a certeza de poder gozar aqueles direitos civis e sociais ao longo de todo o período em que esses mesmos direitos estiverem à disposição dos nacionais do Estado. Na realidade, crises econômicas e políticas poderão fragilizar ou mesmo revogar os direitos do estrangeiro residente, a começar pelo direito de permanecer no Estado.

A segunda objeção refere-se à pouca funcionalidade da cidadania entendida como *status* legal no âmbito de um estudo que privilegia tensões e conflitos que se desenrolam no contexto de reivindicações e disputas pela ampliação e alteração dos direitos dos cidadãos. Com efeito, a concepção de *status* legal é mais afeita a uma cristalização, ou seja, a um conjunto já estabelecido de direitos, e não a um processo social e político de criação, ampliação e modificação de direitos.

Em contraste, a partir da concepção de cidadania como *o direito a produzir direitos*, abre-se a possibilidade de se desenvolver uma investigação mais adequada para dar conta das reivindicações e disputas em torno de velhos ou eventuais novos direitos dos cidadãos. Nessa perspectiva, irrompe uma cidadania intrinsecamente expansiva, cujo alcance será sempre objeto de controvérsias, seja entre os atores sociais e políticos, seja no confronto entre as demandas por novos direitos e o texto constitucional.

A proposição de um enfoque investigativo baseado na ideia de uma cidadania cuja tônica é a produção de direitos, ainda que mitigada quando comparada à antiga cidadania grega, parece sugerir uma contradição, quando aplicada aos cenários políticos caracterizados pela prática da democracia representativa, com inquestionável déficit de participação cidadã. A crítica, contudo, deve ser relativizada. De fato, no Brasil atual, pode-se assinalar a ocorrência de dois vetores de participação cidadã que parecem, senão resgatar, ao menos rememorar uma parcela do antigo poder de produzir e controlar direitos, então retido pelos cidadãos.

O primeiro, constituído pela atuação de movimentos sociais e grupos organizados, permite aos cidadãos o exercício de influência política dotada de forte potencial de penetração nos partidos políticos e legislativos, com repercussão direta ou indireta sobre o trabalho dos parlamentares. Não será de se estranhar, portanto, que a elaboração de uma lei tenha ocorrido por pressão de movimentos sociais. Neste caso, os cidadãos partícipes destes movimentos terão exercido um poder informal – de influência e pressão –, superior àquele simbolizado formalmente pelo voto em uma democracia representativa.

O segundo vetor de participação delineia-se a partir do fortalecimento do papel do Poder Judiciário no contexto das demandas por transformação social. No Brasil, a retomada da democracia conjugada com a consagração dos princípios do Estado de direito e a adoção de uma Constituição alinhada com importantes aspirações da sociedade, afora a ampliação do acesso aos tribunais e da crescente juridicização das questões econômicas e sociais, têm promovido e incentivado a prática de uma cidadania mais exigente, que ultrapassa as dimensões de um *direito a ter direitos*. Efetivamente, é por meio dos tribunais que um número considerável de cidadãos, atuando individual ou coletivamente, busca interferir no ordenamento jurídico, operando ou procurando operar como autênticos produtores de direitos.

Deve-se esclarecer que a pressão exercida por movimentos sociais sobre partidos e parlamentares e a atuação ou militância política dos cidadãos nos tribunais não garantem o sucesso no que se refere às pretendidas interferências e alterações no ordenamento jurídico. Independentemente do resultado, o que chama a atenção do observador atento é o fato de as reivindicações por ampliação dos direitos de cidadania nem sempre estarem em harmonia com o texto constitucional, ou, mais precisamente, com um determinado consenso jurídico dominante acerca do conteúdo e da extensão dos direitos dos cidadãos. Nestes casos, torna-se inevitável a manifestação de conflitos entre a cidadania e a Constituição.

3 Produção de direitos sociais pelo Poder Judiciário no Brasil: o Supremo Tribunal Federal – 2010 a 2015

Procura-se identificar, neste trabalho, se o segundo vetor acima indicado se apresenta na recente experiência da mais alta corte de justiça do Brasil.

Embora seja possível reconhecer que houve um *boom* da litigância em todo o mundo,[6] no Brasil, tal movimento se amplia e

---

[6] Sobre o papel do Poder Judiciário como "muro das lamentações", ver GARAPON, 1999.

se fortalece a partir da Constituição de 1988 (CB/88). Em destaque, neste movimento, encontram-se os direitos sociais, particularmente, o direito à saúde. A "Constituição Cidadã" criou o ambiente propício à fruição de direitos ao estabelecer instrumentos processuais de reivindicação de tais direitos decorrentes da cidadania.

As discussões sobre a formulação e a efetivação de políticas públicas chegam ao Poder Judiciário que, por força do art. 5º, inciso XXXV da CB/88, é chamado a solucionar contendas a respeito da concretização dos referidos direitos prestacionais. Apesar de se poder considerar que o acesso ao Poder Judiciário é uma conquista civilizatória, não se pode deixar de reconhecer que os resultados da atuação deste poder do Estado geraram impactos nos demais poderes e na sociedade como um todo.

Podem ser identificados impactos financeiros e orçamentários de decisões, os quais certamente ocorrem quando o resultado de um pleito é o custeio, pelo Poder Público, de tratamentos de saúde no exterior ou de fornecimento de medicamentos de alto custo, ou, ainda o fornecimento de medicamentos experimentais.[7] De fato, estes impactos existem e podem ser questionados no que se refere, especialmente, aos juízos de macrojustiça que competem aos Poderes Legislativo e Executivo que, certamente, têm mais legitimidade acerca da elaboração do orçamento público.[8] Tais impactos evidenciam possíveis conflitos entre a comunidade e o indivíduo contemplado na decisão, já que parcelas da sociedade podem ter direitos negados devido aos ajustes orçamentários que se impõem.

Paralelamente à ampliação de tais demandas e consequentes prolações de decisões que concedem a concretização de tais direitos, pode-se afirmar que, atualmente, novos mecanismos vêm sendo formulados e utilizados para que, especialmente, o Poder Executivo

---

[7] Veja, por exemplo, recente decisão do STF, em sede de tutela de urgência (medida cautelar), no sentido de se determinar que instituição de ensino do estado de São Paulo (USP) seja obrigada a fornecer medicamento experimental para tratamento de câncer, cuja segurança e eficácia nem chegou à fase de testes em seres humanos.

[8] Sobre o papel do Poder Judiciário, no Brasil, a partir da Constituição de 1988 e a judicialização da política, ver a indispensável contribuição de Luiz Werneck Vianna (1999) e a reavaliação feita a respeito do tema (VIANNA; BURGOS; SALLES, 2007). O mesmo autor tem se manifestado criticamente à exacerbação desta judicialização (2016).

(nas três esferas da Federação), lide com os imprevistos decorrentes de decisões judiciais com o perfil indicado. Destaca-se a previsão orçamentária, que vem se tornando frequente em estados e municípios, de verba para atender determinações judiciais decorrentes de pleitos referentes ao direito à saúde. Além disso, tem-se procurado identificar parâmetros de atuação do Poder Judiciário em matéria referente a políticas públicas[9].

Embora se reconheça a enorme relevância dessa discussão, não se está, porém, no âmbito deste trabalho, fazendo referência aos referidos impactos financeiros e orçamentários e os consequentes conflitos deles decorrentes, mas a outra forma de impacto que pode ser considerada mais silenciosa, menos evidente e igualmente geradora de tensões que podem, inclusive, impactar o orçamento público.

O foco deste trabalho, como se evidenciou e poderá ser verificado abaixo, é a expansão de direitos que ocorrerá a partir das decisões judiciais referentes a direitos sociais, especialmente, decisões do STF e seu potencial de geração de conflitos.

Para trabalhar nesta perspectiva, foram levantadas, no âmbito do Supremo Tribunal Federal, decisões recentes, de 2010 a 2015, cujos acórdãos foram disponibilizados no sítio do referido Tribunal. O levantamento dos mencionados documentos priorizou decisões sobre os seguintes direitos sociais: saúde, educação, moradia, lazer e alimentação.

Entre novembro e dezembro de 2015, foram feitas buscas no sítio do STF, a partir do instrumento de pesquisa disponível na página. Foram utilizadas as palavras-chave educação, saúde, moradia, alimentação e lazer.

Não foram encontradas, no lapso temporal indicado, decisões do STF a respeito dos direitos à alimentação e ao lazer. Quanto aos direitos à saúde, à educação e à moradia, o panorama da prolação de decisões pela Corte é bastante diverso.

No referido período, foram encontradas, no sítio do STF, 94 (noventa e quatro) decisões. Nesse grupo de decisões, foi realizada triagem inicial, a fim de descartar aquelas que não fossem aderentes à proposta do trabalho. Desse modo, decisões referentes, por exemplo,

---

[9] Sobre isso, ver ALVES (2010).

a pagamento de verbas salariais a professores[10], a pleitos referentes a condições de trabalho na área de saúde e a pagamento de auxílio-moradia[11] não foram mantidas no universo de análise. Assim, restou um total de 69 (sessenta e nove) decisões que, nesta etapa, passaram pela primeira análise quantitativa que ora se apresenta.

As referidas decisões encontram-se assim distribuídas quanto ao direito pleiteado:
- 53 (cinquenta e três) sobre saúde;
- 08 (oito) sobre educação;
- 08 (oito) sobre moradia.

A grande maioria das decisões em questão foi prolatada em sede recursal. Essencialmente, os instrumentos recursais utilizados para tentar obter reforma das decisões dos tribunais *a quo* foram: Recurso Extraordinário (06 – seis), Agravo Regimental em Recurso Extraordinário (51 – cinquenta e um), Agravo (14 – quatorze), Recurso Ordinário (01 – um), Embargos de Declaração (04 – quatro). As ações encontradas foram Mandado de Segurança (01 – um) e Arguição de Descumprimento de Preceito Fundamental (01 – uma).[12]

Chama atenção a quantidade de recursos referentes a ações iniciadas na Região Sul. A tabela abaixo evidencia tal situação.

Região	Número de decisões
Norte	3
Nordeste	9
Sudeste	16
Centro-Oeste	9
Sul	32
TOTAL	**69**

---

[10] Muitas decisões encontradas nesse momento inicial referiam-se a pleitos de sindicatos e associações de professores quanto ao pagamento correto de verbas salariais que não foram excluídos no levantamento inicial devido à amplitude da filtragem realizada no sítio, ao se fazer pesquisa a partir da palavra-chave educação.

[11] Essas foram as situações encontradas nas decisões inicialmente levantadas no sítio do STF, as quais geraram o descarte do julgado para efeitos deste trabalho.

[12] A soma total de recursos (78 – setenta e oito) ultrapassa o número total de decisões levantadas, pois há casos de recurso de recurso, ou seja, há, por exemplo, caso de embargos de declaração em agravo regimental.

Neste cenário, destaca-se o estado do Rio Grande do Sul, que dentre todos os estados da Federação, é aquele cujas decisões judiciais referentes aos direitos em análise neste trabalho mais foram atacadas, num total de 29 (vinte e nove).

Outro aspecto a ser salientado refere-se ao fato de, dentre as 27 (vinte e sete unidades federativas, entre estados e Distrito Federal, apenas 16 (dezesseis) terem decisões dos respectivos órgãos do Poder Judiciário questionadas perante o STF no período em destaque. Portanto, menos da metade das unidades federativas em questão chegam a ter decisões judiciais questionadas perante o STF, conforme tabela abaixo.

Unidade Federativa	Saúde	Educação	Moradia
AM	1	--	--
AP	1	1	--
BA	1	--	--
CE	2	--	--
DF	5	1	2
ES	--	1	--
MG	3	--	--
MT	--	1	--
PE	3	--	--
PI	1	--	--
PR	5	--	--
RJ	4	--	6
RN	2	--	--
RS	21	3	--
SC	3	--	--
SP	1	1	--
Total Parcial	53	8	8
TOTAL GERAL			69

Diversos questionamentos podem ser feitos quanto à interpretação destes dados. Por que menos da metade das unidades federativas tem suas decisões questionadas perante o STF? Seria uma acomodação das decisões prolatadas pelo Judiciário no âmbito da unidade federativa? Esta é a hipótese mais provável, tendo em vista que é pouco factível que os respectivos órgãos judiciais não tenham recebido ações com este tipo de demanda ou que, tendo recebido, tenha havido opção por não recorrer para o STF, em se tratando de questão constitucional. A não existência de recurso para o STF somente se justifica se não houve pré-questionamento a respeito da questão constitucional. Ainda que tenha havido recurso e o STF não o tenha recebido, a decisão negativa do Tribunal constaria de sua página na internet.

Outra questão intrigante está na concentração de ações na Região Sul, particularmente, no Estado do Rio Grande do Sul, que contribui, sozinho, com 34,78% (mais de um terço) do universo de recursos/ações que tiveram decisão pelo STF no período que está sendo investigado. Na Região Sul, estão concentrados 46,37% do universo de recursos/ações. A Região Sudeste, muito mais populosa,[13] contribui com apenas 28,98% (menos de um terço) de decisões no mesmo período. Certamente, trata-se de um fenômeno a ser investigado: por que o Rio Grande do Sul tem maior número absoluto de recursos/ações que toda a Região Sudeste, a mais populosa do país?

Muitos outros questionamentos podem surgir, e certamente surgirão, à medida que for feito, com mais vagar, o tratamento dos dados obtidos. Entretanto, duas situações referentes ao objeto de análise neste trabalho podem, ainda que de modo preliminar, ser apontados. O primeiro diz respeito à quantidade bastante considerável de decisões prolatadas pelo STF no período em destaque (sessenta e nove); o segundo diz respeito a algumas decisões referentes, especificamente, ao direito à moradia e ao direito à saúde.

O aspecto quantitativo apontado acima demonstra que a explosão inicial de ações em juízo criou a recorrência de provocar o

---

[13] Conforme o IBGE, no Censo de 2010, a população da Região Sul era de 27.386.891 habitantes. A população da Região Sudeste era de 80.364.410 (2010).

Poder Judiciário para pleitear direitos dependentes de formulação de políticas públicas. Aqui, nos referimos ao momento inicial, a partir da CB/88, em que o Judiciário começa a ser massivamente chamado a decidir questões referentes à elaboração e efetivação de políticas públicas, o que ocorre, essencialmente, a partir da década de 1990 (VIANNA et al., 1999). Retomando o mesmo objeto de investigação, sete anos depois, Luiz Werneck Vianna (2007)[14] procurou verificar se o padrão de judicialização da política constatado na pesquisa anterior havia se mantido. A conclusão foi que o padrão se mantinha após sete anos e estava consolidado (VIANNA; BURGOS; SALLES, 2007, p. 46).

Pode-se afirmar, que o mesmo movimento vem sendo observado no que se refere à atuação do Poder Judiciário e do STF, em particular, em sede de direitos sociais, com destaque para o direito à saúde. Mesmo que a maioria das demandas julgadas pelo Poder Judiciário, na primeira e na segunda instâncias, não cheguem a ser revistas pelo STF, não há como negar o papel do Tribunal no sentido de garantir a homogeneidade das decisões prolatadas nos mais diversos tribunais do país.[15] A explosão de demandas judiciais referentes ao direito à saúde, particularmente, se consolidou. Muitas políticas públicas da área de saúde são hoje discutidas no Poder Judiciário e a população encontra nas decisões por ele prolatadas a possibilidade de efetivação de seus direitos.

Pode-se afirmar que a posição do STF, atualmente, se torna central no que se refere à efetivação dos direitos sociais, particularmente, do direito à saúde. Dissemina-se, portanto, a possibilidade de ter acesso ao direito à saúde por meio do Poder Judiciário,[16] especialmente, porque as manifestações do STF vêm ocorrendo no sentido de concretizar o direito pleiteado. Excluindo-se

---

[14] Embora as duas pesquisas mencionadas se refiram, especificamente, a Ações Diretas de Inconstitucionalidade (ADI), os elementos básicos podem ser transportados para o controle difuso de constitucionalidade, o que, essencialmente, acontece nas ações em análise na pesquisa que vem sendo desenvolvida no período indicado neste artigo.

[15] Ainda que se considere o livre convencimento do juiz, as decisões do STF, certamente, impactam decisões prolatadas em juízos *a quo*, tendo em vista que, em se tratando de questão constitucional, a decisão do Tribunal é levada em consideração, mesmo não sendo o caso de vinculação.

[16] Retoma-se, aqui a afirmação de Antoine Garapon (1999), no sentido de que o Poder Judiciário de torna o "muro das lamentações".

o único mandado de segurança e a única ADPF que fazem parte do universo de decisões levantadas, dentre 67 (sessenta e sete) recursos (todos eles no sentido de tentar rever decisão *a quo* que determinou a efetivação do direito social em questão), apenas um deles foi parcialmente reformado pelo STF, apenas para afastar a multa diária que havia sido imposta ao Estado do Amazonas pelo não cumprimento da obrigação referente à saúde (AG. REG. na Suspensão de Liminar nº 764). O afastamento da multa ocorreu com base no argumento de que a imposição de multa ao Poder Público poderia piorar a situação da destinação de verbas para a área da saúde pública.

No âmbito do levantamento de jurisprudência efetuado até o momento, destacam-se, no aspecto qualitativo, decisões que vão ao encontro dos possíveis conflitos que podem ser identificados no exercício da cidadania, perante a CB/88.

Dentre as decisões levantadas, há nove que determinam a entrega, pelo Poder Público, de fraldas descartáveis para pacientes, tanto crianças quanto idosos, sob cuidado domiciliar. No Agravo Regimental em Recurso Extraordinário (AG EG no RE) nº 668.724, o STF, ao confirmar decisão do Tribunal de Justiça do Rio Grande do Sul (TJ-RS), entendeu ser responsabilidade solidária dos entes federativos (particularmente, estados e municípios) a entrega de fraldas descartáveis, mesmo na ausência delas em lista prévia. Desse modo, o Judiciário, inclusive o STF, na prática, acrescenta as fraldas descartáveis como mais um item das listas que devem ser elaboradas pelos Poderes Públicos municipais e estaduais, tendo em vista o efeito disseminador da decisão do STF e mesmo do TJ-AM, no âmbito do estado. Desse modo, o STF expande o direito à saúde, ao reconhecer que a entrega de fraldas descartáveis faz parte dos "atos indispensáveis à concretização do direito à saúde" (AG EG no RE nº 668.724).

Para além de se questionar a decisão judicial, tomada no Tribunal *a quo* e mantida no STF, de entregar prestação que não consta das listas elaboradas por meio de atos referentes a políticas públicas (o que gera potencial de tensões no aspecto da destinação de recursos), pode-se questionar o motivo de se determinar a entrega de fraldas descartáveis e não de fraldas de tecido. A questão da sustentabilidade, ligada ao direito ao meio ambiente hígido, deixa de ser considerada na decisão, o que evidencia o conflito entre a efetivação do direito à saúde e do direito ao meio ambiente equilibrado. Não são consideradas, também, as políticas estabelecidas no âmbito da Administração Pública no sentido de se evitar utilização de matérias mais poluentes em detrimento de outras, menos poluentes, e de se buscar a economia de recursos públicos. Neste caso, evidencia-se conflito entre o direito concretizado pela decisão judicial e a atuação da Administração Pública que, presumivelmente, tem como objetivo o melhor interesse da população como um todo.

Com esse tipo de decisão, o Judiciário, particularmente o STF, pode estar dando mais um passo no sentido da expansão do núcleo essencial do direito à saúde. Ainda que se considere que o núcleo essencial de tal direito possa ser identificado seguindo os parâmetros da teoria absoluta,[17] o uso de fraldas de tecido não parece infringir a noção de dignidade da pessoa humana.[18] Paralelamente, permitiria a racionalização do uso de recursos públicos.

Outra decisão a ser destacada dentre as levantadas até o momento, diz respeito ao direito à moradia. A decisão do STF em questão tem origem na Lei Municipal nº 3.894/2011, do município de Nova Friburgo. A recusa com base na Súmula nº 279, pelo STF, de reexame do conjunto probatório dá origem a uma decisão, aparentemente, contraditória no que se refere à efetivação do direito à moradia, evidenciando o caráter conflituoso proposto neste trabalho.

O exercício deste direito requer o acesso a um imóvel, por alguma via, seja a propriedade, seja a locação, seja o comodato ou outra via reconhecida. No AG REG no RE nº 869.694, ao se abster de fazer nova análise do conjunto probatório, o STF manteve decisão do TJ-RJ que negou o acesso ao aluguel social a vítima da enchente de 2011,[19] que teve sua casa destruída na tragédia. O TJ-RJ, porém, concedeu ao requerente o acesso a benefício instituído na Lei

---

[17] Sobre as teorias que buscam propor modelos de identificação do núcleo essencial dos direitos fundamentais, ver, por todos, Virgílio Afonso da Silva (2009).
[18] Sobre os modelos para identificação do núcleo essencial dos direitos sociais, ver Marcos Sampaio (2013, p. 206 e seg.).
[19] A enchente sem precedentes que atingiu a Região Serrana do Estado do Rio de Janeiro no mês de janeiro de 2011 é considerada, até o momento, a maior tragédia climática que o Brasil já sofreu.

municipal acima referida. Com isso, o requerente, embora estivesse desabrigado recebeu verba pública para aquisição de móveis para guarnecer a casa de moradia.

Especificamente em relação ao direito social à moradia, ainda não há consenso a respeito de qual seriam as possibilidades de sua aplicação. Decisão, como essa, entretanto, aponta uma expansão do núcleo essencial sem que se tenha chegado, até o momento, a um consenso a respeito da própria conformação do direito. Ao mesmo tempo, de modo que evidencia um conflito com a noção de cidadania, na prática, nega o exercício do direito à moradia.

Conclusão

Pode-se afirmar, a partir da proposta teórica apresentada neste artigo, que, o *direito a produzir direitos*, como aspecto da cidadania, vem sendo exercido, no Brasil, também por meio do fortalecimento do papel do Poder Judiciário. Na medida em que a participação cidadã ocorre também devido à possibilidade de acesso ao Judiciário. O que se verificou no levantamento de decisões do STF foi uma ampla e forte utilização, pela população, desse meio de concretizar direitos sociais.

Por sua vez, o Poder Judiciário e, no caso específico o STF, vem atuando não somente no sentido de reconhecer a possibilidade de fruir o direito, mas também no sentido de expandir o direito, por meio do reconhecimento do direito ao acesso a prestações materiais por meio das quais o direito se realiza. Desse modo, não só o STF, mas o Judiciário como um todo, no Brasil, se tornou um vetor de produção de direitos, especialmente, a partir da expansão de direitos reconhecidos constitucionalmente.

Referências

ALVES, Raquel de Andrade Vieira. Legalidade financeira e ativismo judicial: judicialização das políticas públicas. *Revista SJRJ*, Rio de Janeiro, v. 17, n. 28, 2010, p. 141-166.

ARENDT, Hannah. *Los orígenes del totalitarismo*. Madrid: Taurus, 1974.

ARISTÓTELES. Política. In: *Aristóteles*. Coleção os Pensadores. São Paulo: Nova Cultural, 1999, p. 141-251.

BELLAMY, Richard. *Citizenship*. A very short introduction. Oxford: Oxford University Press, 2008.

BELLAMY, Richard; CASTIGLIONE, Dario; SANTORO, Emilio (ed.). *Lineages of European Citizenship*. Rights, Belonging and Participation in Eleven Nation-States. New York: Palgrave Macmillan, 2004.

BRASIL. *Constituição Politica do Imperio do Brazil*, 1824.

DENQUIN, Jean-Marie. Citoyenneté. *In*: ALLAND, Denis; RIALS, Stéphane. *Dictionnaire de La Culture Juridique*. Paris: PUF-Lamy, 2003, p. 198-200.

ESTADOS UNIDOS. Suprema Corte dos Estados Unidos. *Dred Scott v. Sandford* 60 U.S. 393 (1857).

ESTADOS UNIDOS. Suprema Corte dos Estados Unidos. *Minor v. Happersett*, 88 U.S. 162 (1875).

ESTADOS UNIDOS. Suprema Corte dos Estados Unidos. *Plessy v. Ferguson*, 163 U.S. 537 (1896)

ESTADOS UNIDOS. Suprema Corte dos Estados Unidos. *Minersville School District v. Gobitis*, 310 U.S. 586 (1940).

GARAPON, Antoine. *O juiz e a democracia*: o guardião das promessas. 2. ed. Rio de Janeiro: Revan, 1999.

INSTITUTO BRASILEIRO DE GEOGRAFIA E ESTATÍSTICA. *Censo Demográfico 2010*. Disponível em: http://www.ibge.gov.br/home/estatistica/populacao/censo2010/default.shtm. Acesso em: 09 fev. 2016.

ISIN, F. Isin; TURNER, Bryan. *Citizenship Studies*: an introduction. *In*: ISIN, F. Isin; TURNER, Bryan (ed). *Handbook of Citizenship Studies*. London: Sage, 2002, p. 1-10.

KIMLICKA, Will; NORMAN, Wayne . Citizenship in culturally diverse societes: issues, contexts, concepts. *In*: KIMLICKA, Will; NORMAN, Wayne (ed.). *Citizenship in Diverse Socities*. Oxford: Oxford University Press, 2003, p. 1-41.

LEYDET, Dominique. Citzenship. *In*: *Stanford Encyclopedia of Philosophy*. 2006. Disponível em: http://plato.stanford.edu/entries/citizenship/. Acesso em: 16 maio 2014.

MARSHALL, T. H. *Cidadania, classe social e status*. Rio de Janeiro: Zahar, 1967.

PIOVEZAN, Stefhanie. STF determina entrega de cápsulas da USP para paciente com câncer do Rio. *G1*, Rio de Janeiro, 2015. Disponível em: http://g1.globo.com/sp/sao-carlos-regiao/noticia/2015/10/stf-determina-entrega-de-capsulas-da-usp-para-paciente-com-cancer.html. Acesso em: 08 fev. 2016.

ROUSSEAU, Jean-Jacques. Do contrato social. *In*: *Rousseau*. 2. ed. Coleção os Pensadores. São Paulo: Abril Cultural, 1978, p. 1-145.

SAMPAIO, Marcos. *O conteúdo essencial dos direitos sociais*. São Paulo: Saraiva, 2013.

SILVA, Virgílio Afonso da. *Direitos fundamentais*: conteúdo essencial, restrições e eficácia. São Paulo: Malheiros, 2009.

SMITH, Rogers. Modern Citizenship *in* ISIN, F. Isin; TURNER, Bryan (ed.). *Handbook of Citizenship Studies*. London: Sage, 2002, p. 105-115.

UNIÃO SOVIÉTICA. *Constitution of the USSR*, 1936

VIANNA, Luiz Werneck; BURGOS, Marcelo Baumann; SALLES, Paula Martins. Dezessete anos de judicialização da política. *Tempo Social* – Revista de Sociologia da USP, v. 19, n. 2, p. 39-85. Disponível em: http://www.revistas.usp.br/ts/article/view/12547/14324. Acesso em: 08 fev. 2016.

VIANNA, Luiz Werneck et al. *A judicialização da política e das relações sociais no Brasil.* 2. ed. Rio de Janeiro: Revan, 1999.

VIANNA, Luiz Werneck. Não há limites para a patológica judicialização da política. *Conjur*, São Paulo, 2016. Disponível em: http://www.conjur.com.br/2016-jan-03/luiz-werneck-vianna-nao-limites-judicializacao-politica. Acesso em: 08 fev. 2016.

WALZER, Michael. Citzenship. *In*: BALL, Terence; FARR, James; HANSON, Russell L. (ed.). *Political Innovation and conceptual change.* Cambridge: Cambridge University Press, 1995, p. 211-219.

Informação bibliográfica deste texto, conforme a NBR 6023:2018 da Associação Brasileira de Normas Técnicas (ABNT):

CASAMASSO, Marco Aurélio Lagreca; ROSA, Waleska Marcy. O direito a produzir direitos: uma proposta para a compreensão dos conflitos entre cidadania e Constituição. *In*: TOLEDO, Cláudia (coord.). *Atual judiciário*: ativismo ou atitude. Belo Horizonte: Fórum, 2022. p. 339-361. ISBN 978-65-5518-270-5.

ATIVISMO JUDICIAL NO *CIVIL LAW*: O CONTROLE DE CONSTITUCIONALIDADE DE NORMAS EM ANÁLISE COMPARADA ENTRE BRASIL E ALEMANHA[1]

PRISCILA CARVALHO DE ANDRADE
YAGO CONDÉ UBALDO DE CARVALHO

1 Introdução

No Brasil e no mundo, há um crescente debate acerca dos limites de atuação dos juízes e tribunais. A diluição da delimitação entre as funções dos poderes e a sobreposição de um ao outro em situações de fronteira tornam o tema controverso.

Neste trabalho, tem-se por objeto as relações entre o Judiciário e demais poderes no Brasil e na Alemanha, considerando a forte influência da doutrina e jurisprudência provenientes deste país no ordenamento pátrio, no que se refere especificamente ao controle de constitucionalidade. Trata-se de mecanismo processual que expressa o axioma da soberania de textos constitucionais. Esse tema consubstancia ponto de tensão entre atividade judicante e a legiferante ou administrativa: autoriza que se retire do ordenamento jurídico, por decisão técnica, o que havia antes sido introduzido, por debate democrático – entendendo-se como democrática a conclusão institucionalizada em parlamento, ou determinada pelo representante eleito do

---

[1] Artigo resultante das pesquisas desenvolvidas nos projetos *Direitos Fundamentais: Tema Vértice do Debate Jurídico Contemporâneo*, financiado pela Fundação de Amparo à Pesquisa do Estado de Minas Gerais (FAPEMIG) e *Direitos Fundamentais em Função da Dignidade Humana: Estudo Comparativo em Distintos Contextos Internacionais*, financiado pelo Conselho Nacional de Desenvolvimento Científico e Tecnológico (CNPq), ambos coordenados por Cláudia Toledo, professora associada da Faculdade de Direito da Universidade Federal de Juiz de Fora (UFJF).

Executivo. O embate institucional, em algumas situações, ainda se explicita de maneiras extremadas supervenientes a decisões de controle de constitucionalidade, com *backlashs* e aprovação de leis *"in your face"*.

Considerando a tensão envolvida nas decisões judiciais de aferição de constitucionalidade, intenta-se a) apresentar os modelos e desenhos de controle de constitucionalidade adotados por cada um dos países sob estudo, e b) indicar como certos arranjos em ações do controle de constitucionalidade impactam nas interações entre os poderes desses contextos. Realiza-se, portanto, estudo comparativo sobre o controle de constitucionalidade de leis no Brasil e Alemanha, em suas previsões constitucionais e infraconstitucionais, examinando-se sua repercussão para interação do Judiciário com outros poderes. Ainda, indica-se, como chave de leitura que, potencialmente, possa ampliar a compreensão de tais sistemas e dos fatores das suas distorções, a necessidade de compreensão de tais mecanismos segundo a tradição jurídica de que se originam. Quer-se formular, por hipótese, que absorção de métodos de desenvolvimento do direito em concreto, pelo Judiciário, típicos do *common law*, na aferição de constitucionalidade, e o uso de modelos de controle próprios de outras tradições jurídicas que não o *civil law* podem gerar impactos nas relações entre os poderes no Brasil e na Alemanha. Não obstante, como já apontado, o texto tem como foco o estudo comparativo dos modelos de controle de constitucionalidade nos países indicados, o que, acredita-se, é uma etapa relevante para uma compreensão mais adequada do que se possa chamar de um comportamento judicial ativista nas jurisdições brasileira e alemã.

Este trabalho está dividido em duas partes. Analisa-se o controle de constitucionalidade no Brasil e na Alemanha, em primeiro lugar no que se refere à via abstrata e concentrada, e, em segundo lugar, quanto ao controle concreto e difuso de normas. Após, apresenta-se hipótese sobre as distorções determinadas nas relações entre poderes em razão do controle de constitucionalidade estarem relacionadas a incorporações de métodos de desenvolvimento do direito e mecanismos processuais estranhos à tradição jurídica dos países em estudo.

2 Controle de constitucionalidade em perspectiva comparada

2.1 O controle abstrato e concentrado de normas

Em sede de controle abstrato, faz-se a análise em tese da compatibilidade de normas em face de dispositivos constitucionais no bojo de um processo objetivo, isso é, em que não há partes ou um fato ao qual se pretende cominar uma solução jurídica. Esta espécie de controle está, em regra, relacionada ao controle concentrado de constitucionalidade, também denominado controle austríaco.

No Brasil, detém a competência para apreciar a constitucionalidade de leis e atos normativos em abstrato o Supremo Tribunal Federal (STF), conforme artigo 102, I, "a", Constituição Federal (CF), e, ainda, Leis nºs 9.868/99 e 9.882/99. Na Alemanha, também o Tribunal Constitucional, *Bundesverfassungsgericht* (BVerfG), é o competente para a análise abstrata de constitucionalidade, conforme se extrai do artigo 93, I, nº 2, 2a, e II, da Lei Fundamental (*Grundgesetz* – GG), e, em nível infraconstitucional, dos §§13, nº 6, 6a, 6b, 76 ss. e 97 da Lei do Tribunal Constitucional.

Assim, nesse particular, verifica-se que ambos os países se amoldam, em certa medida, àquele modelo elaborado na Áustria – cuja jurisdição, cumpre destacar, como a brasileira e alemã, se aproxima, em termos de tradição jurídica, do *civil law*. O modelo concentrado, na origem do desenvolvimento de suas bases teóricas, está associado a Hans Kelsen, segundo o qual o controle de constitucionalidade representa uma função constitucional autônoma, distinta da atividade de controle jurisdicional ordinária, realizada com base na lei. Além disso, trata-se de atividade tendente à função de legislação negativa, embora, hodiernamente, o dogma do legislador negativo não mais subsista com rigor (CANOTILHO, 2003, p. 898-899).

Como características principais do controle abstrato e concentrado de normas destacam-se o monopólio de dizer sobre as matérias constitucionais conferido a um órgão, a produção de efeitos *erga omnes* e a retroatividade da decisão, isto é, eficácia *ex tunc*.

Essas características tornam a sobreposição do Judiciário sobre o Legislativo o mais restrita possível ao conferir a competência para o julgamento das ações do controle apenas a um órgão, cuja decisão repercutirá sobre todos com efeitos vinculantes e, ainda, retroativos,[2] representando solução definitiva para a atuação inconstitucional do legislador.[3]

No Brasil, há quatro ações do controle concentrado e abstrato, a saber, a ação direta de inconstitucionalidade (ADI), a ação direta de inconstitucionalidade por omissão (ADO), a ação direta de constitucionalidade (ADC) e a arguição de descumprimento de preceito fundamental (ADPF). A Constituição Federal de 1988 inovou não somente ao reconhecer tantas ações do controle abstrato e concentrado, mas também ao conferir, em seu artigo 103, extenso rol de legitimados para propositura das referidas ações, o qual permanece amplo não obstante as tentativas do STF em reduzir o volume das ações através da imposição jurisprudencial do requisito qualificador da legitimidade *ad causam* da pertinência temática para os legitimados dos incisos IV, V, IX. Como consequência da combinação desses fatores, quer dizer, os instrumentos constitucionais e os legitimados, há largo espaço para apreciação em tese pelo STF de leis ou atos normativos. Leis federais e estaduais estão sujeitas ao controle de constitucionalidade por via desses instrumentos processuais, e, pela ADPF, inclui-se, ainda, possibilidade de confrontação de leis municipais.

Na Alemanha, igualmente, atribui-se ao Tribunal Constitucional federal, o *Bundesverfassungsgericht* (BVerfG), a competência de

---

[2] Os tribunais constitucionais têm adotado a possibilidade de modulação de efeitos das decisões do controle de constitucionalidade abstrato, tendo em vista, especialmente, a segurança jurídica. No Brasil, são necessários, segundo previsão legal, dois terços dos ministros do STF para que ocorra tal modulação (art. 27 da lei 9.868/99).

[3] Tal definitividade há de ser entendida, porém, apenas como pretensão ou de modo relativo ao cenário normativo de momento. A observação é pertinente diante da literatura originária da teoria política que destaca que as decisões das instituições que representam a separação de poderes colocam-se como elementos de um constante e indefinido diálogo institucional, de modo que não há que se falar propriamente em última palavra (sobre o assunto, MENDES, 2011). Ainda que não se socorra de tal corrente, deve-se lembrar que as decisões em controle concentrado de constitucionalidade vinculam os demais órgãos do poder judiciário e a administração, mas não o legislativo. Persiste, portanto, a possibilidade de que este, exercendo poder constituinte derivado, altere a ordem constitucional – é o que se verificou no conhecido caso da Emenda Constitucional nº 96, de 2017, que, em reação à decisão do STF na ADI nº 4.983, que considerou inconstitucional a Lei nº 15.299/2013 do Estado do Ceará, que regulamenta a vaquejada como prática desportiva e cultural no estado. Com a referida emenda, que alterou a redação do art. 225 da Constituição Federal para acrescentar seu §7º, a prática passou a gozar de proteção constitucional, ao ensejo de se tratar de relevante manifestação cultural.

realizar, com exclusividade, o controle abstrato de normas (*abstrakte Normenkontrolle*). O rol de legitimados para provocar o BVerfG é mais restrito: o governo federal, qualquer governo de estado-membro e um quarto dos membros do parlamento alemão, conforme o art. 93 I, nº 2 da Lei Fundamental. Leis federais e estaduais (*Landesrecht*) estão sujeitas ao controle abstrato de constitucionalidade pelo BVerfG.

Em ambos os contextos, entende-se que há causa de pedir aberta, isso é: os tribunais constitucionais não estão vinculados ao fundamento trazido pelo legitimado ativo, podendo, eventualmente, declarar inconstitucionalidades de objetos com base em parâmetros de controle distintos dos suscitados em petição inicial.

Também em ambos os países a desistência, via de regra, não importa em extinção da ação do controle de constitucionalidade em abstrato, pela via concentrada, vez que se entende que há interesse público na aferição, e que se trata de processo de caráter objetivo.

Dessa forma, apesar das origens e concepções básicas distintas,[4] os modelos convergem nos traços objetivos do processo, na força de suas decisões, na possibilidade de sua provocação por entes e atores políticos e na concentração em um tribunal que, embora não se dedique exclusivamente a tal atividade, ostenta posição diferenciada na jurisdição.

2.2 O controle concreto de normas

2.2.1 Brasil

2.2.1.1 O controle concreto de normas exercido pelo STF

O controle concreto de normas no Brasil consiste na "verificação de uma questão concreta de inconstitucionalidade, ou seja, de dúvida quanto à constitucionalidade de ato normativo a ser aplicado num caso submetido à apreciação do Poder Judiciário" (MENDES *et al.*, 2011).

---

[4] Sobre as origens e desenvolvimento, em cada país, MENDES, 2014, capítulo II.

Trata-se de questão de inconstitucionalidade que antecede logicamente a decisão a ser proferida para o caso concreto, sendo, portanto, a ela prejudicial. Segundo Canotilho, trata-se

> de dar operatividade prática à ideia da *judicial review* americana: qualquer tribunal que tem de decidir um caso concreto está obrigado, em virtude da sua vinculação pela constituição, a fiscalizar se as normas jurídicas aplicáveis ao caso são ou não válidas. (CANOTILHO, 2003, p. 900-901)

Embora o controle concreto também seja realizado pelo STF, vigora no Brasil um modelo híbrido: há um Tribunal Constitucional que monopoliza as ações da jurisdição constitucional, como já se viu, e, ao mesmo tempo, a possibilidade de que qualquer órgão judicial realize o controle concreto, com a produção de efeitos da decisão apenas *inter partes*.

Quando se analisa o controle concreto realizado pelo STF, constata-se que se trata do tipo de controle que mais movimenta o tribunal, uma vez que há previsão constitucional de diversas ações e recursos os quais se endereçam ao STF e, portanto, nos quais se pode apreciar incidentalmente a questão da constitucionalidade. Dentre tais instrumentos processuais, destaca-se, especialmente, a frequência dos recursos extraordinários (RE), previstos na CF/88 no artigo 102, III, os quais, juntamente com os agravos para destrancá-los, representaram, de 1991 a 2007, 90% do total de processos distribuídos no tribunal (MENDES *et al.*, 2011, p. 1147).

Conforme se sabe, possui o RE dupla função, qual seja, a proteção de direitos individuais possivelmente lesados no caso concreto (proteção subjetiva) e proteção dos mandamentos constitucionais em si próprios contra atos dos poderes estatais (proteção objetiva) – nesse escopo, a instituição pela Emenda Constitucional nº 45 da necessidade de repercussão geral como requisito para o conhecimento do recurso (artigo 102, §3º, CF/88). Tal manifestação do poder constituinte derivado reformador está em consonância com as medidas de *jurisdição defensiva* adotadas pelo STF no intuito de diminuir o número de recursos a serem julgados em face do seu aumento expressivo (sobre o assunto, MENDES *et al.*, 2011, p. 1146 *et seq.*), o que evidencia que mesmo o tribunal reconhece que o uso desse recurso tem excedido o objetivo inicialmente concebido.

Nesse sentido, há, hodiernamente, a constatação nas decisões do STF da chamada "abstrativização do controle concreto", quer dizer, apropriação de institutos próprios do controle abstrato e extensão de sua aplicação também no controle concreto de constitucionalidade. Pode-se apontar como exemplos desse fenômeno os Mandados de Injunção nº 607, 708 e 712, em que foi declarada incidentalmente a inconstitucionalidade da omissão do legislador no que se refere à elaboração da lei de greve dos servidores públicos (artigo 31, VII, CF/88), e, com a adoção de uma posição concretista geral, foi determinada a aplicação analógica da lei de empregados da iniciativa privada (Lei nº 7.783/89) para suprir a lacuna enquanto o Legislativo estivesse em mora. Nessas decisões, determinou-se a atribuição de efeitos *erga omnes*, ao invés do efeito *inter partes* que lhes seria próprio. Aponta-se também como manifestação do fenômeno a decisão prolatada no bojo da Reclamação nº 4.335, em que os ministros Gilmar Mendes e Eros Graus defenderam a possibilidade da atribuição de efeitos *erga omnes* às decisões do controle concreto de constitucionalidade independentemente da sistemática do artigo, 52, X, CF/88, isso é, da suspensão da eficácia da norma pelo Senado Federal.

De tais evoluções nas técnicas de decisão no controle concreto de constitucionalidade exercido pelo STF, especialmente extrai-se, em última análise, a ampliação das hipóteses de controle abstrato de constitucionalidade no tocante aos instrumentos processuais e aos legitimados para além daqueles postos na Constituição Federal, expandindo, assim, as possibilidades do controle em tese das leis e atos normativos.

2.2.1.2 O controle difuso de normas

Na jurisdição brasileira, vigora, ainda, a sistemática do controle difuso, o qual confere a qualquer órgão judicial o poder-dever de afastar, à luz de um caso concreto, a aplicação de lei ou ato normativo que considerar incompatível com a ordem constitucional. Sendo assim, o juiz pode optar, sozinho, para o caso em que analisa, pela não aplicabilidade de lei devidamente posta no ordenamento jurídico pelo legislador democraticamente eleito, bem como podem fazê-lo os tribunais, desde que satisfaçam o requisito da reserva de plenário (artigo 97, CF/88).

Esse modelo difuso de controle desenvolveu-se, originalmente, no Estados Unidos, a partir da discussão encetada na Suprema Corte Americana no célebre caso *Marbury v. Madison*, em que o Judiciário conferiu a si próprio a possibilidade do *judicial review*. Com sua adoção, portanto, o sistema brasileiro caracteriza-se como sistema *misto* e se afasta do modelo concebido por Kelsen, tão influente nos países de *civil law*, que indica a necessidade de centralização do poder de decretar a anulação da norma.

2.2.2 Alemanha

2.2.2.1 O controle de constitucionalidade pela via da *Verfassungsbeschwerde*

No BVerfG, de maneira semelhante ao que ocorre no STF, o principal meio processual, ao menos em análise quantitativa, de atuação na proteção de direitos fundamentais é a *Verfassungsbeschwerde*, aqui traduzida por ação constitucional de defesa.[5] Inserida no ordenamento jurídico alemão com a Lei do Tribunal Constitucional (BVerfGG, de 1951), contempla 96,54% dos processos levados ao BVerfG de 1951 a 2013 (200.482 em um total de 207.651), embora poucas demandas tenham tido sucesso (apenas 4.640, o que representa 2,4% do total) (GERHIT-HORNUNG, 2014). É o grande fator processual de expansão da atuação do tribunal para cada vez mais campos do Direito e da vida dos jurisdicionados.

Previsto na Lei Fundamental em seu art. 93, alínea 1, nº 4a e 4b desde a décima-nona lei modificadora de 1969, e no §13, Nr. 8a, da Lei ou Regimento do Tribunal Constitucional (BVerfGG), trata-se de ação que possui as funções de proteção de direitos individuais

---

[5] Da tradução literal *reclamação constitucional* decorre a confusão com o processo homônimo já existente no processo constitucional brasileiro para a preservação da competência e garantia da autoridade das decisões do STF. Igualmente, a tradução por *recurso constitucional* leva à confusão em relação à natureza da *Verfassungsbeschwerde* (ação autônoma, não um recurso, como se verá). Assim, segue-se a tradução pela qual optou o professor J. J. Gomes Canotilho.

(função subjetiva), controle da atuação dos três poderes e proteção dos mandamentos constitucionais (função objetiva). Nesse sentido, o objeto do recurso é sempre uma lesão levada a cabo pelo poder público (§90, I, da Lei do Tribunal Constitucional), inclusive por meio de omissões (conforme §§92 e 95 da Lei do Tribunal Constitucional). Por ser meio apto à defesa de direitos fundamentais, acessível a qualquer indivíduo, e por serem tais direitos o cerne da tarefa do Tribunal Constitucional alemão, segundo Luís Afonso Heck, o recurso constitucional é elemento essencial e, ao mesmo tempo, a própria medula da jurisdição constitucional alemã. Mais que isso: para o autor, pela função educativa que possui em relação ao poder público, o recurso é *o coroamento da ideia de Estado de Direito* (HECK, 1994, p. 110).

Importante ressaltar que, conforme já dito, pressupõe uma ação estatal lesiva a direito fundamental. Visualiza-se que não há o requisito da sucumbência para sua interposição, e diferente não poderia ser, afinal, trata-se de ação autônoma, não de um recurso, o que diferencia a ação constitucional de defesa alemã do recurso extraordinário brasileiro (MARTINS, 2005).

Embora existam pressupostos de admissão do recurso positivados no §93 da Lei do Tribunal Constitucional e a porcentagem de casos com provimento seja pequena, constata-se que o recurso constitucional é o grande instrumento processual de provocação do Tribunal Constitucional alemão, como já se demonstrou numericamente. Ao mesmo tempo em que ostenta grande importância para a defesa do regime constitucional estabelecido, é o principal veículo que possibilita o ativismo do tribunal.

2.2.2.2. O *konkrete Normenkontrolle*

No presente trabalho incluiu-se a *Verfassungsbeschwerde* no eixo temático do controle concreto de normas, afinal, sua motivação é um caso concreto de violação de direito fundamental. Porém, realiza o BVerfG também o controle concreto na hipótese do artigo 100, I, da Lei Fundamental (*konkrete Normenkontrolle*), segundo o qual o juiz ou tribunal, ao se deparar com lei, de cuja validade depende a decisão, se tiver dúvida sobre sua compatibilidade com a Lei Fundamental, deve suspender o processo e submeter a questão sobre a constitucionalidade à apreciação do BVerfG. Disso se extrai, portanto, que não está o juiz ou tribunal alemão autorizado, como ocorre no Brasil, a declarar incidentalmente a inconstitucionalidade de leis ou atos normativos. Previsto nos §§13, Nr. 11 e 80ss. da Lei do Tribunal Constitucional, é o segundo tipo de processo mais frequente no tribunal alemão, com 3.557 processos até o fim de 2013 (GERHIT-HORNUNG, 2014).

Interessante a colocação do BVerfG de que os objetivos do controle concreto são a proteção do legislador contra a desobediência de suas leis por qualquer juiz (BVerfGE 1, 184, 197) e a manutenção da unidade da ordem constitucional. Nesse ínterim, inclui-se também a segurança jurídica como princípio prestigiado pelo procedimento estipulado. Assim, apenas indiretamente os interesses individuais das partes são protegidos (o processo é objetivo, não subjetivo, muito embora possam as partes do processo originário se manifestar, conforme previsão do §82, n. 1 e 3, da Lei do Tribunal Constitucional).

Esse escopo se reflete no procedimento: é o juiz, de qualquer instância ou tribunal, que, ao se deparar com suposta inconstitucionalidade, aciona o Tribunal Constitucional. Para tanto, deve demonstrar em pedido escrito (§23, I, da Lei do Tribunal Constitucional) e fundamentado quais normas constitucionais estariam sendo violadas e o prejuízo da inconstitucionalidade para o caso concreto, ou seja, como o processo por ele julgado depende da decisão do BVerfG (§80, II, da Lei do Tribunal Constitucional). Além disso, importante também frisar que, em sede de controle concreto, o tribunal alemão só decide sobre questões jurídicas, não revê questões de fato.

Do procedimento descrito pode-se perceber que a jurisdição alemã prestigia a concentração do controle de constitucionalidade, pois apenas o BVerfG pode realizá-lo, ainda que a inconstitucionalidade seja suscitada perante um caso concreto. Isto é, inexiste controle difuso na Alemanha, o que fica evidenciado pela leitura do já citado art. 100, I, da Lei Fundamental.

Apesar de tal contraste com o modelo brasileiro, permanecem os modelos bastante similares, na medida em que é o controle concreto o responsável pelo maior número de decisões consideradas ativistas. Corrobora esse pensamento o fato de que vários casos importantes sobre direitos sociais julgados pelo tribunal alemão foram proferidos em sede de *Verfassungsbeschwerde* ou de *Konkrete Normenkontrolle*. Citam-se, a título exemplificativo, os seguintes casos: BVerfGE 122, 39, de 2008 (no qual se julgou inconstitucional a lei de assistência e consultoria jurídicas, mas se destacou que cabe ao legislador sua reforma); BVerfGE 33, 303 (célebre decisão *numerus clausus*, sobre ingresso de estudantes no ensino superior); por fim, a importantíssima BVerfGE 125, 175 (decisão *Hartz IV*, que declarou a inconstitucionalidade de legislação relativa a benefícios sociais).

Além disso, a *Verfassungsbeschwerde*, como se viu, é, precisamente, instrumento para a defesa de direitos fundamentais, sendo que "os processos judiciais sobre direitos fundamentais sociais [como os exemplos citados] são os maiores geradores de conflitos de competência. Questiona-se a adequação da atuação do Judiciário em relação a ações dos demais poderes" (TOLEDO, 2014, p. 374). O que se pode perceber é que a estrutura do controle concreto permite ao Tribunal Constitucional ir além do escopo de proteger direitos fundamentais contra ações do governo (objetivo declarado da *Verfassungsbeschwerde*) e além do que seria entendido como sua função precípua na tradição jurídica na qual emergiu.

Não se afirma, categoricamente, que o tribunal sempre atue dessa maneira. Por vezes, demonstrou cautela para não interferir na competência do legislativo. Na citada BVerfGE 122, 39, por exemplo, o BVerfG se utilizou da declaração de inconstitucionalidade da norma sem pronúncia de sua nulidade (MENDES, 2014, p. 283 ss.) – ou seja, a lei analisada naquele caso, sobre assistência e consultoria jurídica gratuitas para as áreas do Direito relacionadas em seu texto, era inconstitucional e a solução do caso concreto levou isso em consideração; porém, cabe ao legislador promover a reforma da norma, considerando as inúmeras possibilidades. Conclui o tribunal da seguinte maneira:

> II- (60) A explicitada inconstitucionalidade não leva à anulação do artigo em análise. O legislador deve [...] completar o catálogo dessa lei [...] ou tomar outras medidas legislativas possíveis (exclusão do rol taxativo, com reformulação da lei, por exemplo). Enquanto isso não acontecer, a assistência deve ser concedida, observados os demais requisitos da lei, inclusive para que prazos não sejam perdidos e porque só há extensão do seu âmbito de aplicabilidade, mas nenhuma outra mudança substancial. (BVerfGE 122, 39, tradução livre)

Se, por um lado, o BVerfG mostrou cautela quanto aos limites da atividade jurisdicional, não se pode negligenciar que a referida decisão declarou a inconstitucionalidade de lei federal, indo, portanto, além da solução do caso concreto para afetar a eficácia de lei que incide sobre todos.

Em caso de reunião de processos para julgamento unificado, também decide o BVerfG pela produção de efeitos que extrapola as partes processuais, atribuindo eficácia *erga omnes* às decisões, ao invés de reconhecer sua vinculação apenas aos envolvidos nos processos julgados em sessão una. No já citado caso *Hartz IV* (BVerfGE 125, 175), por exemplo, que reuniu uma demanda do Tribunal Social Estadual de Hesse e duas demandas do Tribunal Social Federal alemão, o BVerfG, igualmente, declarou a inconstitucionalidade de artigos da Lei do *Hartz IV* (lei que unifica benefícios sociais), sem decretar sua nulidade. O precedente criado nessa decisão é de extrema importância para o estudo de direitos fundamentais sociais e, perceba-se, uma lei federal foi declarada inconstitucional e o tribunal reclamou a atuação do legislativo para alterá-la, vinculada aos preceitos da decisão.[6] Não se nega a necessidade de que o tribunal, uma vez provocado, decida e que a decisão vincule demais casos semelhantes (como mandamento de igualdade). Tampouco se questiona o acerto da decisão em seu conteúdo. O que se pretende demonstrar é o alcance e a importância das decisões em sede de controle concreto, assim como a quantidade de casos sobre os quais o tribunal decide.

Verifica-se, portanto, que a estrutura do controle de constitucionalidade, particularmente pela profusão de oportunidades de se pronunciar em sede de controle concreto e pelos efeitos atribuídos a tais decisões, confere ao tribunal uma margem de atuação mais ampla do que lhe seria devida nesse modelo de controle.

---

[6] O BVerfG, na fundamentação da decisão, criou novo direito subjetivo, inovando o ordenamento jurídico, a partir das previsões constitucionais da dignidade humana e do estado social. Quanto ao conteúdo do direito, não apenas o reconheceu como proteção da existência física, mas também como garantia da participação social, cultural e política. No dispositivo, não propôs uma quantia determinada para o benefício relativo ao mínimo existencial e nem vinculou o legislador a aumentar a quantidade garantida, mas declarou a inconstitucionalidade da lei e deixou à discricionariedade do legislador sua reforma, vinculando, porém, tal atividade: o procedimento de estipulação do benefício deve ser transparente e adequado, levando em conta as necessidades reais da sociedade (e tal questão procedimental, sim, pode ser analisada pelo tribunal).

2.2.2.3 A efetividade das decisões e o controle da sua execução

Por fim, é pertinente mencionar também que a legislação atribui ao Tribunal Constitucional alemão o poder de, em suas decisões (seja em controle concreto ou abstrato), delegar atribuições a órgãos de outros poderes, e, quando necessário diante de particularidades de um caso concreto, definir o modo como será cumprida (§35 da Lei do Tribunal Constitucional). Trata-se de consagração da tese de que o tribunal é "senhor da execução" das suas decisões (*Herr der Vollstreckung*), fundamentada na necessidade de se conferir efetividade aos mandamentos do tribunal.

Como se nota, tal noção confere ampla discricionariedade ao tribunal e permite que determine e dê diretrizes para a atuação de órgãos dos demais poderes – nas palavras do próprio tribunal, "disso decorre 'total liberdade' para a emissão de ordens executivas" (BVerfGE 6, 300, 304). Na maioria das ocasiões, o que se verifica é a invocação do dispositivo normativo ou da fundamentação indicada para que o tribunal estabeleça regras transitórias diante da declaração de inconstitucionalidade. Não obstante, o tribunal já se utilizou do fundamento para determinar consulta popular ou indicar critérios para a atividade da administração – Mendes (2014, p. 513-514) traz uma lista exemplificativa.

Embora não haja dispositivo legal correspondente na legislação brasileira, o STF já se utilizou do argumento em algumas ocasiões, merecendo citação a decisão proferida na ADO nº 25. Em seu voto, o Min. Relator Gilmar Mendes tematizou a questão da efetividade da decisão (p. 40 ss.), mencionou os mecanismos utilizados por outros tribunais, entre eles o alemão, para propor, diante da mora legislativa considerada inconstitucional, a atribuição ao Tribunal de Contas da União de definir montante anual a ser transferido pela União aos Estados a título de compensação por alterações na legislação tributária realizadas até que sobreviesse a lei complementar federal. Trata-se, portanto, de mais um mecanismo de ampliação dos poderes do tribunal.

3 As tradições jurídicas na interação entre o Judiciário e demais poderes

Neste estudo comparado entre os mecanismos de controle de constitucionalidade nos casos brasileiro e alemão quer-se evidenciar um traço comum em termos de tradição jurídica: ambos os contextos jurídicos são comumente identificados por suas características de *civil law*. A constatação é pertinente e, embora não seja objetivo deste trabalho identificar os fatores que levam àquilo que se designa como ativismo judicial, visualiza-se que a análise das tradições é, possivelmente, via para uma compreensão mais abrangente das tensões entre poderes no que se refere ao controle de constitucionalidade de normas. Entende-se o ativismo judicial como excesso ou distorção no exercício da função jurisdicional, e, para fins deste estudo, considera-se que a definição de exercício normal da função referida deve ser atingida a partir da análise da tradição jurídica no que se refere à jurisdição constitucional. Conclusões sobre o assunto demandam pesquisas adicionais. Convém apenas, nesta última seção, introduzir a hipótese e proposta de estudos futuros.

Existem duas tradições jurídicas de elevada influência no mundo contemporâneo. As tradições do *common law* e, especialmente, do *civil law* lograram inigualável êxito ao se exportarem e adaptarem a diferentes sistemas legais, agrupando-os, a despeito de suas diferenças, em *famílias*. Neste ponto, cumpre observar a diferença entre o que refere a expressão "tradições jurídicas" e o que indica o termo "sistemas legais", uma vez que, enquanto este se relaciona ao aparato legal de instituições, procedimentos e regras, aquela compreende um processo histórico profundamente enraizado sobre a maneira como se encara o Direito, seu papel na sociedade, a forma de operar os respectivos sistemas legais, além da maneira através da qual este deve ser aplicado, estudado, aperfeiçoado e ensinado. A tradição jurídica *"puts the legal system into a cultural perspective"* (MERRYMEN, 2006, p. 02).

Habitualmente, diz-se que os sistemas do *civil law* se caracterizam pela existência de códigos, enquanto no *common law* o corpo do Direito é principalmente construído caso a caso, sendo, por isso, marcada pela não codificação. A literatura especializada, contudo, demonstra que tal assertiva é demasiada simplificação da realidade, uma vez que a quantidade de legislação não é critério confiável na distinção entre as tradições em estudo, considerando que elevado número de códigos pode ser encontrado não apenas no *civil law*, mas também no *commom law* – e cada vez mais o é. Para que se possa separar uma de outra, mais eficiente é compreender a ideologia e função subjacentes à codificação.

No *civil law*, a criação de códigos está relacionada à ênfase no princípio da separação de poderes e à pretensão de delimitação das fronteiras entre a atuação do Executivo, Legislativo e Judiciário. Via de regra, também se observa no *civil law* o papel de ruptura que assume a codificação, incorporando, em geral, uma dinâmica de revolução, pois quebra com a ordem anterior a cada vez que uma lei é publicada. Em contraste, no *civil law*, não têm os códigos o papel de limitar a função judicial à aplicação do que foi posto pelo legislador. Isso se torna evidente ao se verificar que, quando determinada legislação é conflitante com o *common law*, deve-se interpretá-la restritivamente, o que demonstra que a essência dessa tradição jurídica está atrelada à preservação e à manutenção do que já fora construído, representada pelo *common law*, produzido caso a caso e consolidada com o tempo. As tendências de conservação no *common law* são mais marcantes em contraposição às de ruptura presentes no *civil law*.

Conectados ao conjunto de ideias que suportam a codificação em uma e outra tradição estão o papel e a imagem dos juízes. Historicamente, no bojo da Revolução Francesa, a codificação nasceu com o escopo de limitar a função do juiz à subsunção, sendo os códigos, por isso, pretensiosamente sem lacunas e claros, de modo que deveriam os juízes apenas identificar a *premissa maior* – lei –, a *premissa menor* – fato – e aplicar a *conclusão* que já havia sido posta pelo legislador. Contrariamente, desde sua gênese, o *common law* estabeleceu uma diferente interação entre legislador e juiz.

Também é a linguagem uma interessante perspectiva na identificação do *common law* e *civil law*. Tomando como referência o termo *razoabilidade* (*reasonableness*), é possível perceber seu frequente uso em sistemas legais que incorporam o *common law*, em contraposição ao emprego menos usual no *civil law*, apesar da existência de correspondente em diversas línguas de países que se enquadram na referida tradição, como é o caso do Brasil (razoabilidade) e da Alemanha (*Vernünftigkeit*). É implícita no conceito a existência de um comportamento padrão ou ideal frente a determinadas circunstâncias. O emprego do termo revela uma inclinação para um entendimento mais holístico de pensamento jurídico no *common law*, enquanto o *civil law* se apoia em uma gama de princípios estruturados, cada um com conteúdo bem definido, para alcançar, em geral, o mesmo resultado que se atingiria com a aplicação do conceito mais genérico e que contém em si subsumida, pretensamente, toda a lógica de um sistema legal, a razoabilidade. Com o emprego do referido termo em uma lei, abre-se espaço para que o aplicador o precise diante um caso concreto, a partir da visão global do ordenamento em que está inserido. Distintamente, se se produz legislação sem o auxílio da expressão em estudo, "razoabilidade", deve o aplicador, em níveis secundários de argumentação, aplicar a *proporcionalidade* – termo esse de notória relevância no *civil law*, em contraposição ao que ocorre no *common law* – tendo em vista os subelementos que a compõem, a saber, a adequação, a necessidade e a proporcionalidade em sentido estrito. Sendo assim, o que está subjacente ao termo "razoabilidade" – compreensão panorâmica de um pensamento jurídico – e o que se pressupõe com o significante "proporcionalidade" – princípios de conteúdo e estrutura precisos –, também revelam o *common law* e o *civil law*. Segundo Fletcher e Sheppard (2005, p. 68), o uso do termo "razoabilidade" significa uma aceitação da existência de diversas soluções possíveis, em contraste com a ideia de uma análise estruturada do direito, em que há – ou, pelo menos, por muito tempo houve, – a sustentação da ideia de que existe apenas uma resposta para um caso concreto.

Há diversas outras perspectivas a partir das quais se podem analisar as tradições. Podem ser citados, a título exemplificativo, o ensino jurídico, marcado, notadamente, pelo estudo de casos no *common law*, e o ensino abstrato no *civil law*; a linguagem utilizada pelos juízes, com o emprego, no *common law*, de expressões linguísticas mais corriqueiras, em contraste à preferência, no *civil law*, por termos técnicos (inclusive "jargões") e, não raro, da linguagem rebuscada, o que, em um última análise, implica diferentes níveis de controlabilidade das decisões judiciais pelos jurisdicionados em uma e em outra tradição jurídica; maior interface no *civil law* entre juízes e acadêmicos, enquanto no *common law* os aplicadores mantêm-se, em geral, em uma posição mais isolada, entre outras diferenças que usualmente apresentam as tradições.

Por tudo o que brevemente destacou-se, percebe-se que tanto o Brasil quanto a Alemanha tendem ao *civil law*, o que se revela, por exemplo, pela reduzida importância conferida ao princípio do *stare decisis* em comparação ao que ocorre em países como Estados Unidos e Inglaterra. Brasil e Alemanha, portanto, apesar das significativas divergências que podem ser encontradas em seus sistemas legais, aglutinam-se em uma mesma *família*. Hodiernamente, contudo, em nenhum desses países se encontram, de maneira rígida, as características do *civil law* que há pouco se elencou, sendo certo que, dentro dessa família, não mais apenas os sistemas legais se diferem, mas também o espaço de concessões e afastamentos de uma visão tradicional – e talvez estereotipada – do que é o *civil law*.

Apesar de não adotar o *stare decisis*, o Brasil, em evidente inspiração no referido princípio, criou as súmulas, inclusive as vinculantes. O atual Código de Processo Civil faz menção literal a "precedentes", "superação" e "distinção", em seu art. 489, §1º. No que se refere à linguagem, verifica-se, em países de *civil law*, o recurso cada vez mais recorrente à razoabilidade, típica da lógica subjacente ao *common law*, como brevemente se analisou. De outro lado, no *common law*, comumente reconhecido pelo reduzido número de códigos, cresce a legislação em volume, ao mesmo tempo em que se assistem a esforços de compilá-la e sistematizá-la como se *civil law* fosse, a exemplo dos *Restatments* nos Estados Unidos. Esse país tem assistido a mudança da natureza do *common law* também com as frequentes *dissenting opinions* nos tribunais, que dificultam a formação de precedentes e os enfraquecem.

Sobre tudo isso, em sede de controle de constitucionalidade, constata-se que, em países de *civil law*, esse espaço judicial tem sido compreendido na possibilidade de se alterar o direito enquanto se realiza sua aplicação – método de desenvolvimento do direito típico de *common law*. Isto é, muda-se o direito pela sua via de aplicação – a judicial.

Discute-se, no Brasil e na Alemanha, a atuação, respectivamente, do Supremo Tribunal Federal e o *Bundesverfassungsgericht* no que se refere a decisões nas quais os tribunais legislam. No Brasil, pode-se tomar como exemplo da situação descrita a conhecida decisão da ADPF nº 54, prolatada pelo Supremo Tribunal Federal em abril de 2012, a qual, sem alterar a redação da legislação em vigor, adicionou uma nova hipótese àquelas já elencadas no art. 128 do Código Penal brasileiro, tornando impunível a interrupção da gestação em casos de fetos anencéfalos. No mesmo sentido, pode-se mencionar decisão proferida em 09 de fevereiro de 2010 pelo *Bundesverfassungsgericht* – (BVerfGE 125, 175), a qual criou novo Direito constitucional, o direito subjetivo ao mínimo existencial, cuja base normativa, conforme se extrai do teor da decisão mencionada, é composta pela dignidade humana e estado social. Em ambos os casos, verifica-se com facilidade o uso de poder criativo no qual os tribunais investem a si próprios com fundamento, essencialmente, na proteção das constituições.

Há que se falar, portanto, em uma disposição de juízes e tribunais, verificada tanto no Brasil quanto na Alemanha, países de *civil law*, de alterarem o direito enquanto o aplicam, método típico do *common law*, em sede de controle de constitucionalidade. Tendo isso em vista, coloca-se a hipótese sobre distorções nas relações entre os poderes sob uma ótica de incorporações de *common law* no *civil law*.

No caso brasileiro, pode-se ainda pensar sobre a adoção, paralelamente ao austríaco, do modelo americano de controle de constitucionalidade, isto é, difuso. A tradição jurídica, como se sugere aqui brevemente, influi para o modo como se compreende a interação entre poderes e limites da atuação judiciária frente às demais funções – legislativa e executiva. O sistema legal americano, notoriamente, se afilia à família do *common law*. É possível que a competência ampla, conferida a todos os juízes e tribunais da jurisdição, para o controle de constitucionalidade de leis – federais, estaduais e municipais – comprometa a separação de poderes no Brasil, ou gere distorções nesse arranjo, pensado para um contexto de *civil law*?

Considerando esses apontamentos, sugere-se, neste trabalho, que o tema do ativismo judicial em sede de ações do controle de constitucionalidade, ainda que de maneira complementar a outras abordagens jurídicas ou da teoria política, deve ser estudado sob o prisma das tradições jurídicas.

4 Conclusão

Neste trabalho, procurou-se apresentar, comparativamente, as características do controle de constitucionalidade exercido pelas jurisdições constitucionais brasileira e alemã. Tal competência, isso é, a revisão judicial de leis e atos normativos postos pelo legislador/administrador, implica uma dinâmica na interação entre Judiciário e Legislativo/Executivo em relação à qual excessos têm sido verificados no comportamento judicial, tomado segundo os parâmetros da tradição jurídica que prevalece nos países em estudo, o *civil law*.

Em ambos os países, realiza-se o controle de constitucionalidade tanto pela via abstrata, quanto concreta. No Brasil, o controle difuso foi absorvido em sede constitucional: todos os juízes e tribunais da jurisdição têm competência para aferir a compatibilidade de uma norma infraconstitucional em relação à Constituição incidentalmente. Na Alemanha, qualquer jurisdicionado pode requerer a análise de constitucionalidade de lei ou ato normativo para seu caso concreto, embora a competência seja sempre do BVerfG, seja pela *Verfassungsbeschwerde*, seja pela hipótese do art. 100, I, da Lei Fundamental. Com isso, verifica-se que ambos os países, por seus diferentes instrumentos processuais, garantiram espaços amplos para o controle de constitucionalidade.

Há debates importantes na literatura especializada sobre possíveis excessos do Judiciário quando desse controle. Defende-se aqui que o exercício *não* ativista da jurisdição pode ser melhor entendido a partir das características de separação de poderes típicas da tradição jurídica de um sistema legal. Por isso, também o exercício ativista da jurisdição depende da análise das novas conformações que impactam e distorcem compreensões tradicionais sobre ao *civil law*, no caso, Brasil e Alemanha.

Referências

BRASIL. Supremo Tribunal Federal. Arguição de Descumprimento de Preceito Fundamental nº 54. Arguinte: Confederação Nacional dos Trabalhadores na Saúde. Arguido: Presidente da República. Relator: Marco Aurélio. Distrito Federal, 12/04/2012. Lex: Supremo Tribunal Federal. Disponível em: http://redir.stf.jus.br/paginadorpub/paginador.jsp?docTP=TP&docID=3707334. Acesso em: 21 dez. 2015.

BRASIL. Supremo Tribunal Federal. Mandado de Injunção n. 670. Impetrante: Sindicato dos Servidores Policiais Civis do Estado do Espírito Santo. Impetrado: Congresso Nacional. Relator para o Acórdão: Gilmar Mendes. Distrito Federal, 25/10/2007. Lex: Supremo Tribunal Federal. Disponível em: http://redir.stf.jus.br/paginadorpub/paginador.jsp?docTP=AC&docID=558549. Acesso em: 21 dez. 2015.

BRASIL. Supremo Tribunal Federal. Mandado de Injunção n. 708. Impetrante: Sindicato dos Trabalhadores em Educação do Município de João Pessoa. Impetrado: Congresso Nacional. Relator para o Acórdão: Gilmar Mendes. Distrito Federal, 25/10/2007. Lex: Supremo Tribunal Federal. Disponível em: http://redir.stf.jus.br/paginadorpub/paginador.jsp?docTP=AC&docID=558551. Acesso em: 21 dez. 2015.

BRASIL. Supremo Tribunal Federal. Mandado de Injunção n. 712. Impetrante: Sindicato dos Trabalhadores do Poder Judiciário do Estado do Pará. Impetrado: Congresso Nacional. Relator para o Acórdão: Eros Grau. Distrito Federal, 25/10/2007. Lex: Supremo Tribunal Federal. Disponível em: http://redir.stf.jus.br/paginadorpub/paginador.jsp?docTP=AC&docID=558553. Acesso em: 21 dez. 2015.

BRASIL. Supremo Tribunal Federal. Reclamação Constitucional n. 4335. Reclamante: Defensoria Pública da União. Reclamado: Juiz de Direito da vara de Execuções Penais da Comarca de Rio Branco. Relator para o Acórdão: Gilmar Mendes. Distrito Federal, 20/03/2014. Lex: Supremo Tribunal Federal. Disponível em: http://redir.stf.jus.br/paginadorpub/paginador.jsp?docTP=AC&docID=630101. Acesso em: 21 dez. 2015.

BVerfG, Urteil des Ersten Senats vom 09. Februar 2010 – 1 BvL 1/09 – Rn. (1-220), BVerfGE 125, 175. http://www.bverfg.de/e/ls20100209_1bvl000109.html. Acesso em: 21 dez. 2015.

BVerfG, BVerfGE 122, 39

BVerfG, BVerfGE 33, 303 (decisão *numerus clausus*)

BVerfG, BVerfGE 6, 300 (304)

CANOTILHO, J. J. Gomes. *Direito Constitucional e Teoria da Constituição*. 7. ed. Coimbra: Edições Almedina, 2003.

KOMMERS, DONALD P. *The Constitutional Jurisprudence of the Federal Republic of Germany*. Duke University Press, 1997.

FLETCHER, George P.; SHEPPARD, Steve. *The Language of Law*. In: *American Law in a Global Context*: The Basics. New York: Oxford, 2005.

GERHIT-HORNUNG. *Verfassungsgerichtsbarkeit*. 09/10/2014, 20/11/2014. Notas de aula. Disciplina ofertada pela Faculdade de Direito (Juristische Fakultät) da Universidade de Passau, Alemanha (Universität Passau).

HECK, Luís Afonso. *O recurso constitucional na sistemática jurisdicional-constitucional alemã*. Revista de informação legislativa, Brasília, v. 31, n. 124, out./dez. 1994.

MACHADO, Joana de Souza. *Ativismo judicial no Supremo Tribunal Federal*. Rio de Janeiro, 2008, 120 p. Dissertação (Mestrado) – Departamento de Direito, Pontifícia Universidade Católica do Rio de Janeiro.

MARKESINIS, BASIL S. *A Matter of Style*. Sweet and Maxwell, 1994.

MARRYMAN, John Henry. *The Civil Law Tradition*: An Introduction to the Legal Systems of Europe and Latin America. 3 ed. California: Stanford University Press, 2006.

MARTINS, Leonardo (org.). *Cinquenta Anos de Jurisprudência do Tribunal Constitucional Federal Alemão*. Montevideo: Konrad-Adenauer-Stiftung E. V., 2005.

MENDES, Conrado Hübner. *Direitos fundamentais, separação de poderes e deliberação*. Tese (Doutorado em Ciência Política) – Faculdade de Filosofia, Letras e Ciências Humanas da Universidade de São Paulo. São Paulo, 2011.

MENDES, Gilmar Ferreira; BRANCO, Paulo Gustavo Gonet. *Curso de Direito Constitucional*. 6. ed. São Paulo: Saraiva, 2011.

MENDES, Gilmar Ferreira. Kelsen e o controle de constitucionalidade no direito brasileiro. *Revista de Informação Legislativa*. Brasília: Senado Federal, ano, v. 31, p. 185-188, 1994.

MENDES, Gilmar Ferreira. *Jurisdição Constitucional*. 6. ed. São Paulo: Saraiva, 2014.

TOLEDO, Cláudia. Justiciabilidade dos direitos fundamentais sociais e conflito de competência. *In*: *I Congresso Internacional de Direito Constitucional & Filosofia Política – O Futuro do Constitucionalismo*: Perspectivas para democratização do Direito Constitucional, 2014, Caderno de Resumos, p. 374-376. Belo Horizonte: Initia Via, 2014.

Informação bibliográfica deste texto, conforme a NBR 6023:2018 da Associação Brasileira de Normas Técnicas (ABNT):

ANDRADE, Priscila Carvalho de; CARVALHO, Yago Condé Ubaldo de. Ativismo judicial no civil law: o controle de constitucionalidade de normas em análise comparada entre Brasil e Alemanha. *In*: TOLEDO, Cláudia (coord.). *Atual judiciário*: ativismo ou atitude. Belo Horizonte: Fórum, 2022. p. 363-383. ISBN 978-65-5518-270-5.

ATIVISMO JUDICIAL *VS.* CONTROLE JUDICIAL – UM ESTUDO A PARTIR DA ANÁLISE ARGUMENTATIVA DA FUNDAMENTAÇÃO DAS DECISÕES DO PODER JUDICIÁRIO BRASILEIRO E DO TRIBUNAL CONSTITUCIONAL DA ARGENTINA, MÉXICO E ALEMANHA

CLÁUDIA TOLEDO

1 Introdução

Este artigo apresenta os resultados de projeto de pesquisa, cujo objetivo central foi avaliar cientificamente a atuação do Poder Judiciário brasileiro, a fim de verificar a procedência da crítica de *ativismo judicial* a ele atribuída de modo recorrente.[1]

Sabe-se que o *princípio da separação de poderes* estabelece a divisão tripartite do poder estatal a fim de melhor organizar seu exercício, no sentido de sua maior eficiência. As competências legislativa, executiva e judiciária são atribuídas, então, a poderes públicos distintos. O *sistema de freios e contrapesos* integra esse princípio e determina que os três poderes públicos devem controlar reciprocamente seus atos e omissões, para que não haja atuação excessiva ou insuficiente de nenhum deles, mas, sim, o desempenho equilibrado e harmônico das funções pelas quais cada um é responsável.

O Poder Judiciário controla os atos e omissões dos Poderes Legislativo e Executivo mediante respectivamente o *controle de*

---

[1] Projeto de pesquisa "Atual Judiciário – Ativismo ou Atitude: judicialização da política ou politização do judiciário", financiado pela Fundação de Amparo à Pesquisa do Estado de Minas Gerais (FAPEMIG – Projeto de Demanda Universal) e pela Universidade Federal de Juiz de Fora (UFJF – PROBIC). Participaram do projeto, como estudantes de iniciação científica, Marcello S. Figueiras, Anny Santana, Michelle A. M. Silva, Caio A. M. D. e Souza, Lívia M. H. Campos, Camille O. Castro, Daniela C. Meira, Aline de O. M. da Silva, Danielle F. Doehler, Ana Clara V. Nogueira, Caio H. C. Zanon, Chafei P. Aiex.

constitucionalidade de leis e o *controle judicial de atos administrativos* (os quais usualmente integram políticas públicas). Entretanto, quando o Poder Judiciário excede os limites de sua competência (ou jurisdição), interfere indevidamente na competência dos outros poderes e pratica *ativismo judicial*.

A fim de avaliar cientificamente se a atuação judicial no caso concreto trata-se de regular *controle judicial* das decisões dos Poderes Legislativo e Executivo ou apresenta-se como prática de *ativismo judicial*, é imprescindível que se analisem os *atos institucionais* próprios do Poder Judiciário, isto é, as *decisões judiciais* e os *argumentos* fornecidos pelo Poder Judiciário na justificação de seus atos. Sendo as decisões judiciais *atos discursivos*, critérios para sua avaliação foram buscados na *teoria do discurso* desenvolvida por Jürgen Habermas e na *teoria da argumentação jurídica* elaborada por Robert Alexy.

Conforme Alexy, o *discurso jurídico* é *caso especial* do *discurso prático geral* e está vinculado a argumentos *institucionais* – leis, precedentes e doutrina (dominante). É o discurso próprio do *Poder Judiciário*, cuja função precípua é a aplicação do Direito, o qual é formado exatamente por aqueles argumentos institucionais. Por sua vez, o discurso *prático geral*, em que se baseia o discurso jurídico, é composto por argumentos *não institucionais* pragmáticos, éticos e morais, aos quais se somam os argumentos também *não institucionais* integrantes do discurso *empírico*, relativos a fatos concretos e a dados científicos. No discurso jurídico, deve *necessariamente* haver argumentos institucionais aos quais é vinculado, mas podem ser nele também utilizados argumentos não institucionais típicos do discurso prático geral e do discurso empírico.

À medida que o Poder Judiciário pratica seus atos institucionais, ou seja, prolata suas decisões com base no discurso que lhe é próprio, o discurso jurídico, a tendência é de que esteja atuando dentro da margem de sua competência, aplicando o Direito expresso em argumentos institucionais. Assim, quanto mais argumentos próprios ao discurso jurídico forem devidamente utilizados pelo Poder Judiciário na fundamentação de suas decisões, mais provável é que sua atuação esteja dentro dos limites de sua competência, ou seja, maiores são as chances de sua atividade representar o regular *controle judicial* dos atos e omissões dos demais poderes. Entretanto, quanto menos argumentos institucionais houver na fundamentação da atuação do Poder Judiciário ou quanto maior for o recurso a argumentos não institucionais para tanto, mais elevada a probabilidade de a decisão judicial representar interferência indevida na competência dos demais poderes. Isto é, maiores as chances de *ativismo judicial* no exercício da jurisdição.

Aplicou-se, então, essa taxonomia argumentativa à análise da jurisprudência constitucional de diferentes países (Brasil, Argentina, México e Alemanha), bem como ao exame da jurisprudência infraconstitucional brasileira. Com base no estudo comparativo de argumentos utilizados na fundamentação de mais de 500 decisões judiciais, esse artigo pretende contribuir para o esclarecimento de questão frequentemente mencionada, mas raramente justificada, qual seja, a de prática de *ativismo judicial* pelo Poder Judiciário brasileiro.

2 Ativismo judicial – Conceito

O ato institucional do Poder Legislativo é a *lei*. Assim, o controle judicial dos atos e omissões do Poder Legislativo dá-se especialmente pelo *controle de constitucionalidade* das leis.[2] O ato institucional do Poder Executivo é o *ato administrativo*, que frequentemente faz parte de uma *política pública*. Desse modo, o controle judicial dos atos e omissões do Poder Executivo realiza-se usualmente pelo *controle judicial de políticas públicas*.[3] Controle judicial, também denominado "controle jurisdicional", apresenta-se, portanto, como a atuação regular do Poder Judiciário na efetivação do *sistema de freios e contrapesos*.

Enquanto o *controle judicial* representa o desempenho judiciário dentro do âmbito ou margem de sua competência, *ativismo judicial* refere-se a um desempenho excessivo do Poder Judiciário. O conceito de ativismo judicial é controverso na doutrina jurídica. A origem da expressão "ativismo judicial" é atribuída ao contexto norte-americano,

---

[2] No Brasil, tal controle efetiva-se pela ação direta de inconstitucionalidade (ADI), ação direta de inconstitucionalidade por omissão (ADO), ação direta de constitucionalidade (ADC) e mandado de injunção (MI). Embora o MI não se trate de ação que vise ao controle de constitucionalidade das leis, há nele controle da omissão legislativa, porquanto cabível quando a falta de norma regulamentadora tornar inviável o exercício dos direitos e liberdades constitucionais e das prerrogativas inerentes à nacionalidade, à soberania e à cidadania (art. 5º, LXXI, da Constituição Federal).

[3] No Brasil, esse controle implementa-se principalmente pela arguição de descumprimento de preceito fundamental (ADPF), ação civil pública (ACP), ação popular (AP), mandado de segurança (MS) e mesmo ações ordinárias.

embora seja polêmico o momento de seu exato surgimento. Os dois posicionamentos doutrinários centrais são o de que o ativismo judicial teria se iniciado (i) quando da criação do controle judicial pela Suprema Corte, no caso *Marbury v. Madison* (1803)[4], ou (ii) durante a *Corte E. Warren* (1953-69), devido ao seu notável desempenho na realização dos direitos fundamentais individuais e políticos, como no caso *Brown v. Board of Education* (1954).[5]

A associação de ativismo judicial à Política é comum nos EUA, fazendo-se referência a "ativismo judicial de direita" ou "de esquerda". Contudo, independentemente da identificação do ativismo judicial com uma ideologia conservadora ou progressista, certo é que, em ambos os casos, destaca-se "algum excesso ou distorção no exercício da função jurisdicional".[6]

Essa vinculação de *atuação excessiva* do Poder Judiciário a ativismo judicial está presente tanto na doutrina jurídica americana como na brasileira. O autor estadunidense William Marshall concebe ativismo judicial como uma "recusa dos Tribunais em permanecerem dentro dos limites jurisdicionais estabelecidos para o exercício dos seus poderes"[7] [Tradução livre]. Por seu turno, Elival Ramos[8], um dos juristas brasileiros que mais se dedicou ao tema, define-o como o exercício da função jurisdicional além dos limites impostos pela ordem jurídica. Assim, o ativismo judicial é aqui concebido como *interferência judicial indevida na competência dos outros poderes públicos*.

3 Ativismo judicial – Critérios de identificação

Essa "atuação judicial excessiva" ou "interferência judicial indevida" pode ser analisada sob diferentes *perspectivas* – jurídica,

---

[4] PAGANELLI, Celso J. M. et al. *Ativismo judicial:* paradigmas atuais. São Paulo: Letras Jurídicas, 2011, p. 132.
[5] CARTER, John D. *Warren Court and the Constitution:* a critical view of judicial activism. Los Angeles: Pelican Publishing Company, 1972, p. 41-42.
[6] MACHADO, Joana S. *Ativismo judicial no Supremo Tribunal Federal.* 2008. 120 p. Dissertação (Mestrado em Teoria do Estado e Direito Constitucional) – Faculdade de Direito, Pontifícia Universidade Católica do Rio de Janeiro, p. 21.
[7] MARSHALL, William P. Conservatives and seven sins of judicial activism. *Law Review*, v. 73, set. 2002, p. 124.
[8] RAMOS, Elival S. *Ativismo judicial:* parâmetros dogmáticos. São Paulo: Saraiva, 2010, p. 129.

sociológica, política, histórica, moral etc. Como *fontes* de estudo para abordar o ativismo judicial podem-se utilizar materiais diversos, como entrevistas com juízes, decisões judiciais, matérias de jornais de grande circulação, livros e artigos científicos, entre outros. Como *forma* ou meio para se identificar ativismo judicial, podem-se citar como exemplos a análise de decisões judiciais e dos argumentos nelas empregados, o exame da composição e organização dos tribunais, a verificação dos tipos de ações judiciais recorrentes ou a avaliação do perfil dos demandantes.

Este artigo examina o ativismo judicial sob *perspectiva jurídica*, utiliza como *fonte* de estudo *decisões judiciais*, as quais têm sua *fundamentação* investigada mediante a *análise do discurso* nela empregada.

A escolha das decisões judiciais como fonte de estudo deve-se à relevância da avaliação dos *atos institucionais* do poder público para a análise do seu desempenho. Na medida em que a crítica de ativismo judicial refere-se à atuação excessiva do Poder Judiciário, uma das primeiras providências para a verificação da adequação ou não dessa atuação está no exame das justificativas fornecidas pelo próprio poder criticado. Sendo as decisões judiciais *atos discursivos*, indispensável é, então, a *análise do discurso* para sua avaliação.

Para que se realize uma avaliação, são necessários *critérios*. Em se tratando da avaliação de atos discursivos, são imprescindíveis critérios de *análise do discurso*. Discursos são constituídos por *argumentos*. Por conseguinte, foram adotados critérios para a avaliação de argumentos fornecidos por *teorias do discurso*. A taxonomia dos argumentos estudados baseou-se no pensamento de Jürgen Habermas e de Robert Alexy. Enquanto Habermas abordou a teoria do discurso sob o âmbito geral ou a *teoria do discurso prático geral*, Alexy elaborou a teoria da argumentação jurídica ou *teoria do discurso jurídico*. O enfoque que aqui se deu foi não à dimensão normativa da teoria do discurso, mas ao seu aspecto *analítico*, ou seja, à análise da *estrutura* do discurso, do *tipo de argumentos* que o compõem. Assim, a *taxonomia argumentativa* formulada por Alexy e Habermas foi utilizada como *critério objetivo* para analisar a jurisprudência pesquisada.

Conforme Alexy, o discurso jurídico é *caso especial* do discurso prático geral, caracterizando-se por sua vinculação aos argumentos *institucionais*: leis, precedentes e doutrina (dominante).[9] Decisões judiciais, como atos institucionais do Poder Judiciário, devem, portanto, ser fundamentadas com discurso jurídico, em que se fazem presentes argumentos institucionais. Por isso, o discurso próprio do Poder Judiciário é o *discurso jurídico*. Se o Poder Judiciário justifica seus atos institucionais com argumentos institucionais típicos do discurso jurídico, as chances de sua atuação estar *dentro da margem de sua competência* são elevadas. Isso porque a matéria decidida no caso concreto é regulada pelo Direito e a função do Poder Judiciário é a aplicação do Direito, a qual se dá, do ponto de vista discursivo, pelo emprego dos argumentos institucionais leis, precedentes e doutrina na solução do caso concreto levado a julgamento.

    Assim, as decisões judiciais selecionadas tiveram o discurso de sua fundamentação analisado, verificando-se os argumentos empregados. Visou-se à identificação se o Poder Judiciário justifica ou não seus atos institucionais com argumentos que demonstram que sua atividade está dentro da margem de sua competência, isto é, se o Poder Judiciário fundamenta suas decisões com argumentos institucionais. Nesse caso, é elevada a probabilidade de se estar diante do exercício de *controle judicial* regular de atos ou omissões dos outros poderes públicos, de acordo com o sistema de freios e contrapesos (*checks and balances*). Se, ao contrário, o Poder Judiciário justifica suas decisões com argumentos não próprios ao discurso jurídico, as chances de sua atuação estar *fora da margem de sua competência* aumentam e a probabilidade de se configurar o *ativismo judicial* é mais elevada.

    Finalmente, deve-se destacar que não há dúvida de que a avaliação da *atuação* do Poder Judiciário envolve mais do que a análise dos seus *atos* (decisões judiciais) e de sua *justificação* (argumentos). No entanto, embora a *análise do discurso* não seja um procedimento *suficiente* para se chegar a uma conclusão completamente segura e exata sobre a atuação judicial, é certamente um procedimento *necessário* para tanto, uma vez que as decisões judiciais são atos *discursivos*.

---

[9] ALEXY, Robert. *Teoria da Argumentação Jurídica*. 4. ed. Trad. de Zilda Hutchinson Silva, Rev. técnica trad. por Cláudia Toledo. Rio de Janeiro: Forense, 2017, p. 205-210.

4 A taxonomia argumentativa como critério objetivo

Segundo Alexy, existem dois tipos de discurso: o discurso *empírico* e o discurso *prático* (geral).[10]

O discurso empírico *descreve a realidade*, por meio de argumentos referentes a:
  a) *Fatos concretos* passados, presentes e/ou futuros;
  b) *Dados científicos* das ciências naturais e sociais.

O discurso prático é um *discurso normativo*, caracterizado por levantar a *pretensão de correção*. Habermas[11] explica que esse discurso é composto de:

  a) Argumentos *pragmáticos* – relacionados com a escolha de *técnicas* e *estratégias* de ação, especialmente com base em critérios de *eficiência* e *utilidade*, de acordo com uma relação de *meio-fim*;

  b) Argumentos *éticos* – relacionados com a *tradição* que dá identidade (autocompreensão cultural e política) a um determinado *indivíduo* ou *sociedade*, ou seja, argumentos pelos quais os membros de uma sociedade procuram esclarecer o modo de vida partilhado e os ideais orientadores dos seus projetos de vida em comum;

  c) Argumentos *morais* – referem-se ao "interesse simétrico de todos" e apresentam a forma semântica de *imperativos categóricos*, sendo relacionados com o *princípio da universalização*. Uma norma só é universalmente justa quando todos podem querer que seja cumprida por qualquer pessoa que se encontre numa situação semelhante.

O discurso prático geral é o discurso *não institucional* e completamente livre sobre questões práticas, ou seja, sobre o que é obrigatório, proibido e permitido, ou sobre o que é bom e mau. Ele é a *base* do discurso jurídico. Conforme Alexy, pela *tese da integração* entre argumentação jurídica e argumentação prática geral, os argumentos práticos gerais e os argumentos jurídicos *complementam-*

---
[10] Ibid., p. 242.
[11] HABERMAS, Jürgen. *Direito e Democracia:* entre facticidade e validade. Trad. de Flávio Beno. Rio de Janeiro: Tempo Brasileiro, v. 1, 1997, p. 198-210.

se uns aos outros, devendo "ser combinados em todos os níveis e aplicados conjuntamente".[12]

Embora não haja predeterminação de premissas no discurso jurídico e a possibilidade de diferentes argumentos seja ampla, segundo Alexy, os argumentos institucionais têm *precedência prima facie* sobre os argumentos não institucionais. Isso é expresso em uma das regras da argumentação jurídica (regra J.7):

> Os argumentos que expressam uma vinculação ao teor literal da lei ou à vontade do legislador histórico prevalecem sobre outros argumentos, a não ser que se possam apresentar motivos racionais que deem prioridade a outros argumentos.[13]

Algumas conclusões podem ser extraídas dessa regra em relação ao ativismo judicial:
- Quanto maior a *abordagem* da questão em discussão por *leis, precedentes* e *doutrina* (argumentos institucionais), maior a margem de controle judicial e maior a probabilidade de o Poder Judiciário estar agindo *dentro* de sua competência – portanto, menor é a probabilidade de ativismo judicial;
- Quanto maior o número (quantidade) e a relevância (qualidade) de *argumentos institucionais* na decisão judicial, maior a probabilidade de o Poder Judiciário estar atuando *dentro* de sua competência – portanto, menor a probabilidade de ativismo judicial;
- Quanto maior o número e relevância de *argumentos não institucionais* na *ratio decidendi* da decisão judicial, maior a probabilidade de o Poder Judiciário estar atuando *além* de sua competência, uma vez que a decisão se apoia centralmente em argumentos não especificamente jurídicos – portanto, maior é a probabilidade de ativismo judicial.

Assim, o ativismo judicial não é um fenômeno identificado de acordo com um código binário "sim" ou "não". Apresenta uma *estrutura gradual*, ou seja, a interferência judicial indevida pode ser mais leve ou mais grave, dependendo das *condições fáticas* e *jurídicas* do *caso concreto*.

---

[12] ALEXY, nota 9, p. 34.
[13] ALEXY, nota 9, p. 238.

5 Questão paradigmática relativa ao ativismo judicial – Direitos fundamentais sociais e o direito ao mínimo existencial

Os *direitos fundamentais sociais* reivindicados perante o Poder Judiciário apresentam-se como questão paradigmática para dar origem à crítica de ativismo judicial. Considerados principalmente como normas programáticas na maioria dos Estados no século passado, os direitos fundamentais sociais passaram a ser entendidos como *direitos subjetivos* desde os anos 2000 no Brasil. São direitos fundamentais à *prestação estatal positiva fática* (prestação de bens, serviços ou benefícios financeiros).[14] Portanto, uma decisão judicial que ordene o cumprimento desses direitos representa, por exemplo, uma ordem para que o Estado (Poder Executivo) preste tratamento médico a uma pessoa ou providencie a matrícula de uma criança em escola pública. Por um lado, nessas situações, os poderes eleitos geralmente afirmam que está havendo interferência judicial indevida na implementação de políticas públicas, ou seja, os Poderes Legislativo e Executivo afirmam que está ocorrendo *ativismo judicial*. Por outro lado, nessas mesmas situações, o Poder Judiciário assevera que sua atuação configura cumprimento regular do sistema de freios e contrapesos, ou seja, o Poder Judiciário afirma que se trata simplesmente de regular *controle judicial* dos atos e omissões dos demais poderes.

Entre os direitos fundamentais sociais, o direito ao *mínimo existencial* é aquele cuja reivindicação provoca a maior parte das críticas relativas a ativismo judicial. O direito ao mínimo existencial é um direito fundamental social geralmente não positivado pelo legislador, mas *hermeneuticamente* deduzido do direito positivo pelo *Poder Judiciário* e pela *doutrina*, sendo declarado nas chamadas *normas atribuídas ou associadas de direitos fundamentais*.[15] Essas são normas

---

[14] TOLEDO, Cláudia. Mínimo existencial: a construção de um conceito e seu tratamento pela jurisprudência constitucional brasileira e alemã. In: MIRANDA, Jorge et al. (coord.). *Hermenêutica, justiça e direitos fundamentais*. Curitiba: Juruá, p. 821-834, 2016, p. 822.

[15] ALEXY, Robert. *Teoria dos direitos fundamentais*. Trad. de Virgílio Afonso da Silva. São Paulo: Malheiros, 2008, p. 73. Embora não haja dúvidas de que as disposições constitucionais de direitos fundamentais diretamente expressas são normas de direitos fundamentais,

cuja atribuição ou associação a uma norma de direitos fundamentais diretamente expressa é demonstrada mediante "justificação correta". Em outras palavras, normas atribuídas de direitos fundamentais são "normas para as quais existe a possibilidade de uma correta fundamentação referida a direitos fundamentais" expressamente positivados no texto constitucional.[16]

Direito ao mínimo existencial é direito que tem como objeto *o núcleo essencial dos direitos fundamentais sociais considerados indispensáveis para a garantia de um nível elementar de dignidade humana.*[17]

Dignidade humana é uma das questões mais abertas no Direito e nas ciências sociais em geral. Com base na pesquisa bibliográfica realizada, dignidade humana é definida como *valor socialmente atribuído ao ser humano como um fim em si mesmo.*[18] Esse valor tem duas dimensões: dimensão *subjetiva/individual,*[19] como um valor atribuído à pessoa por sua mera existência ontológica como ser humano, e dimensão *objetiva/social,* como um valor heterônomo atribuído pela sociedade à pessoa. Quanto à sua estrutura jurídica, o valor da dignidade humana é conteúdo de um *princípio.*[20]

A definição do *conteúdo* do mínimo existencial é controversa, mas é estabelecida de acordo com a *realidade socioeconômica* (condições fáticas) de cada país. Assim, enquanto o mínimo existencial alemão envolve todos os itens incluídos no benefício financeiro *Arbeitslosengeld II,* popularmente conhecido como *Hartz IV* – tais como alimentos, vestuário, habitação, equipamentos para o lar, cuidados com saúde, transporte etc. –, a realidade socioeconômica brasileira impõe ao

---

essas normas não se reduzem a tais disposições – sob pena de se voltar à concepção positivista anterior à segunda guerra mundial, com todas as limitações (e consequências) que a caracterizaram. Assim, as normas de direitos fundamentais são divididas em dois grupos: normas estabelecidas diretamente na Constituição e normas atribuídas de direitos fundamentais. Ibid., p. 73-76.

[16] Ibid., p. 76.

[17] TOLEDO, Cláudia et al. Direitos fundamentais sociais e mínimo existencial na realidade latino-americana – Brasil, Argentina, Colômbia e México. *Revista Brasileira de Direitos Fundamentais & Justiça,* p. 213-239, 2019, p. 218.

[18] Ibid., p. 220.

[19] BARROSO, Luís R. A Dignidade da pessoa humana no direito constitucional contemporâneo: natureza jurídica, conteúdos mínimos e critérios de aplicação. Disponível em: http://luisrobertobarroso.com.br/wp-content/uploads/2016/06/Dignidade_texto-base_11dez2010.pdf. Acesso em: 10 out. 2020.

[20] ALEXY, Robert. Human dignity and proportionality analysis. *Joçoaba,* v. 16, n. 3, p. 83-96, 2015, p. 84.

mínimo existencial um conteúdo muito menor: apesar da controvérsia sobre essa questão, dois direitos fundamentais sociais são pacificamente reconhecidos pela jurisprudência e doutrina como incluídos no mínimo existencial brasileiro – direito à *saúde* (demandas de saúde de primeira necessidade[21]) e à *educação* (até o Ensino Médio[22]).

O direito ao mínimo existencial é o único *direito definitivo*, objeto de uma *regra*, entre todos os direitos fundamentais, os quais se apresentam como direitos *prima facie*, conteúdo de *princípios*.[23] Isso significa que o direito ao mínimo existencial é imediatamente exigível ao Poder Judiciário, não dependendo da realização de processo de ponderação nos casos concretos para sua determinação.

Assim, "mínimo existencial" foi a expressão de busca utilizada na pesquisa empírica nos sites oficiais dos tribunais. Para avaliar se o desempenho judicial é ou não ativista, é necessário realizar uma análise comparativa das decisões do mesmo tribunal em datas diferentes e de tribunais diferentes na mesma data. Assim foi conduzida a investigação empírica, conforme explicado a seguir.

6 Pesquisa empírica

Para avaliar o desempenho do Poder Judiciário brasileiro – como ativista ou não – foram analisadas tanto a *quantidade* como a *qualidade* dos *argumentos* utilizados nas decisões judiciais do Tribunal Constitucional do Brasil (*Supremo Tribunal Federal* – STF) e do Tribunal de Justiça (TJ) de um estado representativo de cada uma das *cinco* regiões brasileiras – Tribunal de Justiça de Rondônia (Norte), Tribunal de Justiça de Pernambuco (Nordeste), Tribunal de Justiça de Mato Grosso do Sul (Centro-Oeste), Tribunal de Justiça de Minas Gerais (Sudeste) e Tribunal de Justiça do Paraná (Sul).

A fim de contextualizar a realidade brasileira com a de outros países, realizou-se também o estudo comparado da jurisprudência

---

[21] *Demandas de saúde de primeira necessidade* são demandas de saúde para a *manutenção da vida*. Esse é o *núcleo essencial* do direito à saúde. MELQUÍADES DUARTE, Luciana G. *possibilidades e limites do controle judicial sobre as políticas públicas de saúde*. Belo Horizonte: Fórum, 2011, p. 132.

[22] De acordo com o art. 208, I da Constituição Federal/88, a educação básica é obrigatória para o Estado – educação básica envolve pré-escola, ensino fundamental e ensino médio (no total de 14 anos).

[23] ALEXY, nota 15, p. 427-428; 502; 512.

constitucional da Argentina (*Corte Suprema de Justicia de la Nación Argentina* – CSJN), México (*Suprema Corte de Justicia de la Nación* – SCJN) e Alemanha (*Bundesverfassungsgericht* – BverfG).

A seleção desses países baseia-se nas semelhanças entre os países da América Latina, cujos problemas jurídicos e sociais são muito próximos, de modo que a investigação das três realidades pode fornecer contribuições científicas para a realidade nacional. O levantamento da jurisprudência constitucional alemã é justificado pela posição relevante que o direito constitucional alemão detém na cena jurídica brasileira – muitas teorias e juristas da Alemanha são intensamente estudados no Brasil, e o direito alemão é frequentemente utilizado como parâmetro regulativo do direito brasileiro. A abordagem alemã da questão "mínimo existencial" é um exemplo de parâmetro regulativo para a doutrina jurídica brasileira, uma vez que é tema bastante desenvolvido tanto pela doutrina[24] como pela jurisprudência na Alemanha.

Apenas as decisões *colegiadas* foram analisadas, uma vez que a pesquisa procurou a posição *institucional* dos tribunais, e não a posição dos seus membros individuais em decisões monocráticas.[25] O recorte metodológico temporal refere-se aos anos de 2004 a 2017. A seleção é justificada pelo fato de em 2004 ter havido a primeira referência literal à expressão *mínimo existencial* pelo STF no Brasil, e ter sido 2017 o primeiro ano do projeto de pesquisa. Assim, foram estudadas as decisões tomadas durante 14 anos pelos Tribunais Constitucionais selecionados. Em virtude do número extremamente elevado de demandas judiciais dos direitos fundamentais, em especial, do direito ao mínimo existencial atualmente na jurisprudência infraconstitucional brasileira, a pesquisa empírica no TJ dos diferentes estados pátrios foi realizada apenas nos anos de 2004 *e* 2017, ou seja, as decisões infraconstitucionais analisadas limitam-se a esses dois anos.

---

[24] ALEXY, nota 15, p. 436-437; NEUMANN, Volker. Menschenwürde und Existenzminimum. *Humboldt-Universität zu Berlin, Juristische Fakultät*. 1995. Disponível em: https://doi.org/10.18452/1595. Acesso em: 10 fev. 2020.

[25] Assim, no caso do STF, foram examinadas as decisões das duas *turmas* e do *plenário*. Nos TJs, somente as decisões colegiadas das *câmaras cíveis* foram estudadas, porquanto tais câmaras são o órgão competente para a tomada de decisões em relação ao tema *mínimo existencial* nesses tribunais.

Com a ajuda de uma tabela, foram procuradas e registradas informações de cada decisão, relativamente à existência de *argumentos institucionais* (leis, precedentes, doutrina) e *não institucionais*, distintos em argumentos *práticos gerais* (pragmáticos, éticos, morais) e *empíricos* (relativos a casos concretos ou dados das ciências naturais e sociais).

6.1 Jurisprudência brasileira

6.1.1 Jurisprudência constitucional brasileira – Supremo Tribunal Federal (STF)

A pesquisa da expressão "mínimo existencial" realizada no site oficial do STF resultou em *duas decisões* da *Primeira Turma*, *oito decisões* da *Segunda Turma* e *13 decisões* do *Plenário*. Há claro crescimento no recurso ao Poder Judiciário para a garantia do direito ao mínimo existencial. Enquanto a primeira referência a esse direito em 2004 foi em uma decisão monocrática,[26] em 2007 houve uma decisão plenária[27] sobre a questão e em 2017 houve sete decisões plenárias sobre o tema.[28]

Os resultados da pesquisa são apresentados nas tabelas seguintes:

Tabela 1 – Jurisprudência constitucional brasileira – Argumentos institucionais

Número de Decisões	ARGUMENTOS INSTITUCIONAIS	%
Lei	23	100%
Precedentes	23	100%
Doutrina	20	87%

Fonte: Elaborada pela autora.

---

[26] ADPF nº 45 MC/DF.
[27] ADI nº 3.768/DF.
[28] ADI nº 4.066/DF, RE nº 760.931/DF, RE nº 587.970/SP, ADI nº 2.028/DF, RE nº 566.622/RS, RE nº 580.252/MS, RE nº 835558/SP.

A primeira conclusão evidente desses números relacionados com argumentos institucionais utilizados pelo Tribunal Constitucional brasileiro é a proximidade dos dois sistemas jurídicos diferentes (*civil law* e *common law*) no Brasil. Embora se trate de um país que segue a tradição do *civil law* (ou direito romano-germânico), cuja principal fonte do Direito são as leis, foram também utilizados precedentes (típicos do *common law*) em 100% das decisões.

Quanto à referência a *leis*, claro, a *Constituição Federal/1988* foi a norma mais citada pelo STF, principalmente seus art. 6º (direitos fundamentais sociais), art. 196 (direito à saúde) e o art. 205 (direito à educação).

Quanto aos *precedentes*, o mais citado foi a decisão monocrática ADPF nº 45 MC/DF, que é a *decisão paradigmática* promulgada em 2004 com a primeira referência literal do STF à expressão *mínimo existencial*.

Quanto à *doutrina*, os juristas mais mencionados são brasileiros, com exceção de Holmes e Sunstein, professores norte-americanos cujo livro *O custo dos direitos* (*The Cost of Rights*) foi frequentemente citado.

Tabela 2 – Jurisprudência constitucional brasileira –
Argumentos não institucionais

	ARGUMENTOS NÃO INSTITUCIONAIS	
	Discurso Prático Geral	
	Número de Decisões	%
Argumentos pragmáticos	10	43%
Argumentos éticos	7	30%
Argumentos morais	5	22%
	Discurso Empírico	
	Número de Decisões	%
Fatos concretos	8	35%
Dados científicos	5	22%

Fonte: Elaborada pela autora.

Todos os argumentos *não institucionais* foram utilizados na jurisprudência constitucional brasileira, considerando as 23 decisões no total. A maioria das decisões apresentou mais de um argumento não institucional. Como exemplos de argumentos não institucionais utilizados na fundamentação das decisões judiciais analisadas, podem ser citados os seguintes.

Na decisão do RE nº 581.488/RS, foi utilizado argumento *pragmático* referindo-se a uma estratégia de ação baseada em raciocínio de meio-fim. Os pacientes do Sistema Único de Saúde (SUS) foram proibidos de pagar taxas adicionais por qualquer tratamento especial, a fim de evitar uma possível discriminação social. O Tribunal declarou que, se essas taxas fossem permitidas, haveria

> [...] o risco de direcionamento de leitos, nas instituições privadas, para o atendimento dos pacientes que irão complementar os valores pagos pelo SUS. Ora, se essas entidades estão livres para a busca de lucro em sua atividade, nada impediria que a preferência fosse conferida a essa categoria de usuários, situação que vem em prejuízo da grande maioria da população brasileira.[29]

Essa mesma decisão estabeleceu o seguinte argumento *ético*, referindo-se a um ideal orientador da sociedade brasileira:

> [Essa é] uma proposta absolutamente dissociada de lealdade, de boa-fé e de legitimidade, porque ela se propõe, num país onde a Constituição promete uma sociedade justa e solidária, com erradicação das desigualdades, uma desigualação entre os pobres e os mais pobres ainda.[30]

Finalmente, a decisão do RE nº 658.312/SC aprovou um tratamento diferente (acrescentando alguns minutos às pausas no trabalho) para as funcionárias, com base no argumento *moral* que prevê a necessidade de tratar situações desiguais de forma desigual:

> [...] a Constituição Federal veio a se utilizar de alguns critérios para esse tratamento diferenciado: i) em primeiro lugar, levou em consideração a histórica exclusão da mulher do mercado regular de trabalho e impôs

---

[29] BRASIL. Supremo Tribunal Federal. *Recurso extraordinário n. 581.488/RS*. Relator: Ministro Dias Toffoli. 03 dez. 2015. Disponível em: http://redir.stf.jus.br/paginadorpub/paginador.jsp?docTP=TP&docID=10624184. Acesso em: 10 fev. 2020.

[30] BRASIL. Supremo Tribunal Federal. *Recurso extraordinário n. 581.488/RS*. Relator: Ministro Dias Toffoli. 03 dez. 2015. Disponível em: http://redir.stf.jus.br/paginadorpub/paginador.jsp?docTP=TP&docID=10624184 Acesso em: 10 fev. 2020.

ao Estado a obrigação de implantar políticas públicas, administrativas ou meramente legislativas de natureza protetora no âmbito do direito do trabalho.[31]

Entre os argumentos *empíricos*, houve argumentos relacionados a *fatos concretos* em oito decisões (35%) e a *dados científicos* em cinco decisões (22%). Como exemplo de argumentos empíricos que mencionam *fatos concretos*, há a decisão do RE nº 587.970/SP. O Tribunal condenou o Instituto Nacional do Seguro Social (INSS) a conceder um benefício social a uma estrangeira, residente no Brasil há mais de 54 anos, referindo-se ao seguinte fato concreto: "segundo dados da Polícia Federal, em março de 2015, o Brasil abrigava 1.847.274 imigrantes regulares, dos quais 1.189.947 dispunham de visto permanente e 595.800 dispunham de visto temporário".[32]

Na mencionada decisão do RE nº 658.312/SC (que aprovou um tratamento diferente para as funcionárias), o Tribunal também se referiu a *dados científicos* para fundamentar a sua decisão, declarando que

> Aliás, não há como negar que há diferenças quanto à capacidade física das mulheres em relação aos homens – inclusive com levantamentos científicos (COSTA, Jurandir Freire. Homens e Mulheres. In: *Ordem Médica e Norma Familiar*. Rio de Janeiro: Graal, 1979, p. 235-261; SZAPIRO, Ana Maria. Diferença sexual, igualdade de gênero: ainda um debate contemporâneo. In: D'Ávila, Maria Inácia, PEDRO, Rosa (Orgs.). *Tecendo o Desenvolvimento: saberes, gênero, ecologia social*. Rio de Janeiro: Mauad: Bapera, 2003, p. 83-94; BENNETT, James T. The Politics of American Feminism: Gender Conflict in Contemporary Society. University Press of America, 2007.[33]

---

[31] BRASIL. Supremo Tribunal Federal. *Recurso extraordinário 658.312/SC*. Relator: Ministro Dias Toffoli. 27 nov. 2014. Disponível em: http://www.stf.jus.br/arquivo/cms/noticiaNoticiaStf/anexo/RE658312.pdf Acesso em: 10 fev. 2020.

[32] BRASIL. Supremo Tribunal Federal. *Recurso extraordinário 587.970/SP*. Relator: Ministro Marco Aurélio Mello. 20 abr. 2017. Disponível em: http://redir.stf.jus.br/paginadorpub/paginador.jsp?docTP=TP&docID=13649377 Acesso em: 10 fev. 2020.

[33] BRASIL. Supremo Tribunal Federal. *Recurso extraordinário 658.312/SC*. Relator: Ministro Dias Toffoli. 27 nov. 2014. Disponível em: http://www.stf.jus.br/arquivo/cms/noticiaNoticiaStf/anexo/RE658312.pdf Acesso em: 10 fev. 2020.

6.1.2 Jurisprudência infraconstitucional brasileira – Tribunal de Justiça de Rondônia (TJRO), Tribunal de Justiça de Pernambuco (TJPE), Tribunal de Justiça do Mato Grosso do Sul (TJMS), Tribunal de Justiça de Minas Gerais (TJMG), Tribunal de Justiça do Paraná (TJPR)

Considerando o TJ de um estado representativo de cada uma das cinco regiões brasileiras, alcançaram-se os dados a seguir.

Na Tabela 3 seguinte, consta número de decisões em cada tribunal estadual em que foi encontrada a expressão de busca "mínimo existencial".

Tabela 3 – Jurisprudência infraconstitucional brasileira

DECISÕES	2004 Número de Decisões	2017 Número de Decisões
TJRO (Norte)	0	55
TJPE (Nordeste)	0	85
TJMS (Centro-Oeste)	0	66
TJMG (Sudeste)	0	194
TJPR (Sul)	0	95
Total	0	495

Fonte: Elaborada pela autora.

O crescimento claramente acelerado das ações judiciais que pleiteiam direitos relacionados ao mínimo existencial (principalmente direito à saúde) no Brasil é nitidamente evidenciado na Tabela 3. Ao passo que, em 2004, não se registrou nenhuma demanda do direito ao mínimo existencial nos tribunais pesquisados, em 2017, praticamente cinco centenas de ações tiveram esse direito como objeto ou, pelo menos, a ele fizeram referência.

Tabela 4 – Jurisprudência infraconstitucional brasileira –
Argumentos institucionais

	ARGUMENTOS INSTITUCIONAIS	
	Número de Decisões	%
Leis	488	99%
Precedentes	442	89%
Doutrina	169	34%

Fonte: Elaborada pela autora.

De acordo com a Tabela 4, o discurso jurídico infraconstitucional brasileiro é fortemente baseado em argumentos institucionais, principalmente leis (99%) e precedentes (89%). Contudo, a referência à doutrina pelos tribunais estaduais (34%) é muito menor em comparação com o Tribunal Constitucional pátrio (87% das decisões) (Tabela 1).

Quanto aos argumentos institucionais analisados na Tabela 4, as leis mais citadas nas decisões estudadas foram a *Constituição Federal/1988* (especialmente o art. 196, relativo ao direito à saúde), o *Código de Processo Civil* brasileiro e o *Estatuto da Criança e do Adolescente*.

Quanto aos precedentes, fez-se frequente referência ao já mencionado *leading case* ADPF nº 45 MC/DF, bem como a outras decisões do *STF* e do *Superior Tribunal de Justiça (STJ)*. Ademais, verificou-se que cada tribunal estadual (TJ) também cita reiteradamente seus próprios precedentes.

A *doutrina* mencionada é brasileira, principalmente relacionada ao *direito constitucional* e ao *direito processual civil*, assim como artigos científicos específicos sobre o *direito à saúde*.

A comparação entre as decisões do Tribunal Constitucional brasileiro (STF) e dos tribunais estaduais (TJs) evidencia clara superioridade da densidade argumentativa no discurso jurídico do STF. Nos TJs, há repetição maciça de argumentos semelhantes ou mesmo argumentos idênticos em inúmeras decisões.

Tabela 5 – Jurisprudência infraconstitucional brasileira –
Argumentos não institucionais

	ARGUMENTOS NÃO INSTITUCIONAIS Discurso Prático Geral	
	Número de Decisões	%
Argumentos pragmáticos	115	23%
Argumentos éticos	37	7%
Argumentos morais	31	6%
	Discurso Empírico	
	Número de Decisões	%
Fatos concretos	67	14%
Dados científicos	43	9%

Fonte: Elaborada pela autora.

Quanto aos argumentos não institucionais do discurso prático geral, é nítido o recurso mais elevado a argumentos *pragmáticos* pela jurisprudência infraconstitucional brasileira. Como mencionado, esses são argumentos relacionados à escolha de estratégias de ação, baseadas em critérios de eficiência e utilidade, de acordo com uma relação de meio-fim. Embora em 94% das vezes (466 decisões), o direito exigido tenha sido concedido, o argumento pragmático mais citado refere-se à necessidade de economizar dinheiro público e formas ou ações para fazê-lo. A jurisprudência infraconstitucional tende a utilizar argumentos mais concretos, não se referindo tanto a valores abstratos e ideais universais – expressos em argumentos *éticos* (utilizados em 7% das decisões) e argumentos *morais* (em 6% das vezes). Entretanto, mesmo a menção a dados *empíricos* não é alta – *fatos concretos* (empregados em 14% das decisões) e *dados científicos* (em 9% das vezes). Essas são taxas muito menores em comparação com a jurisprudência constitucional brasileira – respectivamente, fatos concretos (54%) e dados científicos (42%) (Tabela 2).

Um exemplo de argumento *pragmático*, baseado em raciocínio de meio-fim e nos valores de eficiência e utilidade é encontrado nessa decisão da TJRO (Norte), que trata do direito à saúde:

> Nada obstante, após a apreciação das provas e exame dos depoimentos prestados por especialistas, chegou o juízo à conclusão de que o uso de outras técnicas fisioterápicas, como a denominada CABOT, produziria o mesmo efeito daquela pleiteada pelo apelante, sendo que esta última é ofertada pelo SUS. Nessa senda, deve ser privilegiado o tratamento fornecido pelo SUS em detrimento de opção diversa escolhida pelo paciente (ou seu médico), sempre que não for comprovada a ineficácia ou a impropriedade da política de saúde existente ou a melhora significativa do tratamento perseguido.[34]

Quanto ao uso de argumento *ético* referente a valor da sociedade brasileira, baseado na realidade local, a seguinte decisão da TJMG (Sudeste), também relacionada ao direito à saúde, pode ser citada: "em se considerando que os recursos públicos são limitados, é preciso reconhecer que a efetivação desse direito é tarefa complexa, árdua, difícil, sobretudo num país com tamanhas desigualdades sociais [...]".[35]

Quanto a argumento *moral* referente a um valor universal, há esse curto e claro exemplo em outra decisão do mesmo TJMG, que afirmava que "os Poderes constituídos somente se legitimam se atuarem em vista da consecução do bem comum".[36]

---

[34] BRASIL. Tribunal de Justiça de Rondônia. *Apelação 0015717-12.2013.8.22.0001*. 2017. Disponível em: http://webapp.tjro.jus.br/juris/consulta/detalhesJuris.jsf?cid=1. Acesso em: 20 abr. 2020.

[35] BRASIL. Tribunal de Justiça de Minas Gerais. *Apelação Cível 1.0439.15.016844-1/002*. 2017. Disponível em:http://www5.tjmg.jus.br/jurisprudencia/pesquisaPalavrasEspelhoAcordao. do?paginaNumero=16&linhasPorPagina=1&numeroRegistro=16&totalLinhas=191&p alavras=%2522m%EDnimo%20existencial%2522&pesquisarPor=ementa&orderByDataTe sauro=true&orderByData=1&dataPublicacaoInicial=01/01/2017&dataPublicacaoFinal= 31/12/2017&dataJulgamentoInicial=01/01/2017&dataJulgamentoFinal=31/12/2017&referen ciaLegislativa=Clique%20na%20lupa%20para%20pesquisar%20as%20refer%EAncias%20 cadastradas...&pesquisaPalavras=Pesquisar&. Acesso em: 20 abr. 2020.

[36] BRASIL.TribunaldeJustiçadeMinasGerais.*AgravodeInstrumento1.0000.16.069716-5/001*.2017. Disponível em: http://www5.tjmg.jus.br/jurisprudencia/pesquisaPalavrasEspelhoAcordao. do?paginaNumero=131&linhasPorPagina=1&numeroRegistro=131&totalLinhas=191&pal avras=%2522m%EDnimo%20existencial%2522&pesquisarPor=ementa&orderByData=1& dataPublicacaoInicial=01/01/2017&dataPublicacaoFinal=31/12/2017&dataJulgamentoInici al=01/01/2017&dataJulgamentoFinal=31/12/2017&referenciaLegislativa=Clique%20na%20 lupa%20para%20pesquisar%20as%20refer%EAncias%20cadastradas...&pesquisaPalavras= Pesquisar&. Acesso em: 20 abr. 2020.

Quanto a argumento *empírico* referente a *fatos concretos*, a seguinte decisão do TJMS (Centro-Oeste) pode ser mencionada. Ela trata do direito à saúde:

> Segundo estudos acerca da durabilidade de prótese nacional e importada, as próteses nacionais, fornecidas pelo SUS, têm sobrevida de 5 (cinco) a 10 (dez) anos, sendo necessária a sua substituição após esse período de tempo. Por sua vez, as próteses importadas mostram sobrevida de 70-80% em 20 (vinte) anos, existindo expectativa de alguns modelos, sobretudo os constituídos de cerâmica, de durabilidade próxima a 30 (trinta) anos.[37]

Finalmente, houve também alguns exemplos de argumentos *empíricos* referentes a *dados científicos*, como esta decisão também do TJMS (Centro-Oeste), relacionada com o direito à saúde:

> A Nutrição Enteral é indicada para pacientes que não conseguem ingerir necessidades energético-proteicas e de micronutrientes adequadas e que apresentem trato gastrointestinal funcionante tais como: distúrbios de deglutição; sedação, doenças neurológicas (AVE, demência); neoplasias cabeça, pescoço, esôfago; não aceitação da dieta; anorexia nervosa; anorexia; doença crônica Insuficiências renal, hepática, cardíaca; DPOC; câncer; senilidade, intolerância da dieta via oral gastroparesia, náuseas e vômitos; fístulas de baixo débito 500ml; aumento das necessidades e perdas TGI; pancreatite; pacientes críticos; má absorção intestinal.[38]

---

[37] BRASIL. Tribunal de Justiça do Mato Grosso do Sul. *Agravo de instrumento 1411810-84.2017.8.12.0000/MS*. 2017. Disponível em: https://esaj.tjms.jus.br/cjsg/getArquivo.do?conversationId=&cdAcordao=732125&cdForo=0&uuid Captcha=sajcaptcha_86d7abec225b43a99b20eacf2965fbf2&g-ecaptcharesponse=03AOLTBLStCndaorN_UeY37U8UnkuGuviY1uWoa2aTvf5Lh4Y5uA12FWL42i_Ro5TMYqwghS6anrKnqma0OdxBTrUugXZnPMqh6QMdIP-8C9LRlWobWvdIiBixQ362GZFr0cEP8AHCSZR8MPwprUz9OcGcYF5EshX2QcxPocTnabm6mVGVV5Fs7eE6HaMbKsyEHzuDnpcAba7JYWibP5B_4TnZK4N5ONoIs7WZujKfy0nF-WdaHtPFAguKDS1a3nuPK2WqpIQmrSKeTdm8QIcxSKwdoi5bnsR4eBgQJstKoWNjlq6z8EbbJMO4D9uryHhpiOjvg5W7qrln7jcBtHCSOGJABqD4iVDR8BWTOzb6hmwUltATd6KtLIsDIYCtRe6Cbw9LJ-gOM._Acesso em: 20 abr. 2020.

[38] BRASIL. Tribunal de Justiça do Mato Grosso do Sul. *Apelação/Remessa Necessária 0800664-08.2017.8.12.0029/MS*. 2017. Disponível em: https://esaj.tjms.jus.br/cjsg/getArquivo.do?conversationId=&cdAcordao=713537&cdForo=0&uuidCaptcha=sajcaptcha_1a0c7f5c11254f478ac65ae71722b52b& g-recaptcharesponse=03AOLTBLT5oQaHS7El7w9oGeiYC5cjKK_R1hpeNgByV-PlAGqnWOvD6xv1ewY_gZSTk97va8IAOREKTvqJ5McuWLHeMi7BSlfK7nIq1Mfcyd8r-Z6ddNc1bRXsgLiFNwwKv7VPAHjEcyX_6VAfFW35kCJFrI5TR_2uAfKgBMfg3TYqHr1zYpcX2GIA1YMq3hRFm9yc8KCigTCzYXRsv5BVbXSbxpuzCS_kz4u2pjUBqPM5jWY6HUt-ZbDpY8xGaKffwYFmGDbG6mdleDi2DpN0B6z02X6cW3lns5FX_MGkeNXvW03ouaQEEZgHp5Q52LBgtixwM8AYqOmrICGGVQgB8n3SSKJeZxwThXkxF8nPoE67a34U-VqD5CbZN6tMoZM_IGTuroordit0J. Acesso em: 20 abr. 2020.

6.2 Jurisprudência constitucional argentina – *Corte Suprema de Justicia de la Nación Argentina* (CSJN)

A expressão "mínimo existencial" é traduzida em espanhol como "mínimo vital". Assim, o termo de busca utilizado tanto no site oficial do Tribunal Constitucional argentino como mexicano foi *mínimo vital*.

Ao contrário do Brasil, onde a reivindicação judicial do direito ao mínimo existencial continua a crescer, na jurisprudência da CSJN só houve *uma* menção à expressão *mínimo vital* durante 14 anos da pesquisa empírica realizada.

Na verdade, o site oficial da CSJN apresenta 14 resultados de decisões que mencionam o termo de busca "mínimo vital". Contudo, em 13 decisões as palavras "mínimo vital" fazem parte da expressão "salario mínimo vital", ou seja, o "salário mínimo" legalmente estabelecido. Como a pesquisa desenvolvida trata da questão constitucional "mínimo existencial" e não da questão laboral "salário mínimo", essas 13 decisões tiveram de ser descartadas. Assim, apenas *uma* decisão, que se referia a "mínimo vital" (e não a "salário mínimo vital"), foi analisada. Estava relacionada com a exigência do requerente de aumento na pensão por invalidez, de modo que o seu montante correspondesse ao subsídio de assistência social, a fim de garantir o mínimo vital.

O estudo dessa decisão mostrou o uso apenas de argumentos *institucionais* com referência exclusiva às *leis* nacionais e internacionais. Não houve qualquer menção a *precedentes* ou *doutrina*, nem referência a argumentos *não institucionais*. Assim, a tabela relacionada com a jurisprudência constitucional argentina é basicamente composta pelo número zero:

Tabela 6 – Jurisprudência constitucional argentina

	ARGUMENTOS INSTITUCIONAIS	
	Número de Decisões	%
Leis	1	100%
Precedentes	0	0%
Doutrina	0	0%
	ARGUMENTOS NÃO INSTITUCIONAIS **Discurso Prático Geral**	
	Número de Decisões	%
Argumentos pragmáticos	0	0%
Argumentos éticos	0	0%
Argumentos morais	0	0%
	Discurso Empírico	
	Número de Decisões	%
Fatos concretos	0	0%
Dados científicos	0	0%

Fonte: Elaborada pela autora.

Este é um exemplo de *leis internacionais* citadas:

> [...] muitos instrumentos internacionais assinados pelo nosso país consagraram o direito de cada pessoa a gozar de um nível de vida adequado quando já não é possível assegurar um meio de subsistência (Declaração Americana dos Direitos e Deveres do Homem, Capítulo 1, art. XVI; Declaração Universal dos Direitos do Homem, art. 25; Pacto Internacional sobre os Direitos Econômicos, Sociais e Culturais, art. 9; Convenção sobre os Direitos das Pessoas com Deficiência, art. 28 § 1, e Convenção sobre a Norma Mínima de Segurança Social – Convenção 102 da OIT, art. 36, subseção 1, e 65).[39] [tradução livre]

---

[39] ARGENTINA. Corte Suprema de Justicia de la Nación Argentina. 2015. *Fallo E. 261 XLVIII. RHE*. Disponível em: http://sjconsulta.csjn.gov.ar/sjconsulta/documentos/verDocumentoByIdLinksJSP.html?idDocumento=7261052&cache=1581305402296. Acesso em: 10 fev. 2020.

Como só foi estudada uma decisão na jurisprudência argentina, não é viável realizar uma avaliação do discurso jurídico argentino em geral. Contudo, é possível concluir que existe uma diferença notável entre a argumentação argentina e brasileira na jurisprudência constitucional, uma vez que nenhuma decisão brasileira se baseou exclusivamente em leis. Todas elas fizeram referência a precedentes – na verdade, o número de precedentes mencionados foi, por vezes, até maior do que o número de leis. Outra distinção entre as duas jurisprudências constitucionais é a referência a argumentos não institucionais em quase 80% das decisões brasileiras, em contraste com a decisão argentina, que não mencionou nenhum argumento não institucional.

6.3 Jurisprudência constitucional mexicana – *Suprema Corte de Justicia de la Nación* (SCJN)

Os países podem ser classificados, entre outros, de acordo com critérios geográficos e histórico-culturais. Do ponto de vista geográfico, o México faz parte da América do Norte. De acordo com a sua evolução histórica, social, política e econômica, o México pertence à América Latina. Como o foco relevante deste artigo é mais histórico-cultural do que geográfico-natural, o México foi aqui analisado como um país latino-americano.

Entre os países estudados, o México é aquele cuja jurisprudência constitucional aborda de forma *mais vaga* o direito ao mínimo existencial. Esse direito está associado a noções completamente diferentes, que vão desde o direito do presidiário ao vestuário até o direito dos cidadãos de baixa renda à isenção fiscal.

A primeira referência a mínimo vital em uma decisão do plenário da SCJN foi em 2013. Até 2017, houve 14 decisões que mencionaram o direito ao mínimo vital na sua fundamentação, por vezes de forma central, por vezes de modo periférico.[40] Os

---

[40] GOMES, Natascha. *Direito subjetivo ao mínimo existencial*: uma análise comparativa entre Brasil e México. Dissertação (Mestrado em Direito) – Faculdade de Direito, Universidade Federal de Juiz de Fora. Juiz de Fora, 2016, p. 78-82.

resultados da análise de jurisprudência constitucional mexicana são os seguintes:

Tabela 7 – Jurisprudência constitucional mexicana

	ARGUMENTOS INSTITUCIONAIS	
	Número de Decisões	%
Leis	14	100%
Precedentes	14	100%
Doutrina	1	7%
	ARGUMENTOS NÃO INSTITUCIONAIS **Discurso Prático Geral**	
	Número de Decisões	%
Argumentos pragmáticos	2	14%
Argumentos éticos	0	0%
Argumentos morais	1	7%
	Discurso Empírico	
	Número de Decisões	%
Fatos concretos	2	14%
Dados científicos	0	0%

Fonte: Elaborada pela autora.

Embora tanto a jurisprudência constitucional brasileira como a mexicana se refiram aos argumentos *institucionais* leis e precedentes em 100% das decisões, a doutrina é muito mais utilizada pelo Tribunal Constitucional brasileiro (87%) (Tabela 1) do que pela mexicana (7%) (Tabela 7).

Em relação aos argumentos *não institucionais*, a diferença entre o discurso jurídico mexicano e o brasileiro é clara. O Tribunal Constitucional mexicano quase nunca utiliza argumentos não institucionais, enquanto que na jurisprudência constitucional brasileira houve argumentos não institucionais em quase 80% das decisões (Tabela 2).

As *leis* mais mencionadas na jurisprudência mexicana foram a *Constituição* mexicana, a *Declaração Universal dos Direitos Humanos*, o *Pacto Internacional sobre os Direitos Econômicos, Sociais e Culturais*, e a *Lei Geral do Serviço de Ensino Profissional*. O precedente mais citado foi a *tese* apoiada pela *Segunda Câmara*, p. 1639, Volume XLVI, correspondente ao Quinto Período do Semanário Judicial Federal.

Todos os seguintes exemplos de argumentos empregados pela jurisprudência mexicana foram utilizados na mesma longa decisão do *Processo de Inconstitucionalidade 24/2012*, a qual declarou inconstitucional uma lei que criou um conjunto de impostos para a manutenção de presidiários. Os impostos seriam calculados sobre o montante recebido pelos detentos como pagamento pelo trabalho realizado durante o período de prisão.

A *doutrina* é citada neste argumento:

> Dado que a condição humana está em discussão, a dignidade humana é o fundamento de qualquer construção jurídica e social, é por isso que na interpretação constitucional o parâmetro constante e fundamental é a justificação e solução do conflito jurídico, tendo sempre em conta o princípio da dignidade humana, como base que constrói a entidade do sistema jurídico e orienta a sua formação, compreensão e execução. (Tribunal Constitucional da Colômbia, sentenças C-521 de 1998, C-239 de 1997 e T-309 de 1995. LONDOÑO AYALA, César Augusto. *Bloque de Constitucionalidad*, Colômbia, Ediciones Nueva Jurídica, 2010, p. 90).[41]
> [Tradução livre] [A referência bibliográfica foi escrita em nota de rodapé]

Como exemplo de argumento *pragmático* baseado em raciocínio de meio-fim, pode-se citar o seguinte:

> [...] a reinserção é entendida como a reintegração na sociedade de alguém que foi condenado criminalmente ou marginalizado, então, no caso, a reinserção aborda a ideia de recolocação do prisioneiro na sociedade civil, uma questão que, como reconhecido pela Constituição, não é possível sem instrução prévia, habilidades criativas ou revitalizantes e hábitos de trabalho e cuidados de saúde, educação e desporto.[42]
> [Tradução livre]

---

[41] MÉXICO. Suprema Corte de Justicia de la Nación. *Ação de inconstitucionalidade 24/2012*. Relator: Ministro Sergio A Valls Hernandez. 14 jun. 2013. Disponível em: http://www2.scjn.gob.mx/ConsultaTematica/PaginasPub/DetallePub.aspx?AsuntoID=136457. Acesso em: 10 fev. 2020.

[42] MÉXICO. *Suprema Corte de Justicia de la Nación. Ação de inconstitucionalidade 24/2012*. Relator: Ministro Sergio A Valls Hernandez. 14 jun. 2013. Disponível em: http://www2.scjn.gob.mx/ConsultaTematica/PaginasPub/DetallePub.aspx?AsuntoID=136457. Acesso em: 10 fev. 2020.

Quanto ao argumento *moral* baseado no ideal da universalidade:

> [...] os direitos das pessoas privadas de liberdade permanecem e são limitados apenas no que diz respeito à pena que cumprem. As autoridades responsáveis devem ter em conta que as pessoas privadas de liberdade têm o direito de gozar de todos os direitos fundamentais, bem como o cumprimento das suas obrigações, com exceção dos direitos que devem ser limitados pelo conteúdo da decisão, o significado da pena e a lei prisional.[43] [Tradução livre]

O exemplo de argumento que descreveu uma situação empírica e os seus *fatos concretos* é o seguinte:

> [A indústria prisional no México é] um mecanismo que procura consolidar várias atividades produtivas e industriais, com a participação de empresas privadas, em prisões federais, a fim de gerar oportunidades de emprego para as pessoas presas, ajudar na formação para o trabalho e desenvolver as suas atividades laborais, de modo a que adquiram meios para compensar quaisquer danos causados, contribuir para o apoio das suas famílias e criar um fundo de poupança.[44] [Tradução livre]

6.4 Jurisprudência constitucional alemã – *Bundesverfassungsgericht* (BVerfG)

A pesquisa da jurisprudência constitucional alemã foi limitada às decisões disponíveis em inglês no site oficial do Tribunal Constitucional Federal do país. No período pesquisado, foram apresentadas oito decisões traduzidas para o inglês como resultado de busca do termo *existential minimum*.[45] Embora se tenha solicitado a busca da expressão "existential minimum" entre aspas, o site

---

[43] MÉXICO. Suprema Corte de Justicia de la Nación. *Ação de inconstitucionalidade 24/2012*. Relator: Ministro Sergio A Valls Hernandez. 14 jun. 2013. Disponível em: http://www2.scjn.gob.mx/ConsultaTematica/PaginasPub/DetallePub.aspx?AsuntoID=136457. Acesso em: 10 fev. 2020.

[44] MÉXICO. Suprema Corte de Justicia de la Nación. *Ação de inconstitucionalidade 24/2012*. Relator: Ministro Sergio A Valls Hernandez. 14 jun. 2013. Disponível em: http://www2.scjn.gob.mx/ConsultaTematica/PaginasPub/DetallePub.aspx?AsuntoID=136457 Acesso em: 10 fev. 2020.

[45] A primeira referência literal ao termo *Existenzminimum* ("mínimo existencial" em alemão) pelo BVerfG foi em 1991 (BVerfGE 84, 133-160). De 1991 a 2017, 10 decisões colegiadas do Tribunal Constitucional alemão mencionaram o termo *Existenzminimum*.

oficial do BVerfG apresentou 5 decisões que se referiam às palavras "existential" e "minimum" separadamente. Essas decisões foram desconsideradas, uma vez que não abordavam o tema da pesquisa *existential minimum*.[46] Portanto, apenas 3 decisões (em inglês) do BVerfG efetivamente mencionaram a expressão de pesquisa "existential minimum" – BverfGE 125, 175; BVerfGE 132, 134; e BVerfGE 137, 34. Sua análise apresenta os seguintes resultados:

Tabela 8 – Jurisprudência constitucional alemã

ARGUMENTOS INSTITUCIONAIS		
	Número de Decisões	%
Leis	3	100%
Precedentes	3	100%
Doutrina	1	33%
ARGUMENTOS NÃO INSTITUCIONAIS		
Discurso Prático Geral		
	Número de Decisões	%
Argumentos pragmáticos	0	0%
Argumentos éticos	0	0%
Argumentos morais	0	0%
Discurso Empírico		
	Número de Decisões	%
Fatos concretos	3	100%
Dados científicos	3	100%

Fonte: Elaborada pela autora.

A utilização de argumentos *institucionais* na fundamentação jurídica brasileira e alemã da jurisprudência constitucional é

---

[46] As decisões descartadas foram: BVerfGE 121, 135; BVerfGE 123, 186; BVerfGE 129, 124; BVerfGE 134, 242; BverfGE 144, 20-367.

semelhante: ambas se referem a leis e precedentes em 100% das decisões, mas a doutrina é muito mais utilizada no Brasil (87% das decisões) (Tabela 1) do que na Alemanha (33%) (Tabela 8).

Em relação aos argumentos *não institucionais*, existem diferenças notórias entre ambos os países. Enquanto no discurso jurídico de fundamentação das decisões brasileiras foram utilizados argumentos *práticos gerais* pragmáticos, éticos e morais respectivamente em 43%, 30% e 22% dos julgados (Tabela 2), na jurisprudência constitucional alemã não há referência (0%) a argumentos práticos gerais (Tabela 8).

Em contraste, os argumentos *não institucionais* relacionados com o discurso *empírico* (fatos concretos e dados científicos) são muito mais utilizados na Alemanha (ambos os argumentos empíricos foram mencionados em 100% das decisões) (Tabela 8) do que no Brasil (onde fatos concretos foram empregados em 35% das decisões e dados científicos, em 22% delas) (Tabela 2).

Na jurisprudência alemã, as *leis* mais citadas foram a *Lei Fundamental* e o *Código de Direito Social (Sozialgesetzbuch)*. Quanto aos *precedentes*, a decisão paradigmática alemã sobre o direito ao mínimo existencial é a *BVerfGE 125, 175*, conhecida como decisão *Hartz IV*, prolatada em 9 de fevereiro de 2010. Essa decisão trata da compatibilidade com a Lei Fundamental de lei que estabelece um benefício padrão para garantir a subsistência de adultos e crianças até à idade de 14 anos. O BVerfG decidiu que, porquanto não é possível declarar que o montante do benefício padrão fixado em lei é *evidentemente insuficiente*, o legislador não é diretamente obrigado a fixar benefícios mais elevados. Em lugar disso, deve ele implementar um *procedimento* para determinar realisticamente o montante do auxílio pecuniário de acordo com as necessidades exigidas para garantir um mínimo existencial em conformidade com a dignidade humana. A decisão declarou que, devido à discricionariedade do legislador, o BVerG não estava habilitado a determinar um montante específico para o benefício em si, com base em suas próprias avaliações. Assim, o Tribunal estabeleceu um prazo para o Poder Legislativo avaliar todas as despesas necessárias para garantir o mínimo existencial em um "procedimento transparente" com "métodos plausíveis" de cálculo de uma prestação mensal. Entretanto, as disposições inconstitucionais permaneceram aplicáveis até que novas disposições fossem adotadas pelo legislador.

A decisão *Hatz IV* é bastante densa e longa. Como exemplo de *doutrina*, há o seguinte argumento:

> A alocação por faixa etária na escala da OCDE é utilizada apenas como renda familiar para membros individuais da família e para realizar cálculos de pobreza em uma comparação internacional (cf. Strengmann-Kuhn, *Zeitschrift für Sozialreform* – ZSR 439, 441 (2006).[47] [Tradução livre]

Argumentos *empíricos* relativos a *fatos concretos* e a *dados científicos* foram mencionados em 100% das decisões alemãs (Tabela 8). Como exemplo de referência a *fatos concretos* que descrevem uma situação empírica, pode ser citado o seguinte argumento utilizado na decisão BVerfGE 132, 134, que trata da compatibilidade com a Lei Fundamental do benefício financeiro previsto na *Lei de Benefícios dos Requerentes de Asilo* para a garantia da subsistência:

> O ônus sobre os orçamentos públicos federal e estaduais causado pelos auxílios pecuniários da *Lei de Benefícios dos Requerentes de Asilo* diminuiu consideravelmente desde que a lei foi introduzida em 1993. Em 2009, 121.918 pessoas se beneficiaram de tais benefícios. [...] Em contraste, havia quase 500.000 beneficiários nos primeiros anos da *Lei de Benefícios dos Requerentes de Asilo*. Consequentemente, as despesas nesta área caíram de 5,6 mil milhões de marcos alemães para 0,77 mil milhões de euros.[48]

Quanto a argumento empírico que expressa *dados científicos*, há o seguinte exemplo na decisão Hartz IV:

> As novas quotas de 60% e 80% do benefício padrão básico, respectivamente, são orientadas por um estudo científico realizado pelo Instituto Federal de Estatística (*Ausgaben für Kinder in Deutschland – Berechnungen auf der Grundlage der Einkommens- und Verbrauchsstichprobe* 1998, Federal Statistical

---

[47] ALEMANHA. Bundesverfassungsgericht. *BVerfGE 125, 175*. 9 fev. 2010. Disponível em: https://www.bundesverfassungsgericht.de/e/ls20100209_1bvl000109en.html. Acesso em: 10 fev. 2020.

[48] ALEMANHA. Bundesverfassungsgericht. *BVerfGE 132, 134*.18 jul. 2012. Disponível em: https://www.bundesverfassungsgericht.de/SharedDocs/Entscheidungen/EN/2012/07/ls20120718_1bvl001010en.html. Acesso em: 10 fev. 2020.

Office, Wirtschaft und Statistik, 2002), segundo o qual os jovens com 14 anos de idade ou mais geram despesas cerca de um terço mais altas do que crianças mais novas.[49]

7 Considerações finais sobre a análise jurisprudencial comparativa

Dos resultados aferidos na pesquisa empírica realizada tanto na jurisprudência infraconstitucional brasileira, quanto na jurisprudência constitucional pátria comparativamente à jurisprudência constitucional da Argentina, México e Alemanha, destacam-se as seguintes considerações:

1. A mais expressiva diferença as decisões constitucionais e infraconstitucionais brasileiras reside no uso marcadamente superior (cerca de três a quatro vezes mais) de argumentos *não institucionais* pelo STF, em comparação com os TJs;
2. O emprego de argumentos *não institucionais* pela jurisprudência *constitucional* brasileira é também notadamente superior àquele praticado pelos Tribunais Constitucionais de todos os demais países investigados – *todos os cinco tipos* de argumentos não institucionais elencados foram utilizados pela jurisprudência constitucional brasileira, em contraste com a jurisprudência constitucional argentina, que não mencionou *nenhum* tipo de argumento não institucional, ou diversamente ao Tribunal Constitucional alemão, que não empregou argumentos não institucionais práticos gerais, referindo-se apenas a argumentos não institucionais *empíricos* (em compensação, utilizou tais argumentos em 100% de suas decisões);
3. Por outro lado, à semelhança da jurisprudência constitucional mexicana e alemã, a jurisprudência constitucional brasileira é completamente (100%) baseada nos argumentos *institucionais leis* e *precedentes* – a jurisprudência constitucional argentina levantada baseou-se exclusivamente em leis.

---

[49] ALEMANHA. Bundesverfassungsgericht, *BVerfGE 125, 175*. 9 fev. 2010. Disponível em: https://www.bundesverfassungsgericht.de/e/ls20100209_1bvl000109en.html. Acesso em: 10 fev. 2020.

A análise das considerações acima conduz a importantes conclusões, que, em um primeiro momento, podem parecer contraditórias:

1. Comparativamente, o uso de argumentos *não institucionais* na fundamentação das decisões judiciais brasileiras foi nitidamente superior àquele dos demais países investigados. Sendo os argumentos institucionais aqueles próprios ao discurso jurídico, tem-se que quanto maior o recurso a argumentos não institucionais na justificação das decisões judiciais, maior a chance de o Poder Judiciário estar atuando fora da margem de sua competência e, portanto, maior a probabilidade de *ativismo judicial*;

2. Contudo, a utilização de argumentos *institucionais* pelo Poder Judiciário brasileiro foi extremamente elevada, tendo sido mais alta ainda do que o uso de argumentos não institucionais – enquanto leis e precedentes foram mencionados em todas (100%) as decisões do STF examinadas, os argumentos não institucionais foram citados em cerca de 80% delas. Como visto, um dos corolários da regra J.7 da teoria da argumentação alexyana – segundo a qual os argumentos institucionais têm precedência *prima facie* sobre os argumentos não institucionais no discurso jurídico – é que quanto maior a utilização de argumentos institucionais no discurso jurídico de fundamentação das decisões, maior a probabilidade de o Poder Judiciário estar agindo *dentro da margem de sua competência* e maior peso deve ser atribuído à avaliação de sua atuação como *controle judicial* regular dos atos e omissões dos demais poderes públicos, em conformidade com o *sistema de freios e contrapesos*.

Conforme exposto, em virtude da *tese da integração*, o discurso jurídico *necessariamente* deve conter argumentos *institucionais*, mas seu conteúdo não se reduz *exclusivamente* a tais argumentos. Em outras palavras, o uso de argumentos institucionais no discurso jurídico justificador da atuação judicial é *necessário*, mas pode não ser *suficiente*. Desse modo, os argumentos *não institucionais* podem também compor esse discurso.

A *relevância* dos argumentos não institucionais no discurso jurídico afere-se não apenas *quantitativamente*, mas também *qualitativamente*. Assim, se a *ratio decidendi* da sentença baseia-se em argumentos institucionais e, embora haja várias menções a argumentos não institucionais, eles são majoritariamente utilizados como *obiter dictum*, e o peso a lhes ser atribuído é então *leve* ou, no máximo, *moderado*.

Na jurisprudência brasileira examinada, os argumentos não institucionais foram empregados basicamente para fortalecer os argumentos institucionais mencionados na *ratio decidendi* das sentenças. Destarte, na jurisprudência nacional, os argumentos não institucionais foram relevantes, mas *não decisivos* na fundamentação das decisões judiciais. Consequentemente, maior a probabilidade de atuação do Poder Judiciário brasileiro *dentro da margem de sua competência*, pois as decisões judiciais tomadas se fundamentaram devidamente em argumentos institucionais próprios do discurso jurídico.

Portanto, considerando os critérios adotados nesta pesquisa e que o ativismo judicial não é um fenômeno binário, mas apresenta uma estrutura gradual, *não há razões suficientes que fundamentem a consideração do Poder Judiciário brasileiro como seriamente ativista*. Comparado ao Poder Judiciário argentino, mexicano e alemão, *o Poder Judiciário brasileiro pode ser considerado como leve ou, no máximo, moderadamente ativista*.

8 Conclusões

O objetivo central deste artigo foi verificar *cientificamente* a adequação da crítica de *ativismo judicial* frequentemente atribuída ao Poder Judiciário brasileiro no debate jurídico nacional. Para tanto, foram desenvolvidos conceitos e procurados critérios. Assim, *ativismo judicial* foi concebido como interferência indevida do Poder Judiciário na competência dos outros poderes públicos e *controle judicial* foi entendido como decisão judicial tomada no âmbito da competência do Poder Judiciário, visando à revisão de atos e omissões dos demais poderes, em conformidade com o *sistema de freios e contrapesos*.

Para a avaliação da atuação do Poder Judiciário nacional, se ativista ou não, examinaram-se seus *atos institucionais*, quais sejam, as *decisões judiciais*. Verificou-se se o Poder Judiciário brasileiro fundamenta devidamente sua atuação, de modo que fique demonstrado seu enquadramento dentro da margem de competência judicial ou se, ao contrário, não há a devida fundamentação (ou ela é insuficiente) das ações do Poder Judiciário, caso em que se revela alta probabilidade de interferência judicial indevida na competência dos demais poderes públicos – o que caracteriza o *ativismo judicial*.

Para tanto, foi elaborada uma *taxonomia argumentativa* com base na *teoria do discurso* de Jürgen Habermas e na *teoria da argumentação jurídica* de Robert Alexy. O discurso foi então dividido em *prático* e *empírico*, sendo ambos compostos por argumentos *não institucionais*. Por sua vez, como *caso especial* do discurso prático geral, o *discurso jurídico* é vinculado a argumentos *institucionais* e apresenta-se como o *discurso próprio* do Poder Judiciário, haja vista ser ele o poder responsável pela aplicação do Direito, o qual é formado exatamente pelos argumentos institucionais.

No discurso jurídico, devem, então, *necessariamente* estar presentes argumentos institucionais, mas esse discurso não se reduz *exclusivamente* a tais argumentos. Da teoria da argumentação jurídica alexyana, pela qual se atribui precedência *prima facie* aos argumentos institucionais, tem-se, por um lado, que quanto maior o *número* (quantidade) e *relevância* (qualidade) dos argumentos institucionais na decisão judicial, maior a probabilidade de o Poder Judiciário estar atuando *dentro* da margem de sua competência e menores as chances de ativismo judicial. Todavia, por outro lado, quanto maior o número e a relevância dos argumentos *não institucionais* na *ratio decidendi* da sentença, maiores as chances de o Poder Judiciário estar atuando *fora* de sua competência.

Ativismo judicial é, então, fenômeno identificável não de acordo com um código binário, mas apresenta uma *estrutura gradual*, mensurável em *graus* (leve, moderado, grave).

Na pesquisa empírica realizada, constatou-se que o Poder Judiciário brasileiro, especialmente o Tribunal Constitucional pátrio, utiliza argumentos institucionais (leis e precedentes) em 100% de suas decisões. Inobstante, também recorre bastante a argumentos não institucionais (em cerca de 80% dos julgados), fazendo menção a tais argumentos com maior frequência do que a jurisprudência constitucional de todos os demais países analisados.

A elevada utilização de argumentos tanto institucionais quanto não institucionais poderia conduzir a um impasse na avaliação da atuação do Poder Judiciário nacional. Entretanto, verificou-se que, não obstante a recorrente menção a argumentos não institucionais na fundamentação das decisões judiciais brasileiras, eles são usualmente empregados como acréscimo, reforço ou enriquecimento de argumentos institucionais. Isto é, a *ratio decidendi* das decisões judiciais pátrias analisadas é essencialmente fundada em argumentos institucionais, constituindo os argumentos não institucionais *obiter dicta*.

Destarte, segundo os critérios adotados nesta pesquisa, a crítica de que o Poder Judiciário brasileiro é ativista deve ganhar maior precisão: a partir do estudo, sob o prisma *argumentativo*, de decisões judiciais brasileiras de nível constitucional e infraconstitucional, bem como da análise comparativa realizada com a jurisprudência constitucional de outros países – Argentina, México e Alemanha –, constatou-se que o Poder Judiciário pátrio pode ser enquadrado como *ativista*, mas *em grau, no máximo, moderado*.

Referências

ALEMANHA. *Bundesverfassungsgericht*. BVerfGE 132, 134.18 jul. 2012. Disponível em: https://www.bundesverfassungsgericht.de/SharedDocs/Entscheidungen/EN/2012/07/ls20120718_1bvl001010en.html. Acesso em: 10 fev. 2020.

ALEMANHA. *Bundesverfassungsgericht*, BVerfGE 125, 175. 9 fev. 2010. Disponível em: https://www.bundesverfassungsgericht.de/e/ls20100209_1bvl000109en.html. Acesso em: 10 fev. 2020a.

ALEXY, Robert. *Teoria dos direitos fundamentais*. Trad. de Virgílio Afonso da Silva. São Paulo: Malheiros, 2008.

ALEXY, Robert. Human dignity and proportionality analysis. *Joçoaba*, v. 16, n. 3, p. 83-96, 2015.

ALEXY, Robert. *Teoria da argumentação jurídica*. 4. ed. Trad. de Zilda Hutchinson Silva, Rev. técnica trad. por Cláudia Toledo. Rio de Janeiro: Forense, 2017.

ALEXY, Robert. The special case thesis and the dual nature of law. *Ratio Juris*, v. 31, n. 3, p. 254-259, 2018.

ARGENTINA. *Corte Suprema de Justicia de la Nación Argentina*. 2015. Fallo E. 261 XLVIII. RHE. Disponível em: http://sjconsulta.csjn.gov.ar/sjconsulta/documentos/verDocumentoByIdLinksJSP.html?idDocumento=7261052&cache=1581305402296 Acesso em: 10 fev. 2020.

BARROSO, Luís R. A dignidade da pessoa humana no direito constitucional contemporâneo: natureza jurídica, conteúdos mínimos e critérios de aplicação. Disponível em: http://luisrobertobarroso.com.br/wp-content/uploads/2016/06/Dignidade_texto-base_11dez2010.pdf Acesso em: 10 out. 2020.

BRASIL. Constituição (1988). *Constituição da República Federativa do Brasil*. Brasília, DF: Centro Gráfico, 1988.

BRASIL. Supremo Tribunal Federal. *Recurso extraordinário 658.312/SC*. Relator: Ministro Dias Toffoli. 27 nov. 2014. Disponível em: http://www.stf.jus.br/arquivo/cms/noticiaNoticiaStf/anexo/RE658312.pdf. Acesso em: 10 fev. 2020.

BRASIL. Supremo Tribunal Federal. *Recurso extraordinário n. 581.488/RS*. Relator: Ministro Dias Toffoli. 03 dez. 2015. Disponível em: http://redir.stf.jus.br/paginadorpub/paginador.jsp?docTP=TP&docID=10624184 Acesso em: 10 fev. 2020.

BRASIL. Supremo Tribunal Federal. *Recurso extraordinário 587.970/SP*. Relator: Ministro Marco Aurélio Mello. 20 abr. 2017. Disponível em: http://redir.stf.jus.br/paginadorpub/paginador.jsp?docTP=TP&docID=13649377 Acesso em: 10 fev. 2020.

BRASIL. Tribunal de Justiça de Rondônia. *Apelação 0015717-12.2013.8.22.0001*. 2017. Disponível em: http://webapp.tjro.jus.br/juris/consulta/detalhesJuris.jsf?cid=1. Acesso em: 20 abr. 2020.

BRASIL. Tribunal de Justiça de Minas Gerais. *Apelação Cível 1.0439.15.016844-1/002*. 2017. Disponível em: https://www5.tjmg.jus.br/jurisprudencia/pesquisaPalavrasEspelhoAcordao.do?paginaNumero=16&linhasPorPagina=1&numeroRegistro=16&totalLinhas=191&palavras=%2522m%EDnimo%20existencial%2522&pesquisarPor=ementa&pesquisaTesauro=true&orderByData=1&dataPublicacaoInicial=01/01/2017&dataPublicacaoFinal=31/12/2017&dataJulgamentoInicial=01/01/2017&dataJulgamentoFinal=31/12/2017&referenciaLegislativa=Clique%20na%20lupa%20para%20pesquisar%20as%20refer%EAncias%20cadastradas...&pesquisaPalavras=Pesquisar&. Acesso em: 20 abr. 2020.

BRASIL. Tribunal de Justiça de Minas Gerais. *Agravo de Instrumento 1.0000.16.069716-5/001*. 2017. Disponível em: http://www5.tjmg.jus.br/jurisprudencia/pesquisaPalavrasEspelhoAcordao.do?paginaNumero=131&linhasPorPagina=1&numeroRegistro=131&totalLinhas=191&palavras=%2522m%EDnimo%20existencial%2522&pesquisarPor=ementa&orderByData=1&dataPublicacaoInicial=01/01/2017&dataPublicacaoFinal=31/12/2017&dataJulgamentoInicial=01/01/2017&dataJulgamentoFinal=31/12/2017&referenciaLegislativa=Clique%20na%20lupa%20para%20pesquisar%20as%20refer%EAncias%20cadastradas...&pesquisaPalavras=Pesquisar&. Acesso em: 20 abr. 2020.

BRASIL. Tribunal de Justiça do Mato Grosso do Sul. *Agravo de instrumento 1411810-84.2017.8.12.0000/MS*. 2017. Disponível em: https://esaj.tjms.jus.br/cjsg/getArquivo.do?conversationId=&cdAcordao=732125&cdForo=0&uuidCaptcha=sajcaptcha_86d7abec225b43a99b20eacf2965fbf2&g-ecaptcharesponse=03AOLTBLStCndaorN_UeY37U8UnkuGuviY1uWoa2aTvf5Lh4Y5uA12FWL42i_Ro5TMYqwghS6anrKnqma0OdxBTrUugXZnPMqh6QMdIP8C9LRlWobWvdIiBixQ362GZFr0cEP8AHCSZR8MPwprUz9OcGcYF5EshX2QcxPocTnabm6mVGVV5Fs7eE6HaMbKsyEHzuDnpcAba7JYWibP5B_4TnZK4N5ONoIs7WZujKfy0nFWdaHtPFAguKDS1a3nuPK2WqpIQmrSKeTdm8QIcxSKwdoi5bnsR4eBgQJstKoWNjlq6z8EbbJMO4D9uryHhpiOjvg5W7qrln7jcBtHCSOGJABqD4iVDR8BWTOzb6hmwUltATd6KtLIsDIYCtRe6Cbw9LJ-gOM. Acesso em: 20 abr. 2020.

BRASIL. Tribunal de Justiça do Mato Grosso do Sul. *Apelação/Remessa Necessária 0800664-08.2017.8.12.0029/MS*. 2017. Disponível em: https://esaj.tjms.jus.br/cjsg/getArquivo.do?conversationId=&cdAcordao=713537&cdForo=0&uuidCaptcha=sajcaptcha_1a0c7f5c11 254f478ac65ae71722b52b& g-recaptcharesponse=03AOLTBLT5oQaHS7El7w9oGeiYC5 cjKK_R1hpeNgByVPlAGqnWOvD6xv1ewY_gZSTk97va8IAOREKTvqJ5McuWLHeMi-7BSlfK7nIq1Mfcyd8rZ6ddNc1bRXsgLiFNwwKv7VPAHjEcYX_6VAfFW35kCJFrI5TR_ 2uAfKgBMfg3TYqHr1zYpcX2GIA1YMq3hRFm9yc8KCigTCzYXRsv5BVbXSbxpuzCS_ kz4u2pjUBqPM5jWY6HUtZbDpY8xGaKffwYFmGDbG6mdleDi2DpN0B6z02X6cW3lns-5FX_MGkeNXvW03ouaQEEZgHp5Q52LBgtixwM8AYqOmrICGGVQgB8n3SSKJeZx-wThXkxF8nPoE67a34UVqD5CbZN6tMoZM_IGTuroordit0J. Acesso em: 20 abr. 2020.

CARTER, John D. *Warren Court and the Constitution:* a critical view of judicial activism. Los Angeles: Pelican Publishing Company, 1972.

GOMES, Natascha. *Direito subjetivo ao mínimo existencial*: uma análise comparativa entre Brasil e México. Dissertação (Mestrado em Direito e Inovação) – Faculdade de Direito, Universidade Federal de Juiz de Fora, Juiz de Fora, 2016.

HABERMAS, Jürgen. *Direito e Democracia*: entre facticidade e validade. Rio de Janeiro: Tempo Brasileiro, v. 1, 1997.

MACHADO, Joana S. *Ativismo judicial no Supremo Tribunal Federal*. Dissertação (Mestrado em Teoria do Estado e Direito Constitucional) – Faculdade de Direito, Pontifícia Universidade Católica do Rio de Janeiro, 2008.

MARSHALL, William P. Conservatives and seven sins of judicial activism. *Law Review*, v. 73, set. 2002.

MELQUÍADES DUARTE, Luciana G. *Possibilidades e limites do controle judicial sobre as políticas públicas de saúde*. Belo Horizonte: Fórum, 2011.

MÉXICO. Suprema Corte de Justicia de la Nación. *Ação de inconstitucionalidade 24/2012*. Relator: Ministro Sergio A Valls Hernandez. 14 jun. 2013. Disponível em: http://www2.scjn.gob.mx/ConsultaTematica/PaginasPub/DetallePub.aspx?AsuntoID=136457 Acesso em: 10 fev. 2020.

NEUMANN, Volker. Menschenwürde und Existenzminimum. *Humboldt-Universität zu Berlin, Juristische Fakultät*. 1995. Disponível em: https://doi.org/10.18452/1595. Acesso em: 10 fev. 2020.

PAGANELLI, Celso J.M. et al. *Ativismo judicial: paradigmas atuais*. São Paulo: Letras Jurídicas, 2011.

RAMOS, Elival S. *Ativismo judicial:* parâmetros dogmáticos. São Paulo: Saraiva, 2010.

TOLEDO, Cláudia. Mínimo Existencial – A Construção de um Conceito e seu Tratamento pela Jurisprudência Constitucional Brasileira e Alemã. In: MIRANDA, Jorge *et al.* (coord.). *Hermenêutica, Justiça e Direitos Fundamentais*. Curitiba: Juruá, p. 821-834, 2016.

TOLEDO, Cláudia *et al*. Direitos fundamentais sociais e mínimo existencial na realidade latino-americana – Brasil, Argentina, Colômbia e México. *Revista Brasileira de Direitos Fundamentais & Justiça*, p. 213-239, 2019.

Informação bibliográfica deste texto, conforme a NBR 6023:2018 da Associação Brasileira de Normas Técnicas (ABNT):

TOLEDO, Cláudia. Ativismo judicial vs. controle judicial: um estudo a partir da análise argumentativa da fundamentação das decisões do Poder Judiciário brasileiro e do Tribunal Constitucional da Argentina, México e Alemanha. *In*: TOLEDO, Cláudia (coord.). *Atual judiciário*: ativismo ou atitude. Belo Horizonte: Fórum, 2022. p. 385-422. ISBN 978-65-5518-270-5.

A JUSTICIABILIDADE DO DIREITO FUNDAMENTAL SOCIAL À EDUCAÇÃO EM UMA PERSPECTIVA COMPARADA: BRASIL, COLÔMBIA E MÉXICO

NATASCHA ALEXANDRINO DE SOUZA GOMES
PAOLA DURSO ANGELUCCI

Introdução

Os direitos fundamentais sociais implicam prestações estatais positivas, visando à concretização da isonomia substancial. O presente trabalho busca investigar quando é adequado que o Judiciário obrigue o Estado a fornecer as prestações referentes ao direito à educação, considerando as realidades brasileira, mexicana e colombiana.[1]

Para confronto com a ordem constitucional do Brasil, optou-se pela colombiana e mexicana não somente pela proximidade entre nosso país e a Colômbia e pela vanguarda histórica mexicana na positivação dos direitos fundamentais sociais, mas, principalmente, por visualizar similitudes socioeconômicas entre os países, a fim de aproveitar seus avanços e investigar suas limitações.

De se ressaltar que a avaliação do PISA (sigla em inglês para o Programa Internacional de Avaliação de Estudantes), aplicada aos estudantes em fase de conclusão do ensino fundamental em diversos países, é um programa desenvolvido pela Organização para Cooperação e Desenvolvimento Econômico (OCDE) e, no Brasil, ela é coordenada pelo Instituto Nacional de Estudos e Pesquisas Educacionais Anísio Teixeira (INEP).

---

[1] Esta pesquisa foi desenvolvida no bojo do projeto *"Direitos Fundamentais em função da Dignidade Humana: Estudo Comparativo em Distintos Contextos Internacionais"*, com financiamento do CNPq, sob a coordenação da Profª Cláudia Toledo, junto à Universidade Federal de Juiz de Fora.

Lamentavelmente, os resultados da avaliação PISA de 2018 mantiveram o Brasil atrás da Colômbia no *ranking* em leitura, ciências e matemática, por exemplo.

Quando comparado com os demais países da América do Sul, em 2018, segundo a avaliação PISA, o Brasil é o pior país em Matemática (empatado estatisticamente com a Argentina) e Ciências (aqui empatado com Argentina e Peru). Em suma, segundo o INEP (2019): em Leitura – OCDE 487, Brasil 413; faixa do Brasil no *ranking*: 55º e 59º; em Matemática – OCDE 489, Brasil 384, faixa do Brasil no *ranking*: 69º e 72º e, por fim, em Ciências – OCDE 489, Brasil 404; faixa do Brasil no *ranking*: 64º e 67º. As notas do México foram melhores do que as brasileiras (embora também abaixo da média): em Leitura obteve 420, em Matemática 409 e Ciências 419. Participam da avaliação 78 países.

Para além do debate sobre a qualidade educacional brasileira, quanto ao direito fundamental à educação propriamente considerado, como os recursos financeiros do Estado são limitados, faz-se necessário escolher quais direitos fundamentais sociais devem ser efetivados, sendo essas escolhas políticas. Esses limites orçamentários se conectam intimamente com o *argumento da reserva do possível*, resposta frequentemente alegada pelos entes federados nas demandas judiciais em que figuram no polo passivo e cujos objetos são prestações materiais positivas.

A hipótese aqui considerada é a de que, possuindo aplicabilidade imediata (conforme o art. 5º, §1º, CF/88), os direitos fundamentais sociais são exigíveis e, mais do que isso, aqueles que compõem o denominado *mínimo existencial* não admitem ponderação. Assim, para sua verificação, utilizamos como marco teórico a Teoria dos Direitos Fundamentais de Robert Alexy que, ao contribuir para a definição do núcleo essencial do direito à educação, trouxe uma importante contribuição na delimitação dos casos em que se justifica a atuação judicial.

De acordo com o pensamento de Alexy, as restrições relacionadas à reserva do possível não poderão prevalecer quando confrontadas com o *núcleo essencial* de determinado direito fundamental. Assim, essas pretensões serão exigíveis judicialmente, visando às providências cabíveis para garantir, no caso concreto, a prevalência do direito fundamental social à educação e a dignidade da pessoa, inclusive o (re)direcionamento de prioridades em matéria de alocação de recursos.

Portanto, da constitucionalização dos direitos fundamentais sociais decorre a irresistível necessidade de proteção dos seus respectivos núcleos essenciais, possibilitando a justiciabilidade dos *direitos subjetivos definitivos* contidos nesses conteúdos.

1 Do direito à educação: Brasil, Colômbia e México

1.1 Legislação brasileira

Com relação ao conceito de educação, Sifuentes (2009) afirma não existir uma definição concludente, pois seu conteúdo está em constante mudança. Para fins desse estudo, adota-se o entendimento de que *a educação visa ao pleno desenvolvimento humano, auxiliando a capacitar os indivíduos para o exercício da cidadania*.[2]

O direito social à educação encontra-se detalhado no Título VIII da nossa Constituição Federal, denominado "Da ordem social", recebendo especial tratamento em seu Capítulo III, "Da Educação, da Cultura e do Desporto", Seção I, "Da Educação".

Do artigo 205 da Constituição Federal, depreende-se ser a educação direito de todos e dever do Estado, da família e da sociedade. Em geral, a educação se desenvolve em vários níveis, começando pela família, nos primeiros anos de vida e, posteriormente, na escola e na sociedade, portanto, cada um desses entes possui um grau de responsabilidade para o pleno

---

[2] O direito ao mínimo existencial, de acordo com Alexy (2008), é composto do *núcleo essencial* de determinados direitos fundamentais sociais, ou seja, daquelas condições materiais indispensáveis para uma vida digna, saudável e com certa qualidade. Na Alemanha, seu conteúdo seria composto pelo direito a uma *moradia simples, à educação fundamental, média e profissionalizante e direito a um nível mínimo de assistência médica*. O *mínimo existencial* é diferente do denominado *mínimo vital*, uma vez que este se refere apenas à garantia da vida humana (relacionando-se ao direito à saúde e ao direito à moradia), sem, necessariamente, garantir condições de vida digna, para uma vida com certa qualidade. Muitos defendem que o Estado deve se limitar (em termos de direitos subjetivos a prestações positivas) a efetivar apenas o mínimo vital, contudo, tal posição fora refutada por grandes nomes que estudam o tema, a citar, Ricardo Lobo Torres (2009), jurista pioneiro no tratamento do mínimo existencial no Brasil. De se destacar que a educação (elemento cultural e integrador) é o que diferencia o mínimo existencial do mínimo vital.

desenvolvimento do indivíduo. Assim, algumas ações estatais são necessárias para seu pleno desenvolvimento, tais como estruturação das escolas, materiais didáticos, merenda de qualidade, professores bem qualificados, bem remunerados e acessibilidade do ensino (SOUZA, 2015). Mais do que um dever cristalino, trata-se de um direito fundamental positivado em nossa Carta Magna.

O art. 227 da Constituição Federal reitera o dever da família, da sociedade e do Estado, de assegurar à criança, adolescente e ao jovem, com absoluta prioridade, entre outros, o direito à educação (BRASIL, 1988).

Destacam-se os parágrafos 1º e 2º do artigo 208 da Constituição Federal. O primeiro afirma ser "o acesso ao ensino obrigatório e gratuito um direito subjetivo público" (BRASIL, 1988). O segundo prescreve a garantia de que, em caso de descumprimento da referida norma, haverá responsabilidade da autoridade competente (BRASIL, 1988).

Da análise da Constituição Federal infere-se que seu artigo 208 assevera ser dever do Estado garantir a educação básica obrigatória e gratuita dos quatro aos dezessete anos de idade, inclusive assegurando-a aos que a ela não tiveram acesso na idade apropriada (BRASIL, 1988). Ademais, garante-se o atendimento ao educando em todas as etapas da educação básica, por meio de material didático, transporte, alimentação e assistência à saúde. O referido artigo garante, ainda, a progressiva universalização do ensino médio gratuito e o atendimento educacional especializado aos portadores de necessidades especiais (artigo 208, II e III, CF).

Além disso, dispõe o artigo 208 acerca da educação infantil, que se realizará em creches e pré-escolas, para as crianças até cinco anos de idade. O mesmo artigo dispõe sobre o acesso aos níveis mais elevados do ensino, da pesquisa e da criação artística, segundo a capacidade de cada um (BRASIL, 1988).

Os municípios atuarão de maneira prioritária no ensino fundamental e educação infantil (art. 211, §2º, CF). Já os Estados e Distrito Federal atuarão, sobretudo, no ensino fundamental e médio (art. 211, §3º, CF) e a União cuidará do sistema federal de ensino.

No que diz respeito à legislação extravagante sobre a matéria, a Lei nº 9.394/96, denominada "Lei de Diretrizes e Bases da Educação Nacional" (LDB), regulamenta todo o sistema educacional de nosso país, tanto reiterando aquilo que já fora disciplinado pela Constituição Federal em linhas gerais, quanto regulamentando de maneira mais detalhada outras matérias.

O artigo 21 da LDB assevera que a educação escolar compõe-se de educação básica (formada pela educação infantil, ensino fundamental e ensino médio) e educação superior (BRASIL, 1996), repetindo a previsão constitucional.

Em suma, prevê a LDB ser a educação infantil composta por creches, que cuidam de crianças de até três anos de idade, e por pré-escolas, cujo público-alvo é composto por crianças de até cinco anos de idade, existindo previsão de gratuidade, mas não de obrigatoriedade (BRASIL, 1996).

Quanto ao ensino fundamental, há previsão legal tanto de gratuidade, quanto de obrigatoriedade, nos moldes do disposto no *caput* do artigo 5º da LDB. Já a previsão legal relativa ao ensino médio garante a progressiva extensão da sua obrigatoriedade e gratuidade.

Outra importante legislação infraconstitucional é o Estatuto da Criança e do Adolescente (ECA), na medida em que seu artigo 54 reitera parte do artigo 208 da Constituição Federal, reafirmando ser dever do Estado assegurar à criança e ao adolescente ensino fundamental, obrigatório e gratuito.

Ademais, o supracitado artigo ratifica, em seu parágrafo primeiro, ser o acesso ao ensino obrigatório gratuito um direito público subjetivo, bem como, em seu parágrafo segundo, prevê a responsabilização da autoridade competente em caso de desrespeito a essa norma (BRASIL, 1990).

Relativamente ao custeio da Educação, nossa Constituição dispõe, em seu o artigo 211, que União, Estados, Distrito Federal e os Municípios o farão através de regime de colaboração.

Quanto ao seu financiamento, dispõe o artigo 212 da Constituição que a União aplicará, anualmente, pelo menos dezoito por cento, e os Estados, o Distrito Federal e os Municípios vinte e cinco por cento, no mínimo, da receita resultante de impostos, na manutenção e desenvolvimento do ensino. Outrossim, o artigo 69 da Lei nº 9.394/96, Lei de Diretrizes e Bases da Educação Nacional (LDB), reforça tal previsão orçamentária. Portanto, o constituinte estabeleceu, no artigo 212, que o custeio desse sistema ocorrerá através do financiamento do ensino público pelos entes federados, com as respectivas frações anuais obrigatória de aplicação no ensino, quais sejam, 18% para a União, 25% para os Estados, Distrito Federal e Municípios e na sequência determinou as regras de cálculo.

Além disso, no ano de 2014, fora aprovado o Plano Nacional de Educação (PNE), o qual prevê a aplicação de 10% do PIB em investimentos nesse setor e estabelece metas a serem cumpridas nos próximos dez anos, como a erradicação do analfabetismo, a oferta de educação em tempo integral e o estabelecimento de prazos máximos para alfabetização de crianças.

1.2 Legislação colombiana

Na Constituição colombiana de 1991, o direito à educação está previsto no art. 44, dentro do capítulo dos direitos sociais, mas expressamente descrito como direito fundamental das crianças. Já no art. 67 da CP/91 está expressamente estabelecida a gratuidade da educação nas instituições do Estado. Além disso, nesse mesmo artigo, fica estabelecido que a educação é obrigatória entre os 5 e os 15 anos de idade e compreenderá, no mínimo, um ano de pré-escolar e nove anos de educação básica.

Segundo Tejedor (2011, p. 128), não existe educação gratuita na Colômbia, salvo em alguns municípios. O autor afirma ser esse o único país da América Latina onde não é fornecida educação primária gratuita.

Carreño (2007, p. 21) afirma que a Corte Constitucional da Colômbia já declarou que a educação é um direito fundamental de aplicação imediata nas seguintes situações: quando o reclamante é menor de idade (já que a CP/91 explicitamente reconhece a educação como direito fundamental nesse caso); quando a violação do direito à educação vincula-se, por conexão, à ameaça de outros direitos fundamentais.

O autor traz uma informação importante sobre a educação colombiana: a obrigação de gratuidade da educação primária não é cumprida e cerca de 60% da população está abaixo da linha de pobreza, de modo que os custos educativos são a principal razão para que não frequentem a escola primária (CARREÑO, 2007, p. 38).

1.3 Legislação mexicana

A Constituição do México de 1917 (que vigora até os dias de hoje) fora a primeira na positivação dos direitos fundamentais sociais, fruto da revolução, sendo um verdadeiro marco temporal mundial no estudo do presente tema.

Para o jurista mexicano, Huerto (2013, p. 516): "O direito à educação se relaciona com o direito a uma vida digna. Os Estados têm o dever de garantir acessibilidade à educação básica gratuita, bem como o seu financiamento (*sostenibilidad*)".

Ademais, também naquele país pode-se dizer que a educação: "(...) configura parte fundamental e pressuposto da construção da cidadania e do controle social que exerce no processo deliberativo, neutralizando o equilíbrio das desigualdades, garantindo a pluralidade" (TREJO, 2013, p. 526, tradução livre).

Assim como ocorre no Brasil, o direito à educação é detalhadamente disciplinado no Capítulo I, Título I, da Constituição Mexicana de 1917, que trata dos direitos humanos e suas garantias, aparecendo, sobretudo, em seu art. 3º.

De forma semelhante ao Brasil, destaca-se que a maneira detalhada com que esse direito fora previsto constitucionalmente, no México, se diferencia da positivação de outros direitos fundamentais sociais, como o direito à saúde, que aparece nos artigos subsequentes de forma mais genérica e abstrata (CORTES, 2014).

De acordo com a última reforma constitucional sobre o tema (ocorrida em 15.05.2019), o art. 3º da Constituição do México[3] dispõe que: *toda pessoa tem direito à educação. O Estado – Federação, Estados membros, Cidade do México e Municípios – garantirá a educação inicial, pré-escolar, primária e secundária, e média superior. Ademais, a educação básica (inicial, pré-escolar, primária e secundária)*

---

[3] "Artículo 3º. Toda persona tiene derecho a la educación. El Estado -Federación, Estados, Ciudad de México y Municipios- impartirá y garantizará la educación inicial, preescolar, primaria, secundaria, media superior y superior. La educación inicial, preescolar, primaria y secundaria, conforman la educación básica; ésta y la media superior serán obligatorias, la educación superior lo será en términos de la fracción X del presente artículo. La educación inicial es un derecho de la niñez y será responsabilidad del Estado concientizar sobre su importancia. Fe de erratas al párrafo DOF 09-03-1993. Reformado DOF 12-11-2002, 09-02-2012, 29-01-2016, 15-05-2019 Corresponde al Estado la rectoría de la educación, la impartida por éste, además de obligatoria, será universal, inclusiva, pública, gratuita y laica."

e a média superior serão obrigatórias. Desde 2012, a educação média superior se tornou obrigatória no México, portanto, considera-se obrigatória, no México, a educação básica e a média superior (BRANDÃO, 2013).

Quanto a sua justiciabilidade, para Huerto (2013), o art. 3º da Constituição mexicana não deve ser interpretado como mera declaração programática, pois essa postura ocasiona uma banalização dos direitos fundamentais sociais e uma absoluta desconsideração de suas garantias.

Por ser direito fundamental, a educação comporta tanto uma dimensão subjetiva, quanto objetiva. Aquela se relaciona com a justiciabilidade desse direito e se configura, principalmente, a partir das regras e princípios decorrentes do aludido art. 3º da Constituição mexicana e dos Tratados Internacionais sobre o tema. Seu descumprimento constitui uma flagrante violação aos direitos subjetivos das pessoas. Já a dimensão objetiva impõe obrigações de fazer às autoridades administrativas e legislativas, abrigando tanto programas do Estado, quanto direitos subjetivos imediatamente vinculantes (HUERTO, 2013).

No entanto, de acordo com Fondevila (2005), em termos infraconstitucionais, apesar de a Lei Geral de Educação mexicana[4] dispor que todo o indivíduo tem direito a receber educação e, dessa forma, todos os habitantes do país têm as mesmas oportunidades de acesso ao sistema educativo nacional, (art. 2º, §1º), *não há previsão legal para sua exigibilidade em caso de descumprimento dessas normas.*

Destarte, dentre os inúmeros obstáculos do acesso à justiça no México, Fondevila (2005) destaca o alto custo das demandas judiciais (pois, ainda que a Constituição mexicana preveja gratuidade de custas processuais, isso não ocorre na prática), desconhecimento das normas, direitos e garantias, complexidade do sistema judicial, tecnicismos excessivos, defensoria pública insuficiente. Nesse sentido, o autor propõe, entre outras medidas, a ampliação dos

---

[4] Há ainda a "Lei de Proteção dos direitos das Meninas, Meninos e Adolescentes", dispõe sobre a proteção contra ações ou omissões que podem afetar, entre outros, o direito à educação, assim como o dever da Federação, Distrito Federal, estados e municípios de fomentar centros educativos para jovens com necessidades especiais. Nos termos do art. 3º da referida lei, a educação deve promover a compreensão, paz e tolerância entre os alunos (HUERTO, 2013).

serviços de defensoria pública no contexto mexicano, conforme já ocorre de maneira bem-sucedida no Brasil.

2 Justiciabilidade do direito fundamental social à educação: argumentos gerais

Apresentamos a legislação de cada país de forma separada pois entendemos ser necessário explicitar que, ainda que a partir de diferentes abordagens, os três países mencionados admitem a justiciabilidade do direito fundamental social à educação, considerando que essa conclusão se funda na análise da legislação desses países a partir da lente da teoria de Robert Alexy, que assim nos permite interpretar as referidas normas. Desse modo, os argumentos acerca da judicialização dos direitos fundamentais sociais, independentemente do país analisado, partem de uma mesma base teórica, optamos por abordá-los em um tópico único, como faremos a seguir.

De acordo com as lições de Silva (2002, p. 44):

> Se se admite que a grande maioria dos direitos fundamentais são princípios, no sentido defendido por Robert Alexy (...) admite-se que eles são mandamentos de otimização, isto é, normas que obrigam que algo seja realizado na maior medida possível, de acordo com as possibilidades fáticas e jurídicas. E a análise da proporcionalidade é justamente a maneira de se aplicar esse dever de otimização no caso concreto.

Como se sabe, em virtude da ausência ou insuficiência de políticas públicas, em diversos casos, o titular do direito fundamental social recorre ao Poder Judiciário para ter sua pretensão material satisfeita, inaugurando, pois, a colisão de diversos princípios[5] que

---

[5] Alexy (2014) diferencia princípios formais e materiais em razão de seu conteúdo. O objeto de otimização dos princípios formais são decisões jurídicas, independentemente de seu conteúdo. Ademais, os princípios formais se relacionam com a conformidade ao ordenamento jurídico e a eficácia social, ou seja, com elementos definidores do positivismo jurídico. Razão disso, Alexy (2014) esclarece que os princípios formais se referem à dimensão real ou fática do direito. Essa dimensão pode se conectar com o aspecto jurídico ideal e, nesse sentido, o princípio da democracia é um exemplo, já que ela tenta institucionalizar os ideais do discurso enquanto deliberação pública. O princípio democrático é formal, uma vez que se trata de democracia representativa, que se aperfeiçoa na figura do parlamento, o qual aplica a regra da maioria. Isso possui assaz importância para a relação entre direitos fundamentais e democracia.

abrigam direitos fundamentais. Assim, para dirimir essa colisão, deve-se aplicar a máxima da proporcionalidade.[6]

A máxima da proporcionalidade se divide em três submáximas: adequação, necessidade e proporcionalidade em sentido estrito. A adequação diz respeito à análise do meio para se atingir determinado fim, enquanto a necessidade irá averiguar se o meio eleito é o mais apropriado naquele caso concreto; ambas se relacionam às condições fáticas. Já a proporcionalidade em sentido estrito (ou ponderação) se refere ao sopesamento e à análise jurídica do caso, obedecendo à denominada *lei da ponderação*.

Somente se chega à última submáxima quando a adequação e a necessidade foram insuficientes para dirimir a colisão, tornando-se necessário, portanto, adentrar no conteúdo dos princípios para se estabelecer a relação de precedência de um sobre o outro (ALEXY, 2008).

Em suma, a ponderação é a forma para resolver a colisão entre princípios, pois advém da ideia de peso: "A ponderação é, então, a atividade consistente em sopesar dois princípios que entraram em colisão em um caso concreto para determinar qual deles têm um peso maior nas circunstâncias específicas e, portanto, qual deles determina a solução para o caso" (PULIDO, 2013, p. 93).

Falar em núcleo essencial de um direito fundamental significa que eventual restrição ou limitação não pode privá-lo de um mínimo de eficácia, sob pena de tornar o ato inconstitucional (SARLET, 2009).

Portanto, *integra o núcleo essencial o que for substancialmente indispensável à garantia de uma eficácia mínima ao direito à educação, bem como o que for positivado constitucionalmente como direito subjetivo definitivo*. Para além desses limites, contudo, a exigibilidade judicial do direito à educação dependerá da discricionariedade das políticas públicas, por exemplo, no caso dos programas suplementares de educação, tais como os que preveem o fornecimento de alimentação e transporte aos alunos, que, apesar de indissociáveis

---

[6] De se esclarecer que, conforme as lições de Virgílio Afonso da Silva (2002), não há identidade entre a máxima da proporcionalidade e a razoabilidade. Elas se diferenciam em, pelo menos, três aspectos, quais sejam: quanto à origem; estrutura e conteúdo. Assim, a máxima da proporcionalidade possui origem germânica, se subdivide em três submáximas, sendo o instrumento adequado para dirimir colisões entre princípios, sobretudo àqueles que abrigam direitos fundamentais. Já a razoabilidade, de origem inglesa, é mais simples do que a primeira, e consiste na vedação de se requerer prestações desarrazoadas ao Estado.

do direito subjetivo, não integram seu núcleo essencial e podem ser ponderados no caso concreto.

Um importante argumento a favor da judicialização dos direitos fundamentais sociais, entre eles a educação, é levantado por Alexy ao retomar o conceito kantiano de autonomia. Alexy defende que a *liberdade jurídica*, quer dizer, a autorização do ordenamento para fazer ou deixar de fazer algo, perde o valor diante da ausência de uma *liberdade fática*, a qual consiste na real possibilidade de escolha entre as alternativas permitidas (ALEXY, 2008, p. 503). Nesse sentido, esse é o conceito de *liberdade fática* em Alexy: "em relação a uma alternativa de ação juridicamente livre, *a* é faticamente livre na medida em que tem a possibilidade real de fazer ou deixar de fazer aquilo que é permitido" (ALEXY, 2008, p. 226).

Essa noção de liberdade fática refere-se à possibilidade de construção de uma vida digna, baseada na existência de condições mínimas para o exercício desse direito. Tendo isso em mente é que invocamos a importância da atuação do Judiciário como instrumento de efetividade, como ponte entre a abstração da norma e a concretude do direito, especialmente nos casos em que o Legislativo não demonstra eficiência e chega até mesmo a não agir por descaso. Os questionamentos levantados acerca dos limites do Poder Judiciário são, por óbvio, pertinentes, tanto quanto os limites orçamentários nos obrigam às escolhas difíceis, nos conduzem aos *hard cases*. Todavia, o que mais importa destacar, neste ponto, são as noções de *ponderação* e *prioridade*: é a dignidade humana que deve ser o centro de resistência em cada um desses casos, é a *pessoa* que se deve priorizar.

Tendo isso em mente, passamos para a análise de dois dentre os principais argumentos referentes à justiciabilidade dos direitos fundamentais sociais: o argumento da reserva do possível e a objeção democrática.

2.1 Argumento da reserva do possível

A construção teórica da reserva do possível originou-se na Alemanha, aproximadamente nos anos de 1970. Conforme essa noção, a efetividade dos direitos fundamentais, sobretudo daqueles que demandam prestações materiais, é limitada pela reserva das capacidades financeiras do Estado.

Há diversos casos concretos em que o titular do direito fundamental recorre ao Judiciário para ter sua pretensão material satisfeita. Nesse caso, o conflito fica a cargo de uma decisão judicial, o que aponta a uma questão assaz delicada, inaugurando a colisão de diversos princípios, como o princípio da separação de poderes *versus* o princípio da inafastabilidade da tutela jurisdicional.

Como já defendemos alhures, o núcleo essencial do direito fundamental social à educação é definitivo. *Nesse sentido, entende-se que o Judiciário deve promover o fornecimento do núcleo essencial aos indivíduos, não obstante o argumento da reserva do possível.*

Sarmento (2008) aponta diversas possibilidades de entendimento da cláusula da reserva do possível. Uma possibilidade extrema (e descartada pelo autor) é a associação da reserva do possível fática à absoluta exaustão dos recursos públicos. Nesse caso, uma postulação em juízo acerca de prestação vinculada a direito fundamental social somente poderia ser negada se ficasse evidenciada a completa falta de recursos do Estado para satisfazê-la. O autor considera essa concepção incorreta, pois ignora a necessidade do Poder Público de atender a uma infinidade de outras demandas constitucionais e onerosas (SARMENTO, 2008).

Outra possibilidade seria entender a reserva do possível como uma avaliação decorrente da tolerabilidade do impacto econômico da pretensão individual do titular do direito fundamental sobre o universo de recursos públicos existentes. Esse entendimento preserva a possibilidade de denegação de uma prestação sempre que os seus custos acarretarem um impacto muito elevado sobre as contas públicas e possam comprometer gravemente a satisfação de outros direitos fundamentais ou necessidades sociais de igual relevância. Todavia, o autor considera que essa posição também não é correta, uma vez que não "leva a sério" a igualdade entre os indivíduos, tomando por base o custo representado apenas pela prestação concedida ao autor da ação, a qual dificilmente será muito significativa quando comparada com a magnitude dos recursos e orçamentos do Estado (SARMENTO, 2008).

O entendimento do autor, afinal, é de que a reserva do possível fática deve ser concebida como a razoabilidade da universalização da prestação exigida, considerando os recursos efetivamente existentes. Já a reserva do possível jurídica identifica-se com a existência de embasamento legal para que o Estado não incorra nos gastos necessários à satisfação do direito social reclamado. A questão essencial, aqui, diz respeito à existência de previsão orçamentária para a realização de determinada despesa, tendo em vista o princípio da legalidade da despesa (SARMENTO, 2008).

De forma complementar, Kelbert (2011) argumenta que *todos* os direitos têm custos, não apenas os que envolvem prestações positivas, mas também as liberdades públicas e os direitos políticos. Assim, já que não se podem realizar todos os direitos, a sociedade, por meio de seus representantes, escolhe proteger os bens e direitos que considera mais importantes num dado momento e contexto histórico (KELBERT, 2011).

A reserva do possível, portanto, inclui não só a existência de meios e recursos (inclusive os financeiros), mas também a possibilidade e a razoabilidade de que o Estado disponha desses meios e recursos no caso concreto (KELBERT, 2011).

Olsen caminha no mesmo sentido ao afirmar que a questão dos recursos financeiros disponíveis para a efetivação dos direitos fundamentais sociais possui uma *aparência* de escassez artificial, oriunda de escolhas administrativas. A autora argumenta que os recursos econômicos se tornam escassos para um fim, porque houve uma decisão política que os manejou para outro. Ou seja, há uma diferença entre a inexistência de recursos e a escolha de onde alocá-los[7] (OLSEN, 2008, p. 191).

Considerando o direito à educação como pertencente ao *mínimo existencial*, deve haver maior prioridade na alocação de recursos para as demandas decorrentes da efetiva oferta desse direito pelo Estado. Embora esse direito englobe prestações *diferentes* nos contextos de Brasil, Colômbia e México – considerando a interferência da realidade sócio econômica na delimitação do *mínimo* – o fato é que, uma vez delimitada a prestação *mínima* (seja ensino gratuito fundamental, médio ou técnico), o Estado é obrigado à sua realização. E, constituída

---

[7] A autora cita as seguintes normas que tratam da destinação de recursos na CF: art. 195; art. 204; art. 212; art. 55; art. 60; EC nº 31/2000 (Fundo de Combate à Erradicação da Pobreza).

essa obrigação primordial, deve constar no orçamento anual a previsão nesse sentido.

Defender o mínimo existencial não significa que o Estado não deva fazer outras políticas públicas sociais; mas, ao contrário, apenas diz que é indispensável que ele promova ao menos o núcleo essencial desses direitos fundamentais sociais, sob pena de judicialização. O mínimo existencial é, portanto, o ponto de partida para a promoção de outros direitos fundamentais sociais.

2.2 A objeção democrática: a interferência do Judiciário no Legislativo

Partindo da perspectiva do referido autor germânico, iremos defender a correção da utilização do Judiciário como meio para a concretização dos direitos fundamentais sociais. Para combater a objeção democrática, recorremos ao entendimento de Sarmento (2008), que refuta esse ponto com base em dois argumentos.

O primeiro argumento atenta para o significado da democracia. O efetivo exercício da democracia pressupõe a fruição de direitos básicos por todos os cidadãos, o que significa permitir que cada um forme livremente as suas opiniões e participe dos diálogos políticos travados na esfera pública. A concretização dos direitos às condições materiais básicas de vida são, portanto, condições de viabilidade do próprio exercício democrático. Nesse sentido, a atuação do Judiciário passa a ser devida quando age no sentido de satisfazer as condições materiais básicas de vida, principalmente considerando a postura de omissão dos outros poderes (SARMENTO, 2008, p. 541).

O segundo argumento relaciona-se à natureza normativa da Constituição: o dever do Judiciário de aplicar as normas jurídicas vigentes em situações de litígio, mesmo quando isso significa controlar o exercício do poder estatal, não é incompatível com a democracia, mas é, ao contrário, um elemento dela. Nesses casos, o Judiciário atua como guardião dos direitos fundamentais. Sem a realização desse papel, que está vinculado ao âmbito de poder do Judiciário, seria constituída uma ameaça ao processo democrático (SARMENTO, 2008, p. 542).

Os argumentos levantados por Sarmento podem ser diretamente relacionados à concretização do núcleo essencial do direito à educação. Ao exigir o cumprimento de decisões judiciais que determinam a oferta de prestações referentes à *educação mínima*, o Judiciário exerce o seu legítimo papel de guardião dos direitos fundamentais sociais. Não se verifica, portanto, uma extrapolação de poder, mas sim uma necessária atuação a fim de possibilitar o acesso dos brasileiros ao que, considerando o contexto nacional, corresponde ao mínimo de instrução.

O acesso ao ensino formal constitui pressuposto para que o cidadão exerça de forma plena o seu papel de indivíduo atuante na construção e reformulação do nosso sistema democrático, permitindo desde o consciente exercício do direito ao voto até uma maior possibilidade de acesso aos meios judiciais quando seus direitos forem violados.

Conclusão

Diante de todos os argumentos tratados, entendemos que, reconhecido o núcleo essencial do direito à educação, este é intangível e deve ser assegurado, a despeito de quaisquer argumentos orçamentários.

Outrossim, cumpriria ao Estado demonstrar – e não apenas alegar – uma ausência de recursos, de modo que reorganizar despesas sujeitaria ofensas a outros direitos considerados fundamentais ou a fins essenciais do próprio Estado. No entanto, na prática forense, o Estado (requerido) se limita a alegar a reserva do possível, sem colacionar quaisquer tipos de prova, desrespeitando uma das mais básicas lições processuais: a regra do ônus probatório de se comprovar o que se afirma.

Assim, as restrições relacionadas à reserva do possível não poderão prevalecer quando confrontadas com o conteúdo essencial definido. Desta feita, essas pretensões serão exigíveis judicialmente, visando às providências cabíveis para garantir, no caso concreto, a prevalência do direito social à educação e a dignidade da pessoa, inclusive o (re)direcionamento de prioridades em matéria de alocação de recursos.

Afinal, a própria CF/88 reconheceu direitos subjetivos definitivos que não podem estar sob qualquer possibilidade jurídica de restrição ou não concretização. Podemos apontar o art. 208, que prevê que a educação básica é *obrigatória* e gratuita dos quatro aos dezessete anos de idade, além de assegurar a gratuidade a todos os que a ela não tiveram acesso na idade própria. Essa conclusão é corroborada pelo §1º do mesmo art. 208, em que a Constituição reconhece o acesso ao ensino obrigatório e gratuito como *direito público subjetivo*.

No México, igualmente, há previsão de obrigatoriedade da educação básica e média-superior, ou seja, etapas de ensino que compõem o núcleo essencial do direito à educação naquele país sendo, portanto, plenamente justiciáveis. Já o ensino superior, programas suplementares de educação, ensino para aqueles que não a tiveram na idade apropriada, entre outros, dependerão de políticas públicas e ponderação.

Na Colômbia, não se pode afirmar, a partir da jurisprudência, qual é o conteúdo do mínimo existencial no que diz respeito ao direito à educação. Nenhuma das sentenças da Corte Constitucional colombiana trata do direito à educação de forma a precisar seu conteúdo mínimo. Tratam, todavia, do conceito de "mínimo existencial" de forma genérica, bem como da fundamentalidade do direito à educação. Nesse sentido, a doutrina colombiana sugere uma forte tendência a seguir o entendimento de Alexy, englobando o direito à educação, portanto, dentro do conceito de *mínimo existencial*. Além disso, a Corte Constitucional colombiana já declarou que a educação é um direito fundamental de aplicação imediata em situações específicas, como anteriormente mencionado, de modo que, ao somar-se com a previsão constitucional, é inegável que tal direito figura entre os prioritários naquele país.

Assim, diante de tal previsão constitucional, nos três ordenamentos jurídicos ora analisados, não é cabível nem mesmo a alegação de reserva do financeiramente possível, ainda mais se atentarmos para o fato de que a própria Constituição Federal do Brasil reservou porcentagem orçamentária mínima de aplicação compulsória na educação, além do fato de prever até mesmo a responsabilização da autoridade competente pela não oferta ou pela oferta irregular do ensino obrigatório.

Nesse sentido, a previsão constitucional do direito de acesso à educação básica obrigatória e gratuita como direito público subjetivo definitivo revela-se como pedra angular da proteção assegurada pela Constituição ao direito fundamental social à educação. Essa previsão oferece um preciso fundamento constitucional para o reconhecimento de outras posições jurídicas individuais pertencentes aos núcleos essenciais dos demais direitos fundamentais relativos à educação.

Referências

ALEXY, Robert. *A teoria dos direitos fundamentais*. 2. ed. São Paulo: Malheiros, 2008.

BRASIL. Constituição da República Federativa do Brasil de 1988. Disponível em: http://www.planalto.gov.br/ccivil_03/constituicao/constituicao.htm. Acesso em: 05 jan. 2021.

BRASIL. INEP. Pisa revela baixo desempenho escolar em leitura, matemática e ciências no Brasil. Disponível em: http://portal.inep.gov.br/artigo/-/asset_publisher/B4AQV9zFY7Bv/content/pisa-2018-revela-baixo-desempenho-escolar-em-leitura-matematica-e-ciencias-no-brasil/21206#:~:text=O%20Pisa%202018%20revela%20que,escolariza%C3%A7%C3%A3o%20de%20profici%C3%AAncia%20em%20leitura.&text=As%20escolas%20particulares%20e%20federais,%2C%20respectivamente%2C%20contra%20487%20pontos. Acesso: 05 jan. 2021.

BRASIL. *Lei das diretrizes da educação básica*. Disponível em: http://portal.mec.gov.br/arquivos/pdf/ldb.pdf. Acesso em: 01 jan. 2021.

BRASIL. Ministério da Educação. Disponível em: http://portal.mec.gov.br/index.php?option=com_content&id=210&Itemid=324. Acesso em: 03 junho 2014.

BRASIL. Supremo Tribunal Federal. Ag.Reg. no Recurso Extraordinário com Agravo 639.337, São Paulo. Relator: Ministro Celso De Mello. Data da publicação: 15/09/2011. Disponível em: http://redir.stf.jus.br/paginadorpub/paginador.jsp?docTP=AC&docID=627428. Acesso em 22 dez. 2013.

BRASIL. Supremo Tribunal Federal. *Resolução nº 4, de 2 de outubro de 2009*, do Conselho Nacional de Educação. Disponível em: http://www.google.com.br/url?sa=t&rct=j&q=&esrc=s&frm=1&source=web&cd=5&sqi=2&ved=0CEcQFjAE&url=http%3A%2F%2Fportal.mec.gov.br%2Fdmdocuments%2Frceb004_09.pdf&ei=GPEnUpTAIeajsQSb6ICADQ&usg=AFQjCNG1NsnZlLZz52rLfr1rWYnaWMkoZA. Acesso em: 10 jan. 2014.

CARREÑO, Carlos Alberto Lerma. *El derecho a la educación en Colombia*. Buenos Aires: Fundación Laboratorio de Políticas Públicas, 2007.

CORTES, Lara Barbosa Quadros. *Estado federal e igualdade na educação básica pública*. Data da defesa: 05/02/2014. São Paulo. Tese de Doutorado. Faculdade de direito da USP. Disponível em: http://www.teses.usp.br/teses/disponiveis/2/2134/tde-05022014-114705/pt-br.php.

FONDEVILA, Gustavo. *Educação e acesso à Justiça no México*: diálogo político. Buenos Aires: KAS, 2005. v. 4, p. 109-133.

HUERTO, Mauricio Iván Del Toro. La constitucionalización de la educación en derechos humanos desde la perspectiva del derecho internacional. *In*: POISOT, Eduardo Mac-Gregor *et al*. (coord.). *Derechos humanos en la constitución*: comentários de jurisprudência constitucional e interamericana. Coord. México: Bibliotecario de la Suprema Corte de Justicia de la Nación, 2013.

KELBERT, Fabiana Okchstein. *Reserva do possível e a efetividade dos direitos sociais no direito brasileiro*. Fabris, 2011.

PULIDO, Carlos Bernal. *O direito dos direitos*: escritos sobre a aplicação dos direitos fundamentais. Tradução de Thomas da Rosa de Bustamante com a colaboração de Bruno Stigert. São Paulo: Marcial Pons, 2013.

OLSEN, Ana Carolina Lopes. *Direitos fundamentais sociais*: efetividade frente à reserva do possível. Curitiba: Juruá, 2008.

SARMENTO, Daniel. A proteção judicial dos direitos sociais: alguns parâmetros ético-jurídicos. *In*: SOUZA NETO, Cláudio Pereira de; SARMENTO, Daniel (org.). *Direitos Sociais*: fundamentos, judicialização e direitos sociais em espécie. Rio de Janeiro: Lumen Juris, 2008, p. 533-586.

SARLET, Ingo Wolfgang. *A eficácia dos direitos fundamentais*: uma teoria geral dos direitos fundamentais na perspectiva constitucional. 10. ed. Porto Alegre: Livraria do Advogado, 2009.

SARLET, Ingo Wolfgang. Reserva do possível, mínimo existencial e direito à saúde: algumas aproximações. *Revista Doutrina TRF4*, 2008. Disponível em: http://www.revistadoutrina.trf4.jus.br/index.htm?http://www.revistadoutrina.trf4.jus.br/artigos/edicao024/ingo_mariana.html. Acesso em: 13 jan. 2014.

SIFUENTES, Mônica. *Direito fundamental à educação*: a aplicabilidade dos dispositivos constitucionais. Porto Alegre: Núria Fabris, Ed., 2009.

SILVA, José Afonso da. *Aplicabilidade das normas constitucionais*. 5. ed. São Paulo: Malheiros, 2001.

SILVA, Virgílio Afonso. *Direitos fundamentais*: conteúdo essencial, restrições e eficácia. 2. ed. São Paulo: Malheiros, 2010.

SILVA, Virgílio Afonso. O proporcional e o razoável. *Revista dos Tribunais*, São Paulo, n. 798, p. 23-50, 2002.

TEJEDOR ESTUPIÑÁN, Joan Miguel. La Constitución Política de 1991 y lós derechos sociales, alternativa para superar la pobreza en Colombia. *Tunja: Apuntes del CENES*, v. 30(51), p. 103-139, 2011.

TORRES, Ricardo Lobo. *O direito ao mínimo existencial*. Rio de Janeiro: Renovar, 2009.

TREJO, Omar Gómez. Los derechos a la alimentación, al agua, a la salud, a la vivienda contenidos en El artículo 4º constitucional a luz del derecho internacional de los derechos humanos en México. *In*: POISOT, Eduardo Mac-Gregor *et al* (coord.). *Derechos humanos en la constitución*: comentarios de jurisprudencia constitucional e interamericana. México: Bibliotecario de la Suprema Corte de Justicia de la Nación, 2013, p. 579-628.

Informação bibliográfica deste texto, conforme a NBR 6023:2018 da Associação Brasileira de Normas Técnicas (ABNT):

GOMES, Natascha Alexandrino de Souza; ANGELUCCI, Paola Durso. A justiciabilidade do direito fundamental social à educação em uma perspectiva comparada: Brasil, Colômbia e México. *In*: TOLEDO, Cláudia (coord.). *Atual judiciário*: ativismo ou atitude. Belo Horizonte: Fórum, 2022. p. 423-440. ISBN 978-65-5518-270-5.

DIREITOS SOCIAIS, MÍNIMO EXISTENCIAL E O ASSIM CHAMADO "ATIVISMO JUDICIAL" – UMA ANÁLISE À LUZ DA JURISPRUDÊNCIA DO SUPREMO TRIBUNAL FEDERAL E DO TRIBUNAL CONSTITUCIONAL FEDERAL ALEMÃO

INGO WOLFGANG SARLET

1 Considerações iniciais

O assim chamado direito (e garantia) a um mínimo existencial para uma vida digna tem sido presença constante no debate acadêmico e jurisdicional brasileiro, especialmente na sua articulação com os direitos fundamentais sociais. Todavia, é precisamente na esfera dos direitos fundamentais sociais (doravante chamados de direitos sociais) que se percebe, à vista dos desenvolvimentos na esfera doutrinária e jurisprudencial, o quanto o recurso à noção de um mínimo existencial, designadamente de um direito fundamental à sua proteção e promoção, tem sido realmente produtiva ou apresenta aspectos dignos de maior reflexão quanto à sua correta compreensão e manejo, inclusive como critério para balizar uma ponderação quando se cuida de assegurar, ou não, um direito subjetivo a prestações sociais em face de outros direitos fundamentais ou outros princípios e regras de matriz constitucional e legal, mas também em face dos limites fáticos postos pelo problema da escassez de recursos.

Muito embora se esteja a revisitar o tema, aproveitando boa parte de escritos anteriores de nossa lavra, o que se pretende no presente texto, é, além de uma atualização bibliográfica e jurisprudencial, inserir o tema no debate que de há algum tempo se trava na doutrina brasileira em torno do assim chamado "ativismo judicial", com atenção particular para a atuação da Jurisdição Constitucional, representada pelo seu órgão máximo, o Supremo Tribunal Federal (STF), desta feita, contudo, priorizando uma análise comparativa com a prática decisória do Tribunal Constitucional Federal da Alemanha (TCF). Para tanto, não se intenta inventariar de modo exaustivo a jurisprudência de ambos os Tribunais, mas sim, à luz de alguns exemplos representativos extraídos do respectivo repertório decisório, examinar se e em que medida também o modo pelo qual o direito ao mínimo existencial é compreendido e aplicado, especialmente no que diz com sua relação com o princípio da dignidade da pessoa humana e os direitos fundamentais socioambientais, pode ser enquadrado naquilo que tem sido (no nosso sentir nem sempre apropriadamente) designado de "ativismo judicial".

De todo modo, não se pretende aqui discorrer sobre a noção do "ativismo judicial" em si mesma, mas sim verificar se – mediante a análise de decisões de ambos os Tribunais referidos e de modo articulado com a doutrina sobre o tema – existem distorções relevantes no modo de compreensão e aplicação da noção de mínimo existencial e que possam, ou não, implicar críticas de ordem metodológica ou mesmo substancial, eventualmente ensejando até mesmo a objeção de uma intervenção inadequada ou mesmo excessiva (desproporcional) do Poder Judiciário na esfera legislativa ou administrativa. Ainda em sede introdutória, calha chamar a atenção para o fato de que, a exemplo de outros institutos e conceitos jurídicos, o mínimo existencial corresponde a uma importação jurídica, mediante adesão, ainda que com variações importantes, à tradição constitucional alemã, o que também nos anima a investir numa análise pautada, ao menos em parte, na comparação entre as duas ordens jurídicas.

Antes de avançar, iniciando por uma aproximação conceitual, de modo a lançar alguma luz pelo menos sobre as origens, conceito e conteúdo da noção de um mínimo existencial, é o caso de agradecer à colega Professora Doutora Cláudia Toledo pelo convite e pela oportunidade de integrar a presente coletânea, com a esperança de poder, de algum modo, contribuir para a realização dos objetivos almejados.

2 Contornos do mínimo existencial como direito e garantia fundamental

A atual noção de um direito fundamental ao mínimo existencial, ou seja, de um direito a um conjunto de prestações estatais que assegure a cada um (a cada pessoa) uma vida condigna, arranca da ideia de que qualquer pessoa necessitada que não tenha condições de, por si só ou com o auxílio de sua família, prover o seu sustento tem direito ao auxílio por parte do Estado e da sociedade, de modo que o mínimo existencial, nessa perspectiva, guarda alguma relação (mas não se confunde integralmente) com a noção de caridade e do combate à pobreza, central para a doutrina social (ou questão social) que passou a se afirmar já ao longo do século XIX,[1] muito embora a assistência aos desamparados tenha constado na agenda da Igreja e de algumas políticas oficiais já há bem mais tempo.[2] Convém recordar, ainda, que já na fase inaugural do constitucionalismo moderno, com destaque para a experiência francesa revolucionária, assumiu certa relevância a discussão em torno do reconhecimento de um direito à subsistência, chegando mesmo a se falar em "direitos do homem pobre", na busca do rompimento com uma tradição marcada pela ideia de caridade, que ainda caracterizava os modos dominantes de intervenção social em matéria de pobreza, debate que acabou resultando na inserção, no texto da Constituição Francesa de 1793, de um direito dos necessitados aos socorros públicos, ainda que tal previsão tenha tido um caráter eminentemente simbólico.[3]

---

[1] Cf., por todos, ARNAULD, Andreas von. Das Existenzminimum. In: ARNAULD, Andreas von; MUSIL, Andreas (coord.). *Strukturfragen des Sozialverfassungsrechts*, Tübingen: Mohr Siebeck, 2009, p. 253 ss., apontando para o fato de que na Legislação da Prússia, em 1794, já havia a previsão da obrigação do Estado em cuidar da alimentação e atenção daqueles cidadãos que não conseguiam prover o seu próprio sustento ou mesmo por meio de outros particulares, com base em disposições legais especiais.

[2] V. também TORRES, Ricardo Lobo. *O direito ao mínimo existencial*. Rio de Janeiro: Renovar, 2008, p. 3 ss., e, por último, no âmbito da literatura brasileira dedicada especialmente ao tema, BITENCOURT NETO, Eurico. *O direito ao mínimo para uma existência condigna*. Porto Alegre: Livraria do Advogado, 2010, p. 23 ss.

[3] Sobre este debate, v., por todos, HERRERA, Carlos Miguel. *Les Droits Sociaux*. Paris: PUF, 2009, p. 39 ss.

De qualquer sorte, independentemente de como a noção de um direito à subsistência e/ou de um correspondente dever do Estado (já que nem sempre se reconheceu um direito subjetivo (exigível pela via judicial) do cidadão em face do Estado) evoluiu ao longo do tempo, tendo sido diversas as experiências em diferentes lugares, o fato é que cada vez mais se firmou o entendimento – inclusive em Estados constitucionais de forte coloração liberal – de que a pobreza e a exclusão social são assuntos de algum modo afetos ao Estado, ainda que por razões nem sempre compartilhadas por todos e em todos os lugares, visto que mesmo no plano da fundamentação filosófica, ou seja, da sua sinergia com alguma teoria de Justiça, são diversas as alternativas que se apresentam.[4] Mesmo na esfera terminológica nem sempre se verifica coincidência, pois ao passo que alguns (como também prevalece no Brasil) preferem utilizar a expressão mínimo existencial, outros falam em mínimos sociais, ou mesmo em um mínimo de subsistência ou um mínimo vital, embora nem sempre tais expressões sejam utilizadas como sinônimas, visto que podem estar associadas a conteúdos mais ou menos distintos, a despeito de alguns elementos em comum, como é o caso, em especial, o reconhecimento de um direito a prestações materiais por parte do Estado.

Sem prejuízo de sua previsão (ainda que com outro rótulo) no plano do direito internacional dos direitos humanos, como é o caso do artigo XXV da Declaração da ONU, de 1948, que atribui a todas as pessoas um direito a um nível de vida suficiente para assegurar a sua saúde, o seu bem-estar e o de sua família, a associação direta e explícita do assim chamado mínimo existencial com a dignidade da pessoa humana encontrou sua primeira afirmação textual, no plano constitucional, na Constituição da República de Weimar, Alemanha, em 1919, cujo artigo 151 dispunha que a vida econômica deve corresponder aos ditames da Justiça e tem como objetivo assegurar

---

[4] Cf., por exemplo, as teorizações de John Rawls e Michael Walzer colacionadas e comentadas por BARCELLOS, Ana Paula de. *A eficácia jurídica dos princípios constitucionais*. Rio de Janeiro: Renovar, 2002, p. 123 ss. A respeito das diversas fundamentações de um direito ao mínimo existencial, v., por último, na doutrina brasileira, TORRES, nota 2, p. 13-34 e 54-81. Por último, explorando o tema nessa perspectiva, v. WEBER, Thadeu. *Ética e Filosofia do Direito. Autonomia e Dignidade da Pessoa Humana*. Petrópolis: Vozes, 2013, especialmente p. 205, a partir do pensamento de John Rawls.

a todos uma existência com dignidade, noção que foi incorporada à tradição constitucional brasileira desde 1934, igualmente no âmbito da ordem econômica e/ou social, de tal sorte que o artigo 170 da CF dispõe que "a ordem econômica, fundada na valorização do trabalho humano e na livre iniciativa, tem por fim assegurar a todos existência digna, conforme os ditames da justiça social...". É preciso lembrar, contudo, que na condição de finalidade ou tarefa cometida ao Estado no âmbito dos princípios objetivos da ordem social e econômica, o mínimo existencial, ou seja, o dever de assegurar a todos uma vida com dignidade, não implicava necessariamente (aliás, como não implica ainda hoje a depender do caso), salvo na medida da legislação infraconstitucional (especialmente no campo da assistência social e da garantia de um salário mínimo, entre outras formas de manifestação), uma posição subjetiva imediatamente exigível pelo indivíduo. A elevação do mínimo existencial à condição de direito fundamental e sua articulação mais forte com a própria dignidade da pessoa humana e outros direitos fundamentais teve sua primeira importante elaboração dogmática na Alemanha, onde, de resto, obteve também um relativamente precoce reconhecimento jurisprudencial, do qual se dará notícia na sequência.

Com efeito, a despeito de não existirem, em regra, direitos sociais típicos, notadamente de cunho prestacional, expressamente positivados na Lei Fundamental da Alemanha (1949) – excepcionando-se a previsão da proteção da maternidade e dos filhos, bem como a imposição de uma atuação positiva do Estado no campo da compensação de desigualdades fáticas no que diz com a discriminação das mulheres e dos portadores de necessidades especiais (direitos e deveres que para muitos não são considerados propriamente direitos sociais) – a discussão em torno da garantia do mínimo indispensável para uma existência digna ocupou posição destacada não apenas nos trabalhos preparatórios no âmbito do processo constituinte, mas também após a entrada em vigor da Lei Fundamental de 1949, onde foi desenvolvida pela doutrina, mas também no âmbito da práxis legislativa, administrativa e jurisprudencial.

Na doutrina do Segundo Pós-Guerra, um dos primeiros a sustentar a possibilidade do reconhecimento de um direito subjetivo à garantia positiva dos recursos mínimos para uma existência digna foi o publicista Otto Bachof, que, já no início da década de 1950, considerou que o princípio da dignidade da pessoa humana (art. 1º, inc. I, da Lei Fundamental da Alemanha, na sequência referida como LF) não reclama apenas a garantia da liberdade, mas também um mínimo de segurança social, já que, sem os recursos materiais para uma existência digna, a própria dignidade da pessoa humana ficaria sacrificada. Por essa razão, o direito à vida e integridade corporal (art. 2º, inc. II, da LF) não pode ser concebido meramente como proibição de destruição da existência, isto é, como direito de defesa, impondo, ao revés, também uma postura ativa no sentido de garantir a vida.[5] Cerca de um ano depois da paradigmática formulação de Bachof, o Tribunal Federal Administrativo da Alemanha (*Bundesverwaltungsgericht*), já no primeiro ano de sua existência, reconheceu um direito subjetivo do indivíduo carente a auxílio material por parte do Estado, argumentando, igualmente com base no postulado da dignidade da pessoa humana, direito geral de liberdade e direito à vida, que o indivíduo, na qualidade de pessoa autônoma e responsável, deve ser reconhecido como titular de direitos e obrigações, o que implica principalmente a manutenção de suas condições de existência.[6] Ressalte-se que apenas alguns anos depois o legislador acabou regulamentando – em nível infraconstitucional – um direito a prestações no âmbito da assistência social (art. 4º, inc. I, da Lei Federal sobre Assistência Social [*Bundessozialhilfegesetz*]).

Por fim, transcorridas cerca de duas décadas da referida decisão do Tribunal Administrativo Federal, também o Tribunal Constitucional Federal acabou por consagrar o reconhecimento de um direito fundamental à garantia das condições mínimas para uma existência digna. Da argumentação desenvolvida nesta primeira decisão, extrai-se o seguinte trecho: "certamente a assistência aos necessitados integra as obrigações essenciais de um Estado Social. [...] Isto inclui, necessariamente, a assistência social aos concidadãos, que, em virtude de sua precária condição física e mental, encontram-se limitados na sua vida social, não apresentando condições de

---

[5] Cf. BACHOF, Otto. Begriff und Wesen des sozialen Rechtsstaates. *Veröffentlichungen der Vereinigung der deutschen Staatsrechtslehrer*, n. 12, p. 42-3, 1954.

[6] Cf. BVerwGE (Coletânea oficial das decisões do Tribunal Administrativo Federal) nº 1, p. 159 (161 ss.), decisão proferida em 24-06-1954.

prover a sua própria subsistência. A comunidade estatal deve assegurar-lhes pelo menos as condições mínimas para uma existência digna e envidar os esforços necessários para integrar estas pessoas na comunidade, fomentando seu acompanhamento e apoio na família ou por terceiros, bem como criando as indispensáveis instituições assistenciais".[7]

Em que pesem algumas modificações no que tange à fundamentação, bem quanto ao objeto da demanda, tal decisão veio a ser chancelada, em sua essência, em outros arestos da Corte Constitucional alemã, resultando no reconhecimento definitivo do *status* constitucional da garantia estatal do mínimo existencial.[8] Além disso, a doutrina alemã entende que a garantia das condições mínimas para uma existência digna integra o conteúdo essencial do princípio do Estado Social de Direito, constituindo uma de suas principais tarefas e obrigações.[9] Nessa perspectiva, o que se afirma é que o indivíduo deve poder levar uma vida que corresponda às exigências do princípio da dignidade da pessoa humana, razão pela qual o direito à assistência social – considerado, pelo menos na Alemanha, a principal manifestação da garantia do mínimo existencial – alcança o caráter de uma ajuda para a autoajuda (*Hilfe*

---

[7] Cf. tradução livre de trecho extraído da decisão publicada em *BVerfGE* (Coletânea oficial das decisões do Tribunal Constitucional Federal) nº 40, p. 121 (133).

[8] Para tanto, v. *BVerfGE* nº 78, p. 104, reiterada em BVerfGE nº 82, p. 60 e nº 87, 1p. 53. Ressalte-se que nas duas últimas decisões, se tratou da problemática da justiça tributária, reconhecendo-se para o indivíduo e sua família a garantia de que a tributação não poderia incidir sobre os valores mínimos indispensáveis a uma existência digna. Cuidou-se, contudo, não propriamente de um direito a prestações, mas, sim, de limitar a ingerência estatal na esfera existencial, ressaltando-se aqui também uma dimensão defensiva do direito fundamental ao mínimo para uma existência digna. Note-se que o princípio da dignidade humana passa, sob este aspecto, a constituir limite material ao poder de tributar do Estado (sobre tal perspectiva, v., por todos, ÁVILA, Humberto. *Sistema Constitucional Tributário*. 3ª ed. São Paulo: Saraiva, 2008, p. 498 ss.). No âmbito da jurisprudência mais recente do Tribunal Constitucional da Alemanha destaca-se especialmente a decisão proferida em 09.02.2010, que teve por objeto o exame da constitucionalidade de alentada reforma da legislação social, a polêmica Reforma *Hartz-IV*, com destaque para os valores pagos a título de seguro desemprego, igualmente afirmando o dever do Estado com a garantia do mínimo existencial e reconhecendo um direito subjetivo individual e indisponível correspondente. Para maiores detalhes, v. entre outros, as anotações ao julgamento de RIXEN, Stephan. Grundsicherung für Arbeitsuchende: Grundrecht auf Existenzminimum. *Sozialgerichtsbarkeit*, n. 04, 2010, p. 240 ss.

[9] Nesse sentido, v. por todos, ZACHER, Hans-Friedrich. Das soziale Staatsziel. *In*: ISENSEE-KIRCHHOF (org.). *Handbuch des Staatsrechts der Bundesrepublik Deutschland (HBStR)*, Heidelberg, CF Muller, v. 1, p. 1062 ss, 1987.

zur Selbsthilfe), não tendo por objeto o estabelecimento da dignidade em si mesma, mas a sua proteção e promoção.[10]

Desenvolvendo os aspectos já referidos, a doutrina (mas também a jurisprudência) constitucional da Alemanha passou a sustentar que – e, em princípio, as opiniões convergem neste sentido – a dignidade propriamente dita não é passível de quantificação, mas sim as necessidades individuais que lhe são correlatas e que devem ser satisfeitas mediante prestações que são quantificáveis.[11] Por outro lado, a necessária fixação, portanto, do valor da prestação assistencial destinada à garantia das condições existenciais mínimas, em que pese sua viabilidade, é, além de condicionada espacial e temporalmente, dependente também do padrão socioeconômico vigente.[12] Não se pode, outrossim, negligenciar a circunstância de que o valor necessário para a garantia das condições mínimas de existência evidentemente estará sujeito a câmbios, não apenas no que diz com a esfera econômica e financeira, mas também no concernente às expectativas e necessidades do momento.[13]

De qualquer modo, tem-se como certo que da vinculação com a dignidade da pessoa humana resulta que a garantia efetiva de uma existência digna (vida com dignidade) abrange mais do que a garantia da mera sobrevivência física (que cobre o assim chamado mínimo vital e guarda relação direta com o direito à vida), situando-se, de resto, além do limite da pobreza absoluta. Sustenta-se, nesse sentido, que se uma vida sem alternativas não corresponde às exigências da dignidade humana, a vida humana

---

[10] Esta a oportuna formulação de NEUMANN, Volker. Menschenwürde und Existenzminimum. *Neue Zeitschrift für Verwaltungsrecht*, 1995, p. 425. Entre nós, trilhando perspectiva similar, excluindo a ideia de caridade e destacando que "o direito a um mínimo existencial corresponde ao direito à subsistência de que nos fala Pontes de Miranda", v. LEDUR, José Felipe. *Direitos fundamentais sociais, efetivação no âmbito da democracia participativa*. Porto Alegre: Livraria do Advogado, 2009, p. 109 ss.

[11] Cf. novamente e por todos, NEUMANN, nota 10, p. 428-9.

[12] Cf. STARCK, Christian. Staatliche Organisation und Staatliche Finanzierung als Hilfen zur Grundrechtsverwirklichungen?. In: STARCK, Christian (org). *Bundesverfassungsgericht und Grundgesetz, Festgabe aus Anla des 25 jährigen Bestehens des Bundesverfassungsrerichts*, v. II (BVerfG und GG II), Tübingen: J. C. Mohr (Paul Siebeck), 1976, p. 522, bem como, dentre tantos, NEUMANN, nota 10, p. 428.

[13] Neste sentido, BREUER, Rüdiger. Grundrechte als Anspruchsnormen. In: *Verwaltungsrecht zwischen Freiheit, Teilhabe und Bindung, Festgabe aus Anlass des 25 jährigen Bestehens des Bundesverwaltungsgerichts (FS für das BVerwG)*. Munique: CH Beck, 1978, p. 97.

não pode ser reduzida à mera existência.[14] Registre-se, neste contexto, a lição de Heinrich Scholler, para quem a dignidade da pessoa humana apenas estará assegurada "quando for possível uma existência que permita a plena fruição dos direitos fundamentais, de modo especial, quando seja possível o pleno desenvolvimento da personalidade".[15] Tal linha de fundamentação, em termos gerais, tem sido privilegiada também no direito constitucional brasileiro, ressalvada especialmente alguma controvérsia em termos de uma fundamentação liberal ou social do mínimo existencial e em relação a problemas que envolvem a determinação do seu conteúdo, já que, não se há de olvidar, da fundamentação diversa do mínimo existencial podem resultar consequências jurídicas distintas, em que pese uma possível convergência no que diz com uma série de aspectos.[16]

Ainda no contexto do debate jurídico-constitucional alemão, é possível constatar a existência (embora não uníssona na esfera doutrinária) de uma distinção importante no concernente ao conteúdo e alcance do próprio mínimo existencial, que tem sido desdobrado num assim designado mínimo fisiológico, que busca assegurar as necessidades de caráter existencial básico e que, de

---

[14] Cf., por todos, NEUMANN, nota 10, p. 428 ss.
[15] Cf. SCHOLLER, Heinrich. Die Störung des Urlaubsgenusses eines, empfindsamen Menschen durch einen Behinderten. *Juristenzeitung*, 1980, p. 676 ("wo ein Dasein möglich ist, welches sich grundrechtlich entfalten kann, insbesondere wo die Möglichkeit der Persönlichkeitsentfaltung besteht").
[16] Para além das referidas contribuições de Ricardo Lobo Torres, Ana Paula de Barcellos e Eurico Bitencourt Neto (v. notas 2 e 4, *supra*), v. SCAFF, Fernando F. Reserva do Possível, Mínimo Existencial e Direitos Humanos. *Revista Interesse Público*, v. 32, p. 213 ss., 2005, (aderindo ao conceito e fundamento proposto por Ricardo Lobo Torres), bem como, LEAL, Rogério Gesta. *Condições e possibilidades eficaciais dos direitos fundamentais sociais*. Porto Alegre: Livraria do Advogado, 2009, p. 72 ss., e CORDEIRO, Karine da Silva. *Direitos fundamentais sociais. Dignidade da pessoa humana e mínimo existencial*: o papel do Poder Judiciário. Porto Alegre: Livraria do Advogado, 2012, p. 97 ss. Associando o conceito e o conteúdo do direito ao mínimo existencial a uma teoria das necessidades básicas, mas afinada – em adesão à tradição alemã referida – com uma noção mais alargada e compatível com um mínimo existencial que, além da existência física, abarca uma dimensão sociocultural, v., no direito brasileiro, LEIVAS, Paulo Gilberto Cogo. *Teoria dos direitos fundamentais sociais*. Porto Alegre: Livraria do Advogado, 2006, especialmente p. 123 ss. Em sentido similar, v., por último, LEAL, Mônia Clarissa Hennig; BOLESINA, Iuri. Mínimo existencial versus mínimo vital: uma análise dos limites e possibilidades de atuação do Poder Judiciário na sua garantia e no controle jurisdicional das políticas públicas. In: ALEXY, Robert; BAEZ, Narciso Leandro Xavier; SANDKÜHLER, Hans Jörg; HAHN, Paulo (orgs.). *Níveis de efetivação dos direitos fundamentais sociais*: um dilema Brasil e Alemanha. Joaçaba: UNOESC, 2013, p. 543 ss.

certo modo, representa o conteúdo essencial da garantia do mínimo existencial, e um assim designado mínimo existencial sociocultural, que, para além da proteção básica já referida, objetiva assegurar ao indivíduo um mínimo de inserção – em termos de tendencial igualdade – na vida social, política e cultural.[17] É nessa perspectiva que, no âmbito de sua justificação jurídico-constitucional, há quem diga que enquanto o conteúdo essencial do mínimo existencial encontra-se diretamente fundado no direito à vida e na dignidade da pessoa humana (abrangendo, por exemplo, prestações básicas em termos de alimentação, vestuário, abrigo, saúde ou os meios indispensáveis para a sua satisfação), o assim designado mínimo sociocultural encontra-se fundado no princípio do Estado Social e no princípio da igualdade no que diz com o seu conteúdo material.[18]

Do exposto, em especial com base na síntese da experiência alemã, que, à evidência, em ternos de repercussão sobre o direito comparado, certamente é a mais relevante na perspectiva da dogmática jurídico-constitucional de um direito ao mínimo existencial, resultam já pelo menos duas constatações de relevo e que acabaram por influenciar significativamente os desenvolvimentos subsequentes.

A primeira, diz com o próprio conteúdo do assim designado mínimo existencial, que não pode ser confundido com o que se tem chamado de mínimo vital ou um mínimo de sobrevivência, de vez que este último diz com a garantia da vida humana, sem necessariamente abranger as condições para uma sobrevivência física em condições dignas, portanto, de uma vida com certa qualidade.[19] Não deixar alguém sucumbir por falta de alimentação, abrigo ou prestações básicas de saúde certamente é o primeiro passo em termos da garantia de um mínimo existencial, mas não é – e muitas vezes não o é sequer de longe – o suficiente. Tal interpretação do conteúdo do mínimo existencial (conjunto de garantias materiais para uma vida condigna) é a que tem prevalecido não apenas na Alemanha, mas também na doutrina brasileira, assim

---

[17] Neste sentido, v., em caráter ilustrativo, SORIA, José Martínez. Das Recht auf Sicherung des Existenzminimums. *Juristenzeitung*, n. 13, 2005, especialmente p. 647-48.
[18] Cf., também, SORIA, nota 17, p. 647-48.
[19] Esta a posição que sempre temos sustentado e que corresponde à concepção amplamente dominante na doutrina brasileira, reportando-me aqui, entre outros, aos autores e contribuições citados na nota 16, *supra*.

como na jurisprudência constitucional comparada, notadamente no plano europeu, como dá, conta, em caráter ilustrativo, a recente contribuição do Tribunal Constitucional de Portugal na matéria, ao reconhecer tanto um direito negativo quanto um direito positivo a um mínimo de sobrevivência condigna, como algo que o Estado não apenas não pode subtrair ao indivíduo, mas também como algo que o Estado deve positivamente assegurar, mediante prestações de natureza material.[20]

Em que pese certa convergência no que diz com uma fundamentação jurídico-constitucional a partir do direito à vida e do princípio da dignidade da pessoa humana, e tomando como exemplo o problema do conteúdo das prestações vinculadas ao mínimo existencial, verifica-se que a doutrina e a jurisprudência alemã partem – de um modo mais cauteloso – da premissa de que existem diversas maneiras de realizar essa obrigação, incumbindo ao legislador a função de dispor sobre a forma da prestação, seu montante, as condições para sua fruição, etc., podendo os tribunais decidir sobre este padrão existencial mínimo, nos casos de omissão ou desvio de finalidade por parte dos órgãos legiferantes.[21] Relevante, todavia, é a constatação de que a liberdade de conformação do legislador encontra seu limite no momento em que o padrão mínimo para assegurar as condições materiais indispensáveis a uma existência digna não for respeitado, isto é, quando o legislador se mantiver aquém dessa fronteira.[22] Tal orientação, de resto, é que aparentemente tem prevalecido na doutrina e jurisprudência supranacional e nacional (constitucional) Europeia,[23] e, de algum

---

[20] Cf. a decisão proferida no Acórdão nº 509 de 2002 (versando sobre o rendimento social de inserção), bem como os comentários tecidos por VIEIRA DE ANDRADE, José Carlos. *Os direitos fundamentais na Constituição Portuguesa de 1976*. 3. ed. Coimbra: Almedina, 2004, p. 403 ss., MEDEIROS, Rui. Anotações ao art. 63 da Constituição da República Portuguesa. *In*: MIRANDA, Jorge; MEDEIROS, Rui (org.). *Constituição portuguesa anotada*. Coimbra: Coimbra Editora, tomo I, 2005, p. 639-40.

[21] Esta a posição de BREUER, nota 13, p. 97, assim como, mais recentemente, MOREIRA, Isabel. *A solução dos direitos, liberdades e garantias e dos direitos econômicos, sociais e culturais*. Coimbra: Almedina, 2007, p. 143 ss. Também o Tribunal Federal Constitucional atribui ao legislador a competência precípua de dispor sobre o conteúdo da prestação. Neste sentido, v. *BVerfGE* 40, 121 (133) e 87, 153 (170-1). Por último, v., no mesmo sentido, a decisão de 09.02.2010.

[22] Cf. o já referido *leading case* do Tribunal Constitucional Federal (*BVerfGE* 40, 121 [133]).

[23] Ainda que não se trate do reconhecimento de um direito a prestações propriamente dito, o Tribunal Constitucional Espanhol, na Sentença nº 113/1989, entendeu que "Es incompatible con la dignidad de la persona el que la efectividad de los derechos patrimoniales se leve al

modo, parece ter sido assumida como substancialmente correta também por expressiva doutrina e jurisprudência sul-americana, como dão conta importantes contribuições oriundas da Argentina[24] e da Colômbia.[25] Para o caso brasileiro, basta, por ora, lembrar o crescente número de publicações e de decisões jurisdicionais sobre o tema. No plano judicial, o destaque, dado o enfoque do presente texto, fica com o STF, que tem produzido muitas decisões aplicando a noção de um mínimo existencial a vários tipos de situações envolvendo diversos direitos fundamentais.[26]

É preciso frisar, por outro lado, que, também no que diz com o conteúdo do assim designado mínimo existencial existe uma gama variada de posicionamentos no que diz com as possibilidades e limites da atuação do Poder Judiciário nessa seara, de tal sorte que essa temática aqui não será especificamente examinada. De outra parte, mesmo que não se possa adentrar em detalhes, firma-se

---

extremo de sacrificar el mínimo vital del deudor, privándole de los medios indispensables para la realización de sus fines personales. Se justifica así, junto a otras consideraciones, la inembargabilidad de bienes y derechos como límite del derecho a la ejecución de las sentencias firmes." (*In*: LLORENTE, Francisco Rubio (org.). *Derechos fundamentales y principios constitucionales (doctrina jurisprudencial)*. Barcelona: Ariel, 1995, p. 73). Já admitindo um direito às prestações vinculadas ao mínimo existencial, v. a já citada decisão do Tribunal Constitucional de Portugal, na esteira de jurisprudência anterior, ainda que em princípio tímida e partindo da primazia da concretização pelos órgãos legiferantes.

[24] V. especialmente COURTIS, Christian; ABRAMOVICH, Victor. *Los derechos sociales como derechos exigibles*. Madrid: Trotta, 2003, apresentando e comentando um expressivo elenco de casos envolvendo os direitos sociais e o mínimo existencial não limitado à experiência da Argentina.

[25] Inventariando e comentando a jurisprudência constitucional da Colômbia, v. ARANGO, Rodolfo; LEMAITRE, Julieta. Jurisprudência constitucional sobre el derecho al mínimo vital. *In: Estudos Ocasionales CIJUS*. Bogotá: Ediciones Uniandes, 2002.

[26] V. aqui, entre outras (portanto, em caráter meramente ilustrativo) a decisão relatada pelo Ministro Celso de Mello (Agravo Regimental no RE nº 271.286-8/RS, publicada no DJU em 24.11.2000), onde restou consignado – igualmente em hipótese que versava sobre o fornecimento de medicamentos pelo estado (no caso, paciente portador de HIV) que a saúde é direito público subjetivo não podendo ser reduzido à "promessa constitucional inconseqüente". Entre muitos outros julgados que poderiam ser colacionados, v. a paradigmática decisão monocrática do STF proferida na ADPF nº 45, igualmente da lavra do Ministro Celso de Mello, afirmando – embora não tenha havido julgamento do mérito – a dimensão política da jurisdição constitucional e a possibilidade de controle judicial de políticas públicas quando se cuidar especialmente da implementação da garantia do mínimo existencial. Mais recentemente, v. a STA 241/RJ, Rel. Min. Gilmar Mendes, julgada em 10.10.08 (direito à educação, sufragada por decisões posteriores) e STA 175/CE, Rel. Min. Gilmar Mendes, julgada em 17.03.10 (direito à saúde), bem como, por último, pela sua relevância, as decisões sobre o benefício de assistência social (LOAS), julgadas em 18.04.2013 (RE nº 567.985 – Mato Grosso, Relator Min. Marco Aurélio, Relator do Acórdão, Ministro Gilmar Mendes) e em 18.04.2013 (Reclamação nº 4.374 – Pernambuco, Relator Ministro Gilmar Mendes).

posição no sentido de que o objeto e conteúdo do mínimo existencial, compreendido também como direito e garantia fundamental, haverá de guardar sintonia com uma compreensão constitucionalmente adequada do direito à vida e da dignidade da pessoa humana como princípio constitucional fundamental. Nesse sentido, remete-se à noção de que a dignidade da pessoa humana somente estará assegurada – em termos de condições básicas a serem garantidas pelo Estado e pela sociedade – onde a todos e a qualquer um estiver assegurada nem mais nem menos do que uma vida saudável.[27] Assim, a despeito de se endossar uma fundamentação do mínimo existencial no direito à vida e na dignidade da pessoa humana, há que encarar com certa reserva (pelo menos nos termos em que foi formulada) a distinção acima referida entre um mínimo existencial fisiológico e um mínimo sociocultural, notadamente pelo fato de que uma eventual limitação do núcleo essencial do direito ao mínimo existencial a um mínimo fisiológico, no sentido de uma garantia apenas das condições materiais mínimas que impedem seja colocada em risco a própria sobrevivência do indivíduo, poderá servir de pretexto para a redução do mínimo existencial precisamente a um mínimo meramente "vital" (de garantia da mera sobrevivência física), embora não se possa negar a possível relevância da distinção quando se trata de assegurar – com alguma racionalidade e capacidade de universalização – esferas de proteção do mínimo existencial, tal qual ocorre com outros direitos fundamentais.

De outra parte, até mesmo a diferença entre o conteúdo do direito à vida e da dignidade da pessoa humana, que, a despeito dos importantes pontos de contato, não se confundem,[28] poderá vir a ser negligenciada. Convém destacar, ainda nesta quadra, que a dignidade implica uma dimensão sociocultural e que é igualmente considerada como carente de respeito e promoção pelos órgãos

---

[27] Cfr. SARLET, Ingo Wolfgang. *Dignidade da Pessoa humana e direitos fundamentais na Constituição Federal de 1988*. 10. ed. Porto Alegre: Livraria do Advogado, 2015, p. 59-60.

[28] Sobre esta temática, remetemos igualmente ao nosso *Dignidade da pessoa humana e direitos fundamentais na Constituição Federal de 1988*, p. 88-89, assim como, de modo especial, ao ensaio de KLOEPFER, Michael. Vida e dignidade da pessoa humana. In: SARLET, Ingo Wolfgang (org.). *Dimensões da dignidade*: ensaios de filosofia do direito e direito constitucional. Porto Alegre: Livraria do Advogado, 2005, p. 153 ss.

estatais,[29] razão pela qual, prestações básicas em matéria de direitos e deveres culturais (notadamente no caso da educação fundamental e destinada a assegurar uma efetiva possibilidade de integração social, econômica, cultural e política ao indivíduo), mas também o acesso a alguma forma de lazer, estariam sempre incluídas no mínimo existencial, o que também corresponde, em termos gerais, ao entendimento consolidado na esfera da doutrina brasileira sobre o tema, tal como já sinalizado.

Dito isso, o que importa, nesta quadra, é a percepção – consagrada na evolução jurídico-constitucional alemã e em diversos outros lugares – de que o direito a um mínimo existencial independe de expressa previsão no texto constitucional para poder ser reconhecido, visto que decorrente já da proteção da vida e da dignidade da pessoa humana. No caso do Brasil, onde também não houve uma previsão constitucional expressa consagrando um direito geral à garantia do mínimo existencial, os próprios direitos sociais específicos (como a assistência social, a saúde, a moradia, a previdência social, o salário mínimo dos trabalhadores, entre outros) acabaram por abarcar algumas das dimensões do mínimo existencial, muito embora não possam e não devam ser (os direitos sociais) reduzidos pura e simplesmente a concretizações e garantias do mínimo existencial, como, de resto, já anunciado. Mas é precisamente o caso de países como o Brasil (o mesmo se verifica em outros Estados Constitucionais que asseguram um conjunto de direitos fundamentais sociais no plano constitucional) que revelam o quanto a relação entre o mínimo existencial e os direitos fundamentais nem sempre é clara e o quanto tal relação apresenta aspectos carentes de maior reflexão, a começar pela própria necessidade de se recorrer à noção de mínimo existencial quando o leque de direitos sociais cobre todas as suas possíveis manifestações.

A exemplo do que ocorre com a dignidade da pessoa humana, que não pode ser pura e simplesmente manejada como categoria substitutiva dos direitos fundamentais em espécie, também o mínimo existencial, mesmo quando se cuida de uma ordem

---

[29] V. por todos HÄBERLE, Peter. A Dignidade humana como fundamento da comunidade estatal. *In:* SARLET, nota 28, especialmente p. 116 ss.

constitucional que consagra um conjunto de direitos sociais, não pode (ou, pelo menos, não deve) ser considerado como inteiramente fungível no que diz com sua relação com os direitos sociais, de modo a guardar uma parcial e sempre relativa autonomia, que lhe é assegurada precisamente pela sua conexão com a dignidade da pessoa humana. Qual o grau possível de autonomia (no sentido de um objeto e âmbito de proteção próprio) de um direito ao mínimo existencial na CF de 1988, que contempla todos os direitos sociais que usualmente são de algum modo relacionados ao mínimo existencial (há que considerar que nem todas as constituições que consagram direitos sociais o fazem com tanta amplitude como a nossa) é ponto que poderia merecer maior atenção, embora não seja aqui o momento próprio.

Tanto do ponto de vista teórico, quanto de uma perspectiva prática, a relação entre o mínimo existencial e os diversos direitos sociais tem sido marcada por uma doutrina e jurisprudência que em boa medida dão suporte à tese de que o mínimo existencial – compreendido como todo o conjunto de prestações materiais indispensáveis para assegurar a cada pessoa uma vida condigna – representa o núcleo essencial dos direitos fundamentais sociais, núcleo este blindado contra toda e qualquer intervenção por parte do Estado e da sociedade.[30] Tal entendimento, conquanto possa ter a (aparente) virtude de auxiliar na definição do conteúdo essencial dos direitos sociais, notadamente quanto ao recorte dos aspectos subtraídos a intervenções restritivas dos órgãos estatais e mesmo vinculativas dos particulares, não evita a perda de autonomia dos direitos fundamentais sociais, pois se o núcleo essencial dos direitos e o mínimo existencial se confundem em toda a sua extensão, então a própria fundamentalidade dos direitos sociais estaria reduzida ao seu conteúdo em mínimo existencial, o que, aliás, encontra adesão por parte de importante doutrina, que, inclusive, chega, em alguns casos, a adotar tal critério como fator de distinção entre os direitos

---

[30] Cf., por exemplo, seguindo esta linha argumentativa, MARTINS, Patrícia do Couto V. A.. A Proibição do Retrocesso Social como Fenômeno Jurídico. In: GARCIA, Emerson (coord.). *A efetividade dos direitos sociais*. Rio de Janeiro: Lumen Juris, 2004, p. 412 ss., referindo-se, todavia, à noção de necessidades básicas como núcleo essencial dos direitos sociais (noção esta similar a de um mínimo existencial), núcleo este blindado contra medidas de cunho retrocessivo.

fundamentais e os demais direitos sociais, que, naquilo que vão além do mínimo existencial,[31] não seriam sequer direitos fundamentais, posição esta que seguimos refutando, sem que, contudo, aqui se possa avançar na questão. Apenas para registrar o nosso ponto de vista, direitos fundamentais (o que se aplica também aos direitos sociais) são todos aqueles como tais consagrados na CF, dotados de regime-jurídico especial e reforçado que lhes foi também atribuído pela ordem constitucional.

É nessa perspectiva que (o que se registra para espancar qualquer dúvida a respeito) comungamos do entendimento de que todos os direitos fundamentais possuem um núcleo essencial, núcleo este que, por outro lado, não se confunde com seu conteúdo em dignidade da pessoa humana (ou, no caso dos direitos sociais, com o mínimo existencial), embora em maior ou menor medida, a depender do direito em causa, um conteúdo em dignidade humana e/ou uma conexão com o mínimo existencial se faça presente, do que não apenas podem, como devem, ser extraídas consequências para a proteção e promoção dos direitos fundamentais.[32]

No caso da CF, diferentemente da Alemanha, onde inexistem direitos sociais típicos no catálogo constitucional, os direitos sociais não apenas foram consagrados como direitos fundamentais, quanto o foram de forma generosa em termos quantitativos (basta uma mirada sobre o amplo de direitos sociais – saúde, educação, moradia, alimentação, previdência, assistência social, trabalho, proteção da criança e do adolescente, do idoso, da maternidade), o caráter subsidiário da garantia do mínimo existencial (na condição de direito autônomo) é de ser sublinhado. Por outro lado, desde que não se incorra na tentação (já que os argumentos nesse sentido são sedutores) de chancelar a identificação total entre o núcleo essencial dos direitos sociais e o mínimo existencial, a noção de um mínimo existencial, tal como já demonstra também a evolução doutrinária e jurisprudencial brasileira, opera como relevante critério material (embora não exclusivo) para a interpretação do

---

[31] Esta, por exemplo, a posição advogada por TORRES, nota 2, p. 40-3; 53-4.
[32] Trilhando o mesmo caminho, ou seja, adotando a tese da distinção entre o mínimo existencial e o núcleo essencial dos direitos fundamentais (inclusive sociais), v., por último, LEAL, nota 16, p. 547 ss.

conteúdo dos direitos sociais, bem como para a decisão (que em muitos casos envolve um juízo de ponderação) a respeito do quanto em prestações sociais deve ser assegurado mesmo contra as opções do legislador e do administrador, mas também no âmbito da revisão de decisões judiciais nessa seara. Por outro lado, precisamente no âmbito de tal processo decisório (que envolve o controle das opções legislativas e administrativas) não se deve perder de vista a circunstância de que, *quando for o caso*, o que se poderia designar de um "conteúdo existencial" não é o mesmo em cada direito social (educação, moradia, assistência social, lazer, etc.) não dispensando, portanto, a necessária contextualização em cada oportunidade que se pretender extrair alguma consequência jurídica concreta em termos de proteção negativa ou positiva dos direitos sociais e do seu conteúdo essencial, seja ele, ou não, diretamente vinculado a alguma exigência concreta da dignidade da pessoa humana.

Essa linha de entendimento, como se depreende de uma série de julgados, parece estar sendo privilegiada pelo STF, muito embora nem sempre este se tenha posicionado com clareza sobre a relação entre o núcleo essencial dos direitos sociais e o mínimo existencial, especialmente quanto ao fato de se tratar, ou não, de categorias fungíveis. De qualquer modo, impende sublinhar que no que diz com a orientação adotada pelo STF, os direitos sociais e o mínimo existencial exigem sejam consideradas as peculiaridades do caso de cada pessoa, visto que se cuida de direitos que assumem uma dimensão individual e coletiva, que não se exclui reciprocamente, cabendo ao poder público assegurar, pena de violação da proibição de proteção insuficiente, pelo menos as prestações sociais que dizem respeito ao mínimo existencial.[33]

Ainda sobre a relação entre o mínimo existencial e os direitos sociais, convém lembrar que mesmo tendo sido expressamente previstos no texto constitucional, os direitos sociais, a despeito de sua direta aplicabilidade na condição de normas de direitos fundamentais (no sentido de que os órgãos judiciais podem aplicar tais normas ainda que não tenham sido objeto de regulamentação legislativa),

---

[33] Cf., paradigmaticamente, na decisão proferida na STA 175, Rel. Min. Gilmar Mendes, julgada em 17.03.2010.

dependem em grande medida de uma concretização pelo legislador e pela administração pública, portanto, de uma teia complexa e dinâmica de atos legislativos, atos normativos do poder executivo, de políticas públicas, etc. A determinação do núcleo essencial dos direitos sociais implica a consideração de tal normativa que, na esfera infraconstitucional, dá conteúdo e vida aos direitos sociais, mas também aos demais direitos fundamentais, ainda mais quando o texto constitucional nada ou pouco diz sobre o conteúdo do direito, como se verifica no caso dos direitos a moradia, alimentação e lazer, pois no caso dos direitos a saúde, educação, previdência e assistência social, assim como no caso da proteção do trabalhador, a própria CF apresenta algumas diretrizes que vinculam positiva e negativamente os atores estatais. No âmbito de uma proibição de retrocesso, por exemplo, o que em geral está em causa não é a supressão do direito do texto constitucional, mas a redução ou supressão (de alguma maneira) de prestações sociais já disponibilizadas na esfera das políticas públicas, que, portanto, não podem ser artificialmente excluídas do processo de decisão judicial e das considerações sobre o quanto integram, ou não, o conteúdo essencial do direito. Não é à toa que autores do porte de um Gomes Canotilho de há muito sustentam que o núcleo essencial legislativamente concretizado de um direito social constitucionalmente consagrado opera como verdadeiro direito de defesa contra a sua supressão ou restrição arbitrária e desproporcional, ainda mais quando inexistem outros meios para assegurar tal conteúdo essencial.[34]

Por derradeiro, situando-nos, ainda, na esfera da compreensão da fundamentação jurídico-constitucional e do conteúdo de um direito (garantia) ao mínimo existencial, importa sublinhar a impossibilidade de se estabelecer, de forma apriorística e acima de tudo de modo taxativo, um elenco dos elementos nucleares do mínimo existencial, no sentido de um rol fechado de posições subjetivas (direitos subjetivos) negativas e positivas correspondentes ao mínimo existencial, o que evidentemente não afasta a possibilidade de se inventariar todo um conjunto de conquistas já sedimentadas

---

[34] Cf. CANOTILHO, José Joaquim Gomes. *Direito constitucional e teoria da Constituição.* 7. ed. Coimbra: Almedina, 2003, p. 339-40.

e que, em princípio e sem excluírem outras possibilidades, servem como uma espécie de roteiro a guiar o intérprete e de modo geral os órgãos vinculados à concretização dessa garantia do mínimo existencial,[35] lembrando que no caso brasileiro os direitos sociais, ainda mais considerando a inserção dos direitos à moradia e à alimentação, em termos gerais, cobrem os aspectos usualmente reconduzidos a um mínimo existencial, o que, mais uma vez, comprova que a noção de mínimo existencial exige um tratamento diferenciado de lugar para lugar, especialmente quando se trata de ordens constitucionais com ou sem direitos fundamentais sociais.

3 O mínimo existencial no âmbito da jurisdição constitucional brasileira e alemã – Algumas notas comparativas

À vista do exposto e buscando identificar algumas conexões entre os diversos segmentos da presente contribuição, notadamente para o efeito de enfatizar o vínculo entre direitos fundamentais, mínimo existencial e justiça constitucional, resulta evidente que o reconhecimento de um direito (garantia) ao mínimo existencial, seja numa perspectiva mais restrita (mais próxima ou equivalente a um mínimo vital ou mínimo fisiológico), seja na dimensão mais ampla, de um mínimo existencial que também cobre a inserção social e a participação na vida política e cultural (precisamente o entendimento aqui adotado e que corresponde à concepção consagrada na jurisprudência do Tribunal Constitucional Federal da Alemanha e ao que tudo indica na doutrina e jurisprudência brasileira), constitui ao mesmo tempo condição para a democracia (ainda mais na esfera de um Estado Social de Direito) e limite desta mesma democracia. Ao operar, especialmente no âmbito de

---

[35] É precisamente neste sentido que compreendemos a proposta de BARCELLOS, nota 4, p. 247 ss., ao incluir no mínimo existencial a garantia da educação fundamental, da saúde básica, da assistência aos desamparados e do acesso à justiça, pena de fecharmos de modo constitucionalmente ilegítimo (ou, pelo menos, problemático) o acesso à satisfação de necessidades essenciais, mas que não estejam propriamente vinculadas (pelo menos, não de forma direta) às demandas colacionadas pela autora.

atuação da assim chamada jurisdição constitucional, como limite ao legislador, implicando inclusive a possibilidade de declaração da inconstitucionalidade material de ato legislativo (como, de resto, de qualquer ato do poder público), a garantia do mínimo existencial se integra, no contexto do Estado Constitucional, ao conjunto do que já se designou de "trunfos" contra a maioria,[36] pois se trata de algo subtraído – em alguma medida – à livre disposição dos poderes constituídos, inclusive ao legislador democraticamente legitimado.

Por outro lado, também no que diz com o mínimo existencial, é perceptível que procedimentalismo e substantivismo não são necessariamente inconciliáveis,[37] muito pelo contrário, podem operar de modo a se reforçarem reciprocamente, assegurando assim uma espécie de concordância prática (Hesse) entre as exigências do princípio democrático e a garantia e promoção dos direitos fundamentais sociais, especialmente quando em causa as condições materiais mínimas para uma vida condigna.

Um exemplo digno de atenção, extraído da experiência dinâmica da jurisdição constitucional, é o da já referida decisão do Tribunal Constitucional Federal da Alemanha (09.02.2010), em que, a despeito de retomada a noção de que toda e qualquer pessoa é titular de um

---

[36] Nesse sentido, na esteira das já consideradas clássicas observações de DWORKIN, Ronald (v. na obra Levando a sério os direitos, *Taking Rights Seriously*), v., no âmbito da doutrina alemã, ALEXY, Robert. *Teoria dos direitos fundamentais*. 5. ed. Tradução de Virgílio Afonso da Silva. São Paulo: Malheiros, 2008, quando aborda a formação da vontade estatal e, em síntese, aponta conexão e tensão entre direitos fundamentais e princípio democrático (p. 498-99), e, na literatura em língua portuguesa, inclusive com particular referência aos direitos sociais, NOVAIS, Jorge Reis. *Direitos sociais*: teoria jurídica dos direitos sociais enquanto direitos fundamentais. Coimbra: Wolters Kluwer e Coimbra Editora, 2010, em especial p. 319 ss.

[37] Na literatura nacional, explorando as diversas facetas da problemática, inclusive da legitimidade da jurisdição constitucional, v. dentre tantos, os excelentes estudos de SAMPAIO, José Adércio Leite. *A Constituição reinventada pela jurisdição constitucional*. Belo Horizonte: Del Rey, 2002; CRUZ, Álvaro Ricardo de Souza. *Jurisdição constitucional democrática*. Belo Horizonte: Del Rey, 2004 (do mesmo autor, v., ainda *Hermenêutica Jurídica e (m) debate*: o constitucionalismo brasileiro entre a teoria do discurso e a ontologia existencial. Belo Horizonte: Fórum, 2007; STRECK, Lenio Luiz. *Jurisdição constitucional e hermenêutica*. 2. ed. Rio de Janeiro: Forense, 2006 (do mesmo autor v. *Verdade e consenso*. 4. ed. São Paulo: Saraiva, bem como *jurisdição constitucional e decisão jurídica*, 3. ed. São Paulo: RT, 2013; CATTONI, Marcelo (coord.). *Jurisdição e hermenêutica constitucional*. Belo Horizonte: Mandamentos, 2004, com destaque para as contribuições do próprio Marcelo Cattoni e de Menelick de Carvalho Neto; SAAVEDRA, Giovani Agostini. *Jurisdição e democracia*: uma análise a partir das teorias de Jürgen Habermas, Ronald Dworkin e Robert Alexy. Porto Alegre: Livraria do Advogado, 2006; MENDES, Conrado Hübner. *Controle de constitucionalidade e democracia*. Rio de Janeiro: Elsevier, 2008; TAVARES, André Ramos (coord.). *Justiça constitucional e democracia na América Latina*. Belo Horizonte: Fórum, 2008.

direito (subjetivo) às condições materiais mínimas para que possa fruir de uma vida com dignidade, merece ser sublinhada a manifestação do Tribunal no sentido de que ao legislador é deferida uma margem considerável de ação na definição da natureza das prestações estatais que servem ao mínimo existencial, mas também dos critérios para tal definição. Por outro lado, tal liberdade de conformação encontra seus limites precisamente na própria garantia do mínimo existencial, de tal sorte que nessa mesma decisão o Tribunal Constitucional veio a declarar a inconstitucionalidade parcial da legislação submetida ao seu crivo. Entre as diretrizes estabelecidas pelo Tribunal, está a de que para a definição do conteúdo das prestações exigíveis por parte do cidadão, o legislador está obrigado a avaliar de modo responsável e transparente, mediante um procedimento controlável e baseado em dados confiáveis e critérios de cálculo claros, a extensão concreta das prestações vinculadas ao mínimo existencial.

A deferência para com o legislador (e, portanto, para com o órgão legitimado pela via da representação popular), todavia, não acaba por aí. Com efeito, reiterando decisões anteriores, o Tribunal – mediante exercício do assim chamado *judicial self restraint*,[38] acabou não pronunciando a nulidade dos dispositivos legais tidos por ofensivos ao mínimo existencial constitucionalmente garantido e exigido, mas assinou prazo ao legislador para que ele próprio, no âmbito do processo político e democrático, venha a providenciar nos ajustes necessários, corrigindo sua própria obra e adequando-a aos parâmetros constitucionais. É claro que também a tradição alemã, ainda que sejam poucos os casos concretos onde se utilizou do expediente do apelo ao legislador, igualmente demonstra a seriedade com a qual a decisão do Tribunal Constitucional é recebida pelos órgãos legislativos (sem prejuízo de fortes críticas), de tal sorte que em todos os casos o legislador – embora lançando mão da sua liberdade de conformação – correspondeu aos apelos e revisou suas opções anteriores, ou mesmo, nos casos de omissão, editou a regulamentação exigida pelo Tribunal Constitucional. Aliás, também aqui a trajetória inicial (acima descrita, inclusive com menção às decisões judiciais superiores) do reconhecimento da garantia do mínimo existencial já

---

[38] Sobre o tema, v., entre nós, especialmente MELLO, Cláudio Ari. *Democracia constitucional e direitos fundamentais*. Porto Alegre: Livraria do Advogado, 2004.

se manifestara fecunda, visto que foi precisamente a falta de previsão legislativa de uma prestação estatal destinada a assegurar uma vida condigna a quem não dispõe de recursos próprios, que motivou fosse acessada a jurisdição constitucional, designadamente para impulsionar o legislador a inserir tais prestações na codificação social alemã.

Tal linha de ação, mediante a qual a Corte Constitucional não fulmina (pelo menos num primeiro momento) de nulidade o regramento legislativo, não é desconhecida no Brasil e já foi utilizada em algumas ocasiões. Destaca-se, nesse contexto, especialmente pelo fato de se tratar de decisão que envolveu a noção de mínimo existencial (razão de sua referência e do paralelo com a decisão alemã), a recente decisão do STF sobre o benefício de assistência social e a forma de sua regulação pela LOAS (Lei Orgânica da Assistência Social). Sem que se vá adentrar o mérito propriamente dito da questão, que já vem ocupando doutrina e jurisprudência há muito tempo (lembre-se que o STF havia declarado a constitucionalidade do dispositivo legal impugnado[39]), o que aqui se pretende sublinhar é que também nesse caso o STF, reconhecendo a inadequação constitucional dos critérios legais – por violação também e especialmente da garantia de um mínimo existencial – acabou não aplicando a sanção da nulidade. Com efeito – fazendo inclusive referência expressa ao julgado do Tribunal Constitucional Federal Alemão de 09.02.2010 (Hartz IV) – o STF, por maioria, reconheceu a existência de um processo gradual de inconstitucionalização do §3º do artigo 20 da Lei nº 8.742/93 (LOAS), desembocando, na decisão ora referida, na declaração de inconstitucionalidade do dispositivo legal, sem, contudo, pronunciar de imediato a sua nulidade, porém mantendo-o em vigor até 31.12.2014, de modo a permitir – num prazo razoável – ao Poder Legislativo (e também ao Poder Executivo, no âmbito de seu poder regulamentar e das respectivas políticas públicas de assistência social) a adoção das medidas necessárias ao ajuste da situação tida como contrária à Constituição Federal.[40]

---

[39] V. julgamento da ADI nº 1.232, Relator Ministro Ilmar Galvão, Relator para o Acórdão Ministro Nelson Jobim, DJ de 01.06.2001.
[40] Cf. Reclamação nº 4.374 – Pernambuco, Relator Ministro Gilmar Mendes, julgada em 18.04.2013.

A despeito da manutenção, em caráter substancial e como regra praticada pelo Tribunal alemão e pelo STF, das premissas acima colacionadas, merece referência, pela sua estreita vinculação com o tema e levando em conta a diversa postura adotada pela Corte, a mais recente decisão do Tribunal Constitucional Federal da Alemanha envolvendo o mínimo existencial. Nesse caso, julgado em 18.07.12, o Tribunal, para além de reafirmar em termos gerais o que já foi objeto de referência logo acima, designadamente quanto ao conceito e conteúdo do mínimo existencial, também declarou a incompatibilidade com a Lei Fundamental (no caso, com o direito e garantia ao mínimo existencial e com a dignidade da pessoa humana), da legislação que, desde 1993, não atualizou o valor do benefício assistencial em espécie alcançado a estrangeiros que estão solicitando asilo na Alemanha, ordenando ao Legislador que, em caráter praticamente imediato, corrigisse tal estado de coisas. Mas o Tribunal – e aqui reside a novidade da decisão – foi além, elaborando regra de transição e determinando que, enquanto não efetivada a alteração legal, fosse pago, a título de prestação social, valor previsto e calculado de acordo com critérios legais já existentes no código de proteção social, aplicáveis à hipótese em caráter precário. Tal decisão, embora no caso alemão se trate de uma prestação social e no brasileiro do exercício de um direito de liberdade, guarda forte relação com a técnica decisória utilizada pelo STF quando da alteração de sua posição sobre o direito de greve dos servidores públicos, proferida em sede de Mandado de Injunção, ocasião na qual a Suprema Corte brasileira, à míngua de legislação específica, tal como previsto na CF, determinou fosse aplicada (sem prejuízo de ajustes promovidos caso a caso pelo Poder Judiciário, de modo a proteger interesses e direitos conflitantes) a legislação em vigor para a greve na esfera da iniciativa privada.

Se ambas as decisões (do Tribunal Constitucional Federal e do STF) podem ser enquadradas como representando um elevado grau de intervenção judicial na esfera de atuação do Poder Legislativo, reconduzidas, portanto, ao que se designa de uma "postura ativista", o mesmo não ocorre, como já sumariamente demonstrado, nos outros dois casos, julgados pelos mesmos Tribunais (Hartz IV e LOAS), os quais já demonstram a existência de um caminho alternativo menos "invasivo", se é que é legítimo considerar as decisões referidas como efetivamente invasivas (em termos de relação entre os órgãos estatais), pois a Jurisdição Constitucional operou em face de um quadro – respeitadas as diferenças entre os casos e suas respectivas circunstâncias! – de manifesta e longa omissão legislativa e à vista dos graves problemas daí decorrentes. Em todas as situações, ademais, os respectivos Tribunais não deixaram de frisar que a tarefa de estabelecer em caráter definitivo o valor da prestação (caso alemão) ou a regulação do exercício da greve dos servidores públicos (caso brasileiro) – e mesmo os ajustes dos critérios estabelecidos pela LOAS – é do Poder Legislativo, cabendo à Jurisdição Constitucional um papel eminentemente corretivo e indutivo.

O quanto tal caminho se revela produtivo para o caso brasileiro, seja no que diz com a definição do mínimo existencial (abarcando a definição de seu conteúdo e das respectivas consequências jurídicas), seja quanto ao modo de atuação da Jurisdição Constitucional nessa seara, ainda está longe de ser satisfatoriamente equacionado. A prática decisória dos tribunais brasileiros, especialmente, para o que nos interessa de perto neste texto, no âmbito do STF, revela que se trata de tema em fase de expansão qualitativa e quantitativa, mas que exige uma especial consideração do modelo constitucional brasileiro e do respectivo contexto social, econômico e político, além da construção de uma dogmática constitucionalmente adequada e que esteja em harmonia com os demais direitos fundamentais. Aliás, é precisamente nessa seara que os desafios são particularmente prementes, pois, consoante já referido, sem prejuízo de seu relevante papel para a compreensão e efetivação dos direitos fundamentais sociais, o mínimo existencial não deveria pura e simplesmente assumir lugar de tais direitos.

Por outro lado, um rápido olhar sobre o direito comparado – com destaque para o caso da Alemanha – revela que nem sempre (o que por si só não é necessariamente negativo ou mesmo positivo) os órgãos da jurisdição constitucional brasileira são sensíveis aos limites da própria noção de mínimo existencial na nossa própria ordem constitucional. Igualmente não muito bem digerida e manejada entre nós, pelo menos em diversos casos, é a ideia de que o mínimo existencial encontra-se sempre subtraído à disposição dos poderes constituídos e que a definição de seu conteúdo em definitivo é tarefa cometida à Jurisdição Constitucional.

Ainda que a situação no Brasil seja diferente, nunca é demais relembrar que, na Alemanha, a própria definição do conteúdo do mínimo existencial é deferida em regra e em primeiríssima linha ao legislador, que, além do mais, deve estabelecer critérios claros, universais e isonômicos, embora simultaneamente deva (como ficou bem assentado na relativamente recente decisão do Tribunal Constitucional Federal da Alemanha, acima referida) a legislação preservar as circunstâncias pessoais de cada indivíduo titular do direito, pois diferentes as necessidades de cada um. Salvo em casos excepcionais, também é verdade que o Tribunal Constitucional da Alemanha não substituiu as opções do legislador pela sua própria, o que se verifica mesmo no caso da atualização do valor do benefício pago aos requerentes de asilo, onde foi aplicado critério previsto na legislação, em caráter provisório, tendo sido apelado ao legislador para a edição de nova lei para o efeito de fixar o valor corrigido do benefício.

Se o caminho trilhado pela justiça constitucional brasileira, designadamente pelo STF, é mais ou menos correto do que o revela a experiência estrangeira aqui rapidamente apresentada, não está aqui em causa (até mesmo consideradas as diferentes realidades e diversas tradições jurídicas e políticas), mas sim, que a maior correção (ou não) do modo pelo qual se intervém nas decisões legislativas e administrativas com base na noção do mínimo existencial, deveria ser cada vez mais objeto de detida reflexão e aperfeiçoamento. De qualquer sorte, mais do que esgrimir uma bandeira a favor ou contra o "ativismo judicial", é preciso, à vista do contexto brasileiro (na dimensão jurídica-constitucional, política, econômica e social) encontrar um caminho adequado e equilibrado de interação entre os órgãos estatais, visto que a busca da efetividade da ordem constitucional é tarefa cometida a todos.

Informação bibliográfica deste texto, conforme a NBR 6023:2018 da Associação Brasileira de Normas Técnicas (ABNT):

SARLET, Ingo Wolfgang. Direitos sociais, mínimo existencial e o assim chamado "ativismo judicial": uma análise à luz da jurisprudência do Supremo Tribunal Federal e do Tribunal Constitucional Federal alemão. In: TOLEDO, Cláudia (coord.). *Atual judiciário*: ativismo ou atitude. Belo Horizonte: Fórum, 2022. p. 441-465. ISBN 978-65-5518-270-5.

PARÂMETROS PARA O CONTROLE JUDICIAL DAS POLÍTICAS PÚBLICAS DE SAÚDE

LUCIANA GASPAR MELQUÍADES DUARTE
VÍCTOR LUNA VIDAL

1 Introdução

Este trabalho dedica-se ao exame da intrincada questão da judicialização da saúde com o escopo de delinear parâmetros para o controle judicial das políticas públicas afetas a este direito.

Com o advento do novo milênio e o início da absorção dos preceitos do pós-positivismo jurídico pelos tribunais pátrios, a jurisprudência pretérita, que implicava a denegação de pedidos de acesso a tratamentos de saúde realizados em juízo com fulcro na concepção de programaticidade das normas constitucionais que os veiculavam, começou a ser substituída por um parâmetro decisional que reconhecia a sua justiciabilidade como decorrência da normatividade constitucional.

Dessa forma, decisões judiciais que deferiam aos demandantes a concessão, pelo Poder Público, de medicamentos, internações em hospitais e outras espécies de insumos ou mecanismos de proteção ou recuperação da saúde começaram a proliferar na experiência judiciária brasileira. A sedimentação dos posicionamentos do Supremo Tribunal Federal (STF) e do Superior Tribunal de Justiça (STJ) influenciou o fenômeno, impulsionando a revisão de entendimento também nas primeiras e segundas instâncias judiciais.

A proliferação de ordens judiciais nesse sentido começou a impactar as instâncias administrativas responsáveis pela prestação do serviço público de saúde, instigando o debate ora analisado sobre a pertinência jurídica da novel concepção judicial. Emergiu um segmento reacionário lastreado em argumentos afeitos à cláusula da separação de poderes da qual supostamente derivaria a impossibilidade de ingerência judicial nas políticas públicas de realização de direitos fundamentais, seja pela competência administrativa, seja pela necessidade de existência de recursos públicos aptos ao seu custeio.

A celeuma envolveu, outrossim, outros segmentos da sociedade, de maneira que as manifestações dos cidadãos passaram a oscilar entre o reconhecimento da necessidade de intervenção judicial perante a insuficiência das políticas públicas de saúde e a refutação a essa interferência pela suposição de ausência de recursos suficientes para todas as prestações demandadas em juízo. A polêmica ensejou a realização, em abril de 2009, de uma audiência pública no Supremo Tribunal Federal, da qual, porém, não se extraiu um consenso, a despeito de se ter assistido à consolidação da jurisprudência da Corte Constitucional posterior a ela no sentido da justiciabilidade do direito à saúde.

De ver-se que a questão carece de uma referência teórica consistente para seu enfoque, sob pena de redundar em divergências subjetivas decorrentes de meras preferências ou interesses contrapostos. Socorre a questão, assim, a teoria dos direitos fundamentais, que partindo da concepção das normas que os veiculam como regras ou princípios, reconhece a sua normatividade ao mesmo passo em que admite a inviabilidade de sua efetividade plena em virtude de limites fáticos e jurídicos oponíveis. A natural colisão entre os direitos fundamentais impõe o emprego de uma metódica jurídica adequada à demarcação de seus limites, o que será efetivado mediante a incidência da máxima da proporcionalidade, manejada num discurso racional.

Para tanto, impôs-se o emprego da metodologia dedutiva de pesquisa. Mediante o recurso a fontes indiretas, caracterizadas pelas referências bibliográficas que construíram o norte teórico das conclusões alcançadas, pelas que permitiram a revisão da literatura e pelas decisões judiciais que ensejaram o tracejo das decisões das cortes analisadas, viabilizou-se a formulação de proposições que objetivam trazer a lume diretrizes para o controle judicial das políticas públicas de saúde, atingindo-se, assim, seu escopo geral.

No trabalho, diversos objetivos específicos foram percorridos. Utilizou-se, desde o início, da teoria normativa de Alexy (2015) que concebe os direitos fundamentais em normas-regra e normas-princípio, relegando ao intérprete a tarefa de densificação circunstanciada de cada um deles e reconhecendo, porém, em todos, a existência de um conteúdo carecedor de efetividade de modo a garantir um mínimo de normatividade constitucional.

A demarcação desse conteúdo permitiu o tracejo de diretrizes capazes de oferecer adequado grau de segurança para o deferimento de pleitos judiciais que o tangenciam. Impôs-se, todavia, a perquirição de um segundo objetivo específico, qual seja, a análise da cláusula constitucional da separação de poderes, partindo do exame do contexto liberal de que emergira para estudo de sua trajetória à ambiência de socialidade do Estado.

O estudo permitiu o esclarecimento das causas e fundamentos do protagonismo ou ativismo judicial em que se insere a judicialização da saúde. Destarte, foram tangenciadas questões como a inibição da cidadania ativa que circundam o fenômeno da justiciabilidade das relações sociais. Por fim, ainda como objetivos específicos conclusivos do presente estudo, foram segmentadas as demandas de saúde em conformidade com sua essencialidade para, a partir disso, diferenciar-se a postura judicial em cada caso. Com isso, lograram-se, outrossim, formulações pertinentes à elaboração do orçamento público ao seu controle judicial e permitiu-se a abordagem de questões sensíveis como o deferimento judicial de tratamentos extremamente caros e experimentais e a necessidade de constrição judicial à observância das diretrizes e protocolos do Sistema Único de Saúde (SUS).

A relevância do presente estudo extrai-se da própria fundamentalidade do direito social que o envolve bem como da atualidade do fenômeno da judicialização, que suscita polêmicas na sociedade civil e no meio jurídico, carecendo, pois, de balizas teóricas consistentes para o seu enfrentamento. Demais disso, a peculiaridade da imbricação do direito à saúde à vida humana propõe um cuidado especial na tratativa da sua efetividade, a que se propõe, a seguir.

2 A teoria dos direitos fundamentais e a racionalidade do discurso

O ocaso do Positivismo Jurídico decorrente das barbáries da Segunda Guerra Mundial impulsionou a comunidade jusfilosófica a reflexões em busca de um novo parâmetro para a Teoria do Direito, cujas diretrizes formalistas sucumbiram, arrastadas por sua falência ética. A ausência de um conteúdo Moral no Estado de Direito Nazista formalmente instituído demonstrou a insustentabilidade do divórcio preconizado pela teoria que o sustentava, ensejando a reformulação das diretrizes conceituais da Ciência do Direito.

Oportunizou-se, dessa forma, a emersão da centralidade antropológica, de maneira que a dignidade humana, realizada pela proteção e respeito dos direitos humanos, passou a ocupar o foco da atenção dos juristas, assim como o resgate da justiça material como escopo maior do Direito ensejou a substituição das formulações anteriores, calcadas na mera subsunção dos fatos às normas formalmente estatuídas pela busca da resposta jurídica capaz de conformar, em cada caso, os vários bens jurídicos colidentes de maneira a preservar, em alguma medida, os valores consagrados pelo Direito.[1]

Para tanto, fora rechaçada, de pronto, a concepção que permitia ao intérprete resvalar a volição no ato de aplicação do Direito (DWORKIN, 2002). Salientou-se o risco à insegurança e ao tratamento desigual de indivíduos sujeitos a uma mesma situação jurídica decorrente da aceitação da discricionariedade judicial, de maneira que novas categorias normativas foram elaboradas com o escopo de se tentar alcançar a integridade do Direito.

Dessa forma, as normas até então reduzidas a um modelo de regras (naturalmente lacunoso e ensejador da liberdade decisória diante da ausência de uma prescrição textual para o caso concreto) foram ladeadas pela categoria das normas-princípio, concebidas como mandados de otimização passíveis de concreção gradual, de acordo com as possibilidades fáticas e jurídicas. Resgatando a normatividade da carga axiológica que suporta o ordenamento jurídico, a teoria dos princípios caracterizou o tratamento eficaz para feridas abertas, como o decisionismo, a pretensão da correção do Direito e sua historicidade.[2]

---

[1] Barroso (2009, p. 53 e 54) chega a reconhecer no Pós-positivismo um modelo de confluência entre as duas grandes correntes de pensamento que o antecederam, a saber, o Jusnaturalismo e o Positivismo.
[2] Explicando o modelo jusfilosófico em tela, Barroso (2009, p. 54) afirma que "O Pós-positivismo busca ir além da legalidade estrita, mas não despreza o direito posto; procura empreender uma leitura moral do Direito, mas sem recorrer a categorias metafísicas. A interpretação e

Com efeito, ao se admitir a existência de normas cuja aplicação discrepa do modelo do *all or nothing*, o pós-positivismo erigiu os princípios como categoria normativa capaz de garantir, a um só tempo, a juridicidade constitucional e sua indissolúvel imbricação à realidade empírica assoldada pela escassez. Tal modelo permitiu a demonstração de que, se é certo que as normas constitucionais vinculam, especialmente as dotadas de jusfundamentabilidade, não se pode olvidar que essa normatividade suplanta a infinidade de demandas ladeada pela limitação dos recursos aptos a provê-las e a concorrência de diversos direitos por elas.

Dessa forma, os direitos fundamentais passaram a ser concebidos como passíveis de veiculação por regras, quando deveriam ser implementados integralmente, diante da validade da norma, ou por princípios, cuja efetivação careceria de conformidade às possibilidades fáticas ou jurídicas. Enquanto carreados por princípios, os direitos não podem ser definitivamente afirmados antes da análise das circunstâncias casuísticas que o circundam, possuindo natureza tão somente *prima facie*.

No que tange à realização dos direitos sociais, Alexy (2015) demonstrou a existência de níveis diversos de vinculação do aplicador às normas que os carreiam, ressaltando que essa gradação estaria a depender do grau de afetação dos direitos sociais opostos e dos direitos fundamentais à propriedade e à liberdade fática, cerceados pela incidência da tributação necessária para angariar recursos financeiros para fazer face às despesas decorrentes da sua realização.[3] Dessa maneira, as próprias limitações constitucionais ao poder de tributar do Estado representam um empecilho jurídico à

---

aplicação do ordenamento jurídico hão de ser inspirados por uma teoria da justiça, mas não podem comportar voluntarismos nem personalismos, sobretudo os judiciais".

[3] Para Alexy (2015, p. 512), a "definição de quais direitos sociais o indivíduo definitivamente tem é uma questão de sopesamento entre princípios". Oferece, entretanto, parâmetros para o exercício ponderativo, diante dos quais o direito social estaria garantido definitivamente. De forma sintética, o autor apresenta os elementos discursivos a serem considerados: "Uma posição no âmbito dos direitos a prestações tem que ser vista como definitivamente garantida se (1) o princípio da liberdade fática a exigir de forma premente e se (2) o princípio da separação de poderes e o princípio democrático (que inclui a competência orçamentária do parlamento) bem como (3) os princípios materiais colidentes (especialmente aqueles que dizem respeito à liberdade jurídica de outrem) forem afetados em uma medida relativamente pequena pela garantia constitucional da posição prestacional e pelas decisões do tribunal constitucional que a levarem em consideração" (ALEXY, 2015, p. 512).

realização dos direitos, ao mesmo passo que limites outros, de ordem não financeira, obstaculizam a sua eficácia máxima, como o direito à liberdade de profissão (ensejador, em muitos casos, da ausência de profissionais suficientes para a promoção do direito social), a autonomia (que permite ao indivíduo, entre outros elementos, a opção por não se submeter à fruição dos direitos tutelados pelo Estado), a escassez natural de insumos aptos à prestação dos direitos etc.

No entanto, se é certo que os direitos fundamentais, inclusive os sociais, nem sempre estão sujeitos à eficácia integral, impõe-se reconhecer que, afastada a natureza meramente política das cartas constitucionais,[4] suas normas hão de ter ao menos uma eficácia mínima. Essa assertiva, como bem observa Alexy (2015, p. 513), influi, até mesmo, na limitação da discricionariedade do legislador em matéria orçamentária, ante a supremacia dos direitos fundamentais abarcada pelo texto constitucional.

Da normatividade constitucional,[5] portanto, extrai-se, em matéria de proteção dos direitos fundamentais, a existência de um conteúdo mínimo impassível de supressão, isto é, de um núcleo caracterizado pelas prestações a eles inerentes que guardam maior essencialidade e que, assim, sempre merecerão efetividade. Diante desse núcleo essencial, a vinculação do Estado será plena. Os recursos naturais, financeiros e humanos disponíveis, ainda que naturalmente escassos, deverão ser prioritariamente alocados para sua realização.

Nesse contexto, a atual pandemia do novo coronavírus revelou a inexorabilidade da garantia de um conjunto de prestações sociais

---

[4] Sobre tal aspecto, vale auferir as palavras de Barroso (2009, p. 55), para quem "Atualmente, passou a ser premissa do estudo da Constituição o reconhecimento de sua força normativa, do caráter vinculativo e obrigatório de suas disposições. Vale dizer: as constituições são dotadas de imperatividade, atributo de todas as normas jurídicas, e sua inobservância há de deflagrar os mecanismos próprios de coação, de cumprimento forçado".

[5] Com efeito, não subsistem dúvidas quanto à normatividade dos direitos fundamentais no Brasil, conforme reconhecido pelo próprio Alexy (2008, p. 62-63), como se vê: "(...) no Brasil, o problema da não-vinculatividade dos direitos fundamentais não deveria ser transitável, porque o artigo 5, parágrafo 1, declara, pelo menos, as prescrições de direitos fundamentais desse artigo como imediatamente aplicáveis. Mas também independente de tais ordenações de vinculação jurídico-positivas a justiciabilidade dos direitos fundamentais deve ser exigida. Direitos fundamentais são essencialmente direitos do homem transformados em direito positivo. Direitos do homem insistem em sua institucionalização. Assim, existe não somente um direito do homem à vida, mas também um direito do homem a isto, que exista um estado que impõe tais direitos. A institucionalização abarca, necessariamente, justicialização".

mínimas a despeito dos tradicionais argumentos vinculados à reserva do possível e à limitação de recursos. Exemplo disso está presente na Medida Cautelar na Ação Direta de Inconstitucionalidade nº 6.357 (BRASIL, 2020), julgada em 29 de março de 2020, e posteriormente confirmada pelo plenário do STF em 13 de maio. Ajuizada pela Presidência da República, a ação invocou a necessidade de suspensão da rigidez das regras atinentes à responsabilidade fiscal presentes nos artigos 14, 16, 17 e 24 da Lei Complementar nº 101 (BRASIL, 2000), tendo o seu pleito considerado procedente. Confirmando a medida no plano legislativo, a Lei Complementar nº 173 (BRASIL, 2020) regulamentou as disposições acerca do regime fiscal no cenário de crise, autorizando a realização de gastos excepcionais de modo a promover a manutenção e expansão de programas sociais, como o Auxílio Emergencial, que destinou, segundo o Portal Tesouro Transparente (BRASIL, 2020), até 17 de outubro de 2020, cerca de R$236,96 bilhões à população, além da maior destinação de recursos a outras áreas de interesse social, como o custeio dos salários dos trabalhadores durante o período de isolamento social e de redução das atividades econômicas.

Em favor da proteção de prestações mínimas aos mais vulneráveis diante do estado de calamidade na saúde pública, a expansão de recursos financeiros, materiais e humanos também se mostrou presente a despeito das rígidas regras orçamentárias na esfera pública. Conforme relatado em pesquisa realizada por Melquíades Duarte e Vidal (2020, p. 114), de janeiro a junho de 2020, observou-se crescente contratação de profissionais no âmbito do SUS, sendo também notória a ampliação de leitos hospitalares destinados à demanda emergencial na rede pública. Ilustrativamente, registre-se que o número de leitos complementares do sistema público para o período mencionado cresceu 32,93%.[6]

Ressalte-se, contudo, a inviabilidade de se observar rigidamente o mencionado núcleo, ou seja, de se estatuir um conjunto fixo

---

[6] O percentual apresentado refere-se a dados disponibilizados pelo sistema Datasus, órgão de informações do SUS (BRASIL, 2020). Inserida na categoria de leitos hospitalares, a razão apresentada diz respeito a leitos de UTI e unidades intermediárias, ou seja, recursos materiais imprescindíveis para a preservação de dois dos bens jurídicos severamente ameaçados pela pandemia do novo coronavírus, quais sejam, a vida e a saúde.

de prestações, ainda que altamente essenciais, para integrá-lo.[7] De fato, mesmo que se considere a possibilidade de expansão de limites materiais e financeiros para fazer face às diversas carências sociais, tal como verificado diante dos esforços empreendidos no contexto do atual cenário pandêmico, deve-se reconhecer que a escassez de recursos tende a ser, em regra, oscilante, implicando a existência, a depender dos contextos histórico e econômico, de maior ou menor possibilidade de realização dos direitos fundamentais, mesmo no que diz respeito a suas parcelas mais essenciais.[8] Esta, a concepção que se adota, veiculada pela teoria flexível do núcleo essencial, e contraposta à teoria rígida (esta última, sim, guardiã da concepção de existência de um conteúdo hermético e intangível dos direitos fundamentais).

Certo é, porém, que, uma vez delineado o núcleo essencial do direito, uma primeira diretriz para seu controle judicial já estará gizada. Se, diante do conteúdo mínimo, a vinculação estatal à realização do direito é plena, conforme já se asseverou, a ausência de sua efetividade prática autorizará sua demanda em juízo e autorizará a ingerência judicial positiva, ou seja, a determinação à autoridade pública responsável que supra a omissão, posto que indevida.

Dessa forma, para os fins do presente estudo, interessará, de pronto, a análise da essencialidade das prestações referentes ao direito à saúde para a formulação de um desenho de seu conteúdo mínimo, posto que, diante dele, já se poderá sustentar o provimento judicial perante a insuficiência da política pública respectiva.

---

[7] Essa é uma conclusão do próprio Alexy (2015, p. 513), que, ao discorrer acerca da garantia de prestações mínimas em matéria de direitos fundamentais sociais, aduz que: "Contra essa objeção é necessário observar, em primeiro lugar, que nem tudo aquilo que em um determinado momento é considerado como direitos sociais é exigível pelos direitos fundamentais sociais mínimos; em segundo lugar, que, de acordo com o modelo aqui proposto, os necessários sopesamentos podem conduzir, em circunstâncias distintas, a direitos definitivos distintos; e, em terceiro lugar, que é exatamente nos tempos de crise que a proteção constitucional, ainda que mínima, de posições sociais parece ser imprescindível".

[8] Veja-se que, conforme sustentado por Melquíades Duarte e Vidal (2020, p. 117), diante de um cenário de aguda crise no tocante aos direitos sociais e econômicos, tal como o vivenciado na pandemia do novo coronavírus, "o princípio da reserva do possível apenas far-se-á devido depois de esgotadas as possibilidades de atuação estatal em prol da redução da escassez, de forma a atender ao aumento das demandas pelos serviços públicos de saúde no contexto da expansão da doença".

Remanescerão, porém, para exame, as demais prestações estatais de saúde não integrantes desse núcleo essencial, e que, pela ausência de uma resposta prévia acerca da vinculatividade estatal, se *prima facie* ou definitiva, imporão uma análise que considere as possibilidades fáticas e jurídicas de sua implementação.

Nessa perspectiva, impor-se-á, como mecanismo de controle da solução do conflito imanente entre os direitos fundamentais, o emprego da máxima da proporcionalidade, imprescindível nas oportunidades em que não se fizer viável a conformação prática entre os direitos em colisão. Em tais casos, far-se-á necessária a restrição de um deles, que deverá ser orientada pelos parâmetros da adequação do meio à promoção do direito oposto; da necessidade de, realmente, proceder-se à restrição ou à diagnose da via menos onerosa para a realização pretendida, e, por derradeiro, da proporcionalidade, em sentido estrito, da restrição pretendida, que será aferida pela constatação da superação, em importância, do direito promovido em relação ao restringido.

Ressalvam alguns críticos à teoria de Alexy (2015) que, na última etapa de aplicação da máxima da proporcionalidade, resvalaria a subjetividade, fazendo ruir os propósitos de racionalidade perseguidos pela teoria pós-positivista.[9] Em resposta a essa objeção, deve-se destacar que a teoria dos direitos fundamentais, em cujo seio tem gênese a máxima da proporcionalidade, nasceu abraçada à teoria da argumentação jurídica, que vem pautar parâmetros para o discurso jurídico capazes de conferir-lhe objetividade e de, assim, sujeitá-lo ao controle.[10] Por conseguinte, para o exame da precedência valorativa de um direito sobre outro, não pode o aplicador dar azo a suas concepções individuais; a ele incumbe

---

[9] O próprio Alexy (2008, p. 68) reconhece as críticas e as refuta, afirmando que "muitos acham que a ponderação não é um procedimento racional. A possibilidade do exame de três graus mostra que ceticismo da ponderação não é autorizado", carreando, logo após, exemplos que ilustram a objetividade do raciocínio empenhado na solução da colisão entre direitos fundamentais.

[10] Vale novamente destacar as palavras de Alexy (2008, p. 155): "um dos problemas principais do debate atual sobre a interpretação dos direitos fundamentais é a ponderação. Inúmeros autores fazem a objeção do irracionalismo e da subjetividade. A contribuição tenta mostrar que esta objeção é infundada. Para esta finalidade, a ponderação é assentada em uma teoria do constitucionalismo discursivo, que enlaça o conceito de ponderação com os de direitos fundamentais, de discurso, de jurisdição constitucional e de representação".

o ônus de justificação interna e externa das premissas usadas no processo argumentativo, que permitirão a aferição racional do acerto de sua decisão. Com fundamento na metáfora de Dworkin (2002, p. 165) acerca do "Juiz Hércules",[11] cumpre ao intérprete o trabalho hercúleo de remeter-se à comunidade política e, através do exame de suas manifestações institucionais, institucionalizadas ou não, aferir o peso dado por ela aos direitos colidentes. Apenas levando a sério esse trabalho poder-se-á aproximar da pretensão de determinação, no ordenamento jurídico posto, da resposta correta para os conflitos normativos.

Destarte, demonstra-se que o processo de afirmação de direitos fundamentais, inclusive os sociais, entre os quais se situam o direito à saúde, chamará ao debate a demarcação do núcleo essencial dos demais direitos para que, excluídas as prestações a eles inerentes e os consequentes recursos necessários a sua implementação, seja possível aferir, diante dos recursos remanescentes, a possibilidade de realização das demais prestações, priorizando-se as mais essenciais.

De ver-se que, em relação às demandas de saúde não integrantes do conteúdo mínimo do direito fundamental, a postura judicial não poderá ser determinada de pronto, posto que dependerá da definição da existência definitiva ou não do direito.[12] Para tanto, deverá integrar o debate travado na ação judicial o orçamento público

---

[11] "Podemos, portanto, examinar de que modo um juiz filósofo poderia desenvolver, nos casos apropriados, teorias sobre aquilo que a intenção legislativa e os princípios jurídicos requerem. Descobriremos que ele formula estas teorias da mesma maneira que um árbitro filosófico construiria as características de um jogo. Para esse fim, eu inventei um jurista de capacidade, sabedoria, paciência e sagacidade sobre-humanas, a quem chamarei de Hércules. Eu suponho que Hércules seja um juiz de alguma jurisdição norte-americana representativa. Considero que ele aceita as regras não controversas que constituem e regem o direito em sua jurisdição. Em outras palavras, ele aceita que as leis têm o poder geral de criar e extinguir direitos jurídicos e que os juízes têm o dever geral de seguir as decisões anteriores de seu tribunal ou dos tribunais superiores cujo fundamento racional (*rationale*), como dizem os juristas, aplica-se ao caso em juízo" (DWORKIN, 2002, p. 165). A despeito de reconhecer a validade do Direito legislado e dos precedentes, o juiz Hércules não encontra neles os parâmetros suficientes para julgar situações controversas, de maneira que "Ele deve construir um esquema de princípios abstratos e concretos que forneça uma justificação coerente a todos os precedentes do direito costumeiro e, na medida em que estes devem ser justificados por princípios, também um esquema que justifique as disposições constitucionais e legislativas" (DWORKIN, 2002, p. 182).

[12] Para Alexy (2015, p. 518), "[...] não pode ser objeto do controle saber se foi satisfeito tudo aquilo que o dever *prima facie* exige, mas tão-somente se foi satisfeito aquilo que lhe resta, como dever definitivo, em face de deveres *prima facie* colidentes".

e a análise do acerto ou não da alocação de recursos à realização de direitos fundamentais nele promovida, em conformidade com os parâmetros de essencialidade aqui tracejados,[13] bem como o exame de sua suficiência ou não para sustentar a prestação de saúde demandada. Apenas após esse exame poder-se-á sustentar a possibilidade do provimento do pedido formulado.

3 A separação de poderes no contexto da socialidade do Estado

A cláusula constitucional da separação de poderes é esteio da maior parte das constituições modernas em que se institui um Estado de Direito, sendo parte dele imanente e indissociável. De fato, apenas com a segregação dos poderes de criar e de aplicar as normas lograr-se-iam os ideais de segurança e igualdade jurídicas perseguidos pelo mencionado modelo de organização estatal. A confusão de tais poderes nas mesmas mãos abriria ensejo para a manipulação das normas no momento de sua aplicação, fazendo cair por terra a previsibilidade garantida pela sua anterioridade ao caso concreto bem como o tratamento equiparado, posto que abstratamente definido, de todos que se encontrarem nas mesmas condições jurídicas.[14]

---

[13] No mesmo sentido, afirma Fellet (2012, p. 107) que "com base na doutrina de Alexy, o direito *prima facie* à saúde será definitivamente garantido ao indivíduo que busca a tutela jurisdicional somente na medida em que razões fáticas e normas jurídicas com ele colidentes não tenham peso suficiente para fundamentar a omissão estatal na prestação de saúde pretendida".

[14] Confiram-se, a respeito, as palavras de Montesquieu (2004, p. 166): "A liberdade política, em um cidadão, é essa tranquilidade de espírito que decorre da opinião de que cada um tem de sua segurança; e, para que se tenha liberdade, cumpre que o governo seja de tal modo que um cidadão não possa temer outro cidadão. Quando em uma só pessoa ou em um mesmo corpo de magistratura, o poder legislativo está reunido ao poder executivo, não pode existir liberdade, pois se poderá temer que o mesmo monarca ou o mesmo senado criem leis tirânicas para executá-las tiranicamente. Também não haverá liberdade se o poder de julgar não estiver separado do poder legislativo e do executivo. Se o poder executivo estiver unido ao poder legislativo, o poder sobre a vida e a liberdade dos cidadãos será arbitrário, pois o juiz seria o legislador. E se estiver ligado ao poder executivo, o juiz poderia ter a força de um opressor. Tudo então estaria perdido se o mesmo homem, ou o mesmo corpo dos principais, ou o dos nobres, ou o do povo, exercesse esses três poderes: o de criar as leis, o de executar as resoluções públicas e o de julgar os crimes e as querelas dos particulares".

Para o alcance de tais misteres, todavia, não se faria suficiente a alegada repartição das competências de criação e aplicação do Direito entre os poderes estatais; impor-se-ia a existência de um sistema que permitisse o controle mútuo entre eles, de forma a garantir que aqueles responsáveis pela aplicação das normas elaboradas pelos demais de fato o fizessem. Assim, estabeleceu-se, ladeados de outros mecanismos de freios e contrapesos aos poderes públicos, a possibilidade de controle judicial dos atos perpetrados pela Administração Pública.

O Estado de Direito, que conta com a cláusula da separação de poderes descrita, nasceu em berço liberal, que remontava a um paradigma de pouca atuação administrativa. Dessa forma, a elaboração teórica inicial do controle judicial dos atos administrativos cingia-se à realidade da época, ou seja, considerava a parca presença do Estado na conformação social, o que redundava na modesta ingerência judicial sobre ela. A emersão, porém, da socialidade do Estado, fez inflar a atuação administrativa na vida pública, impactando, por consequência, o respectivo controle judicial.

Todavia, o incremento efetivo na proporção dessa forma de controle apenas se fez sentir, ao menos na experiência brasileira, com o reconhecimento da normatividade dos direitos fundamentais, inclusive os sociais, veiculados constitucionalmente. De fato, teve guarida, por muito tempo, na jurisprudência nacional, uma falsa concepção de vinculatividade da Constituição, que se fazia sentir, por exemplo, pela aceitação da existência de normas constitucionais programáticas, das quais não derivariam direitos subjetivos. Este, inclusive, o fenômeno que se fazia sentir até o final do milênio findo na jurisprudência do STF.

Os primeiros momentos dessa mudança de paradigmas se fizeram sentir, inclusive, como já dito, tendo o próprio direito a saúde como protagonista. Na verdade, a partir do momento em que veio a lume vinculatividade dos direitos sociais, ainda que veiculados por normas-princípio, passou-se a ter em evidência a necessidade de sua concreção mínima pelo Poder Público, bem como das prestações mais essenciais (ainda que não afeitas ao conteúdo mínimo do direito), desde que fática e juridicamente possível, e da consequente intervenção judicial em caso de omissão estatal indevida.[15]

---

[15] Analisando o controle das políticas públicas pelo Poder Judiciário no Brasil, Figueiredo (2009, p. 716) afirma que as ações judiciais têm em comum a pretensão de "obrigar o

Paradigmáticas, nesse sentido, são as decisões judiciais acerca da obrigatoriedade do custeio de tratamentos para pessoas com o vírus HIV na transição para este século. Embora ainda se referindo expressamente à natureza programática dos direitos fundamentais sociais, o STF, no Agravo Regimental no Recurso Extraordinário nº 271286 (BRASIL, 2000), sustentou, em passagem que se tornaria recorrente em outros julgados da Corte nos anos seguintes, que "a interpretação da norma programática não pode transformá-la em promessa constitucional inconseqüente (sic)".

De fato, ainda que, por vezes, a argumentação empregada pelo STF ao longo das últimas duas décadas tenha se fundado em teorias não mais consentâneas com as recentes contribuições pós-positivistas, não se pode afirmar que, em termos práticos, as decisões se aproximem do antiquado paradigma não intervencionista em matéria de justiciabilidade dos direitos fundamentais sociais. Em termos mais precisos, verifica-se que, uma vez presente o modelo de socialidade do Estado, não se mostra possível, como se se pretendesse, de algum modo, refazer o curso da história, e independentemente dos termos e formulações que são empregados para fundamentar o discurso, o regresso à figura do juiz autômato, isto é, aquele que atua como um mero executor da lei.[16]

Por óbvio, o incremento da presença do Judiciário em relação ao controle das políticas públicas que efetivavam esses direitos causou estranheza, num primeiro momento, na comunidade jurídica, alavancando manifestações reacionárias que lhe imputava ofensa à cláusula da separação de poderes com lastro na assertiva de que a formulação e aplicação de tais políticas é de incumbência da Administração Pública, de forma a caracterizar o suposto abuso perpetrado pelas intervenções judiciais.

Administrador Público a alterar um padrão de comportamento não só fundado em alegada ilegalidade ou inconstitucionalidade de atos, programas ou políticas públicas, como também objetivam corrigir desvios ou alterar concepções ou objetivos na implantação de determinados programas governamentais (...)".

[16] Ilustrativa é a observação de Canotilho (2007, p. 91) quanto ao presente aspecto: "O juiz guardião dos direitos e o juiz que *realiza objectivos* moralmente justos representam hoje, com efeito, os arquétipos de ruptura relativamente ao modelo jacobino de *juiz executor*, passivamente fiel à vontade do legislador ("a boca que prenuncia as palavras da lei") ou de *juiz declarativo*, limitado a declarar mas nunca criar o direito. Nestes últimos modelos, a política é proibida aos juízes (e ao poder judiciário no seu conjunto)".

Não se olvide, porém, que a construção teórica do Estado de Direito tem alicerce na necessidade de controle de toda e qualquer atividade de aplicação do Direito, o que socorre à atividade de formulação de políticas públicas, à vista da normatividade dos direitos fundamentais que visam implementar. Dessa forma, não escapam ao controle em juízo, o que torna infundadas as críticas afeitas ao eventual descabimento dessa ingerência judicial. Assim, o ativismo judicial, considerado sob o espectro de maior presença de Judiciário na vivência social, não caracteriza, por si, abuso ou atuação indevida do Poder Judiciário; antes, decorre do afirmado fenômeno da normatividade constitucional.[17]

Críticas outras se agregam a esse contexto, carreando uma concepção de que o protagonismo judicial na vida pública encobre e desestimula o exercício da cidadania pelos indivíduos,[18] que continuam carecendo da intervenção estatal para a realização de seus direitos. Embora mereçam respeito nomes da sociologia e da seara jurídica que perfilham esse entendimento, não se entende que tal raciocínio possa prosperar, uma vez que a realização de direitos, ainda que mediante ingerência judicial, fortalece as bases da democracia e, assim, alicerça o exercício do civismo.[19] Ademais, as portas abertas do Judiciário não fecham as vias para a atuação cidadã direta, individual ou organizada, de maneira que não se vislumbra que a judicialização caracterize óbice efetivo para qualquer outra espécie de manifestação cívica.

---

[17] Atualmente, na esfera do direito à saúde, pesquisadores da área apontam o caráter democrático da provocação dos Poderes Executivo e Legislativo por meio da judicialização, o que tem repercutido na orientação das políticas públicas do setor. Nesse sentido, é a lavra de Aith (2015, p. 87): "O ingresso de ação judicial demandando um direito é um importante e típico processo jurídico de democracia sanitária, na medida em que permite ao cidadão pedir ao Poder Judiciário que interceda contra uma lesão ou ameaça de lesão a um direito – no caso, o direito à saúde. ". O mesmo pode ser afirmado no tocante à judicialização de tratamentos para doenças raras, o que tem tensionado o Poder Público em benefício da formulação de políticas públicas de saúde pautadas pela integralidade das prestações e da melhoria da qualidade de vida de pacientes com tais condições (MELQUÍADES DUARTE; VIDAL, 2020, p. 410).

[18] De acordo com Vianna et al. (1999, p. 25), o recurso ao Judiciário representa antes um fenômeno social, não jurídico, "uma resposta à desqualificação da política e ao derruimento do homem democrático".

[19] Como pontuou Casagrande (2008, p. 282), o Judiciário, dentro da proposta constitucional garantidora dos direitos sociais e do acesso à justiça, "é um *locus* de exercício ativo da cidadania [...] que se dá através de seus procedimentos não majoritários, que priorizam a formação da vontade soberana através do contraditório e da argumentação jurídica".

Destarte, concebe-se a judicialização da saúde como uma realidade legítima e que pode e deve ser ladeada pela luta cidadã pela efetividade dos direitos.

4 O direito à saúde em juízo

Considerados os preceitos teóricos acima articulados, passa-se à apreciação do fenômeno da judicialização da saúde em questão, com o escopo de definição de parâmetros para as decisões judiciais pertinentes.

Para tanto, propõe-se, como critério para a análise das demandas de saúde, a sua vinculação com a sobrevida e com a preservação de condições mínimas de dignidade, consubstanciadas em prestações de elevada essencialidade. De maneira induvidosa, tais bens jurídicos são considerados integrantes do núcleo essencial do direito à saúde. Para designá-las, cunhou-se a expressão *demandas de saúde de primeira necessidade* (MELQUÍADES DUARTE, 2020, p. 137).

Sendo assim, deixa-se de considerar afetas ao núcleo essencial aquelas prestações que não se enquadram em um filtro duplo a seguir descrito. Primeiramente, deve-se considerar, para além das demandas imediatamente vinculadas à sobrevida (situações de urgência) – tal como proposto por Sarlet (2002)[20] – aquelas que, ainda que de maneira mediata, possam impactar o direito à vida. Ilustrativamente, os tratamentos de hipertensão arterial são incluídos entre elas, já que a ausência de seu provimento pode vir a ensejar um acidente cardiovascular (AVC) fatal. Da mesma sorte, medidas como o saneamento básico (captação de água e esgoto) são incluídas, já que as comunidades não contempladas por ele

---

[20] "Embora tenhamos que reconhecer a existência destes limites fáticos (reserva do possível) e jurídicos (reserva parlamentar em matéria orçamentária) implicam certa relativização no âmbito da eficácia e efetividade dos direitos sociais prestacionais, que, de resto, acabam conflitando entre si, quando se considera que os recursos públicos deverão ser distribuídos para atendimento de todos os direitos fundamentais sociais básicos, sustentamos o entendimento, que aqui vai apresentado de modo resumido, no sentido de que **sempre onde nos encontramos diante de prestações de cunho emergencial, cujo indeferimento acarretaria o comprometimento irreversível ou mesmo o sacrifício de outros bens essenciais, notadamente – em se cuidando da saúde – da própria vida, integridade física e dignidade da pessoa humana, haveremos de reconhecer um direito subjetivo do particular à prestação reclamada em Juízo**" (SARLET, 2002, p. 23, grifo próprio).

apontam índices mais elevados de mortalidade, especialmente de mortalidade infantil. Também se incluem as políticas de vacinação contra doenças fatais.

O suporte para essa conclusão consiste na própria previsão constitucional constante do art. 196,[21] que aponta o provimento do direito à saúde incluindo medidas preventivas e não apenas de recuperação.

O segundo critério, consistente na manutenção de condições mínimas de dignidade, permite avaliar, no plano argumentativo, quais prestações, entre aquelas não intrinsecamente vinculadas à preservação da vida, merecem guarida de forma inafastável, compondo também o nível das regras. Por conseguinte, para a sua compreensão, deve o intérprete perquirir, de acordo com a escala triádica de afetação dos princípios – a qual se desdobra nos níveis leve, moderado e grave – quais prestações são, em virtude do seu elevado nível de essencialidade, indispensáveis à preservação de condições mínimas de dignidade, não podendo ser negligenciadas pelo Estado.[22]

Embora, em princípio, o critério acima pareça constituir um obstáculo à determinação daquilo que se entende como de elevada essencialidade, posto que colocado ao arbítrio do intérprete o seu mister decisório, sua plasticidade mostra-se como instrumento adequado à avaliação das circunstâncias – fáticas e jurídicas – do caso concreto. É plausível sustentar, portanto, mediante o emprego dos critérios de racionalidade presentes na teoria da argumentação jurídica (ALEXY, 2005), como de elevada essencialidade, prestações vinculadas à preservação das funções sensoriais e da autonomia.

Nesse sentido, estão englobados, ilustrativamente, o fornecimento de próteses para os membros superiores e inferiores, o

---

[21] Constituição (BRASIL, 1988): "Art. 196. A saúde é direito de todos e dever do Estado, garantido mediante políticas sociais e econômicas que visem à redução do risco de doença e de outros agravos e ao acesso universal e igualitário às ações e serviços para sua promoção, proteção e recuperação".

[22] De acordo com o raciocínio de Alexy (2015, p. 595), a concepção dos princípios veiculadores de direitos fundamentais consiste em um instrumento passível de justificação no plano discursivo. Como os bens jurídicos em jogo não podem ser numericamente determinados, a racionalidade do método do sopesamento é viabilizada por meio demonstração dos argumentos carreados ao discurso, o que configura instrumento tendente ao afastamento de possíveis críticas relacionadas à arbitrariedade das decisões nele lastreadas.

que possibilita a locomoção e o trabalho; a realização de procedimentos cirúrgicos destinados à correção de situações de cegueira ou de baixa visão, o que possibilita a integração dos indivíduos ao mercado de trabalho de forma mais facilitada; o fornecimento de aparelhos auditivos, o que permite aos deficientes auditivos um maior convívio social (MELQUÍADES DUARTE, 2020, p. 187).

A partir dos exemplos acima destacados, revela-se possível demonstrar, no plano argumentativo, o vínculo entre tais prestações e a dignidade. De ver-se, ainda, que as hipóteses narradas permitem o seu cotejo com as *demandas de saúde de segunda necessidade*, que estão vinculadas à implementação da dignidade apenas nos níveis leve e moderado. Nesse sentido, a realização de cirurgias de redução de mama que não resultem, de modo grave, em benefícios à saúde da mulher, não são tidas como de elevada essencialidade, não integrando o núcleo essencial. De modo distinto, contudo, caso tais procedimentos sejam, segundo a avaliação médica, essenciais para a eliminação de dores na coluna e a melhora da postura da mulher, como nos quadros de hipertrofia mamária, estará demonstrada prestação inserida no âmbito das regras (MELQUÍADES DUARTE, 2020, 187).

Do mesmo modo, pode-se pensar na comparação do fornecimento de fraldas pediátricas e geriátricas. Enquanto a primeira situação não configure a única forma de tutelar a higiene e a dignidade infantis, compondo, portanto, as *demandas de segunda necessidade*, a segunda assume elevada essencialidade, haja vista os maiores cuidados e também dificuldades na atenção às pessoas idosas (MELQUÍADES DUARTE, 2020, p. 187).

Para a caracterização de uma demanda de saúde como de primeira ou segunda necessidade será necessário, conforme preceitua Alexy (2005, p. 207), transitar para o discurso empírico e colher a contribuição de outras ciências,[23] nesse caso, das Ciências

---

[23] De fato, Alexy (2008, ps. 206 e 207) destaca que a transição para o discurso empírico "(...) é de particular importância. Frequentemente, os falantes estão de acordo com premissas normativas, mas discutem sobre os fatos. Às vezes, o conhecimento empírico necessário não pode ser alcançado com a certeza desejável. Nesta situação, são necessárias regras de presunção racional", demonstrando que mesmo esta busca pela certeza empírica pode carecer de instrumentos empíricos de satisfação das controvérsias. No caso das demandas de saúde em estudo, por exemplo, serão importadas ao debate as conclusões científicas

da Saúde. Ou seja, a Administração Pública e o juiz precisarão de um suporte médico para esta definição, seja para a formulação das políticas públicas, seja para o julgamento dos pedidos individuais constantes das ações judiciais.[24]

A contribuição que a proposta sustentada na pesquisa ora relatada pode oferecer reside na facilitação da identificação do núcleo essencial, em relação ao qual a vinculação estatal será plena – vinculação típica do nível de regra. Para a apreciação das demais demandas – as de segunda necessidade de menor essencialidade –, deverá ser feito o trabalho (hercúleo, reconhece-se) de cotejo com as demais demandas afetas aos demais direitos fundamentais e com as possibilidades fáticas e jurídicas de fazê-lo. Por óbvio, não é tarefa simples definir até onde o poder público pode e deve ir em relação a cada direito fundamental, mas entende-se ser um caminho necessário a ser percorrido mediante emprego da racionalidade argumentativa, pautando-se pela essencialidade das prestações.

Para as *demandas de saúde de primeira necessidade*, sustenta-se uma prioridade em relação aos demais direitos, o que decorre do fato de ser a vida dotada de condições mínimas de dignidade pressuposto para a fruição dos demais direitos. Assim, mesmo que se considere a ausência de hierarquia apriorística entre os direitos, típica da teoria de Alexy (2005), propõe-se que esta prioridade se faz racionalmente possível em virtude do fato de, repita-se, tais bens

---

alcançadas até aquele momento sobre a eficácia de um determinado tratamento em relação a enfermidade posta, ainda que se reconheça a possibilidade de evolução da Ciência Médica com o estabelecimento de novos parâmetros.

[24] Reconhecendo a necessidade de transição para o discurso empírico, ou seja, de provas constantes dos autos acerca da imprescindibilidade ou não de determinada prestação estatal para a saúde do paciente, o STF, sob a relatoria do Ministro Dias Toffoli, negou provimento, em 25 de junho de 2014, ao Agravo Regimental no Recurso Extraordinário com Agravo nº 799.136 originário do Rio Grande do Sul, em que o Município de Porto Alegre tentava se escusar ao fornecimento de fraldas descartáveis a paciente idoso alegando sua desnecessidade para a sua sobrevida. A decisão do STF registrou que na "**a verificação da necessidade ou não das fraldas descartáveis para a garantia da saúde do agravado é de ser aferida nas instâncias ordinárias**, soberanas na análise dos fatos e das provas dos autos, a qual é inadmissível em recurso extraordinário", lastreando-se, para tanto, em recentes decisões monocráticas: AI nº 817.241/RS, Relator o Ministro Joaquim Barbosa, *DJe* de 14/10/10; RE nº 839.594/MG, Relatora a Ministra Cármen Lúcia, *DJe* de 3/3/11, e AI nº 732.582/SP, Relatora a Ministra Ellen Gracie, *DJe* de 17/3/11. RE nº 626.382/RS-AgR, Primeira Turma, Relatora a Ministra Rosa Weber, *DJe* de 11/9/13.

jurídicos corresponderem a verdadeira condição para a fruição dos demais direitos.[25] [26]

A despeito da consideração da vida como elemento integrante *das demandas de saúde de primeira necessidade* e, portanto, do núcleo essencial do direito em que a vinculação estatal será plena, reconhece-se a possibilidade de que seja impactado por uma escassez severa de recursos necessários para seu provimento, como diante de ausência de órgãos para transplante, diante da ausência de profissionais qualificados para o tratamento, diante de escassez de leitos de UTI, diante da eventual insuficiência do próprio orçamento público para atender a todas as demandas de saúde de primeira necessidade.[27] Nessas oportunidades, considera-se que não se pode

---

[25] Na experiência nacional, a proteção intangível da vida humana decorre não apenas da dicção constitucional que a afirma como direito universal mas também da concepção moral existente na sociedade acerca de sua importância ética. Assim, os julgados em que o deferimento de demandas de saúde de primeira necessidade é confirmado veiculam, como fundamento jurídico da decisão, este caráter ético do provimento. Ilustra o alegado a ementa do acórdão do Agravo Regimental no Recurso Extraordinário nº 717.290 do Rio Grande do Sul, julgado em 18 de março de 2014, tendo por Relator o Ministro Luiz Fux. "PACIENTE PORTADORA DE DOENÇA ONCOLÓGICA – NEOPLASIA MALIGNA DE BAÇO – PESSOA DESTITUÍDA DE RECURSOS FINANCEIROS – **DIREITO À VIDA E À SAÚDE – NECESSIDADE IMPERIOSA DE SE PRESERVAR, POR RAZÕES DE CARÁTER ÉTICO JURÍDICO, A INTEGRIDADE DESSE DIREITO ESSENCIAL** – FORNECIMENTO GRATUITO DE MEIOS INDISPENSÁVEIS AO TRATAMENTO E À PRESERVAÇÃO DA SAÚDE DE PESSOAS CARENTES – DEVER CONSTITUCIONAL DO ESTADO (CF, ARTS. 5º, CAPUT, E 196) – PRECEDENTES (STF) – RESPONSABILIDADE SOLIDÁRIA DAS PESSOAS POLÍTICAS QUE INTEGRAM O ESTADO FEDERAL BRASILEIRO – CONSEQUENTE POSSIBILIDADE DE AJUIZAMENTO DA AÇÃO CONTRA UM, ALGUNS OU TODOS OS ENTES ESTATAIS" (grifo próprio).

[26] Veja-se, na doutrina, interessante exemplo apresentado por D@Ávila e Saliba (2017, p. 23). De acordo com as autoras, a garantia de condições mínimas de qualidade de vida influi severamente na manifestação do direito à educação de crianças. Destarte, condições precárias de alimentação, que podem levar à desnutrição, impactam diretamente no desenvolvimento de suas competências cognitivas.

[27] Nesse sentido, conforme já mencionado, a pandemia do novo coronavírus suscitou debates quando ao emprego de critérios ético e racionais que sejam consentâneos com a alocação de recursos escassos, após empreendidos todos os esforços estatais em benefício da ampliação de recursos materiais, financeiros e humanos para a preservação da vida e de condições mínimas de dignidade das pessoas (MELQUÍADES DUARTE; VIDAL, 2020). Desse modo, tornou-se acirrada a discussão, no que tange à escassez dos leitos de UTI na rede pública de saúde, da requisição de leitos de UTI do setor privado e a adoção do critério da fila única, elementos examinados pelo Supremo Tribunal Federal na Arguição de Descumprimento de Preceito Fundamental nº 671 (BRASIL, 2020) e também no Projeto de Lei nº 2.324 (BRASIL, 2020). Vale ressaltar, ainda que de forma breve, a fragilidade dos argumentos utilizados na decisão do STF para denegar a ação em que se pleiteava a observância do critério da fila única. De acordo com a decisão mencionada, a impossibilidade de determinação judicial advém de uma possível violação ao princípio da separação dos poderes, situação em que

exigir do Estado o impossível.[28] Como o direito à saúde é veiculado por norma princípio, apenas pode ser provido na medida das possibilidades fáticas e jurídicas. A limitação existente, contudo, deve ser provada, e não meramente alegada.[29]

Esses parâmetros podem ser aplicados a questões sensíveis situadas na ambiência da judicialização da saúde, como os tratamentos caros, experimentais e não contemplados pelos protocolos clínicos do SUS. Ficou assentado que o parâmetro de exame da justiciabilidade do direito social consiste na sua essencialidade, e não necessariamente no seu custo.[30] Dessa feita, tratamentos onerosos, desde que imprescindíveis à sobrevida humana, integram o conteúdo mínimo do direito à saúde, caracterizando, assim, direito subjetivo do paciente. Deve-se observar, contudo, que, em se tratando de medidas que têm o grave risco de alterar a organização das contas públicas, devem ser balizadas não somente com a comprovação da imprescindibilidade dos tratamentos pleiteados, como também da inexistência de outros meios para a sua preservação. Sendo assim, em hipóteses extremamente excepcionais, como a referente ao medicamento Zolgensma, cujo custo de aquisição para todos os pacientes que dele

---

restaria vedada a intervenção do Judiciário. Ressalte-se, contudo, conforme sustentado em outro trabalho, que claras são as diretrizes constitucionais, no tocante ao sistema de saúde, da sua configuração como um sistema único, não se tolerando distinção, tão estritamente fundada na capacidade de pagar, entre os cidadãos (MELQUÍADES DUARTE; VIDAL, 2020, p. 132-133). Conforme observado na experiência estrangeira, o referido critério não se mostra como medida destoante daquilo que razoavelmente se espera da atuação do poder público, tendo sido implementada em outros países severamente afetados pela pandemia do novo coronavírus, como Irlanda, Espanha e Itália (FIOCRUZ, 2020).

[28] Corroborando esta concepção, Fellet (2012, p. 108) traz a lume o brocardo latino *"ad impossibilia nemo tenetur"*.

[29] Recentemente, no Recurso Extraordinário nº 580.252 (BRASIL, 2017), o STF reiterou o entendimento de que a mera afirmação de inexistência de recursos, desacompanhada da efetiva demonstração da sua ausência, não poderia constituir obstáculo à reparação civil de detentos afetados pelas más condições do sistema carcerário nacional, não podendo ser acolhido o argumento referente à reserva do possível.

[30] Até a data de realização desta pesquisa, o dia 18 de outubro de 2020, o STF sustentou, ao apreciar o Tema nº 06 de Repercussão Geral de sua jurisprudência, a possibilidade de concessão de tratamentos de custo elevado, desde que observados alguns critérios, como a comprovação da indispensabilidade do fármaco pleiteado e a impossibilidade de custeio, pelo paciente e por sua família, por meio da avaliação do binômio adequação-necessidade. A tese, que ainda não foi concluída, embora tenha já tenha recebido o voto favorável de oito ministros, encontra-se com sua definição suspensa em virtude do pedido de vista pelo Ministro Gilmar Mendes, realizado no fim de agosto de 2020 (BRASIL 2020).

precisam, de acordo com dados referentes à incidência da doença no Brasil, tem o potencial de consumir mais de 1,5% do orçamento da União, dos Estados e dos Municípios com saúde, considera-se possível o indeferimento, em virtude do risco que implica para a satisfação das demandas de saúde de primeira necessidade afeitas à preservação de vida de outros.[31]

Lado outro, tratamentos não constantes das políticas públicas de saúde podem ser deferidos, de acordo com recente decisão do Superior Tribunal de Justiça, ainda que de forma excepcional, quando comprovadas, cumulativamente, a insuficiência de recursos para o custeio do tratamento requerido, a comprovação de sua segurança e eficácia – o que é vislumbrado por meio da exigência de registro perante a agência sanitária oficial – e a ineficácia do tratamento ofertado pela rede pública para a carência específica do paciente.[32]

Quanto ao primeiro aspecto, considera-se importante parâmetro de controle dos pleitos judiciais. À medida que a escassez

---

[31] Conforme estimativa apontada em estudo desenvolvido por Massuda *et al* (2020), o mencionado medicamento, utilizado para o tratamento de Atrofia Muscular Espinhal tem notório potencial de comprometimento das finanças públicas e, em última instância, da proteção da vida e da saúde de várias pessoas. Nesse sentido, veja-se o raciocínio desenvolvido pelos mencionados autores: "Se, por ano, há 3 milhões de nascimento no Brasil, e 1 a cada 10.000 crianças nascem com AME, então 300 crianças por ano nascem com AME no Brasil. Considerando que metade delas terão AME do tipo 1, para o qual Zolgensma foi aprovado, o custo do seu fornecimento universal pelo SUS ao preço praticado nos EUA será de R$1,8 bilhões por ano. Isso é 10% do gasto anual de União, Estados e Municípios com todos os quase mil tratamentos da relação de medicamentos do SUS, o dobro do gasto anual com drogas para DST/AIDS e três vezes o valor acordado pelo governo brasileiro para produzir 30,5 milhões de doses de vacina para Covid-19 atualmente em teste". (MASSUDA *et al*, 2020).

[32] A exigência de que o tratamento pleiteado pertença às políticas públicas de saúde pode ser afastada, ainda que de modo excepcional, de acordo com a tese fixada pelo STJ no Recurso Especial nº 1.657.156 (BRASIL, 2018). Destarte, para que o objeto pleiteado seja deferido no âmbito judicial, deve a ação ser instruída com laudo médico fundamentado que justifique a não recomendação dos tratamentos disponíveis na rede pública, além da imprescindibilidade daquilo que foi requerido. Complementam tais critérios, ante a limitação dos recursos públicos para a satisfação das necessidades de todos os usuários do SUS, a comprovação de que o requerente não tem condições de custear o tratamento, além do registro perante a Anvisa. Nesse sentido, transcreve-se a tese fixada pelo STJ: "A concessão de medicamentos não incorporados em atos normativos do SUS exige a presença cumulativa dos seguintes requisitos: 1) comprovação por meio de laudo médico fundamentado e circunstanciado expedido por médico que assiste o paciente da imprescindibilidade ou necessidade do medicamento, assim como da ineficácia, para o tratamento da moléstia, dos fármacos fornecidos pelo SUS; 2) incapacidade financeira de arcar com o custo de medicamento prescrito; e 3) existência de registro na Anvisa do medicamento". (BRASIL, 2018).

de recursos exige um maior esforço de racionalização em benefício daqueles que mais deles necessitam, tem-se como norte o princípio da igualdade em sua vertente material. Não sendo o Poder Judiciário o órgão legitimado, em princípio, para a formulação e a execução de políticas públicas, sua intervenção, quando necessária, deve estar pautada na eleição daqueles que, sem o amparo estatal, não teriam acesso aos meios indispensáveis para a garantia de condições mínimas para a fruição de uma vida digna.[33][34][35]

No tocante ao terceiro critério, deve-se levar em consideração o caráter de urgência da medida pleiteada. Assim, embora o poder público deva conferir preferência aos tratamentos disponibilizados pela rede pública de saúde, o que repercute na exigência de comprovação, no âmbito judicial, e, até mesmo, em determinadas circunstâncias, da prévia submissão do paciente às medidas ofertadas pelo SUS, a comprovação da ineficácia dos mesmos pode ser alcançada pelas evidências científicas mais recentes e pela experiência no uso dos tratamentos, por exemplo, em outros países. Destarte, quanto maior a urgência do pedido realizado, o que implica maiores riscos à vida e à saúde em caso de demora, maior será a possibilidade de afastamento do rigor relativo à prévia tentativa por meio dos recursos existentes.

Por seu turno, o critério referente à exigência de registro perante a Anvisa tem sido relativizado no âmbito do Supremo Tribunal Federal, a depender das circunstâncias, o que resulta,

---

[33] A relação entre intervenção judicial em matéria de políticas públicas de saúde, igualdade material e hipossuficiência foi investigada com maior profundidade em outro trabalho dos autores (DUARTE; VIDAL; SIMÕES, 2020, p. 243).

[34] A discussão acerca da comprovação de hipossuficiência pelos requerentes para o acesso aos tratamentos de saúde pela via judicial tem sido requisito constantemente discutido no âmbito do Supremo Tribunal Federal. Desde a decisão proferida no AgR nº 175 (BRASIL, 2010), julgado que suscitou o debate, em sede de audiência pública realizada no ano de 2009, quanto ao papel redistributivo inerente aos direitos fundamentais sociais, entre eles o direito à saúde, até decisão recente proferida no RE 566.471 (BRASIL, 2020), decidido em setembro de 2020, tem prevalecido a noção de que o Poder Judiciário, como órgão não legitimado constitucionalmente para a elaboração e o desenvolvimento de políticas públicas, tem o seu campo de atuação restrito àqueles que, comprovadamente, não tenham recursos para o custeio dos tratamentos de que necessitam. Embora não tenha sido ainda fixada, no julgado referido, a tese quanto à hipossuficiência, considerando o pedido de vista dos autos pelo Ministro Gilmar Mendes, muito provavelmente este será um dos critérios definidos pelo STF, haja vista o teor das propostas sugeridas pelos ministros na decisão.

[35] A hipossuficiência do requerente foi tratada anteriormente pelo STJ no Recurso Especial nº 1.657.156 (BRASIL, 2018), conforme nota de rodapé anterior.

ainda que em caráter excepcional, no acesso a recursos inovadores.[36] Considerando, portanto, problemas relativos à demora e aos trâmites burocráticos pertinentes à aprovação de medicamentos pela agência sanitária oficial, a Corte tem se utilizado de parâmetros que permitem o acesso aos tratamentos àqueles que mais deles necessitam.

Assim, desde que contem com satisfatório nível de comprovação de sua eficácia no exterior, ou seja, uma vez aferível a sua adequação ao afastamento da patologia instalada, e desde que não haja alternativas, comprovadas no curso processual, de outras medidas de mesma eficácia disponibilizadas pela rede pública de saúde, tem-se mostrado possível o deferimento dos pleitos judiciais. Nesse contexto, a comprovação de eficácia, diante da mora irrazoável da agência sanitária na incorporação de pedidos pode ser contornada por meio da avaliação da experiência no tocante à aceitação dos fármacos requeridos por agências sanitárias de outros países, remanescendo, contudo, a restrição aos tratamentos de caráter puramente experimental.[37] A aferição da mora, por seu turno, tem

---

[36] Quanto a este ponto, fora suscitada, em 2011, quando da apreciação do Recurso Extraordinário nº 657.718, originado de Minas Gerais, a repercussão geral do problema de deferimento em juízo de medicamentos não registrados pela ANVISA. Em 2019, o referido recurso foi julgado, sendo fixada tese no sentido de que, embora a ausência de registro perante a Anvisa impeça, de modo geral, a concessão dos tratamentos requerimentos, é admitido o acesso aos referidos medicamentos desde que satisfeitos alguns requisitos: (a) mora irrazoável na apreciação do registro de pedidos perante a agência sanitária; (b) existência do registro do tratamento em agências sanitárias renomadas do exterior; (c) inexistência de outro tratamento substitutivo que esteja registrado no Brasil (BRASIL, 2019). Com relação ao primeiro critério, a tese do STF admitiu uma ressalva no tocante às doenças raras e ultrarraras que, em razão das dificuldades de produção e distribuição de tratamentos aos seus pacientes, podem ser concedidos independentemente do pedido de registro perante a agência oficial. Ressalta-se, ainda, conforme anotado em outro estudo, que a distinção entre doenças raras e ultrarraras não apresenta maior significação prática, visto que, em virtude do critério populacional adotado pela Política Nacional de Doenças Raras, consubstanciada na Portaria nº 199 (BRASIL, 2014), estão englobadas na mesma categoria todas as enfermidades cuja prevalência atinge até 1,3 a cada 2.000 indivíduos (MELQUÍADES DUARTE; VIDAL, 2020, p. 409).

[37] Embora a necessidade de comprovação da eficácia e da segurança dos tratamentos de saúde seja louvável, o que se coaduna com a ideia de que o Estado, que é responsabilizado sob a perspectiva objetiva, deve adotar medidas de proteção em benefício da saúde e da vida dos pacientes, mostra-se criticável, em circunstâncias extremas em que se verifica a inexistência de medidas alternativas, a vedação geral mencionada. Nesse sentido, considerando que o ordenamento jurídico abarca outros valores também dotados de sede constitucional, como a dignidade e, especialmente, uma de suas principais manifestações, qual seja, a autonomia, revela-se necessária a garantia de condições mínimas àqueles que

como orientação os regulamentos expedidos pela própria agência sanitária e os demais parâmetros legais para a delimitação do prazo que se considera como regular para a apreciação dos novos produtos farmacêuticos introduzidos no país.

Por fim, registrou-se que não deve o Poder Judiciário restringir-se, no exame das demandas por tratamentos de saúde, ao deferimento daquelas já constantes das políticas públicas instaladas ou dos protocolos clínicos do SUS, uma vez que tais atos administrativos não se sobrepõem ao tracejo constitucional do direito à saúde como irrestrito e universal, ainda que delimitado pelas possibilidades fáticas e jurídicas de sua implementação.

Anote-se, ainda, que, a partir da análise do art. 198[38] da Constituição (BRASIL, 1988), que institui o direito à saúde a partir de um sistema único, os tribunais têm considerado as prestações de saúde como dever solidário de todas as entidades federativas, a despeito da própria norma constitucional que propõe a descentralização do direito e da repartição infraconstitucional das competências administrativas a ele afetas. Esta, de fato, a exegese que comporta a maior proteção jurídica do direito à saúde, como, realmente, se espera da interpretação dos direitos fundamentais. A identificação da entidade federativa responsável por cada prestação caracterizaria um ônus, uma condição não derivada das normas constitucionais que instituem o direito, e, portanto, em uma restrição inconstitucional a sua fruição. Dessa maneira, as normas que repartem as competências para a prestação do serviço de saúde entre União, Estados e Municípios não são oponíveis ao cidadão, mas tão somente às entidades entre si, viabilizando o regresso de uma contra a outra em casos de assunção, por qualquer delas, de responsabilidade imputada legalmente a entidade diversa.

---

desejam, diante de experimentos científicos e mediante o consentimento e o fornecimento de informações suficientes quanto ao potencial risco dos tratamentos em desenvolvimento, o acesso pelos interessados por meio do custeio das despesas acessórias, como moradia, alimentação e transporte, efetivando, portanto, o comando constitucional relativo à igualdade de oportunidades (ESPÍRITO SANTO; VIDAL, 2020, p. 165).

[38] Constituição (BRASIL, 1988): "Art. 198. As ações e serviços públicos de saúde integram uma rede regionalizada e hierarquizada e constituem um sistema único, organizado de acordo com as seguintes diretrizes: I – descentralização, com direção única em cada esfera de governo; II – atendimento integral, com prioridade para as atividades preventivas, sem prejuízo dos serviços assistenciais; III – participação da comunidade".

Nesse sentido, firmou-se a jurisprudência nacional, a partir do posicionamento firmado pelo STF.[39][40]

As conclusões logradas com a inserção da discussão em cotejo no referencial teórico pós-positivista implicam a confirmação do acerto da jurisprudência firmada no STF em favor da afirmação do direito à saúde, em especial no que diz respeito às *demandas de primeira necessidade*, a despeito da celeuma que permanece no âmbito da sociedade.

Não são poucas as vozes que se levantam contra a conveniência do deferimento dos pleitos formulados em juízo acerca, sobretudo, dos tratamentos caros. Em pesquisa anterior, em que se debruçou sobre o exame da audiência pública da saúde de 2009, analisando-se todas as manifestações dos membros da sociedade civil participantes, verificou-se que, nas falas, preponderaram opiniões no sentido de que as decisões judiciais procedentes deveriam se ater aos pedidos formulados com amparo em atestados emitidos

---

[39] O posicionamento do STF acerca da responsabilidade solidária dos entes federativos restou consolidado no Recurso Extraordinário nº 855.178 (BRASIL, 2015), oportunidade em que, por meio do Tema nº 793, foi fixada a seguinte tese: "Recurso extraordinário. Constitucional e administrativo. Direito à saúde. Tratamento médico. Responsabilidade solidária dos entes federados. Repercussão geral reconhecida. Reafirmação de jurisprudência. O tratamento médico adequado aos necessitados se insere no rol dos deveres do Estado, porquanto responsabilidade solidária dos entes federados. O polo passivo pode ser composto por qualquer um deles, isoladamente, ou conjuntamente". (BRASIL, 2015b).

[40] As Jornadas de Direito da Saúde, promovidas pelo CNJ na última década, apresentam 3 enunciados que buscam interpretar a responsabilidade dos entes federativos em matéria de prestações de saúde. Assim dispõem as mencionadas diretrizes doutrinárias: Enunciado nº 8 – "Nas apreciações judiciais sobre ações e serviços de saúde devem ser observadas as regras administrativas de repartição de competência entre os entes federados" (BRASIL, 2019a); Enunciado nº 60 – "A responsabilidade solidária dos entes da Federação não impede que o Juízo, ao deferir medida liminar ou definitiva, direcione inicialmente o seu cumprimento a um determinado ente, conforme as regras administrativas de repartição de competências, sem prejuízo do redirecionamento em caso de descumprimento " (BRASIL, 2019a); Enunciado nº 87 – "Nas decisões que determinem o fornecimento de medicamento ou de serviço por mais de um ente da federação, deve-se buscar, em sendo possível, individualizar os atos que serão de responsabilidade de cada ente" (BRASIL, 2019a). Embora os mencionados enunciados tenham o firme propósito de racionalizar a responsabilidade quanto às prestações de saúde a cargo dos entes públicos, deve-se observar, conforme ressaltado em outro estudo, que eles não devem ser considerados em absoluto: "Como o sistema [de saúde] é único, o modelo administrativo não pode consistir em um obstáculo intransponível ao acesso pelos seus usuários, nem afastar o direito de regresso e a possibilidade de transferência de competências entre os entes" (MELQUÍADES DUARTE; PROCÓPIO; VIDAL, 2020, p. 381). Sendo assim, a tentativa de uso da separação das atribuições administrativas não pode constituir mecanismo de protelamento do acesso, pelos usuários do SUS, aos recursos essenciais à garantia da vida e da saúde (*Id.*, 2020, p. 381-382).

por médicos do SUS, aos casos em que o pleito fora previamente dirigido à Administração Pública e no sentido de deferimento apenas dos tratamentos já registrados na ANVISA e já constantes das diretrizes e protocolos clínicos do SUS ou de lista de medicamentos de dispensação obrigatória emitida pelas entidades públicas.[41]

A despeito da predominância de posições oriundas de manifestantes da sociedade civil em sentido restritivo ao direito à saúde,[42] as decisões posteriores do STF delas discreparam, revelando-se mais garantistas e, por consequência, mais democráticas. Com efeito, as decisões da Corte Constitucional demonstram a necessidade de provimento, pela Administração Pública, das demandas de saúde que se afiguram imprescindíveis para preservação da vida humana, ainda que de elevado custo,[43] não registrados na Anvisa, quando provada sua eficácia no exterior e registrado o tratamento em outra agência de saúde de renome internacional;[44] de tratamentos experimentais, em hipóteses excepcionais[45] e de tratamentos constantes ou não de políticas públicas anteriores ou diretrizes e listas emanadas pelos órgãos de saúde.[46] Dessa forma, o estudo efetuado revelou que, ao menos no que diz respeito à audiência pública em questão, ela não se apresentou como um instrumento capaz de garantir a efetividade dos preceitos democráticos inerentes ao Estado constituído em 1988, conforme propõe a gênese do instituto. Essas conclusões foram

---

[41] Conforme manifestado em estudo anterior, embora tenha prevalecido na audiência pública a vedação à concessão de tratamentos, pela via judicial, não incluídos no âmbito das políticas públicas de saúde, o STF tem reconhecido, ainda que em caráter excepcional, e quando esgotados todos os meios disponíveis para a preservação da vida e da saúde dos cidadãos no âmbito do SUS, o deferimento de pedidos excedentários às listas oficiais (MELQUÍADES DUARTE; CARVALHO, 2013, p. 97-102).

[42] Conforme discutido na nota de rodapé anterior, embora tenham prevalecido, na audiência pública realizada em 2009, manifestações da sociedade civil acerca da limitação da concessão de tratamentos não registrados perante a agência sanitária oficial e também daqueles não contidos nas políticas públicas de saúde, o STF têm apresentado decisões que tendem a alargar os parâmetros discutidos no evento, considerando a necessidade de preservação da vida e da saúde dos mais necessitados (MELQUÍADES DUARTE; CARVALHO, 2013).

[43] A discussão em tela, analisada no Recurso Extraordinário nº 657.718 (BRASIL, 2019), foi tratada em nota de rodapé anteriormente destacada, referente ao Tema de Repercussão Geral nº 06.

[44] No mesmo sentido, veja-se a nota de rodapé anterior.

[45] No mesmo sentido, veja-se a nota de rodapé anterior.

[46] No mesmo sentido, veja-se a nota de rodapé anterior.

confirmadas por outros pesquisadores que se dedicaram à mesma proposta, cujo entendimento convergiu para o apontamento de problemas na experiência pátria das audiências públicas que têm conduzido a resultados avessos aos seus propósitos, como os afetos à forma de convocação da audiência, instrumentos de divulgação, vias de inscrição, local e horário de sua realização etc.[47]

A tentativa de construir parâmetros uniformes acerca do tratamento do direito à saúde pelo Judiciário deu-se, outrossim, mediante a prolação, pelo Conselho Nacional de Justiça (CNJ), na última década, através de três Jornadas de Direito da Saúde, de enunciados que promovem a orientação das decisões dos juízes acerca da temática. Ainda que formalmente questionados, uma vez que escapam à competência exclusivamente administrativa atribuída ao CNJ no §4º do art. 103-B da Constituição (BRASIL, 1988), os enunciados têm contribuído para a ampliação do debate e da racionalização dos parâmetros decisórios, conforme apontado em estudo anterior.[48] Apesar da posição inicialmente garantista demonstrada na I Jornada, os entendimentos firmados e/ou atualizados nos eventos seguintes têm oscilado entre a proteção dos requerentes e a invocação de argumentos favoráveis aos entes públicos, apresentando, por vezes, recomendações dissonantes das normas constitucionais e legais.[49] Imputam ao autor a busca

---

[47] Nesse sentido, destaque-se conclusão alcançada em estudo anterior acerca do tema: "Entretanto, os resultados obtidos na presente pesquisa demonstram que o instituto não tem sido capaz de orientar as decisões posteriores dos tribunais ou de exigir-lhes maior ônus argumentativo para discreparem de suas conclusões principais, ou seja, constata-se a frustração dos propósitos de melhor legitimar as decisões judiciais e otimizar os anseios da democracia a que o instituto se dispõe. [...] Ao deixar de observar ou, ao menos, de rebater, na fundamentação das decisões que sucederam a audiência pública, as manifestações nela preponderantes, deixou-se de assegurar a formação do sistema de direitos pela vontade dos cidadãos que buscam nos institutos democráticos o alcance do ideal da auto-realização e da autodeterminação, como se pressupõe da teoria habermasiana:" (MELQUÍADES DUARTE; CARVALHO, 2013, p. 103-104).

[48] Nesse sentido, deve-se ressaltar que, como limite ao desenvolvimento dos enunciados, a busca de racionalização do fenômeno da judicialização da saúde deve passar, impreterivelmente, pelo filtro da supremacia das normas constitucionais e da aplicação da máxima da proporcionalidade. Registre-se, ainda, que os enunciados, ante o seu caráter puramente doutrinário, não podem estabelecer, ante o princípio constitucional da legalidade, exigências não previstas em Lei (MELQUÍADES DUARTE; PROCOPIO; VIDAL, 2020, p. 368-370).

[49] Nesse sentido, conforme já discutido em nota de rodapé anterior, frise-se o possível conflito entre as diretrizes constitucionais acerca da responsabilidade solidária dos entes federativos em matéria de prestações de saúde e a exigência apontada no Enunciado nº 60.

prévia da Administração Pública para lograr acesso à prestação de saúde pretendida, como pressuposto para a configuração do direito de agir.[50] Outrossim, consideram os protocolos clínicos e diretrizes do SUS como parâmetros para a organização das políticas públicas, e não como limitadores do direito à saúde, a despeito de sugerirem o respeito aos programas e cadastros instituídos pelo Poder Público e a priorização dos medicamentos e tratamentos já oferecidos administrativamente, salvo quando comprovada sua ineficácia.[51] Os enunciados propõem, ainda, que se evite a concessão de medicamentos e tratamentos experimentais, sem, contudo, vedá-la, propondo, sempre, a observância das normas emitidas pela Comissão de Ética em Pesquisa.[52] O mesmo deve ser dito com relação aos tratamentos não registrados pela Anvisa que, embora tenham o seu acesso, em regra, impedido aos requerentes, não deve ser tratado como diretriz absoluta,[53] haja vista o posicionamento acolhido, conforme já discutido, pelo Supremo Tribunal Federal, ainda que de forma excepcional.

Outros enunciados tendem a conferir interpretação mais precisa no tocante às diretrizes fixadas pelos Tribunais Superiores.

---

[50] Enunciado nº 3 – "Nas ações envolvendo pretensões concessivas de serviços assistenciais de saúde, o interesse de agir somente se qualifica mediante comprovação da prévia negativa ou indisponibilidade da prestação no âmbito do Sistema Único de Saúde – SUS e na Saúde Suplementar" (BRASIL, 2019).

[51] Enunciado nº 75 – "Nas ações individuais que buscam o fornecimento de medicamentos não incorporados em atos normativos do Sistema Único de Saúde – SUS, sob pena de indeferimento do pedido, devem ser observados cumulativamente os requisitos estabelecidos pelo STJ, no julgamento do RESP n. 1.657.156, e, ainda, os seguintes critérios: I) o laudo médico que sustente a imprescindibilidade do medicamento postulado poderá ser infirmado através da apresentação de notas técnicas, pareceres ou outros documentos congêneres e da produção de prova pericial; II) a impossibilidade de fornecimento de medicamento para uso off label ou experimental, salvo se houver autorização da ANVISA; III) os pressupostos previstos neste enunciado se aplicam a quaisquer pedidos de tratamentos de saúde não previstos em políticas públicas" (BRASIL, 2019).

[52] Enunciado nº 9 – "As ações que versem sobre medicamentos e tratamentos experimentais devem observar as normas emitidas pela Comissão Nacional de Ética em Pesquisa – Conep) e Agência Nacional de Vigilância Sanitária – Anvisa, não se podendo impor aos entes federados provimento e custeio de medicamento e tratamentos experimentais".

[53] Enunciado nº 6 – "A determinação judicial de fornecimento de fármacos deve evitar os medicamentos ainda não registrados na Anvisa ou em fase experimental, ressalvadas as exceções expressamente previstas em lei"; Enunciado nº 50 – "Não devem ser deferidas medidas judiciais de acesso a medicamentos e materiais não registrados na Agência Nacional de Vigilância Sanitária – ANVISA ou deferidas medidas judiciais que assegurem acessos a produtos ou procedimentos experimentais" (BRASIL, 2019).

Destarte, para a comprovação da imprescindibilidade dos tratamentos requeridos, os enunciados orientam o recurso não somente a documentos e laudos comprobatórios da condição especial do paciente, como também a submissão à perícia especializada.[54] Dialogando com princípios bioéticos e com a tutela da dignidade, os enunciados conferem orientação no sentido de não recomendar a submissão de pacientes a tratamentos em que não têm o potencial de gerar qualquer benefício ao paciente ou que resultem em malefícios ao seu bem-estar, embora ainda restem vedadas, como estabelece a lei, a prática da eutanásia.[55]

Promovendo aproximações com as recentes alterações da Lei de Introdução às Normas do Direito Brasileiro – Decreto-Lei nº 4.567 (BRASIL, 1942), os enunciados suscitam a cautela dos gestores públicos e órgãos decisionais quanto aos efeitos das medidas por eles implementadas no tocante ao deferimento dos pleitos administrativos e judiciais, além de sugerir a necessidade de avaliação das dificuldades existentes no tocante ao atendimento das necessidades da população.[56]

Dessa forma, afere-se que a experiência brasileira da judicialização da saúde tem contribuído para a maior efetividade do direito, sem, contudo, erradicar o problema da ausência de políticas públicas satisfatórias em favor do direito. A intensidade com que o

---

[54] Nesse sentido, destaca-se o enunciado de nº 75, acima mencionado (BRASIL, 2019).

[55] Nesse sentido dispõe o Enunciado nº 89 – "Deve-se evitar a obstinação terapêutica com tratamentos sem evidências médicas e benefícios, sem custo-utilidade, caracterizados como a relação entre a intervenção e seu respectivo efeito – e que não tragam benefícios e qualidade de vida ao paciente, especialmente nos casos de doenças raras e irreversíveis, recomendando-se a consulta ao gestor de saúde sobre a possibilidade de oferecimento de cuidados paliativos de acordo com a política pública" (BRASIL, 2019).

[56] Destacam-se os seguintes enunciados: Enunciado nº 76 – "A decisão judicial sobre fornecimento de medicamentos e serviços de saúde deverá, à vista do contido nos autos, trazer fundamentação sobre as suas consequências práticas, considerando os obstáculos e as dificuldades reais do gestor e as exigências das políticas públicas (arts. 20 a 22 da LINDB), não podendo fundar-se apenas em valores jurídicos abstratos (art. 20 da LINDB)" (BRASIL, 2019a). Enunciado nº 84 – "Na fixação de prazo para o cumprimento das determinações judiciais concessivas, deverá a autoridade judicial atentar para as dificuldades inerentes à aquisição dos medicamentos ou produtos pelo Poder Público e Agentes da Saúde Suplementar, bem como a origem ou procedência dos insumos" (BRASIL, 2019a). Enunciado nº 86 – "As multas fixadas por descumprimento de determinações judiciais (astreintes) devem levar em consideração as dificuldades inerentes à aquisição dos medicamentos ou produtos pelo Poder Público ou por Agentes de Saúde Suplementar, bem como guardar proporcionalidade com o valor da prestação pretendida" (BRASIL, 2019).

fenômeno se apresenta na realidade nacional, ao revés, revela quão acintosa é a precariedade do serviço público instituído.[57]

Demonstra-se, com isso, que não se deve advogar pela restrição à ingerência judicial, dentro dos parâmetros propostos, nas políticas públicas de saúde. Deve-se, ao revés, pugnar pela reordenação dessas políticas, de modo que passem a contemplar, de maneira suficiente, a satisfação do núcleo essencial do direito e das prestações mais essenciais referentes às demandas de saúde de segunda necessidade, na medida do possível.[58]

Assim, quando da elaboração do orçamento público, os poderes constituídos responsáveis – Executivo e Legislativo – devem alocar verbas suficientes para a contemplação desse conteúdo mínimo do direito à saúde e das demais prestações a ele inerentes que precedem os demais direitos, consoante um juízo de ponderação racional, que respeite os valores manifestos pela comunidade política. O crônico subfinanciamento do Sistema Único de Saúde consiste, em verdade, na causa da judicialização intensa do direito, e não a atuação indevida ou exagerada do Judiciário,[59] como recorrentemente tentam sustentar alguns.

Não se refuta, com isso, o desacerto de algumas decisões, que, na baila da judicialização pertinente, deferem acesso a algumas prestações de saúde de modesta essencialidade ou impassíveis de dispensação universal. Com efeito, para deferir, em ações

---

[57] Confirmando estas conclusões são as palavras de Siqueira (2009, p. 174), que afirma que "em face das inúmeras vezes em que o Poder Judiciário, é chamado a manifestar-se quanto ao desrespeito ao texto constitucional de 1988, no que pertine ao direito fundamental à saúde torna-se eminentemente claro o constante desrespeito, vilipêndio, a este direito, ensejando sua quase total inefetividade, no cenário atual".

[58] Em recente estudo acerca do tema, foi possível demonstrar, por meio cotejo entre diversos sistemas públicos de saúde dos países, o nível de exigência, na esfera judicial, e de acordo com a previsão constitucional acerca do referido direito, que se mostra possível ante a realidade de cada país. De modo notório, verificou-se que, diante da baixa destinação de recursos e da ampla determinação normativa promovida pelo legislador constituinte nacional, vislumbram-se como de baixa aderência os argumentos tendentes a afastar o deferimento dos pleitos judiciais por meio da invocação do argumento da reserva do possível (MELQUÍADES DUARTE; OLIVEIRA; 2020).

[59] Nesse sentido também são as conclusões de Siqueira (2009, 179), que afirma que "O Poder Judiciário deve intervir, sempre que provocado, ensejando desta maneira o cumprimento ao texto constitucional de 1988, sendo que assim agindo, não estará de forma alguma atuando de maneira supostamente excessiva, afinal, é dever do magistrado, atuar, e atuar de forma a efetivar os direitos fundamentais sempre que estes estiverem à margem das prioridades do Poder Executivo".

individuais, o acesso a um medicamento ou tratamento de saúde, deve-se confirmar sua maior relevância diante de outros direitos *prima facie* que com ela disputam os mesmos recursos escassos. Deve-se, outrossim, diante da normatividade da cláusula de igualdade[60] que deriva da Constituição (BRASIL, 1988), verificar a existência de recursos – humanos, materiais, financeiros etc. – suficientes para o provimento dessa mesma demanda a todos que se encontrarem na mesma situação jurídica. Portanto, para um direito ser deferido em juízo, necessário que seja merecedor de inclusão nas políticas públicas para ser garantido universalmente,[61] de sorte que a intervenção judicial se dê, como sói acontecer, de forma a corrigir a ausência indevida de sua inclusão nas ações administrativas. Tal fato se deve à função controladora, no Estado Democrático de Direito, da qual está incumbido o Poder Judiciário, e não daquela relativa à formulação das políticas públicas. Esse controle deve ser efetuado consoante os parâmetros racionais decorrentes da positivação dos direitos, que demandam a incidência dos preceitos teóricos – e por isso, objetivos – apresentados.

Registre-se, como análise última ao fenômeno da judicialização da saúde na experiência brasileira, que, a partir da segunda metade desta segunda década deste milênio, as decisões judiciais, especialmente as do STF, afeitas ao fenômeno da judicialização que orientam o presente estudo, não se socorrem de uma argumentação que considere a conflituosidade do direito à saúde, limitando-se, ao revés, à afirmação da existência do direito à prestação afirmada em juízo em virtude de sua relevância. A racionalidade dos critérios estabelecidos nos últimos cinco anos pela jurisdição constitucional logra convergência das decisões correlatas dos tribunais inferiores, ensejando a aconselhável consequência da uniformização das decisões afetas ao direito à saúde. Com efeito, toda divergência

---

[60] Art. 5º "Todos são iguais perante a lei, sem distinção de qualquer natureza, garantindo-se aos brasileiros e aos estrangeiros residentes no País a inviolabilidade do direito à vida, à liberdade, à igualdade, à segurança e à propriedade (...)"
[61] Fellet (2012, p. 109) adverte que, não raro, os juízes deixam de ter cautela necessária na apreciação de demandas de saúde e comportam-se como se estivessem diante de opções disjuntivas, que consideram tão somente a "microjustiça" ou "justiça do caso concreto". Com efeito, este comportamento pode implicar em uma indevida complacência do Poder Judiciário com pleitos desarrazoados em virtude de sua precária essencialidade, que conduz à inviabilidade de sua dispensação geral, ainda que possível a sua oferta isolada ao demandante.

de posicionamento judicial implica o tratamento diferente de indivíduos sujeitos iguais e sujeitos a um mesmo ordenamento jurídico, desmoronando os pilares maiores do Estado de Direito: isonomia e segurança jurídica. A existência de decisões racionais precedentes cria a legítima expectativa de pronunciamento semelhante do tribunal provocado diante de situação equivalente, que orienta pela observância das mesmas.

Nesse contexto, as demandas coletivas de saúde afloram como importante instrumento de uniformização do tratamento jurídico dispensado àqueles que se encontrem em idêntica situação jurídica.[62] A despeito da conveniência de seu manejo, elas não excluem, porém, o direito de acesso à justiça em defesa de direito individual negligenciado.[63]

Portanto, propõe-se que, para o deferimento judicial dos pedidos de acesso a medicamentos ou tratamentos de saúde, seja analisada, primeiramente, a inserção da prestação demandada no conteúdo mínimo do direito, em que se terá uma vinculação plena do Estado à sua efetivação. Esse conteúdo mínimo caracteriza-se por demandas que, mediata ou imediatamente, são necessárias à sobrevida humana e à preservação de condições mínimas de dignidade, consubstanciadas nas prestações de elevada essencialidade. Nessas oportunidades, a ausência de oferta administrativa da prestação caracterizará atuação antijurídica, e, por isso mesmo, merecedora da correção em juízo. A fundamentação da decisão carecerá de elementos demonstradores da imprescindibilidade da medida pleiteada para a proteção dos bens jurídicos em tela, o que apenas viabilizar-se-á com a manifestação de profissionais da ciência médica, que deverão pronunciar-se, em juízo, através de atestados que instruam o pedido ou de laudos periciais. Tais prestações devem ser garantidas, de acordo com o princípio da universalidade que orienta o Sistema Único de Saúde brasileiro (Constituição, BRASIL, 1988),

---

[62] Siqueira (2009, p. 179) aponta, ainda, como decorrência da maior abrangência das ações coletivas, outras vantagens em seu manejo, como "melhores condições de acesso, celeridade, economia, e outros benefícios os quais só podem ser alcançados por meio dos mecanismos coletivos".

[63] Essa é a posição acolhida, ante a supremacia das normas constitucionais vinculadas ao direito à saúde, em trabalho anterior (MELQUÍADES DUARTE; VIDAL; SIMÕES; 2020, p. 237), sendo acolhida também por Sarlet e Figueiredo (2013, p. 90).

ao maior número de pessoas possível, e, diante da inviabilidade de que sejam disponibilizadas a todos, devem ser destinadas, prioritariamente, àqueles que demonstrarem incapacidade financeira de provê-las às próprias expensas.[64]

Enquadrando-se a prestação demandada no conteúdo acima firmado sobre o núcleo essencial do direito à saúde, poderão ser excepcionalmente disponibilizadas aos pacientes que comprovarem, por laudo médico devidamente fundamentado, sua dependência delas, ainda que experimentais, que não contem com registro na Anvisa (desde que reconhecida sua eficácia no exterior) e que não constem das listas oficiais de dispensação obrigatória.[65]

Lado outro, quando a prestação judicial não se enquadrar no conteúdo proposto para o conteúdo mínimo do direito à saúde, tornar-se-á imperativo o cotejo da prestação demandada com os demais direitos *prima facie* consagrados na Constituição (BRASIL, 1988). A existência definitiva do direito à demanda de saúde pleiteada apenas será comprovada com a demonstração de sua superior essencialidade a outras prestações, inerentes aos demais direitos, bem como de que há possibilidades fáticas e jurídicas de sua concretização.[66] Para tanto, deverão vir aos autos as provas acerca da disponibilidade ou insuficiência de recursos, e não a mera afirmação.

Diante de demandas dessa natureza, não se verifica possível o provimento liminar de pedidos, à vista da inarredável necessidade de instrução do processo e de um processo argumentativo

---

[64] Conforme investigado em estudo anterior, trata-se de uma exigência da dimensão material do princípio da igualdade (MELQUÍADES DUARTE; VIDAL; SIMÕES; 2020, p. 238-239).

[65] Conforme destacado nas notas de rodapé anteriores, o Recurso Extraordinário nº 657.718 (BRASIL, 2019) e o Recurso Extraordinário 566.471 (BRASIL, 2020) são as principais decisões acerca da temática mencionada no âmbito do STF. Merece também relevo o já mencionado Recurso Especial nº 1.657.156 (BRASIL, 2018), julgado pelo STJ.

[66] Nesse sentido, em suas conclusões sobre o controle judicial das políticas públicas no Brasil no contexto do neoconstitucionalismo, Barcellos (2009, p. 816) afirma que "é preciso definir, a partir das disposições constitucionais que tratam da dignidade humana e de direitos fundamentais, o que o Poder Público está efetiva e especificamente obrigado a fazer em caráter prioritário; isto é, trata-se de construir parâmetros constitucionais que viabilizem o controle. O segundo tema diz respeito a obtenção de informações sobre os recursos públicos disponíveis, da previsão orçamentária e da execução orçamentária. O terceiro tema, por sua vez, envolve o desenvolvimento de consequências jurídicas a serem aplicadas na hipótese de violação dos parâmetros construídos, seja para impor sua observância, para punir o infrator ou para impedir que atos praticados em violação dos parâmetros produzam efeitos".

obviamente complexo. Perante as demandas de primeira necessidade, porém, desde que devidamente carreada à petição inicial a prova da imprescindibilidade da prestação demandada, por si só comprovadora do requisito de relevância para a concessão de liminares, e presente o seu outro requisito processual, a urgência, far-se-á possível o pronto deferimento de pedido, mesmo que *inaudita altera parte*.

5 Conclusões

Esta pesquisa dedicou-se ao exame da experiência brasileira da judicialização da saúde, tendo, porém, restringido seu enfoque à jurisprudência do STF e a demais manifestações a respeito de abrangência nacional, como a audiência pública de 2009 e alguns enunciados emanados do CNJ como resultado das três Jornadas de Direito da Saúde promovidas pelo órgão na última década. A realidade diagnosticada foi apreciada sob as lentes da teoria dos direitos fundamentais (ALEXY, 2015) e dos demais consectários do pós-positivismo jurídico, consoante vertentes trabalhadas, sobretudo, por Alexy (2005, 2008) e Dworkin (2002).

Com isso, intentou-se oferecer ao leitor informações pertinentes sobre a questão e parâmetros teóricos suficientes para sua análise, de maneira a instrumentalizá-lo ao tracejo de possibilidades e limites para o controle judicial das políticas públicas de saúde.

À guisa de conclusão, constatou-se que a judicialização decorre, no plano jurídico, do reconhecimento da normatividade constitucional e da decorrente vinculatividade dos direitos fundamentais por ela carreados, sejam veiculados por normas-regra ou por normas-princípio. No plano fático, o fenômeno deriva da ausência de políticas públicas satisfatórias para a promoção e proteção do direito, de maneira que sua contenção exige do Poder Público a realocação dos recursos públicos de modo a suprir, ao menos, as demandas afetas ao núcleo essencial do direito.

Estabeleceu-se que o núcleo essencial do direito à saúde é composto pelas demandas de primeira necessidade, caracterizadas como aquelas que, mediata ou imediatamente, são necessárias à sobrevida humana e à preservação de condições mínimas de dignidade, consubstanciadas nas prestações de elevada essencialidade. Tais prestações devem ser disponibilizadas prioritariamente aos hipossuficientes, em caso de inviabilidade de que sejam oferecidas a todos, e sua ausência no serviço público de saúde, ao menos para aqueles que não possam provê-las com recursos próprios, caracterizará atuação antijurídica da entidade estatal, ensejando o deferimento de eventual demanda judicial que vise a supri-la. O provimento jurisdicional que as socorra pode alcançar, excepcionalmente, para os pacientes que comprovarem, por laudo médico devidamente fundamentado, sua dependência delas, inclusive tratamentos experimentais, que não contem com registro na Anvisa (desde que reconhecida sua eficácia no exterior) ou que não constem das listas oficiais de dispensação obrigatória.

Contudo, quando a prestação judicial não se enquadrar no conteúdo proposto para o conteúdo mínimo do direito à saúde, tornar-se-á imperativo o seu cotejo com os demais direitos *prima facie* consagrados na Constituição (BRASIL, 1988). O deferimento em juízo dessas prestações exigirá a demonstração de sua superior essencialidade em relação a outras prestações, inerentes aos demais direitos, bem como de que há possibilidades fáticas e jurídicas de sua concretização[67] para todos que dela precisem, ou ao menos para os hipossuficientes. Para a recusa estatal, porém, deverão vir aos autos as provas acerca da disponibilidade ou insuficiência de recursos, e não a mera afirmação.

As demandas de saúde de primeira necessidade podem ser deferidas liminarmente, sem a oitiva do Estado demandado, sempre que vierem aos autos provas efetivas da urgência de seu provimento, o que já não se viabiliza para as demandas de segunda necessidade, que implicam, além da devida instrução do processo, um processo argumentativo obviamente complexo.

---

[67] Nesse sentido, em suas conclusões sobre o controle judicial das políticas públicas no Brasil no contexto do neoconstitucionalismo, Barcellos (2009, p. 816) afirma que "é preciso definir, a partir das disposições constitucionais que tratam da dignidade humana e de direitos fundamentais, o que o Poder Público está efetiva e especificamente obrigado a fazer em caráter prioritário; isto é, trata-se de construir parâmetros constitucionais que viabilizem o controle. O segundo tema diz respeito à obtenção de informações sobre os recursos públicos disponíveis, da previsão orçamentária e da execução orçamentária. O terceiro tema, por sua vez, envolve o desenvolvimento de consequências jurídicas a serem aplicadas na hipótese de violação dos parâmetros construídos, seja para impor sua observância, para punir o infrator ou para impedir que atos praticados em violação dos parâmetros produzam efeitos".

Referências

AITH, Fernando Mussa Abujamra. Direito à saúde e democracia sanitária: experiências brasileiras. *Revista de Direito Sanitário*, São Paulo, v. 15, n. 3, p. 85-90, nov. 2014, fev. 2015. Disponível em: http://www.revistas.usp.br/rdisan/article/view/97328/96340. Acesso em: 05 mai. 2020.

ALEXY, Robert. *Constitucionalismo discursivo*. Luís Afonso Heck (trad.). 2. ed. Porto Alegre: Livraria do Advogado, 2008.

ALEXY, Robert. Teoria da argumentação jurídica. *A teoria do discurso racional como teoria da justificação jurídica*. Tradução Zilda Hutchinson Schild Silva. São Paulo: Landy, 2005.

ALEXY, Robert. *Teoria dos direitos fundamentais*. Tradução Virgílio Afonso da Silva. 2. ed. São Paulo: Malheiros, 2015.

AZEVEDO, Marco Antônio Oliveira. Direitos à saúde: demandas crescentes e recursos escassos. *In*: ÁVILA, Gerson Noronha de; ÁVILA, Gustavo Noronha de; GAUER, Gabriel José Chittó. *Ciclo de Conferências em Bioética I*. Rio de Janeiro: Lumen Juris, 2005.

BARCELLOS, Ana Paula de. Neoconstitucionalismo, direitos fundamentais e controle judicial das políticas públicas. *In*: GALDINO, Flávio; SARMENTO, Daniel. *Direitos fundamentais*: estudos em homenagem ao Professor Ricardo Lobo Torres. Rio de Janeiro: Renovar, 2006.

BARROS, Marcus Aurélio de Freitas. *Controle jurisdicional de políticas públicas*. Parâmetros objetivos e tutela coletiva. Porto Alegre: Sergio Antonio Fabris, 2008.

BARROSO, Luís Roberto. *Da falta de efetividade à judicialização excessiva*: direito à saúde, fornecimento gratuito de medicamentos e parâmetros para a atuação judicial. Disponível em: http://www.lrbarroso.com.br/pt/noticias/medicamentos.pdf. Acesso em: 30 out. 2008.

BARROSO, Luís Roberto. Neoconstitucionalismo e constitucionalização do Direito: o triunfo tardio do direito constitucional no Brasil. In QUARESMA, Regina; OLIVEIRA, Maria Lúcia de Paula; OLIVEIRA, Farlei Martins Riccio de. *Neoconstitucionalismo*. Forense, Rio de Janeiro: 2009.

BRASIL. *Constituição da República Federativa do Brasil, de 05 de outubro de 1988*. Disponível em: http://www.planalto.gov.br/ccivil_03/Constituicao/Constituiçao.htm. Acesso em: 18 out. 2020.

BRASIL. Conselho Nacional de Justiça. *Enunciados da I, II e III Jornadas de Direito da Saúde do Conselho Nacional de Justiça*. Brasília, de 21 de março de 2019a. Disponível em: https://bd.tjmg.jus.br/jspui/bitstream/tjmg/9560/1/ENUCIADOS%20APROVADOS%20E%20CONSOLIDADOS%20III%20JORNADA%20DA%20SA%-C3%9ADE.%20%C3%9ALTIMA%20VERS%C3%83O.pdf. Acesso em: 18 out. 2020

BRASIL. *Lei Complementar nº 101, de 04 de maio de 2000*. Estabelece normas de finanças públicas voltadas para a responsabilidade na gestão fiscal e dá outras providências. Disponível em: http://www.planalto.gov.br/ccivil_03/leis/lcp/lcp101.htm. Acesso em: 18 out. 2020.

BRASIL. *Lei Complementar nº 173, de 27 de maio de 2020*. Estabelece o Programa Federativo de Enfrentamento ao Coronavírus SARS-CoV-2 (Covid-19), altera a Lei Complementar nº 101, de 4 de maio de 2000, e dá outras providências. Disponível em: http://www.planalto.gov.br/ccivil_03/leis/lcp/lcp173.htm. Acesso em: 18 out. 2020.

BRASIL. Ministério da Saúde. *DATASUS – Tecnologia da Informação a Serviço do SUS*. 2020. Disponível em: http://tabnet.datasus.gov.br/cgi/tabcgi.exe?cnes/cnv/ leiintbr.def. Acesso em: 28 jun. 2020.

BRASIL. *Projeto de Lei nº 2.324, de 2020*. Disponível: https://www25.senado.leg.br/ web/atividade/materias/-/materia/141756. Acesso em: 11 jun. 2020.

BRASIL. Superior Tribunal de Justiça. Recurso Especial nº 1.657.156-RJ. Recorrente: Estado do Rio de Janeiro. Recorrido: Fátima Theresa Esteves dos Santos de Oliveira. Relator: Ministro Benedito Gonçalves. Brasília, 25 de abril de 2018. *Pesquisa de Jurisprudência*, Acórdão, 04/05/2018. Disponível em: https://ww2.stj. jus.br/processo/revista/inteiroteor/?num_registro=201700256297&dt_publicacao=04/05/2018/. Acesso em: 18 out. 2020.

BRASIL. Supremo Tribunal Federal. Arguição de descumprimento de preceito fundamental nº 671. Relator: Ministro Ricardo Lewandowski. *Diário de Justiça Eletrônico*, 28 de maio de 2020k. Disponível em: http://portal.stf.jus.br/noticias/verNoticiaDetalhe.asp?idConteudo=440821&ori=1. Acesso em: 11 jun. 2020.

BRASIL. Supremo Tribunal Federal. Suspensão de Segurança. Agravo Regimental. Audiência Pública. Agravo Regimental na suspensão de tutela antecipada 175, Ceará, União, Ministério Público Federal, Clarice Abreu de Castro Neves, Município de Fortaleza e Estado do Ceará. Relator: Ministro Gilmar Mendes, 17 de março de 2010. Diário de Justiça eletrônico, 30 abr. 2010. Disponível em: http://www.stf.jus. br/arquivo/cms/noticianoticiastf/anexo/sta175.pdf. Acesso em: 06 jun. 2017.

BRASIL. Supremo Tribunal Federal. *Despacho de Convocação de Audiência Pública, de 5 de março de 2009*. Disponível em: http://www.stf.jus.br/arquivo/cms/processoAudienciaPublicaSaude/anexo/Despacho_Convocatorio.pdf. Acesso em: 18 out. 2020.

BRASIL. Supremo Tribunal Federal. Recurso Extraordinário nº 580252. Relator: Ministro Teori Zavascki. Brasília, DF, 16 de fevereiro de 2017. Diário de Justiça Eletrônico. Brasília, 11 set. 2017. Disponível em: https://jurisprudencia.stf.jus.br/pages/ search/sjur373162/false. Acesso em: 13 jun. 2020.

BRASIL. Supremo Tribunal Federal. Repercussão Geral no Recurso Extraordinário nº 855.178. Recorrente: União. Recorrido: Maria Augusta da Cruz Santos. Relator: Ministro Luiz Fux, 05 de março de 2015. Diário de Justiça Eletrônico, 16 mar. 2015. Disponível em: https://jurisprudencia.stf.jus.br/pages/search/repercussao- –geral7141/false. Acesso em: 02 jul. 2020.

BRASIL. Supremo Tribunal Federal. *Tema de Repercussão Geral nº 6*. Disponível em: http://www.stf.jus.br/portal/jurisprudenciaRepercussao/verAndamentoProcesso.asp?incidente=2565078&numeroProcesso=566471&classeProcesso=RE&numeroTema=6. Acesso em: 18 out. 2020.

BRASIL. Tesouro Nacional Transparente. *Monitoramento dos Gastos da União com Combate à COVID-19*. 2020. Disponível em: https://www.tesourotransparente. gov.br/visualizacao/painel-de-monitoramentos-dos-gastos-com-covid-19. Acesso em: 09 ago. 2020.

CASAGRANDE, Cássio. *Ministério Público e a judicialização da política. Estudo de casos*. Porto Alegre: Sergio Antonio Fabris, 2008.

CANOTILHO, José Joaquim Gomes. *Direito Constitucional e Teoria da Constituição*. 6. ed. Coimbra: Almedina, 2002.

CANOTILHO, José Joaquim Gomes. Um Olhar Jurídico-Constitucional sobre a Judicialização da Política. Revista de Direito Administrativo, Rio de Janeiro, v. 245, p. 87-95, maio 2007. ISSN 2238-5177. Disponível em: http://bibliotecadigital.fgv.br/ojs/index.php/rda/article/view/42122. Acesso em: 22 jun. 2020. doi: http://dx.doi.org/10.12660/rda.v245.2007.42122.

CAPPELLETTI, Mauro. *Juízes legisladores?* Porto Alegre: Sergio Antonio Fabris, 1999.

DAVI, Kaline Ferreira. *A dimensão política da Administração Pública*. Neoconstitucionalismo, democracia e procedimentalização. Porto Alegre: Sergio Antônio Fabris, 2008.

D'ÁVILA, L. S.; SALIBA, G. R. A efetivação do direito à saúde e sua interface com a justiça social. *Revista de Direito Sanitário*, [S. l.], v. 17, n. 3, p. 15-38, 2017. DOI: 10.11606/issn.2316-9044.v17i3p15-38. Disponível em: http://www.revistas.usp.br/rdisan/article/view/127772. Acesso em: 18 out. 2020.

DIAS, Jean Carlos. *O controle judicial de políticas públicas*.. São Paulo: Método, 2007. Coleção Professor Gilmar Mendes

DIAS, Maria Tereza Fonseca. Controle jurisdicional de políticas públicas na jurisprudência do Tribunal de Justiça de Minas Gerais. *Revista do Tribunal de Contas de Minas Gerais*. Belo Horizonte, nº 01, 2008. Disponível em:

DWORKIN, Ronald. *Levando os direitos a sério*. São Paulo: Martins Fontes, 2002.

ESPÍRITO SANTO, Letícia Alonso do; VIDAL, Víctor Luna. Tratamentos experimentais: limites ético-jurídicos e a polêmica da cloroquina. *In:* MELQUÍADES DUARTE, Luciana Gaspar; VIDAL, Víctor Luna. *Direito à saúde*: judicialização e pandemia do novo coronavírus. São Paulo, Revista dos Tribunais, 2020, p. 145-183.

FELLET, André Luiz Fernandes. As normas de direitos fundamentais sociais e a implementação do direito à saúde pelo Poder Judiciário. *Revista da Procuradoria-Geral do Município de Juiz de Fora – RPGMJF*, Fórum, Ano 2, jan./dez 2012.

FIGUEIREDO, Marcelo. O controle das políticas públicas pelo Poder Judiciário no Brasil: uma visão geral. In QUARESMA, Regina; OLIVEIRA, Maria Lúcia de Paula & OLIVEIRA, Farlei Martins Riccio de. *Neoconstitucionalismo*. Forense, Rio de Janeiro: 2009.

FIOCRUZ. *Especialistas analisam a disponibilidade de leitos no país e discutem possibilidades.* 2020. Disponível em: https://portal.fiocruz.br/noticia/especialistas-analisam-disponibilidade-de-leitos-no-pais-e-discutem-possibilidades. Acesso em: 18 out. 2020.

HESSE, Konrad. *A força normativa da Constituição*. Gilmar Ferreira (trad.) Mendes. Porto Alegre: Sergio Antonio Fabris, 1991.

HOLMES, Stephen; SUNSTEIN, Cass. *The cost of rights. Why liberty depends on taxes*. New York – London: W. W. Norton & Company, 1999.

KELLER, Arno Arnoldo. *A exigibilidade dos direitos fundamentais sociais no Estado Democrático de Direito*. Porto Alegre: Sergio Antonio Fabris, 2007.

KRELL, Andréas J. *Direitos sociais e controle judicial no Brasil de na Alemanha:* os (des)caminhos de um direito constitucional "comparado". Porto Alegre: Sergio Antonio Fabris, 2002.

LEIVAS, Paulo Gilberto Cogo. Princípios de direito e de justiça na distribuição de recursos escassos. *Revista Bioética*, n. 14, p. 9-15, 2006.

LEIVAS, Paulo Gilberto Cogo. *Teoria dos direitos fundamentais sociais*. Porto Alegre: Livraria do Advogado: 2006.

MASSUDA, Adriano; WANG, Daniel Wei Liang; CORREIA, Luís; MOROZOWSKI, Ana Carolina. O "remédio mais caro do mundo" e os dilemas do SUS e do STF. FGV, 26 de agosto de 2020. Disponível em: https://portal.fgv.br/artigos/remedio-mais-caro-mundo-e-dilemas-sus-e-stf. Acesso em: 22 nov. 2020.

MENDES, Gilmar Ferreira. Os limites dos limites. *In:* BRANCO, Paulo Gustavo Gonet; COELHO, Inocêncio Mártires; MENDES, Gilmar Ferreira. *Hermenêutica constitucional e direitos fundamentais*. 1. ed. Brasília: Brasília Jurídica, 2002.

MARTINS, Wal. *Direito à Saúde: compêndio*. Belo Horizonte. Fórum, 2008.

MELQUÍADES DUARTE, Luciana Gaspar; CARVALHO, Caroline Pessoa de. Análise do Impacto das Decisões dos Tribunais Superiores nas Decisões do STF após a Audiência Pública de Saúde de 2009. *Revista da Faculdade de Direito UFPR*, Curitiba, n. 58, p. 83-107, 2013.

MELQUÍADES DUARTE, Luciana Gaspar; OLIVEIRA, Lucas Barros de. A pertinência do emprego do princípio da reserva do possível: um estudo comparativo dos sistemas de saúde no mundo. *In:* MELQUÍADES DUARTE, Luciana Gaspar; VIDAL, Víctor Luna. *Direito à saúde*: judicialização e pandemia do novo coronavírus. São Paulo: Revista dos Tribunais, 2020, p. 265-305.

MELQUÍADES DUARTE, Luciana Gaspar; PESSOA DE CARVALHO, Ecaroline. ANÁLISE DO IMPACTO DAS DECISÕES DOS TRIBUNAIS SUPERIORES NAS DECISÕES DO STF APÓS A AUDIÊNCIA PÚBLICA DA SAÚDE DE 2009. *Revista da Faculdade de Direito UFPR*, Curitiba, v. 58, dec. 2013. ISSN 2236-7284. Disponível em: https://revistas.ufpr.br/direito/article/view/34866/21634. Acesso em: 22 nov. 2020. doi:http://dx.doi.org/10.5380/rfdufpr.v58i0.34866.

MELQUÍADES DUARTE, Luciana Gaspar. *Possibilidades e limites para o controle judicial das políticas públicas de saúde*: um contributo para a dogmática do direito à saúde. 2. ed. Revisão, atualização e ampliação Víctor Luna Vidal. Belo Horizonte: Fórum, 2020.

MELQUÍADES DUARTE, Luciana Gaspar; VIDAL, Víctor Luna. Judicialização dos leitos de UTI no contexto da pandemia do novo coronavírus. *In:* MELQUÍADES DUARTE, Luciana Gaspar; VIDAL, Víctor Luna. *Direito à saúde*: judicialização e pandemia do novo coronavírus. São Paulo, Revista dos Tribunais, 2020, p. 107-144.

MELQUÍADES DUARTE, Luciana Gaspar; VIDAL, Víctor Luna. O direito fundamental à saúde e as doenças raras: considerações acerca do controle judicial de políticas públicas pelo Supremo Tribunal Federal. *In:* MELQUÍADES DUARTE, Luciana Gaspar; VIDAL, Víctor Luna. *Direito à saúde*: judicialização e pandemia do novo coronavírus. São Paulo, Revista dos Tribunais, 2020, p. 399-430.

MELQUÍADES DUARTE, Luciana Gaspar; PROCOPIO, Fernanda Saches Teixeira; VIDAL, Víctor Luna. Análise crítica dos enunciados das Jornadas de Direito da Saúde do Conselho Nacional de Justiça. *In:* MELQUÍADES DUARTE, Luciana Gaspar; VIDAL, Víctor Luna. *Direito à saúde*: judicialização e pandemia do novo coronavírus. São Paulo, Revista dos Tribunais, 2020, p. 365-397.

MELQUÍADES DUARTE, Luciana Gaspar; VIDAL, Víctor Luna; SIMÕES, Yasmin Souza Santos. Hipossuficiência e direito à saúde: uma análise sobre os atuais critérios para aferição da carência e a proposição de novos parâmetros. *In:* MELQUÍADES DUARTE, Luciana Gaspar; VIDAL, Víctor Luna. *Direito à saúde*: judicialização e pandemia do novo coronavírus. São Paulo, Revista dos Tribunais, 2020, p. 231-263.

MONTESQUIEU. *Do Espírito das Leis*. Tradução: João Melville. São Paulo: Martin Claret, 2004.

NEVES, Maria do Céu Patrão. Alocação de recursos em saúde: considerações éticas. *Bioética*, nº 7, p. 155-163, 1999.

OLIVEIRA, Diogo Luís Manganelli de. A saúde mental e a judicialização de políticas públicas de saúde. *In:* MELQUÍADES DUARTE, Luciana Gaspar; VIDAL, Víctor Luna. *Direito à saúde*: judicialização e pandemia do novo coronavírus. São Paulo, Revista dos Tribunais, 2020, p. 431-458.

SARLET, Ingo Wolfagang. *A eficácia dos direitos fundamentais*. 4. ed. Porto Alegre: Livraria do Advogado, 2004.

SARLET, Ingo Wolfagang. Algumas considerações em torno do conteúdo, eficácia e efetividade do direito à vida na Constituição de 1988. *Revista Diálogo Jurídico*. Salvador, CAJ – Centro de Atualização Jurídica, n. 10, 01/2002. Disponível em: http://www.direitopublico.com.br. Acesso em: 10 fev. 2008.

SARLET, Ingo Wolfagang. *Dignidade da pessoa humana e direitos fundamentais na Constituição Federal de 1988*. 2. ed. Porto Alegre: Livraria do Advogado, 2002.

SARLET, Ingo Wolfgang; FIGUEIREDO, Mariana Fichtiner. O direito fundamental à proteção e promoção da saúde na ordem jurídico-constitucional: uma visão geral sobre o sistema (público e privado) de saúde no Brasil. *Gestão e Controle*, Porto Velho, p. 73-138, 2013.

SARLET, Ingo Wolfgang (org.). *Jurisdição e direitos fundamentais*. Anuário 2004/2005 – Escola Superior da Magistratura do Rio Grande do Sul – AJURIS. Porto Alegre: Livraria do Advogado, 2005.

SILVA, Ricardo Augusto Dias da. *Direito fundamental à saúde*: o dilema entre o mínimo existencial e a reserva do possível. Belo horizonte. Fórum, 2012.

SILVA, Sandoval Alves da. *Direitos sociais*: leis orçamentárias como instrumento de implementação. Curitiba: Juruá, 2007.

SIRAQUE, Vanderlei. *Controle social da função administrativa do Estado*: possibilidades e limites na Constituição de 1988. São Paulo: Saraiva, 2005.

SIQUEIRA, Dirceu Pereira. A inefetividade do direito fundamental à saúde, como fator determinante para a aplicação dos instrumentos de tutela jurisdicional coletiva. *Revista Argumenta*, n. 10, 2009. Disponível em http://seer.uenp.edu.br/index.php/argumenta/article/view/132/132. Acesso em 14 set. 2015.

TAMER, Sergio Victor. *Atos políticos e direitos sociais nas democracias*: um estudo sobre o controle dos atos políticos e a garantia dos direitos sociais. Porto Alegre: Sergio Antonio Fabris, 2005.

VIANNA, Luiz Werneck et al. *A judicialização da política e das relações sociais no Brasil*. Rio de Janeiro: Renovar: 1999.

Informação bibliográfica deste texto, conforme a NBR 6023:2018 da Associação Brasileira de Normas Técnicas (ABNT):

DUARTE, Luciana Gaspar Melquíades; VIDAL, Víctor Luna. Parâmetros para o controle judicial das políticas públicas de saúde. *In:* TOLEDO, Cláudia (coord.). *Atual judiciário*: ativismo ou atitude. Belo Horizonte: Fórum, 2022. p. 467-506. ISBN 978-65-5518-270-5.

SOBRE OS AUTORES

Alejandro Nava Tovar
Professor e Pesquisador de Filosofia do Direito e Argumentação Jurídica no Instituto Nacional de Ciências Penais (INACIPE), México. Membro do Sistema Nacional de Investigadores (SNI 1), México. Doutorado em Filosofia pela Universidade Autônoma Metropolitana, Campus Iztapalapa (UAM-I), México.

Ana Paula de Barcellos
Professora Adjunta de Direito Constitucional da Faculdade de Direito da Universidade do Estado do Rio de Janeiro (UERJ). Mestrado e Doutorado em Direito pela Universidade do Estado do Rio de Janeiro (UERJ). Estágio pós-doutoral na Universidade Harvard, Estados Unidos da América.

Cláudia Toledo
Professora Associada da Faculdade de Direito e do Programa de Pós-Graduação *Stricto Sensu* em Direito e Inovação da Universidade Federal de Juiz de Fora (UFJF). Doutorado em Teoria e Filosofia do Direito pela Universidade Federal de Minas Gerais (UFMG). Estágio pós-doutoral na Universidade Christian Albrecht (CAU), Kiel, Alemanha. Estágio pós-doutoral na Universidade Federal de Santa Catarina (UFSC).

Fernando Leal
Professor da FGV Direito Rio. Doutorado em Direito pela Universidade Christian Albrecht (CAU), Kiel, Alemanha. Mestrado e Doutorado em Direito Público pela Universidade do Estado do Rio de Janeiro (UERJ). Estágio pós-doutoral na Universidade Ruprecht Karl, Heidelberg, Alemanha.

Gertrude Lübbe-Wolff
Professora Titular de Direito Público na Faculdade de Direito da Universidade de Bielefeld, Alemanha. Doutorado em Direito Público pela Universidade de Freiburg, Alemanha. *Habilitation* pela Universidade de Bielefeld, Alemanha. Ex-Ministra do Tribunal Constitucional Federal da Alemanha.

Gustavo Tepedino
Professor Titular de Direito Civil da Faculdade de Direito da Universidade do Estado do Rio de Janeiro (UERJ). Doutorado em Direito Civil pela Universidade de Camerino, Itália. Livre-Docente pela Faculdade de Direito da Universidade Estadual do Rio de Janeiro (UERJ).

Ingo Wolfgang Sarlet
Professor Titular da Faculdade de Direito e dos Programas de Mestrado e Doutorado em Direito e em Ciências Criminais da Pontifícia Universidade Católica do Rio Grande do Sul (PUC-RS). Professor da Escola Superior da Magistratura do Rio Grande do Sul (AJURIS). Doutorado em Direito pela Universidade Ludwig Maximilian, Munique, Alemanha. Estágio pós-doutoral na Universidade Ludwig Maximilian, Munique, Alemanha. Ex-Desembargador do Tribunal de Justiça do Rio Grande do Sul (TJRS).

Jan-R. Sieckmann
Professor Titular de Teoria e Filosofia do Direito da Faculdade de Direito da Universidade Friedrich Alexander (FAU), Erlangen-Nuremberg, Alemanha. Doutorado em Direito pela Universidade de Göttingen, Alemanha. *Habilitation* pela Universidade Christian Albrecht (CAU), Kiel, Alemanha.

João Maurício Adeodato
Ex-Professor Titular da Faculdade de Direito da Universidade Federal de Pernambuco (UFPE). Mestrado, Doutorado e Livre Docência pela Faculdade de Direito da Universidade de São Paulo (USP). Professor Convidado nas Universidades de Mainz, Freiburg im Breisgau, Heidelberg, Hagen e Frankfurt.

Laura Clérico
Professora de Direito Constitucional da Faculdade de Direito da Universidade de Buenos Aires (UBA), Argentina. Pesquisadora do Consejo Nacional de Investigaciones Científicas y Técnica (CONICET), Argentina. Professora honorária da Universidade Friedrich Alexander (FAU), Erlangen-Nuremberg, Alemanha.

Luciana Gaspar Melquíades Duarte
Professora Adjunta da Faculdade de Direito e do Programa de Pós-Graduação *Stricto Sensu* em Direito e Inovação da Universidade Federal de Juiz de Fora (UFJF). Mestrado e Doutorado em Direito Público pela Universidade Federal de Minas Gerais (UFMG).

Marco Aurélio Lagreca Casamasso
Professor Associado da Faculdade de Direito e do Programa de Pós-Graduação em Direito Constitucional da Universidade Federal Fluminense (UFF). Doutorado em Direito do Estado pela Pontifícia Universidade Católica de São Paulo (PUC-SP). Mestrado em Teoria do Estado e da Constituição pela Pontifícia Universidade Católica do Rio de Janeiro (PUC-Rio).

Martin Borowski
Professor Titular de Direito Público, Teoria Constitucional e Filosofia do Direito na Faculdade de Direito da Universidade Ruprecht Karl, Heidelberg, Alemanha. Doutorado em Filosofia do Direito e Direito Público pela Universidade Christian Albrecht (CAU), Kiel, Alemanha. *Habilitation* pela Universidade Christian Albrecht (CAU), Kiel, Alemanha.

Matthias Klatt
Professor Titular de Filosofia do Direito, Sociologia do Direito e Política Jurídica na Faculdade de Direito da Universidade Karl Franzen (KGU), Graz, Áustria. Doutorado em Filosofia do Direito pela Universidade Christian Albrecht (CAU), Kiel, Alemanha. *Habilitation* pela Universidade de Hamburgo, Alemanha.

Natascha Alexandrino de Souza Gomes
Professora de Direito do Instituto Federal de Rondônia (IFRO). Mestrado em Direito e Inovação pela Universidade Federal de Juiz de Fora (UFJF).

Núria Belloso Martín
Professora de Filosofia do Direito na Faculdade de Direito da Universidade de Burgos (UBU), Espanha. Diretora do Curso de Pós-Graduação de "Especialista en Mediación Familiar" na Universidade de Burgos (UBU), Espanha. Diretora de Relações Internacionais e Cooperação do Núcleo de Pesquisa "Minga. Constitucionalismo democrático latino-americano, novas intersubjetividades e emancipação social", na Universidade Federal do Mato Grosso (UFMT).

Paola Durso Angelucci
Doutora em Direito pela Universidade Federal do Rio de Janeiro (UFRJ). Mestrado em Direito e Inovação pela Universidade Federal de Juiz de Fora (UFJF).

Priscila Carvalho de Andrade
Doutoranda em Direito pela Pontifícia Universidade Católica do Rio de Janeiro (PUC-Rio). Mestrado em Teoria do Estado e Direito Constitucional pela Pontifícia Universidade Católica do Rio de Janeiro (PUC-Rio). Juíza de Direito no Tribunal de Justiça de Minas Gerais (TJMG).

Saulo Tarso Rodrigues
Professor Adjunto da Faculdade de Direito e do Programa de Mestrado em Direito Ambiental da Universidade Federal do Mato Grosso (UFMT). Doutorado em Sociologia do Estado e do Direito pela Universidade de Coimbra, Portugal. Estágio pós-doutoral na Universidade de Uppsala, Suécia. Mestrado em Direito do Estado pela Unisinos-RS.

Víctor Luna Vidal
Mestrado em Direito e Inovação pela Universidade Federal de Juiz de Fora (UFJF).

Waleska Marcy Rosa
Professora Associada da Faculdade de Direito e do Programa de Pós-Graduação *Stricto Sensu* em Direito e Inovação da Universidade Federal de Juiz de Fora (UFJF). Doutorado em Direito, Estado e Cidadania pela Universidade Gama Filho-RJ. Mestrado em Direito Público pela Universidade do Estado do Rio de Janeiro (UERJ).

Yago Condé Ubaldo de Carvalho
Doutorando em Direito pela Universidade Federal de Minas Gerais (UFMG). Mestrado em Direito pela Universidade Federal de Minas Gerais (UFMG). Assistente do Advogado-Geral do Estado de Minas Gerais.

Esta obra foi composta em fonte Palatino Linotype, corpo 10,5
e impressa em papel Offset 75g (miolo) e Supremo 250g (capa)
pela Gráfica Laser Plus, em Belo Horizonte/MG.